谨以此书

献给

中国科学技术大学建校六十周年
中国科学技术大学研究生院建院四十周年

勇立潮头 扬帆前行

中国科学技术大学学位与研究生教育编年史稿

1978～2018

上册

主　编　张淑林
副主编　裴　旭　李金龙

中国科学技术大学出版社

内 容 简 介

自1978年国务院批准中国科学技术大学创办新中国第一所研究生院至今,中国科大学位与研究生教育与改革开放同步、与时代发展同行,以"勇立潮头、扬帆前行"之姿,在立德树人、学科建设、招生选才、教学培养、学位授予、科教融合、期刊建设、学术研究、导师队伍建设、管理服务创新等工作中探索出了一系列创新做法并取得了诸多傲人成绩。值中国科大建校六十周年校庆、中国科大研究生院建院四十周年院庆之际,本书对中国科大学位与研究生教育四十年(1978~2018年)发展历程做了全面回顾和系统梳理,以此展现中国科大学位与研究生教育的创业历程、育人成就、改革步伐和远航信心,希冀成为中国科大学位与研究生教育创新发展的"里程碑",成为我国学位与研究生教育深化综合改革的"参考之作"。

图书在版编目(CIP)数据

勇立潮头　扬帆前行:中国科学技术大学学位与研究生教育编年史稿(1978~2018)/张淑林主编. —合肥:中国科学技术大学出版社,2018.9
ISBN 978-7-312-04535-6

Ⅰ.勇… Ⅱ.张… Ⅲ.中国科学技术大学—研究生教育—校史 Ⅳ.G649.285.41

中国版本图书馆CIP数据核字(2018)第187972号

出版	中国科学技术大学出版社 安徽省合肥市金寨路96号,230026 http://press.ustc.edu.cn https://zgkxjsdxcbs.tmall.com
印刷	合肥华苑印刷包装有限公司
发行	中国科学技术大学出版社
经销	全国新华书店
开本	787 mm×1092 mm　1/16
印张	72.25
字数	1571千
版次	2018年9月第1版
印次	2018年9月第1次印刷
定价	600.00元

编委会

主　　编　张淑林

副 主 编　裴　旭　李金龙

参编人员　张学谦　刘春能　陈宏波　汪明辉
　　　　　叶环瑞　刘　华　袁　玉　胡小丽
　　　　　钱霜霜　李　娜　沈　圣　崔育宝
　　　　　赵强强　钱亚林　王筱萌　张　静
　　　　　李　璐　李芹娜

前　言

　　四十年前,新中国以人类前所未有的魄力首倡改革开放,在世界东方挥毫绘制波澜壮阔的国家画卷,高等教育是这幅鸿篇巨帙的应有底色与必有气韵;四十年前,中国科学技术大学以国人舍我其谁的担当首创研究生院,在改革开放时代工笔勾描出荡气回肠的教育图景,科教育人是这幅浩荡杰作的无悔使命与无涯征程。

　　从"国务院批准设立的中国首个研究生院"到"同时承担'211''985''国家知识创新'三大工程的唯一单位",从"获批国务院首批博士、硕士学位授予单位"到"理学博士学位授权点国家重点学科覆盖率100%,居全国高校第一",从"建院初期因教学条件简陋获称'板房学院'"到"同时建有两大国家级实验室、七大科教融合学院",从"校本部开全国风气之先,首批招收硕士研究生百余人"到"在学博士研究生4753人、硕士研究生10684人",从"首推7名研究生参加博士学位论文答辩试点"到"45篇论文入选'全国优秀博士学位论文',入选比例高居前列",从"培养共和国首批6位博士学位获得者"到"历届博士学位获得者中9人当选两院院士"……四十年来,中国科大研究生院乘改革开放之东风,创造出了一个又一个的历史跨越和一次又一次的科教辉煌,记录下的是其一日又一日的改革不息和一年又一年的创新不止,反映出的是其一步又一步的砥砺奋进和一代又一代的使命践行。而其背后,潜隐的则是中国科大研究生院的服务初心和治理密码:在组织建设上"多元一体、协同育人",在建章立制上"确立准则、率先改革",在学科建设上"优化结构、整体布局",在招生选才上"主动出击、精准揽才",在课程教学上"贯通培养、因材施教",在导师建设上"学术优先、全力赋权",在学位授予上"国际标准、两级审核",在培养模式上"所系结合、科教融合",在国际交流上"面向世界、开放办学"。

一、起航(1978～1994年):改革不息、敢为人先

　　面对"科研人员数量少、水平不高,特别是青年科研人员缺少的'青黄不接'现象",1977年9月,中科院先后向国务院呈交《关于中国科学技术大学几个问题的报告》和《关于招收研究生的请示报告》,拟委托中国科大在北京设立研究生院,探索开展研究生招生和培养工作。两份报告得到了党中央、国务院的批示同意,中国研究生教育事业自此重获生机,而中国科大研究生院则成为践行国家意志的首要单位。1977年10月20日,新华社、《人民日报》刊发《中国科技大学研究生院在京成立》并开始招收研究生的消息,时任中国科大副校长、校务委员会副主任的严济慈院士在同期《人民日报》头版亦发表署名

文章《为办好研究生院而竭尽全力》，决心"建立健全新的研究生制度，努力把研究生院办好……为培养我国年轻一代的科学技术人才而竭尽全力"。文章甫一刊出即引起巨大反响，全国报考来信高达6500多封。遵照中科院和教育部联合制定的招生办法严格遴选后，当年全院共录取170名1977级研究生（含为其他单位录取的研究生）。此举标志着中断十多年的研究生制度在全国范围内正式恢复。

1978年3月1日，中国科大研究生院130名1977级研究生在北京玉泉路入学，此日后被定为研究生院的成立日；3月31日，国务院发文任命严济慈院士为中国科大研究生院首任院长。自此，中国科大研究生院成为经国务院批准创办的新中国第一所研究生院，并带着党和国家领导人的重要嘱托和为共和国培养高级科研人才的光辉使命开启了其后四十年的建设征程。

建院之初，百废待兴且一无可鉴，中国科大研究生院以"敢为天下先"的闯将精神，着手制定并探索实施了一系列研究生教育制度，例如，在《关于招收研究生的请示报告》中将研究生培养目标设置为"具有本门学科系统而坚实的理论知识，能够独立进行研究工作，至少能够熟练地运用一门外语"，实行三年学制，采用"自愿报名，政治审查，严格考试，择优录取"的招生原则和"基层党组织负责政治培养、指导教师负责业务培养"的育人方案；在建院伊始就制定"面向世界、开放办学"的宗旨，邀请海内外著名科学家讲学、授课，与国外著名高校、科研机构建立广泛的合作与交往，积极开展广泛的国际学术交流与合作研究；1978年着手设计并实施研究生教育"弹性学制"，并分两个阶段开展高端人才培养工作；1978~2000年分三次递进推行研究生课程体系改革，相继建立稳定的课程体系、完成新形势下课程体系的结构性调整、进一步拓宽课程涵盖面并促进课程体系精品化；1979年首倡设立"郭沫若奖学金"，用以表彰学校德、智、体全面发展，学习成绩特别优异的本科生和研究生，此为共和国首个用个人名字命名的奖学金；1979年发布《研究生院关于第一届研究生今后培养工作的几点意见》，决定设立硕士、博士两级学位，成为全国最早开展学位授予的单位；1979年制定各学科研究生基本课程设置和实行学分制办法，并于当年开始执行；1982年建立首届学位评定委员会，并先于国务院学位委员会对学位论文格式做出暂行规定；1987年实行研究生资格考试制度，对硕士研究生实行"分流退出"；1988年建立研究生兼任助研助教制度；1990年试行博士生副导师制度；1993年成立博士生导师资格评审委员会……以今日之眼光来看，这些迄今为止已基本推行至全国的制度，不仅具有历史创造性还具有时代超前性，中国科大研究生院以一己之力率先作为，引领全国研究生教育制度的创设完善和改革变迁，并打造了具有浓郁中国科大特色且被实践检验行之有效的研究生教育"制度美学"。

除了着手制定完善的研究生教育基本制度外，中国科大研究生院还在艰苦的办学条件下以强烈的历史担当开展了一系列探索，并在人才培养、组织完善、学科建设、科学研究、国际交流等方面取得了辉煌业绩。建院早期，中国科大研究生院因在临时搭建的几十栋木板房中办学而获称"板房学院"，但在此间"谈笑有鸿儒，往来无白丁"：考入中国科大研究生院的学子不畏艰苦、勤奋求学；三尺讲台上，常有彭桓武、黄昆、谈镐生、邹承鲁、

前言

刘东生、关肇直、吴文俊、陆启铿等国内顶尖科学家讲学传道,亦可见李政道、吴大俊、陆光祖、陈树柏、叶楷、易家训、梅强中、吴耀祖等国外著名华裔科学家授课解惑,其学风之盛,师资之强,在同期国内高校中可谓一时无二。1979年,中国科大研究生院启动实施"中美联合招考物理研究生项目"(CUSPEA)并于次年成立招生考试委员会,为中国大学毕业生赴美深造开辟新的途径并提供指导服务,在1979~1988年连续十年开展的CUSPEA录取工作中,中国科大共有237名学生入选,占全国总入选人数的25.8%,位居第一。1981年6~12月,我校6名1978级研究生获批参加博士学位试点并全部以优良的成绩通过学位课程考试;两年后的5月27日,国务院学位委员会、北京市人民政府在人民大会堂联合召开博士学位、硕士学位授予大会,首批授予博士学位的18人中,白志东、苏淳、李尚志、范洪义、单墫、赵林城等6人为中国科大研究生。1981年11月26日,中国科大正式被国务院批准为首批博士和硕士学位授予单位,基础数学等11个学科获批博士学位点,计算数学等24个学科获批硕士学位点。1985年,鉴于研究生数量已具备相当规模且已形成完整的学位授予体系,中国科大决定在合肥校本部筹建研究生院并获国家教委认可,至2000年,中国科大在北京、合肥同时拥有两大研究生院。1988年7月22日,国家教委公布"首批国家重点学科",中国科大的基础数学、计算数学、固体力学、固体物理(联合低温物理)等4个学科获批。中国科大研究生院建院至1994年间,学校先后邀请了诺贝尔奖获得者波特和桑格、美国韦恩州立大学校长波纳、美国杰出科学家赖蒙德等国外著名学者来校讲学或交流,并授予诺贝尔奖获得者阿卜杜勒·萨拉姆教授和丁肇中教授名誉博士学位。在此期间,中国科大研究生成功研制出零电阻温度高于130 K的超导材料,创世界纪录;我校10名研究生被授予"做出突出贡献的中国博士、硕士学位获得者"荣誉称号。1980年至今毕业于中国科大的研究生中,有15名硕士、9名博士成长为中国科学院和中国工程院院士……

二、领航(1995~2014年):创新不止、勇立潮头

1995年11月,经国务院批准,原国家计委、原国家教委和财政部联合下发《"211工程"总体建设规划》,以"面向21世纪、重点建设100所左右的高等学校和一批重点学科"为战略目标的"211工程"正式启动。1998年5月4日,时任国家主席江泽民代表中国共产党和中华人民共和国中央人民政府向全社会宣告:"为了实现现代化,我国要有若干所具有世界先进水平的一流大学。"次年,"985工程"正式启动建设。1998年,党中央、国务院做出建设国家创新体系的重大决策,决定在中国科学院开展"知识创新工程"试点。以上三大工程开启了中国高等教育的"重点建设"时代,中国科大相继成为"211工程"首批重点建设高校、"985工程"首批重点建设9所高水平大学之一、"国家知识创新工程"唯一参与高校。在此背景下,如何构建结构更优的制度体系、如何培养质量更好的创新人才、如何建设水平更高的学科领域、如何产出影响更大的科研成果、如何开展范围更广的国际交流以支撑学校加快建成"具有世界先进水平的一流大学",成为中国科大学位与研究

生教育的时代使命和中国科大研究生院的阶段任务。为此,学校开展了如下一系列探索并取得了突出成果。

在建章立制上,自1996年起继续推行和扩大硕博连读制度,努力增加"四二三分流"和免试推荐比例,在国内最早探索"本-硕-博""直接攻博""硕博连读"一体化人才培养模式;1998年制定新的《学位委员会章程》,率先按照一级学科、相关学科群及有关独立管理单位成立学位分委员会和校学位委员会两级学位管理体制,实行学士、硕士、博士三级学位统一管理;1999年颁行《学位授予实施细则》并屡经修订,确立以"独立科研能力、国际交流能力"为研究生培养的核心准则,形成了与国际接轨的学位质量标准;1999年制定《研究生导师工作条例》,最先开展将"博导"作为工作岗位的导师遴选机制改革;2000年建立"大师讲席"制度,创新导师队伍建设机制,吸引海外高层次人才定期来校承担研究生课程教学任务;2000年印发《交叉学科研究生培养管理办法》,在国内较早专门制定专项制度鼓励研究生从事交叉学科研究;2002年颁布《设立助教、助研岗位,实行岗位津贴制度(暂行)》,在国内最早设立研究生"三助"岗位;2002年制定实行《研究生学术道德规范管理条例》,较早从制度视角营造良好的学术氛围和道德环境;2009年率先全面实施研究生培养机制改革,实施分类培养,在硕士研究生教育层面开启科学学位与专业学位分类转型,在博士研究生教育层面建立分类质量评价体系;自2006年起,学校对运转了近30年的研究生院管理体制进行改革,以"培养质量至上、服务导师为本"为基本思路积极构建服务型研究生院,强化二级管理机制,在招生选才、复试面试、导师遴选和经费使用等方面赋予院系和导师实质性权力;自2009年起,探索实行新型"弹性化"学制,研究生修满基本学分后,可在工作中继续学业;2011年出台《工程博士专业学位教育实施办法(试行)》,为国内较早制定工程博士培养标准的单位之一。

在人才培养上,中国科大研究生院自1997年起在全校范围内主办或支持举办研究生学术报告会,以此长效机制鼓励研究生开展高水平科研工作,产出高水平学术成果;1999~2002年重点支持建设100门研究生课程,并对全校研究生课程进行教学检查;从1999年积极参与首届"全国优秀博士学位论文"评选,至2013年全校共有45篇论文入选"全国优秀博士学位论文",入选总数居全国高校第5,其中首届"全国优秀博士学位论文"获得者谢毅博士现已成长为中国科学院院士;自2002年在全国率先开发"网上学位申请信息系统"至今,已建成学位与研究生教育全程信息化管理系统,为保障研究生学位授予质量提供了有效支撑;积极参与自2004年起连续开展的"中科院优秀博士学位论文"评选,迄今全校已有173篇论文入选,入选总数高居中科院系统所有单位第1;自2007年起连续举办"中国科大-香港城大博士生学术论坛",是内地最早与香港城大联合培养博士研究生的单位之一,迄今为止联合培养的研究生已取得一批优秀学术成果并在各领域成长为高级人才;自2009年起,率先启动研究生招生机制改革,搭建信息化招生宣传平台,面向目标区域、目标高校精准实施以教授宣讲团、科学家报告团、大学生夏令营为主要着力点的"走出去、请进来"的研究生招生系列活动,为学校遴选优质生源;自2009年起,设计与实施13种校内研究生教育创新计划项目,成为学校探索新形势下研究生教育规律、

前言

提升研究生培养质量的创新举措;自2011年起,连续实行"研究生、本科生科技创新大汇堂",其交流形式之新颖、参与人员之广泛,被国内媒体誉为"科技创新嘉年华";自2013年起,深化推进专业学位研究生综合改革,在全国率先实施"集团军"化培养模式,并先后建成三大全国专业学位研究生联合培养示范基地和多个实践基地,为专业学位研究生职业胜任能力培养提供实践实训优质平台。

在学科建设上,自1981年起,连续参加历届国务院学位授权审核工作,全校现有27个一级学科博士学位授权点、19个领域专业学位授权点;自1988年起,连续参与国家重点学科评审,现拥有8个一级学科国家重点学科、4个独立的二级学科国家重点学科、2个国家重点(培育)学科,一级学科国家重点学科数位列全国高校第6,理学博士点国家重点学科覆盖率达100%;自1996年起,率先集中有限资源建设共用、共享、开放的研究生教育公共实验中心,此举成为中国科大引领全国"211工程""985工程"建设的宝贵经验之一;1997年成立全国高校首家"学位与研究生教育评估中心",旨在探索建立学位与研究生教育的质量保证体系和监控机制;自2002年起,连续参与全国一级学科整体水平评估,2012年公布的第三轮学科评估结果显示,我校进入排名前5的学科数为9个(其中理学7个),进入排名前10的学科数为14个,全校基础学科均进入国内高校学科排名前5,理学等基础学科继续保持优势地位;2002年至2012年的ESI学科数据显示,中国科大有10个学科进入国际前1%,在国内高校中位于前列。

在科学研究上,自1998年至今,我校博士研究生、硕士研究生长期参与南极科考活动,研究团队所获取的创新成果入选"全国优秀博士学位论文"并在国际顶级期刊发表;自1995年三大重点建设工程开展以来,全校已有多名在校博士生在 *Science*、*Nature*、*Cell* 等国际顶级期刊发表学术论文,中国科大研究生出色的科研业绩为国际国内学术界所瞩目;自2001年至今,我校研究生与导师合作完成的18项成果屡次入选"世界科技十大进展""国内十大科技进展""中国高校十大科技进展";自2005年起,我校研究生参与的机器人团队在国内外最权威的机器人学术竞赛中不断取得好成绩,先后获得多项世界大赛冠、亚军以及一大批全国大赛冠军。

在国际交流上,本阶段学校先后邀请诺贝尔奖获得者杨振宁、哈佛大学卡马克、图灵奖获得者埃德蒙、《美国化学会志》主编皮特、美国圣母大学迈克尔、威斯康星大学麦迪逊分校劳伦蒂、加拿大滑铁卢大学戴维、德国科学院院士格哈德等多位教授为我校研究生授课讲学,邀请范围、人数较建院初期均有巨大提升;自1995年起,学校先后与瑞士联邦理工学院合作成立"联合高能物理研究所",与加州大学伯克利分校签署人才培养合作协议并共建纳米科学技术学院,与麻省理工学院签署协议并共建5个学科,与法国SKEMA商学院签署联合培养双硕士研究生项目合作协议等,一系列共建举措有效深化了学校人才培养和科学研究的国际化程度;2004年、2013年我校分别授予诺贝尔奖获得者特霍夫特、美国国家工程院院士里克·雷斯特名誉博士学位,至此,学校共向全球4位顶级科学家授予了博士学位;在此期间,我校研究生先后荣获2009年"IEEE最佳论文奖"、"MobiMedia 2009最佳学生论文奖"、2010年"IEEE年会最佳青年作者论文奖"、2010年

"国际基因工程机器大赛(iGEM)金奖"、"诺贝尔获得者大会"参会资格、"IUMAS-6 国际会议奖"等,在国际舞台上具备了越来越多的学术话语权。

三、远航(2015~):初心不忘、内涵发展

2015 年 10 月 24 日,国务院发布《统筹推进世界一流大学和一流学科建设总体方案》,全国"双一流"建设征程正式开启,这是继"211 工程""985 工程"之后,在全国层面启动的更加宏伟的重点建设战略,为此,中国科大时任校长、研究生院院长万立骏院士专门撰文,指出"双一流"吹响了中国大学冲刺国际前列、打造顶尖学府的"冲锋号",并向全国庄严宣示:我校将全力建成具有世界水平、中国特色、科大风格的世界一流大学。2016 年 4 月 26 日,中共中央总书记、国家主席、中央军委主席习近平到我校考察,勉励学校勇于创新、敢于超越、力争一流,在人才培养和创新领域取得更加骄人的成绩,为国家现代化建设做出更大的贡献,这是党和国家领导人对我校的重要嘱托。2017 年 9 月 20 日,教育部公布"双一流"建设高校及建设学科名单,我校入选"世界一流大学"A 类建设高校,并有 11 个学科获批建设"世界一流学科"。在此"新时代",中国科大学位与研究生教育事业如何更好更快地跨越式发展、如何更多更优地培养高水平人才才能不负国家嘱托和不负人民期待,成为新形势下研究生院必须思考好、谋划好、解决好的核心议题。

狠抓一流导师队伍建设不放松,是中国科大新时代研究生教育发展的根本路径。建院伊始,中国科大研究生院就注重凝聚一支具有持续创新力和国际竞争力的一流师资队伍,至 2018 年 3 月,共聘请 646 名教授、729 名副教授(含相当专业技术职务人员)担任研究生导师,并拥有两院院士、长江学者、国家杰出青年学者、千人计划等各类高层次人才(不重复统计)共计 390 人(占固定教师总数 31.5%)为全校博士研究生提供一流的学业指导。同时,在"减轻教师负担,提高工作效率"方面,中国科大研究生院提前布局,近年来深化推进导师信息服务系统建设,力争做到"一键式""一站式"信息服务,把导师从烦琐的文书工作"海洋"中解放出来,实现信息管理和导师服务由"有形"向"无形"的转变;自 2006 年至今,研究生院坚持开展新增导师培训,邀请具备丰富研究生指导经验的两院院士、杰出人才为历届新增导师授课答疑,该项工作已制度化、机制化,尤其是 2015 年,研究生院创造性地开展"一校四地"校、所导师培训,极大提升了新增导师培训范围;自 2007 年至今,研究生院长期坚持院士座谈、研究生导师座谈会议机制,坚持听取院士和其他导师对我校学科建设与研究生培养工作的意见和建议,不断提高我校研究生培养质量和学科建设水平;自 2015 年起,研究生院以教职工代表大会、研究生代表大会、师生座谈会和网络平台为着力点,搜集师生关切议题并"定点"解决,同时加快推进"放管服结合",在营造师生满意的科教环境上力争"管得更细"、在授予导师指导的实质权力上力争"放得更多"、在提供立德树人的各项服务上力争取"做得更好"。

提升一流人才培养质量不懈怠,是中国科大新时代研究生教育发展的核心使命。"培养拔尖创新人才"是"双一流"建设总体方案"五大建设任务"之核心,在围绕拔尖创新

前 言

人才培养上,中国科大研究生院长期坚守"两段式、三结合、长周期"的人才培养模式,近几年还采取了新思路、践行了新举措:对全校研究生学位标准执行时间进行统一,要求无论何年入学的研究生均执行学位申请年度标准;对全校各学科学位标准进行梳理,要求各学位分委员会逐步制定更能体现中国科大"世界一流大学"水平的先进标准;对全校博士研究生撰写优秀博士学位论文进行激励,发布校级《优秀博士学位论文评选办法》,助推博士生全力产出具有突出创新价值的学术成果;对工程博士专业学位教育实行改革,在招生培养、成果要求和学位授予等环节做出明确要求,成立工程博士教学指导委员会和工程博士专业学位分委员会两个委员会,自上而下形成一套完整的质量监控体系;对科教融合学院师生进行激励,制定《科教融合优秀研究生奖、优秀导师奖管理办法》,鼓励科教融合学院师生为学校做出更多更好的学术贡献。

强化一流学科体系建设不歇脚,是中国科大新时代研究生教育发展的必由之路。2015～2018年,我校ESI前1%学科由10个增至12个,物理、化学、材料、工程等4个学科进入ESI前1‰。2017年教育部学位与研究生教育发展中心公布了全国第四轮学科评估结果,我校7个学科获评A+,A+学科数位居全国高校第5;相较第三轮学科评估结果,学校优质学科建设成效突出、进步明显;结合"世界一流学科"建设名单来看,学校建设的数学、物理学、化学、天文学、地球物理学、生物学、科学技术史、材料科学与工程、计算机科学与技术、核科学与技术、安全科学与工程等11个"世界一流学科"均为A类学科。2018年1月,我校向社会发布了《世界一流大学建设方案》,根据该方案,学校将根据"11+6+1"学科布局重点建设上述11个"世界一流学科",量子信息与网络安全、医学物理与生物医学工程、脑科学与类脑智能技术、力学与材料设计、信息计算与通信工程、管理科学与大数据等6个交叉学科以及1个环境与生态学科群,同时发展中国科大新医学和新工科,培育新的学科增长点。研究生教育作为学校"11+6+1"学科布局和新医学、新工科建设得以实现的核心动力源之一,将在上述领域重点部署优质生源力量;利用好科教融合学院研究生教育实质融合优势,依托优势目标学科开展拔尖创新人才培养和导师队伍建设;组织开展学科合格评估、水平评估和国际评估服务,不断完善学科质量监控体系,逐渐形成常态化的学科评估制度和模式,对学科布局和建设水平进行"全面体检"和"精准诊疗",持续精准提高高端人才培养、导师队伍建设和科学研究水平。

秉承一流科教融合传统不动摇,是中国科大新时代研究生教育发展的应有定力。自1978年至今,中国科大学位与研究生教育始终继承和发扬"全院办校、所系结合"的传统,并根据时代发展不断深化"科教融合"内涵,在本阶段创造性地探索出了"教育归口、五个统一"的科教融合学院建设新路径。自2013年至今,尤其是近三年来,学校进一步加快科教融合学院共建进度,先后与中科院合肥物质科学研究院、中科院金属研究所、中科院苏州纳米技术与纳米仿生研究所、紫金山天文台、长春应用化学所、苏州生物医学工程技术研究所分别共建中国科大研究生院科学岛分院、材料科学与工程学院、纳米技术与纳米仿生学院、天文与空间科学学院、应用化学与工程学院、生物医学工程学院(筹),科教融合学院的研究生教育全部归口并入中国科大,由学校统一招生、统一培养与管理学籍、

统一建设信息服务平台、统一授予学位、统一设置机构。为了更好地发挥科教融合导师在学校学科建设和高端人才培养中的重要作用，研究生院还制定了《科教融合博士、硕士研究生指导教师管理办法》，对科教融合导师聘任原则及基本条件、遴选程序及岗位职责、聘任要求与考核评价均做出详细规定，2018年度共聘任1152名科教融合学院研究人员担任我校科教融合导师；同时制定科教融合学院导师和管理人员培训规划，拟对其大规模开展专业培训，要求科教融合学院按照校本部人才培养标准开展各项工作。

提供一流咨政育人服务不含糊，是中国科大新时代研究生教育发展的内生担当。建院至今，我校学位与研究生教育始终与时代同呼吸、与国家共命运、与改革齐奋进，四十年来，中国科大研究生院积累了一批具有丰富育人经验的指导教师、锻造了一支具有良好研究素养的青年团队、产出了一些具有实践指导价值的优秀成果，这些都是在党和国家、在学校的全力支持下取得的。基于大学的基本使命、基于研究生教育战线的实践需求，中国科大研究生院有责任、有义务、有决心把这些成果回馈于社会、服务于国家。自1981年至今，中国科大的导师长期担任国务院学位委员会学科评议组成员，尤其是2015年以来，来自我校的学科评议组成员人数达12人；自2003年至今，我校导师亦长期担任安徽省学位委员会委员，2015年当选人数为6人；自2003年至今，有一大批我校导师担任教育部有关科类全国高等学校教学指导委员会成员、中国学位与研究生教育学会副会长或分支机构委员。建院以来，我校研究生院团队先后出版《思与行》《理与路》等学位与研究生教育著作14部，在《新华文摘》《人大复印资料》《清华大学教育研究》《中国高等教育》等国内著名期刊发表（被转载）学术论文百余篇，实践成果荣获"国家级教学成果二等奖""中国科学院教育教学成果特等奖""中国学位与研究生教育学会研究生教育成果一等奖"等。2017年，由我校与中国学位与研究生教育学会联合主办的学会会刊《研究生教育研究》重回 CSSCI 来源期刊，该期刊现已发展为我国研究生教育研究者和管理者最重要的学术交流平台之一。

四十年来，中国科大研究生院秉承"红专并进、理实交融"校训精神，发扬"全院办校、所系结合"办学传统，坚守"精品办学、英才教育"育人理念，与国家改革开放同步起锚，在高等教育蓝海勇立潮头，向造就高端人才扬帆前行，以乘风破浪之姿和一往无前之勇已然并将继续为国家科教事业探索一条具有"国际水平、中国特色、科大风格"的崭新航道。

编　者
2018 年 3 月于中国科大研究生院建院四十周年之际

目 录

上 册

前言 ……………………………………………………………… (ⅰ)
1978 年及以前 …………………………………………………… (1)
1979 年 …………………………………………………………… (22)
1980 年 …………………………………………………………… (27)
1981 年 …………………………………………………………… (34)
1982 年 …………………………………………………………… (42)
1983 年 …………………………………………………………… (47)
1984 年 …………………………………………………………… (51)
1985 年 …………………………………………………………… (56)
1986 年 …………………………………………………………… (61)
1987 年 …………………………………………………………… (65)
1988 年 …………………………………………………………… (69)
1989 年 …………………………………………………………… (73)
1990 年 …………………………………………………………… (77)
1991 年 …………………………………………………………… (80)
1992 年 …………………………………………………………… (83)
1993 年 …………………………………………………………… (86)
1994 年 …………………………………………………………… (90)
1995 年 …………………………………………………………… (95)

1996 年	(100)
1997 年	(110)
1998 年	(118)
1999 年	(129)
2000 年	(142)
2001 年	(149)
2002 年	(158)
2003 年	(175)
2004 年	(192)
2005 年	(223)
2006 年	(261)
2007 年	(303)
2008 年	(339)
2009 年	(377)
2010 年	(439)

下　册

2011 年	(495)
2012 年	(555)
2013 年	(619)
2014 年	(677)
2015 年	(731)
2016 年	(791)
2017 年	(839)
2018 年 5 月以前	(893)

目 录

附录 ·· (909)

　　附录 1　我校毕业研究生当选中国科学院院士名录 ··· (909)

　　附录 2　我校毕业研究生当选中国工程院院士名录 ··· (910)

　　附录 3　国务院批准的我校前五批博士学位授权学科、专业和指导教师名单
　　　　　··· (910)

　　附录 4　中国科大历届校学位评定委员会委员名录 ··· (914)

　　附录 5　2003～2017 年我校教师担任国务院学位委员会学科评议组成员名单
　　　　　··· (915)

　　附录 6　2003～2017 年我校教师担任安徽省学位委员会委员名单 ····························· (916)

　　附录 7　2003～2017 年我校教师担任教育部有关科类全国高校教学指导
　　　　　委员会(分委员会)成员名单 ·· (916)

　　附录 8　1985～2017 年我校博士学位授予名单 ··· (918)

　　附录 9　中国科学技术大学"全国优秀博士学位论文"获得者名录(1999～2013)
　　　　　··· (1009)

　　附录 10　中国科学技术大学"全国优秀博士学位论文提名论文"获得者名录
　　　　　　(2003～2013) ·· (1012)

　　附录 11　中国科学技术大学"中科院优秀博士学位论文"获得者名录
　　　　　　(2004～2017) ·· (1014)

　　附录 12　中国科学技术大学"安徽省优秀博士学位论文"获得者名录
　　　　　　(2009～2014) ·· (1023)

　　附录 13　中国科学技术大学"安徽省优秀硕士学位论文"获得者名录
　　　　　　(2008～2014) ·· (1026)

　　附录 14　2017 年(首届)"中国科学技术大学优秀博士学位论文"获得者名录
　　　　　　··· (1031)

　　附录 15　2017 年(首届)"中国科学技术大学优秀博士学位论文提名论文"
　　　　　　获得者名录 ··· (1033)

　　附录 16　我校 1991～2017 年度"中国科学院院长奖"获得者录 ······························· (1034)

　　附录 17　我校 2000～2017 年度"求是奖学金"获得者 ··· (1038)

　　附录 18　我校 2010～2012 年"博士研究生学术新人奖"汇总表(国家级) ·············· (1041)

　　附录 19　我校 2010～2012 年"博士研究生学术新人奖"汇总表(校级) ················· (1043)

　　附录 20　我校 2012～2017 年博士研究生国家奖学金获奖学生汇总表 ···················· (1048)

　　附录 21　我校 2012～2017 年硕士研究生国家奖学金获奖学生汇总表 ···················· (1069)

　　附录 22　中国科学技术大学重点学科建设一览表 ·· (1116)

　　附录 23　中国科学技术大学一级学科学位授权点一览表 ······································· (1117)

附录24　中国科学技术大学专业学位授权点一览表·····················(1119)

附录25　我校研究生院团队近年承担的教育部、国务院学位委员会办公室、
　　　　中国研究生教育学会重点课题·····················(1120)

附录26　我校《研究生教育研究》编辑部团队2010～2018年出版著作一览···(1121)

后记···(1123)

1978年及以前

(一) 中国科学技术大学统一组织协调中国科学院研究生招生培养工作的先期探索

1958年9月,中国科学技术大学(简称"中国科大")成立于北京,中国科学院(简称"中科院")实施"全院办校、所系结合"方针创建中国科大,中科院大批科学家走上中国科大的讲台,为中国前沿、尖端科技的发展培养后备人才。早在研究生院成立之前,中国科大就承担着统筹安排中科院各研究所的研究生管理和培养的任务。从1955年开始,中科院正式招收研究生,当年招收研究生70名,1956年招收249名。1957年因受"反右"运动影响,只招收了20名研究生。1958年、1959年停止招生。1960年、1961年各招收研究生70名左右。1962年开始扩大招生规模,当年招收200名研究生。随着研究生人数不断增多,如何规范招生和培养工作,日渐成为中科院科学家和管理部门需要解决的问题。

1962年10月,时任中科院地球物理研究所所长、中国科大地球物理系主任的赵九章致信中科院副院长张劲夫、副秘书长郁文提出:为了全面统筹中科院研究生的招收与培养,更有效地培养青年科学工作者,应该安排中国科大组织协调中科院研究生培养工作，总结各研究所培养研究生经验，为在中国科大开办研究生院做准备。信中写道："我院（即中科院）办有科技大学，将来亦必逐渐加重研究生的培养，在我院开办研究生院之前，是否可以考虑我院及科大的具体情况，逐渐采取一些措施，为我院开办研究生院做好准备。"关于研究生入学考试命题，他提出："除专业课程应由导师负责外，其余外文、高等数学、基础理论物理，可否请科技大学有关专业负担。"关于课程讲授，他建议："有关研究专题的基础知识的补充自应由各所负责，但非本所专长的，是否可请科技大学考虑此事，就科大各系专业课程并与有关所联系，开放各所自己开设的研究专题讨论班，逐渐在科大组织协调之下，开办研究生课程。"关于毕业考试及论文答辩，他提出："研究生毕业考试及论文答辩，各所组织考试委员会时，应请科技大学有关系及学校业务领导参加。"中科院副院长张劲夫、吴有训，中国科大党委书记郁文就此信做了批示，表示要考虑赵九章提出的建议。

中国科大开展研究生教育由此起步。几乎同时，我校向教育部上报了1963年研究生招生计划，拟招收11个专业的14名研究生，聘请钱学森、朱洪元、钱人元、林一、王葆仁、杨承宗等12人为研究生导师；1964年增加华罗庚、赵九章、叶笃正、陶诗言、顾震潮、傅承义等15人为研究生导师。1963年12月29日，我校举行研究生导师座谈会，杨承宗、王葆仁、林一等7人参加会议，他们就研究生考试命题、修业年限、研究生管理等方面提出了许多有益的建议，比如基础课命题由学校基础课教研室负责，研究生学制设为四年，成立专门机构管理研究生的入学和培养工作，由学校统一管理中科院的研究生等。1963年，我校实际录取10名研究生，次年录取研究生15名。

钱学森和他的研究生

由于研究生导师主要来自中科院各研究所，所以我校从一开始就提出了"统一管理、

1978年及以前

分散经营"的培养原则,注重研究生培养质量,这对后来成立中国科大研究生院是一种有益的尝试与探索。我校统一组织研究生的入学和培养工作,制定各专业研究生培养方案;要求研究生入学后前两年主要在学校集中学习政治、外语和专业基础课,后两年去相关研究所做科学研究和完成毕业论文。1964年,我校编制了《1963～1972年培养研究生规划(草案)》,提出10年中招收26个专业164名研究生,前5年招收59名。当然这个规划最后未能实现,到1966年"文化大革命"开始,我校共招收研究生29名。

我校 1963 年研究生入学登记表

(二) 赵九章、钱学森、郭永怀等建议我校创办研究生院

1963年5月,赵九章偶然看到美国《1962～1971年气象及空间物理规划》,其中详细

介绍了美国10年内是如何培养高级科学研究人员的,他感到了中科院高级科学研究人才培养的紧迫性,再次致信中科院副院长张劲夫和我校副校长武汝扬,提出先办研究生班、后建研究生院的建议。信中说道:"科大已经开办了5年,教学基础亦逐渐建立,我校的特点有二:一是有较多的科学家从事科研第一线工作,二是各所都是国家的重点研究单位,有较好的大型实验设备。因此,我们必须充分发挥这两个特点,一方面在今后高年级教学中予以体现,另一方面应参考美国一些著名大学(如加州理工学院、麻省理工学院、普林斯顿大学等)的情况,逐渐把重点放在研究生院,让研究生院成为我国培养研究人员的一个中心。""但是考虑到成立研究生院事关重大,不是短期可以解决的,因此我们建议在地球物理系内先试办研究生班,请学校代为解决外语及有关基础课程的旁听等问题,地球物理所解决某些专业的课程和专题报告等。由所系共同负责试办,取得经验,对将来成立研究生院会有帮助。"张劲夫再次批示并请中国科大提出创办意见,我校党委书记刘达认为:"赵九章同志的意见很好,值得我们重视……"当年6月,刘达访问力学研究所与11位兼课科学家座谈时,钱学森、郭永怀等也建议我校创办研究生院,与各所结合统一管理研究生,并给研究生补上所缺的基础理论与外文,我校同意接受这项任务。

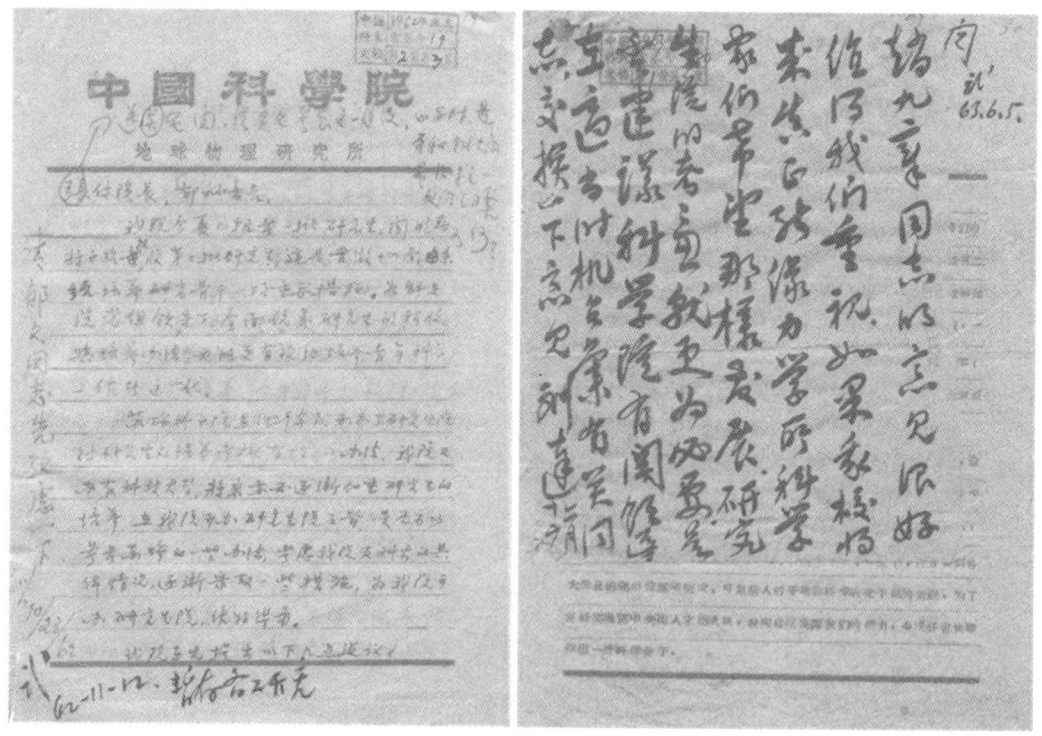

赵九章建议学校创办研究生院的信函

(三) 学校党委扩大会议决定暂代中科院开办研究生院

1964年2月,学校召开党委扩大会议,决定暂代中科院开办研究生院,在校人数保持在1000名。研究生的专业课教师由各所科学家担任,学校负责研究生院的行政管理、思想政治教育和基础课教学。2月28日,我校又召开了校务常委扩大会议,张劲夫和有关研究所正、副所长出席会议,会议对我校开办研究生院问题进行了讨论。5月6日,刘达主持召开中国科大第20次党委常委会议,决定开展研究生院筹建工作。同月9日,刘达、武汝扬等向张劲夫副院长汇报了我校中关村一分部和研究生院的建设问题,明确提出:充分利用各所的高级研究人员与实验设备,积极培养研究生;研究生院(学生数)暂按1000人规模,每年(招生)300人左右;政治、外文等基础课和专业基础课以及日常生活管理原则上由中国科大集中组织进行;筹备研究生院过程中应考虑把培养研究生与干部在职进修结合起来;将中关村东北角6万多平方米土地拨作研究生院与高年级学生教学、实验、宿舍建筑用地等。1964年9月,我校依托位于中关村的中国科大一分部开始试办研究生院,承担各所研究生的哲学、外语和其他公共基础课的教学以及开展思想政治工作。1965年,首届研究生有4个班100余名研究生在学。

据赵九章的女儿、我校1964届地球物理系毕业生赵理曾研究员回忆,当时中国科大研究生院已经办起来了,只不过没有正式命名:"我记得1963年时只有研究生班,归各所管,大家在一起学外语。1964年成立研究生院了,地址就在中关村,按照学部分成4个班,三班是地学部各所的学生。我是研究生院1964级三班的研究生,是研究生院的第一批学生。第一年学外语和政治,1965年参加'四清'运动,回来就赶上'文化大革命'。1965年科学院各所的研究生也到研究生院集中过,但'文化大革命'开始后,研究生院也就没有继续办下去。"我校1964届地球物理系毕业生胡友秋教授也回忆说:"1963年下半年,中关村科大教学楼里曾腾出一间办公室,里面安排了6位研究生,都是学地球物理的,这实际上相当于赵先生的试点。1964年,我被录取为赵九章先生的研究生,在研究生院学习期间,赵先生经常让我们参加由他创建的磁暴组学术讨论会。后来研究生院创办工作中断,但这几年的工作为1978年科大创办中国第一个研究生院奠定了基础。"

(四) 中科院第一次中国科大工作会议召开,会议要求我校培养研究生

1977年6月21日~7月7日,中科院召开工作会议,制定了中科院科学发展规划纲要,并在纲要中提出:办好科技大学;同时要求中国科大进一步提高教学质量,加强基础理论学习和实验技能训练,培养研究生。

1977年8月,中科院在中国共产党的第十一次全国代表大会上提出:"要在20世纪最后四分之一时间内把我国建设成为伟大的社会主义现代化强国迫切需要培养和造就大批又红又专的建设人才。这就要从教育入手,要真正搞好无产阶级教育革命。"在此精

神鼓舞下,在严济慈、华罗庚等老一辈科学家的倡导下,院领导郭沫若、李昌、武衡、胡克实、钱三强等人经多方研究决定:办好中国科学技术大学;委托中国科学技术大学在京设立研究生院。

1977年8月5～13日,中科院在北京召开第一次中国科大工作会议,研究中国科大的办学方向和具体措施。会议传达讨论了党中央关于科技工作和教育工作的指示,提出中国科学技术大学既要成为一个教学中心,又要成为一个科研中心,并制定了一系列拨乱反正的改革措施。中科院副院长李昌在大会上提出,中国科大不仅要成为教学中心,还要成为科研中心,不仅培养大学生,还要培养研究生,研究生结业以后还可以再培养两年。会议强调,中科院将继续实行"全院办校、所系结合"的方针,办好中国科学技术大学,为促进科技现代化做出贡献。会后,新华社以《一定要办好中国科技大学》为题报道了中科院召开中国科大工作会议的消息。《人民日报》在刊登新华社消息的编后按语中称:"在教育要大上的形势下,中国科学技术大学先迈开了一大步。"工作会议期间,中科院院长、中国科大校长郭沫若为学校题词:"忠诚党的教育事业"。

(五) 党中央、国务院同意中科院请示并批准设立"中国科学技术大学研究生院"

1977年8月13日,我校向中科院请示,要求在北京设立"中国科学技术大学二部",用于教员和学生到北京有关研究所实习,进行科学研究,为中科院研究生提供必要的基础课教学等。中国科大研究生院的筹建工作再次提上了议事日程。当年9月,中科院给国务院提交了两份请示报告:

一份是1977年9月5日呈交国务院的《关于中国科学技术大学几个问题的报告》(〔1977〕科发人字726号)。此报告在我校当年8月13日向中科院党的核心小组提交的《关于中国科学技术大学几个问题的请示报告》基础上,进一步提出七条意见,包括要继续采取"全院办校、所系结合"的方针;招收德、智、体全面发展的优秀应届高中毕业生,学制五年;采取措施加强科大的教学、科研工作;扎根安徽,把科大办成一个能够独立进行高水平的教学和科研的重点大学,并在北京设立中国科技大学研究生院;加大基建投入;学校的思想政治工作主要由安徽省委领导,行政业务工作主要由中科院负责等。其中第六条为:"在北京设立中国科技大学研究生院,为了充分发挥科技大学和北京各研究所在培养研究人才方面的作用,我院拟委托中国科技大学在北京设立研究生院。暂定(学生)规模1000人。由科技大学负责基础课教学,有关研究所教授专业理论和指导专业研究工作。"9月中旬,中共中央、国务院批示同意了中科院《关于中国科学技术大学几个问题的报告》。

喜讯传到我校后,全校师生欢欣鼓舞,奔走相告。《中华人民共和国教育大事记(1949～1982)》亦载:"九月(1977年9月——编者注)中科院委托中国科技大学筹建研究生院,研究生院有数学、物理、化学、天文、地学、生物学和无线电技术、计算机工程、空间

技术、环境科学以及科学组织管理等专业,一九七八年十月十四日,研究生院在北京开学,院长为严济慈。"9月30日,我校召开"隆重庆祝中国科学院《关于中国科学技术大学几个问题的报告》暨向科学技术现代化进军动员大会",动员全校师生员工认真学习中央通知,贯彻"七条"精神,努力建设学校。安徽省委第一书记、革委会主任万里和中科院副院长李昌出席大会并发表讲话,省委书记顾卓新、赵守一等领导同志出席大会。大会前夕,中科院党组及郭沫若、严济慈、华罗庚分别发来贺电,动员全校师生鼓足干劲,切实办好学校。中科院第一次中国科大工作会议和党中央、国务院批准《关于中国科学技术大学几个问题的报告》,实际上是党中央"拨乱反正"战略部署中的一个重要环节,不仅给我校的发展注入生机,而且是全国科技教育战线"拨乱反正"的一面旗帜,对全国科教战线的发展起了非常重要的前导作用,在全国产生了重要影响。自此,我校进入恢复发展和重新崛起的新时期。

另一份是1977年9月10日呈交国务院的《关于招收研究生的请示报告》([1977]科发人字754号)。为解决科研人员数量少、水平不高,特别是青年科研人员缺少的"青黄不接"的现象,除中科院采取举办进修班等措施外,我校还于9月10日向国务院呈交了《关于招收研究生的请示报告》,此报告指出:"委托中国科技大学在京区各所的大力协作下在北京筹办研究生院……研究生结业时,应在指教师指导下,独立地完成一项有一定水平的科研工作。科学院委托科大研究生院会同有关单位的学术委员会进行考核,做出鉴定。"根据本报告,中国科大研究生院计划招收研究生300人左右,此外还制定了研究生的招收、培养、待遇、学制和分配等暂行办法。1977年9月底,国务院决定在中科院所属的66个研究所和北京大学、清华大学、中国科大、浙江大学等4所大学恢复研究生制度。其他一些高校也相继恢复招收研究生。

中共中央、国务院于1977年9月15日批准了中科院第一个报告——《关于中国科学技术大学几个问题的报告》,于10月初批准了中科院第二个报告——《关于招收研究生的请示报告》,标志着党中央、国务院同意中科院委托我校建立"中国科学技术大学研究生院"。

(六)我校试招1977级研究生,标志我国研究生教育制度恢复

"文化大革命"过后,国家开始调整政策。1977年9月5日,中科院向国务院提交了《关于中国科学技术大学几个问题的报告》,提出:"为了充分发挥科技大学和北京各研究所在培养研究人才方面的作用,我院拟委托中国科技大学在北京设立研究生院。暂定规模1000人。由科技大学负责基础课教学,有关研究所教授专业理论和指导专业研究工作。"9月10日,中科院又向国务院提交了《关于招收研究生的请示报告》([1977]科发人字754号),提出了在教育部有关招收培养研究生的条例下达之前,中科院关于研究生工作的一些具体的办法,包括研究生的招生条件、录取方法、生活待遇、培养目标、学制及分配等。报告提出,经过政治审查、严格考试,择优录取自愿报名的应届大学毕业生和同等

学力人员为研究生;研究生的学习时间一般为三年;作为国家正式职工的研究生在学习期间领取原工资,应届大学毕业生和其他人员领取培养单位发放的助学金;研究生应在指导教师的指导下独立完成一项有一定水平的科研工作方能结业。《关于招收研究生的请示报告》全文如下:

为解决科研人员数量少、水平不高,特别是青年科研人员缺少的"青黄不接"现象,尽快把科学研究搞上去,我院除采取举办进修班等措施外,还拟委托中国科技大学在京区各所的大力协作下在北京筹办研究生院,同时,京外有条件的研究所根据需要和可能也开始招收、培养研究生。中国科学院系统今年暂定招收研究生300人左右。在教育部有关招收培养研究生的条例下达前,先制定以下暂行办法试行。

1. 培养目标

科大研究生院和院属其他单位培养的研究生,应当具有社会主义觉悟,熟悉马克思主义和自然辩证法,身体健康,具有本门学科系统而坚实的理论知识,能够独立进行研究工作,至少能够熟练地运用一门外语。在学业方面要求达到相当于国外较高标准的研究生毕业水平。

2. 学制和分配

研究生的学习时间一般为3年。毕业后由我院提出分配计划,报请国家计委批准。

3. 研究生的招收

招收政治思想好、学业成绩优异的应届大学毕业生和学业成绩特别突出的在校大学生以及具有相当于大学毕业文化程度,有较强的科研能力或有发明创造,适于进一步培养提高的优秀工人、贫下中农、知识青年和在职科技人员、青年教师以及其他工作者。

报考研究生必须身体健康,年龄一般在30岁以下,最大不超过35岁。

招收研究生由本人自愿报名,经过政治审查,严格考试,择优录取。

对于有培养前途的优秀人才,各部门、各单位要从全局出发,主动推荐,帮助挑选,共同做好研究生的招收工作。

4. 研究生的培养

政治上的培养,主要由培养单位的基层党组织负责;业务上主要由具有本专业深厚的专业理论知识并在科研上做出较好的成果的指导教师负责。指导教师的名单,由培养单位提出,经中国科学院批准。

研究生结业时,应在指导教师指导下,独立地完成一项有一定水平的科研工作。科学院委托科大研究生院会同有关单位的学术委员会进行考核,做出鉴定。

5. 研究生的待遇

研究生招生计划列入国家劳动计划和教育事业计划。

研究生入学时将户口和粮油供给关系迁入培养单位。

研究生学习期间的待遇按教育部和有关部委统一规定执行。在统一规定下达之前,拟暂定:国家正式职工被录取研究生后,将工资关系转入培养单位,学习期间领取原工资;应届大学毕业生和其他人员被录取研究生后,由培养单位发给助学金,其数额相当于

1978年及以前

应届大学毕业生定级工资的百分之九十。如果被录取为研究生的正式职工原工资低于研究生助学金数额时,可按助学金数额发给。

中共中央、国务院于9月15日批准了第一个报告,于10月初批准了第二个报告,决定在中科院所属的研究所和大学率先恢复招收研究生的制度。

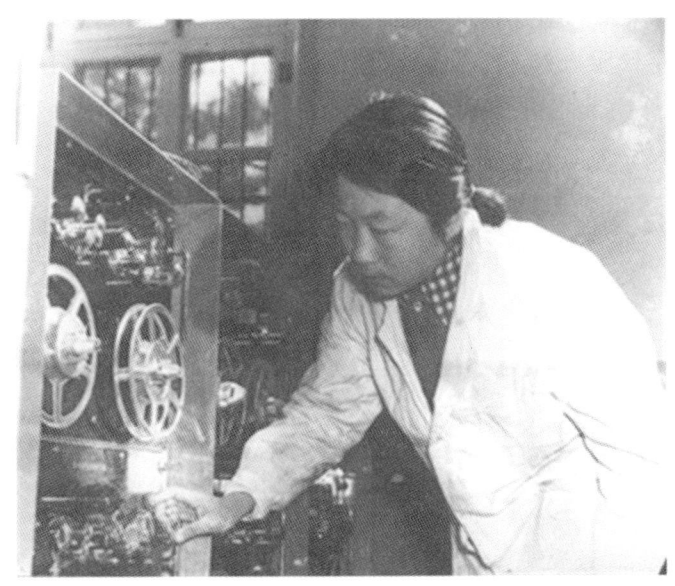

1977年六系研究生在做实验

9月下旬,中科院成立了以严济慈副院长为组长,包括钱三强副院长、叶笃正副院长在内的招生领导小组,并于不久后在人事局教育处设立招生办公室,开始部署试招1977级研究生的工作。10月20日,《人民日报》发表《培养科研人才适应四个现代化的需要 中国科技大学研究生院在京成立》和《为办好研究生院而竭尽全力》两文,向外界发布了中科院成立研究生院的消息和研究生的报考条件,并号召"有志于科学研究工作、适合报考条件的青年,踊跃报考研究生""各部门、各单位为了发展我国科学技术事业,为了赶超世界先进科学水平,主动推荐和帮助挑选有培养前途的优秀人才,共同做好研究生的招收和培养工作"。消息发出后,反响极为热烈,在两个月内,中科院就先后收到要求报考研究生的来信6500多封,其中200多封来信还附有报考人员的科研成果或学术译著。还有很多是推荐信,有领导推荐群众、老师推荐学生、师傅推荐徒弟以及同志之间互相推荐的等。在这种情况下,中科院决定增加1977年招收研究生的人数,并大幅增加报考专业个数,还从各研究所抽调了62人,分赴全国各主要省市进行宣传、解释、疏通渠道、了解报考情况等工作。招生采取自愿报名、由2~3名著名科学家推荐、笔试和面试相结合的方式,择优录取。因业务方面已有著名科学家的推荐,考试的内容主要为外语。因为高度重视,所以招生工作得以顺利进行。据时任教育处处长马先一回忆,中科院一共录取了170名1977级研究生(其中包括1977年分立出去的受中国社会科学院和水利水电科学研究院双重领导单位的少量研究生),有一部分学生是由严济慈、钱三强、叶笃正等

亲自面试的。凭目测发现新星的民办教师段元星,对植物分类学很有钻研、能辨认很多种植物的农械厂铸造工李振宇以及在插队期间自学数学并达到数学系本科三年级水平的肖刚,就是在这个时候被中科院分别录取为北京天文台、植物研究所和中国科大数学系的研究生的。

1977年10月12日,国务院批转教育部《关于高等学校招收研究生的意见》,指出条件比较好的高等学校应从1977年起积极招收研究生。1977年11月3日,中国科学院和教育部联合发出1977年招收研究生具体办法的通知。这标志着中断了十多年的研究生制度在全国范围内正式得以恢复。

(七)我校启动"中国科学技术大学研究生院"筹建工作

1977年9月26日,我校党委常委会研究决定成立研究生院筹建小组。严济慈任"中国科技大学研究生院筹建小组"主任,领导一班人开始筹划创建新中国第一所研究生院。筹建小组组成人员如下:

主任:严济慈

副主任:杨秀清(党委常委、校革委会副主任)

小组成员:刘军、战纪科、陈庆培、于庆华、黄有辛、张立秉等

在专职教师很少、校舍严重紧缺、课程体系尚未建立的极端困难条件下,严济慈带领全院师生迈出了坚实的步伐。首先是确定了培养目标——"政治觉悟高、知识面广、专业训练好、进取心强、敢于攻难关、攀高峰、开拓新方向的新一代生力军"。其次是坚持"全院办校、所系结合"的优良传统,聘请科学院各研究所的著名科学家担任兼课教师,使研究生们能很快接触到科学研究的前沿,并注意与社会科学的联系与结合。同时,面向世界,开放办学,聘请了李政道、杨振宁、陈省身、李远哲等世界级大师到校讲课和做学术报告,其中尤以李政道和杨振宁授课时间最长,影响最大。1978年10月14日,中国科大研究生院举行首届研究生开学典礼大会,大约500名导师和1000余名研究生参加了开学典礼,中国科大研究生院从此走上了历史舞台。

(八)新华社、《人民日报》刊发"中国科学技术大学研究生院在京成立"消息

1977年10月20日,《人民日报》在头版刊登了新华社于10月19日发表的电讯《培养科研人才 适应四个现代化的需要——中国科技大学研究生院在京成立》。新华社、《人民日报》刊发的此则新闻公布了中科院委托我校创办研究生院并开始招收研究生的消息,引起了很大反响。文章全文如下:

新华社一九七七年十月十九日讯 为了培养科学研究人才以适应四个现代化的需要,中国科学院委托中国科学技术大学创办研究生院。这个研究生院已在北京成立。

1978年及以前

国家发出关于科学工作的重要指示以来,中国科学院在培养又红又专的科研人才方面做了一系列工作,成立中国科技大学研究生院,就是其中重要的一项。

中国科技大学研究生院准备在最近两三年内招收一千名研究生,以后再逐年增加招生人数。

研究生的学习时间一般为三年,先用一年多时间在研究生院学习马列主义、自然辩证法以及数学、外语等基础课程,然后到中国科学院北京地区各研究所,在具有研究员、副研究员水平的指导教师的指导下,通过专业理论学习和专业研究工件实践,培养成为有较强能力的科研人才。研究生结业时,将在指导教师的指导下,独立地完成一项具有一定水平的科研工作,并且经过研究生院会同有关单位的学术委员会进行考核,做出鉴定。

《人民日报》刊发我院在京成立新闻及严济慈署名文章

按照中国科技大学研究生院的培养目标,他们培养出来的研究生,将具有社会主义觉悟,熟悉马克思主义,熟悉自然辩证法,身体健康,掌握本门学科系统而坚实的理论知识,至少能够熟练地运用一门外语,能够独立地进行研究工作。他们招收研究生的对象规定:凡政治思想好、学业成绩优异、身体健康、年龄在30岁以下(最大不得超35岁)的应届大学毕业生和学业成绩特别突出的在校大学生以及具有相当于大学毕业文化程度,有较强的科研能力或有发明创造,适于进一步培养提高的优秀工人、贫下中农、知识青年、在职科技人员、青年教师和从事其他工作的人,都可以自愿报名,经过政治审查和严格考试,择优录取。

中国科学院的负责人指出:我国早就实行过研究生制度,并且从中造就出了一批有作为的科学研究人才。当前,重新实行研究生制度,对于解决科研人员数量少、水平不高,特别是青年科研人员缺少的"青黄不接"现象,尽快地培养人才,把科研搞上去,具有重要的意义。他们希望各部门、各单位为了发展我国科学技术事业,为了赶超世界先进科学水平,主动推荐和帮助挑选有培养前途的优秀人才,共同做好研究生的招收和培养工作。

(九)我校副校长严济慈院士发表署名文章《为办好研究生院而竭尽全力》

1977年10月20日的《人民日报》同时刊发了时任我校副校长、校务委员会副主任严济慈院士的署名文章《为办好研究生院而竭尽全力》。文中,严济慈院士对我校研究生院提出了希望:"造就政治觉悟高、知识面广、专业训练好、进取心强、敢于攻难关、攀高峰、开拓新方向的一代闯将,成为赶超世界先进水平的生力军。"文章部分内容摘录如下:

最近,党中央和国务院批准中国科学院委托中国科技大学在北京筹办研究生院,并从今年起开始招收和培养研究生。我作为一个老科学工作者,能为国家培养年轻的科研人员做一点工作,感到特别高兴。

招收和培养研究生,无论从当前急需看,从长远需要看,都是非常重要的。这是尽快扩大和提高科学技术队伍的一个好办法。要进行一项深入的科学研究,需要有坚实的理论基础,需要掌握先进的实验技能。我们将对招收的研究生,进行三年左右时间的集中培养,使其达到上述的要求。这比在实际工作岗位上锻炼成长,要快得多,也好得多。这对赶超世界科学技术先进水平是必需的,对解决我国科学技术队伍当前存在的青黄不接现象更是需要的。

中国科学技术大学研究生院,是中国科学院委托中国科技大学同在京区各研究所的大力协作下,在中国科学院的直接领导下筹办的。对研究生的培养,有具体的途径和明确的要求。我们希望造就政治觉悟高,知识面广,专业训练好,进取心强,敢于攻难关,攀高峰,开拓新方向的一代闯将,成为赶超世界先进水平的生力军。

赶超世界科学技术先进水平,培养优秀的科研人才,这是全党的大事,全国的大事。近些年来,我们大学培养了一批优秀的毕业生,不少青年在工作实践中,做出了很好的成

1978年及以前

绩,有的有所发明创造。我们热切希望有志于科学研究工作、适合报考条件的青年,踊跃报考研究生。我们也恳切希望各部门、各单位,为了发展祖国的科学技术事业,为了赶超世界先进的科学技术水平,对于有培养前途的优秀人才,主动推荐,帮助挑选,大家共同努力来做好研究生的招收培养工作。

科技队伍的培养,基础在教育。作为科学研究机构来说,不仅要出成果,也要出人才。我们要进一步总结过去招收培养研究生的经验,建立健全新的研究生制度,努力把研究生院办好。

我虽已古稀之年,决不辜负伟大领袖毛主席生前的亲切教导,决不辜负党中央的殷切期望,决心为培养我国年青一代的科学技术人才而竭尽全力。

(十)"中国科学技术大学研究生院"印章启用

1977年11月9日,中科院下发《启用"中国科学技术大学研究生院"印章》的函(〔1977〕科发研字1019号)。公文指出,经党中央批准,我院"中国科学技术大学研究生院"在北京成立,并已开始工作。从即日起启用"中国科学技术大学研究生院"印章。随后,中科院就我校研究生院的办学经费来源、机构设置和人员编制等都做出了具体部署,并专门召开办好我校研究生院千人大会,对在我校开办研究生院作了全面动员。中科院党组副书记胡克实指出,中科院全面动员支援中国科大,要用全院的力量把中国科大办好,把中国科大研究生院办好。

(十一)中科院同意我校研究生院机构设置方案

1977年12月14日,中科院给财政部提交报告,报告中提出:"中国科技大学研究生院经费开支渠道问题……拟由科学事业经费中开支……请审示。"12月19日,中科院给中国科大研究生院下文:"你院〔1977〕研院人1号文收悉。经研究,原则上同意你院设立办公室、政治部、教务处、后勤处、基建办公室、数学教研室、外语教研室。教职工编制定为三百人。"12月26日,中科院给所属单位下文,文中指出:"经国务院批准,中国科技大学研究生院已正式在北京成立,并开始对外办公。该院为司、局级单位,自一九七八年一月一日起,财务、物资等单立户头。"我校为此于1977年12月26日曾专门发文通知。

(十二)我校研究生院在京正式成立,系经国务院批准创办的全国第一所研究生院

1978年3月1日,我校研究生院在京正式成立,这是经国务院批准创办的全国第一所研究生院。

新成立的我校研究生院院址为原北京林学院,国务院任命中科院副院长严济慈院士

任首届院长,设有数学、物理、化学、天文、地理、生物学、无线电技术、计算机工程、空间技术环境科学以及科学组织管理等专业。我校研究生院成立之初,便将职能定位为与京区各研究所协同培养研究生的一个单位,其主要职能是承担北京地区各所研究生的基础教学。研究生院的成立,成为我国恢复研究生教育制度的重要标志,在国内外引起了强烈的反响。

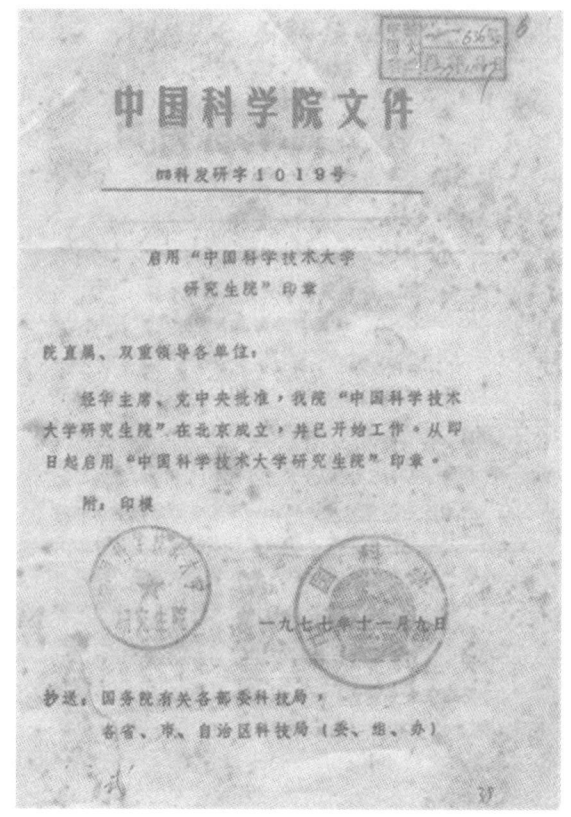

中科院关于《启用"中国科学技术大学研究生院"印章》的函

(十三)我校研究生院建院初期因教学条件简陋获称"板房学院"

1978年3月1日,130名中科院1977级研究生在玉泉路正式入学。这个日子后来被定为研究生院的成立日。较之1984年才成立的清华大学研究生院、北京大学研究生院等,中国科大研究生院要早成立数年。鉴于玉泉路校区校舍严重不足,而当时北京林学院拟扎根云南,在北京肖庄尚留有不少校舍和空地,经国务院批准,中科院决定把研究生院建到原北京林学院院内。1978年10月9日,中国科大研究生院在原林学院院内开学,10月14日,举行了隆重而简朴的1978级研究生开学典礼。典礼由研究生院副院长钱志

1978年及以前

道主持，中科院副院长、党组副书记李昌发表了讲话。参加典礼的有约500名老、中、青科学家导师和1000余名来自全国各地的研究生。其中，有北京地区研究生883人；上海、南京地区17个招生单位的200名研究生；东北、西北、西南、中南等地区18个招生单位的202名研究生和中国科大在合肥招收的107名研究生。这些研究生分别到附近的中科院分院或大学上基础课。他们有的是"文化大革命"前毕业或入学的大学生，有的是工农兵学员，有的是自学成才者，有的是上山下乡的知识青年，有的是教师，有的是研究人员……在年龄、成分和经历等方面存在较大的差异。虽然经过"文化大革命"的干扰、"读书无用论"的冲击，他们未必根基宽厚扎实，但能够在十里挑一（自动化所、力学所、数学所更是从约30位考生中录取1位）的竞争中脱颖而出，都可称得上是一时之俊彦。

在成立之初，研究生院把自己定位为与中科院在京各研究所联合培养研究生的学校，其主要任务是承担在京各所研究生的基础课教学。虽然从别的地方调一些专职教师来并不是特别困难，但有关领导认为，研究生院应实行"全院办校、所系结合"的方针，并"立足研究所，面向世界"。严济慈院长更是反复强调"要建设一座无教授的高等学府"，意思是说，中科院办研究生院要请国内外更多、更好的一流教授、学者来给研究生开课，要加强国际合作交流。

在这个思想的指导下，研究生院请来众多国内顶尖的科学家兼课。例如，请彭桓武讲授理论物理，请黄昆讲授固体物理，请谈镐生讲授流体力学，请邹承鲁讲授分子生物学，请刘东生讲授近代第四纪地质学与环境学，请关肇直讲授现代控制论，请吴文俊讲授机器证明，请陆启铿讲授微分几何及其在物理中的应用，等等。这些科学大家深入浅出、行云流水般的讲授，给同学们留下了极深的印象，有些同学在二三十年后还记忆犹新。也有一些中科院的科学家讲的课不及高校的教师那么流畅，但他们讲出来的心得经常超出了教科书；虽然他们对于某些问题的解答不那么肯定，但讲授时的思索颇能发人深省。

中科院还请了许多国外的知名学者，尤其是著名华裔科学家来研究生院系统授课。例如，1979年4月2日至5月18日，请诺贝尔奖获得者、美国哥伦比亚大学李政道教授来讲授"粒子物理""统计力学"；1980年1月12～17日，请美国哈佛大学吴大俊教授来讲授"积分方程""三维二体"；1980年4月8日～5月2日，请美国阿贡实验室陆光祖研究员来讲授"气体激光物理"；1980年5月8日～7月4日，请美国哈佛大学格里菲斯教授来讲授"变分学""力学"和"微分几何"；1980年8月1日～9月12日，请美国加州圣克拉勒大学陈树柏教授来讲授"电路网络""拓扑学"；1980年8月31日～9月10日，请美国密西根大学叶楷教授来讲授"光纤维通讯"和"大规模集成电路"；1981年5月4日～7月22日，请美国密西根大学易家训教授、麻省理工学院梅强中教授、加州理工学院吴耀祖教授来举办"力学的应用数学"暑期讲习班；1981年10月4日～11月4日，请美国科学院院士、芝加哥大学范诺教授来讲授"原子碰撞""量子统计"，等等。其中，影响最大的可能是李政道的课程。1979年4～5月，他一共来研究生院讲课111小时，前来听课的总计有900多人（其中300多人兼听两门课），除中科院的研究生外，还有全国26个省市自治区80多个高等院校以及中科院、国防科委和工业部门的38个研究单位的教师、科研人员和研究

生,因人数太多,不得不安排到北京科学会堂去讲,还要凭票入座。李政道在美国一般每年只讲课28~30小时,这次讲学相当于他在美国3年的授课量,对我国理论物理的研究和教学工作产生了深远的影响。据统计,截至1981年底,研究生院共聘请了21位国外著名学者来院讲学,他们和众多国内著名科学家一起,共为研究生院开设了152门课程,论起师资之强,在当时的国内高校可谓一时无二。

虽然"谈笑有鸿儒,往来无白丁",但在当时研究生院的办学条件却是非常之简陋。它在林学院的主体部分仅有一栋8000 m²的教学楼,第一、二两层做教室,第三、四、五层做宿舍。教师备课、干部办公、师生做实验不得不在临时搭建的几十栋木板房中进行,以至于大家都称它为"板房学院"。但正逢时代巨变、获得了难得的求学机会的莘莘学子仍是勤奋认真,学术气氛十分高涨。1979年李政道到此参观时,见景生情立即联想起了他年轻时就读过的西南联大。他对研究生们说:"这房子很像我们西南联大的房子,当时物质条件很差,我们住的是草房,十五六个人一间……我们从来没因为仪器少、设备不好,就感到比别人差。杨振宁、朱光亚、唐敖庆和我等等,都是在那里培养出来的。重要的是人,不是物质条件。仪器设备都是人造的,只要大家肯学习,把基础打好,把人培养出来,就可以创造一切。"他的这番话,给当时的研究生院师生以很大的鼓舞。

(十四)我校研究生院招收1978级研究生

在试招了一批1977级研究生之后,中国科学院于1978年1月下旬与教育部联名在《人民日报》发布《关于一九七七年招收研究生具体办法的通知》,教育部和中科院决定把中科院和各高校招收研究生的报名、考试办法统一起来,并将1977年、1978年两年招收研究生的工作合并进行,同时报考,一起入学,统称为1978级研究生。

1978级研究生的报名日期为1978年3月1日~3月31日,5月进行统一考试。7月,中科院结束招收研究生的初试工作,在14000余名考生中有2444人取得复试资格;接着对这些考生进行复试、政治审查等工作;然后由有关研究所的研究室党支部、导师或指导小组共同研究,择优提出录取名单;再经有关研究所党委逐个审定通过;最后报中科院研究生招生委员会和由副院长严济慈、副秘书长李苏负责的"录取审查小组"批准。由钱三强、贝时璋、王应睐、王大珩、钱人元、吴文俊、朱洪元、叶笃正、黄昆等著名科学家组成的研究生招生委员会尤其重视业务能力,有的同学政治成绩略低,但总成绩合格,数学、化学或其他某门学科的成绩非常突出,他们主张把这样的学生作为特殊人才破格录取;还有的同学成绩突出,但政审不合格,招生办还特意派人去相关单位调查,对冤案予以澄清后再行录取。考虑到由于"文化大革命"的耽搁,社会上已积攒了一大批优秀青年,招生领导小组决定,可以根据成绩多录取一些。

(十五)我校校本部启动"文化大革命"后首届研究生招生工作

在1978年我校在北京创办研究生院开始招收研究生之时,合肥校本部也启动了研

究生的招生与培养工作。1978年3月18~31日,全国科学大会召开,迎来了"科学的春天"。方毅在讲话中提出要扩大招收研究生。1978年1月16日,中科院决定将1977年、1978年招收研究生工作合并进行,统称1978级研究生。经国家计委、教育部批准,3月底,中科院决定1977年、1978年招收研究生900名,其中我校招收100名。同一时期,我校(中国科学技术大学)制定了本年度研究生招生计划(包括1977年招生计划),在41个专业的65个研究方向上,共计划招收101名研究生。

至1978年9月5日,经中科院研究生招生领导小组审核,批准我校录取1978级研究生107名,其中校内研究生82名,选派出国留学研究生25名。

(十六) 国务院任命严济慈为我校研究生院首任院长

1978年3月31日,国务院〔1978〕国政字5号文件批复:"同意严济慈同志任中国科技大学研究生院院长,马西林、秦穆伯、钱志道、彭平等同志为副院长。"

中科院副院长李昌宣布首任研究生院院长等领导任命。1978年4月26日,中科院副院长、我校第一副校长李昌为学校题词:"希望中国科技大学培养出基础科学知识坚实、实验技术水平高、外文好、身体健康、具有高度社会主义觉悟和革命纪律性的科技战士,为在本世纪内把祖国建成四个现代化的社会主义强国做出贡献。"学校召开全校师生员工大会。李昌、严济慈副院长及随行来学校检查指导工作的各系兼职主任、副主任,中科院教育局、计划局、基建局负责同志等参加会议。李昌、严济慈在会上做了重要讲话。李昌副院长在会上宣布了学校新的领导班子:杨海波任校党委第一书记、武汝扬任第二书记;王净、孔真任党委副书记。中科院批准学校设立政治部、教学部、科研部和校务部,另增加一个基建部。孔真兼任政治部主任,张耕野任教学部主任,李导任科研部主任,卢岗峰任校务部主任,张耕野兼任基建部主任。严济慈兼任我校研究生院院长,马西林任研究生院党委书记兼研究生院副院长,秦穆伯任副书记,钱志道、彭平任研究生院副院长。

(十七) 我校研究生院成立党的领导小组

1978年3月31日,中科院党组发出《关于成立中国科技大学研究生院党的领导小组的决定》,任命马西林为党的领导小组组长,秦穆伯、钱志道、彭平、李侠为组员。1979年1月19日,吴塘任我校研究生院党的领导小组成员;1979年3月19日,张学彦任我校研究生院党的领导小组副组长。

(十八) 中科院批转我校《进一步贯彻中央批准的〈关于中国科学技术大学几个问题的报告〉的几点意见》

1978年,自4月中下旬李昌、严济慈等到我校检查指导工作之后,全校师生大受鼓舞。根据中科院与安徽省领导的指示精神,我校研究了扎根安徽办好学校的具体措施,于6月2日拟出《进一步贯彻中央批准的〈关于中国科学技术大学几个问题的报告〉的几点意见》上报中科院。《进一步贯彻中央批准的〈关于中国科学技术大学几个问题的报告〉的几点意见》第八条专门指出"中国科学技术大学研究生院"的建院具体举措。6月15日,中科院向院属各单位、各双重领导单位及院机关各部门批转了我校的报告,原则同意报告中所提的几点意见。

(十九)国家计委批复中国科学技术大学研究生院建设计划任务书

1978年6月15日,国家计委〔1978〕397号文《关于中国科技大学研究生院计划任务书的批复》同意我校研究生院的建设方案。规模为研究生1000人、教职工300人,院址在原北京林学院之内。

新成立的我校研究生院设办公室、政治部、教务处、后勤处、基建办公室和马列主义教研室、自然辩证法教研室、综合教研室、数学教研室、外语教研室等部门,教职工编制定为300人。我校研究生院主要负责中科院京区各所研究生的公共课和基础课教学工作,为中科院各研究所培养高质量的研究人才,其招生计划纳入国家教育计划,经费拟从科学事业经费中开支。我校本身招收、培养研究生所需经费由教育系统归口,从教育事业经费中开支。

(二十)我校研究生院成立6个教学部

1978年6月,我校研究生院成立了数学、物理、化学、生物、地学以及无线电电子学与计算机科学6个教学部,由吴文俊、朱洪元、柳大纲、贝时璋、马大猷等科学家担任主任。同时,由研究生院教师组成了相应学科的教研室。

(二十一)我校研究生院成立首个实验室——无线电实验室

1978年7月5日,我校研究生院建立第一个实验室——无线电实验室。

(二十二)我校举行1978级全校新生开学典礼,本年校本部招收107名硕士研究生

1978年9月5日,中科院研究生招生领导小组审核批准我校录取1978年研究生107名,其中校内研究生82名,选派出国留学研究生25名。1978年是学校南迁合肥以来招生数量最多的一年。根据中共中央关于德智体全面考核、择优录取和打破常规选人才的原则,在各省市自治区和招生部门的支持下,学校从全国29个省市自治区共招收学生

1315 名,其中研究生 107 名。10 月 9 日,学校隆重举行了 1978 级新生开学典礼。

(二十三)我校研究生院举行首届研究生新生开学典礼,本年招收 1013 名研究生

1978 年 10 月 14 日,我校研究生院隆重举行首届研究生开学典礼。中科院党组副书记、副院长李昌出席了会议并讲话。典礼由中科院副院长、研究生院首任院长严济慈先生主持,"文化大革命"后恢复招收的第一届研究生 1000 多名和几百位科学家一起参加了典礼。10 月 19 日,《中国科学院简报》以《中国科技大学研究生院开学》为题进行了报道。我校研究生院首届研究生共招收 1013 人,其中 130 人专学外语准备出国,实际报到的共 885 人。

我校研究生院隆重举行首届研究生开学典礼

(二十四)学校调整行政、教学、科研机构,在合肥成立"师资培训和研究生管理处"

1978 年 10 月 19～30 日,校党委召开常委扩大会议,"调整机构,整顿、健全领导班子"是其中的一项重要内容,会议决定,设立教务长、副教务长负责教学科研工作,下设教务处、科研处、生产管理处、器材处、师资培训和研究生管理处、图书馆。设立北京教学管理处,以加强我校在京机构后期教学管理工作。

（二十五）我校研究生院成立9个教研室

1978年，我校研究生院设有数学、物理、化学、地学、生物、无线电电子学、计算机、自然辩证法、外语9个教研室，负责部分培养单位研究生公共课和基础课的教学组织工作。

随着研究生院师资力量的发展，1984年10月，研究生院院务会议决定，逐步由研究生院教师组成的各教研室过渡并取代由中科院科学家所组成的各教学部，这一过渡于1987年完成。

（二十六）我校研究生院采取新的"二·三·四"弹性学制

1978年，我校研究生院采取新的弹性学制，即"二·三·四年制"，分两个阶段进行培养，前两年为第一阶段，后面的年份为第二阶段，第二阶段时间的长短视研究生的具体学习情况而定，可以再多读一年，亦可再多读两年毕业。为了让研究生有比较坚实、广博的基础理论知识，研究生院设置了两种专业课程：一种是研究生的专业基础课，是比较深入的、具有探索性的课程；另一种是大学课程，是为非本学科毕业的研究生开设的基础课。必读课程要考试合格才能通过，但在方法上实行考绩不考勤，课程设置大多也是选修。在学习一年半或两年后，研究生完成规定的课程并经考试合格，有些学生可以结业分配工作，有些则到研究所进行科研工作和撰写论文，作为培养的第二阶段。我校研究生院与各所结合，考核和鉴定研究生在研究所做出的研究成果和完成的论文水平。

（二十七）我校研究生院规范教学体系并对之进行递进改革

1978～2000年，我校研究生院的教学体系经过了三次改革。

第一次在20世纪80年代中期。为建立相对稳定的课程体系，在多年教学实践的基础上，对课程内容进行了如下调整：以二级学科为基准将课程加以调整和规范；课程开设要体现"重基础、重前沿"的特色；普遍开设学术渐进课；结合国情与自然科学办好德育课程；定期对课程进行质量跟踪调查，不断提高教学质量。

第二次从1993年开始。为适应学科的新发展以及中科院改革的新形势对课程进行结构性调整，内容包括：对原有课程的调整和提高；增设部分博士课程，设立适应硕博连读的课程体系；增设经济、管理和人文课程。

第三次从1997年开始。为进一步拓宽课程涵盖面，在充分调研国内外研究生课程的基础上，对课程体系进行压缩，使之精锐化，以适应改革新时期的实际需要，同时发扬科教结合的办院传统，相对稳定地聘请一大批优秀科研工作者作为兼职教师。

根据上述原则，截至2000年，我校研究生院共承担近100个所的基础课教学任务，共开设近千门课程，在此期间，教学质量不断提高，教学成果不断涌现。

1978年及以前

1987～1996年,我校研究生院共评出优秀课程137门。1987～1997年,获奖教材共有18部。其中,1987年、1995年童秉纲院士等所著《理论力学》《气体动力学》分别获得"全国优秀教材奖"和"国家教委优秀教材一等奖";1989年李佩、于振中教授编写《高级英语教程》获得第三届"全国优秀图书奖";1992年傅祖芸教授所著《信息论基础》获得"电子工业部电子类专业教材一等奖";1994年陈述彭、赵英时教授所著《遥感地学分析》获得"全国首届优秀地理图书一等奖";1997年陈希孺院士所著《数理统计引论》获得"中国科学院教学成果一等奖";1987年陆钟万所著《面向计算机科学的数理逻辑》获得"中国科学院教学成果一等奖"。此外,1997年外语教学部的"探索、改革与实践——研究生学位英语教学成功之路",获得"中国科学院教学成果一等奖"。

1979年

（一）诺贝尔奖获得者李政道到我校研究生院讲学并访问校本部

1979年3月21日，应中科院邀请，著名物理学家、诺贝尔奖获得者李政道偕夫人秦惠䇹来京为中国科学技术大学研究生院师生讲授"统计力学"与"粒子物理"两门课程。此前几个月，李政道就发来了讲课的提纲手稿，其中补充了许多1977～1978年的最新内容。同时，他还收集了100多篇文献资料和书刊，其中许多都是国内缺少的珍贵资料——以供听课人员阅读参考。在中科院理论物理研究所副所长何祚庥、高能物理研究所副研究员冼鼎昌、我校研究生院副教授汤拒非组成的讲学接待小组向李政道详细介绍了此次讲课的准备和组织情况之后，共同商定了7周课时的具体安排：其中，"统计力学"每周讲课2次，每次3小时，计42学时；"粒子物理"每周讲课3次，每次3小时，计63学时。听课人员除我校研究生院有关研究生外，还有来自全国各地23个科研单位和63所高等院校的科研和教学人员约480人。每次讲课都进行录像、录音，由我校研究生院组织5名研究生按李政道提出的要求及时整理出笔记，经李政道本人审阅修改后交科学出版社出版。我国著名物理学家赵忠尧、张文裕、彭桓武、朱洪元、胡宁等也参加了这次讲学活动。中科院副院长、我校副校长严济慈高度赞扬了李政道热爱祖国、关心祖国四化建设的精神。

在来华之前,李政道就提出要访问我校少年班。为了不影响在研究生院的教学工作,他放弃休息,利用星期六和星期日提前讲课,腾出时间和夫人一道赴合肥访问本部。4月20日上午,李政道夫妇在学校受到了校领导和少年班师生的热烈欢迎。校领导简要介绍了学校和少年班的情况,并谈到李政道早在1974年回国时就向毛泽东主席、周恩来总理提出过"理科人才也可以像文艺、体育那样从小选拔培养"。我校的少年班就是参照这一建议试办的。李政道对如何办好少年班又提出了若干意见,包括重视观念教育、扩大知识面、打好基础并亲自动手以及如何适应心理压力、进行英语学习、招生规模等诸多方面。此外,李政道还对如何办好我校提出意见,建议我校要在国际上进行广泛的学术交流,并选派好的研究生出国。李政道还为少年班题词:"青出于蓝,后继有人。"

诺贝尔奖获得者李政道来我校为研究生讲学

(二) 我校研究生院建立"面向世界、开放办学"制度

我校研究生院创办伊始就以"面向世界、开放办学"为宗旨,积极开展广泛的国际学术交流与合作研究。

1. 邀请海外著名科学家讲学、授课

1979年3月,著名物理学家、诺贝尔奖获得者、美国哥伦比亚大学李政道教授应邀来研究生院访问讲学,由此,我校研究生院打开了对外交流的大门,此后20年间共聘请杨振宁、李远哲、陈省身、吴健雄等百余位著名外籍科学家为研究生讲授前沿与交叉学科课程。

2. 与国外著名高校、科研机构建立广泛的合作与交往

（1）中国-美国联合招收赴美物理研究生项目

1979年5月,李政道教授在我校研究生院讲学时,亲自通过考试从中科院为美国哥伦比亚大学录取了5名研究生。同年9月30日他致信邓小平,提出可以用同样的方法选送研究生去美国学习,邓小平于10月20日批复同意该做法。

1980年5月13日,教育部和中科院联合发出《关于推荐学生参加赴美物理研究生的通知》,招考中国物理学研究生赴美国著名大学攻读博士学位,此即中国-美国联合招收赴美物理研究生项目（China-United States Physics Examination and Applicaion,简称CUSPEA）。当年,美国有61所大学参加了CUSPEA,1981年参与的大学扩大到64所。

该项目执行到1988年结束,共招收918名物理研究生赴美深造。该办法还被推广到数学、化学和生物化学学科。我校研究生院是该项目的发源地和主要执行单位。

（2）建立英语培训中心

1980年3月26日,我校研究生院与美国加州大学洛杉矶分校签订协议,决定在北京合作举办英语培训中心。其主要任务是为中科院派赴美国或其他英语国家学术机构的研究人员或研究生进行英语培训,计划每年培训200人左右。

（3）创办英语应用语言学科

1978年,针对我校研究生院外语系教师严重缺乏的实际情况,外语系主任李佩教授创办了英语应用语言学科,招收研究生,为我校研究生院培养英语师资力量。

（三）中组部批复吴塘任我校研究生院副院长

1979年6月21日,中央组织部〔1979〕干任字135号文批复同意吴塘任中国科学技术大学研究生院副院长。

（四）我校研究生院确立研究生招生及培养原则

1979年8月和1980年1月,严济慈院长两次主持召开教学部主任会议,讨论和决定了如下招生及培养方面的问题:

第一,关于研究生培养和设硕士、博士学位的问题。决定设立硕士、博士两级学位,硕士要求可以适当放宽;博士要求必须从严,要保证博士具有国际水平。

第二,关于导师遴选及培养研究生。决定从严遴选导师,尤其是开始阶段,不仅要看职称,而且要看本人是否在一线做工作,看所在的研究室条件和工作是否活跃。导师一般以带2~5名研究生为宜,要注重研究生在理论基础方面的学习,不能只偏重某一方面。

第三,关于研究生院统一招生问题。认为应该统一招生,按学科统一出题,统一考试、录取。决定对数、理、化三门基础课,按照不同学科的要求,分别出三类试题,即基础类型、专业基础类型和导师根据本门学科要求选择统考的1~2门试题。

第四,关于学校的定位问题。认为中科院应集中力量,创造条件办好研究生院,要逐步办成一个正规的、培养高水平科研人才的高等学校。

这两次会议的决定对此后研究生院的发展产生了重要影响。

(五) 我校举行1979级新生开学典礼,本年校本部招收27名硕士研究生

1979年9月15日,学校举行1979级新生开学典礼。国务院副总理、中国科学院院长方毅,我校副校长严济慈和中国科学院教育局来电祝贺。本年,校本部共招收1979级硕士研究生27名。

(六) 学校呈请中科院设立"郭沫若奖学金",表彰优秀本科生和研究生

郭沫若生前兼任我校校长近20年,对学校的创建、发展有很大的贡献。在其去世后,学校的广大师生员工深为怀念。为纪念郭沫若校长,继承和发扬他所倡导的优良校风,把学校办成世界一流的教学中心和科学研究中心,也为了表彰学校德、智、体全面发展,学习成绩特别优异的学生(包括研究生),1979年11月16日,学校呈交中科院党组《关于设立"郭沫若奖学金"的请示报告》,请求中科院定期拨给学校每年度"郭沫若奖学金"所需款项。中科院副院长钱三强对此批示:"赞成设奖学金,是否用郭老的名义,请李昌同志、严老考虑。"中科院副院长兼我校校长严济慈对此批示:"同意设奖学金,似可不分等级。倾向于可用郭老名义,鼓励作用更大。"

1980年2月25日,国务院批准我校设立"郭沫若奖学金"。在中华人民共和国历史上,这是首个设立的奖学金,也是首次用个人名字命名的奖项。

(七) 我校研究生院制定各学科基本课程设置,实行学分制

1979年,我校研究生院制定了各学科研究生的基本课程设置(草案)和实行学分制的办法,并于当年开始执行。两年间,研究生院为1978、1979两级研究生开出126门业务课(课程由京区各所的研究人员、研究生院和兄弟院校的教师主讲),并邀请了17位外籍知名学者前来讲学。为了加强研究生院的学术领导,我校成立了以著名科学家为正、副主任的数学、物理、化学、地理、生物、电子计算机6个教学部,进一步加强研究生的教学工作。之后,学校建立统一的校务委员会,在研究生培养工作方面,统一部署、规划和协调校本部和我校研究生院(北京)两地的工作。学分制的实行推进了两地的教研合作。两地的教师互相兼课,两地开设的研究生课程,互相承认学分。以此鼓励两地的教师在教研工作中进行合作,共同培养研究生。

（八）我校率先建立研究生学位授予制度

1979年,我校发布了《研究生院关于第一届研究生今后培养工作的几点意见》,提出设置硕士、博士两级学位,从第一届研究生开始授予学位。研究生参加硕士学位考试,考试成绩优良者授予硕士学位。考试成绩优秀者,再由专门成立的选拔委员会进行面试,挑选有创造性工作能力者升为博士研究生,在指导教授指导下进行博士论文的工作,论文经过审查和答辩,通过者授予博士学位。

1980年

(一) 诺贝尔奖获得者波特和桑格教授来中国科大研究生院讲学

1980年3月24~28日,诺贝尔奖获得者、英国剑桥大学分子生物学实验室波特(George Porr)教授和桑格(Frederick Sanger)教授应邀到我校研究生院讲学,讲授"抗体与补体""胰岛素氨基酸序列测定"等成果。桑格于1958年因从事胰岛素结构的研究而获得诺尔化学奖,1980年他又因确定了核酸的碱基排列顺序而再度获得诺贝尔化学奖。波特于1967年因发明测定快速化学反应的技术而获得诺贝尔化学奖。

(二) 中科院副院长李昌建议校本部与中国科大研究生院、教学管理处的领导体制融为一体

1980年4月9日,中科院副院长、我校第一副校长李昌,中科院副秘书长钟炳昌、张文松和科学院教育局、计划局、二局、三局等领导来我校检查、指导工作。4月13日,安徽省委记顾卓新与李昌等领导一起讨论了合肥科研教育基地的建设问题。中科院已将我校列为全院近两年重点建设的单位之一,安徽省政

府也将我校的建设作为全省的一个重要项目。

4月18日,李昌、钟炳昌、张文松将此次合肥之行的情况向上级做了汇报,并提出了以下几点建议:尽快配齐学校领导班子,包括一位富有办学经验的党委副书记与一位年富力强的行政业务方面的副校长;召开第二次学校工作会议,着重研究如何办好我校;改善学校物质条件;在人员编制和经费上给予照顾,帮助我校建立几个较高水平的研究所(室),以带动科研教学工作;创造条件加强国际学术合作交流;把我校合肥校本部与我校北京研究生院、教学管理处从领导体制上融为一体;积极创造条件,招收部分大学走读生,为安徽省培养科技人才。

(三)美国韦恩州立大学代表团来我校参观访问,双方协定开展研究生互推交流

1980年4月26日,由美国韦恩州立大学校长波纳教授率领的韦恩州立大学代表团一行9人到我校参观访问。代表团参观了化学楼、加速器、精密机械与精密仪器系精密加工车间、物理实验室等处。波纳校长做了题为《韦恩州立大学建校史》的报告。双方就我校与韦恩州立大学进行学术交流事宜进行了会谈。会谈结果用中、英文写成备忘录,在合肥骆岗机场签字。两校同意设立一项从事数学和自然科学技术方面的研究和教育的交流计划,根据这项计划,允许双方每年推荐几名研究人员和研究生到对方进行1~2年的训练。这里的研究人员必须有相当于博士生的水平,且与主方研究兴趣一致,是主方专门允许的人员。此外,由本校同意,受对方邀请,双方的高级人员到对方进行为期1周至6个月的访问,访问包括讲学、讲座、授课及参加双方均感兴趣的问题的讨论和其他科学计划与项目的合作。

(四)美国科学院院士格里菲思来我校研究生院讲学

1980年5月8日~7月4日,美国哈佛大学教授、美国科学院院士格里菲思应邀来我校位于北京的研究生院讲学。

(五)我校研究生院成立中美联合招考物理研究生项目(CUSPEA)招生考试委员会及专门机构

CUSPEA是由李政道发起,在中国政府和各大学的大力支持以及美国几十所最优秀大学物理系的积极响应下实施的。

早在1979年春,在李政道应中科院的邀请在我校研究生院讲学期间,他就发现了一些优秀的研究生。之后,李政道联系他所任教的哥伦比亚大学物理系的一些教授,请他们出一份能达到进入该系研究院标准的试题,并寄到北京。在研究生院院长严济慈副院

1980年

长吴塘的协助下,李政道对研究生院的一些研究生进行了笔试和面试,从中选拔了5名学生,将他们的试卷和履历寄至哥伦比亚大学,请该校物理系开会决定是否录取他们为研究生,能否承担他们所需的全部经费,直至这5名学生获得博士学位。同时,李政道又请该系为这5名学生向哥伦比亚大学招生办公室补办了进入该校的全部手续。由于这5名学生成绩优良,很快获得了哥伦比亚大学物理系的同意,顺利入学。

1979年11月9日,李政道致信我校副校长兼研究生院院长严济慈(同信亦寄中科院副院长兼北京大学校长周培源),建议选送更多的学生去哥伦比亚大学物理系攻读博士学位。1979年底第二次选拔考试在北京进行,考生不仅来自我校研究生院,还来自北京大学等高校及中科院理论物理研究所等研究所。经考核,除选送了3人进入哥伦比亚大学外,李政道还努力与纽约城市大学、卡内基梅隆大学、俄勒冈大学、匹兹堡大学和弗吉尼亚大学5校的物理系协商,另外推荐了10名学生,分别报考这5所大学学习,并全部获得资助。这两批学生的选派实为CUSPEA项目的雏形。由于中美大学间已失去联系多年,当时中国也没有进入美国大学所必需的TOEFL和GRE考试机构,李政道所创议的CUSPEA为中国大学毕业生赴美深造开辟了一条新的途径。

我校考生参加赴美研究生考试

1980年1月10日,李政道致信方毅副总理,建议推广与哥伦比亚大学合作的做法,与美国一些有好的物理系研究院的大学联系起来,接收中国赴美留学生,并告知首批赴美的5名研究生成绩极佳,上学期考试各科成绩的第一名和第二名都在他们之中。在3月16日的回信中,方毅对李政道的建议深表赞同。2月1日,李政道开始积极地展开工作。他向53所美国高水平的大学物理系主任和教授们发了200多封相同内容的信件,邀请他们普遍采纳哥伦比亚大学物理系临时性地从中国挑选物理研究生的招生程序。从那时起,CUSPEA正式全面开始。后来,参加CUSPEA的美国和加拿大的大学增加到了97所。诚如朱光亚、周光召所言,从发起CUSPEA到建议在中国建立博士后科研流动站,李政道以其极具战略性的眼光和超前的意识,不仅给年轻人创造了机会,也为中国人才培养和科学事业的发展创造了一种有效可行的方式。

1980年5月13日，我校研究生院根据教育部和中科院《关于推荐学生参加赴美物理研究生考试的联合通知》，接受委托，成立由严济慈、周培源、王竹溪、马大猷等25位科学家、教授组成的CUSPEA招生考试委员会，由严济慈担任委员会主任。另设CUSPEA办公室，我校研究生院副院长吴塘任办公室主任。由李政道倡议和中央领导支持的由美国几十所大学统一出题、统一招考的赴美物理研究生，自1980年至1988年共计招收了915名赴美深造的物理研究生（其中我校237名，占25.9%）。这一招生办法后来推广到数学、化学和生物等学科。

（六）国务院副总理方毅指示学校办成逐步扩大培养研究生工作的重点大学

1980年6月9~13日，国务院副总理、中科院院长方毅在中科院副院长、我校校长严济慈的陪同下到我校传达中央书记处关于教育工作的指示，并对我校的工作进行全面检查和指导。其间，他们参观了我校并听取校领导的汇报；分别召开了教师座谈会和学生座谈会；看望少年班，并听取了少年班的工作汇报；召开大会，向学校师生做报告。严济慈参加了学校的学术活动，对中青年教师以及系主任谈了如何做学问；他还与各系、各年级"尖子"学生座谈了有关学习的问题。

方毅指示，学校应当坚持在合肥办好；要在新的条件下继续实行"全院办校"，采取新的方式同有关研究所结合，要自力更生地培养一支师资队伍；要理工结合，重视文科课程；改进教学工作，开展科学研究，推进国内外学术交流，把学校办成能够独立地进行高水平的教学和科研并逐步扩大培养研究生工作的重点大学。在参观同步辐射实验室时，方毅表示："电子同步辐射加速器上得快，用处宽，我们科学院给你钱，你们放心，科学院哪怕卖裤子也给你们这点钱。"方毅副总理还为我校师生和少年班题词："长风破浪会有时，直挂云帆济沧海""宣父犹能畏后生，丈夫未可轻年少"。

（七）我校与美国马里兰大学签订研究与教学交流计划，协定开展研究生互推交流

1980年6月11日下午，我校与美国马里兰大学在合肥签署谅解备忘录，共同制定《数学、自然科学技术研究与教学交流计划》。这项计划规定：从备忘录生效之日起，签署双方每年推荐几名研究人员和研究生到对方进行1~2年学习。这里所说的研究人员至少具有相当于能获得博士学位的水平，有与主方一致的研究兴趣，且是获得主方特殊核准的人员。计划同时规定，双方的高级研究人员如获得本校同意，并受对方邀请，亦可到对方进行为期1周至12个月的访问。访问可包括进行学术报告、讲学、授课、参加双方感兴趣问题的讨论和其他科学计划与项目的合作。关于数学、自然科学技术方面的研究和教学范围内的其他合作，在双方取得一致意见时，可以进行双方认为合宜的研究与从

1980年

合作中可以获得益处的工作。

(八) 校党委会议商讨密切校本部和我校北京研究生院关系等办校举措

在筹备中科院第二次中国科学技术大学工作会议期间,自1980年6月底以来,校党委先后召开了党委常委扩大会议、教职员工座谈会,布置会议的准备工作。在确定了参会代表之后,全体代表分四组进行有校领导参加的讨论,内容最后集中在如何自力更生在合肥办好学校上。与研究生教育直接相关的讨论内容主要为:① 革新教育思想,提高教学质量;② 加强科研工作,建设研究基地;③ 提高教师队伍的业务水平,把教学、科研搞上去;④ 加强学生的学籍管理,做好学生的政治思想工作;⑤ 设立"郭沫若奖学金";⑥ 密切校本部和我校北京研究生院的关系。

(九) 中科院第二次中国科大工作会议召开,对办好我校两地研究生院做出决定

1980年6月份,国务院副总理、中科院院长方毅在我校校长严济慈的陪同下来我校调查研究、检查工作,传达了中央书记处关于教育工作的指示。为贯彻执行中央指示精神,中科院决定在北京召开第二次中国科学技术大学工作会议。7月23~30日,中科院在北京召开第二次中国科学技术大学工作会议。中科院领导李昌、胡克实、严济慈、钱三强、张稼夫、秦力生、钟炳昌、张文松等以及院部各局、室的负责人,各研究所的科学家参加了会议。校党委书记杨海波做了我校工作报告,校长严济慈做了讲话。

会议着重研究了如何发挥中科院和我校在科学技术研究、人才培养方面的优势,并为进一步办好在合肥的校本部和在北京的研究生院做出决定,使我校的发展进入了新的时期。经过与会人员充分讨论,回顾了学校22年的历史,对今后如何办好我校做出了一系列决定,并报请中科院批准。大家一致认为,我校目前的优势在于有一支经受锻炼、已经成长起来的中年教师队伍,学生成绩优秀,有优良的校风,有中科院各级领导和各研究所科学家的支持,教学和科研结合得比较好,有安徽省委的有力领导和支持。同时,也存在着高水平的教授数量不足,教学思想不够活,学校管理秩序不健全,校舍不足等问题。根据这些情况,需要有计划、有步骤地采取如下措施:① 改进教学工作,保证优秀的学生在校学习期间发挥其潜力,健康成长;② 对现有的系和专业设置进行必要的调整;③ 自力更生培养师资队伍;④ 科学研究应当把少数重点学科首先搞上去,同时建设好教学实验室;⑤ 在新的条件下继续实行"全院办校",学校与各研究所的结合,应采取新的、多样的形式;⑥ 发展国际间的学术交流;⑦ 基建和经费需要落实与照顾;⑧ 继续办好我校北京研究生院和少年班;⑨ 加强学校的管理工作;⑩ 加强和改善党的领导。

第二次工作会议遵照中共中央关于教育工作的一系列指示精神,确定了学校培养高水平的本科生、硕士生、博士生的培养目标,继续贯彻和发展"全院办校、所系结合"的方

针,推动学校与科研单位的联合;增设一些目前国家急需的新兴技术方面的系科、专业;正确处理教学与科研的关系,进一步搞好教学和科学研究;由学校校务委员会对合肥校本部和我校北京研究生院的工作作为一个实体的两部分进行统一规划和安排;在办学条件上中科院将给我校以更多的支持,并要求学校加强政治思想工作,建设高度的社会主义文明。

(十) 我校举行1980级新生开学典礼,本年校本部招收4名硕士研究生

1980年9月4日,我校隆重举行1980级新生开学典礼,本年度校本部共招收4名硕士研究生。由于校长严济慈、第一副校长李昌、副校长华罗庚都在北京工作,而党委书记、副校长杨海波与副校长钱临照、杨承宗正在出席政协五届三次会议而不能参加典礼,故由马西林副校长代表校领导讲话。他回顾了学校的历史,分析了当前的形势,并介绍了学校的基本情况,对广大新同学寄予了厚望。

(十一) 我校研究生院与美国加州大学洛杉矶分校签约开办中科院英语培训中心

1980年9月14日,我校位于北京的研究生院与美国加州大学洛杉矶分校签署了两校联合开办中科院英语培训中心的协议书,并于同日举行了隆重的开学仪式,首批学员120人。

(十二) 中科院任命张新铭为我校研究生院党的领导小组组长、副院长

1980年9月29日,中科院任命张新铭为我校研究生院党的领导小组组长、副院长。

(十三) 中科院下达《关于进一步办好中国科技大学的几点意见》

1980年10月21日,中科院下达《关于印发〈中国科学院关于进一步办好中国科技大学的几点意见〉的通知》,根据第二次中国科学技术大学工作会议所着重研究的如何发挥中科院和我校优势,进一步办好在合肥校本部和我校北京研究生院的问题,提出了几点意见:确定学校培养高水平的学士、硕士、博士的培养目标,继续办好少年班;继续贯彻和发展"全院办校、所系结合"的方针,推动学校与科研单位的联合;加强或填补一些薄弱或空白学科,拓宽专业面,增设一些目前国家急需的新兴技术方面的系科、专业;正确处理教学与科研的关系,进一步搞好教学和科学研究;由学校校务委员会对合肥校本部和我校北京研究生院的工作作为一个实体的两部分进行统一规划和安排;在办学条件上,中科院将给学校以更多的支持;要求学校加强政治思想工作,建设高度的社会主义文明。

1980年

(十四) 中科院讨论决定统一校本部与我校研究生院,成立校务委员会

建院之初,如何统筹协调设在北京的研究生院与合肥校本部的教学与管理工作是我校要面对的首要问题。1980年,中科院再次召开中科大工作会议,讨论了我校合肥校本部和研究生院关系的问题,决定将我校合肥校本部和设在北京的研究生院统一起来,成立统一的校务委员会,对合肥和北京两地的教学、科研工作,教师和干部的调配使用,大学生、研究生的招收、培养以及国际学术交流等实行统一的规划和安排。校本部和研究生院分别成立党委,负责党政工作,对教学、科研工作起到监督保证作用。在统一领导的基础上,校本部和研究生院的培养目标则有所不同。合肥校本部以培养本科生为主,同时逐步增加培养硕士生、博士生的比重。已经具备条件并已招收研究生的系或专业,开始着手进行培养硕士生、博士生的工作。研究生院的主要任务则是与京区各研究所密切配合培养硕士生、博士生,并逐步转到以培养博士生为主。

(十五) 15名学生录取为1980年度中美联合招考赴美物理研究生

CUSPEA正式启动后的首次招收研究生工作于1980年底结束,我校参加考试的27人中有刘刚等15人被录取。这次考试的内容为:英语、经典物理、近代物理、普通物理,全部以英语出题,以英语答卷。1981年初,学校为这15名留美物理研究生专门举办了英语口语训练班。1981年下半年,他们陆续分赴美国加州理工学院、哥伦比亚大学、康奈尔大学等15所高校学习。

阎沐霖老师指导下准备报考国外研究生的我校考生

1981年

(一) 中科院决定将我校位于北京的教学管理处并入研究生院,设"大学工作部"

为了进一步密切合肥校本部与我校位于北京的研究生院以及中科院京区各所的关系,1981年2月27日,中科院党组决定将校本部和我校位于北京的研究生院统一起来,并将我校的北京教学管理处与北京研究生院实行组织合并。1978年9月1日,我校北京教学管理处成立,这是为了在南迁合肥之后继续贯彻"全院办校、所系结合"的办校方针,尽可能利用院属京区各所人力、物力办好学校的一项措施。

1981年,经我校第二次工作会议讨论,中科院党组决定,为了集中力量承担起培养学士、硕士、博士的繁重任务,将我校校本部和我校北京研究生院统一起来,成为一个实体,并将我校北京教学管理处与研究生院合并。1981年2月24日,我校将两单位合并意见上报中科院。经中科院院长办公会议讨论,1981年2月27日,中科院下发《关于中国科技大学研究生院与科大北京教学管理处实行组织合并问题的批复》。学校党委于4月18日、21日两次召开常委会议,研究了北京教学管理处与研究生院实行组织合并的具体问题,并做出决定:合并后,北京教学

管理处现有工作人员的工资关系按双方共同商定的名单(120人)统转到研究生院;研究生院设立"科大北京工作部",负责承办校本部在京的有关工作,其人员编制、党政关系、行政管理均由研究生院党委统一领导;玉泉路我校现有校舍在研究生院新校舍建成前,由研究生院统一规划、整修和安排使用;原北京教学管理处现有物资、设备由北京工作部管理使用;北京工作部人员的工资、医疗费、福利费、副食品及粮差补贴等按人头拨给的经费,均随编制列入研究生院的经费预算,由研究生院统一解决。

1981年10月20日,我校呈报中科院教育局《关于研究生院设立大学工作部的报告》,后获准。"科大北京工作部"的业务工作有一定的独立性,其主要任务是:管理学校在京教学、办公用房及学生宿舍、招待所(共300平方米);管理校本部赴京进行毕业实习、完成毕业论文的师生和安排赴京短期出差职工的住宿;负责校本部在京的物资采购;管理学校在京人员的工作及退休、离休人员的生活;办理校本部在京的学术交流事务和收集科技情报资料;办理校本部在京的外事工作;管理校本部人员在京户口和知青工作。"大学工作部"下设办公室、政工办公室、教务科、行政科、物资科。校本部委托北京工作部办理的事项,凡涉及研究生院全局性的重大问题,由校本部与研究生院联系商定后再由北京工作部承办。一般业务性的工作由校本部相应的职能部门直接与北京工作部联系办理。北京工作部的人员,除研究生院提出拟安排的干部外,再由校本部增派少量干部,以充实其干部力量。

1982年4月,中科院党组决定,撤销我校北京教学管理处,在我校研究生院建制中设立大学工作部,负责承办我校后期教学工作。

(二)中共中央要求进一步办好中国科大和中国科学技术大学研究生院

1981年3月6日,中共中央转发中科院党组《关于中国科学院工作的汇报提纲》,就教育工作提出:进一步办好中国科大和中国科大研究生院,继续贯彻和发展"全院办校、所系结合"的方针,在办学条件上给予更多的支持,使它能够培养更多高水平的科学技术人才;大力加强培养研究生的工作,培养出取得硕士、博士学位的中、高级科技人才。今后,研究生应逐步成为中科院研究人员的主要来源。

(三)我校任命研究生院大学工作部工作人员

1981年4月24日,我校党委同意杨云等119人转入我校研究生院工作。1981年10月14日,杨云任我校研究生院大学工作部主任(正处),于庆华、王清吉任大学工作部副主任(正处)。

(四)我校成立校学位评定委员会筹备小组

为加强对学校学位工作的领导,1981年4月22日,我校呈报中科院,决定成立学位评定委员会,委员会由25人组成,其中教授14人,副教授9人,分管研究生工作的副校长和副教务长各1人。副校长钱临照任学位评定委员会主席,校党委副书记、副校长马西林与副校长杨承宗任学位委员会副主席。4月29日,中科院教育局批文:"为了从现在起能够进行授予学位的各项准备工作,各单位按照学位条例的规定组成的学位评定委员会,可先作为评定委员会筹备小组开展工作,待国务院批准授权授予学位的单位以后,院学位委员会再审查批准各单位评定委员会名单。"根据此批文精神,学校于5月11日发文决定,校学位评定委员会自即日起作为筹备小组开展工作。筹备小组由钱临照任组长,马西林、杨承宗任副组长,任知恕等22人任委员。

(五)钱临照、龚昇被聘为国务院学位委员会学科评议组成员

1981年5月9日,国务院学位委员会办公室下发《关于征求对拟聘为国务院学位委员会学科评议组成员名单意见的通知》,由中科院所提出推荐名单,经研究磋商后,初步商定拟聘共38人为国务院学位委员会有关学科评议组成员。

5月13日,中科院转发此通知至我校,钱临照被聘为国务院学位委员会物理学科评议组成员,龚昇被聘为国务院学位委员会数学学科评议组成员。

此前,2月24日,为加强对学位授予工作的领导和管理,中科院设立学位委员会,由每个学部、院属高校、科学院有关领导共26人组成,其中包括我校的钱志道与钱临照以及在我校兼职的马大猷、吴文俊、吴仲华等人。

(六)我校成立研究生招生领导小组,钱临照任组长

1981年6月10日,我校研究生招生领导小组成立,钱临照任组长。

(七)我校选拔37名1977级学生出国攻读博士学位

"文化大革命"之后,我校为了加强师资队伍建设,在中科院的支持下,逐年派遣中年教师到国外进修深造。但直至1980年底,学校35岁以下的青年教师不仅数量少(约170名),而且普遍基础较差。为此,学校亟待充实一批二十几岁的青年博士水平的师资力量,拟在1981年从1977级学生中严格挑选30~40名优秀学生,由学校自行联系国外大学并取得对方的奖学金,送到国外大学做博士研究生,学成后回校任教。

1980年12月17日,学校呈报中科院,请予批准并在出国旅费和制装费上给予大力支持,预先垫付,由各个受惠研究生在之后的收入中自行偿还。

1981年3月31日,学校又呈报教育部外事局,希望教育部在分配1981~1982学年选派出国研究生的名额时给予照顾。经中科院批准,4月3日,学校决定从1977级学生中选拔30名优秀学生出国攻读博士学位,学成后回校任教。6月15日,中科院发文同意

1981年

我校择优选送 37 名 1977 级优秀学生出国攻读博士研究生,学成后回校任教。

(八) 我校推选杨承宗副校长参加中美化学研究生培养计划(CGP)中方工作组

1981 年 8 月 13 日,我校推选杨承宗副校长参加中美化学研究生培养计划中方工作小组。

(九) 我校举行 1981 级新生开学典礼,本年校本部招收 135 名硕士研究生、6 名博士研究生

1981 年 9 月 6 日,学校举行 1981 级新生开学典礼。本年校本部共招收硕士研究生 135 名、博士研究生 6 名。

在 1981 年度研究生招生考试中,学校 1977 级学生有 571 名报考,结果录取出国研究生 71 名,国内研究生 252 名,共 323 人,占该年级报考学生总数的 45.7%。

(十) 22 名学生录取为 1981 年度 CUSPEA 研究生

1981 年度的 CUSPEA 招生考试于当年 9 月份举行,我校参加考试的 54 名学生中,有 22 人通过初试,并赴京参加口试。其中文小刚、干政、李源民、吴彦 4 人分别获得这次考试的第一、二、三、五名。

(十一) 我校研究生院成立学位、职称评定委员会

1981 年 9 月,我校研究生院成立学位、职称评定委员会,由钱志道任主任委员。

(十二) 我校研究生李尚志等 6 人参加全国首批博士学位授予试点

1981 年 6 月 19 日,我校呈报中科院教育局《申请参加博士学位论文答辩试点的报告》,推荐 7 名研究生参加博士学位答辩试点。9 月,中科院批准我校 1978 级研究生李尚志等 6 人参加博士学位试点,要求对他们进行博士学位的课程考试。考试科目按国家规定为研究生基础课 4~6 门,外语 2 门。12 月,李尚志等 6 人均以全部优良的成绩通过了考试。

根据国家规定,这次的试点答辩委员会全部由 7 名专家组成,全是教授职称,各委员会主席基本上均是学部委员,其中包括段学复、胡世华、王湘浩、何祚庥、戴元本等,校外专家超过一半。

（十三）我校获准为国务院首批博士、硕士学位授予单位，基础数学等 11 个学科获批博士学位点、计算数学等 24 个学科获批硕士学位点

在 20 世纪 60 年代初期，我校已有 15 个专业招收了 34 名研究生。自 1978 年恢复研究生制度至 1981 年，学校又招收了 3 届计 141 名研究生，分布在 36 个专业的 60 多个研究方向。当时在校担任研究生指导教师的共 130 名，其中本校教授 21 名、副教授 57 名，兼职教授 35 名、兼职副教授 17 名。全校已开出和计划开出研究生课程 252 门。

根据中科院〔1981〕科发教字 10 号《关于转发中华人民共和国学位条例及有关文件和申请表格的通知》，学校对各学科学位授予权的申报工作逐级进行了反复研究，校学术委员会通过 23 个学科申请硕士和博士学位授予权。1981 年 4 月 30 日，学校呈报中科院《关于申请学位授予学科的报告》。

6 月 4 日，我校再次呈报中科院教育局《关于申请学位授予学科的补充报告》，此报告指出，此前所列举的 133 名研究生指导教师中，有校外兼职教授 36 名、兼职副教授 18 名，占全部指导教师的 40%。由于多数兼职系主任、兼职副主任或因自身工作繁重，或因年事较高，没有被列入这次申请学位授予学科导师名单之中，仅列入了 4 名。还有应列入而未列入的，如主动表示愿做兼职研究生导师的钱人元。为此，学校申请将钱人元增补入名单之中，同时将学校全体兼职正、副系主任名单呈上，申请全部列入学位授予学科的导师名单。

8 月 31 日，学校呈报中科院教育局、教育部高教二司《关于申请增补博士授予单位点的报告》，针对国务院学位委员会学科评议组第一次会议所通过的我校首批博士学位授予单位的专业点和指导博士生的导师（简称"博导"）未能使学校某些学科的科技力量得到应有的反映，从而要求增补近代化学系材料化学专业、无线电电子学系无线电微波专业为博士学位授予单位的专业点，将杨承宗、赵贵文、李芯、黄茂光几位教授增补为博导。

1981 年 11 月 25 日，我校正式被国务院批准为首批博士和硕士学位授予单位。1981 年 11 月 26 日，我国首批博士和硕士学位授予单位名单经国务院批准，由国务院学位委员会下达。此次批准的首批博士学位授予单位共 151 个，博士学位授予单位的学科、专业点 812 个，可以指导博士生的导师 1155 人；硕士学位授予单位 358 个，硕士学位的学科、专业点 3185 个。首批博士和硕士学位授予单位分布在国务院有关部、委以及省市、自治区和中国人民解放军所属的高等学校和科学研究机构。为了保证所授学位的质量，高等学校一律以校为学位授予单位；中科院以学部为学位授予单位；中国社会科学院以研究生院为学位授予单位；国务院各部委所属科研机构，一般以研究院为学位授予单位。首批博士学位授予单位共 151 个，其中高校 114 所。我校为中科院和安徽省唯一一所首批博士、硕士学位授权高校，此次我校获批博士点 11 个，硕士点 24 个。我校首批获批博士点、硕士点名单如下表所示。

1981年

我校首批获批博士学位授权点及部分博士生导师名单

序号	博士学位点	博士生导师	序号	博士学位点	博士生导师
1	基础数学	龚昇、曾肯成	7	等离子体物理	项志遴
2	概率论与数理统计	陈希孺、殷涌泉	8	低温物理	吴杭生、洪朝生等
3	理论物理	阮图南	9	物理学史	钱临照
4	固体物理	钱临照、龙期威	10	天体物理	
5	光学	刘颂豪、霍裕平	11	流体力学	童秉纲
6	原子核物理及核技术	梅镇岳、杨衍明			

我校首批获批硕士学位授权点名单

序号	硕士学位点	序号	硕士学位点	序号	硕士学位点
1	基础数学	9	等离子体物理	17	地球化学
2	概率论与数理统计	10	低温物理	18	固体力学
3	计算数学	11	物理学史	19	流体力学
4	理论物理	12	分析化学	20	爆炸力学
5	固体物理	13	物理化学	21	机械制造
6	光学	14	高分子化学	22	工程热物理
7	原子核物理及核技术	15	放射化学	23	电磁场与微波技术
8	加速器物理及技术	16	天体物理	24	自动控制

（十四）我校校本部暨北京研究生院分别隆重举行1981届研究生毕业典礼

1981年12月19日，学校隆重举行1981届研究生毕业典礼。本届研究生是我国恢复研究生制度以来，经入学考试择优录取的，他们中大多数是1970年以后参加工作的大学毕业生，平均工龄在8年以上。其中包括1978年10月入学的三年制研究生110人和1979年9月入学的二年制研究生27人，分布在8个系的36个专业。3年来，有21名研究生出国留学，分布在美国、法国、联邦德国、瑞典以及奥地利等国。该届研究生共完成研究工作近200项，完成论文250多篇。担任研究生毕业指导的导师，有教授27名、副教授32名、讲师15名，其中兼职导师14名。

大会由杨承宗副校长主持，他首先宣读了严济慈校长的贺辞："承先启后不甘后，青出于蓝胜于蓝。"之后,校党委书记、副校长杨海波,研究生导师代表阮图南教授以及大学本科生代表、毕业研究生代表分别在会上讲话。大会给研究生们颁发了毕业证书。中共安徽省委第二书记顾卓新到会祝贺并讲话。著名科学家、我校兼职系主任、副主任张文裕、吴文俊、谈镐生等致电毕业生。研究生处同时举办了"1981年度研究生毕业论文展览"。

此前,于11月27日,我校研究生院在北京隆重举行了首届研究生毕业典礼,由钱志道副院长主持。严济慈院长为546名研究生颁发了毕业证书。中科院院长卢嘉锡、副院长钱三强、副秘书长刘春、李苏,国家科委副主任于光远,全国科协副主席刘述周,中国社会科学院副院长宦乡,国务院科技干部局副局长艾大炎,北京大学副校长沈克琦等和京区43个研究所的700多位研究生导师应邀出席了毕业典礼。

我校暨北京研究生院分别隆重举行1981届研究生毕业典礼(一)

我校暨北京研究生院分别隆重举行1981届研究生毕业典礼(二)

1981年

我校研究生院首任院长严济慈给首届毕业生颁发毕业证书

首届研究生毕业合影

(十五) 我校研究生院党员大会选举产生中共中国科学技术大学研究生院委员会

1981年12月12日,我校研究生院举行全院党员大会,由张新铭代表党的领导小组做工作报告。大会采取差额和无记名投票方式选举产生了中共中国科学技术大学研究生院委员会。

1981年12月29日,中科院党组批复同意张新铭、张学彦、李侠等人组成中共中国科学技术大学研究生院委员会。张新铭任党委会书记,张学彦、李侠任副书记。

1982年

(一) 校党委决定在校本部独立设置师资处和研究生处

1982年1月8日,校党委决定将校本部原师资培训与研究生管理处分开,分别设立师资处和研究生处。

(二) 诺贝尔奖获得者丁肇中教授来校讲学,受聘我校名誉教授并挑选研究生

1982年2月10~11日,著名物理学家、诺贝尔奖获得者丁肇中教授到我校讲学、访问。应中科院邀请,丁肇中此次特地到我校挑选人才。近代物理系推荐了1977级的肖东、吴宏工、周冰(女)和任大宁4名学生。丁肇中与他们先后谈话4次近10个小时,表示满意,认为这4名学生很有前途,与美国麻省理工学院的最好学生不相上下。

2月11日上午,学校领导会见了丁肇中,并向他颁发了由严济慈校长签署的中科院聘书,聘请他为我校名誉教授,丁肇中欣然接受,并表示很高兴成为我校成员。当日下午,丁肇中为我校师生们做了题为《什么是高能物理》的学术报告,并解答了与

1982年

会者提出的各种问题。此外,丁肇中还参观了近代物理系和电子同步辐射实验室。他对我校自力更生的精神很赞赏,说:"来到科大,我感到有一种精神是很可贵的,真是名不虚传,科大是一个很好的学校,是很有希望的。"之后,在接受国家领导人会见时,丁肇中又说:"我这次去中国科技大学一天,是我六次来华最高兴的一天。"他还表示,我校的仪器不好,没有现代化仪器和计算机,为此他已打电报回去,要将很多闲置在美国、联邦德国的仪器运到我校。丁肇中对有关接待人员说:"杨振宁、李政道教授先后去过中国科技大学,回美国后都对我说,中国科技大学办得不错,有创新精神,很有希望。我这次仅呆了一天,得到的印象与他们相同。我已选定把中国科大作为自己今后合作的对象,每年回来都要去那里一趟。所以我认为,办好一个大学不一定都在首都、大城市,世界上很多国家的好大学都不在首都和大城市。也许由于科大远离北京,各方面干扰少,教师和学生都能专心学习和工作。"

丁肇中决定借于给我校使用的两台 PDP11/45 型电子计算机价值 17 万美元。9 月 8 日,为此严济慈代表中科院和我校向丁肇中表示感谢。

诺贝尔物理学奖获得者丁肇中教授在我校指导博士研究生

(三) 我校挑选研究生参加丁肇中领导的国际合作组(LEP-3 组)

1982 年 2 月份来华时,丁肇中介绍了欧洲核子研究中心(CERN)决定建造一台世界上能量最高(100 GeV)的正负电子对撞机 LEP("大的电子正电子储存环"的英文简称)的情况,并希望我国能参加该项实验。该实验共分 4 个组,其中一个组由丁肇中领导。他希望由中科院负责,从我校和教育部的几所大学中用推荐和考核相结合的办法,选拔最优秀而且学习努力、工作踏实、热爱实验物理、基础好的未婚青年先到国外学习、工作 4 年,待取得博士学位后,再继续在欧洲核子研究中心工作几年。

3 月 22~28 日,应丁肇中邀请,我校近代物理系教师许咨宗出席了在日内瓦召开的"莱泼"(LEP)实验方案讨论会;4 月 4~30 日到美国麻省理工学院核科学实验室参观访问,并参加了 4 月 27~30 日在该实验室召开的 LEP 实验合作小组联系人会议。7 月份,应丁肇中邀请请,经中央领导人胡耀邦、万里、姚依林和方毅批准,我校和中科院高能物理所正式参加 LEP-3 组,与另外 3 个合作组一起首批投入到欧洲核子研究中心的实验研究。

(四)我校本部开展首批硕士学位审查和授予工作,首批授予 102 人硕士学位

1982 年 4 月 5 日,学校学位评定委员会发出《关于做好首批硕士学位的审查和授予工作的几点意见》。学位审查的基本要求是:审查政治思想表现、课程学习情况、论文工作进行情况与论文水平。具体做法是:召开校学位评定委员会,组织学习国务院关于学位工作的文件,明确意义,统一认识,明确标准,以系为单位(包括物理教研室和科学史教研室)成立学位评定委员会分会开展工作。校学位评定委员会对分委员会的建议经认真讨论后,分批审批。对于无权授予学位的学科、专业毕业研究生向校外单位申请学位以及校外无权授予学位的研究生向我校申请学位的,按照国务院学位委员会相关规定由有关专业自行办理。在学位审查之后,各分委员会将本单位通过的全部硕士学位论文摘要按论文题目对口印发给国务院学位委员会有关学科评议组成员,听取同行评议意见。以系为单位建立学位档案,档案材料包括申请学位报告、研究生毕业鉴定、课程考试、论文和评阅意见、论文答辩学位委员会批准授予学位、颁发学位证书等方面的材料。

4 月 24 日,我校批准 1981 年度授予首批 102 人硕士学位。学校呈报了中科院学位委员会《关于首批硕士学位审查和授予工作的报告》并将本校批准的 1981 年度授予硕士学位名单报上。

(五)中科院批准我校研究生院对外使用两块牌子

在我校研究生院成立之初,中科院党组就曾经有个决定,同时使用"中国科学技术大学研究生院"和"中国科学院研究生院"两块牌子,但后者没有报国家教育委员会(简称"国家教委")批准备案。

1982 年 5 月 15 日,为便于对外进行学术交流,中科院党组批准我校位于北京的研究生院可以同时使用"中国科学院研究生院"与"中国科学技术大学研究生院"两个名称,对外挂两块牌子。这件事当时在学校合肥校本部引起了强烈的反响,一时间议论纷纷。很多人认为,应当坚持贯彻执行中科院第二次我校工作会议精神,促使研究生院与合肥校本部真正成为一个实体。学校在北京必须有个基地,以利于所系结合与合肥校本部师生赴京学习进修。

(六)本年度校本部授予 4 人博士学位、4 人硕士学位

1982 年 5 月,我校校本部授予 4 人博士学位、4 人硕士学位。

1982年

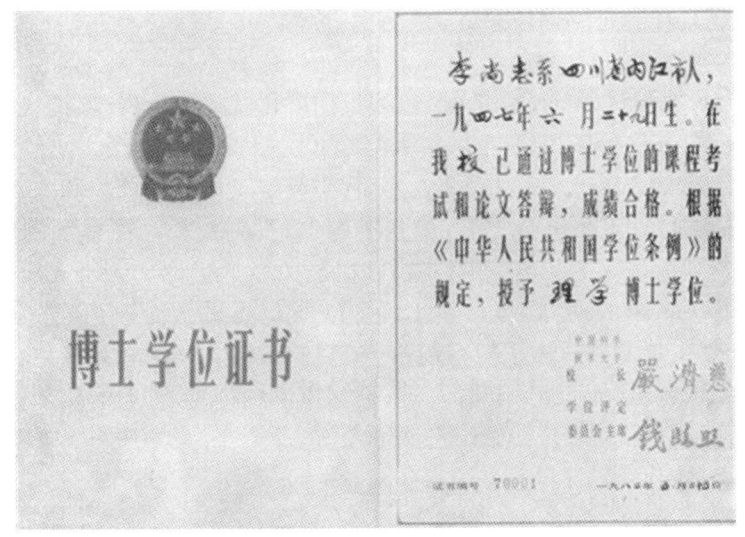

1982～1983年我校校本部授予的博士学位证书登记表

我校授予李尚志同志的博士学位证书(证书编号:70001号)

(七) 我校举行1982级新生开学典礼,本年校本部招收135名硕士研究生

1982年9月6日,学校隆重举行1982级新生开学典礼,当年校本部共招收硕士研究生135名。马西林、杨承宗等校领导出席了大会,师生代表分别在典礼上讲话。

（八）我校研究生院授予美国科学院院士陈省身博士名誉教授

1982年9月14日，我校研究生院举行隆重仪式授予美国科学院院士、著名数学家陈省身博士名誉教授。中科院主席团执行主席、研究生院院长严济慈亲自为他颁发了聘书。

（九）22名学生录取为1982年度CUSPEA研究生

1982年，CUSPEA的招生工作全部结束，我校共有63人应考，22人被录取。少年班学生陈永聪个人总分获全国第2名，1979级4系的李可可、陈侃分别名列第10、第12名。我校学生报考国内、外研究生又获可喜成绩。1977级66%、1978级26%（1978级应于1983年7月毕业）的学生进入国内、外大学和研究机构攻读硕士、博士学位。少年班当年有45人报考，36人被录取。中科院所属的19个单位的第一名均为我校学生。

（十）我校成立第一届学位评定委员会

1981年，为了加强对学位工作的领导，我校向中科院提交报告，申请成立学位评定委员会，向全校各系、各教研室和研究生指导教师下发相关学位文件。学位评定委员会由25人组成，其中正教授14人，副教授9人，分管研究生工作的副校长和副教务长各一人。副校长钱临照任学位评定委员会主席，校党委副书记、副校长马西林和副校长杨承宗任副主席。下发的学位文件主要包括中科院教育局《关于学位论文的格式》和我校《关于研究生毕业论文有关事项的通知》等。鉴于国务院学位委员会尚未正式下达学位论文格式，文件中对于学位论文格式做了暂行规定。《关于研究生毕业论文有关事项的通知》则对研究生的论文选题、导师职责、申请答辩、论文审阅、答辩委员会的工作等事项做了规定和说明。学位评定委员会于1982年正式成立。

1983年

(一) 学校决定校本部研究生处改为研究生部

1983年1月6日,学校决定将校本部研究生处改为研究生部,王文涛副教授任研究生部主任。

(二) 诺贝尔奖获得者丁肇中一行来我校选招4名研究生

应中科院邀请,1983年3月4日,著名物理学家、诺贝尔奖获得者、我校名誉教授丁肇中,联邦德国亚琛技术大学核物理研究所所长吕伯斯麦尔教授和瑞士苏黎世高等工科学院核物理系主任霍费尔教授一行三人来我校参观访问。此次访问旨在从我校选拔有志于从事实验物理的研究生去CERN(位于瑞士的欧洲核子实验室)深造和工作,参与LEP实验组合作计划。

3月5~7日,丁肇中一行对应选的15名同学进行口试和面试,考试和交谈均用英语进行。丁肇中说,笔试只是辅助的评价,我希望能从面谈中得到这些候选人具有创造力和潜力的印象。丁肇中对我校学生的质量非常满意。此次他在全国共选招了6名研究生,其中4名为我校学生:物理系的吕鑫、李琳、裴仪进和近代物理系的王小梅。

丁肇中教授在我校访问期间,校领导与他就扩大我校参加 LEP－3 的合作范围交换了意见。丁肇中一行还参观了我校加速器实验室和 BGO 测量组。

(三) 本年度校本部授予 2 人博士学位、6 人硕士学位

1983 年,我校校本部授予 2 人博士学位、6 人硕士学位。

1982～1983 年我校校本部授予的博士学位证书登记表

(四) 我国首批 18 位博士学位获得者中 6 人为我校研究生

1982 年 6 月中旬,经国务院学位委员会批准,中科院进行了我国首次博士学位论文答辩。1983 年 5 月 27 日,国务院学位委员会、北京市人民政府在人民大会堂联合召开博士学位、硕士学位授予大会。首批授予博士学位的 18 人中有 6 人为我校研究生,他们是:白志东、苏淳、李尚志、范洪义、单墫、赵林城。当天,党和国家领导人在人民大会堂湖南厅会见了我国第一批博士和硕士及导师代表,其中有我校李尚志、白志东、赵林城、范洪义、单墫、苏淳 6 位博士以及陈希孺、曾肯成、阮图南 3 位博士生导师。

6 月 7 日,安徽省委副书记、校党委书记杨海波及副校长马西林、钱临照、辛厚文与从北京载誉归来的白志东、赵林城、李尚志、范洪义、单墫、苏淳 6 位博士及他们的导师座谈,并给予热情鼓励。

1983年

我校培养的首批博士从人民大会堂走出

我校培养的首批博士与导师合影

(五)中科院任命我校研究生院新的领导班子

1983年7月15日,中科院副院长叶笃正代表院党组到我校研究生院宣布新的领导班子成员名单,他们是:张莫棠、吴塘、屈忠、汤拒非、栾兰玉。

(六)我校研究生院举行1983级研究生新生开学典礼

1983年9月10日,我校研究生院举行1983级研究生开学典礼,全国人民代表大会(简称"全国人大")常委会副委员长、我校校长兼研究生院院长严济慈教授、副院长马大猷教授等参加了开学典礼。

（七）本年校本部招收 133 名硕士研究生、5 名博士研究生

1983 年，我校校本部共招收硕士研究生 133 人、博士研究生 5 人。

（八）国务院第二批博士、硕士学位授予单位学科点结果公布，我校新增计算数学等 3 个博士学位点、应用数学等 9 个硕士学位点

1983 年 3 月 15 日，国务院学位委员会第四次会议在北京举行。会议审议了进行第二批博士和硕士学位授予单位审核工作的文件；通过学科评议组增补成员及临时约请专家名单；决定开展名誉博士学位的授予工作。

12 月 5 日，国务院学位委员会第五次会议在北京举行，通过经学科评议组第二次会议审核的第二批博士和硕士授予单位及学科、专业名单，并报国务院批准。此次，我校新增计算数学、放射化学、固体力学等 3 个博士学位点，新增应用数学、磁学、无机化学、固体地球物理学、空间物理学、自然科学史（天文学史）、自然科学史（中国科学史）、通信与电子系统、计算机软件等 9 个硕士学位点，详见下表。

我校第二批新增博士、硕士学位授权点名单

序号	学 位 点	层次	序号	学 位 点	层次
1	计算数学	博士	7	固体地球物理学	硕士
2	放射化学	博士	8	空间物理学	硕士
3	固体力学	博士	9	自然科学史（天文学史）	硕士
4	应用数学	硕士	10	自然科学史（中国科学史）	硕士
5	磁学	硕士	11	通信与电子系统	硕士
6	无机化学	硕士	12	计算机软件	硕士

1984年

(一) 我校研究生院定址于北京玉泉路19号建校旧址

1969年底,我校从北京迁出。几经波折,于1970年落户合肥,其间损失惨重。"文化大革命"结束后,1977年8月中科院在北京召开第一次中国科学技术大学工作会议,决定全面建设我校。严济慈副校长在开幕式上赞扬我校在困难时期做得很好,并对我校毕业生质量给予了肯定。此后,严济慈积极投入到我校的第二次创业之中,他担任我校研究生院筹建小组主任,领导一班人开始筹划创建中国第一所研究生院。

1978年6月,国家计划委员会批准了在原北京林学院内进行我校研究生院建设的"计划任务书",决定投资841万元人民币,其中用于土建的为684万元人民币。基建工程刚刚启动,就遭遇了巨大的难题——北京林学院要迁回来了!

对于"文化大革命"期间被迫迁出北京、上海、广州、长春等大中城市的高等院校,中央一些领导一度有过维持现状、让它们支援迁居地建设的想法。基于有关领导的这一精神,于1969年迁到云南、已改名为云南林业学院的北京林学院在1978年表示要扎根边疆。在与农林部协商、经国务院批准后,中科院决定把研究生院安置在原林学院院内。此前,中科院环境化学研究所已从怀柔迁到此地,半导体研究所也在此开展了一些建设。然而,有些迁居地确实太不适合办大学。在了解到相关困难后,1978年11月29日,国务院下发《国务院关于华北农业大学搬回马连洼并恢复北京农业大学名称的通知》,决定将华北农业大学恢复为北京农业大学,并从河北涿县农村搬回北京原址。这个先例一开,所有已迁出的高校都开始想方设法,希望能够迁回来。同年12月31日,在得到教育部、国家林业总局的同意后,北京林学院的师生员工开始回迁,并于1979年9月全部迁回北京。北京林学院的师生们一度被安排在北京西山的寺庙栖身,但那里是千年古建筑,且基本无水源,根本就不适合办学,于是他们希望能迁回原校址。我校研究生院的教学工作因此受到严重干扰,在1980年11月上旬至12月上旬,更是连教学楼都被占领了一个月,无法上课。

经国务院几次召集会议调停,1979年12月31日,中科院上报中央,决定让研究生院另觅新址;1981年中科院党组同意我校研究生院(北京)由北京林学院迁至玉泉路19号原我校旧址暂居。1984年2月13日,我校研究生院(北京)党委经过充分讨论,决定院址为:北京玉泉路19号(原中国科学技术大学旧址)。

中国科学技术大学研究生院玉泉路大门

(二) 我校研究生院成立学术委员会

1984年3月,我校位于北京的研究生院成立学术委员会,马大猷任学术委员会主任,吴塘、汤拒非任副主任,委员会由朱洪元、吴文俊、张致一、叶笃正、谈镐生、陈述、蒋丽金、许孔时、胡启恒、范岱年、马大猷、万哲先、曾肯成等27人组成。

1984年

(三) 我校研究生院学术委员会举行第一次会议,讨论研究生课程设计基本原则

1984年4月21日,我校研究生院(北京)学术委员会举行第一次会议,马大猷主任主持会议,严济慈校长出席会议并讲话。会议听取了数学、物理、化学等3个教研室的教学汇报,讨论了研究生课程设计的基本原则。

(四) 我校研究生院大力建设专职导师队伍

在1980年上半年时,我校研究生院的专职师资队伍还相当弱小,全校仅有专职教学人员133人、其中教授3人、副教授23人、讲师43人、教员21人、教学辅助人员20人、工农兵学员23人。由于条件差,多数教授、副教授未进行科学研究工作,教学人员大多数不能开课。虽然严济慈院长想借助国内外专家,尤其是各研究所专家的力量来给学生们开课,而且确实取得了不少成绩,但那毕竟不是长久之计。因为各研究所的专家都是科研骨干,担负着很重的科研任务,很难有足够的时间来研究生院兼课,即使来讲课,也难以完成教学上的各个环节的教学任务,如答疑辅导、习题课、课堂讨论等。基于这些考虑,1984年10月,研究生院院务会议决定,要建立起自己的专职教师队伍,逐步用由研究生院教师组成的各教学部取代由各所专家组成的教研室。除通过从已有的讲师、研究生中挑选一些优秀人才选派出国深造,从毕业的研究生中每年留一批做师资外,同时请各所支援一些教师来研究生院任教,这一过渡于1987年完成。之后,我校研究生院又相继建成了认知科学开放实验室、信息安全国家重点实验室、中国科学院-北京医院脑认知成像研究中心、中国语文认知科学研究中心、青年物理学创新实验室等实验室及研究中心。这些实验室及中心的建设和发展,不仅为研究生的实验训练提供了便利的条件,也为我校研究生院的专职教师开展科研工作提供了基本的条件。到1997年,我校研究生院专职教职工突破500人,其中正、副教授134人,中科院院士2人,另有兼职教师1279人。

(五) 本年校本部招收189名硕士研究生、33名博士研究生

1984年,我校校本部共招收189名硕士研究生、33名博士研究生。

(六) 25名学生录取为1984年度CUSPEA研究生

1984年10月18~23日,美国加利福尼亚大学特瑞林教授夫妇根据CUSPEA计划,来我校进行面试工作。1984年度,我校在SUSPEA考试中,再一次取得优异成绩,我校58名考生,录取25名。

在这次考试成绩的前 20 名中,我校占了 7 名。工程热物理系的冯平和近代物理系的段吉民分别居第一名和第三名。我校生物系有 3 人考取中美联合招考的生物化学研究生(China-United States Biochemistry Examination and Application,中美生物化学联合招生项目,即 CUSBEA),另有两名考上中科院 1984 级研究生的我校学生也被录取。近代化学系有 3 人考取中美联合招考的 CGP 研究生。近代物理系钱剑鸣被著名物理学家丁肇中教授录取为博士。

本年度根据我校与日本东京大学工学部学术交流协议,王礼立副教授等 12 人赴东京大学访问;东京大学渡部力教授等 56 名学者分 11 批来我校进行讲学、合作研究。来访外宾总计 184 人,其中主请 72 人,顺访 93 人,文教专家 5 人,仪器安装维修 14 人。

严济慈会见考取国外研究生的我校学生

(七) 学校举行 1984 届研究生毕业典礼

1984 年,学校隆重举行 1984 年度"郭沫若奖学金""人民奖学金"、三好学生、优秀学生干部授奖大会暨 1984 届研究生毕业典礼。严济慈、严东生、黄璜、杨海波、谷羽、刘达、杨纪柯等出席了大会。

(八) 1984 年度校本部授予 135 人硕士学位

1984 年度,我校校本部授予 135 人硕士学位。

(九) 我校在偏理科方向试行本研"四·二制"

1984 年,我校试行新学制。在大部分系维持原有学制的基础上,在偏理科方向的一系、二系、三系、四系和十三系试行"四·二制"。即本科生前四年主要学习基础课,后两

1984年

年为研究生阶段,主要学专业课程及完成论文。4 年学习优秀者可直接在本校攻读硕士学位,也可考外校研究生。

中科院、安徽省和学校领导与我校 1984 届研究生合影

1985年

(一) 我校4位教授被聘为国务院学位委员会学科评议组第三届成员

1985年3月14日,石钟慈、龚昇等4位教授被聘为国务院学位委员会学科评议组第三届成员。

石钟慈,著名数学家。中科院学部委员。1933年生,1955年毕业于复旦大学数学系,1956年被选派到苏联科学院斯捷克洛卡数学研究所学习计算数学。1960年回国后到中国科学院计算技术研究所工作,1984年任我校数学系及计算中心主任。

龚昇,著名数学家。1930年生,1950年毕业于上海交通大学数学系,并进入中科院数学研究所工作。1958年进入我校数学系工作,参与筹建我校数学教研室和数学系。历任我校数学研究所所长、数学系副主任、中科院应用数学研究所研究员等职。1984年9月任我校副校长。

(二) 我校在部分系试行"本硕一贯制"

鉴于我校学生在本科学习阶段的理论基础扎实、实验技能熟练,1982~1985年度研究生的平均录取率都在60%左右,且

1985年

学校与中科院各研究所一直保持着密切联系,1985年3月,经教育部、中科院批准,我校在部分系实行本科生、硕士生一贯制。本科生学制为5年,四年级时,根据学生平时德、智、体发展情况,并经业务考核,合格者可直接升入硕士研究生阶段学习,硕士研究生学制为3年。部分具备条件的系科还将试行硕士研究生和博士研究生一贯制,以探讨学士、硕士和博士的人才培养体系。

该体制的优点在于:可以把本科生与研究生阶段的学习有机联系起来,避免研究生考试对本科生学习的冲击;可以统筹安排本科生与研究生的课程,避免重复设置;本科生论文与研究生论文可以合并起来做,以提高论文的学术水平和价值;可以缩短人才培养周期,节约办学经费。

(三)中科院下达《关于解决中国科技大学与科大研究生院相互关系的决定》

关于研究生院在日常工作中的独立性问题,1985年5月7日,中科院下达《关于解决中国科技大学与科大研究生院相互关系的决定》,其中指出:研究生院在组织上是中国科大的一个组成部分,但有相对的独立性。研究生院实行院长负责制,院长由中国科大校长兼任,另设一常务副院长负责日常工作;研究生院党委受科学院京区党委的领导。研究生院的任务主要是为京区各研究所培养研究生。研究生院在和中国科大实行统一领导之后,中国科大对研究生院给予更多的支持和帮助,减少本科生来京进行后期教学的量,创造条件,尽量在科大本部解决(本科生后期教学),以便腾出位置多收一些研究生。研究生院充分利用京区各所实验条件较好、科技力量集中、科技信息交流迅速及时等有利条件办学,广泛开辟人才流通渠道,实行开放的政策,并加强与科学院内外兄弟单位的横向联系。

1985年5月15日,我校研究生院(北京)召开党委会,讨论中科院《关于中国科技大学和科技大学研究生院关系的决定》。

1985年6月6日,中科院党组书记严东生、副书记余志华等在听取研究生院(北京)工作汇报后,就中国科大和研究生院的关系问题指出:"办好科大、研究生院是科学院的命脉,两家要联合起来,不要分割,发挥各自的优势,为了共同事业,为国家培养人才。"

(四)我校校长兼任我校研究生院院长,研究生院开始实行院长负责制

1985年7月19日,我校位于北京的研究生院院长由我校校长兼任(任期三年),汤拒非任常务副院长(任期三年),王玉民、颜基义任副院长(任期三年);屈忠任党委书记,王玉民、张培华任党委副书记。吴塘任研究生院调研员,免去其研究生院副院长职务。从本届领导班子起开始实行院长负责制。

(五)国务院第三批博士和硕士学位授予单位学科点结果公布,我校新增应用数学等5个博士学位点、分子生物学等4个硕士学位点

1985年2月16日,国务院学位委员会第六次会议在北京举行。审核通过第二届学科评议组成员名单;通过《国务院学位委员会关于做好第三批博士和硕士学位授予单位审核工作的几点意见》;审核拟授予名誉博士学位的人员名单。

国务院学位委员会第七次会议于7月28日在北京举行。会议审核批准了第三批新增博士学位授予单位41个,新增博士学位授权学科、专业点675个,新增博士生指导教师1791人;通过新增硕士学位授予单位100个,新增硕士学位授权学科、专业点2000个。这样,经过这次审批工作,我国已有博士学位授予单位238个,博士学位授权学科、专业点1860多个,博士生指导教师3720多人;已有硕士学位授予单位525个,硕士学位授权学科、专业点6240多个。此次,我校新增应用数学、分析化学、固体地球物理学、工程热物理、电磁场与微波技术等5个博士学位点,新增分子生物学、生物医学仪器及工程、计算机组织与系统结构、运筹学等4个硕士点,详见下表。

我校第三批新增博士、硕士学位授权点名单

序号	学位点	层次	序号	学位点	层次
1	应用数学	博士	6	分子生物学	硕士
2	分析化学	博士	7	生物医学仪器及工程	硕士
3	固体地球物理学	博士	8	计算机组织与系统结构	硕士
4	工程热物理	博士	9	运筹学	硕士
5	电磁场与微波技术	博士			

(六)我校举行1985级新生开学典礼,本年校本部招收287名硕士生、48名博士生

1985年,我校校本部共招收硕士研究生287人、博士研究生48人。

1985年9月16日,学校举行1985级新生开学典礼。大会首先宣读了全国人大常委会副委员长、我校名誉校长严济慈发来的贺电:"欣悉新生成绩全国第一。望同学们在新的环境中奋发努力。要勇于'好高骛远',善于实事求是。李政道在纽约说:'中国科学的将来,就是世界科学的将来。'这个'将来'主要担在你们肩上。开学典礼,恕不能到。谨此电贺。"

1985年

(七) 我国首届 LSICAD 学术会议召开,我校研究生学术论文获评优秀

1985年10月15～19日,我国首届 LSICAD 学术会议在黄山召开,158位代表出席了会议,电教1982级研究生赵睿民的《大网络分解的一种新算法》被评为优秀论文。

(八) 美国科学院院士陈省身来我校研究生院做学术报告

1985年11月9日,著名数学家、美国科学院院士陈省身应邀到我校研究生院做题为《漫谈治学50年》的报告。

(九) 校本部原研究生部正名为"中国科学技术大学研究生院(合肥)"

1985年11月15日,学校向中科院提交报告,报告中提出:"国务院于1977年正式批准我校成立研究生院。中国科学技术大学本部(合肥)自从1978年以来,特别是正式招收研究生以来,承担了研究生的招生、培养和学位授予的全过程,形成了培养学士、硕士和博士的完整学位体系。至今,研究生的数量已具相当规模,经研究决定:科技大学校本部原研究生部正名为'中国科学技术大学研究生院(合肥)'。"自此,我校研究生部正名为"中国科学技术大学研究生院(合肥)"。

(十) 43名学生录取为1985年度 CUSPEA 和 CUSBEA 研究生

在1985年报考 CUSPEA、CUSBEA 研究生的考试中,我校又有43名同学被录取,任勇在 CUSPEA 考试中获第一名。

(十一) 中科院任命我校研究生院党委书记职务

1985年,中共中国科学院党组任命屈忠为我校研究生院党委书记,王玉民、张培华任副书记。

(十二) 我校研究生在中国研究生首届计算机及应用学术会议上获"优秀论文奖"

1985年,在北京召开的中国研究生首届计算机及其应用学术会议上,电教1983级研究生李蓓和王东生合写的《DK》《人机交互的微机 PCB 自动布线系统》和1984级研究生余秀斌的《软件剖析与开发系统》分别被评为优秀论文。

(十三) 我校实行新的研究生招生考试制度

1985年，中共中央发布了《关于教育体制改革的决定》，我校积极推进了新一轮的教育改革。在硕士研究生招生方面，学校决定部分有条件的系、科率先实行新的招生考试制度。在招生目录中，只列考试课程、招生导师及招生人数。研究生入学后经一年学习，再根据科研兴趣和课题需要学生和导师自由结合。在博士研究生招生方面，在试行导师推荐直升制的基础上，逐步过渡到所有博士点在硕士课程学完后，经过资格考试，择优直升博士生的制度。研究生招生名额分配克服平均主义，对学术水平高、贡献大，承担中科院和国家各部委的重点任务、基金项目、协作项目的导师以及有较好实验条件、有较强学术梯队的研究室(所)给予适当照顾。

(十四) 1985年度校本部授予5人博士学位、80人硕士学位

1985年度，我校校本部授予5人博士学位、80人硕士学位。

1986年

(一) 我校研究生院制定《研究生院十年发展规划》

1986年1月23～25日,我校研究生院召开首届教职工代表大会。大会通过了《研究生院十年发展规划》等文件。

(二) 我校与中科院上海分院在上海共同创办研究生院

1986年1月31日～2月3日,为进一步协商确定研究生院具体事宜,中科院上海分院代表团与我校领导在合肥进行了会谈。中科院上海分院院长曹天钦、党组书记兼副院长庆志纯、副院长姚介兴等8人,我校副校长兼党委副书记王玉民、党委副书记王学保等11人参加了会谈。双方回顾了"所系结合"联合培养研究生的情况,介绍了近几年来各自在研究生培养工作方面的情况以及今后发展的设想,一致同意在上海联合创办研究生院,建议把新建的研究生院名称定为"中国科学技术大学、中国科学院上海地区各研究所联合研究生院"。为尽快落实研究生院的建设任务,双方一致同意成立"筹备小组",立即开展建院筹备工作。

(三) 我校授予诺贝尔奖获得者阿卜杜勒·萨拉姆教授名誉博士学位

1986年9月22日,我校隆重举行仪式,授予国际理论物理中心主任、第三世界科学院院长、诺贝尔奖获得者阿卜杜勒·萨拉姆教授名誉博士学位。全国人大常委会副委员长、我校名誉校长严济慈,国家教委副主任杨海波,安徽省常务副省长孟富林、省顾问委员会副主任兰干亭、省人大常委会副主任郑锐等参加了学位授予仪式。

会议宣读了经国务院批准的我校授予萨拉姆名誉博士学位的决定;严济慈亲自将学位证书授予萨拉姆教授。

萨拉姆说:"我感谢中国科技大学,此刻我不知道用什么样的语言来表达自己的心情。"接着,他按照国际惯例,用10分钟时间介绍了自己近年来的主要工作。

仪式之前,我校校领导会见了萨拉姆教授,并向他赠送了60岁生日礼品:写着篆书"寿"字的堂幅。仪式结束后,萨拉姆教授参观了实验室。

据了解,我国从1983年到1999年9月15日,共授予29个国家和地区的92人博士学位。

我校授予萨拉姆教授名誉博士学位仪式

(四) 我校举行1986级新生开学典礼,本年校本部招收293名硕士生、31名博士生

本年度,我校校本部共招收硕士研究生293人、博士研究生31人。

1986年9月22日,学校隆重集会,举行"庆祝中国科学技术大学建校28周年暨1986级开学典礼"。严济慈、杨海波、孟富林、兰干亭、郑锐等领导,中科院学部委员钱临照、葛庭燧,第三世界科学院院士萨拉姆教授和朝鲜理科大学副校长、电子学考察团团长朴浩锡等来宾参加了大会。

1986年

会上辛厚文副校长宣读了《关于颁发"亿利达实验科学奖学金"的决定》及第一届获奖者名单和第三届"全校电子学竞赛"的结果,并向获奖者颁发了奖状。会上,朴浩锡团长发表了热情洋溢的讲话,并向大会赠送了礼品。

杨海波在讲话时提出三点希望:一是希望学校坚持社会主义的办学方向;二是充分利用和发展自己的优势,促进教学质量的进一步提高,使科研成果迅速转化为社会经济效益;三是进一步加强领导班子的建设,加强团结、通力协作、取长补短。

严济慈在会上说:"28年来,我们同甘共苦,心心相印,使科大发展取得今天的成绩。我深深地感谢你们,是你们以自己的心血和汗水为科大赢得这些声誉的。"他说:"同学们,你们要十分珍惜自己的年华。一寸光阴一寸金,你们要奋发努力,去攀登科学高峰。"

(五) 国家教委批准我校在合肥试办中国科学技术大学研究生院(合肥),自此我校同时拥有两个研究生院

1984年8月8日,教育部发出《关于在北京大学等二十二所高等院校试办研究生院的通知》(教研字〔1984〕26号),决定在北京大学、清华大学等22所全国重点高等院校试办研究生院,并发出《关于在部分全国重点高等院校试办研究生院的几点意见》。1986年,这个名单中又加上了中山大学、厦门大学等10所,加上已被批准的我校研究生院,成为最早设立的33所研究生院。

1986年10月,国家教委批准我校在合肥校本部成立"中国科学技术大学研究生院",试办研究生院,由校长兼任院长。

自此至2000年,我校同时拥有位于北京和位于合肥的两个研究生院,我校的研究生教育进入一个新的发展时期(注:结合教育部和中科院相关文件精神,为著述方便,本书将1986年10月至1996年9月的我校两个研究生院分别记作"中国科学技术大学研究生院(北京)"或"我校研究生院(北京)"和"中国科学技术大学研究生院(合肥)"或"我校研究生院(合肥)";将1996年10月至2000年12月的我校位于北京的研究生院记作"中国科学技术大学研究生院(北京)"或"我校研究生院(北京)";将1996年10月之后我校位于合肥的研究生院记作"中国科学技术大学研究生院"或"我校研究生院")。

(六) 我校在部分系试行"本硕四·三制"改革试点

1986年,我校向中科院教育局及国家教育委员会提交了关于试行"本科生-研究生一贯制"实施方案的报告,提出在学校的部分系进行改革试点,试行"四·三制"。本科生学制仍为5年,但在四年级时,根据学生德智体发展的情况,经业务考核,合格者可直接升入硕士生阶段学习,硕士生学制为3年。采取学校向中科院各研究所推荐与研究所来学校挑选相结合的办法,确保成绩优秀的学生直接进入研究所攻读硕士学位。课程教学由我校校本部和我校北京研究生院(北京)共同安排承担,硕士生的研究论文由各研究所与

我校的导师共同负责。经国家教委审定,学校在数学系率先进行试点。

(七) 我校《教育与现代化》创刊

1986年,我校主办的期刊《教育与现代化》创刊。

为积极应对我国教育类期刊布局的变化,顺应高等教育发展的新趋势,经原国家新闻出版总署批准,该刊自2011年起更名为《研究生教育研究》,并由中国学位与研究生教育学会和我校联合主办。

(八) 1986年度校本部授予3人博士学位、97人硕士学位

1986年度,我校校本部授予3人博士学位、97人硕士学位。

1987年

(一) 中科院任命滕藤为我校研究生院(合肥)院长

1987年1月12日,在安徽省委礼堂召开我校干部、教师代表大会,中共安徽省委书记李贵鲜、副书记卢荣景,中科院副院长周光召等参加会议。受中共中央、国务院委托,周光召宣布了中共中央、国务院改组学校领导班子的决定。改组后的校党委书记由国家教委副主任彭珮云兼任,校长由中共中央宣传部副部长滕藤兼任,刘吉任党委副书记。中科院党组决定:滕藤任中国科学技术大学研究生院(合肥)院长。

(二) 中科院任命王玉民为我校研究生院(北京)党委书记

1987年3月9日,中共中国科学院党组任命王玉民为我校研究生院(北京)党委书记。

(三) 我校研究生院(合肥)举行 1986 年秋季、1987 年春季博士新生开学典礼,本次校本部招收 36 名博士生

1987 年 4 月 11 日,我校研究生院(合肥)举行了 1986 年(秋)和 1987 年(春)攻读博士学位的研究生开学典礼,1986 年秋季招收的 14 名博士生和 1987 年春季招收的 17 名博士生参加了开学典礼。

(四) 中科院领导视察我校研究生院(北京),强调教学与科研要紧密结合

1987 年 4 月 25 日,中科院领导孙鸿烈、余志华,有关局负责人李风楼、王文涛、何光熙到我校位于北京的研究生院检查指导工作,孙鸿烈等对研究生院工作给予热情指导,强调教学与科研要紧密结合。

(五) 我校举行 1987 级新生开学典礼,本年校本部招收 317 名硕士生、59 名博士生

1987 年 9 月 11 日,学校为 1987 级新生举行开学典礼。刘吉、辛厚文、王义端、蔡有智、王学保等和新生军训团的解放军代表出席了大会。1987 年度,我校校本部共招收硕士研究生 317 名、博士研究生 59 名。大会宣读了全国人大常委会副委员长、我校名誉校长严济慈的贺电:"热烈祝贺 1987 级新生开学,希望全校师生员工继承和发扬科大光荣传统,奋勇攀登科技高峰,为把科大办成世界一流大学而努力!"

(六) 龚昇任我校研究生院(合肥)院长

1987 年 9 月 23 日,龚昇任我校研究生院(合肥)院长、中国科大学术委员会主任、中国科大学报主编。

(七) "三院一校"第六次协作交流会议支持我校研究生制度改革

1987 年 10 月 20~22 日,中科院上海分院、南京分院、合肥分院和我校在合肥召开第六次交流会议。"三院一校"的协作交流会议是从 1982 年开始的,每年召开一次。这次会共有 6 名代表参加,他们是中科院副院长滕藤、中科院教育局代局长王文涛以及各分院党组书记,我校领导、有关研究生导师和管理人员。

会议就研究生的培养工作进行了认真的讨论和探索。讨论的问题主要有:加强研究

1987年

生思想政治工作;改进招生制度;研究生培养及论文选题;研究生导师建设等。其中,我校关于研究生资格考试、中间分流等研究生制度的改革在会上得到代表们的支持。与会代表强调,一定要充分发挥"全院办校、所系结合"的优势,加强各研究所与学校的合作,同心协力,为国家培养出更多的高级科技人才。

(八) 我校召开第一次研究生工作会议

1987年12月18～19日,我校召开第一次研究生工作会议。副校长、校研究生院(合肥)院长龚昇主持大会。校领导、校研究生院领导、各系分管研究生教学工作的负责人、研究生导师和研究生代表等100余人出席了会议。

校长滕藤致开幕辞。他回顾了我校研究生教学工作在近10年来不断发展的历程,充分肯定了我校研究生教育工作取得的成绩。他指出,由于我校研究生占全校学生总数的比例不断上升,已位居全国前列,所以研究生工作在我校应当占有重要的地位。他强调,以后应当多为企业培养研究生,面向国民经济主战场,培养为国民经济建设服务的研究生。在研究生教学中,要进一步加强研究生独立工作能力的锻炼,多给他们创造独立工作的机会,以使研究生在实践中得到锻炼。

会上,研究生院副院长做工作报告。王其武等几位研究生导师结合所在系科、专业的具体情况,介绍了自己培养生的经验,并分析了工作中存在的问题,提出了具体的改进措施。会议还讨论了《指导教师工作条例》和《研究生优秀论文奖实施条例》。

校党委副书记刘吉做了关于研究生思想政治工作的报告。他指出,我们的研究生培养方向应当是德才兼备,有为实现具有中国特色的社会主义现代化而奋斗的献身精神。

常务副校长辛厚文总结说:我校近年来研究生工作无论在质量上还是数量上都有很大发展,成绩很大。但是,由于我们的办学目标是把学校办成世界一流的大学,目前距离这个目标差距很大,面临的困难也不少,我们应当居安思危,大胆开拓创新,充分体现学校的办学特色。

(九) 我校实行研究生资格考试制度

1987年,学校对研究生招生工作提出新的改革方案,实行研究生资格考试制度。为了贯彻国家教委《关于改进和加强研究生工作的通知》的精神,学校对研究生的培养工作提出改革方案,对硕士研究生实行分流考试。首先,已完成本科学习阶段前4年规定学分的学生,可自愿报名参加研究生资格考试。接收单位在对拟录取考生最后一年内的学习情况和毕业论文审查合格后,正式发放录取通知书。未被认定资格的考生,可参加之后的全国统考。其次,实行保留研究生入学资格,到实践中锻炼2～3年再入学的制度。凡被录取的研究生,经招生单位同意,可以保留入学资格,研究生到对口单位实习2～3年再入学。鼓励学生到对口单位,特别是到边远地区科学院分院、大型企业单位实践锻炼后,再回到招生单位学习。自1977年研究生院的筹备工作启动开始,我校不断推进研究生招生工作改革和完善研究生招生制度,其中的许多举措在当时均属国内领先。先进高效的招生制度确保了研究生的生源质量,为之后的研究生培养工作打下了良好的基础。

我校第一次研究生工作会议

(十) 31名学生录取为1987年度CUSPEA研究生

1987年,在CUSPEA、CUSBEA和赴美数学研究生(陈省身项目)考试中,我校又获好成绩。全国共有78人考取CUSPEA,其中,有我校在校生31人。

(十一) 对硕士研究生实行分流考试制度

1987年度,为了贯彻国家教委《关于改进和加强研究生工作的通知》的精神,学校对研究生的培养工作提出改革方案,对硕士研究生实行分流考试。即在硕士研究生课程学习一年至一年半之后,进行一次知识与能力的综合考试,优秀者将直接攻读博士学位,免做硕士论文。对不能完成硕士论文者,以研究生班的身份毕业分配工作。

(十二) 本年度校本部授予6人博士学位、191人硕士学位

1987年,我校校本部授予6人博士学位、191人硕士学位。

1988年

（一）中科院任命谷超豪为我校研究生院（北京）院长

1988年4月15日，中科院决定谷超豪兼任我校研究生院（北京）院长；汤拒非、张培华任副院长。

（二）1986级研究生周常羲荣获"优秀研究生特别奖""见义勇为好学生"称号

1988年6月17日晚，在我校西校区东大门内，两名歹徒采取暴力手段企图侮辱我校一名女大学生，经过这里的7系1986级研究生周常羲同学发现情况后，立即冲上前去制止歹徒的流氓行为。在遭到歹徒的拳击、眼镜破碎、眼睑受伤的情况下，他不畏强暴，与歹徒搏斗。随后赶到的许多同学也投入了斗争，两名歹徒落荒而逃。

6月20日，学校和合肥市政府分别授予周常羲同学"优秀研究生特别奖""见义勇为好学生"光荣称号，表扬他挺身斗邪恶、仗义救同学的行为。

学校授予周常羲"优秀研究生特别奖"仪式

(三) 我校开展第五期"全国数学研究生暑期教学中心"

1988年6月21日~7月31日,第五期"全国数学研究生暑期教学中心"在我校进行。本期教学中心共开设现代微分几何、拟微分算子、函数论、对称群与对称域以及低维拓扑5门课程,共有分别来自33所高等院校与研究所的114名学员参加,他们主要为在读的硕士研究生和少量青年教师。

(四) 第一批国家重点学科公布,我校4个学科获批

国家重点学科是国家根据发展战略与重大需求,择优确定并重点建设的培养创新人才、开展科学研究的重要基地,在高等教育学科体系中居于骨干和引领地位。重点学科建设对于带动我国高等教育整体水平全面提高,提升人才培养质量、科技创新水平和社会服务能力;满足经济建设和社会发展对高层次创新人才的需求,建设创新型国家提供高层次人才和智力支撑;提高国家创新能力,建设创新型国家具有重要的意义。1986~1987年,我国组织第一次重点学科的评选工作。

第一次评选工作是在1986~1987年。1985年5月27日颁布的《中共中央关于教育体制改革的决定》中提出"根据同行评议、择优扶植的原则,有计划地建设一批重点学科。"根据这一要求,原国家教育委员会于1987年8月12日发布了《国家教育委员会关于做好评选高等学校重点学科申报工作的通知》,决定开展高等学校重点学科评选工作。根据《通知》精神,重点学科的门类要比较齐全,科类结构比例和布局应力求合理,要有利于促进学科间的横向联合,逐步形成高校科研优势。此次评选共评选出416个重点学科点,其中文科78个、理科86个、工科163个、农科36个、医科53个,涉及108所高等学校。

1988年

1988年7月22日，国家教委批准我校基础数学、计算数学、固体力学、固体物理（联合低温物理）为重点学科点。根据《关于评选高等学校重点学科点的暂行规定》，重点学科点应承担教学、科研双重任务，要逐步做到能够自主地、持续地培养和国际水平大体相当的博士、硕士和学士；能够接受国内、外学术骨干人员进修深造，进行较高水平的科学研究；能够解决"四化"建设中重要的科学技术问题、理论问题和实际问题；能为国家重大决策提供科学根据，为开拓新的学术领域、促进学科发展做出较大贡献。

（五）我校举行1988级新生开学典礼，本年校本部招收293名硕士生、56名博士生

1988年9月9日，学校举行1988级新生开学典礼。1988年校本部共招收硕士研究生293名、博士研究生56名。校长谷超豪，副校长龚昇、尹鸿钧，党委副书记王学保等领导出席了大会。

（六）学校启动研究生优秀论文评选，谷超豪等为13名首批优秀论文获得者颁发证书

1988年，学校在研究生中评选并奖励优秀论文，第一批优秀论文奖将在1989年春博士入学典礼上授奖。

1989年3月4日，谷超豪校长、刘乃泉书记为郑学安等13名首批获得研究生优秀论文奖的毕业生颁发了"优秀论文奖"证书。

（七）中科院批准我校研究生院（北京）具有评审教授职务任职资格

1988年10月22日，中科院批准我校研究生院（北京）为具有评审教授职务任职资格的单位。汤拒非、赵保恒、童秉纲、曾肯成、陈希孺、彭家贵、邱联雄、陈霖、于振忠、杨学良、杨衍明11位教师组成教授职务任职资格评审委员会，汤拒非任主任。

（八）我国第一个物理学史博士生在我校通过答辩

1988年10月份，我国第一个物理学史博士研究生黄世瑞在我校通过答辩，我校钱临照教授和华南农业大学的梁家勉教授是他的导师。

黄世瑞在两位导师的精心指导下，对中国学术文化史和科学技术史上具有重大意义的墨家进行了全面系统、深入细致的研究，经过3年多的刻苦钻研，写成题为《墨学渊源、流变及墨家科学思想》的博士论文。文中论证了墨家思想近承殷商、远绍母权制，探讨了《墨经》作为中国理性思维及科学实验发端的历史因果联系及其衰微原因，又对《墨经》中

时、空运动和力、光学等内容及其理论水平做出了科学思想史的新分析和历史评价。

(九) 我校成立博士研究生会

1988年,我校成立首届博士研究生会,谷超豪校长出席会议并讲话。
1989年11月29日,我校第二届博士研究生会成立。

谷超豪出席博士研究生开学典礼暨博士研究生会成立仪式

(十) 我校建立研究生助研助教、在职人员申请学位、困难学生资助制度

1988年,学校建立研究生兼任助研助教制度;1988年9月,在职人员申请学位工作正式开展,研究生院制定了我校在职人员申请学位的详细条文。

1989年

(一) 中科院任命王玉民为我校研究生院(北京)党委书记

1989年2月21日,中科院党组任命王玉民为我校研究生院(北京)党委书记,金富庆为党委副书记。

(二) 我校研究生院(合肥)举行1988年秋季博士新生开学典礼

1989年2月25日,我校研究生院(合肥)举行1988年秋季博士研究生开学典礼。校长谷超豪、副校长龚昇出席典礼。

(三) 我校成立第三届校学位评定委员会

1989年2月27日,我校第三届学位评定委员会组成。龚昇任主任,尹鸿钧、史济怀等任副主任。

博士开学典礼及研究生优秀论文获奖者与校、院领导合影

（四）我校研究生研制成功铋铅锑锶钙铜氧超导体，创世界记录

1989年2月27日，新华社专电报道我校高温超导体研究中心年轻的物理学博士李宏宝和几位研究生研制成功零电阻温度高于130 K的超导材料——铋铅锑锶钙铜氧超导体，创造了当时世界上超导零电阻温度的最高记录。翌日，《人民日报》《人民日报（海外版）》《光明日报》《文汇报》《科技日报》《中国青年报》等全国各大报纸纷纷在一版显著位置刊登了这一消息。

（五）谷超豪校长在全国人大会议上呼吁重视国内博士培养

在1989年召开的七届全国人大第二次会议上，我校校长谷超豪呼吁，要重视和关心"国产"博士，提高他们的待遇。

作为知名数学家，谷超豪评价这批根扎在祖国的博士是"共和国的科学精英之才"。他说，他们的学术水平完全可与许多国外一流大学的博士相媲美。许多"国产"博士的实力在国内、外都享有"无可争议"的地位。但是，他们在读和毕业后的生活待遇低，非但不能与"洋"博士"等价"，甚至与各行业同龄人相比也有相当距离。谷超豪警告说，如果让这种不尊重人才的现象继续存在，将会导致严重的人才断层。

面对这种状况，谷超豪在人代会上大声疾呼：破除对"国产"博士的偏见，提高他们的地位。他建议，国内培养的博士的工资、生活待遇要适当提高，居住、工作条件应予以必要保证；在职称评定、科研基金分配、出国交流等方面应与"洋"博士一视同仁。

1989年3月29日，新华社对谷超豪校长的呼吁进行了报道。次日，《人民日报（海外版）》《文汇报》等均予以报道。

1989年

(六)我校举行1989级新生开学典礼,本年校本部招收240名硕士生、48名博士生

1989年9月25日,学校为1989级新生举行开学典礼。大会由副校长尹鸿钧主持,校党委书记、第一副校长刘乃泉致辞。本年校本部共招收硕士研究生240名、博士研究生48名。

(七)以研究生为主体的全国研究生信息与系统学术会议在我校召开

1989年,为庆祝中科院建院42周年,11月9～11日,以研究生为主体的全国研究生信息与系统学术会议在我校召开。来自全国近20所高等院校和研究所的40余名研究生参加了这次学术会议。我校校长谷超豪,中科院教育局局长王文涛,我校副校长史济怀、教务长余翔林和部分学术顾问出席了11月9日上午举行的开幕式。会议期间,研究生们进行了研究论文汇报,同时进行了广泛的学术交流。会议共收到学术论文55篇。

(八)第二届全国化学类研究生学术报告会在我校召开

1989年11月15～17日,第二届全国化学类研究生学术报告会在我校召开。副校长尹鸿钧出席了会议。来自全国40多所高校、科研机构的近50名年轻科技工作者参加了报告会。与会学者就无机化学、有机化学、结构量子化学、计算机化学等方面进行了讨论。会议共收到论文222篇,被录用174篇,著名化学家唐敖庆为大会发来贺电。

第二届全国化学类研究生学术报告会会场

第二届全国化学类研究生学术报告会在我校召开

（九）我校派往美国攻读博士学位的学生发现太阳系外星体产生的碳化硅

1987年12月23日，1982年派往芝加哥大学攻读博士学位的1977级7系学生唐明在芝加哥宣布，他和另外两位美国学者一起，从原始陨石中发现了太阳系形成之前由系外其他星体所合成产生的两种碳化硅。

（十）35名学生录取为1988年度CUSPEA研究生，我校10年共输送237人

1988年，在本年的CUSPEA考试中，全国共录取73名，其中我校学生35名，占总录取人数的48%。在连续10年的CUSPEA录取工作中，我校共有237名学生入选，占全国总人数25.8%，位居第一。

1990年

(一) 我校研究生院(合肥)举行1989年秋、1990年春季博士新生开学典礼

1990年3月17日,我校研究生院(合肥)举办"1989年秋、1990年春季博士生开学典礼暨1989年度研究生论文发奖大会"。

(二) 我校举行1990级新生开学典礼,本年校本部招收241名硕士生、29名博士生

1990年9月10日上午,1990级新生开学典礼在大礼堂隆重进行。1990年校本部共录取硕士研究生241名、博士研究生29名。

校领导谷超豪、汤洪高、王学保、蔡有智、宋天顺等出席大会。尹鸿钧副校长主持大会,他宣读了全国人大常委会副委员长、我校名誉校长严济慈和中科院教育局发来的贺电。严济慈在贺电中勉励广大师生"继承和发扬科大光荣传统和优良校风,尊师爱生,团结奋进,为把科大办成闻名国内、外的高等学府做出贡献"。谷超豪在讲话中简要回顾了学校的办学历程,并对

1990级新生今后的学习、生活提出了具体要求,希望同学们珍惜时间,不虚度年华,在"勤奋学习,红专并进,理实交融"的校风熏陶下,取得优异的成绩。

(三)我校研究生院(北京)举行1990级研究生新生开学典礼,本年招收547名研究生

1990年,我校研究生院(北京)举行1990级新生开学典礼,本年共录取547名研究生。

(四)国务院第四批博士和硕士学位授予单位学科点结果公布,我校新增分子生物学等3个博士学位点、生物物理等8个硕士学位点

1990年10月5~6日,国务院学位委员会第九次会议在北京举行。会议审核通过第四批博士、硕士学位授予单位及学科、专业名单。通过《国务院学位委员会关于授予具有研究生毕业同等学力的在职人员硕士、博士学位暂行规定》及其实施细则。通过《授予博士、硕士学位和培养研究生的学科、专业目录》《普通高等学校授予来华留学生我国学位试行办法》等文件;审批了我国第一个专业学位——工商管理硕士。

10月5日,国务院学位委员会第九次会议批准了第四批博士学位授权学科、专业指导教师。我校有3个博士学位授予学科专业、8个硕士学位授予学科专业和15位博士生指导教师获得批准,详见下表。

获得批准的3个博士学位授予学科、专业是:分子生物学、信号与信息处理、计算机软件。

新增硕士学位授权点8个,分别是:马克思主义理论教育(马克思主义原理)、语言学与应用语言学、声学、半导体物理与半导体器件物理、有机化学、大气物理、生物物理、计算机应用。

我校第四批新增博士、硕士学位授权点名单

序号	学位点	层次	序号	学位点	层次
1	分子生物学	博士	7	半导体物理与半导体器件物理	硕士
2	信号与信息处理	博士	8	有机化学	硕士
3	计算机软件	博士	9	大气物理	硕士
4	马克思主义理论教育(马克思主义原理)	硕士	10	生物物理	硕士
5	语言学与应用语言学	硕士	11	计算机应用	硕士
6	声学	硕士			

获得批准的15位博士生指导教师是:常庚哲(计算数学)、赵林城(概率论与数理统

计)、阎沛霖(理论物理)、侯伯元(理论物理)、徐克尊(原子核物理)、方容川(凝聚态物理)、郭光灿(光学)、张懋森(分析化学)、邓祖淦(天体物理)、徐果明(固体地球物理学)、徐洵(分子生物学)、范维澄(工程热物理)、沈兰荪(信号与信息处理)、徐善驾(电磁场与微波技术)、冯玉琳(计算机软件)。

(五)华南师范大学校长刘颂豪来访,会谈研究生培养等合作事宜

1990年10月10～15日,华南师范大学校长、我校兼职博士生导师刘颂豪教授专程来我校访问。尹鸿钧副校长召集有关部、处负责人就科研、师资、开发以及研究生培养等方面合作问题与刘颂豪校长进行了认真会谈。访问期间,史济怀副校长会见了刘颂豪,感谢他对我校光学博士点的大力支持。刘颂豪在访问期间,还给我校师生做了题为《孤子激光器及孤子光通信系统中的若干物理问题》的学术报告。

(六)我校研究生院(北京)首次评选1989～1990学年优秀课程

1990年10月,我校位于北京的研究生院学术委员会首次评选出该院1989～1990学年优秀课程15门。其中,由该院教师承担的课程有:"硕士学位英语""高等量子力学""量子场论(一)""高等化学实验""地球动力学""现代信息论及其应用""李群与李代数"和"博士学位英语"等。

(七)我校试行博士生副导师制度

根据《中国科学院关于试行博士生副导师制度的若干规定》,我校于1990年末决定试行博士生副导师制度。经过个人申请,各系学位分委员会推荐或博士生导师推荐,校学位评定委员会讨论通过,谷超豪校长批准,我校首批遴选出58名博士生副导师,其中我校研究生院(北京)8名、校外其他单位3名。

1991年

(一) 我校研究生被国家授予"做出突出贡献的中国博士(硕士)学位获得者"称号

1991年1月25日,国家教委、国务院学位委员会、中央宣传部、人事部在北京人民大会堂举行表彰大会,表彰了一批全国有突出贡献的中国博士、硕士学位获得者,留学回国人员和优秀大学毕业生,江泽民、李鹏等国家领导人出席大会并颁奖。我校赵林城、李尚志、范洪义、苏淳、张贤科、吴长春、冯玉琳、吴以成、刘家全(研究生院(北京))博士和周逸峰硕士受到表彰,并被授予"做出突出贡献的中国博士(硕士)学位获得者"荣誉称号,冯克勤教授被授予"做出突出贡献的留学回国人员"荣誉称号。

(二) 我校研究生院(合肥)举行1991级博士新生开学典礼

1991年3月27日,我校研究生院(合肥)举行博士生开学典礼暨研究生奖颁奖仪式。

1991年

我校苏淳同志荣获"做出突出贡献的中国博士学位获得者"荣誉证书

（三）我校研究生院（北京）调研中科院各院所研究生课程教学问题

1991年4月，我校研究生院（北京）常务副院长汤拒非率教务处一行3人，对中科院新疆分院、西安分院、昆明分院的12个研究所进行了调查访问，并与各分院院长、研究所所长、研究生导师和研究生就该院教育质量、课程设置、教学效果等问题召开20余次座谈会，广泛听取了意见。

（四）国家教委批准我校数学、物理学科进行"本-硕-博分流制"改革试点

1991年8月3日，国家教委批准我校关于进行"本-硕-博分流制"教育改革试点的报告，同意我校从1992年起在数学和物理学两个专业进行试点。

"本-硕-博分流制"又称"4－2－3分流制"，是我校教育改革的一项重要内容，旨在对理科人才进行分流培养。本学制为：在保持本科阶段教育为独立教育和不改变现行学制的情况下，可以在本科四年级经严格考核选拔部分品学兼优的学生直接进入硕士阶段学习，在硕士研究生教育两年后，选拔品学兼优者提前攻读博士学位。凡未被选拔上的学生仍按原学制完成原阶段所规定的教学计划。

（五）我校研究生院（北京）举行1991级研究生新生开学典礼，本年招收537名研究生

1991年9月9日，我校研究生院（北京）在北京举行1991级新生开学典礼及庆祝教师节大会，本年共招收研究生537人。

（六）我校举行 1991 级新生开学典礼，本年校本部招收 345 名研究生

1991 年 9 月 11 日上午，1991 级新生开学典礼在大礼堂举行。1991 年学校共招收研究生 345 名。1991 级新生和有关系、部、处负责人参加了开学典礼，校领导汤洪高、蔡有智、宋天顺、史济怀、尹鸿钧等出席大会。大会由尹鸿钧副校长主持，党委书记汤洪高代表校领导在会上讲话。

（七）学校授予 59 名研究生"三好学生"称号

1991 年 11 月 13 日，学校授予金祖胜等 59 名研究生"三好学生"称号。

1992年

(一) 我校研究生院(合肥)举行1992级博士新生开学典礼暨颁奖大会

1992年3月14日,我校研究生院(合肥)举行1992年博士生开学典礼暨1991年度"中科院院长奖学金""大恒光学奖"、校研究生"三好学生"和"研究生优秀论文奖"颁奖大会。

(二) 国务院学位委员会对我校物理学、工程热物理两个一级学科进行质量评估

1992年3月,国务院学位委员会组织对我校物理学、工程热物理两个一级学科的质量评估。本次参加评估的共有7个硕士点和6个博士点,按照国务院学位委员会的要求,我校完成了相应的报告和自检。

(三) 本年度校本部授予16人博士学位、49人硕士学位

1992年5月16日,校本部授予王雪梅等16人博士学位,

授予杨亚宁等49人硕士学位。

（四）学校遴选概率论与数理统计等9个首批校级重点学科

1992年6月15日，学校遴选出概率论与数理统计、理论物理、原子核物理、天体物理、分子生物学、流体力学、工程热物理、信号与信息处理、电磁场和微波技术等9个首批校级重点学科。

（五）我校举行1992届学生毕业典礼，48名博士生、255名硕士生完成学业

1992年6月27日，1992届毕业典礼在大礼堂隆重举行。校领导谷超豪、王学保、蔡有智、史济怀等出席大会。1992届共有毕业生1252名，其中含博士生48人、硕士生255人；有32名研究生转入博士或博士后研究，其余180名研究生和451名本科生参加国家分配。

（六）我校授予诺贝尔奖获得者丁肇中教授名誉博士学位

应谷超豪校长的邀请，著名物理学家、美国麻省理工学院教授、我校名誉教授丁肇中和香港亿利达工业发展集团有限公司董事长刘永龄于1992年7月4日来校参观访问。

7月4日下午，"授予丁肇中教授名誉博士、刘永龄先生名誉顾问仪式"在水上报告厅隆重举行，600多名师生参加了大会。丁肇中、刘永龄，安徽省副省长张润霞，高能物理研究所教授、学部委员、我校兼职教授唐孝威，东南大学副校长何立权，上海第二工业大学副教授刘耋龄和我校谷超豪、钱临照、杨承宗、史济怀出席了大会。

史济怀主持仪式，谷超豪在会上致辞，并代表学校向丁肇中、刘永龄分别颁发了名誉博士和名誉顾问证书。

丁肇中为美国科学院院士，1974年，他和他的实验室发现了前人没有预料到的新粒子——J粒子，为粒子物理的理论和实验开辟了一个崭新的领域，并因此获得了1976年诺贝尔物理学奖。1982年以来，他在欧洲核子研究中心（CERN）主持LEP-3国际合作组的工作，负责建成了当时世界最大的对撞机磁谱仪，并取得了许多重要成果。

刘永龄是香港亿利达工业发展集团有限公司董事长，他十分关心祖国的教育事业，自1986年以来先后在我校设立了"亿利达实验科学奖""亿利达青年教师奖"和"亿利达科学基金奖"。

(七) 我校研究生院(北京)举行 1992 级研究生新生开学典礼，本年招收 681 名研究生

1992 年 9 月 3 日，我校研究生院(北京)举行 1992 级新生开学典礼，本年共录取研究生 681 人。

(八) 我校举行 1992 级新生开学典礼，本年校本部招收 258 名硕士生、41 名博士生

1992 年 9 月 7 日上午，学校隆重举行 1992 级新生开学典礼。1992 年校本部共招收博士生 41 人、硕士生 258 人、代培研究生 107 人。1992 级全体新生、有关部门负责人、各系领导、新生班主任参加了大会，校领导谷超豪、王学保、宋天顺、蔡有智、尹鸿钧等出席开学典礼。大会由副校长尹鸿钧主持，校长谷超豪在大会上讲话。

(九) 中科院任命我校研究生院(北京)新一届领导班子

1992 年 11 月 5 日，中科院党组副书记余志华宣布了我校研究生院(北京)新一届领导班子。张培华任常务副院长，颜基义(兼)、金富庆(兼)、彭家贵任副院长，孙勤任党委副书记。

(十) 力学和机械工程系吴长春博士获首枚"卞氏科学奖章"

1992 年 12 月，力学和机械工程系吴长春博士被国际计算工程科学大会授予首枚"卞氏科学奖章"。

(十一) 学校设立"光华奖学金"，鼓励研究生等奋发学习

1992 年，由南怀瑾发起并任会长的光华教育基金会与我校达成协议，从 1992 年开始，光华教育基金会每年提供人民币 15 万元，在我校设立"光华奖学金"，以鼓励我校在读研究生和本科生奋发学习，努力工作。"光华奖学金"每年评定一次，每次选评博士生 30 人、硕士生 190 人、本科生 55 人。

1993年

(一) 我校成立博士生导师资格评审委员会

经校务工作会议研究决定,学校于1993年4月3日成立博士生导师资格评审委员会。该委员会受校学位评定委员会委托开展自行审批增列博士生导师的工作。

(二) 本年度校本部授予14人博士学位、52人硕士学位

1993年5月15日,校学位评定委员会同意授予高集体等14人博士学位、授予纪春岗等52人硕士学位。

(三) 国务院学位委员会评估专家组一行实地考察我校理论物理等学位点

1993年5月,龚昌德教授率领的国务院学位委员会评估专家组一行5人,对我校理论物理博士点和粒子物理硕士点进行了实地考察。专家组听取了关于研究生培养、学位授予等工作的汇报,参观了实验室,并分别召开了导师和研究生的座谈会。

1993年

(四) 美国科学院院士陈省身到我校研究生院(北京)演讲并座谈

1993年6月4日,美国科学院院士、中科院外籍学部委员陈省身到我校研究生院(北京)做学术演讲,并座谈数学进展与治学方法等。

(五) 史济怀任我校研究生院(合肥)院长

1993年8月30日,史济怀任我校研究生院(合肥)院长;王溪松任秘书长,孙适、戚伯云任副秘书长;王广训任总务长。

(六) 我校举行1993级新生开学典礼,本年校本部招收300名硕士生、38名博士生

1993年9月6日,我校隆重举行1993级学生开学典礼。1993年我校招收博士生38人、硕士生300人、委培硕士生66人、代培研究生86人。

(七) 我校研究生院(北京)举行1993级研究生新生开学典礼,本年招收753名研究生

1993年9月6日,我校研究生院在北京举行1993级新生开学典礼暨院庆15周年大会,严济慈、郁文等领导出席了大会。今年共招收研究生753人。

(八) 中共中央政治局委员、国务院副总理李岚清视察我校研究生院(北京)

1993年9月7日,中共中央政治局委员、国务院副总理李岚清到我校位于北京的研究生院视察,并参加庆祝该院建院15周年暨教师节座谈会。李岚清同志听取了教师们的发言,并发表重要讲话,强调人才培养是国家兴旺发达的关键,没有人才一切皆等于零。李岚清副总理对我院办学方式予以肯定,并提出进一步发展的设想。国家教委副主任张孝文,中科院胡启恒、张玉台、石庭俊等领导参加了座谈。

(九)国务院第五批博士和硕士学位授予单位学科点结果公布,我校物理化学等3个专业新增为博士点、科学技术哲学等4个专业新增为硕士点

1993年5月26日,国务院学位委员会发出《关于认真做好并严格控制新增博士和硕士学位授予单位推荐和审核工作的通知》,提出了审核新增博士、硕士学位授予单位的原则和基本条件,并对新增学位授予单位的申报和整体条件的评审工作提出了具体要求。

9月21日至29日,国务院学位委员会学科评议组第五次会议在北京召开。此次会议认真审核了新增博士、硕士学位授予单位和新增博士、硕士授权学科、专业点及博士生指导教师。

此次,我校第五批学位点和博士生导师申报工作取得好成绩,经国务院学科委员会第十二次会议批准,我校新增物理化学、生物物理、加速器物理及应用3个专业博士学位授予点,科学技术哲学、细胞生物学、计算机科学理论和原子分子物理4个专业硕士学位授予点,详见下表。同时,我校有41名教授为新增博士生导师,其中18名为本校首批在数学、力学两个学科自行审批,并经国务院学科委员会复查备案。

我校第五批新增博士、硕士学位授权点名单

序号	学位点名称	层次	序号	学位点名称	层次
1	物理化学	博士	5	细胞生物学	硕士
2	生物物理	博士	6	计算机科学理论	硕士
3	加速器物理及应用	博士	7	原子分子物理	硕士
4	科学技术哲学	硕士			

(十)我校成立"中国科大博士生交流创新协会"

"中国科大博士生交流创新协会"(简称DASEC)成立大会于1993年11月3日下午4:30在研究生院展览厅隆重召开。丁黎明会长主持大会,宣布DASEC正式成立并代表协会向顾问:汤洪高校长、冯克勤副校长、研究生院周光泉副院长、张懋森教授、王砚方教授、张国赏副教授;名誉会长研究生院赵守忠处长;荣誉会员吴长春教授、程艺教授、郭其鹏教授、团委朱灿平副书记颁发了聘书。杨小明副会长宣读了DASEC章程和主要人员名单。

校领导和有关教师做了热情洋溢的讲话。汤洪高校长、冯克勤副校长、周光泉副院长当场拍板拨给DASEC 10000元活动经费,其中包括校长基金5000元,研究生院经费5000元。冯副校长还表示将帮助DASEC解决活动场所问题。刘伟秘书长代表协会向

校领导表示衷心感谢,并对 DASEC 今后的活动进行了展望。大会取得圆满成功。

(十一) 数学、物理、力学学科被国务院学位委员会批准为自行审批增列博士生导师试点

1993年,经国务院学位委员会批准,我校数学、物理、力学3个一级学科被批准开展自行审批增列博士生导师试点工作。全国首批被授权开展此项工作的共有14所高校和3个研究单位,国务院学位委员会规定,各试点单位的试点学科和专业,其所在的一级学科范围内,应具有国家教委批准为重点学科的博士点,同时有3个以上博士点或同时有6名以上博士生导师,并已有一届以上博士毕业生。根据以上条件,我校数学、物理、力学3个一级学科已具备自行审批博士生导师的资格。

1994年

(一) 我校研究生院(合肥)创办《中国科大研究生教育》,此刊成为全院近24年重要资料的汇总平台和新闻人才培养阵地

1994年1月6日下午,史济怀院长主持召开了研究生院院务工作会,参会人员有:周光泉副院长和黄教民、赵守忠、邢泽仁、张淑林、彭政思同志。会议决定创办期刊《中国科大研究生教育》,原则上两个月出一期,组稿具体事务由张淑林同志负责,史济怀院长和周光泉副院长负责定稿。

随后,《中国科大研究生教育》创刊。该刊自创办起就成为学校学位与研究生教育重大事件、重要制度和国家重要文件的汇总传播平台。该刊主办单位为我校研究生院,创刊时由张淑林任责任编辑,由学校印刷厂负责印制,刊号为AHK-436(安徽省内部报刊统一刊号)。

经过二十余年的发展,《中国科大研究生教育》成为以反映我校学位与研究生教育发展为主要任务的安徽省省内交流刊物,主要致力于宣传贯彻党和国家有关学位与研究生教育的方针政策,介绍我校学位与研究生教育改革的经验,交流我校学位与研究生教育工作的心得体会,宣传我校学位与研究生教育取

1994年

得的成绩。刊物现为季刊,开设有"导师论坛""经验与交流""培养园地""学研沙龙""历史回眸""研究与探索""学科介绍""信息窗""成果简介"等栏目。

从1994年至2017年底,《中国科大研究生教育》持续办刊,成为目前全校研究生教育领域公开出版时间最长的期刊,其详细记录了我校研究生院和全校研究生教育事业发展的重大事件和重要理念,是见证全校研究生教育事业发展历程的"文化化石"。同时,该刊支撑了《中国研究生》合肥通联站的持续发展,以此为平台,《中国研究生》合肥通联站成立至今的历届300余名通讯员得以展示才华、发表佳作,其中的一大部分通讯员现已走上政府机关、新闻媒体、国企央企、高等院校等不同部门的工作岗位,并成为各自单位的重要文字、文学和文化中坚力量。

(二)中科院副院长路甬祥考察我校研究生院(北京),表示将积极理顺办学关系

1994年2月3日,中科院副院长路甬祥到我校位于北京的研究生院召开座谈会,听取大家对研究生院发展情况的介绍,对该院各方面的工作提出了指导性建议,并表示将积极沟通和理顺办学关系,促进中科院研究生教育的发展。

(三)我校6个博士点、7个硕士点在教育部学位中心教育评估中位居前列

1994年3月,国务院学位委员会公布了物理、动力工程及工程热物理学科学位与研究生教育评序结果。我校理论物理、等离子体物理、原子核物理、凝聚态物理、光学、工程热物理在硕士学位授予点及粒子物理硕士学位授予点中,学科建设和教育质量均进入全国高校相对同学位点参加评估的前四名。这一排序结果是在各单位自评基础上经同行专家评议产生的。学科评估专家组认为,这一排序基本反映了各学科点获得学位授予权以来学科建设及教育质量的相对水平。

(四)诺贝尔奖获得者李政道到我校研究生院(北京)做学术报告

1994年5月26日,诺贝尔奖获得者、著名华裔物理学家李政道先生到我校研究生院(北京)做了题为《真空作为物理媒质》的学术报告,受到研究生院师生的热烈欢迎。

(五)1994年上半年度校本部授予19人博士学位、48人硕士学位

1994年6月3日,校学位评定委员会讨论并通过19人申请博士学位及48人申请硕士学位名单。

(六) 我校举行1994届学生毕业典礼，40名博士生、177名硕士生毕业

1994年6月27日，学校举行1994届学生毕业典礼，本届毕业生共有1138人，其中博士生40人、硕士生177人。

(七) 我校举行1994年度第一次学位授予仪式，授予19人博士学位、48人硕士学位

1994年6月30日下午，我校研究生院（合肥）在水上报告厅举行了1994年度博士、硕士学位授予仪式和首次学位服装着装仪式，身着大红校长（院长）服在主席台上就座的有校学位评定委员会的正、副主任汤洪高校长，冯克勤、尹鸿钧副校长，研究生院史济怀院长，周光泉副院长以及博士生导师代表辛厚文教授。

史济怀院长主持了今天的会议，会议在庄严的校歌声中隆重开始。汤洪高校长做了重要讲话，他首先总结了我校学位授予工作13年所取得的成果，向本次学位获得者表示祝贺，要求我校的博士、硕士学位获得者们树立坚定、正确的政治方向，做又红又专的"四有新人"；希望他们在新的岗位上继续谦虚谨慎、勤奋学习、精益求精、不断进步，希望这些博士、硕士们更多地关心学校建设和发展，为科大的发展贡献一份力量。

冯克勤副校长宣布本次获得学位的19名博士、48名硕士人员名单，辛厚文教授代表博士生导师们在会上做了热情洋溢的发言。他首先阐述了这次学位着装的意义，勉励我们学位获得者戒骄戒躁，勇攀科学高峰。最后，本次学位获得者程经毅博士代表全体学位获得者发言，他说：在科大的10年学习，为我们未来的腾飞插上了双翼，我们一定在今后的工作中，为学校争光，为祖国争光。

本次学位着装仪式是遵照国务院学位委员会第十二次会议决定，按学位委员会推荐使用的中国博士、硕士服着装的，这是我校学位授予史上的第一次。出席着装的还有一部分我校历届的学位获得者代表。硕士们身着蓝黑相间的硕士服，博士们身着红黑相间的博士服，肩披的垂布上饰带的颜色代表了所获学位的门类。大会在欢快的歌声中结束，会后校领导和全体学位着装者在敬爱的郭老铜像下合影留念。

(八) 诺贝尔奖获得者杨振宁来我校研究生院（北京）做学术报告

1994年8月21日，诺贝尔奖获得者、著名华裔物理学家杨振宁在我校研究生院（北京）举行了题为《巨大碳分子球和管的休克尔谱》的学术演讲会，受到研究生院（北京）师生的热烈欢迎。

1994年

我校博士、硕士学位授予典礼留念合影

(九)我校研究生院(北京)举行1994级研究生新生开学典礼,本年校本部招收845名研究生

1994年9月8日,我校研究生院(北京)举行1994级新生开学典礼暨庆祝教师节10周年大会,严济慈、郁文、王佛松、王玉民等领导,王淦昌、刘东生、赵忠贤院士,张云岗、郑志鹏、白春礼、郭雷等出席了大会。研究生院(北京)1994年度共招收研究生845人。

(十)我校与中科院合肥分院达成协议,将在高端人才培养开展实质合作

1994年9月17日,我校与中科院合肥分院达成全面加强院校合作协议,成立中国科大高等研究院(合肥),双方将在科研、实验室建设、高层次人才培养、科技与经济结合4方面开展高层次、实质性的合作。

(十一)我校"211工程"规划通过中科院预审

1994年9月16~19日,我校"211工程"规划顺利通过中科院组织的部门预审,专家组成员认真考察和分析了我校现状,考察和审议了我校"211工程"规划及重点学科建设

规划,肯定了办学成绩和"211工程"规划工作。

1994年10月6日,学校通报"211工程"规划部门预审专家意见。

(十二)美国科学家Rymond Jeanloz来我校研究生院(北京)做学术报告

1994年10月8日,美国杰出科学家Rymond Jeanloz来研究生院(北京)做题为《地球的内部》的学术报告。

(十三)1994年下半年度校本部授予23人博士学位、158人硕士学位

1994年10月26日,校学位评定委员会讨论通过并决定授予23人博士学位、158人硕士学位。

(十四)我校举行1994年第二次学位授予仪式

1994年11月9日,我校举行1994年度第二批硕士、博士学位获得者着装授予仪式。

我校博士、硕士学位授予典礼留念合影

1995年

(一) 我校研究生院因评估成绩显著受到国家教委表彰

经国务院批准,1986年,我校在原研究生处(部)的基础上开始试办研究生院。近十年来,研究生院全面贯彻党和国家的教育方针、政策,不仅培养了大批素质好、质量高的高层次专门人才,而且促进了学校的学科建设以及教学科研水平的不断提高,带动了学校各项工作的全面发展。

1995年2月,国家教育委员会委托高等学校学位与研究生教育评估所对33所试办的研究生院进行了评估。1995年10月5日宣布结果。这次评估是我国首次对高校研究生院进行评估,评估内容包括"研究生培养质量""学科建设及成果"和"研究生院机构建设"三个方面,评估方式包括由自我评估、收集有关信息为主的客观评估和包括博士学位论文评价、对毕业研究生评价、管理水平评价、声誉调查在内的社会评估。结果表明我校研究生院在近十年的试办期间,学科建设、研究生培养、科学研究和管理水平等方面都取得了显著成绩,综合评价结果进入前十名。为此,国家教委于当年10月份对进入前十名的研究生院进行了表彰。

(二) 我校与瑞士联邦理工学院成立"联合高能物理研究所"并联合培养研究生

1995年2月19~22日,我校名誉教授、瑞士联邦理工学院教授霍费尔(H. Hofer)一行4人来我校访问。我校校长汤洪高会见了霍费尔一行,并对其关于成立联合高能物理研究所的建议给予了高度评价。21日下午,卞祖和副校长与霍费尔教授代表双方在协议上签字。

根据计划,瑞士联邦理工学院将提供一定的研究经费和设备给联合研究所,并将为近代物理系高能物理研究所的博士生每年提供奖学金;根据任务需要,双方可互派人员到对方学校工作及联合培养研究生,我校将每年选送一名博士生到瑞士联邦理工学院从事共同研究。联合研究所将充分利用我校国家同步辐射实验室的200 MeV直线加速器,共建一条20 MeV的电子实验束,用于各种闪烁晶体的性能和晶体辐照效应实验。瑞士联邦理工学院首批赠送给联合研究所的7台终端和1台200M数字化仪已经装箱启运。

(三) 我校1995年增列43名博士生导师

经我校研究生院初审,校外专家评议,学科评议组评定,校学位委员会于1995年3月2日以无记名投票方式通过,43名教授(研究员)成为我校第二批自行增列的博士生导师。

(四) 诺贝尔奖获得者杨振宁到我校研究生院(北京)举行学术报告会

1995年4月29日,著名华裔物理学家、诺贝尔奖获得者杨振宁先生到我校研究生院(北京)举行题为《矢量势、相位、联络和规范理论》的学术报告会,受到有关专家、学者和研究生的热烈欢迎。

(五) 中科院首届"亿利达奖学金"颁奖大会在我校研究生院(北京)召开

1995年5月30日,中科院首届"亿利达奖学金"颁奖大会在我校研究生院(北京)召开,香港亿利达集团有限公司董事长刘永龄,著名华裔物理学家、诺贝尔奖获得者杨振宁及夫人杜致礼出席颁奖仪式,中科院常务副院长路甬祥院士、中国工程院副院长师昌绪院士及王玉民、李云玲等领导出席了大会。

（六）我校研究生分配办公室获"全国普通高等学校毕业生分配工作管理现代化奖"

1995年5月，校招生分配办公室和研究生分配办公室荣获"全国普通高等学校毕业生分配工作管理现代化奖"，毕业生就业指导办公室和研究生学籍分配办公室荣获"安徽省高等学校毕业生分配工作先进集体"称号。

（七）校学位委员会召开1995年上半年度学位工作会议，决定授予13人博士学位、43人硕士学位

1995年6月1日，校学位评定委员会召开1995年上半年度学位审核工作会议，讨论通过并决定授予张曙光等13名博士、欧阳毅等43名硕士（其中7名在职人员）学位。

我校授予博士、硕士学位典礼合影

（八）我校举行1995届学生毕业典礼，42名博士生、177名硕士生完成学业

1995年6月29日下午，学校在大礼堂隆重举行1995届学生毕业典礼，校领导汤洪

高、余翔林、尹鸿钧、金大胜、李国栋等及毕业本(专)科生、研究生、毕业班班主任及有关单位负责人参加了会议。

今年我校共毕业学生 1831 人,包括博士生 42 人、硕士生 177 人。其中有 4 名博士毕业生将转攻博士后,68 名硕士毕业生考取博士研究生,360 名本科生被录取为国内、外硕士研究生,1399 人将奔赴工作岗位。

(九)国家新闻出版署批复同意《教育与现代化》季刊公开发行

1995 年 7 月 18 日,新闻出版署批复同意我校创办的《教育与现代化》为季刊,该刊由中科院主管,我校主办,公开发行,国内统一刊号为 CN34-1156/G4。

(十)我校举行 1995 级新生开学典礼,本年校本部招收 404 名硕士生、114 名博士生

1995 年 9 月 11 日,我校 1995 级学生开学典礼在学校大礼堂隆重举行,汤洪高、余翔林等校党政领导,承训部队 34 师副政委向小明等出席了大会,各系、机关有关部处负责人和全体 1995 级学生参加了大会。

1995 年,校本部共招收博士生 114 人、硕士生 334 人,另有委培研究生 134 人、代培研究生 70 人。我校当年开始实行本科招生"并轨",新生质量仍然保持较高水平,继续在全国高校名列前茅。

(十一)程福臻任我校研究生院(合肥)常务副院长

1995 年 9 月 18 日,程福臻任我校研究生院(合肥)副院长;10 月 13 日,程福臻任校学位评定委员会副主任;12 月,任研究生院(合肥)常务副院长。

(十二)我校校友出资设立研究生奖学金

1995 年 10 月,新加坡中国陶瓷艺术馆馆长、裕恒投资公司董事长,我校 1975 届校友马晓峰出资 3 万元作为基金,设立研究生奖学金。

(十三)我校研究生院(北京)政治思想工作研究会获多项奖励

1995 年 11 月,我校研究生院(北京)政治思想工作研究会参加中科院政研会第四次年会,获先进集体、先进个人和优秀成果 3 项奖励。

(十四)我校 23 人被国家教委理科、工科和部委工科批准为教学指导委员会成员

1995 年 11 月,我校冯克勤等 23 人被国家教委理科、工科和部委工科批准为教学指导委员会成员。

(十五)汤洪高校长在教代会上作全面推进"211 工程"建设报告

1995 年 12 月 26~27 日,第三届教代会第三次会议召开,汤洪高校长做题为《抓住机遇,鼓足干劲,全面推进"211 工程"建设》的工作报告,党委书记、副校长余翔林做题为《振奋精神,扎实工作,为实现学校的"九五"目标而奋斗》的讲话。

(十六)冯克勤兼任我校研究生院(合肥)院长

1995 年 12 月,冯克勤兼任我校研究生院(合肥)院长。

(十七)我校硕士生程获"中国大学生跨世纪发展奖学金优秀奖"

1995 年,我校物理化学专业硕士生程继新荣获"中国大学生跨世纪发展奖学金优秀奖",陈海波等 15 名学生获"优秀学生奖"。

1996年

(一) 我校1996年增列54名博士生导师

根据国务院学位委员会办公室(简称"国务院学位办")有关文件精神,在按需设岗、择优遴选的原则下,经过学科评审组初评、校外专家评议、学科评审组根据上岗指标进行最后投票等程序,1995年12月29日,校学位评定委员会以无记名投票方式通过54名教授为此次遴选的博士生指导教师。1996年1月3日,校务工作会议通过对这批博导的聘用。

在此次遴选的博导中,有5人为研究生院(北京)的新增博导、2人为我校的兼职教授,45岁以下的教授有5人、45~55岁的教授22人、55~60岁的教授27人。至此,我校已有博导170人。

(二) 中科院常务副院长路甬祥来校听取我校"211工程"建设规划情况汇报

1996年2月7日,中科院常务副院长路甬祥、秘书长竺玄以及院计划财务管理局(简称"计财局")、教育局、基建局、基础研究局等有关部门领导来校指导工作并听取校长汤洪高和党委书记、副校长余翔林关于"211工程"建设规划修订情况的专题汇报。

(三)我校研究生院(合肥)举行1996年春季博士生开学典礼

1996年3月6日,我校研究生院(合肥)举行1996年春季博士生开学典礼。

(四)我校研究生荣获"美国数学建模竞赛"最高奖特等奖、一等奖

1996年3月14日,由天体物理中心研究生于清娟担任教练,王海涛、黄春峰、饶红玲为队员的校参赛队荣获"美国数学建模竞赛"最高奖特等奖;同时,由化学物理系研究生程继新担任教练的另一参赛队获该奖项一等奖。

(五)国家教委批准我校校本部正式建立研究生院并挂牌

当我校的全体师生员工乘"211工程"的强劲东风,昂首阔步进入1996年之际,又传来了振奋人心的喜讯。根据国家教委教研字〔1996〕10号文件精神,1996年1月25日,国家教委批准我校正式建立研究生院。自从1986年国家教委批准我校试办研究生院以来,广大师生员工经过十多年的艰苦奋斗,共同努力,使我校的研究生教育从小到大,得到了很大的发展。

为了认真贯彻《中国教育改革和发展纲要》精神,落实国家教委《关于进一步改进和加强研究生工作的若干意见》,深化教育改革,不断提高教育质量、科研水平和办学效益,按照《研究生院设置暂行规定》的有关要求,加强研究生院建设,学校决定在四月初召开1996年研究生教育工作会议。我校将悬挂由国家教育委员会统一制发的研究生院院牌。

1996年4月4日下午,我校研究生院建院揭牌仪式在合肥举行,中科院教育局局长李云玲、我校校长汤洪高为研究生院院牌揭幕,校领导、研究生院领导以及国家教委、中科院、中科院合肥分院、研究生院(北京)、管理学院等有关单位的领导出席了揭牌仪式。

我校于1962年开始招收研究生,是全国最早进行研究生教育的高校之一;1978年经党中央批准,在北京成立了全国第一个研究生院,1986年又经国家教委批准在合肥校本部创办研究生院。目前,我校有权授予哲学、法学、文学、管理学、理学、工学等学科门类的研究生学位及MBA专业学位,并有权受理在职人员以同等学力申请学位,现已建成博士点24个,硕士点46个,并在数学、物理、力学等8个一级学科的20个博士点建有博士后流动站,基础数学、凝聚态物理等14个学科是国家级和中科院级重点学科。

研究生院每年招收硕士研究生约400名(另为中科院代培硕士生约600名)、博士生约200名(另为中科院代培博士生约150名)。

(六) 国务院第六批博士、硕士学位授予单位学科点结果公布，我校无机化学等专业新增为博士点，无机非金属材料新增为硕士点

1996年4月30日，经国务院学位委员会第十四次会议批准我校无机化学、生物电子学学科为第六批新增博士学位授权点，无机非金属材料为第六批新增硕士学位授权点。此次会议，我校数学一级学科获准培养博士授权，详见下表。

我校第六批新增博士、硕士学位授权点名单

序号	学位点名称	层　次
1	无机化学	博士
2	生物电子学	博士
3	无机非金属材料	硕士

(七) 我校成立研究生教学指导组

我校于1996年5月17日成立研究生教学指导组，教学指导组由24名具有丰富的指导研究生经验的教授、博士生导师、在校两院院士组成，王水院士担任组长。该指导组每年至少召开两次会议，讨论我校研究生教育改革的重大举措，对我校博士点的建设提出咨询意见，对硕士点的课程进行分类评估，并提出指导性意见，对各学位点总的研究生培养质量进行调研、评估，提出改进意见，对全校研究生教材建设进行研讨，并提出指导性意见。

校党委书记常务副校长余翔林教授出席会议，并做题为《着眼长远，重视创新》的重要讲话。成立会后，副校长研究生院院长冯克勤教授主持了指导组的第一次工作会议，着重讨论修改了我校学位与研究生教育方面的8个条例性文件。

(八) 校学位委员会召开1996年上半年度学位工作会议，决定授予28人博士学位、127人硕士学位

1996年6月6日，校学位委员会召开1996年上半年度学位审核工作会议，讨论通过并决定授予谢毅等28人博士学位、王峻梅等127人硕士学位。

(九) 我校举行1996届学生毕业典礼，41名博士生、234名硕士生完成学业

1996年6月28日上午，我校1996届学生毕业典礼在学校大礼堂隆重举行。尹鸿钧

1996年

副校长主持大会,校领导汤洪高、余翔林、冯克勤、韩荣典、金大胜、李国栋等以及教师代表、毕业班班主任、全体1996届毕业生参加了典礼。

我校1996年共有1652名学生毕业,其中博士生41人、硕士生234人。博士毕业生中将有6人转攻博士后,硕士毕业生中有60人考取博士研究生,本科毕业生中有290人被录取为国内、外硕士研究生,还有1296人即将奔赴各自的工作岗位。

毕业典礼上,尹鸿钧副校长宣布了优秀毕业班、优秀毕业生名单。本届毕业中有60人荣获"省级优秀毕业生"称号,151人荣获"校级优秀毕业生"称号,9105班荣获"优秀毕业班"称号,2人获得"中国科学院院长奖学金",22人获得"郭沫若奖学金"。

(十) 我校首批进入国家重点建设项目"211工程"

1995年12月5日,在国家教委、国家计划委员会(简称"国家计委")和财政部召开的部分高等学校"211工程"立项工作会议上,确定我校首批进入了由两委一部共同组织实施的国家重点建设项目"211工程"。这标志着我校继"七五""八五"期间的国家重点建设之后,"九五"期间将继续得到国家的重点建设支持。我校汤洪高校长和中科院计划财务局王声孚局长、教育局李云玲局长参加了会议。

我校是新中国成立以后由中科院创办的一所年轻的全国重点大学,1970年代初迁至合肥。在中科院和安徽省的领导和支持下,我校锐意改革,大胆创新,经过30多年的艰苦创业和国家"七五""八五"期间的重点建设,形成了自己的特色和优势,成为国家高质量人才培养和高水平科学研究的重要基地,为学校的长远发展奠定了良好基础。近年来,我校抓住国家实施"211工程"的机遇,提出第三次创业的口号,制定了跨世纪的"211工程"建设规划并于1994年9月通过部门预审。一年来,学校抓紧实施"211工程"规划,在重点学科建设、教育教学改革、教师队伍特别是跨世纪人才培养、科研和科技产业工作以及办学条件改善等方面都取得了初步成效,办学质量和效益不断得到提高。

在我校首批进入国家"211工程"之际,中科院常务副院长路甬祥对学校近年来的工作和建设与发展事业给予充分肯定,并指出,学校首批进入国家"211工程"值得庆贺,这不仅是学校历史上的一件大事,也是中科院建设中的一件大事。他还对我校"211工程"建设的目标和重点学科建设、结构调整与深化改革、继续贯彻"全院办校、所系结合"的办校方针以及中科院与安徽省政府共建我校等提出了指导性意见和要求,并表示:中科院一定支持学校"211工程"建设。

根据国家"211工程"总体建设规划的要求,"九五"期间,国家将向我校投入6000万元的重点建设中央专项经费,主管部门将按不低于1∶1的比例投入专项配套建设资金。经过"九五"期间国家"211工程"的重点建设,我校将在重点学科、教育质量、科学研究、管理水平、办学条件和办学效益等方面有较大提高,成为立足国内培养高层次人才、解决经济建设和社会发展重大问题的重要基地,在我国高等教育中起到了骨干和示范作用。

国家重点建设项目"211工程"即面向21世纪,重点建设100所左右重点大学和一批

重点学科,是贯彻落实《中国教育改革和发展纲要》、实施"科教兴国"战略的一个重要举措,将作为国家重点建设项目列入国民经济和社会发展中长期规划和"九五"计划。"九五"期间将重点建设25所重点大学,此次首批入选的学校有北京大学、清华大学、南京大学、中国科学技术大学、北京理工大学、上海交通大学、西安交通大学、西北工业大学、北京航空航天大学、复旦大学、浙江大学、哈尔滨工业大学、南开大学、中国农业大学、天津大学等15所大学。

1996年3月,汤洪高校长主持召开首次教授恳谈会,共商学校"211工程"建设和发展大计,党委书记、副校长余翔林等校领导和两院院士以及120多位教授参加了会议。

1996年6月,学校6个"211工程"重点学科建设项目通过国家教委"211工程"办公室组织的专家咨询和行政审核。

(十一)我校研究生院(北京)隆重纪念中共建党75周年和长征胜利60周年

1996年6月,我校研究生院(北京)召开大会,隆重纪念中国共产党建党75周年和长征胜利60周年。会议向信息安全国家重点实验室直属党支部等4个先进基层党组织、童秉纲等32名优秀党员、刘忠力等6名优秀党务工作者颁奖。

(十二)我校21名研究生获评"安徽省高校优秀毕业生"

1996年6月,丁友东等21名研究生被评为"安徽省高校优秀毕业生"。

(十三)我校举行1996年度第一次学位授予仪式

1996年7月2日,学校举行1996年度第一次研究生学位着装授予仪式。

(十四)我校制定"九五"期间"211工程"建设项目可行性研究报告

1996年8月,我校制定《中国科学技术大学"211工程""九五"期间建设项目可行性研究报告》,报告部分内容摘录如下:

"九五"期间的主要建设任务是:

在党建和思想政治工作方面,进一步加强和改进党的领导和思想政治工作,充分发挥党委的政治核心和团结核心作用,继承和发扬"勤奋学习、红专并进、理实交融"的优良校风及锐意进取、开拓创新的优良传统,正确处理好学校改革、发展、稳定三者之间的关系,以健康向上的政治环境和生动活泼的学术文化氛围团结和凝聚师生员工,为学校的改革和发展提供可靠的思想前提和政治保障,确保"211工程"规划的顺利实施及其目标的实现。

我校1996年度授予硕士、博士学位合影

在跨世纪师资队伍建设方面,努力培养和造就一支个体素质优、群体实力强、结构合理的高质量、高层次、高水平的跨世纪人才队伍。在继续充分发挥中老年教师作用的同时,要进一步高度重视将教学、科研和管理工作的重心向年轻一代的战略转移。

在人才培养方面,建立并逐步完善能主动适应21世纪科技发展及社会主义现代化建设需要的人才培养机制,培养部分优秀研究型人才和大量基础宽厚扎实、与高新技术紧密联系、有较强研究能力的高层次应用型人才,同时培养一定数量的数理背景较强、能适应社会需要的高级经济和管理人才。进一步深化面向21世纪的教育教学改革,进行学科专业的结构性调整;扩大博士和硕士学位点在学科专业中的涵盖面,逐步过渡到主要学科在一级学科授予学位。重视学生创新精神和全面素质的培养,着重提高高层次人才培养的质量,努力扩大研究生特别是博士生培养规模;本科生教育质量继续保持国内领先、在国际上有较强竞争力的水平,研究生教育要达到国内一流和接近国际水平。

在学科建设方面,面向21世纪科学技术发展和国民经济建设的需要,形成科学与技术紧密结合、理工文管比例适当、布局合理、协调发展、优势突出、具有鲜明科大特色的学科体系;建立一支由著名学术带头人、较强的学术骨干和优秀青年人才组成的实力雄厚、结构合理的学术梯队。

在科学研究方面,基础研究要面向21世纪,积极参加国际前沿领域的竞争,致力于创新和突破,争取做出一批具有重要科学意义和国际先进水平的理论或实验成果;高新技术研究要面向国民经济主战场,以开拓和发展我国高新技术产业为目标,一方面进行

高技术跟踪,一方面积极从事技术发展与创新的理论研究,并在科技开发和科技成果转化为现实生产力方面取得重要成果,为我国的技术进步和国民经济建设做出有较强显示度的重要贡献;同时进一步促进科学与技术的紧密结合,把学校建成具有国际水平、在国内、外有较大影响和一定地位的重要科研基地。

在办学条件建设方面,突出改造和完善与教学、科研有紧密联系的公共服务体系、基础设施及其服务功能,使学校办学条件和校园社区环境达到国内高校一流水平,能够很好地支撑和促进教学、科研等各项事业的发展。实验室建设,重在改善条件,提高管理质量、科技水平和综合效益,形成以国家级重点实验室和国家级研究中心为核心的具有自身特色的多层次、多学科、达到国内先进水平的实验室体系。建成和完善具有国内先进水平的图书馆和校园计算机网络,形成功能完整、配套齐全的后勤保障和支撑系统。

在国际学术合作与交流方面,重点围绕学科建设和发展规划,选择有积累、有优势和有广阔发展前景的学术领域,更加广泛地加强与世界著名大学、科研机构、企业的实质性交流与合作,不断提高我校的综合实力和国际声誉,逐步实现国际合作交流对等化、面向世界开放办学的目标。

在办学体制和内部管理制度改革方面,进一步贯彻新形势下"全院办校、所系结合"的办校方针,积极推进与中科院合肥分院的联合以及中科院与安徽省的实质性共建;以充分行使办学自主权和改革人事、分配制度为核心,建立起主动适应市场经济和社会发展需要以及国际发展趋势的办学体制、内部管理体制和运行机制,提高管理水平、办学效益和活力,增强学校的内部凝聚力整体竞争力和面向社会自我发展、自我约束的能力。

"九五"期间主要建设项目是:① 重点学科建设,包括极端条件下的凝聚态物理、数学与非线性科学、火灾安全科学与防治工程、化学反应的人工控制、加速器物理及同步辐射应用、现代工程材料的力学行为和材料设计等 6 个项目。② 公共服务体系建设,包括校园计算机网络建设、图书文献及其保障系统建设、基础教学实验设备及条件的改善等 3 个项目。

(十五)汤洪高兼任我校研究生院(北京)院长

1996 年 9 月 4 日,我校研究生院(北京)召开宣布新一届行政领导班子大会。中科院党组副书记余志华、人事局局长张永庆、教育局局长李云玲、京区党委副书记郭曰方,我校校长汤洪高及党委书记余翔林、研究生院新老两届领导出席了大会。余志华同志代表院党组宣布决定由我校汤洪高校长兼任我校研究生院(北京)院长,冯克勤同志任常务副院长,石耀霖、孙勤任副院长。

(十六)我校举行 1996 级新生开学典礼,本年校本部招收 355 名硕士生、115 名博士生

1996 年 9 月 9 日上午,1996 级新生开学典礼在学校大礼堂举行。大会由副校长尹

1996年

鸿钧主持,各系、机关有关部门负责人及全体1996级研究生、本科生参加了典礼。

(十七) 我校成立学位与研究生教育研究室

为更好地适应"九五"学位与研究生教育的发展,1996年9月13日,我校成立了学位与研究生教育研究室,该研究室由58位热心于学位与研究生教育的专家教授以及在第一线从事管理工作的同志组成。中国科学院教育局李云玲局长担任该研究室顾问,副校长、研究生院院长冯克勤教授任研究室主任,研究生院常务副院长、副教务长程福臻教授和教务处处长朱栋培教授任研究室副主任。研究室根据国务院学位办公室、国家教委研究生工作办公室和中国学位与研究生教育学会关于"九五"学位制度和研究生教育研究课题指南,结合我校研究生工作的实际情况,提出我校学位与研究生教育研究室近期研究课题共9项。

(十八) 我校位于北京的研究生院更名为"中国科学技术大学研究生院(北京)"

随着我校合肥本部研究生教学规模的不断扩大,1985年11月15日,我校位于合肥校本部的研究生部更名为"中国科学技术大学研究生院(合肥)"。

1996年9月,在国家教委正式批准我校校本部建立"中国科学技术大学研究生院"后,为区别校本部的研究生院,位于北京的研究生院更名为"中国科学技术大学研究生院(北京)"。

(十九) 我校研究生院(北京)举办1996级研究生新生开学典礼,本年招收1048名研究生

1996年9月,我校研究生院(北京)举办1996级新生开学典礼暨庆祝教师节大会。本年入学研究生新生共1048人。路甬祥、郁文、王玉民等领导,黄昆院士,石景山区人大常委会主任王建国以及中科院有关局负责人出席了大会。

(二十) 本年度校本部招收355名硕士生、115名博士生

本年度,校本部研究生院共招收博士生115人、硕士生355人、委培研究生75人,另有代培研究生152人。

（二十一）校学位委员会召开 1996 年下半年度学位工作会议，决定授予 29 人博士学位、332 人硕士学位

1996 年 11 月 19 日，校学位委员会召开 1996 年下半年度学位审核工作会议，讨论通过并决定授予余红兵等 29 人博士学位、黄骏等 332 人硕士学位。

（二十二）我校举行 1996 年度第二次学位授予仪式

1996 年 11 月 23 日，学校举行 1996 年度第二批硕士、博士学位获得者着装授予仪式。

（二十三）朱清时院士兼任我校研究生院院长

1996 年 10 月 21 日，副校长朱清时院士兼任我校研究生院院长。

（二十四）我校 4 个学科获评中科院第一批"博士生重点培养基地"

1996 年 10 月下旬，在中科院组织的"博士生重点培养基地"评选中，我校数学、物理、力学、动力机械和工程热物理 4 个一级学科被评为"博士生重点培养基地"。这 4 个一级学科共有 12 个博士点，其中 8 个为第一批获国务院学位委员会批准的博士学位授权点。

（二十五）我校校长兼研究生院（北京）院长汤洪高教授座谈校院合作发展大计

1996 年 10 月，我校校长兼研究生院（北京）院长汤洪高教授到研究生院（北京）与各教学部主任及部分教授、青年教师座谈，共议我校与研究生院（北京）合作发展大计。

（二十六）国家教委数学类专业数学课程改革第二次研讨会在我校召开

1996 年 11 月 2～4 日，国家教委数学类专业数学课程改革第二次研讨会在我校召开。

（二十七）学校评审出 1996 年校级优秀教学成果奖 43 项

1996 年 11 月 28 日，学校评审出 1996 年校级优秀教学成果奖 43 项，其中陈国良的

1996年

《并行算法的设计与分析》等 16 项为一等奖，孙淑玲的《组合数学课程建设》等 27 项为二等奖。

我校 1996 年度授予硕士、博士学位合影

(二十八) 我校研究生院全面启动研究生培养方案、课程大纲制定和修改工作

在院领导程福臻教授的直接领导和操作下，我校增补、修改研究生培养方案及课程大纲工作已全面启动。我校研究生院于 1996 年 10 月、11 月两次召开全校性工作会议，布置博士、硕士学位学科专业调整、培养方案修订及课程编写工作。

(二十九) 我校 5 名教师、3 名研究生获 1996 年度"宝钢奖教金、奖学金"

1996 年 12 月，学校为 5 名教师、3 名研究生和 12 名本科生颁发 1996 年度"宝钢奖教金、奖学金"。

1997年

(一) 我校研究生院(北京)获中科院首届教学成果奖一等奖3项、二等奖7项

1997年1月4日,中科院教育局召开教学成果评定会。我校研究生院(北京)获一等奖3项、二等奖7项。

(二) 我校研究生院举行1997级春季博士生开学典礼

1997年3月3日,我校研究生院举行1997级春季博士生开学典礼。

(三) 我校研究生院召开研究生教育教授座谈会

1997年3月5日,我校研究生院召开研究生教育教授座谈会。

(四) 我校成立学位与研究生教育评估中心

1997年3月31日,我校学位与研究生教育评估中心成立,

1997年

国务院学位办副主任顾海良和安徽省教委主任陈贤忠到会祝贺并为中心揭牌。副校长、研究生院院长朱清时院士首先宣读了我校关于成立中国科学技术大学学位与研究生教育评估中心的批文。顾海良主任和陈贤忠主任接着为"评估中心"揭牌。然后研究生院常务副院长程福臻教授讲话。"评估中心"将在国家学位与研究生教育评估所的指导下,更好地开展工作,建立学位与研究生教育的质量保证体系和监控机制。

(五) 中科院第一届教学成果奖揭晓,我校11项成果入选

1997年3月,中科院首次教学成果评奖于3月份揭晓,我校共有11项教学成果获奖,"大学物理实验的计算机仿真系统"等4项成果获一等奖,"多媒体通信教学体系的创建"等7项教学成果获二等奖。这些项目是学校在获得我校第三次教学成果一等奖的15个项目中严格筛选出来后向中科院推荐的。参加中科院首次评奖的共有18个单位申报的51个项目,其中一等奖8名、二等奖20名,一等奖和二等奖都将推荐为"国家级教学成果奖"。

(六) 我校5名教师当选安徽省学位委员会副主任委员、委员

1997年3月,汤洪高、朱清时、程艺、寿天德、徐善驾当选为安徽省学位委员会委员,其中朱清时为副主任委员。

(七) 中科院院士王选教授来我校研究生院(北京)做专题报告

1997年4月18日,中科院院士、中国工程院院士、第三世界科学院院士、北京大学计算机研究所所长、方正技术研究院院长王选教授应邀来研究生院(北京)做专题报告《高科技与人才》。

(八) 我校研究生院(北京)举行第四届职代会、第六届工会代表大会

1997年4月,我校研究生院(北京)举行第四届职代会、第六届工会代表大会,表彰1996年度先进集体和先进个人,并选举产生了第六届工会委员会。张旭东同志任工会主席。

(九) 我校研究生院(北京)领导来校商讨双方实质性联合事宜

1997年5月5~8日,研究生院(北京)常务副院长冯克勤、党委书记颜基义等领导来合肥参加我校与研究生院(北京)第一次联席会议,商讨进一步推进双方实质性联合等

事宜。

（十）我校参与的5项课题获准"九五"学位制度和研究生教育研究课题立项

1997年5月，我校参加或负责的"院校结合培养高质量研究生的探索与研究"等5项课题获准"九五"学位制度和研究生教育研究课题立项。

（十一）我校4项成果荣获1997年"全国普通高校国家级教学成果奖"

1997年5月，"火灾安全学科建设及研究生培养的探索和实践""并行算法的设计与分析（教材）""大学物理实验的计算机仿真系统""数学建模与数学教学改革"等4项成果获1997年"全国普通高等学校国家级教学成果奖"。

（十二）我校范维澄受聘国家劳动部安全工程专业教学指导委员会副主任委员

1997年5月，范维澄副校长被聘任为国家劳动部安全工程专业教学指导委员会副主任委员。

（十三）校学位委员会召开1997年上半年度学位工作会议，决定授予28人博士学位、127人硕士学位

1997年6月6日，校学位评定委员会召开1997年上半年度学位审核工作会议，讨论通过并决定授予28人博士学位、127人硕士学位。

（十四）我校1997年增列62名博士生导师

1997年6月23日，我校新增62名博士生导师。

（十五）中科院教育局在我校研究生院（北京）召开中科院研究生工作会议

1997年6月26～27日，中科院教育局在我校研究生院（北京）召开了中科院研究生工作会议，中科院院长路甬祥、副院长白春礼等参加了会议。

1997年

(十六) 我校举行1997届学生毕业典礼，123名博士生、314名硕士生完成学业

1997年6月28日，学校举行1997届学生毕业典礼，本届毕业生共有1805人，其中博士生123人、硕士生314人。

(十七) 我校举行1997年度第一次学位授予仪式，授予43人博士学位、174人硕士学位

1997年7月4日，学校校本部举行1997年度第一次研究生学位着装授予仪式，共授予罗振东等43人博士学位和宋梓霞等174人硕士学位。

(十八) 我校《研究生导师工作手册》《研究生手册》出版

1997年8月3日，我校《研究生导师工作手册》《研究生手册》出版。

(十九) "中国科学技术大学博士论文答辩室"正式启用

1997年9月1日，由校友部分捐资的"中国科学技术大学博士论文答辩室"正式启用。

(二十) 我校研究生院(北京)举办1997级研究生新生开学典礼，本年招收949名研究生

1997年9月1日，我校研究生院(北京)举办1997级新生开学典礼，本年共招收研究生949人。原社科院党组书记、常务副院长郁文同志，中科院副院长白春礼，著名数学家王元院士等出席了大会。

(二十一) 我校举行1997级新生开学典礼，本年校本部招收388名硕士生、147名博士生

1997年9月8日，学校举行1997级新生开学典礼。1997级新生共有博士生147人、硕士生388人；此外招收代培研究生285人。

(二十二) 我校研究生院部署"4-2-3"分流工作

1997年10月15日,我校研究生院召开各系系主任及教学秘书会议,部署今年的"4-2-3"分流工作。

我校副校长、研究生院院长朱清时在会上就今年的"4-2-3"分流工作和推行"硕-博连读"制问题讲话。他说,为了提高研究生的培养质量,落实"211工程"建设,必须设法稳住一批优秀的研究生立足国内读完博士学位。研究生院培养处处长朱士尧在会上传达了国家教委1998年硕士研究生招生工作的改革要点,并对"4-2-3"分流工作做了具体部署。

(二十三) 我校召开1997年校学位委员会主任委员会议并通过学位管理相关规定

1997年10月28日,汤洪高校长主持召开校学位评定委员会主任委员会议,通过《关于博士生、硕士生培养中有关第二外语学习、总学分和论文答辩环节要求的若干补充规定(试行)》和《学位授予工作中若干情况的规定(暂行)》。

(二十四) 第一届"脑认知成像学术研讨会"在我校研究生院(北京)召开

1997年11月5日,中科院-北京医院脑认知成像研究中心组第一届"脑认知成像学术研讨会"在研究生院(北京)召开。国家科委常务副主任朱丽兰及卫生部、中科院的有关领导共200余人出席了会议。

(二十五) 国家批复同意我校"九五"期间"211工程"建设项目正式立项

1996年8月7~8日,我校"211工程"建设项目可行性研究报告顺利通过根据国家"211工程"部际协调小组办公室统筹部署、由中科院组织实施的专家论证。1997年1月24日,国家计委下发《关于中国科学技术大学"211工程"建设项目可行性研究报告的批复》(计社会〔1997〕121号)文件。文件表明,国家同意中国科学技术大学作为"211工程"项目院校,在"九五"期间进行建设。

(二十六) 校学位委员会召开1997年下半年度学位工作会议,决定授予29人博士学位、332人硕士学位

1997年11月19日,校学位评定委员会召开1997年下半年度学位审核工作会议,讨

1997年

论通过并决定授予 29 人博士学位、332 人硕士学位。

（二十七）中科院党组副书记郭传杰来我校研究生院（北京）作专题报告

1997 年 11 月 25 日，中科院党组副书记郭传杰研究员来我校研究生院（北京）做专题报告，畅谈科学院的改革与发展。

（二十八）我校召开第三次教授恳谈会讨论跨世纪研究生教育问题

1997 年 11 月 29 日，我校召开第三次教授恳谈会，座谈讨论跨世纪研究生教育问题。

（二十九）我校召开 MBA 试点工作研讨会

1997 年 11 月 30 日，我校工商管理硕士（Master of Business Adminictration，简称 MBA）试点工作研讨会召开，提出"起点高、力度大、步子稳"的思路。

（三十）我校研究生院召开会议讨论研究生出国管理相关工作

1997 年 12 月 2 日，研究生院召开会议，针对研究生自费出国、公派出国、联合培养和短期出国访问等管理工作进行了讨论，会议决定进一步规范手续，起草、完善有关规定，报校务会讨论后批准执行。

（三十一）我校举办第一届研究生学术报告会

为了提高我校研究生的培养质量，加强不同学科研究生之间的学术交流，拓宽研究生的知识面，活跃学术气氛，研究生院于 1997 年 12 月 6 日召开了我校第一届研究生学术报告会。大会开幕式在第一会议室举行，校领导对第一届研究生学术报告会的召开十分关心和重视。卞祖和副校长、金大胜副书记、范维澄副校长出席了大会。参加学术报告的研究生、各单位研究生教学秘书、优秀论文评选委员会成员共 100 余人出席了会议。

这次活动是我校研究生院主办的。研究生院一直把"创建一流的高层次人才培养基地"作为努力奋斗的目标。为进一步提高研究生的培养质量，拓宽研究生的知识面，全面提高研究生的科学素质，研究生院于 9 月发出举办学术报告会的通知，广大研究生积极响应。经各系学术委员会初审，有 59 篇论文参加了学术交流。这些研究生的论文总体水平比较好，有不少文章发表在比较著名的国际期刊上。本次会议是对我校研究生当前正在从事的科研工作进展情况的一次检阅。经过评委会的认真评议，本次报告会评选出优秀论文一等奖 6 篇、二等奖 14 篇，获奖论文的作者既有博士生又有硕士生，分布在各

个不同的学科。

研究生在做学术报告

师生们正在听取研究生的学术报告

(三十二) 政治协商会议全国委员会副主席、中科院院士钱伟长来我校研究生院(北京)做报告

1997年12月9日,政治协商会议全国委员会(简称"全国政协")副主席、中科院院士钱伟长来我校研究生院(北京)做报告。

(三十三) 我校研究生院举行1997年研究生教育与管理迎新春交流会

1997年12月24日下午,我校研究生院在合肥举行了研究生教育与管理迎新春交流会。会议由研究生院副院长尹香莲主持,各院、系、直属教学部有关负责人和机关有关部门负责人参加了会议。校党委副书记李国栋,原副校长、高等教育研究所所长尹鸿钧和秘书长奚富云,总务长王广训等应邀参加了交流会。

(三十四) 我校研究生院成功举办"新技术及应用"系列讲座

1997年12月28日下午,我校研究生主讲的"新技术及应用"系列讲座最后一讲结束。这次由校研究生院主办的"新技术及应用"系列讲座,自12月6日开始共举办了4讲,内容都是关于计算机应用的最新技术,分别为:"Internet及校园网简介""并行计算的发展""电脑沙场""Linux介绍和使用"。

(三十五) 我校举行1997年度第二次学位授予仪式,授予52人博士学位、94人硕士学位

1997年12月12日,学校举行1997年度第二次学位着装授予仪式,共有52人获得博士学位、94人获得硕士学位。

(三十六) 我校2个单位获评中科院第二批博士生重点培养基地

1997年12月,中科院博士生重点培养基地评审工作已经结束,我校高等研究院、中国科技大学(化学)、化学研究所、大连化物所、力学研究所等11个单位被评为中科院第二批博士生重点培养基地。至此我校已有5个院级博士生重点培养基地,其他四个为数学、物理、力学、动力机械和工程热物理。

此次评审工作是根据修订后的《中国科学院博士生重点培养基地评审办法》,由教育局计划财务局、人事局、基础局、高技术研究与发展局和资源环境科学与技术局的有关领导组成评审小组,经过认真评审,以无记名投票的方式表决通过的。中科院博士生重点培养基地特别支持经费将于1998年1月下拨至各基地单位。

中科院博士生重点培养基地建设计划从1996年开始启动,旨在进一步加强院人才培养基地建设,提高研究生培养质量,强化择优竞争机制,充分发挥投资效益。

(三十七) 我校获批为工商管理硕士(MBA)试点单位,系中科院和安徽省首家

1997年,我校被国务院学位办正式批准为培养工商管理硕士(MBA)试点单位,当时这在中科院和安徽省都是唯一一家。

1998年

(一) 安徽省学位委员会审议通过我校应用化学等3个学科为新增硕士学位授权点

1998年2月23日,安徽省学位委员会召开会议,审议通过我校应用化学、安全技术及工程、材料物理与化学3个学科为新增硕士学位授权点。

(二) 我校自行审批增列神经生物学等3个硕士学位授权点

按照国务院学位办〔1997〕51号文件精神,我校于1997年10月即开始启动自行审批增列硕士点工作。根据授权,我校可在12个一级学科自行审批硕士点,但我们坚持按需布点、严格把关的原则,依据学科发展的需要,仅在生物学、动力工程及工程热物理、科学技术史3个一级学科内自行审批3个硕士学位点,即神经生物学、制冷与低温工程、生物学史。经国务院学位办〔1998〕5号文件批准,我校对应这3个一级学科分别成立了评审专家组,每个学科聘请了3~4位校外通讯评议专家,在通讯评议的基础上,学科评审组对3个拟新增的硕士点进行了严

1998年

格评审和无记名投票。

按照国务院学位办〔1997〕42号文的有关标准和基本条件，1998年3月3日，校学位评定委员会在认真听取了各评审组召集人关于3个拟新增硕士点评审结果的汇报后，以无记名投票表决的方式，正式通过神经生物学、制冷与低温工程、生物学史为我校自行审批增列的硕士点。

（三）中共中央总书记、国家主席江泽民为我校研究生院（北京）建院20周年题词

1998年，我校建校40周年暨研究生院建院20周年。3月29日，中共中央总书记、国家主席江泽民为我校研究生院（北京）建院20周年题词："科教兴国，人才为本"。

（四）我校5名教授受聘为第四届国务院学位委员会学科评议组成员

1998年4月，冯克勤、汤洪高、朱清时、王水、何多慧等5名教授，被国务院学位委员会分别聘为数学、物理学和天文学、化学、地球物理学和地质学、核科学与技术5个学科评议组成员，任期4年。

（五）我校1998年增列62名博士生导师

1998年4月，我校自行审批增列62名博士生导师，其中包括我校研究生院北京5名、高等研究院16名，其中有5名是45岁以下的博士学位获得者。这样我校共有218名博士生导师，其中本校在岗博士生导师168人。

（六）我校218名博士生导师通过1999年上岗资格审查

1998年5月10日，我校218名博士生导师、286名硕士生导师通过1999年上岗资格审查。

（七）以研究生为主体的"中国科学技术大学科学考察探险协会"成立并进行科考

1997年12月21日，以研究生为主体的"中国科学技术大学科学考察探险协会"成立。

1998年4月30日～5月30日，协会赴大别山进行综合科学考察。

（八）我校高等研究院举办首届研究生学术报告会

1998年6月20日，我校高等研究院举办首届研究生学术报告会。

（九）我校举行1998届学生毕业典礼，97名博士生、270名硕士生完成学业

1998年6月26日，学校举行1998届学生毕业典礼，范维澄副校长在典礼上讲话。1998届共有毕业生1951人，其中博士生97人、硕士生270人。

（十）校学位委员会召开1998年上半年度学位工作会议，决定授予68人博士学位、199人硕士学位

1998年6月，校学位委员会召开1998年上半年度学位审核工作会议，讨论通过并决定授予殷承元等68人博士学位、王春苗等199人硕士学位。

汤洪高校长为毕业生颁发学位证书

（十一）我校18名研究生获评"安徽省高校优秀毕业生"

1998年6月，我校张刘宾等18名研究生被评为"安徽省高校优秀毕业生"。

1998年

(十二) 国务院第七批博士和硕士学位授予单位学科点结果公布，我校原子分子物理等13个专业新增为博士点，无线电物理等9个专业新增为硕士点

1998年6月，国务院学位委员会下发《关于下达第七批博士和硕士学位授权学科、专业名单的通知》(学位〔1998〕44号)。根据《通知》：我校13个学科、专业被批准为博士学位授权点，分别为：原子分子物理、声学、无线电物理、有机化学、高分子化学与物理、空间物理学、地球化学、一般力学与力学基础、工程力学、精密仪器及机械、通信与信息系统、模式识别与智能系统、管理科学与工程。我校9个学科、专业被批准为硕士学位授权点，分别为：无线电物理、神经生物学、科学技术史(生物学史)、一般力学与力学基础、材料物理与化学、制冷与低温工程、信号与信息处理、应用化学、安全技术及工程，详见下表。

我校第七批新增博士、硕士学位授权点名单

序号	学位点	层次	序号	学位点	层次
1	原子分子物理	博士	12	模式识别与智能系统	博士
2	声学	博士	13	管理科学与工程	博士
3	无线电物理	博士	14	无线电物理	硕士
4	有机化学	博士	15	神经生物学	硕士
5	高分子化学与物理	博士	16	科学技术史(生物学史)	硕士
6	空间物理学	博士	17	一般力学与力学基础	硕士
7	地球化学	博士	18	材料物理与化学	硕士
8	一般力学与力学基础	博士	19	制冷与低温工程	硕士
9	工程力学	博士	20	信号与信息处理	硕士
10	精密仪器及机械	博士	21	应用化学	硕士
11	通信与信息系统	博士	22	安全技术及工程	硕士

本次学位授权审核申报的博士点和硕士点首先经校学位评定委员会审核通过，报中科院审核同意后，由国务院学位办公室组织同行专家通讯评议，再经国务院学位委员会学科评议组复审，提交国务院学位委员会第十六次会议审核批准。

(十三) 我校6个学科被国务院批准为博士学位授权一级学科点

1998年6月，国务院学位委员会下发《关于下达第七批博士和硕士学位授权学科、专业名单的通知》(学位〔1998〕44号)，我校有6个学科被批准为博士学位授权一级学科点，分别为：物理学、化学、地球物理学、力学、信息与通信工程、管理科学与工程。这样我校目前共有博士学位授权一级学科点9个（另3个分别为：数学、科学技术史、生物医学工程）；博士学位授权点由原26个增加至39个（9个一级学科博士学位授权点），增加50%；硕士学位授权点由原47个增加至57个（含MBA专业学位点），增加21%。

（十四）我校召开学生奖学金评审会，评出研究生专项奖学金名额289个

1998年7月3日，学校召开学生专项奖学金评审会，共评出1998年度研究生专项奖学金13项，共289个名额；本科生专项奖学金18项，共586个名额。

（十五）我校研究生院有关领导赴广东三地跟踪调研我校毕业生发展情况

1998年7月16日至26日，我校部分工科系分管学生工作的系领导和学生工作部领导一行8人，在我校研究生院尹香莲副院长的带领下，赴广州、深圳、珠海三地，对我校毕业生进行了跟踪调研，并分别走访了广东省教育厅、华南理工大学、深圳市、珠海市人事局等单位，了解他们对我校毕业生的需求情况。还先后组织了在广州宝洁公司及在深圳华为公司、中兴通讯公司等工作的我校毕业生座谈会，与他们进行了面对面的交流。

（十六）我校施蕴渝增补为安徽省学位委员会委员

1998年8月3日，安徽省学位委员会增补中科院院士、我校生命科学院院长施蕴渝教授为省学位委员会委员。

（十七）我校党委书记汤洪高与东港集团公司续签资助博士生的"东港助学金"协议书

1998年8月7~12日，我校党委书记汤洪高和高分子化学与工程系、化学系、研究生院、科研处等单位负责人一行6人赴浙江省台州市东港工贸集团有限公司访问，续签了"东港助学金"协议书。签字仪式上，汤书记感谢东港集团公司在我校设立"东港助学金"，认为双方要进一步加强合作，鼓励我校有关专家、博士研究生赴东港考察、咨询、开展合作研究，推动产学研结合和我校与东港集团公司的进一步合作。东港集团公司王云友总经理还愉快地接受了汤书记的邀请，表示将参加我校建校40周年庆祝活动，并为校庆赞助人民币10万元。

（十八）我校举行 1998 级新生开学典礼，本年校本部招收 464 名硕士生、194 名博士生

1998 年 9 月 7 日，学校举行 1998 级新生开学典礼，朱清时校长在典礼上讲话。1998 年共招收博士生 194 人、硕士生 464 人，此外，还招收各类代培研究生 296 名。

（十九）我校研究生院（北京）庆祝建校 40 周年暨建院 20 周年

1998 年 9 月 25～26 日，我校研究生院（北京）隆重集会，庆祝建校 40 周年暨建院 20 周年。中科院副院长白春礼、学校首任党委书记郁文、著名科学家吴文俊和近 2000 名校友参加了 25 日上午举行的庆祝大会。副校长冯克勤主持大会，校长、研究生院（北京）院长朱清时院士做了题为《弘扬创新精神，建设一流大学》的报告。

院庆期间，我校研究生院（北京）还举行了严济慈雕像揭幕仪式，院士系列报告会，科技、教育和持续发展研讨会，校院史及教学、科研成果展，新校门奠基典礼以及北京校友会换届选举大会等系列庆祝活动。

中国科大建校 40 周年、研究生院（北京）建院 20 周年庆典大会现场

（二十）我校开展"九五"期间"211 工程"中期检查

为加强"211 工程"建设管理，提高建设质量和效益，促进工程建设顺利进行，根据国家"211 工程"部际协调小组办公室《关于对有关高等学校开展"211 工程"中期检查工作的通知》要求，我校于 1998 年 10～11 月对"211 工程"建设进行了中期检查。学校成立了由校长任组长的"211 工程"中期检查工作组，在各项目进行认真自查的基础上，委托校学

术委员会等咨询评议机构组成专家组对各项目的建设情况进行检查和评审。

"九五"以来,学校在党的教育方针和邓小平理论指导下,在中科院、国家教委和安徽省委省政府的领导和支持下,抓住世纪之交的历史机遇,认真贯彻《中国教育改革和发展纲要》,主动适应国际科技、教育和社会经济发展的要求与挑战,进行"211工程"建设和第三次创业,各项事业都得到快速发展,为面向21世纪的进一步改革和发展奠定了良好基础:党建、德育和思想政治工作得到进一步加强和改进,增强了学校的凝聚力,师生员工的积极性和创造性得到充分发挥,为各项事业的健康发展提供了可靠保证。积极推进结构性调整,取得显著成效,部分适应国家需求、符合科教发展趋势的学科得到重点建设,做出一批具有国内领先和国际先进水平的成果。推动中科院和安徽省对学校实施共建,实现了管理体制改革的新突破;结合中科院的结构性调整,与中科院合肥分院联合成立了中国科大高等研究院,有力地促进了合肥科教基地建设。面向21世纪的教学改革进一步深化,学科专业结构趋于合理,本科生教育质量继续保持国内领先、在国际上具有较强竞争力水平,研究生教育水平稳步提高。基础研究与应用研究并重,科研优势得到重新组合,解决国民经济重大关键技术问题的能力有所提高,科研成果转化和应用能力得到增强。通过择优支持和重点建设,实验室和科研基地建设迈出新步伐,选键化学和结构生物学相继建成中科院开放研究实验室,建成了热安全工程技术研究中心。坚持引进和培养并重,高层次学科带头人和跨世纪优秀年轻人才培养工作取得可喜成效,"两院"院士人数提前实现"211工程"规划目标,1997年新当选中科院院士居全国大学和科研机构之首。坚持开放办学,国内外学术合作与交流得到进一步加强,学校的综合实力和国际声誉不断提高。办学支撑条件得到改善,基本建成具备国内先进水平的图书馆和校园计算机网络等公共服务体系,基础设施建设得到加强。

(二十一)学校举行1997～1998学年"光华奖学金"颁奖典礼,250位研究生获奖

1998年10月26日下午,学校举行1997～1998学年度"光华奖学金"颁奖典礼。典礼由研究生院副院长虞吉林主持,台湾大学管理学院院长、光华教育基金会代表张鸿章教授,我校副校长程艺教授及有关部门负责人参加了典礼。会前,我校党委书记汤洪高教授会见了光华教育基金会代表。

程艺副校长和张鸿章教授分别在会上讲了话。有关部门负责人宣读了本年度"光华奖学金"获奖名单,276名获奖者中有博士生31名、硕士生219名,其中少数民族学生9名。

光华教育基金会1992年开始在我校设立奖学金,为进一步奖励少数民族研究生和"4-2-3分流"的研究生,1998年又在我校新增138个奖励名额。迄今为止,我校共有1800多名学生受到该奖资助。我校研究生院还向基金会赠送了锦旗。

1998年

(二十二) 学校布置启动 1999 届毕业研究生就业工作

1998年10月29日下午,副校长程艺主持召开会议,布置启动1999届毕业研究生就业工作。机关和有关部门负责人和各院、系有关负责人及全体1999届毕业研究生参加了会议。

会上,研究生院有关负责人总结了1998届毕业研究生就业工作,并对1999届毕业研究生就业工作日程安排和具体事项做了布置。人事处处长范成高作为用人单位代表讲了话,希望广大优秀毕业研究生留在母校,为母校的发展做出贡献。

程艺副校长在总结讲话中勉励广大优秀毕业研究生要树立正确的人生观和价值观,选择到最能发挥才能的地方去就业,同时要求有关部门和各院、系认真做好引进人才工作,稳住一批高质量毕业研究生,充实我校师资队伍。

(二十三) 中国学位与研究生教育学会信息管理工作委员会华东地区组和西南地区组 1998 年学术年会在我校召开

1998年10月份,中国学位与研究生教育学会信息管理工作委员会华东地区组和西南地区组1998年学术年会在我校召开。来自华东、西南地区的高等院校和科研机构的33名代表参加了会议,我校副校长程艺和研究生院副院长虞吉林、尹香莲到会祝贺并分别介绍了科大及研究生院情况。

会议期间,代表们就研究生教育中信息管理及计算机应用的理论与实践问题等进行了研讨。年会共收到学术论文11篇和软件3个,代表们就论文和本单位情况分别做了介绍和交流,并演示了软件。此外,会议还安排了专题发言和技术报告。

(二十四) 我校研究生参与中国第 15 次南极科考

1998年11月5日,我校孙立广教授、博士生谢周清作为中国第15次南极科考队员分别到长城站和中山站进行科学考察,这是我校和安徽省第一次派员赴南极考察,此举拉开了我校极地科考的序幕。

(二十五) 我校成立工商管理硕士(MBA)学位工作领导小组

根据国务院学位办〔1996〕55号文件《关于扩大培养工商管理硕士试点单位的通知》精神,经1998年11月30日校长工作会议通过,我校工商管理硕士(MBA)学位工作领导小组成立。领导小组旨在组织、协调各方面力量,理顺管理关系,提高我校工商管理硕士(MBA)学位授予水平,确保培养工商管理硕士试点工作健康发展。工商管理硕士

(MBA)学位工作领导小组组长为副校长程艺,副组长为冯克勤、虞吉林。

同时经校长工作会议通过的《中国科学技术大学工商管理硕士(MBA)学位工作管理条例(试行)》对 MBA 专业学位点的组织管理及 MBA 招生、培养、论文答辩、学位申请、质量评估等均做了规定。

(二十六) 我校举办第一届研究生文化节

1998年11月,第一届研究生文化节举行开幕式,校长朱清时院士出席开幕式并讲话。

(二十七) 我校研究生院举行1998年研究生教育与管理迎新春交流会

1998年12月24日下午,我校研究生院举行了研究生教育与管理迎新春交流会。会议由研究生院副院长尹香莲主持,各院、系、直属教学部有关负责人和机关有关部门负责人参加了会议。校党委副书记李国栋,原副校长、高等教育研究所所长尹鸿钧和秘书长奚富云,总务长王广训等应邀参加了交流会。

(二十八) 校学位委员会召开1998年下半年度学位工作会议,决定授予44人博士学位、99人硕士学位

1998年12月,校学位委员会召开1998年下半年度学位审核工作会议,讨论通过并决定授予罗罗等44人博士学位、徐光等99人硕士学位。

(二十九) 我校成立"九五"期间"211工程"建设实施领导小组

根据校〔1996〕017号、校〔1998〕06号文件内容,我校在"九五"期间"211工程"建设中,成立"中国科学技术大学'211工程'建设实施领导小组",朱清时任组长、韩荣典任副组长。

(三十) 我校化学学科改革博士生培养方案,增加"4-2-3分流"和免试推荐生比例

1996~1998年,为培养面向21世纪具有坚实基础理论和广博学科知识,适应国民经济建设需要,富有创新能力的高级专业人才,化学学科进一步改革和完善了博士生培养方案,充实和规范各博士点的学位课程,继续推行和扩大硕博连读制度,为提高生源质量努力增加"4-2-3分流"和免试推荐生的比例,现在化学学科的生源质量得到了更进一

步的改善。

(三十一) 学校建立学位管理新体制

1998年,我校完成了新一届学位委员会组建。本届学位委员会共有33名委员,包括中国科技大学高等研究院(中科院安徽光精密机械研究所、中科院等离子体物理研究所、中科院固体物理研究所、中科院合肥智能机械研究所)、研究生院(北京)、中国科技大学管理学院的成员。学位委员会主任为我校校长朱清时院士。

为了突出学位授予单位的学位委员会的地位和作用,明确职责分工和业务从属关系,依据正在修订的《中华人民共和国学位法》,此次将原"学位评定委员会"统一改称"学位委员会"。同时制定了新的《中国科学技术大学学位委员会章程》,规定了学位委员会的组织机构和相应职能。

根据学位与研究生教育形势及学科发展的需要,按照一级学科、相关学科群及有关独立管理单位成立了数学学科、物理学科、化学与材料学院、地学学科、生命科学学院、工程科学学院、电学学科、核技术及应用学科、人文学科、商学院、中国科学技术大学研究生院(北京)、中国科学技术大学管理学院、中国科学技术大学高等研究院共13个学位分委员会,从而更有利于集中管理、提高效率、避免重复。学校的39个博士学位授权点、57个硕士学位授权点均归属到各学位分委员会管理,充分发挥了两级学位委员会的职能。

新的学位委员会实行三级学位(学士、硕士、博士)统一管理。过去我校的学士学位(包括成人本科毕业生申请学士学位)是由有关业务部门直接办理的,没有经过严格的学位授予审查过程,现在则由校学位委员会统一审核。

校学位委员会的日常办事机构为我校学位办公室。校学位办负责处理校学位委员会授权的各项工作,并统一受理本校所有学士、硕士、博士学位的申请、审查、授予等有关工作。新的学位委员会重新修改、制定了《中国科学技术大学学位授予实施细则》《中国科学技术大学关于授予成人高等教育本科毕业生学士学位暂行实施细则》《中国科学技术大学关于授予具有研究生毕业同等学力人员硕士学位实施办法》《中国科学技术大学关于授予具有研究生毕业同等学力人员博士学位实施办法》《中国科学技术大学研究生指导教师工作条例》《中国科学技术大学自行审定增列博士生导师实施细则》等文件,从而使我校的学位工作更趋规范和有章可循。

(三十二) 我校3个学科获准设置特聘教授岗位

1998年,经教育部"长江学者奖励计划"专家评委会评审,我校无机化学、核技术及应用、生物化学与分子生物学3个学科获准设置特聘教授岗位,面向国内、外公开招聘特聘教授。

(三十三) 我校部分单位被评为中科院第三批博士生重点培养基地

1998年,中科院博士生重点培养基地评审工作结束。我校、高能物理所等11个单位被评为中科院第三批博士生重点培养基地。

本次结果是根据《中国科学院博士生重点培养基地评审办法》,由院教育局、计财局、人事局、基建局、高技术研究与发展局等有关部门组成评审组,在严格、认真评审后以无记名投票方式表决通过的。中科院博士生重点培养基地特别支持经费将于1999年1月下拨至各基地单位,主要用于改善基地的博士生培养条件。这对于提高我校研究生培养质量,充分发挥投资效益,促进学科发展无疑是个良机。

(三十四) 校学位与研究生教育评估中心对我校物理学科博士学位论文进行抽样评估

中科院教育局为了从各方面了解科学院系统博士学位授予质量情况,特委托我校学位与研究生教育评估中心对全院系统物理一级学科博士学位论文进行评估。此次评估范围分布在6个地区,包括17个单位共29个博士学位点。

1999年

(一) 学校对研究生院等正处级机关进行调整,程艺副校长兼任我校研究生院院长

1999年1月18日,学校召开全体机关干部大会,宣布机关调整方案,将22个正处级机构调整为18个。其中,我校研究生院的机构调整方案为:撤销研究生院研究生管理处,研究生院下设研究生院办公室、研究生培养处,校学位委员会办公室挂靠研究生院。调整后的校部机关录用工作人员121人,机关编制总数压缩了35%。

根据改革方案,程艺副校长兼任我校研究生院院长,虞吉林任常务副院长,朱士尧任副院长兼培养处处长,尹香莲任院办公室主任,张淑林任校学位委员会办公室主任。研究生院下设培养处、院办公室、校学位办公室3个机构。

(二) 教育部批准我校6个学科设置"长江学者奖励计划"特聘教授岗位

1999年2月,教育部批准我校在物理化学(含化学物理)、基础数学、工程热物理、凝聚态物理、固体力学、计算数学等6个

学科设置"长江学者奖励计划"特聘教授岗位,这是我校第二批获准设置特聘教授岗位。

(三)我校启动 1999 年博士生导师遴选上岗工作

1999 年 2 月,学校召开会议布置启动 1999 年度博士生导师遴选上岗工作,并将自行审批博士生导师改革为遴选上岗聘任。

(四)我校朱清时被任命为第四届国务院学位委员会委员

1999 年 2 月,朱清时校长被任命为第四届国务院学位委员会委员。

(五)中科院委托我校启动全院化学、生物学科博士学位论文质量评估工作

1999 年 3 月 17 日,中科院发教字〔1999〕042 号文委托我校学位与研究生教育评估中心启动全院化学、生物学科博士学位论文质量评估工作。

(六)我校研究生院布置工程硕士点申报工作

1999 年 3 月 18 日下午,我校研究生院召开会议,布置工程硕士专业学位点申报工作。研究生院常务副院长虞吉林、副院长朱士尧,学位办主任张淑林及有关学科负责人和教学秘书参加了会议。

会上,虞吉林首先介绍了我校申报工程硕士点的背景、意义及重要性。张淑林对我校申报工程硕士点的具体指导思想和操作方案做了说明。与会人员还就工程硕士的招生、培养及如何加强同企业的联系等进行了讨论。

工程硕士专业学位是与工程领域任职资格相联系的专业性学位,侧重于工程应用,主要是为工矿企业和工程建设部门,特别是国有大中型企业培养应用型、复合型高层次工程技术和工程管理人才。当年我校首先在机械工程、电子与信息工程、控制工程、计算机技术等几个程领域组织申报。

(七)我校学位与研究生教育评估中心受托开展中科院研究招生质量评估工作并圆满完成

1999 年 3 月 29 日,中科院为进一步提高各研究所研究生招生质量,加强招生工作各环节的质量监控,中科院发教字〔1999〕044 号文委托我校学位与研究生教育评估中心启动全院研究生招生质量的评估工作。我校评估中心圆满完成了各项评估任务。其间,评

1999年

估中心设计了专门的评估调查表和评估问卷,分别发放到北京、上海、南京、合肥、武汉、沈阳、长春、西安、兰州、昆明、广州、成都等地区的102个研究生招生单位。经过耐心细致地整理和分析,历时3个月,评估中心对各招生单位的硕士、博士学位点的招生质量进行评定,并得到许多有价值的结论和信息。

(八)学校表彰研究生导师和学位与研究生教育先进工作者

1999年4月21日,方容川等30名在研究生培养工作中做出突出贡献的研究生导师和刘克武等25名学位与研究生教育先进工作者受到学校通报表彰。

余翔林局长、朱清时校长为优秀研究生导师颁奖

(九)我校召开第三次研究生教育工作会议,制定发展战略目标及配套措施

为进一步加强我校研究生教育,提高研究生教育质量,积极推动一流大学建设,1999年4月23～24日,我校隆重召开了第三次研究生教育工作会议。国务院学位办文理医处处长李丹阳、中科院人事教育局(简称"人教局")局长余翔林、安徽省委教育工委副书记陆勤毅和我校冯克勤、李国栋、王广训等校领导出席开幕式。开幕式由副校长兼研究生院(北京)常务副院长冯克勤主持。

副校长兼研究生院院长程艺做了《以建设一流大学为目标,以提高研究生培养质量为中心,开创我校研究生教育的新局面》的工作报告。报告对过去三年我校研究生教育工作做了简要回顾,提出了研究生教育的发展目标和基本思路,着重指出了学科建设、导师队伍建设等当前几项主要工作。

朱清时在讲话中说,我校在世纪之交召开第三次研究生教育工作会议,具有不同寻

常的目的和意义。我们要结合实际,紧紧围绕一流大学建设这个中心工作,在今后的5~10年内,努力建设一支优秀的教师队伍及相应的"软硬件环境"等,要在保证质量的基础上扩大研究生规模,努力试行"4+2"学制,全面开创研究生教育的新局面。

23日下午,施蕴渝、冯克勤、阎沐霖、陈国良、明海、马兴孝、李定、侯定丕等教授分别就研究生培养模式、教材建设、课程设置、质量保证体系和学科建设等做了大会主题发言。24日上午,有关学科进行了分组讨论。下午,各讨论小组进行了交流、总结,并对我校研究生招生、培养、论文工作、实验技能、创新能力、学术交流、导师队伍、学科建设等提出了很多中肯的建设和意见。上海有机化学所、上海技术物理所等兄弟单位的代表也介绍了经验。吕晓澎在发言时说,本次会议开得很成功,时机十分恰当、主题十分重要、目标十分明确,她还就中科院研究生教育发展的三个目标即质量目标、数量目标和输送人才目标作了较为详尽的介绍。朱清时校长最后做了大会总结。

会议制定了我校研究生教育发展规划,争取3年内使研究生在校人数与本科生在校人的比例达到2∶3。大会还表彰了30位优秀研究生导师和25位优秀学位与研究生教育工作者。

(十) 我校1999年遴选聘任87位博导

1999年4月26日,校学位委员会召开会议,审议1999年度博导选聘上岗事宜,最终有87名博导通过学位委员会的审议获得上岗资格,这是我校博导聘任实施改革后第一批上岗的博导。此后,我校博导由自行审批改为上岗遴选聘任制,这一改革使"博导"为工作岗位而非荣誉称号的观念更加明确。

(十一) 1999年(首届)"全国优秀博士学位论文"结果揭晓,我校1篇入选

1999年,由国务院学位委员会和教育部决定开展的1998年"全国优秀博士学位论文"(简称"全国百篇优博")评选结果揭晓。本次"全国百篇优博"评选由各学位授予单位推荐,各省级学位委员会或研究生教育主管部门初选,然后进行全国同行专家通讯评议,再由优秀博士学位论文评选工作专家委员会对通讯评议结果进行审定,最后提出"全国百篇优博"的入选名单。4月份,我校谢毅博士的学位论文《纳米材料的溶剂加压热合成、结构及性能》入选。

谢毅博士于1996年在我校获得化学博士学位,导师为钱逸泰院士。本次全国共有100篇优秀博士学位论文入选。"全国百篇优博"评选工作每两年进行一次,每次评选出优秀博士学位论文100篇。该项评选工作对推动我国研究生教育,特别是提高博士生教育总体水平有着重要的作用。

"全国优秀博士学位论文"评选是在教育部和国务院学位委员会的直接领导下,由教

育部学位管理与研究生教育司组织开展的一项工作,旨在加强高层次创造性人才的培养工作,鼓励创新精神,提高我国研究生教育特别是博士生教育的质量。"全国百篇优博"评选是对博士培养质量进行监督和激励的一项重要举措,对培养和激励在学博士生的创新精神,促进我国博士生培养质量的提高具有积极的作用。该评选自1999年开始。

(十二)《学位与研究生教育》编辑部第八次工作会议在我校召开

1999年5月,《学位与研究生教育》编辑部第八次工作会议在我校召开,国务院学位办副主任李军、我校副校长程艺和安徽省教委副主任徐根应出席开幕式并讲话。

(十三)我校举办第二届研究生学术报告会

1999年6月11日,为加强学术交流,活跃学术气氛,进一步提高研究生的整体素质和科研水平,我校举办了第二届研究生学术报告会。开幕式由研究生院副院长朱士尧主持,副校长兼研究生院院长程艺致辞祝贺,校长朱清时与会并讲话。副校长范维澄出席了开幕式。

本次报告会按不同学科分4个会场同时进行,共有74名研究生作了学术报告。由4位院士和19名不同学科的教授组成的优秀论文评选委员会对论文进行了认真评选,最后评出优秀论文一等奖8篇、二等奖16篇。这些论文总体质量较高,有的已经发表在美国《物理评论快报》《美国化学会会刊》等国际著名的学术期刊上,有的论文被国际同行认为是重要的最新研究成果而收入到具有一定权威性的综述性论文中。

(十四)我校举行1999届学生毕业典礼,155名博士生、328名硕士生完成学业

1999年6月25日,学校隆重举行1999届学生毕业典礼,程艺副校长在典礼上讲话。1999届毕业生共1573人,其中,博士生155人、硕士生328人。

(十五)校学位委员会召开1999年上半年度学位工作会议,决定授予56人博士学位、231人硕士学位

1999年6月29日下午,校学位委员会主任朱清时校长主持召开校学位委员会会议,讨论通过1999年度第一批学位的授予。学位办负责人和各学位分委员会分别汇报了学士学位(本科、成教)审理过程及推荐申报情况和硕士、博士评审结果,委员们对学位申请者进行了认真审议讨论和投票表决。会议审议通过了231人硕士学位(同等学力申请硕士学位41人)、56人博士学位。这是我校学位委员会首次对学士、硕士、博士三级学位进

行统一审核评定。学位委员会依据《学位条例》严格把关,有 3 名成教本科学士学位申请者、37 名硕士学位申请者未通过评审。

学位委员会还就申报工程硕士专业学位的有关问题进行了审议。

(十六)我校举行 1999 年度第一次学位授予仪式

1999 年 7 月 2 日,学校举行 1999 年度第一次学位着装授予仪式,授予刘浩等 56 人博士学位、杨邦明等 231 人硕士学位。

(十七)我校制定《中国科学技术大学建设世界知名的高水平大学规划》

1998 年底至 1999 年初,我校党政领导班子按照江泽民总书记为我校 40 周年校庆题词的要求,结合教育部面向 21 世纪教育振兴行动计划的实施和中国科学院知识创新工程试点工作,组织全校上下集思广益,提出了学校面向 21 世纪建设一流大学的发展目标。同时,学校还组织力量,广泛发动师生员工,研究制定了《中国科学技术大学建设世界知名的高水平大学规划》。规划部分内容摘录如下:

学校建设的总体目标是:到 2018 年建校 60 周年前后,把学校建设成为规模适度、质量优异、结构合理、特色鲜明的世界知名的高水平研究型大学,成为与中国科学院和其他专业研究院所及高科技企业相结合,面向全国培养具有创新能力和现代知识结构的一流人才,具有较强知识创新和技术创新能力的教育与科研基地。今后三年具体规划主要为:

(1)坚持以人为本,建设一流的人才队伍。设立荣誉讲席,促进国内外学术交流;加大引进杰出人才工作力度;加强优秀骨干队伍建设;加强教师培训工作;深化人事制度改革;改革管理制度,提高管理水平。

(2)建设教学与科研并重的一流重点学科。我校学科建设与发展的方针是:充分发挥并继续加强我校在数学、物理、化学等方面的传统学科优势,优先重点发展信息科学、生命科学、工程和材料科学与技术,积极扶植管理和人文学科。

(3)建设研究型大学教学体系,培养全面发展的创新人才。明确培养目标,优化培养方案;以培养创新精神为重点,深化教学改革,提高培养质量;建设合肥科教基地,探索教育与科研相结合的创新模式;加强全面素质教育,促进德育、智育、体育、美育协调发展;优化教育体系,完善人才培养格局;加强学科专业建设,形成相对完善的人才培养体系;加强教学实验室建设,探索远程教育的教学模式;改革教学管理机制,促进教学管理现代化。

(4)加速科技成果转化,促进高新技术产业化。组建科技企业集团,加快发展科技产业;建设合肥大学科技园,为安徽经济发展作贡献;加强成果管理,促进成果转化和产学研合作;加快上海、深圳产学研基地建设步伐;大力培养和造就新型科技产业队伍。

1999年

（十八）我校首批进入一流大学建设项目"985工程"

1998年5月4日，时任国家主席江泽民在庆祝北京大学建校100周年大会上代表中国共产党和中华人民共和国中央人民政府向全社会宣告："为了实现现代化，我国要有若干所具有世界先进水平的一流大学。"1999年，国务院批转教育部《面向21世纪教育振兴行动计划》，该计划指出："建设世界一流大学，具有重大的战略意义。按照江泽民同志在北京大学百年校庆大会上讲话的精神，为了实现现代化，我国要有若干所具有世界先进水平的一流大学。经过长期的建设和积累，我国少数大学在少数学科和高新技术领域已达到和接近国际先进水平，拥有一批高水平的教授，尤其是本科生培养质量较高，为创建世界一流大学创造了条件。国际上一流大学都是经过长期的建设形成的。一流大学建设要有政府的支持、资金的投入，但更重要的是学校领导、教师、学生长年累月辛勤奋斗的结果。特别是需要学生毕业以后在国家的各个建设岗位上乃至国际上体现出了公认的信誉。同时这种学校集中有一大批知名的学者教授。因此，办成一流的大学，需要有一定的历史过程，要经过社会实践的考验。对此，既要有雄心壮志，又必须脚踏实地。要相对集中国家有限财力，调动多方面积极性，从重点学科建设入手，加大投入力度，对于若干所高等学校和已经接近并有条件达到国际先进水平的学科进行重点建设。今后10～20年，争取若干所大学和一批重点学科进入世界一流水平。"该计划标志着我国"985工程"正式启动建设。

1999年，"985工程"一期正式启动。北京大学、清华大学首先获得国家大力度的支持。随后，教育部和江苏省、浙江省、上海市、陕西省、安徽省、中科院、黑龙江省、国防科工委共同重点建设南京大学、浙江大学、复旦大学、上海交通大学、西安交通大学、中国科技大学和哈尔滨工业大学，使这些学校在正常经费之外又获得了力度较大的专项经费支持。

1999年3月12日，教育部部长陈至立，中科院院长路甬祥，安徽省委副书记、常务副省长汪洋在北京就共同加大力度支持我校建设一流大学举行了会谈。三方领导高度评价了我校40年的办学成就及形成的特色和优势，同意我校提出的面向21世纪建设一流大学的定位与目标，并且一致表示将加大力度支持我校建设。教育部党组副书记、副部长吕福源，中科院副院长白春礼，安徽省副省长蒋作君以及教育部、中科院、安徽省有关部门负责人和我校党委书记汤洪高、校长朱清时参加了会谈。

三方初步拟定，我校此后3年的一流大学建设经费由三方共同落实。教育部除从中央财政落实专项经费外，还支持我校参与《面向21世纪教育振兴行动计划》中所有项目的竞争，并对我校做适当政策倾斜。中科院在支持我校正常发展的同时，将增量支持一流大学建设资金，其中包括大科学工程在内的重点和重大项目、知识创新工程基地建设、中科院重大项目、重大战略项目和重点前沿领域研究以及基本建设、知识创新工程经费中的机动部分，如"百人计划"等。安徽省除直接财政拨款配套投资外，还实行有含金量

的政策性投资,如减免税收和政策性收费等;用于科研产业的开发性投资;校园环境建设的配套投资等。

1999年7月25日,教育部、中科院、安徽省政府在我校举行重点共建我校协议签字仪式。陈至立部长、路甬祥院长、王太华省长分别代表三方在协议书上签字并致辞,决定共同支持我校在21世纪初建成世界知名的高水平大学,使我校成为我国第一所通过签署共建协议方式正式进入"985工程"建设的高校。安徽省委书记回良玉、教育部副部长周远清、中国科学院副院长白春礼、安徽省委副书记方兆祥、安徽省副省长蒋作君等出席签字仪式。根据协议,在1999~2001年的3年内,除正常投入外,教育部、中科院、安徽省三方分别向我校各投入建设经费3亿元。此外,教育部在我校参与《面向21世纪教育振兴行动计划》各个项目的竞争中,根据条件和可能给予政策上的支持。三方决定,根据3年内我校改革与发展的情况,在2001年后继续给予必要的支持。

根据协议,教育部、中科院、安徽省积极支持我校为深化教育和科技体制改革进行新的探索。中科院在我校高等研究院的基础上进一步推动我校同合肥分院的整合,促进教育与科技的紧密结合。我校参与安徽的高校布局结构调整和教育资源的优化配置,为提高安徽省高等教育的整体水平和办学效益发挥龙头和示范作用,在面向全国服务的同时,重点参与和服务于安徽省的经济建设和社会发展,提供人才支持和知识贡献,进一步促进教育与经济相结合。

至此,我校成为国家首批建设的9所"985工程"高校之一。

(十九)我校博士生许宇鸿获首届等离子体物理学家"蔡诗东院士奖励基金"

1999年8月,我校博士生许宇鸿获首届等离子体物理学家"蔡诗东院士奖励基金"。

(二十)我校举行1999级新生开学典礼,本年校本部招收555名硕士生、248名博士生

1999年9月9日,学校隆重举行1999级学生开学典礼,程艺副校长讲话。本年,校本部共招收博士生248名、硕士生555名,此外还招收代培研究生324名。

(二十一)我校学位与研究生教育评估中心开展"中科院优秀博士学位论文"初选工作

近日,2000年"全国优秀博士学位论文"评选工作正式启动。1999年9月,我校学位与研究生教育评估中心受中科院的委托,开展"中科院优秀博士学位论文"的初选工作。此次优秀博士学位文评选时间紧、工作量大,我校学位与研究生教育评估中心组织专人

1999年

开展了相关工作,初选工作有条不紊地进行。

按照教育部要求,中科院将初评出 68 篇优秀博士学位论文参加"全国优秀博士学位论文"评选。

(二十二) 我校电子与信息工程、计算机技术等工程领域获批工程硕士专业学位授予权

1999 年 9 月,国务院学位委员会批准我校开展工程硕士培养工作,并在电子与信息工程、计算机技术等工程领域具有行使工程硕士专业学位授予权。

(二十三) 我校天体物理等 3 个学科获准设置"长江学者奖励计划"特聘教授岗位

1999 年 10 月 18 日,我校天体物理、等离子体物理、通信与信息系统 3 个学科获准设置"长江学者奖励计划"特聘教授岗位。

(二十四) 校学位委员会讨论决定拟新增若干博士点、硕士点

1999 年 10 月 24 日,校学位委员会召开会议,讨论通过我校 2000～2004 年学科建设与发展规划。此次规划我校拟新增 7 个一级学科博士点、6 个交叉学科和应用学科博士点、8 个区域经济发展需要的硕士点和 9 个人文学科的博士、硕士点。

(二十五) 我校研究生院荣获"全国学位与研究生教育管理工作先进集体"荣誉称号

1999 年 11 月 1 日,教育部、国务院学位委员会作出决定,授予我院"全国学位与研究生教育管理工作先进集体"荣誉称号,并颁发奖牌、奖状。

(二十六) 我校圆满完成 2000～2004 年学科规划申报工作

1999 年 11 月 8 日下午,校学位委员会召开会议,讨论我校 2000～2004 年学科规划及有关工作。会议由副校长程艺主持,有关部门和拟新增学位点的负责人参加了会议。

会议听取了各拟新增学位点负责人的汇报,对学校未来 5 年学科建设与发展规划进行了讨论,并通过了《中国科学技术大学 2000～2004 年学科建设与发展规划》。

《中国科学技术大学 2000～2004 年学科建设与发展规划》的制定,标志着我校 2000～2004 年学科规划的申报工作圆满结束,是我校学科建设的一项大事,是实现 21 世纪初

我校理学学科95%以上达到一级学科博士学位授权的第一步。

(二十七) 我校决定3年内重点支持100门研究生课程建设

1999年11月10日,为加强课程建设,我校决定3年内重点支持100门研究生课程的建设,首批54门研究生课程获得资助。

(二十八) 我校研究生院基本实现计算机化管理

1999年11月20日,为加强计算机管理,我院学籍动态管理系统初步形成。至此,我院各办公室已基本上实现计算机化管理。

(二十九) 我校虞吉林当选中国学位与研究生教育学会理事会常务理事

1999年11月24～26日,中国学位与研究生教育学会第7次会议在北京举行,朱士尧副院长代表我校出席。朱清时校长在会上做了《中国的博士生教育要上质量出精品》的报告,虞吉林当选为学会理事会常务理事。

(三十) 全国"研究生院院长联席会"成立,虞吉林代表我院参加

1999年11月26日,全国"研究生院院长联席会"成立,虞吉林代表我院参加。

(三十一) 我校师生荣获1999年度"宝钢教育基金优秀师生奖"

1999年11月,李尚志、王秀喜、陈月娟、周又元、胡玉禧等5位教授获1999年度"宝钢教育基金优秀教师奖",李尚志获特等奖第一名;另有12名本科生和3名研究生获"宝钢优秀学生奖"。

(三十二) 我校博士生刘庆峰荣获"五四奖学金"并受团中央表彰

1999年11月,博士生刘庆峰荣获"五四奖学金"特别奖人民币1万元,受到共青团中央表彰。

(三十三) 我校召开一系列高水平大学学科建设规划座谈会

1999年12月8～13日,学校召开一系列高水平大学学科建设规划座谈会,研讨制定

我校高水平大学学科建设规划方案。

(三十四) 1999年统考入学的54名硕士研究生被批准为校本部硕博连读研究生

1999年12月10日,经本人申请,导师和系领导推荐,研究生院审核,54名1999年统考入学的硕士研究生被批准为校本部硕博连读研究生。在第四学期经过中期考核合格后转为博士研究生。

(三十五) 校学位委员会召开1999年下半年度学位工作会议,决定授予48人博士学位、97人硕士学位

1999年12月14日,校学位委员会召开1999年下半年度学位审核工作会议,讨论通过并决定授予48人博士学位、97人硕士学位。

(三十六) 我校举行1999年度第二次学位授予仪式

1999年12月16日下午,我校举行1999年度第二批学位着装授予仪式。仪式由校学位委员会副主任、研究生院常务副院长虞吉林主持,校学位委员会主任、校长朱清时,校学位委员会副主任、副校长兼研究生院院长程艺,有关部门负责人和博士生导师代表及第二批博士、硕士学位获得者参加了仪式。

学位授予仪式上,程艺宣读了学校关于授予贺劲松等48人博士学位、李涛等97人硕士学位的决定。博士生导师代表和学位获得者代表先后发了言。

朱清时校长为本次学位获得者颁发证书、扶正流苏。

(三十七) 我校承办"中国科学院博士生重点培养基地经验交流和研讨会"

1999年12月18~20日,受中科院人事教育局委托,我校承办"中国科学院博士生重点培养基地经验交流和研讨会"。白春礼副院长、余翔林局长到会做了重要讲话。安徽省副省长蒋作君到会致辞。全院102个单位的180余名代表出席了会议。

(三十八) 中科院党组通过我校研究生院(北京)的创新规划

1999年12月,中科院党组冬季扩大会议原则通过我校研究生院(北京)的创新规划。会议要求人教局进一步探讨深化研究生教育改革的措施,并落实2000年中科院对研

生院(北京)1000 万元的特别支持。

(三十九) 我校执行研究生导师工作条例,启动导师遴选重大改革

1999 年,我校颁布《中国科技大学研究生导师工作条例》(校研〔1999〕04 号),启动我校博导遴选的重大改革,部分内容摘录如下:

硕士生导师上岗条件:硕士生导师应是教授、副教授或相当专业技术职务的教学、科研人员。具有坚实的理论基础和系统的专门知识,为本科生或硕士生讲授过本专业的基础课或专业课,能开出 1~2 门硕士学位课程。具有较强的科研能力,近几年内公开发表过质量较高的学术论著。目前正在进行科研工作,有适合硕士生做的课题,且具有一定的科研条件和经费保证。具有严谨的治学态度,良好的思想品质,能为人师表。

博士生导师上岗条件:博士生导师应是本学科学术造诣较深的教授或相当专业技术职务的教学、科研人员,其学术水平在国内本学科领域内处前列,在某些方面接近或达到国际先进水平。能坚持正常工作,担负起实际指导博士生的责任。有协助本人指导博士生的学术队伍。有培养研究生的经验,至少培养过两届硕士研究生(对于 45 岁以下的博士学位获得者,至少要培养过一届硕士研究生)或在国内、外协助指导过博士生的学位论文,培养的研究生质量较好;有课程教学经历,承担过或正在承担一定工作量的本科生或硕士生课程。

根据国务院学位委员会〔1995〕20 号文件和中科院知识创新工程关于导师岗位改革的精神,为使我校"研究生导师"真正成为工作岗位,特将我校研究生导师的"自行审批"改为上岗遴选聘任。

(四十) 我校制定授予具有研究生毕业同等学力人员硕士学位实施办法

1999 年,我校出台《中国科学技术大学关于授予具有研究生毕业同等学力人员硕士学位实施办法》(校研〔1999〕3 号),部分内容摘录如下:

我校授予具有研究生毕业同等学力人员(以下简称同等学力人员)硕士学位,限我校有权向同等学力人员授予硕士学位的学科、专业。

同等学力人员申请硕士学位必须具备的基本条件:

(1) 政治条件。申请者拥护《中华人民共和国宪法》,较好地完成本职工作,并经所在单位同意推荐。

(2) 学历要求。申请人必须已获得学士学位,并在获得学士学位后工作 3 年以上(含 3 年),在申请学位的专业或相近专业做出成绩。

(3) 学术要求。申请人要在申请学位的学科领域的核心期刊上发表 2 篇以上(含 2 篇)论文,其中一篇必须为第一作者,并以我校名义发表。或者取得相当的科研成果。

申请人在论文答辩通过后,将所有的申请材料和答辩材料由组织系报校学位办公室，由学位办汇总后，分送各学位分委员会进行审查。

学位分委员会应按照硕士学位授予标准，坚持原则，严格把关，对学位申请者的情况进行全面审查，综合评价，并以无记名投票方式表决。获参加投票人数三分之二以上（含三分之二）同意方可作出建议授予硕士学位的决议。

校学位委员会依照《国务院学位委员会关于授予具有研究生毕业同等学力人员硕士、博士学位的规定》对申请者学历资格、科研成果、课程学习、论文水平等进行最后审查，并以无记名投票方式进行表决，获参加投票人数三分之二以上（含三分之二）通过者方可授予硕士学位。

我校接收同等学力人员申请硕士学位工作由校学位办公室直接受理，校学位办公室同时负责对申请人的资格审核、组织课程考试、论文评阅和答辩等工作，各系均应有专人负责此项工作。校学位与研究生教育评估中心定期对各学科已授予的同等学力人员申请硕士学位质量进行自我检查和评估，并接受上级有关部门组织的检查和监督。凡发现在学位授予过程中有违反本实施办法及有关规定的，由校学位委员会严肃处理，直至撤销已授予的学位。申请者获得硕士学位后，所有申请材料应按有关档案管理格式的要求存档备案。

2000年

(一)中科院第三次中国科大发展工作会议召开,部署学校高水平大学建设工作

2000年3月1~5日,中科院在北京召开第三次中国科大发展工作会议,研究部署学校在21世纪初的高水平大学建设和改革与发展工作。中科院院长路甬祥、副院长白春礼和中国科大党委书记汤洪高、校长朱清时等领导及中科院和中国科大有关部门负责人参加了会议。中科院院长路甬祥在会上做了重要讲话,副院长白春礼做了总结讲话。

会议充分肯定并高度评价了学校40余年的办学成就,认为中国科大不仅是国家培养高级科技人才的重要教育基地,也是中科院的一个规模宏大、实力雄厚、学科齐全、充满活力的综合科研基地。会议审议并原则同意《中国科学技术大学建设世界知名的高水平大学规划》,赞同并支持学校提出的在21世纪初建设规模适度、质量优异、结构合理、特色鲜明的世界知名高水平大学的总体目标,并就学校的学科建设、科学研究与科技产业、人才培养、队伍建设、管理与运行机制、校园规划与基本建设、办学经费筹措等方面的工作,提出了重要的指导性意见。会议强调,中国科学技术大学应坚持教学与科研两个中心,促进教

2000年

育科研相结合,建成一流的人才培养基地和科学研究中心。会议认为,中科院作为主管部门,在与教育部和安徽省重点共建中国科学技术大学的工作中应发挥主要作用。这是在世纪之交学校全面实施高水平大学建设的关键时刻召开的一次重要会议,对于我校在本世纪初的建设及长远发展具有十分重要和深远的意义,是我校发展史上的一个新的里程碑。

(二) 我校完成控制工程等4个新增工程硕士领域授权申报工作

2000年4月20日,我校完成控制工程、仪器仪表工程、动力工程、化学工程新增工程硕士领域授权的申报工作。

(三) 2000年"全国优秀博士学位论文"结果揭晓,我校3篇入选

2000年4月,我校段路明博士的《量子计算机中的相干研究与量子编码》、侯中怀博士的《表面反应体系中若干重要非线性问题理论研究》、李醒博士的《太阳风高速流中重离子的研究》3篇博士学位论文入选2000年"全国优秀博士学位论文"。

(四) 我校圆满完成第八批学科申报工作

经过各方的共同努力,我校第八批学位授权审核申报工作于2000年5月底圆满完成。此次我校共申报了5个一级学科博士学位授权点、14个二级学科博士学位点;另外我校还向安徽省学位委员会申报了5个硕士学位授权点。此次学科授权审核中,我校在7个学科门类的16个一级学科上获得了自行审批增列硕士点的放权。通过自审,我校将有一批急需发展的学科获得培养硕士生的授权。

当年,接国务院学位委员会学位办公室通知,我校被批准开展公共管理硕士(MPA)专业学位试点工作。我校也是首批进入试办公共管理硕士(MPA)专业学位的单位之一。

这是我校在继工商管理硕士(MBA)、工程硕士专业学位后取得的又一专业学位授权。

(五) 我校举行2000届学生毕业典礼,166名博士生、384名硕士生完成学业

2000年6月26日,学校举行2000届学生毕业典礼,党委书记汤洪高、副校长程艺等参加了大会。2000届共有毕业生2433人,其中博士生166人、硕士生384人。

(六) 我校举行2000年度第一次学位授予仪式

2000年7月2日,学校举行2000年度第一次学位着装授予仪式,授予梅加强等104

人博士学位、王旭明等209人硕士学位。

(七) 我校举行第三届研究生学术报告会

2000年6月,我校举行第三届研究生学术报告会,54名研究生做了学术报告,评出优秀论文一等奖9篇和二等奖11篇。

(八) 香港求是科技基金会在我校设立"求是研究生奖学金"

"求是研究生奖学金"是在我校朱清时校长提议下,由香港求是科技基金会首次在中国内地高校中捐资设立的奖项,专门奖助内地优秀研究生。首批获奖的51名研究生各获奖学金5000元人民币。

2000年9月14日,全国人大常委会副委员长周光召来校与少年班学生和首届"求是研究生奖学金"获奖代表亲切座谈。

2000年9月15日,首届"求是研究生奖学金"颁奖典礼在我校隆重举行,陈次星等49名博士研究生、陆玮等2名硕士研究生获奖。全国人大常委会副委员长、中国科协主席、我校名誉校长周光召,诺贝尔奖获得者、我校理学院名誉院长杨振宁,香港著名爱国工商人士、求是科技基金会主席查济民,中科院副院长白春礼等专程来我校出席颁奖典礼,并为获奖研究生颁发奖金与证书。典礼由党委书记汤洪高主持,安徽省人大常委会副主任吴天栋、中科院人教局局长余翔林和我校校长朱清时等领导出席典礼,周光召、杨振宁、查济民、白春礼、朱清时等在典礼上致辞。

杨振宁在"求是研究生奖学金"颁奖会上讲话

2000年

中科院副院长白春礼在"求是研究生奖学金"颁奖会上讲话

"求是研究生奖学金"设立者查济民在颁奖会上讲话

(九) 邓勇任我校研究生院(北京)党委书记

2000年9月20日,中科院党组宣布邓勇任我校研究生院(北京)党委书记,实施党委领导下的院长负责制这一领导体制。

(十) 我校与苏州市政府签订合作协议,拟共建"中国科大研究生院(苏州)"

2000年11月23～25日,朱清时校长率团访问苏州市,就加强校、市人才科技全面合

作与苏州市政府领导进行了友好洽谈。朱清时校长和陈德铭市长共同签署了《中国科学技术大学-苏州市人民政府关于人才科技全面合作的框架协议》和《中国科学技术大学-苏州市人民政府关于委托培养研究生的协议》,并草签了《中国科学技术大学-苏州市人民政府共同建设中国科学技术大学研究生院(苏州)(暂命名)协议》。

根据框架协议,我校以多种形式参与中国-新加坡苏州工业园区、苏州国家高新技术开发区等高新技术产业开发区建设;参与国际科技园、软件产业园、生命科学园、传感器产业园、新材料科技园等高新技术产业特色园区和农业科技示范园区的开发建设。苏州市政府选择一批条件较好的地区和骨干企业与我校相关院系或研究机构共建一批企业技术中心和博士后流动站,共同促进高新技术产业化、传统产业高新化和科技成果转化。根据委培协议,在此后3年内,我校为苏州市在电子与信息工程、计算机技术工程、控制工程等学科领域培养110名高级人才。

(十一) 我校印发交叉学科研究生培养管理办法

2000年12月6日,我校研究生院印发《交叉学科研究生培养管理办法》(研〔2000〕07号),部分内容摘录如下:

随着当代科学技术的发展,学科间的相互渗透、学科交叉和学科综合已成为当今科技发展的一个重要趋势,交叉学科成为知识创新的主要领域之一。为适应21世纪科学技术发展形势,发挥我校多学科的综合优势,鼓励研究生从事交叉学科的研究,培养具有创新意识和创新能力的高层次人才,学校积极支持有条件的单位开展交叉学科研究生的培养工作。为了加强和规范管理,特制定本办法。

1. 开展交叉学科研究生培养的基本条件

具有良好发展前景的边缘学科、交叉学科、新兴学科以及新的学科生长点,符合如下条件者,均可申请开展培养交叉学科研究生的工作:拟开展的研究生学位论文的研究主体必须涉及两个以上(包括两个)一级学科或不同学科门类的研究领域;申请的教师应有较高的学术成就,在培养研究生方面有一定的经验;有在研的研究课题和一定的科研经费。

拟招收交叉学科研究生的不同学科教师可以联合向研究生院提出开展培养交叉学科研究生的申请。经批准后,按照学校要求制定培养方案,以交叉学科的相应名称列入研究生院编印的招生简章。在招生名额分配上,对交叉学科给予适当倾斜。

2. 交叉学科研究生培养计划的制定和学分要求

交叉学科主要培养硕博连读研究生。

相关学科的指导教师共同参与交叉学科研究生培养计划的制定。研究生的学习课程原则上应从相关学科培养方案的必修课和选修课中选择。交叉学科培养的研究生应具有更加宽广的知识结构。

3. 论文答辩与学位授予

交叉学科研究生论文答辩时应邀请相关专业的专家共同组成答辩委员会。通过论

2000年

文答辩者,经学位分委员会和校学位委员会讨论批准后,根据论文的研究方向,按照国务院学位委员会颁布的《授予博士、硕士学位和培养研究生的学科、专业目录》中最接近的专业授予相应的学位。

(十二) 我校研究生院(北京)相继成立各实验室或研究中心

为加强对研究生的实验训练,从1978年建院到2000年,我校位于北京的研究生院相继成立了无线电实验室、认知科学开放实验室、信息安全国家重点实验室、中国科学院-北京医院脑认知成像研究中心、中国语文认知科学研究中心、青年物理学创新实验室等实验室或研究中心,以上实验室及中心的建设和发展为研究生的实验训练提供了便利的条件。

(十三) 我校张淑林当选全国学位与研究生教育评估工作委员会委员

2000年12月18日,校学位办公室主任张淑林当选为新一届全国学位与研究生教育评估工作委员会委员。

(十四) "中国科学技术大学研究生院(北京)"更名为"中国科学院研究生院"

2000年6月12日,中科院教育工作会议在上海学术交流中心召开,明确提出将组建"中国科学院研究生院",并对其性质、任务、定位、体制、组织结构和"三统一"的办学原则等做了明确的阐述,得到多数代表的支持。

10月上旬,中国科学院研究生院筹建工作领导小组向中科院党组上报《关于成立中国科学院研究生院的报告》。此前,中科院已向国务院副总理李岚清提交《关于中国科学技术大学研究生院(北京)更名为中国科学院研究生院的报告》。9月26日,李岚清副总理批示:似可予以支持,请至立同志酌处;10月13日,中科院向教育部上报《关于中国科学技术大学研究生院(北京)更名为中国科学院研究生院的请示》。《请示》中指出:1978年3月,为了发展我国和我院的研究生教育,国务院在审议了中国科学院党组的报告后,正式批准在北京成立中国科技大学研究生院,这是国内最早成立的研究生院。中科院党组经过认真研究,决定要努力落实江总书记的指示,把中国科学院办成培养创新人才的大学校,抓住知识创新工程全面推进阶段的机遇,进行我院研究生教育体制改革,把原有的"中国科学技术大学研究生院(北京)"更名为"中国科学院研究生院"。

11月30日,中科院人事教育局向国务院学位委员会办公室报送《关于上报教育部"关于中国科学技术大学研究生院(北京)更名为中国科学院研究生院的请示"的补充说明》。

2000年12月29日，国务院学位委员会、教育部联合下发《关于同意调整中国科学院研究生培养和学位授权管理体制及更名的批复》，同意将中科院所属"中国科学技术大学研究生院(北京)"更名为"中国科学院研究生院"，并将中科院现有5个学部和各研究所的学位授予权及所有博士、硕士学位授权点，全部归入中国科学院研究生院。至此，中国科学院研究生院被正式批准成立。

(十五) 我校获准开展公共管理硕士(MPA)专业学位试点工作，系全国首批

2000年8月，国务院学位委员会办公室批准我校开展公共管理硕士(MPA)专业学位试点工作，我校是首批进入试办公共管理硕士(MPA)专业学位的单位之一。公共管理硕士专业学位教育旨在培养从事公共事务、公共管理和公共政策研究与分析等方面的高层次应用型专门人才，招生对象主要为具有国民教育序列大学本科学历并有4年以上实际工作的经历者。

2000年12月，我校获批管理硕士专业学位授权点。

(十六) 国务院第八批博士和硕士学位授予单位学科点结果公布，我校生物学等专业新增为博士点、公共管理新增为专业学位硕士点

国务院学位委员会发布《关于下达第八批博士和硕士学位授权学科、专业名单的通知》(学位〔2000〕57号)，我校生物学、电子科学与技术、计算机科学与技术、核科学与技术4个一级学科博士学位授权点和材料物理与化学、控制理论与控制工程、安全技术及工程3个二级学科博士点获国务院学位委员会批准，详见下表。同时我校还在本次申报中获得公共管理硕士(MPA)专业学位授权点，使我校成为中科院和安徽省内唯一一家获得该专业学位授权的单位。至此我校第八批学位授权申报工作圆满结束。

至今，我校一级学科博士学位授权点由原来的9个增加到13个，博士学位授权点由原来的39个增加到60个(一级学科涵盖率达86.7%)，硕士学位授权点由原来的55个增加到79个(一级学科涵盖率达65.8%)，同时拥有MPA、MBA和工程硕士3个专业学位授权点。

我校第八批新增博士、硕士学位授权点名单

序号	学位点	层次	序号	学位点	层次
1	生物学	博士(一级)	5	材料物理与化学	博士(二级)
2	电子科学与技术	博士(一级)	6	控制理论与控制工程	博士(二级)
3	计算机科学与技术	博士(一级)	7	安全技术及工程	博士(二级)
4	核科学与技术	博士(一级)	8	公共管理	硕士(专业学位)

2001年

(一) 我校印发来华留学生学位暂行实施办法

2001年2月8日,学校印发《中国科学技术大学关于授予来华留学生学位暂行实施办法》(校学位字〔2001〕08号),部分内容摘录如下:

为促进我校的国际交流与合作,保证我校授予来华留学生学士、硕士和博士学位的质量,根据国务院学位委员会《关于普通高等学校授予来华留学生我国学位试行办法》,特制定本办法。

授予来华留学生我校学位,按照国务院学位委员会批准我校有权授予学位的学科、专业或学位类型授予。

来华留学生在学期间必须遵守我国的法律、法规及学校纪律。

我校培养的来华留学硕士生,通过硕士学位的课程考试和论文答辩,成绩合格,达到我校《学位授予实施细则》第七条规定的学术水平者,授予硕士学位。

我校培养的来华留学博士生,通过博士学位的课程考试和论文答辩,成绩合格,达到我校《学位授予实施细则》第十一条规定的学术水平者,授予博士学位。

(二) 我校教授当选全国公共管理硕士专业学位教育指导委员会委员

2001年2月12日,汤书昆教授当选全国公共管理硕士(Master of Public Administration, MPA)专业学位教育指导委员会委员,这是我校专家首次当选全国专业学位教育指导委员会委员。

(三) 中科院批准我校自审专业学科门类扩大为理学、工学、经济学和管理学

2001年2月12日,中科院人事教育局批准我校自主审定专业的学科门类扩大为理学、工学、经济学和管理学,批准我校设置考古学本科专业并从2001年起进行中期分流教学和双学位教学。

(四) 朱清时校长会见苏州市代表团就筹备建立我校研究生院(苏州)进行洽谈

2001年2月17~18日,苏州市副市长朱永新、市长助理李烨烨组团来我校访问考察,朱清时校长会见代表团全体成员,双方就筹备建立中国科学技术大学研究生院(苏州)、联合培养研究生及开展科技合作等进行洽谈。

(五) 我校研究生会等组织发出《弘扬科学精神,反对邪教迷信》倡议书

2001年3月24日~4月2日,校团委、学生会、研究生会、学生邓小平理论研究会、芳草社青年志愿者协会、学生记者团联合向全校大学生、团员青年发出倡议书——《弘扬科学精神,反对邪教迷信》。

(六) 我校14项教学成果获"安徽省教学成果奖"

2001年3月,我校14项教学成果获"安徽省教学成果奖",其中特等奖2项、一等奖5项、二等奖2项、三等奖5项。获特等奖的是:霍剑青、王晓蒲、熊永红、赵永飞等的"大学物理实验的改革与实践"和范维澄、王清安、张和平、袁宏永、胡源等的"面向国家重大需求产学研与新兴交叉学科建设相结合培养高层次创新人才"。

(七) 我校商学院研究生获第四届"中国青年志愿服务奖"

2001年3月,商学院2000级研究生崔浩获第四届"中国青年志愿服务奖"。

(八) 我校成立"工程硕士专业学位分委员会"

2001年4月25日,学校成立"工程硕士专业学位分委员会"。

(九) 我校研究生会当选为安徽省学联委员单位

2001年4月30日～5月1日,我校研究生会当选为安徽省学联委员单位。

(十) 我校对"九五"期间"211工程"建设成果进行总结

2001年4月,我校发布《中国科学技术大学"211工程""九五"期间建设工作总结报告》,报告部分内容摘录如下:

党建、德育和思想政治工作得到进一步加强和改进。在上级党组织和校党委的领导下,学校的党建、德育和思想政治工作不断得到加强和改进,"勤奋学习,红专并进,理实交融"的优良校风和锐意进取、开拓创新的办学传统得到继承和发扬,保持和发展了健康向上的政治环境和生动活泼的学术文化氛围,进一步增强了学校的凝聚力,师生员工的积极性和创造性得到充分发挥,为"211工程"建设和学校各项事业的改革与发展提供了可靠保证。

抓住机遇,推动和促进了高水平大学建设。继1996年中国科学院与安徽省政府对学校实施共建,1999年开始,中国科学院、教育部、安徽省政府对学校实施重点共建,支持我校建设世界知名的高水平大学,实现了我校管理体制改革的新突破和学校建设事业的新发展。目前,学校正按照江泽民总书记1998年为建校40周年题词"面向二十一世纪,建设一流大学,培育一流人才"的要求,全面开展世界知名的高水平大学创建工作。

以学科建设为龙头,促进了研究型大学建设。在长期学术积累的基础上,经过近年来的重点建设,6个"211工程"建设子项目所在的学科,基本形成了科研条件优良、学术氛围浓厚、具有国内领先和国际先进水平的学科基地。如由极端条件下的凝聚态物理研究和化学反应的人工控制两个子项目共建的理化科学中心,部分研究条件已达到国际一流水平,也很快取得国际一流水平的研究成果。以"211工程"为依托,其他优势比较明显、发展前景良好的学科和学科群体也得到统筹发展。

教学改革进一步深化,研究型大学教学体系逐步建立。以建设研究型大学教学体系为中心,不断深化面向21世纪的教学改革,优化学科专业结构、人才培养方案和课程设置,实行学制改革,开展以德育教育为核心、以创新能力培养为重点的全面素质教育,全面实施"大学生研究计划",大力加强教学实验室建设。

积极开展科学研究,科研基地建设得到加强。积极探索建立严谨、科学和富有活力的创新科研运行机制,基础科学研究与高技术应用研究并重,科研优势得到优化组合,在

自由探索研究和国家战略发展需求的重点研究领域两个层次上都取得了可喜成果。

坚持以人为本,创新人才队伍建设取得重要进展。"九五"以来,我校以创新人才队伍建设为根本,在师资队伍建设、人事管理制度改革、分配制度改革等方面,加大了改革力度,进行了积极探索,取得了明显进展。

坚持开放办学,积极开展国内外学术交流与合作。我校坚持面向世界,开放办学,积极开展国内外学术交流与合作。近年来,学校分别组团考察了美国和欧洲的许多世界一流大学,不仅学习和借鉴国际一流大学的办学经验,提高办学水平,而且有力地促进了学校的国际交流与合作,提高了学校的学术声誉,扩大了学校在国际上的影响。同时,我校一直围绕加强学科建设和师资队伍建设,积极开展国内外学术交流与合作,取得了显著成效。

(十一)我校"九五"期间"211工程"建设项目通过检查验收

2001年5月8~10日,以复旦大学前校长、现任英国诺丁汉大学校长杨福家院士为组长的国家"211工程"验收专家组一行9人对我校"九五"期间"211工程"项目建设与实施情况进行全面检查验收。专家组认为,我校"九五"期间"211工程"建设项目全部实现预期建设目标,部分项目超额完成任务,工程建设整体上取得明显成效,特别是在学科与队伍建设、科学研究、教学改革与才培养等方面取得显著成绩,并且取得一批在国内外有影响的标志性成果,带动和促进了学校整体教学、科研水平的迅速提高;基础教学实验室、校园网络、图书馆等公共服务体系建设取得较为明显的成效,在一定程度上改善了办学条件和支撑环境,促进了学校各项事业的发展;专家组还就我校"211工程"建设实施过程中存在的问题提出中肯意见与建议。中科院副院长白春礼和安徽省政府副省长蒋作君出席验收会开幕式并讲话。

(十二)我校成立专业学位工作领导小组

2001年5月24日,我校发布《关于成立中国科学技术大学专业学位工作领导小组的通知》(校学位字〔2001〕014号),成立专业学位工作领导小组,程艺任组长,虞吉林任副组长。学校之前成立的MBAC领导小组自行解除。

(十三)学校成立专家评议委员会对我校的发展规划等重大问题提出意见和建议

2001年5月28日,学校成立专家评议委员会,聘请国内外著名专家、学者,以世界一流水平为参照系,对我校的发展规划以及各学院的教学科研和学科与人才队伍建设等重大问题,提出评议意见和战略性建议。

2001年

(十四) 2001年"全国优秀博士学位论文"结果揭晓,我校2篇入选

2001年6月9日,我校2篇博士论文被评为2001年"全国优秀博士学位论文",分别是:李亚栋博士的《半导体纳米材料的溶剂热合成、结构与性能研究》和龚为民博士的《尖吻蝮蛇毒金属蛋白酶结构、酶失活及蛋白水解机理的研究》。

(十五) 我校举行第四届研究生学术报告会

2001年6月9日,我校举行第四届研究生学术报告会。

(十六) 我校举行2001届学生毕业典礼,192名博士生、347名硕士生完成学业

2001年6月28日,学校隆重举行2001届学生毕业典礼暨学位授予仪式,朱清时校长在仪式上讲话。全体毕业生和学位获得者着学位服参加毕业典礼暨学位授予仪式,这在我校历史上尚属首次,在国内高校中也是第一次。2001届我校有普通高等教育毕业生2525人,其中博士生192人、硕士生347人。

朱清时校长在学位授予仪式上讲话

(十七) 我校多名导师任国家部委教指委委员等职务

2001年6月,朱清时、程艺、伍小平、施蕴渝、李尚志、明海、霍剑青、向守平、张其锦、何世平、郑永飞、王煦法、吴敏、王东进、吴刚、刘明侯、徐卫华分别任教育部2001~2005年理工科类全国高等学校教学指导委员会(简称"教指委")(分委员会)主任委员、副主任

委员和委员,范维澄任国家经贸委安全工程专业教指委副主任委员。

朱清时校长为学位获得者扶正流苏

(十八) 我校 3 名教授任中科院学位委员会副主任、委员

2001 年 6 月,中科院学位委员会换届,我校校长朱清时院士、副校长程艺教授、化学与材料科学学院院长钱逸泰院士入选新一届学位委员会委员。中科院新一届学位委员会由中科院副院长白春礼院士担任主任,我校校长朱清时院士为副主任,程艺、钱逸泰为中科院学位委员会委员。

(十九) 第七届"全国数学研究生暑期学校"在我校举行

2001 年 7 月 11 日～8 月 4 日,由我校承办的第七届"全国数学研究生暑期学校"在我校举行。

我校承办的第七届"全国数学研究生暑期学校"开学典礼

(二十) 我校和苏州市政府签署共建中国科学技术大学苏州研究生学院协议

2001年7月18日下午,我校与苏州市人民政府共建中国科学技术大学苏州研究生学院(简称"苏研院")签约仪式在苏州工业园区举行。校长朱清时、副校长程艺与苏州市委书记陈德铭、市长杨卫泽等领导出席签约仪式。

苏州研究生学院是苏州市政府和我校共同投资建设的非营利性、公办民助的高等教育机构,学院实行董事会领导下的院长负责制。学院积极鼓励和争取其他有关高校、研究机构和企业加入董事会,参与学院的建设和管理,努力探索产学研相结合的多元化办学道路。学院近期将设置信息科技、生命科技、管理等专业,并创造条件发展新兴的交叉学科专业。学院初期在校研究生规模定为1000人,每年招收研究生300名左右,博士研究生和硕士研究生比例根据社会需求确定。远期在校研究生规模定为2000人。同时,积极开展非学历研究生教育。学院向海外招聘研究生导师,并聘请国内知名教授、学者任教。

(二十一) 我校举行2001级新生开学典礼,本年招收995名硕士生、308名博士生

2001年9月10日,学校隆重举行2001级新生开学典礼,校长朱清时讲话。2001级普通高等教育招收博士生308人、硕士生995人,此外招收代培研究生565名。

(二十二) 国务院学位办组织MBA专家组对我校MBA中心进行检查和评估

2001年9月19日,国务院学位办组织MBA专家组一行7人对我校MBA中心进行检查和评估。

(二十三) 我校与中国工程物理研究院签署合作协议,双方开展联合培养研究生等合作

2001年9月23~26日,中国工程物理研究院党委书记姜悦楷率团来我校访问,商谈双方合作事宜。24日下午,校长朱清时会见了中国工程物理研究院代表团全体成员,双方就开展人才培养、学术交流与科技合作等进行会谈,并签署《合作意向备忘录》和《联合培养定向本科生协议书》。副校长程艺、侯建国等参加了会谈。

根据协议,双方通过联合培养研究生和学术交流等方式推动学科建设与发展;通过互邀专家、教授讲学、短期工作和博士后研究、重点实验室开放课题促进学术交流;在数

理建模、核探测技术、计算流体力学和流体力学中的数值方法等学科领域广泛开展科技合作。

此外,我校在相关学科(专业),每年定向为中国工程物理研究院招收一定数量的本科生和硕士、博士学位研究生;双方互聘研究生导师,优势互补,联合培养研究生;中国工程物理研究院在我校设立研究生奖学金;中国工程物理研究院支持我校学生到中国工程物理研究院实习、参观、考察,完成毕业设计或学位论文,我校推荐优秀毕业生到中国工程物理研究院就业,推荐应届博士学位毕业生到中国工程物理研究院博士后流动站工作;开展科研、管理骨干培训的交流与合作等。

(二十四) 我校极地环境研究室3名研究生获准成为中国第十八次南极科学考察队队员

2001年9月,我校极地环境研究室博士生朱仁斌、刘晓东和硕士生汪建君(女)获准成为中国第十八次南极科学考察队队员,分别赴南极长城站、中山站和雪龙号船进行科学考察;这是我校首次同时开展西南极、东南极和南大洋的全面科学考察。

(二十五) 我校苏州研究生学院筹建工作领导小组成立

2001年10月11日,我校苏州研究生学院筹建工作领导小组成立,朱清时校长和苏州市市长杨卫泽任组长,副校长程艺、信息科学技术学院院长龚惠兴和苏州市副市长朱永新任副组长。领导小组下设筹建处,正式启动苏州研究生学院筹建工作。

(二十六) 我校研究生杨锋被宁夏回族自治区评为"2000年支援基层教育工作优秀支教队员"

2001年10月,商学院研究生杨锋被宁夏回族自治区评为"2000年支援基层教育工作优秀支教队员"。

(二十七) 中央电视台来我校拍摄"211工程"巡礼专题片

2001年11月13~20日,中央电视台科教频道(CCTV-10)来我校拍摄专题片《走近"211工程"——中国科技大学"211工程"建设巡礼》。

(二十八) 我校研究生参与中国第十八次南极科考

2001年11月20日,我校博士生朱仁斌、刘晓东和硕士生汪建君启程赴南极进行科学考察。

这3名学子从合肥出发,前往上海与中国第十八次南极科学考察队的其他130余名队员汇合,然后乘坐"雪龙号"极地考察船起航,途径太平洋、印度洋、南大洋,到达南极,在那里他们将度过5个月的科考时光。

这3名学子将分别赴长城站、中山站和"雪龙号"三地,在前人工作的基础上,继续深入研究南极海洋鸟类和哺乳类的古生态及其与环境变化的关系、极地温室气体的连续监测、拉斯曼丘陵冰盖进退与环境演变以及走航线路和南大洋大气气溶胶的监测等课题,完成相关的学术论文,进行野外样品采集,为今后深入进行极地研究打好基础,并获取更为翔实的原始资料。这是我校首次同时开展对西南极、东南极和南大洋的全面科学考察。

此前,我校曾两次派专家或学生参加中国第十五、第十六次南极科考,并取得了重要成果。其中孙立广教授领导的研究小组"关于过去3000年来南极阿德雷岛企鹅种群数量变化"的研究成果,以其独特"企鹅考古法"被国际权威学术期刊《自然》刊用,向全世界表明了"中国科学家对南极的新认识"。这也是该期刊首次发表中国极地研究成果。

(二十九) 张淑林任研究生院副院长兼校学位委员会办公室主任

2001年11月,张淑林任研究生院副院长兼校学位委员会办公室主任。

(三十) 我校2001年遴选聘任62位博导

在2000年博导遴选改革经验的基础上,我校对2001年招收博士生的指导教师进行了上岗遴选。此次新增博导62人,其中校本部42人、高等研究院14人、校外兼职6人。

(三十一) 国务院学位委员会批准我校在控制工程等4个工程领域开展招生工作并行使学位授予权

2001年,国务院学位委员会批准我校在控制工程、仪器仪表工程、化学工程、动力工程等4个工程领域开展工程硕士招生工作并行使专业学位授予权。这是我校继2000年获准在电子与信息工程、计算机技术2个工程领域开展工程硕士培养工作并行使工程硕士专业学位授予权后,在专业学位建设中取得的又一重要成果。

2002年

（一）我校举行2001年度第二次学位授予仪式

2002年1月4日，我校举行2001年度第二批学位授予仪式，共授予76人博士学位、209人硕士学位。

（二）我校与上海市南汇区政府签署共建中国科学技术大学研究生院上海分院协议

2002年1月8日，我校与上海市南汇区政府签署共建中国科学技术大学研究生院上海分院协议。研究生院上海分院是由我校与南汇区人民政府共同建设的非营利性、公建民助的二级法人高等教育事业单位，实行董事会领导下的院长负责制。南汇区政府提供100公顷土地和2亿元筹建经费，并负责全部基础设施建设；我校负责研究生教育和师资队伍建设。近期拟依托张江高科技园区设置信息科技类、生命科技类、管理类等专业，并创造条件发展新兴交叉学科专业。这是我校开辟新的成长点、探索与地方政府合作办学新途径的重要举措。

2002年

我校和上海市南汇区签订共建上海研究生分院协议

（三）哈佛大学肯尼迪政府学院 Kamarck 教授等来我校交流 MPA 培养问题

2002年1月10日，美国哈佛大学肯尼迪政府学院 Kamarck 教授等来我校专题交流公共管理硕士（MPA）培养问题。

（四）我校4个公共实验中心正式面向全校开放

2002年1月14日，我校理化科学、生命科学、信息科学、工程和材料科学等4个科研、教学公共实验中心正式面向全校开放。中心先进的仪器设备将为我校重点学科开展高水平科学研究探索及重大项目研究提供先进的技术支撑，同时为培养高层次创新人才提供了设备优良、管理先进和开放使用的公共实验平台。

（五）第二批国家重点学科结果公布，我校19个学科获批

2002年1月18日，《教育部关于公布高等学校重点学科点名单的通知》公布全国高校重点学科评审结果，我校基础数学、概率论与数理统计、理论物理、粒子物理和原子核物理、等离子体物理、凝聚态物理、光学、无机化学、物理化学（含化学物理）、天体物理、空间物理学、地球化学、生物化学与分子生物学、生物物理学、科学技术史、固体力学、流体力学、通信与信息系统、核技术及应用等19个学科被评为国家重点学科，国家重点学科数并列全国第八，增幅居全国高校之首，其中理学重点学科数15个，列全国高校第三；物理学重点学科数5个，列全国高校第一。此前，我校只有基础数学、计算数学、凝聚态物理、固体力学等4个国家级重点学科。

此次共有27所高校1786个学科点参加评选。我校组织申报了23个学科点，共21

个学科点过了通讯评议,8个学科点获免答辩(专家组会议评审),19个学科点最终进入国家级重点学科名单行列,重点学科总数并列全国高校第八,增长比例全国第一。

(六) 我校学位与研究生教育工作研讨会开幕

2002年1月20日,我校举行学位与研究生教育工作研讨会。会上,专家们围绕博士、硕士研究生的培养定位、学科建设、交叉学科发展、合作培养、专业学位的质量保证、研究生学籍管理等议题展开研讨,并就上述问题达成诸多共识。

(七) 我校举行学位与研究生教育研讨会

2002年1月20~21日,我校研究生院举行学位与研究生教育工作研讨会,参加本次研讨会的有我校副校长程艺教授、副校长侯建国教授、校学位委员会的大部分专家、院系负责人以及专业学位点负责人。研讨会由副校长程艺主持。

本次研讨会的主题是:适应新形势,大力推进我校学位与研究生教育的新发展。会上专家们主要围绕博士、硕士研究生的培养定位、学科建设、交叉学科发展、合作培养、专业学位质量保证、研究生学籍管理等6个议题展开研讨。专家们经激烈讨论,对以上问题的诸多方面以及我校学位条例中的部分条文修改问题达成共识。

(八) 我校支教研究生杜少甫受宁夏回族自治区海原县委、县政府通报表彰

2002年1月,我校支教研究生杜少甫在支教期间为海原县政府网建设做出贡献,受到宁夏回族自治区海原县委、县政府的通报表彰。

(九) 我校召开重点学科发展规划研讨会

2002年2月2日,我校召开重点学科发展规划研讨会,会议由副校长程艺主持,党委书记汤洪高、校长朱清时,党副书记、副校长金大胜等到会并讲话,各重点学科点负责人、校学位委员会委员以及研究生、人事处、科技处等部门负责人参加了会议,会议议题是:总结经验,认清形势,努力加快重点学科建设的步伐。

会上,副校长程艺首先通报了我校基础数学等19个国家级重点学科和计算数学等19个省级重点学科名单。

(十) 安徽省第二批省级重点学科公布,我校19个学科入选

2002年2月6日,安徽省教育厅《关于批准安徽师范大学马克思主义哲学等88个学

2002年

科为第二批省级重点学科和安徽财贸学院国际贸易学等11个学科为省级重点扶持学科的通知》(教高〔2002〕001号)公布了省级重点学科评选结果,我校计算数学、理论物理、原子分子物理、有机化学、固体地球物理、神经生物学、细胞生物学、材料物理与化学、工程热物理、物理电子学、电路与系统、电磁场与微波技术、信号与信息处理、控制理论与控制工程、模式识别与智能系统、计算机系统结构、计算机软件与理论、安全技术及工程、管理科学与工程等19个学科被评为安徽省重点学科。

本批次省级重点学科评选工作采取省内、外同行专家通讯评议,有关专家、管理部门负责人集中会议评审并结合首批省级重点学科评估验收结果的方式进行。我校共组织申报了20个学科,其中19个学科最终入选安徽省级重点学科行列。

(十一) 我校研究生院对春季学期262门研究生课程进行教学检查

2002年2月25日,为进一步深化研究生课程教学改革,我校研究生院组织人员对2002年春季学期开设的262门研究生课程进行为期两周的教学检查。

(十二) 我校工商管理硕士学位通过国务院学位办评估

2002年3月7日,国务院学位办发文,公布中国高校工商管理硕士学位教学合格评估通过单位名单,我校榜上有名。这标志我校MBA教育结束试点,转入正式办学阶段。此前,国务院学位委员会办公室(简称"学位办")委托全国学位与研究生教育发展中心对工商管理硕士(MBA)学位试点单位进行第二批教学合格评估。2001年12月,公布评估结果,我校MBA教育的各项指标均名列前茅,在评估第28所高校中总分名列第七。

(十三) 我校获批全国首批软件工程硕士培养单位

2002年3月16日,国务院学位办发文,公布全国首批软件工程硕士培养单位名单,我校获准开展软件工程硕士专业学位授权试点。

(十四) 我校设立研究生助教、助研岗位,实行岗位津贴制度

2002年3月30日,学校颁布《中国科学技术大学设立助教、助研岗位,实行岗位津贴制度(暂行)》。该制度遵循"存量不变、增量改革"的基本原则,鼓励研究生积极参与与教学、科研和开发工作。研究生在完成一定量的教学、科研和开发任务的前提下,获得适当增量报酬,待遇得到全面提高。

（十五）我校首届 MPA 新生开学典礼在水上报告厅举行

2002 年 4 月 5 日，我校首届 MPA 新生开学典礼在水上报告厅举行，安徽省副省长蒋作君及省人事厅、教育厅有关领导出席了开学典礼。我校是全国首批获得 MPA 专业学位授权试点的 24 所高校之一，首届共招收 MPA 学生 221 人。

（十六）我校为 2002 级 400 余名博士生办理保险

鉴于近年来在校学生意外事故和疾病发生率的上升，为遏制学生意外事故的发生及确保出险后花最少的钱得到及时有效的治疗，缓解学生家庭的经济压力和精神痛苦，保障广大在校研究生的切实利益。我校研究生院经过详细调研和征集各方意见，与校医院一起，经与中国太平洋人寿保险股份有限公司合肥分公司协商，就我校 2002 级博士生参加平安保险的相关条款达成正式协议。这是我校首次为在校研究生办理平安保险。

2002 年 4 月 12 日，为进一步推进学生医疗改革的社会化进程，学校首次启动研究生平安保险工作，为 2002 级 400 余名博士生办理平安保险。

（十七）中科院科大教育基地工作研讨会在我校召开

2002 年 4 月 16～17 日，中科院科大教育基地工作研讨会在我校召开，会议就新形势下如何大力推进"全院办校"、进一步加强"所系结合"进行充分讨论并达成广泛共识；39 个分院、研究所主管研究生教育的负责人以及我校有关负责人等近 200 人参加会议。中科院人事教育局副局长杨星科、安徽省教育厅厅长陈贤忠、中科院研究生院副院长吕晓澎和我校校长朱清时与会并讲话。

（十八）我校组织校内专家对数学等 10 个一级学科进行整体水平自评

2002 年 5 月 16 日，为进一步明确学科建设目标，学校组织校内专家对数学等 10 个一级学科进行整体水平自评。

（十九）我校 221 名硕博连读生通过中期考核转为博士生

2002 年 5 月 16 日，研究生中期考核结果揭晓，全校共有 221 名硕博连读生通过研究生院组织的中期考核，正式转为博士生，54 名硕士生获得提前攻读博士学位资格。

(二十) 我校2002年遴选聘任54位博士生导师

2002年5月17日,校学位委员会审议通过54位校内外教授新增为2003年博士生导师。

(二十一) 国务院学位办主任周其凤来校考察并对重点学科建设等工作进行指导

2002年5月18日,国务院学位办主任周其凤来我校考察指导工作,对我校重点学科建设、研究生教育与培养、专业学位工作等提出了指导性意见,并在校领导和研究生院有关负责人的陪同下参观了部分重点科研机构。

(二十二)《科学时报》整版篇幅报道我校研究生教育深化改革经验

2002年5月29日,《科学时报》第三版以整版篇幅报道《发展研究生教育,推进知名高水平大学建设——中国科学技术大学研究生教育在深化改革中前进》。

(二十三) 我校举行首批软件工程硕士招生入学考试

2002年6月1~2日,我校在校本部、深圳、北京3个考点同时进行2002年增招软件工程硕士入学考试,近400名应届、历届考生参加了考试。这是我校首次、也是全国首次软件工程硕士招生入学考试。考试采取全国联考和自行组织考试相结合的方式,数学(甲)、英语采用联考方式,专业基础和专业综合考试由我校自行组织。

(二十四) 我校举行第五届研究生学术报告会

2002年6月10日,我校第五届研究生学术报告会胜利落下帷幕,会议评出优秀论文一等奖12篇、优秀论文二等奖19篇。

(二十五) 我校隆重举行CUSPEA学者活动周,10多位CUSPEA学者回校做报告

2002年6月9~11日,学校隆重举行CUSPEA学者活动周,纪念中美联合培养物理类研究生计划(CUSPEA)实施20周年,赵天池等10多位CUSPEA学者回母校做学术报告。

(二十六) 我校研究生院启用研究生成绩及课程网上查询系统

2002年6月18日,为进一步提高办公效率和管理水平,研究生院在全校范围内正式启用研究生成绩及研究生课程网上查询系统。

(二十七) 颁发2001年度"微软院长奖学金""丘成桐奖学金"

2002年6月19日,学校授予王辉等44名研究生2001年度"微软院长奖学金",授予黄文等21名研究生2001年度"丘成桐奖学金"。

(二十八) 我校印发与中科院各院所联合培养博士生暂行办法

2002年6月28日,学校印发《中国科学技术大学与中国科学院各研究所联合培养博士生暂行办法》(校研字〔2002〕3号),部分内容摘录如下:

申请联合培养博士生应立足于我校急需发展的学科、专业,对于我校重点发展的新兴边缘学科、交叉学科和高技术领域将优先予以支持。

各研究所兼职博士生导师的资格认定与我校博导上岗遴选工作(每年4月)同时进行,一般应具备所在单位博士生导师上岗资格。各研究所的兼职博士生导师可列入我校博士生招生专业目录和招生简章,在我校招收博士生。

计划进行联合培养的博士生,其课程学习在我校进行,研究和撰写论文一般在研究所进行,兼职导师所在的研究所作为合作培养单位。联合培养的博士生在研究所完成学位论文后,申请我校博士学位:申请学位的科研论文必须是以本人为主的研究成果,同时署名中国科学技术大学和相应研究所,排序由作者自行确定。联合培养的博士生,在课程学习期间的学籍与教育管理按我校研究生相关管理规定执行;研究和撰写论文期间,教育管理由各研究所自行负责。

中国科学技术大学与中国科学院各研究所联合培养硕士研究生参照本暂行办法执行。

(二十九) 校学位委员会召开2002年上半年度学位工作会议,决定授予134人博士学位、264人硕士学位

2002年6月,校学位委员会召开2002年上半年度学位审核工作会议,讨论通过并决定授予张三国等134人博士学位、杨芳云等264人硕士学位。

(三十) MBA、MPA 和工程硕士 3 个专业学位获准自行确定招生录取人数

2002 年 6 月，国务院学位委员会发布《关于 2002 年招收在职人员攻读硕士专业学位工作的通知》，授权我校 2002 年部分专业学位类别的招生录取人数可根据学校的办学条件和社会需求自行确定，我校 MBA、MPA 和工程硕士 3 个专业学位均获此授权。

(三十一) 我校举行 2002 届学生毕业典礼，201 名博士生、473 名硕士生完成学业

2002 年 7 月 2 日，学校举行 2002 届学生毕业典礼暨学位授予仪式，朱清时校长在仪式上讲话。2002 届我校共有普通高等教育毕业生 2444 人，其中博士生 201 人、硕士生 473 人。

(三十二) 我校举行 2002 年度第一次学位授予仪式

2002 年 7 月 2 日，学校隆重举行 2002 年度毕业典礼暨学位授予仪式，授予 134 人博士学位、264 人硕士学位。

(三十三) 第三届"全国物理学研究生暑期学校"在我校举办

2002 年 7 月 15 日～8 月 12 日，第三届"全国物理学研究生暑期学校"在我校举办，287 名来自全国高校、科研机构的研究生参加学习。

(三十四) 2002 年"等离子体物理理论和计算研究生暑期学校"在我校举办

2002 年 7 月 29 日～8 月 10 日，2002 年"等离子体物理理论和计算研究生暑期学校"在我校举办，80 名来自全国高校、科研机构的研究生参加学习。

(三十五) 我校 2 支博士团在全国各地开展暑期服务实践活动

2002 年 7 月，我校 2 支博士团在全国各地开展暑期服务实践活动，另有 800 多名学生在安徽、江苏、浙江、山东 4 省开展"中国农村质量万里行"宣传和调研活动。

(三十六)"全国研究生暑期学校"工作研讨会在我校召开

2002年8月6~9日,由教育部和国家自然科学基金委员会共同组织的"全国研究生暑期学校"工作研讨会在我校召开,国务院学位办、国家自然科学委员会、中科院、安徽省教育厅的有关领导出席会议。

(三十七)我校研究生院对秋季学期264门研究生课程进行教学检查

2002年9月9日,研究生院组织人员对我校264门研究生课程进行为期两周的秋季教学检查。

(三十八)我校迎来首批254名软件工程硕士研究生

2002年9月10日,首批254名软件工程硕士研究生入学。

(三十九)我校举行2002级新生开学典礼,本年招收449名博士生、1269名硕士生

2002年9月10日,学校举行2002级新生开学典礼,校长朱清时在典礼上讲话。2002年,我校招收博士生449人、硕士生1269人。

(四十)我校颁布实行《中国科学技术大学研究生学术道德规范管理条例》

2002年9月18日,学校颁布实行《中国科学技术大学研究生学术道德规范管理条例》(校研字〔2002〕6号),加强研究生学术道德建设,严禁研究生学术越轨行为,部分内容摘录如下:

1. 学术道德规范的基本要求

所有全日制和非全日制研究生在学术研究和学术活动中须坚持:求真务实,诚实守信,严谨自律,团结合作;模范遵守学术研究和学术活动的基本规范;树立法制观念,保护知识产权,尊重他人劳动和权益;正确对待学术研究和学术活动中的名和利。

在学术研究和学术活动中不得有下列违反学术道德的行为:侵占、抄袭、剽窃他人学术成果(凡引用他人成果、数据、思想等,均应明确说明并详细列出有关文献的名称、作者、年份、出版机构等);请他人代写文章或代他人写文章;篡改、伪造研究数据;在未参与工作的研究成果中署名;以不正当手段影响研究成果鉴定、奖学金评定、论文评阅、答辩

2002年

等;一稿多投;虚开发表文章接受函;在各类考试中,以任何形式作弊;在承担助教、助研等工作中以职谋私;其他违反学术道德的行为。

2. 违反学术道德规范的处理和处罚

凡有上述违反学术道德规范之一者,经查实,视具体情况分别给予责令改正、批评教育、延缓答辩、取消奖项及学位申请资格等处理;严重违反学术道德、影响恶劣者,给予相应校纪处分;触犯法律的,移送司法机关依法追究法律责任。

3. 违反学术道德规范的受理和鉴定

校学位委员会和校学位分委员会负责受理有关研究生(硕士、博士)学术道德的问题。根据据需要,可聘请相关学科的校内外专家组成学术道德规范鉴定小组,具体负责对违反学术道德规范的行为进行鉴定。

(四十一) 我校研究生院全面布置2002年下半年度学位与研究生教育工作事宜

2002年9月19日,研究生院组织召开会议,全面布置2002年下半年度学位与研究生教育工作事宜。

(四十二) 我校启用博士研究生招生考试网上报名系统

2002年,为方便考生,我校正式启动2003年博士生春季招生网上报名系统,报名截止日期为9月20日。这是我校研究生招生考试首次采用网上报名方式。

(四十三) 我校制定"十五"期间"211工程"建设项目可行性研究报告

2002年9月26日,学校部署"十五"期间"211工程"建设启动工作。2002年10月21日,学校召开"十五"期间"211工程"可行性研究报告论证准备工作会议,汤洪高书记到会并做指示。2002年11月,学校制定《中国科学技术大学"十五""211工程"建设项目可行性研究报告》,报告部分内容摘录如下:

"九五"期间,我校"211工程"建设取得了显著成效。项目验收专家组认为,学校"全面完成了'九五'期间'211工程'各项建设任务,较好地实现了预期的建设目标,取得了一批在国内外有影响力的标志性成果";特别"在突出重点学科领域、促进学科交叉与重组、敏锐把握学科前沿实现重点突破等方面,探索出卓有成效的创新机制和新经验",一些学科领域"具有鲜明特色,并且迅速达到国际前沿,取得显著成效,值得总结和借鉴"。其中6个学科项目建设带动了整体学科建设,使我校的国家重点学科数由建设前的4个猛增到建设后的19个。"鉴于该校有着良好的办学基础、发展活力和强大的潜力,并且在一期建设中取得了良好效益",验收专家组建议"国家有关部门在实施'211工程'二期建设

勇立潮头　扬帆前行

中,应继续对该校给予重点支持,并且进一步加大投入力度"。

"十五"期间"211工程"建设是"九五"期间"211工程"建设的延续和发展。在"九五"期间"211工程"建设的基础上,我校"十五"期间"211工程"建设的主要目标和任务如下:

重点支持11个学科建设项目。学科建设项目是:数学、天文及理论物理中的重大问题;微尺度物质电子态、自旋态的控制与应用;化学反应的本质及选控;地球圈层相互作用的环境效应;蛋白质网络与细胞活动;多尺度复杂系统力学;带电粒子物理和同步辐射应用;火灾科学与安全工程;先进功能材料和相关技术;量子通信与信信息新技术;可再生洁净能源。发挥其带动和辐射作用,建成若干具有较强创新能力、达到世界一流水平的学科。

支持3个公共服务体系建设项目。公共服务体系建设项目是:计算机网络建设、数字图书馆建设、公共实验中心建设。建成全国重要的优质教育科研资源中心之一;围绕重点学科建设和教学科研工作,加强师资队伍和部分基础设施建设,改善办学支撑和保障条件;并在人才培养、科学研究和社会服务等方面取得一批重要标志性成果,提高整体办学水平与效益,为建设规模适度、质量优异、结构合理、特色鲜明的一流研究型大学奠定基础。

(四十四) 我校对"985工程"1999～2001年建设成果进行总结

2002年9月,我校对"985工程"1999～2001年建设成果进行总结,并制定《中国科学技术大学世界知名的高水平大学建设工作总结报告》,部分内容摘录如下:

1999年至2001年底3年间,在教育部、中科院和安徽省三方的正确领导与大力支持下,经过全校师生员工的共同努力,我校高水平大学建设进展顺利,成效显著,取得的主要成就如下:

党建、德育和思想政治工作得到进一步改进和加强。几年来,在校党委的统一领导下,学校广泛深入地开展了学习江泽民同志"七一"讲话和"三个代表"的重要思想、党的十五届五中、六中全会精神以及《中共中央关于加强和改进党的作风建设的决定》等活动,在校级领导班子和处级干部中深入开展"三讲"教育;认真贯彻落实《高等教育法》、第三次全国教育工作会议和中科院年度工作会议精神,进一步加强和改进党建、德育和政治思想工作,激发了全校教职工参与学校建设和发展的主动性、积极性和创造性,增强了广大师生员工的凝聚力,为高水平大学建设奠定了良好的思想政治基础,保证了学校各项事业的健康、稳定发展。

教学与科研并重的重点学科建设成绩显著,学术水平稳步提升。重视和加强学科建设,明确学科建设的原则和方针;采取积极有效的措施,鼓励学科交叉和联合;加大经费投入力度,建设教学、科研公共实验中心;重点学科建设成绩显著,学术水平稳步提升;部分新兴、交叉及高技术学科的学术水平达到国际领先水平;"211工程"重点学科建设成绩突出,有力地促进了高水平大学建设。总之,通过高水平大学建设,我校已初步形成规模

较为适度、布局结构较为合理、特色较为鲜明的龙头学科与支撑学科、传统学科与前沿学科、基础学科与应用学科并存、互长的学科体系。

　　研究型大学教学体系初步建立,学生的综合素质得到加强,人才培养质量进一步提高。学校通过广泛学习、借鉴世界一流大学的人才培养经验,大力深化教学体系、教学内容、教学手段和教学方法的改革,初步实现以学院或学科群为主体组织教学;全面推进素质教育,顺利完成本科学制由5年转为4年的改革,调整和优化了人才培养方案、教学体系、课程设置;加强本科和研究生教学工作,进一步提高了教学质量;稳步推进考试制度改革。学校的人才培养格局进一步完善,人才培养质量进一步提高。

　　创新性科学研究工作和科研基地建设成果丰硕,科技成果转化和科技产业工作稳步推进。科研经费数量稳步增加;学术论文数量和质量均有显著提高;获得一批国家和省部级奖励;承担国家自然科学基金等科研项目持续增长;获得一批具有世界领先水平的原创性研究成果;承担国家科研任务的能力不断增强;科研基地建设成果丰硕,科研支撑体系进一步完善;积极投身国民经济建设主战场,加速科技成果转化,促进产学研合作。

　　坚持以人为本,深化人事和分配制度改革,创新人才队伍建设迈上新台阶。改革用人管理制度,全面实行全员聘用合同制度和岗位聘任制度;优化师资队伍结构,引进、培养和稳定高水平优秀人才;建立"大师讲席"制度;大力加强博士生导师队伍建设,博导队伍不仅进一步年轻化,而且学科分布更趋合理;改革分配制度,稳定和吸引骨干教师队伍。总之,我校高水平大学建设工作起步顺利,开局良好。通过3年的建设,学校的发展步伐明显加快,综合办学实力进一步增强,参与国内、外教育与科技竞争的能力稳步提高,为实现高水平大学建设目标奠定了良好的基础。

　　大力加强教学支撑条件建设,努力改善教学环境,提高办学能力和水平。由于历史原因及长期投入不足,我校教学基础设施和条件一直比较薄弱。1999年以来,学校利用高水平大学建设经费支持,加大基础设施尤其是教学、科研设施和条件建设力度,办学硬件条件和环境初步得到改善,办学能力和水平不断提高。

　　加强国际科技合作与交流,促进高水平大学建设。扩大、提高合作交流领域与层次。新建了一批联合研究机构。高水平大学建设以来,我校加大了和国外一流研究机构合作交流的力度,重点支持的学科领域都与国外研究机构建立了稳定的合作研究关系,如量子通信与量子计算研究、纳米科学研究、脑科学研究、计算数学研究、流体力学研究、微波技术研究、理论物理研究等。

　　大力深化管理体制与运行机制改革,加强制度建设,促进学校的各项事业稳步发展。积极推进教育部、中科院和安徽省政府对学校的重点共建。积极参与中科院知识创新试点工程,探索教育与科研相结合的创新模式,提高教育与科技创新能力。积极争取地方政府对学校建设与发展事业的支持是推动高水平大学建设的重要推动力。建立、健全校院系三级管理体制,改革内部运行机制。

(四十五) 第三届全国工程硕士培养工作研讨会在我校举行

由国务院学位办公室主办、我校承办的第三届全国工程硕士培养工作研讨会于 2003 年 10 月 10~13 日在我校举行。来自全国 140 多个工程硕士培养单位的 260 余名代表参加了会议。与会代表普遍认为，今后工程硕士研究生教育要以市场为导向，以服务企业为宗旨，将自主办学与自律办学相结合，处理好规模和质量的关系，使工程硕士研究生教育积极、稳步、快速、健康发展，为教育创新，为国民经济建设、社会发展和国防事业做出新贡献。

1997 年，我国正式设立了工程硕士专业学位，旨在为国有大中型企业培养高级专门人才。经过 5 年的发展，它已成为规模最大、覆盖面最广的专业学位，已累计招生 5 万 6 千多人，涉及 35 个专业领域、140 余家培养单位。一大批研究生通过了论文答辩，取得了工程硕士学位，成为国有大中型企业、中西部地区以及国防部门的技术骨干，在引领企业和工程建设单位的技术开发、应用和创新方面发挥了重要作用。我校 1999 年取得工程硕士专业学位授权。目前，授权专业已涉及电子与信息、计算机技术、控制、仪器仪表、化学、动力、软件等 8 个工程领域，共计招生 680 余名，并在北京、深圳、苏州等大中型企业聚集地建立了稳定的培养基地。

(四十六) 学校授予 2 名博士研究生、4 名硕士研究生和 11 名本科生 "三星奖学金"

2002 年 10 月 14 日，学校授予郑仁奎等 2 名博士研究生、韩永建等 4 名硕士研究生、朱陈伟等 11 名本科生 "三星奖学金"。

(四十七) 我校推荐 3 本教材参评 "全国研究生教学用书优秀教材"

2002 年 10 月 14 日，教育部开展 "全国研究生教学用书优秀教材" 评选工作，经研究生院审核，我校共推荐 3 本教材参加评选。

(四十八) 我校召开 "十五" 期间 "211 工程" 建设可行性报告论证准备工作会议

2002 年 10 月 21 日下午，程艺副校长主持召开会议，布置 "十五" 期间 "211 工程" 建设项目可行性报告论证的准备工作。汤洪高书记到会并讲话，各院、系，机关有关部、处以及后勤、总务等部门负责人参加了会议。

会上，汤洪高书记指出学科建设不能因循守旧，要解放思想，实事求是，尤其要重视

2002年

解决学科建设中的突出问题。他认为当前在学校现有财力条件下,进行学科建设不能面面俱到,要选准突破口,实施"有所为,有所不为"。同时为优化学科环境,也要正确处理好"211工程"重点建设学科与非重点建设学科之间的关系。最后,他希望各部门做好准备,充分展现科大优良的学风、校风以及独特的校园创新文化氛围,迎接评审专家的到来。

(四十九)2002年"全国优秀博士学位论文"结果揭晓,我校2篇入选

2002年10月28日,教育部发文公布2002年"全国优秀博士学位论文"评选结果,我校2篇论文入选。评选"全国优秀博士学位论文"是《面向21世纪教育振兴行动计划》的组成部分,是提高研究生培养质量,鼓励创新,促进高层次人才脱颖而出的重要措施。此前,在1999~2001年的前三届"全国优秀博士学位论文"评选中,我校已有6篇获奖,是目前排在获奖论文总数前十名的高校之一。

(五十)全国第一轮第一批学科评估结果公布,我校参评理学学科均居国内前列

2002年11月9日,全国学位与研究生教育发展中心网站公布了首次全国一级学科整体水平评估排名,我校参评理学学科均居国内前列,其中,数学第六名、物理学第四名、化学第三名、电子科学与技术第五名。

本次评估由全国学位与研究生教育发展中心组织,在理、工、农、管理门类中学位授权点较多的数学、物理学、化学、机械工程、电子科学与技术、信息与通信工程、控制科学与工程、计算机科学与技术、生物医学工程、作物学、植物保护、管理科学与工程等12个一级学科中进行。评估通过采集客观数据和学术声誉调查相结合的方法进行,客观数据来源于各学位授予单位填报并认可的基本数据表以及教育部信息中心、"211工程"办公室、中科院文献情报中心等公共信息源,学术声誉来源于303位专家反馈的调查信息。我校的数学、物理等10个一级学科申请参加了整体水平评估。

(五十一)我校研究生参与中国第22次南极科考

2002年11月18日上午10时,我国极地科学考察破冰船———"雪龙号"在欢呼声中缓缓驶离上海民生路码头,这标志着我国第22次南极科学考察正式开启。我校极地环境研究室的青年教师朱仁斌博士和研究生赵三平、徐思琦也随队分别前往中山站、长城站和南大洋,开始为期约130天的极地考察和探索之旅。

第22次南极考察队由145名队员组成,其中科考队员53人,其他后勤保障、新闻宣传队员等共92人,将分别赴长城站、中山站、格罗夫山和南大洋执行近40项科考和能力

建设任务。此次南极考察执行了"一船一站"的考察方案,即中山站、格罗夫山和南大洋考察人员120人乘"雪龙号"由上海出发经澳大利亚赴南极,而长城站考察队员25人将从北京乘飞机往返长城站。

(五十二)我校正式启用网上学位申请信息系统

2002年11月29日,为减轻导师重复填写表格的负担,提高管理水平,我校正式启用网上学位申请信息系统。

(五十三)我校获批为2003年硕士招生自定复试分数线改革试点高校

2002年11月,为了逐步扩大高校在硕士生招生中的自主权,日前,教育部发布的《教育部关于做好2003年招收攻读硕士学位研究生工作的通知》(教学〔2002〕13号),决定2003年在包括我校在内的34所办学声誉好、培养质量高、自律性强的高校中进行自定复试分数线的改革试点。

2004年是全国高校扩招后首次招收研究生。为进一步完善招生工作,教育部对2003年硕士研究生招生考试科目做出了重大改革。硕士生入学考试(初试)科目由原来的5门调整为政治理论、外国语、基础课和专业基础课4门。调整后,政治和外语分值仍为各科100分,基础课和专业基础课分值为各科150分,初试中的政治科目不再分文、理两种试卷,初试中的外语听力测试成绩计入外语考试成绩。复试将较过去加大权重,加大差额复试名额,将原先安排在初试阶段的专业课调整到复试阶段。

(五十四)研究生院组织开展专业学位培养方案、教学大纲申报修订工作

2002年12月2日,研究生院组织开展专业学位(MPA、工程硕士)培养方案、教学大纲申报修订工作,审核通过第一批共12门"本硕贯通课程"。

(五十五)我校布置第九批学科申报和一级学科范围内自主设置学科、专业工作

按国务院学位委员会、教育部《关于进行第九次博士、硕士学位授权审核工作的通知》(学位〔2002〕48号)和《关于做好博士学位授权一级学科范围内自主设置学科、专业工作的几点意见》(学位〔2002〕47号)的部署和要求,我校于2002年12月9日下午召开会议,布置第九批学科申报和一级学科范围内自主设置学科、专业工作事宜。

程艺副校长要求,拟自主设置的学科、专业应坚持突出有利于我校学科、专业结构调

整,有利于促进新兴、交叉学科发展,有利于保证扩招形势下研究生培养质量的原则。关于第九批学科申报,他强调要把重点瞄向一级学科,尤其要把"重中之重"放在有利于学校整体学科水平提升和学科结构优化的工学学科,通过申报争取使工科一级学科覆盖率有较大幅度提高。他还希望人文社会科学在博士点申报上有所突破。最后,他希望当前在学科申报和建设中要认真加强学科力量整合,特别要加强与科学院各研究所的合作关系,进一步推动"所校结合";同时要积极响应国家西部大开发战略的号召,利用我校的学科优势,力所能及地帮助西部高校的学科发展。

(五十六) 我校公布2002年"校级优秀教学成果奖"名单

2002年12月17日,学校公布2002年"校级优秀教学成果奖获奖"名单,共有10项研究生教学成果获奖,其中一等奖3项、二等奖7项。

(五十七) 我校与东港工贸集团有限公司签署"科大之友-东港研究生奖学金"协议

2002年12月18日,程艺副校长应邀访问浙江省台州市东港工贸集团有限公司,代表学校与其签署了"科大之友-东港研究生奖学金"协议,"东港助学金"从2002年起改名为"科大之友-东港研究生奖学金"。

(五十八) 我校印发《中国科学技术大学在博士学位授权一级学科范围内自主设置学科、专业工作实施办法》

2002年12月24日,我校印发《中国科学技术大学在博士学位授权一级学科范围内自主设置学科、专业工作实施办法》(校学位字〔2002〕8号),部分内容摘录如下:

根据国务院学位委员会、教育部《关于做好博士学位授权一级学科范围内自主设置学科、专业工作的几点意见》(学位〔2002〕47号)和国务院学位委员会办公室《关于做好博士学位授权一级学科范围内自主设置学科、专业备案工作的通知》(学位办〔2002〕84号)的精神和要求,为进一步做好我校在博士学位授权一级学科范围内自主设置学科、专业工作,特制定本实施办法。

自主设置学科、专业的条件:自主设置学科、专业,仅限于在我校已获一级学科博士学位授权的学科、专业内进行。在一级学科范围内申请自主设置的学科、专业须具备新增博士、硕士学位授权学科、专业的基本条件。

自主设置学科、专业的原则:在博士学位授权一级学科范围内自主设置学科、专业,必须坚持有利于学校学科、专业整体结构调整与优化,有利于促进新兴、交叉学科发展,有利于提高研究生培养质量的根本原则,统筹规划,严格论证,避免随意性。

（五十九）校学位委员会召开 2002 年下半年度学位工作会议，决定授予 83 人博士学位、215 人硕士学位

2002 年 12 月，校学位委员会召开 2002 年下半年度学位审核工作会议，讨论通过并决定授予钟金标等 83 人博士学位、吴立其等 215 人硕士学位。

（六十）我校 MBA 排名进入全国十强

2002 年，在刚刚结束的我国首次 MBA 选优排名活动中，我校 MBA 排名居全国第八位，是此次排名前十位高校中唯一一所 MBA 办学历史不到 10 年的高校，成为国内 MBA 教育发展最快的高校之一。

本次排名由广东管理科学研究院主持的"中国大学评价"课题组完成，"21 世纪"网站对此做了全面报道。内容是对于中国大学 MBA 的评价，评价范围是国家批准的所有 62 所获 MBA 学位授权的大学。"中国大学评价"课题组完成的全国大学 MBA 评价，是我国第一个面向全部 62 所 MBA 院校的选优评估。此前，在 2001 年的国务院学位办组织的对全国 28 所院校 MBA 合格评估中，我校排名第七。评价者认为，各大学 MBA 的快速成长，得益于国内管理学科的高速发展。目前，管理学在研究生数量、博士生导师数量方面已超越文学、经济学等传统学科，列文科各学科第一位。在专业硕士学位方面，经过 11 年的发展，MBA 的规模和试办学校数量，已经仅次于工程硕士，并在 13 个专业硕士学位门类中名列第二位。

（六十一）我校研究生获美国项目管理学会颁发的专业证书

2002 年，2000 级 MBA 学员李波通过美国 PMP（项目管理）考试并获美国项目管理学会颁发的专业证书，成为安徽省首位获此证书的专业人员。

（六十二）我校正式启用网上学位申请信息系统

2002 年，我校正式启用网上学位申请信息系统。网上学位申请信息系统的启用，将便于硕士、博士学位申请者更加有效、快捷地提交学位申请信息，促进和提高学位申报信息处理的速度和效率。通过启用网上学位申请信息系统可克服原信息报送方式的诸多缺点，学位申请者可以不受空间的限制，只需通过登录网站，根据提示输入相关信息，即可将学位申请信息上报校学位办公室，这大大减少了信息处理的工作量。为保证网上上报材料的真实性，申请者只需将上报信息打印稿经本人签字后传真或寄送系里审核、盖章，并与其他学位申请材料一起委托教学干事送达校学位办公室即可。

2003年

(一) 我校举行2002年度第二次学位授予仪式

2003年1月2日上午,学校在水上报告厅隆重举行2002年度第二批学位授予仪式。仪式由研究生院常务副院长虞吉林主持,校长朱清时、副校长程艺、侯建国和有关部门负责人,博士生导师代表以及全体博士、硕士学位获得者参加了仪式。

程艺副校长宣读了学位获得者名单。朱清时校长在讲话中首先向全体学位获得者表示祝贺,认为获得中国科大学位不仅意味着将终生享受中国科大前辈创造的荣誉,更重要的是背负中国科大人新的希望。因此,他希望大家要珍惜中国科大学位的声誉,秉承中国科大优良传统。朱校长还结合回顾学校历史上的三次艰难创业历程和介绍近期的学校规划,激励大家走上工作岗位后要再接再厉,特别要自觉抵制社会上各种"病毒"的侵袭和腐蚀,严格坚持诚实守信原则,多干实事,力争为母校争得更多的荣誉。导师代表孙立广教授、博士生代表李学龙、MBA代表倪昌杰分别发言。仪式上,朱清时校长还为学位获得者颁发证书和扶正流苏。

（二）中科院组织院属单位来校考察交流研究生教学与课程设置等工作

2003年1月7~8日，由中科院人事教育局组织院属北京中关村青年公寓以及上海、广州、武汉、兰州、成都等教育基地的代表一行17人来我校学习考察，就研究生后勤保障、思想政治工作、教学与课程设置、在职培训等情况与我校有关部门进行了座谈和交流。

（三）我校赴山东济阳县博士生实践服务团获"优秀团队"称号

2003年1月，我校获"2002年全国大中专学生志愿者暑期'三下乡'社会实践活动先进单位"称号，赴山东济阳县博士生实践服务团获"优秀团队"称号。

（四）朱清时获日本创价大学名誉博士学位

2003年2月11~14日，朱清时校长随同教育部常务副部长周济赴日出席在东京大学举行的首届"中日两国重点大学校长论坛"。

其间，朱清时校长应创价大学校长若江正三博士邀请访问了创价大学，接受了该校名誉博士学位。

（五）我校举行"十五"期间"211工程"子项目建设实施论证评议会

2003年2月26日，学校举行"十五"期间"211工程"子项目建设实施论证评议会。会议由程艺副校长主持，朱清时校长和"十五"期间"211工程"建设项目法人组织全体成员、机关有关部处负责人、各子项目负责人以及有关专家参加了会议。

会上，朱清时校长要求"十五"期间"211工程"应在继承"九五"好的经验基础上，坚持高起点、高标准、高要求，特别是要把"211工程"和"985高水平大学建设工程"结合起来，充分利用高水平大学建设的经费，加强大型共用实验平台建设，进一步完善公共服务体系，使原始创新思想有生根发芽的土壤；另一方面，为充分发挥"211工程"建设专项资金效益，促进学校学科"上质量，上水平"，保证建设计划顺利实施，他要求各项目单位要进一步强化学科项目建设的过程管理和绩效激励机制，项目建设经费要采取集中投入，分期实施，奖惩结合的滚动式管理办法。年度评估时，对于任务完成情况良好、效益显著的项目在计划经费基础上追加投入；对于任务完成情况一般、效益不显著的项目减少计划经费投入；对于管理混乱、效益低劣的项目将停止投入，直至终止建设。他还希望通过本次论证评议，能为"十五"期间"211工程"各建设项目的实施开个好头。

评议会上，各子项目负责人就项目建设目标、内容、进度、资金安排以及预期效益、验

2003年

收指标等向校项目法人组织做了陈述汇报,并接受了校项目法人组织成员及与会专家的提问。校建设项目法人组织成员及有关部处负责人对各子项目的启动实施计划进行了充分的评议,并对部分子项目的计划任务书提出了进一步修改和完善的建议。

(六) 我校自主设置的16个博士学位授权点获准开展博士生培养试点

2003年2月,经国务院学位委员会办公室备案批准,同意我校在13个博士学位授权一级学科范围内自主设置的16个博士学位授权点正式开展硕士、博士研究生培养试点工作。这些新增博士点均为急需发展的新兴、交叉学科博士点,分别为:生物数学(070120)、数学物理(070121)、可再生洁净能源(070320)、空间环境科学(070820)、结构生物学(071020)、生物信息学(071021)、生物工程力学(080120)、材料力学与设计(080121)、微系统力学(080122)、信息安全(081020)、信息安全(081220)、同步辐射及应用(082720)、金融工程(120120)、商务智能(120121)、评估系统工程(120122)、传媒管理(120123)。上述新增博士点此前均经过严格论证,并于2002年12月30日经校学位委员会审议表决通过。根据要求,2003年将全面启动新增博士点的培养方案制定、博士生导师上岗遴选、研究生招生等项工作。

本次开展自主设置学科点的培养试点工作,仅限于在国务院学位委员会批准的博士学位授权一级学科范围内进行,目的在于进一步加强学科建设,调整学科、专业结构,促进新兴、交叉学科发展。这是自1996年以来国务院学位委员会批准部分学位授予单位按一级学科行使博士、硕士学位授权,并逐步开展按一级学科审核博士学位授权点以来深化学位授权审核制度改革的又一重要举措。根据《中国科学技术大学在博士学位授权一级学科范围内自主设置学科专业工作实施办法》(校学位字〔2002〕08号),今后每年我校都将在12月份开展自主设置博士点审核工作。

(七) 学校召开会议布置本学期研究生教育工作重点

2003年3月11日下午,研究生院在第一会议室召开会议,布置本学期研究生教育工作工作重点。会议由研究生院常务副院长虞吉林主持,程艺副校长出席会议并作讲话,各院系、学科点负责人以及准备申请新增博导的教授等出席了会议。

会上,程艺副校长就当前我校研究生教育工作中的几个重要问题提出了明确要求:各院系要结合"211工程"二期的启动实施,进一步加强学科建设,争取在第九批学科申报中使我校部分学科获得一级学科博士学位授权;新增导师遴选工作应有针对性,坚持高标准;研究生招生应量力而行,坚持宁缺毋滥,复试要做到公平、公正;高水平的教授、博导应积极参与本科教学,以保证研究生生源质量;培养工作应大胆创新,鼓励部分学科点进行在硕士研究生一年级不分导师的尝试。

研究生院常务副院长虞吉林简要介绍了本学期学校开展学位与研究生教育工作的

思路和重点,即落实"211工程"二期学科项目的实施管理;积极配合学校"985工程"一期验收,做好二期立项工作;组织研究生教育创新工程的立项申报;组织第九批学科申报;召开专业学位会议,就有关教学培养问题进行研讨;继续探索研究生培养质量的新途径,进一步完善培养制度;理顺、协调与科学岛的关系,加快研究生教育的实质性整合;规范新增交叉学科点的管理;推进研究生招生的复试改革工作;启动研究生网络教育平台;健全研究生院内部信息管理;组织好第十九届全国研究生院工科研究生教育工作研讨会等。

(八)我校与安徽省铜陵市政府签署《联合招收培养工程硕士生》等协议

2003年3月25日,我校与安徽省铜陵市政府签署《五年人才培养全面合作协议》和《联合招收培养工程硕士生协议》。

(九)我校教师获评安徽省招生工作"先进个人"、研招办获评省"先进集体"

2003年3月,我校研究生院陈宇获安徽省研究生招生"先进个人"荣誉称号,研究生招生办公室(简称"研招办")获安徽省研究生招生"先进集体"称号。

(十)我校印发实行《中国科学技术大学"十五""211工程"建设项目实施管理办法》

2003年4月14日,学校印发实行《中国科学技术大学"十五""211工程"建设项目实施管理办法》(校研字〔2003〕2号)。办法部分内容摘录如下:

我校"十五""211工程"建设项目法人组织代表学校对"211工程"建设项目进行领导,对"211工程"项目建设实施中的重大问题作出决策和部署。

学科建设办公室负责"十五""211工程"项目建设的具体实施与管理,日常管理工作包括专项资金的具体安排、项目的年度自评以及国家对项目的各类评估和项目完成的验收组织等。

为协调项目建设实施中的重要问题,保证项目建设的顺利进行,各子项目应成立项目领导小组;项目建设实行项目负责人负责制,项目负责人应对项目建设实施过程中的经费使用、设备购置等重大问题负责。

(十一)我校与中科院合肥智能机械研究所研究生教育进行实质性整合

2003年4月,中科院正式下发《关于同意合肥智能机械研究所与中国科学技术大学

2003年

研究生教育整合的批复》,同意我校与中科院合肥智能机械研究所(简称"合肥智能所")对研究生教育进行实质性整合,批复部分内容摘录如下:

为提高研究生培养质量和培养效益,实现教育资源共享,加强教育与科研的紧密结合,经研究,同意合肥智能所与中国科大对研究生教育进行整合。自本批复下发之日起,合肥智能所的研究生教育全部整合到中国科大,招生计划由中国科大统一安排并予以明确,培养、管理及学位授予工作按中国科大的要求进行。

为支持合肥智能所的教育改革,中科院对合肥智能所支持的各种研究生教育资源(包括:招生计划、研究生经费、奖学金等)在知识创新工程试点全面推进阶段保持不变。

为保证研究生培养质量,合肥智能所仍应设专职人员负责研究生教育的管理工作,中国科大应予以帮助,合肥智能所与中国科大对研究生教育进行整合是我院(中科院)研究生教育体制改革中的新生事物,为此,合肥智能所与中国科大应在工作中不断探索,协商解决发展中出现的问题,共同做好研究生培育工作。

根据批复要求,自2003年起,合肥智能所的研究生教育将全部整合进我校,招生计划由我校统一安排并予以明确,培养、管理及学位授予工作按我校的要求进行。

两单位研究生教育进行实质性整合,标志着我校在探索新形势下的"所校结合"方面迈出了重要的一步。我校与中科院合肥智能研究所研究生教育的整合是探索新形势下"所校结合"的重要举措,是对中国科学院传统"两段式"研究生培养模式的进一步发展,是研究生教育体制改革中的新生事物,对提高研究生培养质量和培养效益,实现教育资源共享,探索教育与科研紧密结合的人才培养新机制具有重要意义。

(十二) 我校32位博导通过2004年上岗资格审查

2003年5月14日下午,校学位委员会副主任、副校长程艺主持召开校学位委员会2003年度第一次工作会议,会议就我校2004年新增上岗博导名单和第九批申报的7个硕士学科点进行了审议和表决。

校学位委员会主任朱清时校长到会并讲话。朱校长指出,当前随着我校博士生培养规模的快速增长和导师队伍退休高峰的到来,导师队伍数量不足已成为制约我校博士生培养的"瓶颈";因此不仅要挖掘现有导师队伍的潜力,而且要充分利用我校与科学院各研究机构长期形成的合作关系,积极吸引学术造诣深、研究生培养经验丰富的导师到我校上岗。他希望大家要适应新的形势,进一步解放思想,积极献计献策,推进我校博导遴选制度的改革。

会上,委员们听取了有关学科点负责人关于申请上岗博导的介绍,仔细审阅了申请材料,并依据我校导师上岗条例表决通过了32位校内外教授新增为2004年博士生导师。

会议还依据我校自审硕士点方案对我校第九批申报的体育人文社会学等7个硕士点进行了审议,并对申报硕士点进行了投票排序。

(十三) 我校软件工程硕士研招复试尝试远程"新招"

2003年5月24～26日，我校研究生招生办公室尝试"新招"，组织计算系专家教授对因受"非典"影响而无法到现场面试的100多名分布在全国10余个省份的软件工程硕士生考生进行远程电话"面试"。

该办法是贯彻教育部办公厅《关于在防治"非典"期间做好2003年全国招收硕士生复试工作通知》的有关精神，为切实保证广大考生和工作人员的身体健康和生命安全做出的一项重要举措。为避免在远程电话"面试"中代试现象的发生，保证电话复试的有效性和权威性，电话复试采取事先不通知考生本人、由专家直接电话问讯的办法，内容主要涉及软件工程领域的基本知识及考生的基本情况。

据悉，由于"非典"影响，教育部于4月17日暂停了全国招收硕士研究生的复试工作。此前，我校已组织完成了除软件工程外的学科专业的研究生复试工作。根据教育部最新安排，从5月25日开始将陆续启动约10万尚未复试考生的2003年全国招收硕士研究生复试和录取工作。为杜绝"非典"的传播感染，原则上不组织考生跨省复试，各招生单位可调整原定的复试办法，采取灵活多样的复试方式，如利用通讯或网络远程复试、开卷通信复试、委托考生所在地的高校复试等。

(十四) 我校7名教授受聘第五届国务院学位委员会学科评议组成员

2003年6月3日，国务院学位委员会发布《关于下发国务院学位委员会第五届学科评议组成员名单的通知》(学位〔2003〕25号)，公布了新一届(第五届)学科评议组成员名单，我校7位专家当选，他们分别是：化学学科评议组朱清时院士，数学学科评议组李尚志教授，物理、天文学科评议组汤洪高教授，地球物理学、地质学学科评议组王水院士，生物学学科评议组施蕴渝院士，材料科学与工程学科评议组钱逸泰院士，核科学与技术学科评议组何多慧院士。上述学科评议组成员任期四年，可以连续聘任。在此前的第四届学科评议组成员中我校已有5位专家位列其中。

国务院学位委员会学科评议组是国务院学位委员会领导下的学术性工作组织，依授学位的学科门类，按学科或结合几个相近学科设立若干个评议组进行工作。其最主要任务是：评议和审核有权授予博士、硕士学位的高等学校和研究机构及其学科、专业；对新增授予博士、硕士学位单位的整体条件进行审核；指导和检查监督各学位授予单位的学位授予工作；评估学位授予质量；对调整和修订授予学位的学科、专业目录进行研究并提出建议；承担国际交流中学位的相互认可及评价等专项咨询工作等。

(十五) 我校制定退休博导返聘实施办法

2001年，我校制定《中国科学技术大学退休博士生导师返聘实施办法》(校学位字

2003年

〔2001〕06号）。

为使博导退休后仍能发挥学术才能，促进博士生培养工作和研究生教育，学校在总结前一阶段退休博导返聘工作经验的基础上，于2003年6月17日印发了《中国科学技术大学关于博士生导师退休后返聘实施办法》（校研字〔2003〕7号），原《中国科学技术大学退休博士生导师返聘实施办法》（校学位字〔2001〕06号）同时废止。《中国科学技术大学退休骨干教师返聘管理暂行办法》（校人字〔2001〕027号）中涉及校学位字〔2001〕06号文件中有关内容的按本实施办法执行，2003版《办法》部分内容摘录如下：

返聘条件：在本学科领域学术造诣较深，具有较高的学术地位，仍然活跃在科研第一线；曾指导过多名博士研究生，具有丰富的研究生培养经验；身体健康，精力充沛；目前承担国家或省部级科研项目，科研经费充足；有关院系有返聘需求，并能提供必要的教学科研条件。

返聘程序：退休后的原博士生导师如需返聘，可由系向学院提出申请，各学院根据工作岗位的实际需要、本院系的条件、申请者实际指导博士生的情况以及科研工作的现状提出返聘意见，报校学位委员会办公室；研究生院根据学科发展需要和返聘条件予以审核批准。

（十六）2003年我校多名教师就任安徽省学位委员会副主任委员、委员

2003年6月，朱清时任安徽省学位委员会副主任委员，汤洪高、李尚志、徐善驾、程艺任委员。

（十七）我校举行2003年毕业典礼暨第一次学位授予仪式

2003年7月4日，2500余名博士毕业生、硕士毕业生和本科毕业生在高亢激昂的音乐和雷鸣般的掌声中，登上主席台接受校领导和导师嘱托，领取多年寒窗苦读的硕果，并开始崭新的人生征程。

上午7时30分，在雄壮的国歌声中，我校2003届学生毕业典礼暨学位授予仪式在东区运动场拉开帷幕。校领导郭传杰、朱清时、李国栋、程艺、王广训、韩移旺、侯建国，校学位委员会正副主任，各院、系和机关有关部门负责人以及2003届全体本科和研究生毕业生、各类学位获得者与毕业班班主任参加了大会。典礼由副校长程艺主持。

典礼上，朱清时校长发表了热情洋溢的讲话，他首先代表学校对全体毕业生顺利完成学业表示祝贺！他说，几年前，同学们满怀希望地步入中国科大，度过了人生中一段美好的校园生活。在校期间，你们在各方面都取得了长足的进步；今天，你们意气风发，即将奔赴全国各地，甚至远涉重洋，继续追求自己的理想和人生价值。此时此刻，充盈在我们心间的，既有师生之意和惜别之情，更有"青出于蓝而胜于蓝"的骄傲和自豪。在同学们即将离开母校奔赴新的人生征程之际，朱校长以一位学长和朋友的身份，向毕业生提

出了殷切期望。

朱校长结合自己的经历,并引用爱因斯坦的名言,鼓励同学们树立正确的世界观、人生观、价值观,积极投身于国家富强、民族振兴和人民幸福的事业,为国家的富强和人类的进步作贡献,在实践中磨炼意志、砥砺品质、成就事业。

最后,朱校长勉励同学们发扬爱校如家的优良传统,继续支持母校的建设与发展,殷切希望大家常"回家看看",期望同学们在新的工作和学习岗位取得更大的成绩,为母校争光!

典礼上,教师代表、博士生导师窦贤康,毕业生代表、博士学位获得者姜岩分别发言。

程艺副校长宣读了省级品学兼优毕业生和学校优秀毕业班级、优秀毕业生、科技强军奖学金、成人高等教育优秀毕业生获得者以及学校授予博士、硕士和学士学位的文件。

在神圣庄严的气氛中,2500余名博士、硕士和学士学位获得者分别身着红色、蓝色、黑色学位服排队登上主席台,校领导和导师们为他们一一扶正流苏。

2003年毕业典礼暨学位授予仪式

(十八) 中科院人教局副局长杨星科一行来我校检查指导教学工作

2003年7月9日下午,中科院人教局副局长杨星科一行来我校检查指导教学工作,程艺副校长向局领导汇报了学校人才培养工作方面的有关情况,研究生院、教务处、招生就业指导办公室等职能部门的有关负责人参加了座谈。

在汇报中,程艺副校长介绍了我校人才培养工作的基本情况以及学科建设、研究生教育、本科生教育中的创新举措,希望今后中科院能给予更多的政策和经费支持。

杨局长在讲话中代表局领导表示建设好中国科大,把中国科大办成国内一流的研究型大学是中科院义不容辞的使命,是中科院的一项重要战略任务,并就当前研究生教育中的若干热点问题谈了自己的看法,提出了一些建议。他认为,中国科大教育具有相当的成熟度,具有进一步发展的先天条件和机遇;当前树立中国科大的学科品牌非常重要,为避免资源浪费,中国科大的学科发展应有一个高水平的战略规划,要顺应国际学科发

展潮流,尊重学科发展规律。在现有条件下,"有所为有所不为",立足优势,注重特色,打造品牌,增强可持续发展能力是中国科大学科发展的当务之急。对于如何提高研究生生源质量,杨局长认为应积极设法吸引国内外其他高水平大学的优秀本科生到中国科大读研,形成"杂交优势";关于当前敏感的研究生发展规模问题,他认为各个学校应充分考虑自身的消化、吸收能力,量力而行,适度发展;对于在研究生中出现的学术越轨及有损研究生教育质量的问题,他要求学校应加强管理,规范制度,力争做到防微杜渐。

(十九) 2003年"全国优秀博士学位论文"结果揭晓,我校3篇入选

2003年8月21日,教育部、国务院学位委员会发布《关于批准2003年"全国优秀博士学位论文"的决定》(教研〔2003〕4号)。通知指出,评选"全国优秀博士学位论文"是《面向21世纪教育振兴行动计划》的组成部分,是提高研究生培养质量,鼓励创新,促进高层次创造性人才脱颖而出的重要措施。各学位授予单位要以优秀论文评选为契机,在研究生中大力倡导科学严谨的学风和勇攀高峰的精神,鼓励研究生刻苦学习,勇于创新;要采取切实可行的措施,加强学科建设,完善质量保证和监督机制,全面提高我国研究生培养质量,为实施科教兴国战略做出新的贡献,并公布了2003年"全国优秀博士学位论文"入选名单。此次,我校共有3篇论文入选。

(二十) 我校举行2003级新生开学典礼,本年招收1581名硕士生、648名博士生

2003年8月31日,学校隆重举行2003年新生开学典礼。中科院党组副书记、校党委书记郭传杰,校长、中科院院士、第三世界科学院院士朱清时,副校长程艺、侯建国、李国栋,党委副书记、副校长李定,副校长王东进,党委副书记鹿明,校长助理杨文铸、陈宗海,副秘书长汪克强、范成高等出席开学典礼,2003级全体本科生及新生班主任参加了开学典礼。开学典礼由副校长程艺主持。

朱清时校长代表全校师生员工和学校党政领导,向来自祖国四面八方的新同学,表示热烈的欢迎!今年9月,我校即将迎来建校45周年华诞,朱清时校长在讲话中简要回顾了45年来的办学历史和建设成就,并就如何面对崭新的大学生活,对同学们提出了几点希望:

第一,勤奋学习,全面发展。大学既是人生中一个新的起点,更是人生历程中的关键阶段,需要加倍珍惜,在大学阶段一定要勤奋学习,力争全面发展。同学们在小学和中学阶段的学习和生活中取得了优秀成绩,但是,大家已经学得的知识还很不够,而且有许多对自己一生事业的成功至关重要的东西,大家还从未学过。

第二,做人要诚实守信。当今,科学技术迅速发展,掌握了现代科技的人类的能力越来越大。一个具有美好灵魂的人掌握的科技知识越多,他对人类的贡献就越大。反之,

如果一个掌握了很多科技知识的人却缺少一个美好的灵魂,他就可能成为社会的祸害。一个人应该塑造的美好灵魂:热爱自然界特别是人类赖以生存的生物圈;热爱自己的祖国和民族;乐于助人;诚实守信。诚实守信这一点,是我们许多学生,包括科大学生值得重视的方面。

第三,树立一个高的人生目标,立志为祖国富强和民族复兴而奋斗。中国科大与新中国的科技事业紧密相连,从建校之初起,严济慈、华罗庚、钱学森、赵忠尧、郭永怀等一大批科学大师满怀对祖国的深沉热爱,在中国科大辛勤耕耘、默默奉献,为祖国培育了大批科技英才。与此同时,他们还成了我国一些重要学科领域的奠基人,其中一些人还直接献身于我国的"两弹一星"事业。他们用实际行动为中国科大造就了优良的传统和良好的校风、学风,这是学校持续快速发展的强大精神动力,也是每一位中国科大学生所拥有的宝贵精神财富。希望同学们主动了解学校的历史,加深对学校的了解,从中汲取精神营养。

朱校长强调,从今天开始,同学们已经成了中国科大的主人,中国科学技术大学这个名字将伴随同学们的一生。希望同学们关心和支持学校的建设与发展,积极参与学校的一流研究型大学建设并为此做出积极贡献。

会上,材料科学与工程系教授陈乾旺代表全体教职员工致辞,教改试点班黄山同学代表全体新生发言。

今年我校高等教育共招收普通高等教育博士研究生 648 人、硕士研究生 1581 人、在职攻读专业学位研究生 784 人。

(二十一)我校召开一级学科评估校内答辩会

为促进交流,发现问题,做好 2003 年度全国一级学科整体水平评估工作,学校于 2003 年 9 月 5 日下午在校办公楼第一会议室举行了一级学科整体水平评估校内答辩会。会上各参评学科分别就本学科基本情况、学术队伍、人才培养、科学研究及目前存在的问题等进行了答辩。评审专家对各学科的有关情况进行了认真讨论和分析,并提出了许多意见和建议。通过答辩,各学科发现了存在的问题和差距,为进一步改进学科建设工作提供了依据。据悉,在此前的 2002 年首次全国一级学科整体水平评估排名中,我校参评的理学学科均居国内前列,其中,数学第六名、物理学第四名、化学第三名。

(二十二)中科院广州教育基地与我校生命学院达成重要合作协议

2003 年 9 月 28～30 日,在中科院广州分院黄宁生副院长的带领下,由下属 6 个研究生培养单位的主管所领导、研究生部负责人等一行 14 人组成的中科院广州教育基地代表团来我校考察,并就研究生教育"所校"合作达成正式协议。研究生院以及有关院系的负责人参加了座谈。

2003年

在我校期间,代表团还深入化学与材料科学学院、生命科学学院、工程科学学院、地球与空间科学学院等学院进行了实地考察,中科院华南植物所、南海海洋所与我校生命科学学院就研究生教育的有关事宜签署了实质性合作协议。

(二十三)我校成立上海研究院和苏州研究院

2003年10月9日,学校成立上海研究院和苏州研究院。上海研究院、苏州研究院是我校分别与上海市南汇区政府、苏州市政府共同建设的非营利性研究机构,具有独立法人资格。研究院实行董事会领导下的院长负责制,是我校工程硕士特别是软件工程硕士和工商管理硕士等人才培养的实习基地,同时开展各类非全日制教育,为地方和企业培养急需的实用型人才。

(二十四)第十九届全国研究生院工科研究生教育研讨会在我校隆重召开

第十九届全国研究生院工科研究生教育研讨会于2003年10月10～14日在我校召开。会议我校主办,西安电子科技大学、厦门大学协办。会议共收到交流论文64篇,由我校研究生院汇编成《新世纪的工科研究生教育研究与探索》文集。

来自全国55所研究生院的124名代表参加了本届会议。国务院学位办工农学科处梁国雄处长,安徽省教育厅徐根应副厅长,我校朱清时校长、程艺副校长,安徽省学位办、安徽省高校的有关领导以及中国研究生院院长联席会秘书处、《学位与研究生教育》编辑部的有关同志应邀出席了会议。中国学位与研究生教育学会工科秘书处、中科院人事教育局向大会发来了贺信。

朱清时校长在开幕式上致辞祝贺,副校长兼研究生院院长程艺做题为《研究生教育改革与发展的尝试与思考》的大会报告。

本届会议的主要议题为:扩招形势下的研究生质量保证措施、工科研究生教育对WTO挑战的回应、软件工程领域工程硕士的培养模式与管理体系、研究生教育中的学科建设问题。

(二十五)国家批复同意我校"十五"期间"211工程"建设项目正式立项

2002年10月28～29日,以杨福家院士为组长的专家组对我校"十五"期间"211工程"建设项目可行性研究报告进行论证和审核。专家组认为我校《可行性研究报告》提出的"十五"期间建设目标和任务符合国家的精神和要求,也符合学校总体建设目标对"十五"阶段性目标的要求;建设项目的目标设计和内容安排重点突出、明确合理,对预期实现的效益分析,实事求是,具有可检验性;专家组同时认为我校拟购大型仪器设备计划和配置符合建设目标、建设任务和建设内容的要求。专家组还对我校"十五"期间"211工程"建设提出了中肯的意见和建议。安徽省委副书记、省政协主席方兆祥和我校党委书记汤洪高在开幕式上讲话,朱清时校长就我校"十五"期间"211工程"建设项目可行性研究报告做工作汇报;专家组全体成员,国务院学位办黄宝印处长、全国学位与研究生教育发展中心王战军主任、中科院人事教育局黄海霞副局长和郑晓年处长、安徽省教育厅陈贤忠厅长等有关部门负责人,我校在校校领导和各院、系及"十五"期间"211工程"建设项目负责人、机关有关部门负责人参加了论证会。2002年12月10~12日,我校《"十五""211工程"建设项目可行性研究报告》通过国家计委委托的中国国际工程咨询公司的评估。

2003年9月,国家发展和改革委员会(简称"国家发展改革委")下发《国家发展改革委关于中国科学技术大学"十五"期间"211工程"建设项目可行性研究报告的批复》(发改社会〔2003〕1142号)。文件指出,国家原则同意我校所报的《中国科学技术大学"十五"期间"211工程"建设项目可行性研究报告》,我校"十五"期间"211工程"建设的主要任务包括重点学科建设、公共服务体系建设和师资队伍建设。

(二十六) 国务院第九批博士和硕士学位授予单位学科点结果公布,我校仪器科学与技术等专业新增为博士点、经济法学等专业新增为硕士点

日前,国家第九批学科申报工作正式落下帷幕,国务院学位委员会以《关于下达第九批博士学位授权学科、专业名单的通知》(学位〔2003〕57号)文的形式公布了申报结果,我校共新增仪器科学与技术、材料科学与工程、动力工程与工程热物理、控制科学与工程等4个一级学科博士学位授权点;科技哲学、环境科学等2个博士点;另外,还自行审批增列了经济法学、民商法学、国际关系、环境工程等4个硕士点;在原13个一级学科授权范围内自主设置了信息安全等16个交叉学科博士点,详见下表。我校学科点规模总计已达17个一级学科博士授权点,89个博士点,105个硕士点;博士、硕士点规模分别比"九五"前增长256%和139%。

我校第九批新增博士、硕士学位授权点名单

序号	学位点	层次	序号	学位点	层次
1	仪器科学与技术	博士(一级)	6	环境科学	博士(二级)
2	材料科学与工程	博士(一级)	7	经济法学	硕士
3	动力工程与工程热物理	博士(一级)	8	民商法学	硕士
4	控制科学与工程	博士(一级)	9	国际关系	硕士
5	科技哲学	博士(二级)	10	环境工程	硕士

2003年10月30日下午,程艺副校长主持召开了新增学科点建设启动工作会议,各

新增学科点以及承担"十五"期间"211工程"学科项目的院、系负责人参加了会议。程艺副校长就新增学科点建设启动事宜及"十五"期间"211工程"学科项目的建设落实情况等提出了要求。他认为,经过"九五"期间的发展,我校学科点数量、结构都发生了较大变化,目前,学科建设要紧紧围绕"质量"这个核心,尽快实现从外延扩张到内涵建设的转变;各新增学科点要尽快拿出方案,落实培养方案、教学大纲的制定工作;他要求新的培养方案一定要从注意做好本科生、硕士生、博士生课程的贯通和衔接,力求特色,突出创新,做到与国际接轨。关于"十五"期间"211工程"学科项目的建设进展,他要求承担建设的单位要本着对国家、学校负责的态度,抓紧时间,采取切实措施,推进各项工作的落实。

会上,研究生院有关负责人传达了国家关于"十五"期间"211工程"学科建设项目资金安排、建设进度等的有关要求,并就新增学科点培养方案的制定工作做了具体布置。

(二十七)我校首届动力工程领域工程硕士研究生顺利通过学位论文答辩

我校首届动力工程领域安全技术及工程专业方向16名工程硕士研究生于2003年11月29日顺利通过硕士学位论文答辩。

工程硕士专业学位研究生教育是我国工科研究生教育的重要组成部分,对完善我国工科人才培养体系具有重要意义。我校自2000年动力工程领域取得工程硕士专业学位授权以来,在公安部消防局的大力支持下,依托火灾科学国家重点实验室的科研平台和"本-硕-博"完善的人才培养体系及雄厚的师资力量,开展安全技术及工程专业方向的工程硕士研究生的培养工作。迄今为止,已有2001级、2002级两个年级共53名学生入校学习,其中约90%是来自全国公安消防系统的优秀消防监督管理干部。

(二十八)中科院"全院办校、所系结合"座谈会在我校召开

2003年11月30日上午,中科院"全院办校、所系结合"座谈会在我校召开。中科院副院长白春礼作重要讲话,中科院党组副书记、我校党委书记郭传杰主持座谈会。我校校长朱清时院士汇报了学校建设与发展概况及今后的发展思路,中科院有关部门领导,近50家研究院所的领导,我校校领导和各院系、重点实验室负责人共100余人参加了会议。

白春礼副院长指出,办好中国科大,支持中国科大的一流研究型大学建设,是中科院义不容辞的责任。"全院办校、所系结合"既是中国科大的传统办学特色和优势,也是中科院的优良传统。"全院办校",即集中全院力量建设中国科大,为中国科大的建设与发展起到强有力的推动和促进作用;"所系结合",即教育与科技相结合,为中国科大和院属各研究所培育创新人才、推进科技创新创造条件。中国科大在中科院办大教育的战略格局中具有十分重要的地位,为此,全院上下必须大力贯彻"全院办校、所系结合"的方针,

在新的形势下不断探索"全院办校、所系结合"的新途径、新模式和新内涵,齐心协力把这项工作做得更加富有成效。

根据"全院办校、所系结合"的整体框架,今后,中科院将进一步加强对中国科大总体发展规划的组织、指导和推进,加强对中国科大队伍、基地等建设的支持力度,理顺院职能局与中国科大相关院系的业务指导关系。中科院各研究院所也将和中国科大一道,积极探讨创新模式,共同建设系科专业,设计人才培养方案,联合培养本科生和研究生,研究所将积极支持中国科大的大学生研究计划,接纳高年级学生毕业实践和论文设计,共同走出一条高等教育体制改革的创新模式;双方将努力适应国家重大战略需求,瞄准国际科技前沿,在申报和承担课题,科研基地、实验室、大科学工程建设,实验室相互开放等方面加强实质性合作;中国科大和研究所将实行学术领导和研究人员的交叉、互聘,共建博士后科研流动站,形成良好的人才交流环境等;中国科大也将充分发挥教育优势,积极为研究所提供高质量的教育服务,并积极向研究所推荐优秀的本科毕业生攻读学位,还将发挥专业学位点的优势,为提高研究所管理干部队伍的管理素质做出贡献。

座谈会上,与会同志结合《中国科学院关于支持中国科学技术大学贯彻新形势下"全院办校、所系结合"办学方针的意见》(征求意见稿)展开了热烈讨论。会上,中科院数学与系统科学研究院、上海生命科学研究院还分别与我校签订了院校合作协议;同时还举行了聘任仪式:崔尔杰院士(北京空气动力研究所)兼任我校工程科学学院院长、洪茂春院士(中科院福建物质结构研究所所长)兼任我校化学系主任、包信和研究员(中科院大连化学物理研究所所长)兼任我校化学物理系主任。合作协议的签订和科学家在我校的兼职标志着新时期推进"全院办校、所系结合"方针已拉开序幕。

(二十九) 滕脉坤、李晓光、张淑林任我校研究生院副院长

2003年11月,滕脉坤任研究生院常务副院长(试用期一年),李晓光任研究生院副院长,张淑林任研究生院副院长兼校学位委员会办公室主任。

(三十) 校学位委员会召开2003年下半年度学位工作会议,决定授予115人博士学位、370人硕士学位

2003年12月,校学位委员会召开2003年下半年度学位审核工作会议,讨论通过并决定授予杨武等115人博士学位、张磊等370人硕士学位。

(三十一) 我校举行2003年度第二次学位授予仪式

2003年12月31日下午,学校在水上报告厅隆重举行2003年度第二次学位授予仪式。仪式由程艺副校长主持,校长朱清时,副校长、副书记李定和有关部门负责人、博士

生导师代表以及全体博士、硕士学位获得者参加了仪式。

程艺副校长宣读了学位获得者名单。朱清时校长在讲话中首先向全体学位获得者表示祝贺,认为获得中国科大学位不仅意味着将终生享受中国科大前辈创造的荣誉,更重要的是背负中国科大人新的希望。他希望大家要珍惜中国科大学位的声誉,秉承中国科大优良传统。朱校长还结合自身的经历,激励大家走上工作岗位后要再接再厉,特别要善于创造和把握机遇,多干实事,力争为母校争得更多的荣誉。导师代表、新中国首批博士学位获得者赵林城教授,博士生代表郭宾、MBA代表高克华分别发言。仪式上,朱清时校长还为学位获得者颁发证书和扶正流苏。

(三十二) 我校"同步辐射博士生创新中心"获教育部批准组建

2003年12月,我校申报的面向全国研究生开放的"同步辐射博士生创新中心"项目获教育部审核批准实施。

我校"同步辐射博士生创新中心"是教育部2003年启动建设的"研究生教育创新工程"项目的重要组成部分。成立该中心的主要目的是为了吸引更多国内大学和研究所相关学科的博士生以访问学者身份来同步辐射实验室开展多学科交叉学术交流,利用大科学装置进行高层次的研究型学习与实践,培养访学研究生的创新意识和创新能力,为国内先进同步辐射光源技术、应用技术发展以及相关交叉学科的发展培养高层次的支撑人才。中心成立以后,将定期组织国内大学和研究所相关学科的博士生直接参与交叉性、前瞻性的学术交流活动,开办假期学校,聘请大师级科学家做专题性学术讲座等活动。

据悉,建设"研究生教育创新工程"是新一期"国家教育振兴行动计划"的一部分,旨在深入探索新世纪形势下研究生教育规律,深化改革,更新观念,推进制度创新,以不断提高研究生创新意识、创新能力为核心,切实改善办学条件,加大改革力度,优化研究生教育体制和运行机制;加强研究生培养基地建设,改善培养条件,促进优质研究生教育资源共享,建立研究生科研创新激励机制,营造研究生创新氛围,强化研究生创新意识、创业精神和创新能力,造就一批拔尖的高层次创新人才,使我国研究生教育尽快接近和达到国际先进水平,提高我国研究生教育的整体实力。该工程的主要建设内容有:以高校重点学科为依托,建设"研究生创新基地",建立激励创新的机制,从经费上、政策上重点支持这些学科点的博士生从事对学科发展有重要影响的原创性学术研究或极具应用前景的重大工程或技术创新研究;加强不同专业和不同学科方向的研究生之间的学术交流,建立"研究生学术论坛";资助部分博士生和少量的优秀硕士生出境参加重要的国际学术会议;开设"研究生精品课程",建立"研究生访学制度",加强研究生教材建设,建立优质研究生教育资源共享体系;建设"研究生开放实验中心"等。

(三十三) 我校正式启用博导电子档案系统

2003年,为减轻我校博导重复填写各种表格的负担,简化博导遴选工作的环节,提高

办公自动化的水平,由校学位办公室开发的"中国科学技术大学博导电子档案系统"正式启用。

该系统具备表格自动生成功能,可自动将上岗博导和准备上岗博导的相关信息纳入已设计好的表格中,无需手工填写,以后每年只要补充新增内容即可;通过登录本系统,我校博导可在世界各地随时查阅、调取自己的相关资料,查阅1990~2002年所指导过的研究生的基本信息。

(三十四)我校研究生院召开公共课程教学改革研讨会

为了在新形势下进一步提高研究生培养质量,推动教学创新,2003年3月份以来,研究生院先后组织召开了3次有关研究生公共课程教学改革研讨会。研究生公共课程包括英语、自然辩证法和科学社会主义,这是教育部规定的研究生必修课,是研究生培养方案的重要组成部分之一。

会上,大家就如何利用网络教育平台对研究生公共课程教学模式实行改革进行了深入探讨,并在诸多方面达成了共识:网络教学的应用与推广,一方面将缓解由研究生规模迅速扩大而造成的教学资源紧缺的现状,使教学资源实现合理的分流;另一方面,将提高学生学习的热情,有助于研究生创新能力的培养。在当前现有条件下,将首先以研究生公共课教学改革作为试点,带动我校整个研究生教学体系的全面改革,积极推动我校研究生教育上一个新的台阶。英语课和政治课等公共课教学应由过去单一的课内讲授改为课内讲授和网络教学相结合,在总学时保持不变的前提下,适当调整课时安排,将一部分适合研究生自学的阅读内容、精选教材及其背景资料等制成包含课程信息、课程文档、练习作业等多项功能的网络课件,实行教师引导学习和学生自主学习相结合的互动教学模式。实行网络教学和课堂讲授相结合的教学模式,不仅有利于开拓研究生的思路,激发学生的创造性思维和创新能力,同时也为教师提高教学水平提供了合适的平台。

会上还讨论了公共课程考试方式的改革。关于英语考核方式,应充分考虑研究生个性化学习的需要,允许部分英语基础好的研究生提前通过英语过关考试,以便其将较多的精力用于课题研究;而公共政治课考试将采取开卷形式进行,考核内容包括网上自学部分、课堂讲授部分以及小论文等。为此,在研究生院的支持下,我校公共教学部老师正在认真搜集资料,致力于网络课件的研究与制作,争取下学期网上教学能够顺利开展。

(三十五)我校第六届"研究生学术报告会优秀论文"评选揭晓

2003年,我校第六届"研究生学术报告会优秀论文"评选揭晓,共评出优秀论文一等奖13篇、二等奖36篇。本次学术报告会共有116名研究生报名参赛。研究生优秀论文的评选活动在我校已形成了一项制度,对于营造浓郁的科研气氛,培养具有创新意识和创新能力的高层次专门人才,提高我校研究生的整体科学素质起到了积极作用。

(三十六) 我校 3 门课程入选教育部 2003 年度"国家精品课程"

2003 年,教育部 2003 年度"国家精品课程"公布,我校陈国良教授的"并行计算"、李尚志教授的"数学实验"、霍剑青教授的"大学物理实验"3 门课程入选。

教育部精品课程建设是"高等学校教学质量和教学改革工程"的重要内容之一,计划用 5 年时间(2003～2007 年)建设 1500 门国家级精品课程,利用现代化的教育信息技术手段将精品课程的相关内容在网上免费开放,以实现优质教学资源共享,提高高等学校教学质量和人才培养质量。

高校精品课程建设始于 2002 年。按照教育部要求,国家精品课程是具有一流教师队伍、一流教学内容、一流教学方法、一流教材、一流教学管理等特点的示范性课程,包括 6 个方面内容:一是教学队伍建设,要逐步形成一支由主讲教授负责的、结构合理、人员稳定、教学水平高、教学效果好的教师梯队,要按一定比例配备辅导教师和实验教师;二是教学内容建设,教学内容要具有先进性、科学性,要及时反映本学科领域的最新科技成果;三是要使用先进的教学方法和手段,相关的教学大纲、教案、习题、实验指导、参考文献目录等要在网上免费开放,实现优质教学资源共享;四是教材建设;五是实验建设,要大力改革实验教学的形式和内容,鼓励开设综合性、创新性实验和研究型课程,鼓励本科生参与科研活动;六是机制建设,要有相应的激励和评价机制,鼓励教授承担精品课程建设,要有新的用人机制保证精品课程建设等。

2003 年,教育部计划建设 150 门左右精品课程。经过资格审查、网上教学资源评审、专家会议终审、课程公示,在 494 门获推荐的课程中,有 151 门脱颖而出,入选"2003 年度国家精品课程"。

2004年

(一) 我校成立"985工程"建设实施工作领导小组

2004年2月8日,我校发布《关于成立中国科学技术大学"985工程"建设实施工作领导小组的通知》(校办字〔2004〕5号),成立"985工程"建设实施工作领导小组。朱清时任组长,程艺(常务)、侯建国、李定、王东进任副组长。

(二) 我校召开会议布置"985工程"一期总结和二期建设启动工作事宜

2004年2月17日下午,学校在第一会议室召开会议,布置"985工程"一期总结和二期建设启动工作事宜。会议由程艺副校长主持,朱清时校长出席会议并做讲话,"985工程"建设实施领导小组和工作小组全体成员,各学院负责人,国家级、省部级实验室、公共服务体系负责人以及参与"985工程"一期建设的有关单位负责人等出席会议。

会上,朱清时校长传达了教育部关于"985工程"二期建设的有关精神,并就如何做好"985工程"一期建设的总结工作提出了明确要求。他说,最近教育部将启动实施"985 工程"二期建设工作,并将该项工作列为 2004 年度工作要点之一。为此,他要求全校一定要抓住机遇,抱着对国家和人民负责的态度,认真做好一期的总结工作,在建设中好的经验要继续保持,不足的地方要加以改进。他还特别强调,在二期的建设中,一定要着力探索适合我校和有利于工程建设良性运转的运行机制,如集体决策机制、专家评审机制等。

(三) 我校组织专家对"985 工程"一期建设项目进行评审总结

为进一步探索规律,总结经验,迎接"985 工程"二期的启动实施,根据教育部的有关指示和我校"985 工程"建设实施工作领导小组的部署安排,2004 年 2 月 27 日下午,学校组织专家对"985 工程"一期建设项目进行总结评审,校"985 工程"一期建设总结评审专家组全体成员,校"985 工程"建设实施工作领导小组、工作小组成员,各学院主要负责人,国家级、省部级实验室、公共服务体系负责人参加了评审会。

评审结果表明:在中科院、教育部和安徽省的领导和大力支持下,经过"985 工程"一期的建设,学校在师资队伍、学科建设、科学研究以及基础设施等方面取得一系列的标志性成果,尤其在探索建设具有国际竞争力的共用共享的高水平科技平台方面积累了一定的经验。同时专家们还一致建议在二期的建设中,一定要着力探索适合学校和有利于工程建设良性运转的运行机制,如绩效滚动机制、集体决策机制、专家评审机制等。

(四) 我校召开研究生培养工作会议

2004 年 3 月 6~7 日,我校召开研究生培养工作会议,就收费条件下的研究生学习年限、研究生课程体系设置与建设、研究生招生与规模、研究生"助教"岗位评估、研究生淘汰机制的运行、博士生资格考试制度的尝试以及新形势下的"所系结合"等一系列研究生培养工作中的重要问题进行研讨。会议由程艺副校长主持,全校各院系分管研究生教学的院长、主任、教学秘书、部分会议特邀代表以及研究生院全体工作人员等 80 余人参加了会议。我校常务副书记、副校长许武同志应邀出席会议。

研究生学习年限、课程体系设置与建设问题是本次研讨会代表们最为关注的两个热门话题。代表们认为,根据国际上研究生教育先进发达国家的经验,研究生教育实行弹性学制势在必行,但必须做好与此相关的培养机制、后勤保障、助学体系等方面的配套改革。研究生课程设置必须从我校实际出发,突出我校特色,体现各层次研究生培养目标的要求,既要有利于夯实学生的知识根基,又要有利于改善学生的知识结构,增强未来的适应能力。因此,课程体系设置要做到与我校本科课程体系的衔接和贯通,并力求体现一定的前沿性和前瞻性。

代表们认为,当前在研究生培养工作中有必要引入激励和淘汰机制,设立学位论文风险基金,加大博士学位论文评审抽查力度,建立课程与学位质量评估制度;管理部门应

主动适应需要，积极进行职能转变；在研究生培养的各个环节，要充分发挥学科点、学位分委员会的学术把关作用。同时，代表们还认为当前在我校研究生教育工作中加大研究生招生的宣传力度，加强导师上岗前的交流，推进研究生学术合作与交流的国际化，探索"所系结合"的新形式，对保证研究生教育质量也具有十分重要的意义。

（五）我校成立"全院办校、所系结合"实施工作领导小组并召开第一次全体会议

为进一步贯彻落实中科院对我校实施的"全院办校、所系结合"的办学方针，探索在新形势下实施"全院办校、所系结合"的办学方针的新途径、新模式和新内涵，切实加强对这项工作的组织和领导，学校成立了"全院办校、所系结合"实施工作领导小组，党委常务副书记、副校长许武任组长，副校长程艺、王东进任副组长。2004年3月3日下午，许武主持召开领导小组第一次全体会议，研究部署下一阶段"全院办校、所系结合"工作。

许武在通报了"全院办校、所系结合"工作的进展和下一阶段的工作思路后指出，积极探索新形势下实施"全院办校、所系结合"办学方针的新途径、新模式和新内涵，加强与院业务局、职能局及院属研究院所的全面合作，是我校创建一流研究型大学的客观需要和迫切需求。加强学校自身的队伍建设，提升教学科研水平，同时找准我校与研究院所共同发展的结合点，促进"双赢"，是持续开展"全院办校、所系结合"工作的根本保障。学校将根据下一阶段的工作进展情况，在组织领导、配套政策、专项经费等方面进一步加大对这项工作的支持和推动。他要求全校各相关单位都要根据本单位和相关研究院所的实际，群策群力，集思广益，积极主动地开展工作，大胆探索，切实把这项工作落到实处，取得成效。

程艺从接受研究院所委托培养研究生、做好向研究院所输送优秀本科毕业生，与研究院所联合实施"大学生研究计划"、联合培养研究生、共建系科专业和学位点，促进教学科研资源共享等方面阐述了"全院办校、所系结合"工作的思路。

王东进强调，要充分发挥我校作为研究型大学的综合性优势，特别是与中科院研究院所有先天联系的优势，提高向研究院所输送本科毕业生的质量。同时，结合研究院所的需求，做好前瞻性、基础性的研究工作，为研究院所的科技创新工作提供源头支持。此外，学校要积极推动将我校科研工作纳入中科院相应业务局的工作规划。

与会人员分别介绍了本单位的工作进展和下一阶段的工作思路，对新形势下贯彻落实"全院办校、所系结合"的办学方针进行了热烈的讨论，提出了许多富有针对性的意见和建议。

（六）我校迎来2003级专业学位研究生

2004年3月13日，524名2003级专业学位研究生入学。这些新生中，有MBA学生

101人、MPA学生64人、工程硕士学生340人、高校教师在职攻读学位19人。

专业学位是国家为了加快培养应用型高层次人才而设立的一种学位,它与学术型学位属于同一层次的不同培养模式。近年来,我校在为国家培养大量的基础科学和高技术领域的高层次学术研究型人才的同时,为适应加入WTO后国民经济各个部门对高层次应用型、复合型人才的需求,学校充分依托理工学科背景,在工商管理硕士(MBA)、公共管理硕士(MPA)和工程硕士等专业的一些特色性方向上,进行了专业学位人才培养的尝试,取得了显著成效。据悉,目前,学校已累计招收在职攻读专业学位研究生2361人,其中MBA 529人、MPA 668人、工程硕士1164人。随着招生规模的扩大,学校的专业学位教育在国内的影响日益扩大:一是工程硕士的培养领域不断增多。目前学校可以在电子与信息工程、计算机技术、控制工程、仪器仪表工程、化学工程、动力工程、机械工程、生物工程、软件工程、核能与核技术工程等10个领域开展工程硕士专业学位培养工作。二是MBA正式"转正"。我校MBA教育通过了中国高校工商管理硕士(MBA)学位教学合格评估,成为全国54所获准正式开展MBA教育的高校之一。在2001年国务院学位办委托全国学位与研究生教育发展中心组织的工商管理硕士学位试点单位第二批教学合格评估中,我校MBA教育的各项指标均名列前茅,列参评高校第七位。三是我校是全国首批开展MPA教育试点工作的24所高校之一,近年来生源"火暴"。

我校专业学位研究生教育的发展,进一步加强了与有关行业、部门的联系,促进了产、学、研的结合和地方经济的发展;大量社会资源(收费)的注入,增强了学校部分学科的可持续发展能力。今后,学校要将进一步更新观念,明确定位,珍惜国家对专业学位教育的放权,严格自律,充分发挥学校基础研究、学科交叉的优势,大力开展有特色的专业学位教育,力争创出品牌。

(七)我校颁发第二届"三星奖学金"

2004年3月23日下午,我校第二届"三星奖学金"颁奖仪式在第一会议室举行,17位同学喜获殊荣。副校长程艺、三星电子(苏州)半导体有限公司总经理张炯钰等出席仪式并为获奖同学颁奖。程艺副校长、张炯钰总经理分别致辞,向获奖同学表示祝贺,并期待校企双方能在人才培养、技术交流等方面进一步加强合作。获奖学生代表、我校电子工程与信息科学系博士研究生孙卫强代表全体获奖同学发言。

(八)我校与合肥物质科学研究院签署全面合作协议

2004年4月4日下午,中国科学技术大学和合肥物质科学研究院举行全面合作座谈会,并签署全面合作协议,座谈会由研究院宋兆海书记主持。

合肥物质科学研究院院长谢纪康首先介绍了研究院前一阶段的建设状况和下一阶段的主要发展思路,着重回顾并展望了研究院与中国科大的合作,指出中国科大学术思想活跃,人才辈出,具有学科交叉的独特优势,研究院期待在过去双方良好合作的基础上,与中国科大开展真诚、实际、长远和战略性的全面合作。

我校党委常务副书记、副校长许武介绍了学校近年来的建设进展、今后几年建设与发展的基本思路、学校近期所开展的"全院办校、所系结合"工作以及下一阶段的工作设想。他强调,中国科大与各研究院具有"零距离"的得天独厚的合作条件和优势,双方的合作渊远流长,在学科等许多方面具有互补性,合作空间巨大。中国科大期待与研究院开展互动式"双赢"的精诚合作,实现双方更大、更实在的发展。

双方一致认为,中国科大和研究院同为中科院的驻肥单位,具有开展科研与教育合作交流的优良传统和便利条件;充分利用这一传统和条件,探索科教结合的创新模式,既是双方加快发展的内在需求,也是新形势下探索"全院办校、所系结合"方针新途径、新模式和新内涵的迫切需要。

谢纪康和许武分别代表双方签署了《中国科学技术大学与合肥物质科学研究院全面合作协议》。协议约定,为进一步推动"全院办校、所系结合"工作,促进我校一流研究型大学建设,推进研究院建成国际知名的综合性科研基地。双方决定本着优势互补、互惠互利、讲求实效的原则,在学科建设和人才培养、科学研究和学术交流、队伍建设、资源共享和社会服务等方面开展全面合作,进一步探索教育与科研相结合的创新模式,促进双方加快发展。

郭传杰在会上做了重要的讲话。他强调,中国科大和研究院的全面合作,是实施科学院发展战略的重要组成工作;要从实施新时期科学院发展战略的高度,认识中国科大和研究院的全面合作。院党组对中国科大和研究院的合作十分重视,寄予了殷切的希望;路甬祥院长和白春礼副院长等院领导一直十分关心和支持双方开展卓有成效的合作。中科院在加快推进"三大发展战略"的同时,在2004年度工作会议上提出要"抓住和用好当前的战略机遇期,不失时机地把我院知识创新工程试点推进到'创新跨越、持续发展'的新阶段"。为实现"创新跨越、持续发展",一方面需要努力争取更多的社会资源,另一方面要充分挖掘中科院内部的资源,促进内部资源的共享共用。中国科大与研究院的许多资源是双方未来发展的共同基础,是双方实现可持续发展的重要基础;双方的全面合作对中科院"三大基地"建设和新时期发展战略的实施将产生积极的推动作用。他对双方今后的合作工作提出了三点要求:一要从战略上对待全面合作。一方面要对全面合作有深刻的理解,从高等教育和科技事业的发展历程看,大学与科研机构的合作、教育与科研的紧密结合,代表着一种先进的理念,符合人才培养和科学研究的规律,有利于教育创新和科技创新;另一方面,对全面合作要有远见,要有大视野、大气度、大胸怀。要通过卓有成效的合作,争取科学院在学科布局等方面更大力度的支持。二要建立良性的合作机制。要探求恰当的利益结合点,建立互动型"双赢"的合作模式。三要求真务实。对协议中议定的合作事宜,要一件一件地去落实,持之以恒,坚持不懈,不能把全面合作当成一项临时性的事情。

全面合作座谈会暨协议签字仪式后,双方还开展了对口交流。

(九) 我校成立专业学位(管理类)教育中心

2004年4月6日,我校发布《关于成立中国科学技术大学专业学位(管理类)教育中心的通知》(校学位字〔2004〕2号)。该中心旨在推动 MBA 中心与 MPA 中心相关资源的整合,负责 MBA 和 MPA 两个管理专业学位教育的有关协调和联动,增强我校管理专业学位教育的合力和竞争力。

(十) 商学院隆重举行"中国科大 MBA 万里行"出发仪式

2004年4月14日下午,我校东区1102教室充满欢歌笑语,"中国科大 MBA 万里行"出发仪式在这里举行。副校长程艺、商学院常务副院长梁樑等院领导、企业界代表、近10家新闻单位的记者、MBA 师生以及准备报考我校 MBA 的朋友相聚一堂,为参加"万里行"活动的师生送行。

程艺盛赞"万里行"活动是别开生面的培养方式。梁樑代表商学院对企业界、新闻界来宾表示欢迎。安徽国通管业公司总经理、1998级 MBA 学员朱亚晶代表企业,对"中国科大 MBA 万里行"活动表示积极支持,欢迎中国科大 MBA 师生到企业考察和交流。"读万卷书,行万里路"是这一活动的基本出发点。

"中国科大 MBA 万里行"活动是商学院提高 MBA 教育质量,实现 MBA 教育走出校门的具体举措,是一项长期坚持的工作。"万里行"活动要实现"三个面向、五个结合"的目标。"三个面向"即面向社会、面向实际、面向企业,"五个结合"即与实践教学相结合、与实习基地建设相结合、与招生推广相结合、与就业渠道相结合、与提升品牌和知名度相结合。

(十一) 我校张淑林当选第二届全国工程硕士专业学位教育指导委员会委员

2004年4月,张淑林被选聘为第二届全国工程硕士专业学位教育指导委员会委员。

(十二) 我校54名博导通过2005年上岗资格审查

2004年5月12日上午,校学位委员会召开2004年度第一次工作会议,会议由校学位委员会主任朱清时校长主持。本次会议是第五届校学位委员会成立以来的最后一次会议。会议就我校2005年新增上岗博导名单进行了审议和表决,对拟授名誉博士学位人员物理学诺贝尔奖获得者荷兰 Utrecht 大学 G. ,t Hooft 教授的资格进行了审查,并对第四届校学位委员会成立以来开展的工作进行了总结,就即将成立的新一届校学位委员会的组成原则进行了研讨。

会上,校学位委员会副主任委员程艺副校长首先对第五届校学位委员会成立5年的开展的主要工作进行了总结。他说,本届校学位委员会于1998年11月成立,2000年12月曾作调整。5年来,本届校学位委员会共召开全会18次,并在国家授权范围内开展了一系列的学位、学科及评估工作,如:积极推进学位管理工作的法制化进程,先后制定、修订了20多个与学位、学科相关的规章制度和管理条例;建立了三级学位管理模式;规范了成人高等教育和普通高等教育本科毕业生申请学士学位的审核与授予工作;进行了硕士、博士论文评审以及博导遴选工作的重大改革;成功组织了第八批、第九批学科点和国家重点学科的申报工作;完成了"九五"期间"211工程"的验收、"十五"期间"211工程"的立项以及"958工程"一期建设的自我评估工作;组织了五届"全国优秀博士学位论文"评选科学院系统内的推荐初评;组织完成了国务院学位办、教育部学位与研究生教育发展中心下达的一级学科整体水平评估工作,等等。他认为这些成绩的取得是与全校师生的努力分不开的,也与本届学位委员会各位委员5年来的辛勤工作分不开的,他代表学校对各位委员5年来的辛勤工作表示了感谢。

朱清时校长传达了校务工作会议关于新一届校学位委员会组成原则的有关精神。他指出,能否最大限度地发挥校学位委员会的学位把关作用,关键在于建立一个高效协调的运行机制和形成良性的环境。他认为,不管学位工作,还是学校的其他工作,如果行政与学术、监督与管理不能适当分离,真正实现学术自治,就很难形成学校发展的良性生态环境和自我发展、自我约束的调节机制。因而,实行行政与学术、监督与管理的适当分离,实现学术自治,是学校各项工作,也是学位工作发展的必然趋势。为此,新一届校学位委员会的组成应贯彻"监管分离"的指导思想,可以考虑吸收一些非行政领导人如兼职院长、主任等一些在学术上有重要影响的人士参加。作为领导全校学位、学科建设、学位授予质量评估工作的重要监管组织,在新的历史时期,新一届校学位委员会应与时俱进、解放思想,要不断强化依法行事的意识,制定的章程要科学、明确,定位要准确,目标要高远。

会上,委员们围绕"监管分离"思想进行了研讨,大多数委员对学校关于新一届校学位委员会组成的"监管分离"的指导思想表示认同,并一致认为,校学位委员会不仅应在学位工作中发挥把关作用,也应在学校一流大学建设中发挥建设性作用。

会上,委员们听取了有关分委员会负责人关于新增博导情况的介绍,仔细审阅了申请材料,并依据我校导师上岗条例表决通过了54位校内外教授新增为2005年博士生导师。会议还依据《国务院学位委员会关于授予国外有关人士名誉博士学位暂行规定》对拟授名誉博士学位人员物理学诺贝尔奖获得者荷兰Utrecht大学G.,t Hooft教授的资格进行了审查,并做出了建议国务院学位委员会授予G.,t Hooft教授中国科学技术大学名誉博士学位的决定。

(十三) 我校与中科院南京分院、上海分院签署全面合作协议

为探索贯彻新形势下"全院办校、所系结合"方针的新途径、新模式和新内涵,推动学校与中科院各研究院所的合作,2004年5月13～15日,校党委常务副书记、副校长许武率学校代表团访问了中科院南京分院和上海分院。访问期间,代表团与南京分院、上海分院及中科院宁、沪地区研究院所的负责人就开展全面合作事宜进行了深入探讨,并决定本着优势互补、互惠互利、讲求实效的原则,在学科建设、人才培养、科学研究、队伍建设、院地合作等领域开展全面合作,促进双方的共同发展。

5月13日下午,我校与南京分院全面合作协议签字仪式及座谈会在南京分院举行。校党委常务副书记、副校长许武和南京分院院长、党组书记严寿宁分别代表双方签署了全面合作协议。签字仪式由南京分院副院长李世杰主持,我校副校长王东进、秘书长汪克强、校长助理窦贤康及学校有关单位负责人和南京分院副院长、党组副书记张兴中及南京分院所属单位负责人参加了签字仪式和座谈会。

5月15日上午,我校与上海分院全面合作协议签字仪式及座谈会在中科院上海教育基地举行。校党委常务副书记、副校长许武和上海分院党组书记、常务副院长华仁长分别代表双方签署了全面合作协议。签字仪式由上海分院党组副书记郑静芳主持,副校长程艺、秘书长汪克强及学校有关单位负责人和上海分院副院长姜卫红及上海分院所属单位负责人参加了签字仪式和座谈会。

与南京分院、上海分院签订全面合作协议,是继与合肥物质科学研究院全面合作后,学校在"全院办校、所系结合"工作方面取得的又一重大进展,标志着中科院华东地区"三院一校"的合作进入了新的发展时期。通过此次近距离的交流,大大增进了学校与南京分院、上海分院的了解和沟通。学校将以此为契机,与上海分院、南京分院、合肥物质科学研究院巩固和发展新时期的战略合作伙伴关系,并在合作过程中不断地创新和完善互动型双赢合作模式,为中科院新时期教育发展战略的实施做出新的贡献。

(十四) 2004年"全国优秀博士学位论文"结果揭晓,我校3篇入选

2004年5月19日,教育部学位与研究生教育发展中心公布了2004年"全国优秀博士学位论文"入选名单,我校3篇论文入选。

根据"科学公正、注重创新、严格筛选、宁缺毋滥"评选原则,今年全国共有99篇论文入选。入选论文均是经过学位授予单位推荐、省级学位委员会或研究生教育主管部门初选、同行专家通讯评议三个阶段后,由专家审定会最后确定的。根据有关规定,入选论文名单自公布之日起的两个月异议期结束后,"全国优秀博士学位论文"将由教育部和国务院学位委员会正式批准。根据《面向21世纪教育振兴行动计划》的安排,教育部将资助出版优秀博士学位论文,并对在高等学校工作的优秀论文作者给予教学和科研资助。

据悉,"全国优秀博士学位论文"评选工作是由教育部和国务院学位委员会批准并组织进行的,旨在逐步建立有效的质量监督和激励机制,推动研究生教育工作重点切实转移到提高培养质量上来,培养和激励在学博士生的创新精神,促进高层次创造性人才脱颖而出。评选标准为:选题为本学科前沿,有重要的理论意义或现实意义;在理论或方法上有创新;取得突破性成果,达到国际同类学科先进水平,具有较好的社会效益或应用前景;材料翔实,推理严密,文字表达准确。首届"全国优秀博士学位论文"评选工作于1998年5月启动。此前的五届"全国百篇优秀博士学位论文"评选中,我校已有11篇获奖,获奖论文总数列全国高校第七。

（十五）学校召开首届专业学位研究生教育工作会议

2004年5月29～30日,我校首届专业学位研究生教育工作会议在苏州研究院召开,会议就专业学位的定位、专业学位管理模式、专业学位经费管理办法和苏州研究院合作等一系列我校专业学位教育工作中的重要问题进行了研讨,并对相关工作进行了布置。会议由程艺副校长主持,MBA、MPA教学部以及11个工程硕士培养单位的分管负责人和教学秘书,我校苏州研究院部分负责人以及研究生院的有关领导和工作人员等50余人参加了会议。校长助理尹登泽、人事处周先意处长应邀出席会议并讲话。

关于专业学位研究生教育的定位问题,代表们认为,作为培养高层次复合型人才的专业学位,应是我校研究生教育的重要组成部分,应在促进社会主义市场经济建设、推动地方经济发展等方面发挥重要作用。专业学位发展应纳入学校的整体发展规划之中,不能把专业学位和科学学位割裂开来,应统筹规划。根据我校建设"规模适度、质量优异、结构合理、特色鲜明"的世界知名的高水平研究型大学的目标要求,应从我校现有学科力量、科研经费及师资队伍的实际出发,有选择地在部分学科领域大力开展专业学位研究生教育,以进一步完善我校研究生教育体系。同时代表们还认为,发展专业学位应珍惜国家的放权,严格自律,要充分发挥学校基础研究、学科交叉的优势,大力开展有特色的专业学位教育,力争创出品牌。

专业学位的管理运行模式是代表们最为关注的议题。代表们一致同意研究生院提出的"领导小组、牵头领域单位、培养单位相互协调、各负其责,学位分委员会学术把关"的专业学位管理模式。代表们认为,该模式不仅明确了各管理层次的职责,调动了各管理层次的工作积极性,更重要的是充分体现了专业学位管理工作中的"监管分离"思想,对于探索构建科学、高效、新型的管理运行机制有重要意义。针对我校专业学位还存在分散、规模小、效益不高的现状,代表们建议学校应从顶层对专业学位教育资源进行整合,以提高办学的社会效益。

专业学位经费管理办法是代表们关注的另一重要议题。鉴于专业学位教育是一种高投入、高回报的学位类型,实行的是成本补偿制度,代表们认为,为促进学校部分学科的可持续发展能力,优化学校学科的整体生态环境,提高培养单位的办学积极性,学校在

从交纳的培养费中扣除一定比例的发展和管理基金后,应鼓励将其余经费用于各培养单位的办学成本补偿,如改善教学条件、优化办学环境、提高教师待遇等,同时留出一定比例的经费用来作为学科发展资金,以增强部分学科的造血功能,如进行师资培训、引进专业人才、建设高水平案例库等。

关于与苏州研究院合作开展专业学位教育的问题,代表们认为,随着苏州经济的持续高速健康增长,国际化进程的不断加快,工业化水平的日益提高,城市化建设的全面推进,各项事业的协调发展,苏州对高层次复合型、应用型人才的需求将进一步扩大,这将为我校与苏州研究院合作开展专业学位教育带来难得的机遇。因此,学校应充分利用专业学位人才培养的优势和我校苏州研究院已建立起的软硬件优势,积极与苏州的有关行业部门合作,共同开展有特色的专业学位教育,为积极推动苏州地方经济的发展做出一份贡献。

(十六) 我校与中科院武汉分院签署全面合作协议

2004年6月1日上午,我校与中科院武汉分院在武汉举行全面合作协议签字仪式,中科院党组副书记、我校党委书记郭传杰研究员和武汉分院院长叶朝辉院士出席仪式并讲话。校党委常务副书记、副校长许武与武汉分院副院长袁志明分别代表双方签署了全面合作协议。

郭传杰书记在讲话中说,中国科大是国家长期重点支持的一流大学,近年来在中科院及各研究院所的支持下,通过多种途径凝聚了一批优秀人才,取得了较好的建设成就。在新时期开展"全院办校、所系结合"工作,要从国家和中科院持续长远发展的战略高度充分认识此项工作的重要性和紧迫性,把推动"全院办校、所系结合"与各研究院所和中国科大的长远发展规划结合起来,使其符合时代发展的客观规律与要求,最终实现中国科大与各研究院所水乳交融、共同发展。他强调,合作协议签署之后,要尽快予以落实,要善于在工作中总结经验,不断创新和完善合作模式与工作机制,使得双方能够优势互补、利益共享,在合作中实现双赢,切实保障"全院办校、所系结合"的可持续性。

叶朝辉院长表示,长期以来,中科院武汉分院和中国科大在诸多领域开展了良好的合作,双方将以此次全面合作协议的签署为契机,进一步加强和拓展双方的合作与交流,促进双方的快速发展。

经过沟通和友好协商,双方决定在学科建设、人才培养、科学研究、队伍建设等领域开展全面合作,并着重在生物多样性与资源保护、水环境工程、农业生物技术、新生疾病控制、国家战略能源储备技术、岩土力学及工程、动力大地测量、原子和分子物理、环境与灾害监测、复合生态农业等领域加强科研合作。

其间,我校代表团与中科院武汉分院所属各研究所分别组成生物学科组、物理与数学学科组、力学与地球和空间科学组、教育与培训组进行座谈,并到部分研究所实地考察交流,就开展合作的方式以及部分具体问题进行了热烈研讨。

（十七）我校举行2004年研究生学术报告会

我校2004年研究生学术报告会于6月1～10日成功举行。本次报告会由研究生院统一组织，各学院分别进行，共有188名研究生报名参加了学术报告会。经各学院认真评审，共评出优秀论文一等奖15名、二等奖34名。

举办研究生学术报告会，对加强研究生之间的学术交流，活跃校园学术氛围，促进研究生创新意识与能力的培养具有积极的意义，已成为我校每年的惯例。此前，我校已举办了6届研究生学术报告会。

（十八）朱清时校长在"985工程"二期建设工作会议上做典型发言

2004年6月8日，教育部、财政部联合在京组织召开"985工程"二期建设工作会议，北京大学校长许智宏院士、清华大学校长顾秉林院士、我校校长朱清时院士再次被特邀分别做本校"985工程"建设的典型发言。教育部周济部长、吴启迪副部长以及财政部有关领导出席会议并讲话，有关高校校长和"985工程"办公室负责人参加了会议。

朱校长在发言中，介绍了我校"985工程"一期建设的一些成功经验和做法，并着重汇报了以"微尺度国家实验室"（筹）为核心的科技平台建设规划的总体思路。他说，学校在"985工程"一期建设中，集中使用不多的增量资源中的一小部分，对学校的优势学科：物理化学、凝聚态物理、无机材料和光学等进行系统集成，不仅开拓出了单分子科学和量子通信两个新兴的前沿学科，初步达到国际一流，而且学校的整体实力得到显著提高。

在谈到我校"985工程"二期建设的基本思路时，朱校长说，我们将在"985工程"和"211工程"一期取得的成绩和经验的基础上，继续支持学校原有的优势学科，为它们"锦上添花"，以造就学校的几个新的一流学科；我们不会把增量支持用于把学科门类建设齐全，因为那就在事实上把大量资源投入学校的弱项，结果将使学校大而全，但整体水平难以提高。

朱校长还认为，国家的教育生态系统需要多种多样的高校，每个学校都有特长，大家优势互补。如果高校都追求"综合型"，都搞"大而全"，就会出现大量的低水平重复，既造成浪费，又都难以拔尖。

周济部长在讲话中对我校"近些年来坚持'有所为有所不为'，凝练学科方向，集中人力财力，在重点领域有所突破"的做法表示肯定，认为值得各校借鉴。

（十九）我校与香港城市大学联合建立高等研究中心（苏州）

2004年6月13日上午，我校与香港城市大学（简称"香港城大"）在苏州工业园区签署协议，决定联合建立高等研究中心（苏州），我校朱清时校长、香港城市大学张信刚校长分别在协议书上签字。签字仪式由我校侯建国副校长主持。苏州市委副书记、苏州工业园区工委书记、园区管委会主任王金华,我校党委常务副书记、副校长许武,香港城市大学常务副校长唐叔贤和苏州有关部门负责人及我校巡视员金大胜、秘书长汪克强,信息学院、化学与材料科学学院、商学院负责人,香港城市大学科技及工程学院、商学院、管理科学系负责人等出席了签字仪式。

我校与香港城市大学都是知名的高水平研究型大学,双方在许多领域各具特长和优势,双方本着平等互惠的原则,成立联合高等研究中心(苏州),共同在苏州建设一流的纳米、信息和环境科技研究平台,有助于进一步加强合作,建立具有互补性和国际竞争能力的研究实体,也有助于我校立足安徽并在国内经济最发达地区、科技需求最急迫地区以国际化、开放式方式发展新的生长点。

该研究中心将下设若干个联合实验室,凭借苏州良好的区位优势和开展高新技术研发所具有的强大经济背景,发挥各自优势,瞄准世界科技前沿,着重在纳米科技、纳米材料、环境科学、信息技术、工程管理、应用数学、知识及创新管理等双方共同感兴趣的高新技术领域,开展基础性、前瞻性、战略性的合作研究、技术开发、人才培养和专业培训。

张信刚、朱清时、潘云官先后在仪式上致辞,一致表示,高等研究中心的建设是强强合作,双方将有效整合力量,开展实质性合作,为地方经济建设和增强祖国的科技实力做出更大的贡献。

(二十) 我校成立第六届校学位委员会

2004年6月16日,我校印发《关于公布第六届中国科学技术大学学位委员会组成人员名单的通知》(校学位字〔2004〕5号)。根据这一通知,我校第六届校学位委员会成立,朱清时任主任委员,何多慧任常务副主任,陈国良、程艺、侯建国、李定、王东进任副主任。数学学科、物理天文学科、化学材料学科、力学工程学科、地学环境学科、电子信息与计算机学科、生命学科、管理人文学科、国家同步辐射实验室、合肥微尺度物质科学国家实验室(筹)、专业学位(管理类)、专业学位(工程类)、智能所各分委员会同时成立。

(二十一) 我校授予诺贝尔奖获得者特霍夫特教授名誉博士学位

2004年6月28日,国务院学位委员会发布《关于同意授予特霍夫特名誉博士学位的通知》(学位〔2004〕21号)。《通知》指出,经研究审核,国务院学位委员会同意我校授予荷兰物理学家特霍夫特教授名誉博士学位。

特霍夫特(G. ,t Hooft)教授系荷兰 Utrecht 大学终身教授,著名物理学家。他为现代物理学的发展,特别是在量子非阿贝尔规范理论的重整化的证明方面做出了杰出的贡献,为基本粒子的理论基础——粒子物理的标准模型的建立奠定了基础,并因此和导师 M. Veltman 一起荣获1999年度诺贝尔物理学奖。此外,特霍夫特教授在非微扰场论和量子引力等方面也做出了许多突破性的工作,他关于量子引力理论中的全息性原理被同行认为是一个新的革命性的思想,这在近年来成为弦理论和黑洞物理的中心课题之一。

近年来,特霍夫特开创的工作在我校得到了同行专家深入的研究,并取得了一些成果。目前,我校和特霍夫特教授有一定的学术交流,关系比较密切。著名物理学家杨振宁教授、谷超豪院士、赵光达院士、朱清时院士、侯建国院士等一致写信推荐授予特霍夫特教授我校名誉博士学位。

我校授予特霍夫特教授名誉博士学位仪式现场

我校授予特霍夫特教授名誉博士学位仪式

(二十二)校学位委员会召开2004年上半年度学位工作会议,决定授予204人博士学位、450人硕士学位

2004年6月30日下午,第六届校学位委员会召开第一次全体委员会议,会议由校学位委员会主任朱清时校长主持。本次会议是第六届校学位委员会成立以来的第一次会

议。会议主要就我校2004年上半年度学位申请者名单进行了审议和表决。

会上,朱清时校长介绍了本届校学位委员会的组成原则,并对新一届学位委员会的工作提出了希望。他说,本届校学位委员会是学校在探索新型管理体制与运行机制的历史时期成立的,委员会吸收了一些非行政领导人和校外兼职院长、主任等一些德高望重、在学术上有重要影响的人士参加,它充分体现了现代大学"监管分离"的治校理念,代表了学校机制改革的典型,是对新型、高效运行机制的一次积极探索。作为领导全校学位、学科建设、学位授予质量评估工作的重要监管组织。他希望,在新的历史时期,新一届校学位委员会应与时俱进、解放思想,不断强化依法行事的意识,制定的章程要科学、明确,定位要准确,目标要高远,不仅要在学位工作中充分发挥把关作用,而且也应在学校一流大学建设中发挥建设性作用。

会上,委员们听取了各学位分委员会负责人关于学位申请者情况的介绍,仔细审阅了申请材料,并依据《中华人民共和国学位条例》和我校学位授予实施细则的有关规定,决定授予魏公民等204人博士学位、何晨旭等450人硕士学位。

为进一步明确职责,加强管理,推进我校学位工作的法制化进程,依据《中华人民共和国学位条例》的有关精神,委员们还对《中国科学技术大学学位委员会章程》进行了修订。委员们在充分审议的基础上,一致通过了新的《中国科学技术大学学位委员会章程》。

第六届校学位委员会第一次全体委员会议会场

(二十三) 我校物流工程、核能与核技术工程领域获批开展工程硕士专业学位授权

2004年6月,国务院学位委员会办公室下文公布了2004年全国工程硕士学位授权单位的新增工程领域名单,我校申报的物流工程、核能与核技术工程两个工程领域正式

获准开展工程硕士专业学位授权工作。这是我校继电子与通信工程、计算机技术、控制工程、仪器仪表工程、化学工程、机械工程、动力工程、生物工程、软件工程等9个领域之后又两个工程领域获准开展工程硕士培养工作。

物流工程是以物流系统为研究对象,研究物流系统的规划设计与资源优化配置、物流运作过程的计划与控制以及经营管理等,是管理与技术的交叉学科,它与交通运输工程、管理科学与工程、工业工程、计算机技术、机械工程、环境工程、建筑与土木工程等领域密切相关,主要培养应用型、复合型的物流技术和物流管理高级人才。核能与核技术工程主要研究解决核科学技术应用中的工程技术问题,与"核科学与技术"各专业的工学硕士学位居于同一层次,但更侧重于工程应用,主要为工矿企业和工程建设部门培养应用型、复合型高层次工程技术和管理人才,与本专业相关的工程领域有机械工程、控制工程、环境工程、计算机技术、动力工程、电气工程等。

物流工程、核能与核技术工程专业学位与工学硕士学位属于同一层次;学习方式均为在职攻读,进校不离岗;入学考试实行全国联考(GCT)和各单位自行组织考试相结合。联考一般于每年10月进行,报考考生应具有学士学位或具有国民教育系列大学本科毕业。

据悉,我校自1999年开展工程硕士专业学位教育工作以来,已有11个领域获得工程硕士专业学位授权,目前学校已在北京、深圳、上海、苏州、柳州、福州、厦门等大中型企业聚集地建立了工程硕士培养基地,并与国家消防局、解放军总装备部等行业部门建立了共同开展工程硕士教育的协作关系。截至2004年6月,学校共计已招收工程硕士学生1164余人,授予学位52人。

(二十四)我校举行2004年毕业典礼暨第一次学位授予仪式

2004年7月1日,我校东区体育场彩旗飘扬,笑语盈盈,乐曲高旋,2004年毕业典礼暨学位授予仪式在这里隆重举行。身着学位服的4000余名学子迎来了学有所成的光荣时刻,今天,他们将在这里挥手告别美好的大学生活,奔赴新的工作和学习岗位,开始崭新的人生征程。

大会主席台上,凤仙花盛开,散尾葵吐艳。主席台两侧悬挂的"流苏扶正,直挂云帆济沧海;学业有成,鲲鹏激浪欲行天"的标语分外醒目;正对面是彩虹门,上面的标语"今天我以科大为荣,明天科大以我为荣"让每一位学子倍感自豪;会场中央悬挂着4只硕大的气球镶嵌的"桃之夭夭,灼灼其华,科技精英,生我科大;滔滔风流,人才辈出,群星璀璨,耀我中华""师恩情重,同窗友谊,越是将行越珍惜;科教兴国,创新立校,走向世界争一流"的巨幅标语格外引人注目,整个会场气氛隆重而热烈。

上午7时15分,毕业典礼暨学位授予仪式在庄严的国歌声中开始。校领导郭传杰、朱清时、许武、程艺、李定、王东进,校学位委员会正副主任,各院、系和机关有关部门负责人以及毕业班班主任、2004届全体毕业生参加了大会。典礼由副校长程艺主持。

在热烈的掌声中,校长朱清时院士发表了热情洋溢的讲话,他首先代表学校、代表党政领导班子,向2004届全体毕业生取得的成绩表示最热烈的祝贺!向为学生成长成才倾注无数心血的老师们表示衷心的感谢!

讲话中,朱校长以一位学长和朋友的身份,向毕业生提出了殷切希望。他结合自己的经历,鼓励同学们树立正确的世界观、人生观、价值观。他说,人生的成功不是钱,不是权,也不是名,而是充分发挥自己的潜能,推动社会的进步,如果用这个观点来看一切问题,同学们的一生就会充满动力,大家一生的成功就有比较扎实的基础。朱校长说,实践是最好的老师,同学们在学生时代主要学习前人创造的知识,而在工作后要善于自己创造知识,希望同学们尽快在实践中有意识地培养自己独立工作和在复杂情况下迅速抓住问题的关键并找出出路的能力,并且培养在实践中自学的能力,尽快成为创新型人才。朱校长说,人的一生可能很长,但关键的选择只有几次,人生的最好机遇往往是在别人还未重视的地方,希望大家在选择的时候眼光看远些,视野开阔些,不要盲目赶潮流。

最后,朱校长语重心长地说,"毕业"的英文"graduation"的词根不是"完成""结束"之意,而是蕴含着开始、进步的意思,今天的大会不应是庆祝"结束",而应是欢呼新的"开始"。他祝愿广大毕业生在新的岁月里起航,满载对未来的畅想和憧憬,直挂云帆,乘风破浪,在新的工作和学习岗位取得更大的成绩,为母校争光!

典礼上,教师代表、博士生导师、地球和空间科学系郑永飞教授深情寄语毕业生;毕业生代表、博士学位获得者古继宝同学在发言中感谢母校和老师的培养,表达了学子们对母校依依惜别的深情,并祝愿母校取得更大的辉煌。

程艺副校长宣读了学校授予博士、硕士和学士学位以及省级品学兼优毕业生与校优秀毕业生、科技强军奖学金和成人高等教育优秀毕业生获得者的文件。

在高亢激昂的音乐和雷鸣般的掌声中,4000余名博士、硕士和学士学位获得者分别身着红色、蓝色、黑色学位服,排着队依次登上主席台,校领导与导师们为他们一一扶正流苏。一张张喜获丰收后的笑脸,一个个英姿勃发的身影,在这告别的时节,在这放飞希望的七月,无不对母校、对师长充满了感激和依依不舍的真情,对未来充满了憧憬。

上午8点50分,毕业典礼暨学位授予仪式在昂扬的校歌声中结束,数百只鸽子腾空而起,象征着科大学子在母校的哺育下,向着蓝天、向着未来,展翅翱翔。学子们高兴地将学位帽抛向空中,整个会场一片欢腾。

随后,毕业生纷纷与校领导和老师们合影留念。典礼上,不少毕业生的亲友也从全国各地赶来,分享着喜悦和快乐,与毕业生们一起见证这一美好的时刻。

(二十五)我校隆重举行特霍夫特名誉博士学位授予仪式暨学术报告会

2004年7月27日下午,特霍夫特(G., t Hooft)教授名誉博士授予仪式暨学术报告会在我校东区师生活动中心隆重举行。校领导朱清时、许武、李定出席仪式,理学院、研究生院等有关领导以及300多名师生参加了授予仪式和学术报告会。仪式由副校长侯建国院士主持。校长朱清时院士向特霍夫特颁发了名誉博士学位证书并发表了热情洋溢的讲话。这是继已故第三世界科学院院士、巴基斯坦物理学家、诺贝尔物理学奖获得者萨拉姆教授和美籍华裔物理学家、诺贝尔物理学奖得主丁肇中教授之后,中国科大授出的第三个名誉博士学位。

朱清时校长在致辞中高度评价了特霍夫特教授对现代物理学发展做出的杰出贡献。他说,特霍夫特教授在 Yang-Mills 规范场理论的工作为基本粒子的理论依据(标准模型)奠定了基础。"标准模型"被认为是科学史上堪与牛顿引力理论媲美的瑰宝。值得注意的是,特霍夫特教授几乎所有工作都是在他的祖国荷兰做出来的,Yang-Mills 规范理论的工作是他在荷兰读研究生时做出来的。荷兰在欧洲属中等国家,在特霍夫特教授等的努力下,该国对自然科学的贡献得到世界科学界的高度尊重。特霍夫特教授致力于科学研究、奉献祖国的精神对中国科学家是极大的鼓励,是我们学习的典范。我校一贯致力于基础研究,努力在国际前沿的一些重要领域获取一席之地,并已在量子通信、纳米科学等领域取得了一些重要成果。我校授予特霍夫特教授名誉博士学位是一件十分有意义的事件,特霍夫特教授的来访并和我校同行的交流对于我们发展、壮大相关学科有很大帮助。

特霍夫特教授在仪式上讲话。他说,非常荣幸来到中国,特别是杨振宁先生的故乡,杨振宁先生的工作对他的影响很大,如果没有杨振宁先生就没有"标准模型"。非常感谢中国科技大学对他的厚爱,接受中国科技大学授予的名誉博士学位并在科大做学术报告,对他来说,是极高的荣誉。

特霍夫特教授 1946 年 7 月出生,现任荷兰 Utrecht 大学终身教授,著名物理学家。他对现代物理学的发展,特别是对于量子非阿贝尔规范理论的重整化的证明做出了杰出的贡献,他的工作为基本粒子的理论基础——粒子物理的标准模型——奠定了基础。他因此和导师 M. Veltman 共同荣获 1999 年度诺贝尔物理学奖。此外,特霍夫特教授在非微扰场论和量子引力等方面也做了许多突破性的工作。他提出的关于量子引力理论中的全息性原理被同行认为是一个新的革命性的思想,近年来成为弦理论和黑洞物理的中心课题之一。

近年来,我校的同行专家在特霍夫特教授所开创的领域里开展了一些列深入研究,并与特霍夫特教授保持了较为密切的学术交流。为进一步加强学术交流,促进科学研究事业的深入发展,依据《国务院学位委员会关于授予国外有关人士名誉博士学位暂行规定》,著名物理学家杨振宁教授、谷超豪院士、赵光达院士、朱清时院士、侯建国院士等一致写信推荐授予特霍夫特教授中国科学技术大学名誉博士学位,经中国科技大学学位委员会全体会议审议,国务院学位委员会通讯投票通过,决定授予特霍夫特教授我校名誉博士学位。

受聘仪式结束后,特霍夫特教授为我校师生做了题为《探索自然规律的基本原理:我们从黑洞理论中能学到什么?》的学术报告,并与师生进行了交流。

(二十六) 2004年"核技术及应用研究生暑期学校"在我校举办

2004年8月21日,由教育部、国务院学位办、国家自然科学基金委委托我校国家同步辐射实验室承办的2004年"核技术及应用研究生暑期学校"历时15天圆满结束。

8月21日下午,暑期学校举行了结业典礼暨优秀学员颁奖仪式。会上,程艺副校长及在座领导为暑期学校合格学员颁发了结业证书、我校研究生院授予的考试成绩和学分证明。国家同步辐射实验室向优秀学员颁发了获奖证书和奖品。

(二十七) 我校举行2004级新生开学典礼,本年招收1709名硕士生、656名博士生

2004年9月4日,学校举行2004级新生开学典礼。校长朱清时院士,党委常务副书记、副校长许武,副校长程艺、侯建国、李国栋、王东进,党委副书记、副校长李定,党委副书记鹿明,中国科学院院士刘有成、王水、施蕴渝、周又元、李曙光出席开学典礼并在主席台就座。开学典礼由副校长程艺主持。

朱清时校长代表全校师生员工和学校党政领导,向新同学表示热烈欢迎!他在讲话中简要回顾了建校46年来的办学历史和建设成就,并以一个老校友身份,对新生阐述了自己的人生体会并寄予了殷切期望。

教师代表、中科院"百人计划"入选者刘世勇教授代表全体教职员工致辞,新生代表、理学院涂昊同学,老生代表、少年班2001级程效同学分别发言。

2004年,学校招收硕士研究生1709人、博士研究生656人,另有专业学位研究生以及800余名有关研究院所的代培生。

(二十八) 中科院第四次中国科大发展工作会议召开,院、部、省签约继续重点共建我校

2004年10月12日上午,中科院第四次中国科大发展工作会议暨中科院、教育部、安徽省人民政府继续重点共建中国科大协议签字仪式在北京举行。会上,中科院党组副书记、我校党委书记郭传杰宣读了中科院、教育部和安徽省人民政府继续重点共建中国科大的协议。随后,全国人大常委会副委员长、中科院院长路甬祥,教育部部长周济,安徽省省长王金山分别代表中科院、教育部和安徽省政府在该协议上签字。中科院副院长白春礼主持会议及签字仪式。

路甬祥、周济、王金山在会上分别做重要讲话,他们对中国科大前一阶段所取得的创新性成果和突出成就表示充分肯定,并表示今后将继续支持中国科大的发展,希望中国科大能够珍惜目前宝贵的发展机遇,在今后的长远发展中,使学校的整体办学水平和综

合办学实力得到显著提升。

路甬祥院长在讲话中强调,党的"十五大"以来,国家从现代化建设的全局出发,不断加大对高等教育事业的支持力度,实施了"211工程""985工程"等,在教育部的领导下,通过全体教育工作者的共同努力,高等教育事业取得了令人瞩目的成就,实现了历史性的跨越。作为其中的一个缩影,在教育部和安徽省委省政府的正确领导和大力支持下,经过全校师生的共同努力,中国科大的"985工程"一期取得了可喜的建设成就,发展步伐明显加快,办学水平和效益进一步提高,综合办学实力显著增强,一流研究型大学建设取得了重要的阶段性成果,得到了上级有关部门、国内外科技界、教育界的充分肯定和高度评价。今天,我们在这里续签重点共建中国科大协议,决定支持中国科大的一流研究型大学建设,既是对中国科大前一时期建设成绩的充分肯定,更是对中国科大未来的发展寄予了殷切的期望。中科院将一如既往地全力支持中国科大的建设和发展,继续将中国科大作为重要组成部分纳入中科院的整体发展战略,全面贯彻"全院办校、所系结合"的办学方针,做好中国科大的一流研究型大学建设的坚强后盾,显著提升我国和中科院培育高层次优秀人才的能力,不仅建成国家科技创新的重要基地,而且建成国家高级科技创新人才培养基地。

我校校长、中科院院士朱清时在会上做了工作报告。他在报告中介绍了我校近年来的主要建设进展以及今后几年的建设与发展思路。据了解,作为国家《面向21世纪教育振兴行动计划》中"985工程"首批重点支持建设的9所大学之一,近年来,通过教育部、中科院、安徽省重点共建,学校重点加大了教学和人才培养、学科建设、师资队伍建设、科技创新平台和公共服务体系建设、基础设施建设等方面的工作力度和经费投入,发展步伐明显加快,取得了重要的阶段性成果。我校在积极探索贯彻"全院办校、所系结合"办学方针的新途径、新模式和新内涵的同时,积极推进了该校与中科院所属研究院所的全面合作。目前,我校已先后与数学与系统科学研究院、上海生命科学研究院、长春光学精密机械与物理研究所、长春应用化学研究所等13家院属单位签署了全面合作协议,决定在学科建设、人才培养、队伍建设和科学研究等领域开展全面合作,推进资源共享。学校先后聘请了11位院属研究院所的领导和专家兼任该校相关院系的领导,并从院属研究单位聘请了140多名专家、学者担任兼职博导,这些优秀人才对提升学校教学、科研水平起到了重要的促进作用。近5年来,我校还积极参与实施"科教兴皖"战略,服务地方经济建设和社会发展。普通高等教育在皖累计招收本科生1638名,占同期招生总数的1/6强;成人高等教育在皖累计招收本专科生5400余名,占同期成教招生总数的55%。我校还注重加强重点学科建设,初步形成了结构合理、特色鲜明、教学与科研并重的研究型大学学科体系。近5年来,我校的国家重点学科由4个增至19个,增幅居全国高校之首;新增了19个省级重点学科。一级学科博士点从9个增至17个;二级学科博士点从39个增至93个,覆盖了学校绝大部分理工类专业;硕士点从54个增至109个。在全国学位与研究生教育发展中心近期公布的一级学科整体水平评估中,我校参评的理学学科均居国内前列。

据悉,本次我校发展工作会议召开的主要任务是:根据中科院实施知识创新工程及建设国家高级科技创新人才培养基地的战略目标,以科学的发展观和全面的人才观,认真分析国内外高等教育发展和科学技术创新的新形势,深入研究我校的发展定位与目标、面临的任务及存在的困难和问题;审议并批准我校的中长期发展规划,研究并提出当前和今后一个时期我校加快改革、建设与发展的基本方针和若干重要措施;中科院与教育部和安徽省人民政府签署继续重点共建我校协议,争取教育部和安徽省政府进一步加大对我校支持的力度,推动科大实施二期"985工程"和加快一流研究型大学建设;进一步贯彻落实中科院"关于支持中国科学技术大学贯彻新形势下'全院办校、所系结合'办学方针的意见",全面深入推进"全院办校、所系结合"工作。

中科院副院长江绵恒、安徽省副省长田唯谦、安徽省委副书记张平等领导出席了开幕式,并在主席台前排就座。

在上午举行的中科院第四次中国科大发展工作会议上,我校校长朱清时院士特别阐述了我校建设世界一流研究型大学的战略目标。他指出,创建世界一流研究型大学是我校的长远战略目标,为了实现这一目标,到2018年,即我校建校60周年时,我校应该成为培养具有现代知识结构和持续创新能力的一流人才的摇篮,成为培育和造就具有世界影响的科学大师、一流科学家的园地,成为具有较强原始创新和技术创新能力并在若干领域达到国际先进水平的科研基地,成为具有良好学术声誉和一定国际影响的科学中心。为此,我校制定了"三个五年,分三步走"的中长期发展规划,即第一个"五年"(2004~2008年)将控制规模、调整结构、奠定基础,初步实现向研究型大学的过渡;第二个"五年"(2009~2013年)将注重质量、重点突破、跨越发展,部分优势学科跻身世界一流行列;第三个五年(2014年~2018年),全面提升、协调发展、持续进步,建成世界高水平研究型大学。

中国科学院第四次中国科大发展工作会议暨院部省继续重点共建我校协议签字会场

在刚刚签订的"共建协议"条款中,中科院、教育部、安徽省人民政府将继续贯彻执行

1999年共同签订的《中国科学院、教育部和安徽省人民政府关于重点共建中国科技大学的协议》有关条款规定，除对我校的正常经费安排以外，在"985工程"二期建设中，中国科学院、教育部和安徽省人民政府将以原则上不低于"985工程"一期投入数继续给予我校专项经费投入，进一步支持我校科技创新平台建设、高层次人才队伍建设、基础设施建设和改造。协议的签署，标志着我校成为首家通过签署共建协议实施"985工程"二期建设的高校。

（二十九）"中国学位与研究生教育2004~2020年发展规划战略研究研讨会"在我校举行

由教育部主持立项的"中国学位与研究生教育2004~2020年发展规划战略研究研讨会"于2004年10月17~18日在我校召开。来自全国14所大学研究生院、教育研究院（所）以及国务院学位办和上海教育科学研究院（简称"上海教科院"）的41位专家代表参加了会议。会议由教育部"985工程"办公室负责人郭新立主任主持。教育部赵沁平副部长，国务院学位办杨卫主任，原国务院学位办副主任、现武汉大学党委书记顾海良教授等有关领导出席会议并做了重要讲话。我校程艺副校长应邀列席了会议。

会上，赵沁平副部长强调研究生教育发展战略规划工作的重要性，对规划研究工作提出了要求，并做了题为《走出我国研究生教育发展新路子》的专题报告。赵沁平副部长在讲话中指出，当前是我国进入全面小康社会、实现现代化建设发展战略的关键时期。为适应新形势和新要求，我们必须立足国内，放眼世界，科学总结学位与研究生教育发展的历史经验教训，正确把握21世纪教育、科技和经济发展的脉搏，从国家和社会发展的高度，认真研究和制定我国学位与研究生教育发展的中长期规划。他要求，战略规划应力求以我国的基本国情为依据，发达国家的先进经验为借鉴，将现实阐述与理论分析相结合，宏观思考与切实可行的具体措施相匹配，适度超前的发展意识与脚踏实地的求实精神相统一，体现超前规划、分步实施、突出重点、整体协调、深化改革、加快发展的要求，提出我国2004~2020年学位与研究生教育发展的战略蓝图，为国务院学位办和教育部的决策提供咨询意见和理论依据，为今后20年中国学位与研究生教育的改革与发展提供指导。

国务院学位办杨卫主任对战略规划研究工作做了重要指示，并做了题为《从必然王国走向自由王国》的专题报告。他指出规划将为今后一段时期学位与研究生教育的发展描绘出一副蓝图，对学位与研究生教育的发展具有重要指导意义，因此，在规划中道理要讲透，数据要翔实，文字要朴实无华，要落实和体现"人、财、物"等重要因素，同时，他希望通过这次活动，能培养出一支高水平的专家研究队伍。

经过课题组专家们两天的深入研讨，会议初步形成了《中国学位与研究生教育2004~2020年发展规划战略研究报告》的总体框架。研究报告成果于年底提交国务院学位委员会第二十一次会议审议并通过。

"中国学位与研究生教育 2004～2020 年发展规划战略研究研讨会"全体代表合影

（三十）教育部赵沁平副部长一行来我校检查指导"985 工程"建设工作

受国务院学位办委托由我校承办的"中国学位与研究生教育 2004～2020 年发展规划战略研究研讨会"于 10 月 17～18 日在肥举行。教育部赵沁平副部长、国务院学位办杨卫主任、"985 工程"办公室负责人郭新立主任等有关领导出席了会议。会议期间，赵沁平副部长一行先后参观了我校"985 工程"建设项目一类平台同步辐射国家实验室和微尺度物质科学国家实验室，并对我校"985"高科技平台建设提出了指导性意见。

赵部长对实验室取得的成绩表示赞许，认为作为不同学科（物理、化学、生物、材料、信息及微细加工等）科学家进行前沿交叉学科研究的重要基地，同步辐射国家实验室已在多项国家重大科学工程中发挥了重要作用，并在多方面形成了独具特色的研究方向，促进了学科建设和高层次人才培养工作，为进一步开展基础科学研究打下了坚实的基础。他认为微尺度物质科学国家实验室的发展理念超前，建设经验值得各校借鉴，并希望实验室能认真总结"985 工程"一期建设的经验，在即将启动实施的"985 工程"二期建设中取得更大成绩，为探索建设具有国际竞争力的共用共享的高水平科技平台做出新的贡献。

参观结束后，"985 工程"办公室负责人郭新立主任还专门收集了我校微尺度物质科学国家实验室建设方面的相关资料，希望能通过进一步提炼形成经验予以全国推广。

（三十一）国家批复同意我校"985工程"二期建设项目正式立项

2004年11月11日，我校《"985工程"二期建设项目可行性研究报告》通过专家审核论证。专家组在审核意见中一致同意我校"在充分分析学校已有工作基础和水平，与世界一流大学差距的基础上提出的'985工程'二期建设目标"，认为我校"985工程"二期确定的建设目标"既考虑到了国家的需要，也突出了为区域发展服务的思路，同时结合了学科的综合性优势，是可行的"。

2004年11月22日，教育部、财政部联合发布《教育部 财政部关于同意"985工程"二期建设项目可行性研究报告立项的通知》（教重函〔2004〕1号），文件批复原则同意我校《"985工程"二期建设项目可行性研究报告》。这标志着我校"985工程"二期建设项目进入正式立项实施阶段。

（三十二）我校制定《中国科学技术大学"985工程"二期建设项目可行性研究报告》

2004年11月，学校制定《中国科学技术大学"985工程"二期建设项目可行性研究报告》，报告部分内容摘录如下：

在管理体制和运行机制创新方面：按照世界一流研究型大学建设的要求，改革现行的管理体制和运行机制，逐步建立健全面向社会自主办学、自我发展与自我约束相结合的管理体制和运行机制；加快人事制度改革，建立以竞争、流动为核心的人事管理机制、人才评价机制和科学合理的分配激励机制，形成有利于优秀人才脱颖而出、吸引和稳定拔尖人才、充分发挥聪明才智的良好氛围；突破以传统学科界限为基础的科研管理与学科组织模式，建立有利于创新、交叉、开放和共享的运行机制。

在队伍建设方面：努力创造优越的工作和生活环境与条件，大力培养和引进具有国际先进水平的学术带头人、优秀学术和管理骨干，形成一支以拥有博士学位的教授和副教授为主体，教师队伍与管理队伍和技术支撑队伍协调发展的创新人才队伍。

在科技创新平台和哲学社会科学创新基地建设方面：以世界科技前沿和国家重大需求为导向，以学科建设规划为指导，围绕国家重大基础研究、战略高技术研究和重大科技计划，整合、建设5个高水平的科技创新平台和1个哲学社会科学创新基地，拓展学科发展空间，促进学科优化和交叉，推进资源共享，组建高水平学术团队，建立开放、共享、竞争、高效的管理体制和运行机制，提高科技创新能力和解决经济建设重大科技问题的能力，增强承担国家重大任务开展高水平国际合作的竞争实力，形成一批重大科技成果。

在条件支撑建设方面：进一步加强5个公共实验中心和图书、网络等支撑条件建设，推动教学科研信息化、数字化环境建设。构建基于现代教育理论和教育技术的教学科研环境，力争使图书信息资源、网络共享资源和自动化程度在整体上接近或达到国际先进

2004年

水平。继续加强校园基础设施建设和改造。

在国际交流与合作建设方面：聘请世界著名学者来校短期讲学或开展合作研究，与世界一流水平的大学或学术机构开展实质性教育与科技合作，建立高层次人才联合培养及研究基地，组织开展若干高水平的国际合作科研项目。

(三十三) 2004 年首届"中国科学院优秀博士学位论文"结果公布，我校10 篇入选

2004 年 11 月，中科院人事教育局正式发文（科发人教字〔2004〕313 号）公布了首届"中国科学院优秀博士学位论文"评审结果，《多阶段投资组合选择及其风险控制》等 50 篇论文被评为首届"中国科学院优秀博士学位论文"。我校有 10 篇论文入选。

开展优秀博士论文评选工作在中科院系统是首次，旨在加强高层次人才创造能力的培养，提高中科院博士生教育的质量，激励博士生开展原创性的研究工作，创建具有中科院特色的研究生教育品牌，并为"全国优秀博士学位论文"的评选工作奠定基础。

优秀博士论文的主要评选标准为：论文选题为本学科前沿，有重要理论意义或现实意义；理论或方法上有创新，取得突破性成果，达到国际同类学科先进水平，具有较好的社会效益或应用前景。评选工作遵循"科学公正、注重创新、严格筛选、宁缺毋滥"的原则。

这一评选工作每年进行一次，每次评选出的优秀博士论文一般不超过 50 篇。根据《关于开展评选中国科学院优秀博士学位论文工作的通知》（科发人教字〔2003〕342 号）的规定，对获得优秀博士论文的作者，科学院将颁发获奖证书并给予奖励；对毕业后仍留科学院工作的，还将给予科研启动资金的资助。对获得优秀博士论文作者的指导教师，院将授予"中国科学院优秀研究生指导教师"称号，颁发证书并给予奖励。

(三十四) 我校获第三届"《学位与研究生教育》优秀论文"一等奖

2004 年 11 月，由中国学位与研究生教育学会和《学位与研究生教育》杂志社共同组织的第三届"《学位与研究生教育》优秀论文"评选工作揭晓，我校朱清时校长的《如何培养学生的创新能力》论文获一等奖；研究生院张淑林副院长的《博士生指导教师选聘制度的改革与实践》论文获三等奖。

"《学位与研究生教育》优秀论文"评选活动每 5 年一次。本次全国推荐参评的优秀论文共 136 篇，占《学位与研究生教育》杂志 1999～2003 年总发文量的 18%。经过两轮专家通讯评选和《学位与研究生教育》杂志第十次编辑部工作会议讨论通过，评选出一等奖论文 8 篇、二等奖论文 15 篇、三等奖论文 30 篇。该结果已得到国务院学位办公室批准，并在《学位与研究生教育》杂志网站公布。

(三十五)我校张淑林教授被授予"中国学位与研究生教育学会建设贡献奖"

2004年,在12月7~8日召开的纪念中国学位与研究生教育学会成立10周年大会上,我校研究生院张淑林副院长因在中国学位与研究生教育学会建设中做出显著贡献,被授予"中国学位与研究生教育学会建设贡献奖"。

(三十六)我校开展"十五"期间"211工程"中期检查

为进一步加强"十五"期间"211工程"建设管理,提高工程建设质量,确保工程建设的顺利进行,根据《关于开展"十五""211工程"中期检查工作的通知》(211部协办〔2004〕1号)的有关规定和要求,在中科院的领导和组织下,我校于2004年11月下旬成立了由校长任组长、有关学科及相关职能部门负责人组成的"211工程"中期检查组,对各建设项目的建设情况进行了检查。12月上旬,在我校自查的基础上,中科院组织专家组对我校"十五"期间"211工程"各项目的建设情况进行了检查和评审。《中期检查报告》部分内容摘录如下:

"十五"期间我校"211工程"中期检查评估报告会现场

"十五"建设以来取得的主要建设成效:集中资源、整合力量,促进优势学科的交叉和融合,初步形成了结构合理、特色鲜明的研究型大学学科体系和龙头学科与支撑学科、传统学科与前沿学科、基础学科与应用学科并存互长的良性学科生态环境。围绕学科建设和教学科研工作,积极深化人事、分配制度改革,努力吸引、培养和稳定优秀人才,队伍建设取得了显著成效。适应高等教育发展趋势和科技创新对人才培养的新要求,学习和借鉴世界一流大学培养人才的经验,不断更新教育观念,深化教学改革,推动教育创新,提高教育质量,初步建立起了"本-硕-博"一体化的人才培养体系和创新性的研究型大学教

学体系。围绕学科建设和教学、科研工作的需求,大力加强公共服务体系建设力度,办学支撑条件获得进一步的改善。

(三十七) 中科院检查组来我校检查评估"十五"期间"211工程"建设进展情况

根据《关于开展"十五""211工程"中期检查工作的通知》(211部协办〔2004〕1号)的有关规定和要求,2004年12月8~9日,以中科院人事教育局局长刘毅研究员为组长的专家检查组一行10人来我校对"十五"期间"211工程"建设情况进行了检查评估。我校校领导朱清时、许武、程艺、侯建国,校长助理窦贤康,相关院、系和职能部门负责人等参加了座谈汇报。

在我校检查期间,检查组审阅了《中国科学技术大学"十五""211工程"中期检查报告》(以下简称《中期检查报告》)及相关文件材料,听取了朱清时校长关于《"十五""211工程"建设进展情况》的工作汇报,对部分建设项目进行了实地考察。学校就有关问题进行了答辩。

经认真检查和评议,检查组认为我校"十五"期间"211工程"建设项目进展顺利,目标和任务完成情况良好,能够严格按年度计划执行建设任务。同时,由于采取了统一规划、集中资源等多项得力措施,在学科建设、人才培养、科学研究、队伍建设、公共服务体系建设等方面取得了重要的阶段性成果,为全面实现规划建设目标奠定了良好的基础。

检查组还对我校在项目实施中采取的管理模式予以了较高评价,认为我校积极强化项目的过程管理,进行项目管理制度和管理机制的创新,实施年度评价制度,建立项目绩效激励机制,出台滚动式管理办法,为保障项目的顺利实施和目标任务的完成起到了重要作用。在项目信息报送以及项目档案管理等方面,检查组认为我校项目信息填写准确,报送及时,项目档案管理规范、有序。

同时,检查组对我校《中期检查报告》提出了完善建议,并对"211工程"建设提出了指导性意见,建议在"211工程"后续建设中,应进一步总结好的经验,充分发挥学校的优势和特色,加大人才队伍建设的投入力度,继续保持项目推进的良好势头。

此前,根据国家的部署和要求,我校成立了由校长任组长、有关学科及相关职能部门负责人组成的校内"211工程"中期检查工作组,于2004年11月底前对各建设项目的建设情况进行了自查,并形成了《中期检查报告》。中期检查工作的开展对加强"十五""211工程"建设管理,提高工程建设质量和效益,确保工程建设的顺利进行,无疑起到重要的促进作用,同时也为迎接2006年的项目验收以及"211工程"三期的启动打下了基础。

(三十八) 全国MBA教指委副主任委员赵纯钧教授来我校检查指导工作

2004年12月17日下午,我校党委常务副书记、副校长许武教授,研究生院副院长张淑林教授会见了全国 MBA 教指委副主任委员、清华大学经济管理学院院长赵纯钧教授一行,出席了商学院举办的我校 MBA 教育专题工作汇报会。参加会议的还有教育部研究生教育发展中心主任王战军教授、中南大学管理学院院长陈晓红教授、北方交通大学原管理学院院长鞠颂东教授、安徽大学副校长韦穗教授、安徽省教育厅学位办公室主任汤仲胜等一行 6 人。

在听取我校 MBA 教育工作汇报后,赵纯钧教授首先充分肯定了我校 MBA 教育所取得的成绩和未来的发展思路。他说,时隔 7 年再来中国科大,感觉商学院的变化很大,发展很快,MBA 的办学思路是清晰的。同时赵纯钧教授就我校管理学科发展的有关问题提出了重要的建议。他以清华大学经济管理学院发展的经验指出,清华、中国科大都是理工科很强的学校,在这样的背景下办管理学科需要学校给予有力的政策支持。世界所有著名大学的管理学院都会面临这种问题,我们一定要扬长避短,营造好的发展环境,立足发展去争取学校政策上和资源上的支持。关于学科体系,他建议商学院要进一步增加学科结构的调整,例如加强会计、财务、市场营销、人力资源等专业和人才的建设与培养。只有在结构合理之后,才会形成良性循环,才能驶上快车道。

(三十九) 我校举行 2004 年代培研究生联谊晚会

2004 年 12 月 18 日晚,以"温馨家园"为主题的代培研究生联谊晚会使我校校园充满节日的欢乐氛围。来自沈阳自动化所、上海应用物理所、大连化物所、数学物理所、等离子所等 18 个院所 500 余名代培研究生参加了晚会。我校党委常务副书记、副校长许武,副校长程艺,党委副书记鹿明,秘书长汪克强和党政办、研究生院、校团委、学工部等有关部门负责人纷纷冒雨赶到晚会现场,与代培研究生一起共同度过了一个美好的夜晚。

这是我校第一次专门为代培研究生举办的大型联谊活动。晚会由互动游戏与节目穿插组成,所有节目由各代培研究生班提供。小品《都是广告惹的祸》与游戏《顶尖对抗》将晚会推向了高潮。晚会上演了独唱、对唱、联唱、小品、古筝独奏等节目,充分展示了新时代我校代培研究生的精神面貌。

近年来,我校承担了大量的中科院各院所研究生的基础教学任务。学校高度重视代培研究生的培养教育,不仅在学业上热情指导,在生活上也予以精心照顾,把代培研究生的工作与"全院办校、所系结合"工作紧密结合。

这次"温馨家园"联谊晚会只是各院所代培研究生在我校幸福生活的一个缩影。学校还组织了"科学书店-科星杯"代培研究生男子足球赛、"科研杯-告别科大"代培研究生男子篮球赛、"六月情怀"毕业纪念晚会等一系列活动,代培研究生也在各院所的指导下以积极的姿态主动融入我校校园生活,仅在校研究生会担任学生干部的代培研究生就有 30 余人。

(四十)我校先后与中科院一批研究院所签署全面合作协议

2004年12月,"全院办校、所系结合"工作整体推进。学校先后与中科院10个分院和合肥物质科学研究院等一批研究院所签署全面合作协议,在合作开展"大学生研究计划"、联合培养研究生、共同承担科研项目等方面均取得突破性进展。

(四十一)我校获选为"中国学位与研究生教育2004～2020年发展规划战略研究"专题项目承担单位

2004年,由教育部主持立项的"中国学位与研究生教育2004～2020年发展规划战略研究"被正式批准,按研究任务分解安排和专家的审议意见,我校被遴选确定为专题"我国研究生教育发展现状与基本问题的研究"项目承担单位,研究生院张淑林副院长被确定为该项目负责人。

"中国学位与研究生教育2004～2020年发展规划战略研究"是根据国务委员陈至立同志在国务院学位委员会第二十次会议上关于组织力量进行中国学位与研究生教育2004～2020年发展规划战略研究的指示,由国务院学位办组织的专项研究课题。该课题的最终成果将以政府研究报告——白皮书形式发表,为国务院学位办和教育部的决策提供咨询意见和理论依据,为此后20年中国学位与研究生教育的改革与发展提供指导。

本规划战略研究的基本结构分:简要报告、总体报告和专题报告三个部分。专题报告将由"国际研究生教育发展的趋势、经验和问题""我国研究生教育的发展现状与基本问题""未来学位与研究生教育发展的若干国际国内环境因素分析"等9个单元组成。

本规划战略研究下设顾问组、专家组、项目协调组、课题组等。除我校外,被遴选确定为课题项目承担单位的高校和研究机构还有:清华大学、北京师范大学、北京航空航天大学、哈尔滨工业大学、复旦大学、上海交通大学、南京大学、浙江大学、武汉大学、华中科技大学、西安交通大学、上海教育科学研究院。

(四十二)博士、硕士学位授权一级学科数量排名公布,我校列全国第八

2004年,由国务院学位委员会主办的中文核心期刊《学位与研究生教育》公布了全国56所设有研究生院的高校拥有博士、硕士学位授权一级学科数的统计排名,我校拥有博士、硕士学位授权一级学科数共计17个,其中理学6个、工学10个、管理学1个,总数并列全国第八。

是否具有一级学科博士、硕士学位授权是一个学科整体水平的重要标志,而拥有博士、硕士学位授权一级学科数量的多少则是反映一个学校学科综合实力的重要标志。自1996年国务院学位委员会批准部分学科水平高、学术声誉好的学位授予单位按一级学科

行使博士、硕士学位授予权,并逐步开展按一级学科审核博士学位授权点以来,我校在学科门类较少的情况下,通过加强学科建设,2004年已累计拥有博士、硕士学位授权一级学科数17个。

据悉,获得一级学科博士、硕士学位授权,学位授予单位可以根据现行的《授予博士、硕士学位和培养研究生的学科、专业目录》下的规定,在该一级学科下所有的二级学科招收、培养研究生并授予博士、硕士学位。实践证明,这项改革扩大了学位授予单位的办学自主权,有利于学位授权单位根据社会需求选择和确定培养研究生的学科、专业,调整人才培养的学科、专业结构;有利于学科建设以及新兴、交叉学科的发展;有利于引导学位授予单位按较宽口径培养研究生。

(四十三)全国第一轮第二批学科评估结果公布,我校7个一级学科进入前五

2004年,教育部学位与研究生教育发展中心在《中国研究生》杂志上公布了2003年全国一级学科整体水平评估排名,我校参评的11个学科均取得好名次。各参评一级学科整体水平及各项指标排名如下表所示。

我校参评学科在全国第一轮第二批学科评估中的排名结果

一级学科名称	整体水平		分项指标								参评单位数量
			学术队伍		科学研究		人才培养		学术声誉		
	排名	得分	排名	得分	排名	得分	排名	得分	排名	得分	
科学技术史	1	87.92	2	90.42	1	84.47	1	80.54	1	100	4
地球物理学	2	83.38	1	90.35	2	77.92	1	83.66	3	84.00	4
核科学与技术	2	82.34	1	96.49	2	79.95	1	78.01	4	77.78	9
矿业工程	3	76.84	5	79.29	4	76.14	3	71.85	5	82.76	10
力学	4	81.62	7	87.82	5	78.60	5	72.88	4	91.53	29
地质学	4	75.39	7	66.90	4	73.76	2	81.72	5	80.14	9
动力工程及工程热物理	5	75.99	7	80.90	5	73.73	8	69.76	10	84.23	25
材料科学与工程	10	76.65	5	84.86	9	72.46	21	65.56	17	83.25	49
仪器科学与技术	11	74.20	14	78.56	12	70.78	16	66.86	7	86.82	29
环境科学与工程	11	73.13	6	84.10	11	67.02	10	67.10	14	80.18	32
生物学	13	71.41	28	65.88	15	66.75	7	72.26	12	85.31	34

在此前的2002年全国首次一级学科整体水平评估排名中,我校申请参评的学科的整体水平排名也取得了较好名次。其中,数学第六名、物理学第四名、化学第三名、电子

科学与技术第五名、信息与通信工程第十六名、控制科学与工程第十六名、计算机科学与技术第八名、管理科学与工程第十四名。

本次评估由教育部学位与研究生教育发展中心组织，评估学科涉及哲学等42个一级学科，评估的主要目的就是为了促进学科建设，推动博士、硕士学位授权点的建设与发展，提高研究生培养和学位授予质量，增强我国研究生教育和学位工作的国际竞争力；宣传学科建设和学位与研究生教育成果，扩大学位与研究生教育的社会影响，发挥社会舆论监督作用；引入竞争，激发活力，使各个学科点找准自己的优势和差距，明确建设目标；为社会人才流动，学生求学和就业提供有关信息；为政府教育主管部门提供决策依据。

本次评估在总结2002年首次评估经验的基础上，对指标体系进行了修改，按学科门类分为文、理、工、农、管理6类，采用客观评估与主观评估相结合的方法进行。客观数据来源于各学位授予单位填报并认可的基本数据表以及教育部"211工程"办公室、教育部信息中心、中国科学院文献情报中心、南京大学中国社会科学研究评价中心等公共信息源。学术声誉来源于1040位同行专家反馈的调查信息。将客观数据和学术声誉调查结果按照学科评估指标体系进行综合处理，按综合得分进行排名。

（四十四）我校研究生获第一届"中国青少年科技创新奖"

2004年，我校工程科学学院精密机械与精密仪器系2003级硕士研究生钟小强同学荣获第一届"中国青少年科技创新奖"。

（四十五）我校博士荣获德国"洪堡基金奖"

2004年，我校科技史与科技考古系吕凌峰博士荣获德国"洪堡基金奖"，光荣成为我校第一位文科"洪堡学者"。

吕凌峰是我校科学史专业自己培养的博士，在石云里教授领导的课题组中从事清代天文与社会问题研究。其成果揭示了清代天象记录中存在的普遍造假行为，避免了当代天文学家对这些记录的误用，并对导致这种行为的科学、政治和社会原因进行了深入分析，在历史天文学的研究中具有重要价值，对科学社会史的研究富有启发意义，得到了国内外同行的重视。他的相关研究论文获"2003年安徽省人文社会科学论文二等奖"、全国中青年科技史会议大会论文唯一的一等奖、安徽省第四届"自然科学优秀学术论文"二等奖和三等奖。此前，吕凌峰博士还曾获得德国"DAAD奖学金"和"中国科学院院长奖学金优秀奖"。

我校目前已有多名理工科洪堡学者，吕凌峰博士获得洪堡资助是我校人文学科学术水平与国际接轨的重要标志。新中国建立以来，我国共有1000余位学者获洪堡基金资助，主要集中在自然科学领域，人文社科领域只有60余名学者成功获得资助，约占中国洪堡学者总数的6%。

（四十六）我校 4 个新增交叉学科博士点获准开展研究生培养工作

2004 年,经国务院学位委员会办公室备案批准,同意我校在化学、力学、控制科学与工程等 3 个博士学位授权一级学科范围内自主设置的 4 个博士学位授权点正式开展硕士、博士研究生培养试点工作。这些新增博士点均为急需发展的新兴、交叉学科博士点,分别为:应用化学(070321)、工程安全与防护技术(080124)、网络传播系统与控制(081120)、信息获取与控制(081121)。上述新增博士点此前均经过了严格论证,并于 2003 年 12 月 29 日经校学位委员会审议表决通过。根据要求,2004 年将全面启动新增博士点的培养方案制定、博士生导师上岗遴选、研究生招生等项工作。这样我校正式招收、培养研究生的交叉学科博士点、博士点和硕士点将分别达 20 个、93 个和 109 个。

据悉,开展自主设置交叉学科点的培养试点工作,仅限于在国务院学位委员会批准的博士学位授权一级学科范围内进行,目的在于进一步加强学科建设,调整学科、专业结构,促进新兴、交叉学科发展。这是自 1996 年以来国务院学位委员会批准部分学位授予单位按一级学科行使博士、硕士学位授权,并逐步开展按一级学科审核博士学位授权点以来深化学位授权审核制度改革的又一重要举措。根据《中国科学技术大学在博士学位授权一级学科范围内自主设置学科专业工作实施办法》(校学位字〔2002〕08 号),今后每年我校都将在 12 月份开展自主设置博士点审核工作。

（四十七）2003 年全国在职人员攻读硕士学位录取结果排序公布,我校专业学位录取成绩均位前列

2004 年,国务院学位委员会办公室公布了 2003 年全国在职人员攻读硕士学位录取结果排序,我校工程硕士、MBA、MPA 等专业学位录取成绩均位前列。

2003 年我校工程硕士录取 180 人,GCT 考试录取平均分 279,在全国 166 个招生单位中列第 7 位;MBA 录取 101 人,入学联考成绩总分平均分 242.59,在 48 个非西部院校中列第 6 位,总分最低的 215 分,列第 2 位,外语最低 49 分,列第 5 位;MPA 录取 63 人,入学联考成绩总分平均分 280.51,在 24 个非西部院校中列第 6 位,总分最低约为 254 分,列第 1 位,外语最低分为 47 分,列第 5 位。

本次录取结果排序是根据在职人员攻读不同硕士学位类别分别进行的,工程硕士按 GCT 考试录取平均分进行排序;MBA、MPA 等专业学位,非西部地区院校和西部地区院校分别排序;排序按入学联考成绩总分平均分、联考成绩总分最低分、外语最低分分别进行。据悉,专业学位研究生入学联考的录取情况和排序情况将作为各专业学位研究生教育质量评估的重要指标之一。对于联考成绩总分最低分排序偏后的院校和外语最低分低于 30 分的考生,相关专业学位教指委将采取有效方式进行全过程质量跟踪和监督;对于不能保证培养质量和造成社会不良影响的培养单位,将向其提出整改建议。

2○○5年

(一) 校学位委员会召开 2004 年度第二次学位工作会议,决定授予 128 人博士学位、556 人硕士学位

2005年1月4日下午,学校召开第六届校学位委员会二次会议。会议主要就我校 2004 年度第二次学位申请者名单进行审议和表决,并听取了有关部门关于学位、培养等工作的汇报。会议由校学位委员会常务副主任委员何多慧院士主持。

校学位委员会主任委员朱清时校长首先向各位委员致以新年问候！对各位委员长期以来在学位工作中的辛勤耕耘表示感谢,并对第六届校学位委员会的工作提出了希望。他说,作为领导全校学位与学科建设工作的重要监管组织,学位委员会在我校学位授予质量保证体系中发挥了重要作用。目前,学校依据"监管分离"的原则和学术民主的办学理念组建了第六届校学位委员会,吸收了相当一部分在学术上有重要影响的非行政领导人士和校外兼职院长参加,这是对学校新型管理运行机制改革的一次积极探索。他希望在新的历史时期,各位委员能继续发挥在学位授予工作中的"把关"作用,积极维护我校学位授予声誉。

委员们听取了数学、物理、化学、地学、生命科学、工程科学、信息科学、管理人文科学、同步辐射国家实验室、合肥智能所等10个学位分委员会负责人关于本学科学位申请者情况的介绍,仔细审阅了申请材料,并依据《中华人民共和国学位条例》和《中国科学技术大学学位授予实施细则》的有关规定,决定授予童伟华等128人博士学位、廖慧勇等556人硕士学位。

会上,委员们还听取了校学位办关于2004年学位工作总结和2005年学位工作计划的汇报,研究生院培养办关于培养方案及参考期刊目录修订情况的汇报,人事处关于聘请国内、外专家学者为名誉教授、客座教授(兼职)的暂行办法的汇报,就相关问题进行了讨论和审议,并责成有关部门予以落实。

我校第六届校学位委员会第二次会议现场

(二) 我校举行2004年度第二次学位授予仪式

2005年1月5日上午,我校基础科学教学实验中心楼三层东会议厅洋溢着欢庆的气氛,2004年度第二次学位授予仪式在这里隆重举行,身着学位服的700余名学子迎来了收获的时刻!

上午9时30分,学位授予仪式在庄严的国歌声中开始。校学位委员会主任委员、校长朱清时院士,常务副校长、副书记许武教授,校学位委员会常务副主任委员何多慧院士、副主任委员陈国良院士,校学位委员会委员地球与空间科学学院院长陈颙院士、信息科学学院院长龚惠兴院士、生命科学学院院长林其谁院士,有关部门负责人、博士生导师代表以及全体博士、硕士学位获得者参加了仪式。仪式由校学位委员会副主任委员、副校长侯建国院士主持。

校学位委员会常务副主任委员何多慧院士宣读了学位获得者名单。

在热烈的掌声中,朱清时校长发表了热情洋溢的讲话,他首先向全体学位获得者表示热烈的祝贺!朱校长以一位学长的身份,向学位获得者提出了殷切希望。他结合自己

2005年

的经历,鼓励同学们走上工作岗位后要再接再厉,树立正确的世界观、人生观、价值观。他还借用先哲孔子"知至至之""知终终之"的名言勉励广大同学,要善于创造和把握机遇,多干实事,不断学习,不仅要掌握宽厚的理工知识,更应该通过社会实践的大熔炉丰富和提高自身的人文素养。他希望,今天的大会不应是庆祝"结束",而应是欢呼新的"开始"。最后,他祝愿学位获得者在新的学习和工作岗位取得更大的成绩,为母校争得荣誉!

仪式上,导师代表工程科学学院夏源明教授寄语学位获得者,博士学位获得者代表熊立、专业学位获得者代表吴国平在发言中感谢母校和老师的培养,表达了对母校依依惜别的深情,并祝愿母校取得更大的辉煌。

在优美的乐曲声中,700余名博士、硕士学位获得者分别身着红色、蓝色学位服,排着队依次登上主席台,校领导与部分校学位委员会委员为他们一一扶正流苏,随后,在大礼堂前进行了合影留念。

博士、硕士学位授予仪式主席台

我校2004年度第二次学位授予仪式现场

(三) 我校举行"MBA/MPA 大家庭暨 2004 届毕业庆典"

为庆贺新中国成立以来首届 MPA 毕业生诞生、我校第五届 MBA 学员毕业和首次 MBA/MPA 全体校友大联谊，我校商学院 2005 年 1 月 5 日在东校区大礼堂，隆重举办首届"MBA/MPA 大家庭暨 2004 届毕业庆典"。安徽省委常委、常务副省长任海深出席庆典并发表了热情洋溢的致辞。校党委常务副书记、副校长许武，副校长侯建国院士，秘书长汪克强，以及校党政办、组织部、宣传部、人事处、研究生院等部门负责人出席庆典。

侯建国说，今天中国的现代化和发展不仅需要一流的科学家，也需要一流的企业家和一流的管理人才。商学院的宗旨是培养具有坚实的数理分析和高级计算机背景、掌握现代管理思想和方法的高水平管理创新人才，商学院有一支实力雄厚的研究和教学队伍，有着基础扎实、融会贯通、实际工作能力强的毕业生，十多年来包括在座的优秀校友在内，我校商学院已培养了众多的高级管理人才，在社会上做出了很优秀的成绩。他表示，相信我们的商学院在老师和毕业校友的配合下，一定能够也应该成为一流的企业家和管理人员的摇篮。

任海深常务副省长、许武常务副书记、侯建国副校长等与会领导和嘉宾还为"MBA/MPA 十大优秀毕业生"和"MBA/MPA 十大杰出校友"颁发了证书。研究生院张淑林副院长、商学院常务副院长梁樑等向"MBA 十大合作办学单位"以及 16 家"MPA 教育鸣谢单位"赠送了牌匾。庆典活动最后举行了精彩的文艺表演。

(四) 我校在首届"全国部分高校研究生数学建模竞赛"中取得好成绩

2005 年 1 月 7 日，我校研究生院等有关部门负责人带队，与部分获奖研究生和指导教师一行 10 人前往南京师范大学参加了首届"全国部分高校研究生数学建模竞赛"颁奖大会。在此次竞赛中，我校派出 5 支代表队，共获得一等奖 1 项、二等奖 1 项和三等奖 2 项的较好成绩。

据悉，首届"全国部分高校研究生数学建模竞赛"是在我校参与发起的 2003 年"南京及周边地区研究生数模竞赛"基础上进一步扩大的，此项赛事已经成为各高校培养研究生的创新能力和协作精神，增进研究生之间学术交流的重要平台。2004 年，全国共有来自南京大学、哈尔滨工业大学、浙江大学、天津大学、武汉大学、国防科学技术大学等 50 多所高校的 480 个代表队参赛，最终有 227 个代表队获奖。

(五) 我校与中科院合肥智能所就研究生培养等问题举行座谈

2005 年 1 月 19 日下午，应中科院合肥智能机械研究所邀请，校党委常务副书记、副校长许武，秘书长汪克强，研究生院常务副院长滕脉坤，副院长兼校学位办主任张淑林率

2005年

研究生院各部门负责人及自动化系有关负责人与智能所领导就"所系结合"中研究生培养等问题进行了交流座谈。

智能所常务副所长梅涛教授首先介绍了智能所的历史发展及科学研究、导师队伍、人才培养等现状,之后双方本着"一家人"的态度就研究生招生、培养、学位授予等方面问题进行了热烈讨论。研究生院有关负责人回答了智能所领导提出的有关问题,双方在交流中达成了共识。

许武常务副书记在总结发言中对我校与智能所的"所系结合"工作给予了充分肯定。许武指出,"全院办校、所系结合"是我校独有的办学特色,也是我校办学的基本方针。智能所对研究生教育需求的增长,充分反映了研究所事业的快速发展,也对我校的研究生教育提出了更高的要求。学校将根据智能所的需求,逐步进行调整,进一步加强与智能所在人才培养上的合作。他同时希望双方在研究生培养工作良好合作的基础上,能够在科研、人才流动、争取国家重大研究课题等方面开展更深层次的合作,以此实现双赢,促进双方的共同发展。

据悉,自2004年起,中科院合肥智能所的研究生教育已完全整合入我校并设立了学位分委员会,双方已经实现了资源共享、优势互补、互利双赢的良好合作局面。

(六) 我校印发《中国科学技术大学"985工程"二期建设项目实施管理办法》

2005年1月20日,我校印发《中国科学技术大学"985工程"二期建设项目实施管理办法》(校学位〔2005〕4号),部分内容摘录如下:

中国科学技术大学"985工程"建设实施工作领导小组受项目法人委托,负责领导"985工程"二期项目建设,对"985工程"项目建设实施中的重大问题做出决策与部署。

校"985工程"办公室具体负责"985工程"二期建设项目的具体组织实施和日常管理工作,其主要职责是:组织工程项目实施;组织编报项目年度进展情况报告、中期检查报告、项目验收报告等;组织项目年度预算申报和年度自评;负责项目中期期检查、验收等的各项准备工作;负责项目信息报送和项目档案管理。

为共同协调项目建设实施中的重要问题,保证项目建设的顺利进行,各子项目实行项目负责人负责制,子项目负责人应对项目建设实施过程中的经费使用、设备订购等重大问题负责。

(七) 我校生命科学学院评出2004年度"杰出研究生奖"

为进一步激励研究生努力拼搏,争创佳绩,继2003年度首次评选"杰出研究生奖"后,生命科学学院于2005年1月20日再度揭晓2004年度"杰出研究生奖",获得生命科学学院2004年度"杰出研究生奖"的10名同学及其导师分别是:陈湘川,导师张达人、阮

迪云;张天翼,导师徐卫华;李至浩,导师张达人;刘健,导师徐卫华;张效初,导师张达人;宋质银,导师吴缅;杨永辉,导师吴缅;董忠军,导师田志刚;娄阳,导师王玉珍、姚雪彪;姚健晖,导师姚雪彪。

生命科学学院2004年度"杰出研究生奖"的评选是以该院各类研究生(包括已毕业的研究生)以第一作者(或导师第一作者、研究生第二作者,或并列第一作者)在2004年国际SCI杂志上发表研究论文或综述,且第一署名单位为我校作为基本条件,对发表论文的研究生分别按论文发表杂志的影响因子和该杂志按影响因子在所属学科中的相对位置进行排序打分(序号即为分值),以两项分值的和作为得分而选出的。

(八) 学校召开"985工程"二期建设启动实施工作会议

2005年1月23日下午,学校在办公楼第一会议室召开"985工程"二期建设启动实施工作会议。会议主要就"985工程"二期建设启动实施工作的有关事宜进行布置和安排。校领导郭传杰、朱清时、许武、程艺、侯建国、鹿明,秘书长汪克强,校长助理窦贤康、尹登泽,"985工程"二期建设项目及相关职能部门负责人等参加了会议。会议由侯建国副校长主持。

侯建国副校长首先介绍了"985工程"一期和二期在建设任务、经费拨付方式等方面的差异。他说,"985工程"二期的主要建设任务就是在高校建设一批高水平的科技创新平台,在经费的拨付方式上与一期有较大的差异,经费将由一期的指标切块和整体拨付模式转向实行额度控制和预算申报制度。他希望各平台项目单位做好充分准备,及时更新理念,扎扎实实做好项目的规划实施工作。

朱清时校长认为,我校"985工程"一期建设之所以取得好的成绩,是与学校党政领导班子的精诚团结、齐心协力分不开的,也是与全校师生的持续努力分不开的。朱校长希望各平台项目建设单位要充分把握好"985工程"二期建设启动实施的机遇,充分结合学校的"十六字"战略发展方针,以科技创新平台建设为核心,以构建一流的学科体系为基础,以汇聚一流的创新人才队伍为根本,以创新管理体制与运行机制为保障,进一步整合和集成办学资源,突出和强化特色,巩固和发展优势。他要求,各平台项目的规划一定要与国家的需求结合起来,与学校的优势结合起来,要体现前瞻性,经得起历史考验;各项目要创造积极条件,健全人才引进、管理和使用机制,营造开放的环境,加大优秀人才引进工作的力度。

会上,校党委常务副书记、副校长许武做了重要发言。他强调,在"985工程"二期建设启动实施之际,有两个问题值得大家认真思考,一是"985工程"二期建设与中科院"知识创新工程"三期建设以及"211工程"三期建设的结合问题;二是"985工程"建设和中科院50个伙伴小组建设的相融问题。他认为既要把握眼前的机会,按既定的目标做好"985工程"二期的建设实施工作,更要放开眼界、胸怀大志,当前特别要认真整合学科力量,积极面向国家重大需求,瞄准更多更大的目标,以真正促进学校全面发展。

中科院党组副书记、我校党委书记郭传杰做了重要指示。如何围绕"985工程"科技平台的建设,发挥优势,打造特色,全面提高学校的办学水平,郭书记提出了指导性意见。他强调科技平台建设要注意做好几个"结合":一是要与人才队伍建设相结合;二是要与"所系结合"和科学院知识创新工程三期相结合;三是要与管理体制与运行机制创新相结合;四是要与学校的中长期发展战略规划相结合;五是要与学校的结构与布局相结合。只有做好这几个"结合",正确处理好这些关系,"985工程"建设才能真正实现预期建设目标,学校才能真正迈向一流。

我校召开"985工程"二期建设启动实施工作会议

(九) 我校召开"985工程"二期建设专家组2005年工作会议

2005年1月24日,学校在办公楼第一会议室召开"985工程"二期建设专家组2005年工作会议。会议主要就我校"985工程"二期重点建设的科技平台与基地项目的2004年经费实施方案和2005年经费预算进行论证和审核。以朱清时校长为组长的"985工程"专家组成员及相关职能部门负责人等参加了会议。会议由校"985工程"专家组副组长侯建国副校长主持。

朱校长首先就本次专家会议的审核原则做了强调说明,他指出,国家"985工程"二期的主要建设任务就是在高校建设一批高水平的科技创新平台和哲学社会科学基地。国家拨付的专项经费不是用来支持某个特定项目的,而是用来建设高水平的科技创新平台和哲学社会科学基地,全面改善高校的科研生态环境,为原创性科学成果的产生培育土壤。因此,评价各平台与基地项目的计划实施方案是否科学,经费预算是否合理,主要取决于两个方面的因素,一是是否有助于改善和提升科技创新平台和基地的硬件条件水平;二是是否体现对高水平人才的足够重视。他特别强调,光有硬件条件的改善还不行,更重要的是要有高水平的人才,软硬件是相辅相成的,因此,他希望在经费实施方案和经费预算中要充分体现"以人为本"的设计理念,特别要留有一定的经费用来引进高水平人才。

朱校长对我校"985工程"专家组成立的指导思想也做了介绍。他说,成立"985工程"专家组的目的主要是为了加强对我校"985工程"二期建设项目的管理,促进建设项目的顺利实施以及资源的合理使用。他希望各位专家能本着上述审核原则,严格把关,做好本次审核论证工作。

会上,专家组认真听取了我校"985工程"二期重点建设的"合肥微尺度物质科学""同步辐射""火灾安全""信息科技前沿理论与应用""地球与空间系统科学""科技史与科技文明研究""公共条件支撑体系"等科技平台和基地项目负责人关于2004年经费实施方案和2005年经费预算的汇报和有关答辩,并在充分审议的基础上依据相关指标对各项目方案进行了评价:同意各项目按财政部、教育部批复的经费执行2004年计划,并建议对项目计划执行任务书进一步修改与完善;原则上同意大部分平台和基地项目2005年的经费预算方案,并建议部分项目应进一步凝练目标,组织论证,力求按国家对平台的要求完善设计方案。

我校召开"985工程"二期建设专家组2005年工作会议

(十)我校举行首届"MPA/MPA大家庭暨2004届毕业庆典"

2005年1月,学校举行首届"MPA/MPA大家庭暨2004届毕业庆典",安徽省委常委、常务副省长任海深出席庆典并致辞。

(十一)我校国家同步辐射实验室"博士生访学计划"获国务院学位办批准实施

2005年1月,我校国家同步辐射实验室"博士生访学计划"获国务院学位办批准实施。

(十二) 我校6名博士生获"中国科学院优秀博士学位论文、院长奖获得者科研启动专项资金"资助

2005年1月,我校6名博士生荣获"中国科学院优秀博士学位论文、院长奖获得者科研启动专项资金"项目资助。

(十三) 教育部"研究生招生自主划线高校2006年工作会议"在我校举行

2005年3月7~8日,教育部"研究生招生自主划线高校2006年工作会议"在我校召开。来自全国34所自主划线高校的70余名研究生院代表参加了会议。会议由教育部学生司研究生招生处处长张凤有主持。教育部学生司副司长刘大为,安徽省教育厅副厅长虞志方,我校党委常务副书记兼副校长许武、副校长李国栋等领导同志出席了会议。

与会代表围绕研究生招生改革这一主题进行了深入交流,部分代表介绍了本校研究生招生工作的一些改革创新举措。通过交流,代表们一致认为,进一步提高复试工作质量,严格标准,规范程序,创新思路,对深化研究生招生制度改革和选拔机制创新具有重要意义。会议期间,代表们还考察了我校985科技创新平台微尺度国家实验室(筹)、同步辐射国家实验室和生命科学实验中心。

会前,我校常务副校长侯建国院士会见了教育部学生司的有关领导,并就研究生招生工作中的有关事宜进行了座谈。

本次会议受到与会代表的一致好评,与会代表认为会议站得高、开得及时、经验实在。同时,还对会议的扎实准备和精心组织工作予以了很高评价。

(十四) 我校"扶贫接力计划"研究生支教团志愿者获团中央表彰

2005年3月14日下午,在2005年全团青年志愿者工作会议暨中国青年志愿者协会二届四次理事会上,共青团中央隆重表彰荣获"2004年度中国青年志愿服务金奖奖章"的高义之等36位青年志愿者。团中央书记处第一书记周强、团中央书记处常务书记赵勇、团中央书记处书记杨岳等为获奖代表颁奖。我校商学院博士、"扶贫接力计划"研究生支教团志愿者杜少甫同学获得表彰。

(十五) 我校第一次研究生代表大会召开

2005年3月27日,我校第一次研究生代表大会在水上报告厅胜利召开。校领导郭传杰、程艺、侯建国、鹿明,秘书长汪克强,团省委副书记张永,团省委学校部、省学联负责人,学校有关部、处负责人,兄弟高校学生会、研究生会代表出席大会并在主席台就座。

各院系学生工作负责人,各分团委、团总支书记及校研究生会前任主要负责人也应邀列席了大会。

团省委副书记张永代表团省委、省学联对大会的召开表示热烈的祝贺,他充分肯定了我校的团学工作,希望我校研究生会在今后的工作中强化理想信念教育,积极开展学术科技活动,强化"三自"功能,加强能力建设,建设高素质的研究生干部队伍,在加强和改进研究生思想政治教育、营造校园学术氛围、帮助研究生解决实际困难等方面发挥更大的作用。

(十六)我校研究生院召开工程硕士培养单位负责人会议

2005年4月5日下午,我校研究生院召开工程硕士培养单位负责人会议,参加会议的有各工程硕士培养单位负责人、教学秘书和相关人员。

我校工程硕士起步较晚,2000年在"计算机技术"和"电子与通信工程"两个领域首次招收工程硕士生,当时全国招收工程硕士的院校已有100多所。几年来,我校的工程硕士研究生教育取得迅速发展,可在11个领域开展工程硕士专业学位授权试点工作,累计招收工程硕士生1648人,授予学位224人。经过几年来的探索与实践,我校的工程硕士从招生生源组织、报名资格审查、入学考试管理、录取标准的制定到学籍管理、培养成绩管理、论文评审及答辩以及学位授予,基本建立了一套较具我校特色的教育培养体系和管理模式。近两年,我校工程硕士招生录取成绩排名都名列前茅,"控制工程"自评取得较好成绩。2004年全国工程硕士专业学位教育指导委员换届时,我校已成为指导委员会委员单位。但也必须看到,工程硕士研究生教育过程中还存在一定问题,需要不断探索,加以改进。

会议指出,我校MBA已形成较好的管理模式,逐步打造出自己的品牌,工程硕士教育也要不断创新,探索出新的管理模式。工程硕士研究生教育要突出质量意识,坚持"自主自律",建立行之有效的质量监督机制,确保工程硕士培养质量。2005年要进一步做好招生宣传,积极联系合作办学伙伴,做好报考咨询、生源组织,聘请高水平的老师做好考前辅导。要抓好课程与论文两个培养阶段,不断改进和完善培养方案和课程计划,加强教学方式和方法的改革,丰富培养内涵。加强工程硕士核心教材建设,建设特色鲜明的前沿课程和网络教学平台。建立一套层次清晰、职权明确、体系创新的工程硕士运行机制和科学的管理模式。工程硕士培养院系与异地教学点一定要经常联系沟通,加强联合办学点管理,做好招生、培养、课程教学和学位论文的把关工作,推动工程硕士研究生教育的进一步发展。

(十七)西北工业大学"985工程"考察团来我校参观考察

2005年4月11日上午,由西北工业大学校学术委员会主任、中国工程院院士马远良

2005年

率队的"985工程"考察团一行9人来我校参观学习,对"985工程"二期建设思路、科技平台建设管理体制与运行机制、平台建设与学科建设的关系、队伍建设等问题进行调研。我校副校长侯建国、校长助理窦贤康会见了代表团成员,校"985工程"办公室、人事师资处、财务处、发展规划研究室等有关部门负责人参加了座谈与交流。

侯建国副校长首先向客人们介绍了我校"211工程""985工程"建设的一些基本情况。他说,自"九五""211工程"建设以来,学校根据"有所为有所不为"的指导思想,以学科建设为龙头,通过学科项目和公共服务体系的重点建设,不仅在学科建设、人才培养、队伍建设等方面取得了显著成效,而且推动了以国家实验室为核心的科技平台的建设,大大改善了教学科研条件,促进了学科的交叉和融合,优化了学科发展环境。为此,学校将在进一步总结"211工程""985工程"一期建设经验的基础上,继续围绕学科建设,深化管理体制和运行机制改革,加强以国家实验室为核心的科技平台建设。

座谈中,考察团对我校以微尺度物质科学国家实验室为代表的科技平台和公共实验中心的建设情况表示出了浓厚的兴趣。为此,侯校长特别就以微尺度物质科学国家实验室为代表的科技平台的建设思路与建设目标、管理体制与运行机制等做了重点介绍。他强调,为建成国际水平的科技平台,学校将根据"985工程"二期建设的规划与部署,坚持以微尺度物质科学国家实验室建设为基础,积极构建纳米科技、生命科学、信息科学和工程科技等多学科交叉研究基地,与学校其他已建成的国家实验室和国家及院省级重点实验室等相结合,逐步形成基础性研究平台、应用与开发平台、公共服务与技术平台并存、互促、协调的平台构架,形成园区式国家实验室的新格局和网络式管理的科技平台运作新模式。在平台的管理运行上,学校将实行"三级设计,二级管理"的管理模式,并实施与国际接轨的人才聘用和考核机制。

(十八)我校"985工程""211工程"专题网站开通

2005年4月13日,由校学位办公室组织设计开发的"985工程""211工程"专题网站正式开通。专题网站旨在宣传我校"985工程""211工程"建设与改革成果,反映最新建设动态,为校内用户提供各公共实验中心大型贵重仪器设备的服务信息。

网站设有"历史溯源""发展概况""985科技平台""211学科项目""公共实验中心""图书网络""成果巡礼"等宣传性栏目,有"办公热线""信息动态""公告通知""重要文献""规章制度""文档下载"等功能服务性栏目。

(十九)国务院学位委员会委托我校开展自行审核硕士一级学科点和硕士点工作

2005年4月22日,国务院学位委员会下发《关于委托部分学位授予单位开展自行审核硕士学位授权一级学科点和硕士点工作的通知》(学位〔2005〕17号),《通知》指出,根据

国务院学位委员会第二十一次会议的有关决定，委托我校在第十次学位授权审核中开展自行审核本单位硕士学位授权一级学科点和硕士点的工作。

自行审核硕士学位授权一级学科点和硕士点的学科范围可在哲学、经济学、法学、教育学、文学、历史学、理学、工学、农学、医学、管理学门类的学科范围内自行审核增列本单位的硕士学位授权一级学科点和硕士点。

学位授予单位自行审核增列硕士学位授权一级学科点和硕士点，应按照国务院学位委员会学位〔2005〕14号文的有关原则、标准和条件进行。

（二十）全国第一轮第三批学科评估结果公布，我校11个一级学科进入前五

2005年4月21～23日，由教育部学位与研究生教育发展中心组织的2004年全国一级学科整体水平评估排名揭晓，我校有11个一级学科进入前五名，数量列全国第六。在进入排名前五名的11个一级学科中，理学学科有物理学（第四）、化学（第三）、天文学（第五）、地球物理学（第二）、地质学（第四）、科学技术史（第一）；工学学科有力学（第四）、动力工程及工程热物理（第五）、电子科学与技术（第五）、矿业工程（第三）、核科学与技术（第二）。

学科评估（China Discipline Ranking，CDR）是指一级学科整体水平评估，简称"学科评估"。自2002年开始至2004年，我国已完成了军事学门类外的全部80个学科的首轮评估。

我国研究生教育学科分为文学、理学、工学等12个学科门类；每个学科门类包含若干一级学科，共有88个一级学科，如经济学门类包含理论经济学和应用经济学两个一级学科；大部分一级学科下设若干个二级学科（通常称学科专业），共有388个学科专业，如哲学一级学科下设马克思主义哲学、中国哲学等8个学科专业。

2002年，全国范围的学科评估启动，2002年首次评估的12个一级学科、2003年评估的42个一级学科及2004年评估的26个一级学科的排名结果随之发布。这是我国首次由权威教育评估中介机构开展的研究生教育学科排名，结果公布后在社会上特别是高校中引起了强烈的反响。

学科评估采用自愿参加的方式进行，凡具有培养研究生资格的学科均可申请参加评估。3年来，共有229个单位，1336个学科点参加了学科评估。

（二十一）我校张淑林续任中国学位与研究生教育学会评估委员会委员

从2005年4月21～23日在重庆召开的第三届中国学位与研究生教育学会评估委员会会议获悉，我校研究生院副院长、校学位与研究生教育评估中心主任张淑林继续当选为评估委员会委员。

作为全国高校中最早挂牌的学位与研究生教育评估机构,我校学位与研究生教育评估中心自1996年成立以来,在中国学位与研究生教育学会评估委员会的指导下,通过开展一级学科博士学位论文质量抽样评估、同等学力博士学位论文质量复评、全国优秀博士论文评选科学院系统的推荐初评,特别是近年来组织的一级学科整体水平评估等系列工作,推动了学位与研究生教育评估理论和实际问题的研究,促进了学科建设,对保证我校研究生培养质量起到了一定的作用。为进一步发挥评估这种质量监督和激励手段,使我校研究生培养质量得到切实保证,今后一段时期,我校评估中心将重点在博士论文抽查、学科点建设等方面开展自评工作。

(二十二) 我校与香港城市大学签署联合培养研究生协议

2005年4月24日,我校和香港城市大学联合培养研究生协议签署仪式在学校办公楼第四会议室举行。两校决定在双方2004年合作成立的联合高等研究中心(苏州)开展研究生的联合培养工作,以发挥彼此的优势,培养出优秀的科研人才,服务于社会。我校副校长侯建国、香港城市大学科研及研究生院院长王世全代表两校在协议上签字。

侯建国、王世全在仪式上先后致辞,一致表示,自两校2004年合作成立联合高等研究中心(苏州)以来,双方本着平等互惠、优势互补及共同发展的原则,经过共同努力,在合作研究、技术开发、人才培养和专业培训等方面一步步向前推进、一项项具体落实,开展的合作卓有成效。此次签署的联合培养研究生协议细节非常具体,具有一定的操作性。双方表示,两校将在实验室建设、教师交流等方面逐步扩大合作范围,以实现双赢。

根据协议,两校决定在各自已有博士学位授予权的学科领域开展联合培养研究生工作。联合博士培养项目的修读年期一般为5年,若有实际需要,学生可向两校申请提前或延期毕业。原则上学生第一学年在合肥,修读并完成公共必修课和学科基础课程;第二至第五学年在苏州,修读部分专业课及完成学位论文。若有需要,两校的导师可安排学生回合肥或到香港进行一段时期的修课或做研究。两校老师也可到苏州联合高等研究中心授课,以协助学生达到两校的课程要求。经两校同意,学生修课所得的学分可互相承认。学生达到两校的培养计划和学术水平要求,并通过学位论文答辩,方可申请授予学位。

协议规定,双方采用双导师制联合培养研究生,即每位研究生由两校各配备一名导师,共同制定学生的培养计划、选择专业课、确定研究方向和学位论文课题,并督促其完成学业。依据此协议,学生在完成两校规定的课程要求及通过学位论文答辩后,可分别申请由两校授予的博士学位。成功获得授予学位的毕业生可得到两校分别颁发的学位或毕业证书。

此外,协议还对联合培养学生的学业进度评估、学术论文署名、学籍管理、奖学金评定等内容做了具体规定。

4月25日,我校和香港城市大学联合高等研究中心(苏州)工作小组举行会议,讨论

了联合培养研究生的后续工作。同时,双方项目负责人还进行了交流,共同面试了学生。

(二十三) 我校与瑞典龙德(Lund)大学签署学术交流合作协议和学者/博士生交换协议

为促进我校和瑞典龙德大学之间的教育与学术的合作交流,2005年4月25日我校副校长侯建国院士与龙德大学副校长Göran Bexell教授分别代表两校签署了《中国科学技术大学和瑞典龙德大学学术交流和合作协议》与《中国科学技术大学和瑞典龙德大学学者/博士生交换协议》,双方将在感兴趣的任何领域以任何形式开展合作研究、学者和研究生交换、信息和资料交流以及研讨会等。

龙德大学是瑞典最大的高等教育和科研机构,拥有7个学院、多个研究中心和专门机构。有38000多名本科生和3000多名研究生,教职员有6000名左右。龙德大学的学术传统可以追溯到中世纪,她的前身是一所神学院。由于Lund当时是斯堪的那维亚大主教的驻所,因此成了中世纪斯堪的那维亚地区的思想中心。龙德大学建立于1666年,发展到今天,已成为一个在国际上享有盛誉的高等教育与科学研究的现代化中心。龙德大学的教学内容既包括传统的学科分类,又有非传统的,如高级商务人员培训、艺术教育等。龙德大学的另一个重要角色是通过互联网进行远程教学以及对各行业和公共部门的专业人员进行成人教育和继续教育。龙德大学与中科院的科学家们已建立了一些学术合作,目前正积极寻求进一步合作,特别是在纳米和生命科学领域的合作。

(二十四) 中山大学"985工程""211工程"代表团访问我校

2005年5月13日,中山大学校长黄达人、副校长许宁生率"985工程""211工程"代表团访问我校,就"985工程""211工程"建设等方面的做法与经验进行调研。中科院党组成员、校党委书记郭传杰,党委常务副书记、副校长许武,副校长侯建国,秘书长汪克强会见了黄达人校长一行,研究生院、发展规划研究室、科学技术处、党政办公室、理学院、化学与材料科学学院、工程科学学院负责人参加了座谈。

郭传杰书记首先代表学校对中山大学代表团来访表示欢迎,并希望双方在实施"211工程""985工程"建设的过程中,进一步增进交流、相互支持、共同发展。党委常务副书记、副校长许武介绍了学校的基本情况和近年来学校在人才培养、师资队伍建设、科学研究等方面取得的主要进展。侯建国副校长介绍了学校促进学科交叉、整合力量建设合肥微尺度物质科学国家实验室等科技创新平台以及实施"211工程""985工程"建设的主要思路、成果和经验与体会。

黄达人校长高度评价了我校创办精品大学的办学理念和实施"211工程""985工程"及科技创新平台建设方面取得的成就。他表示,中山大学和我校近年来在"985工程"建设中均取得了显著的成绩,加强双方的合作与交流,有利于拓展办学思路,进一步促进各自的改革与发展。

座谈会上,双方就学科建设、师资队伍建设、科研管理、办学支撑条件等问题进行了热烈讨论,为双方推进学校建设拓展了思路,提供了更多新鲜经验。

(二十五)公安部消防局、我校工程硕士研究生培养工作研讨会在我校举行

2005年5月13日,公安部消防局与我校在合肥联合召开了工程硕士研究生培养工作研讨会。各省、市、区公安消防总队、天津警官培训基地和昆明、乌鲁木齐消防指挥学校、南京士官学校以及公安部天津、上海、沈阳、四川消防研究所有关领导共60余人参加了研讨会。我校党委书记郭传杰教授、火灾科学国家重点实验室主任范维澄院士、公安部消防局陈家强政委、我校研究生院副院长张淑林教授、火灾科学国家重点实验室副主任张和平博士出席了研讨会。

会议认为,我校火灾科学国家重点实验室是目前国内唯一的以火灾为主攻方向的国家重点实验室,十多年来,在火灾安全与消防工程的学科建设和人才培养实践中,重点研究火灾科学的前沿、关键和难点问题,建立了火灾安全新兴交叉学科的学科框架,形成了较为完整的学科教材和课程体系,拥有高素质的教师队伍,为国家和消防领域培养了一批高层次专业人才。2001年以来,公安消防部队已有140人考入火灾科学国家重点实验室攻读工程硕士学位。该实验室主要培养防火监督管理、灭火救援指挥等高层次专业人才和消防科研人员。目前,已毕业的12名学员中,有9人被评为高级工程师,7人晋升为团职领导干部。他们的学科理论知识比较扎实,外语及计算机应用水平较高,在工作实践中解决重大疑难问题的能力较强,受到了部队和地方政府相关部门的一致好评,也为我校赢得了良好的人才培养信誉。

(二十六)我校召开研究生培养及学籍管理有关工作会议

2005年5月16日下午,学校在第一会议室召开研究生培养及学籍管理等有关工作会议。会议由副校长程艺主持,副校长、校学位委员会副主任委员侯建国院士出席并讲话,各院系(室)主管研究生培养工作负责人,研究生院有关领导和工作人员参加了会议。

侯建国副校长要求各院系根据校学位委员会会议的精神,在校学位委员会原则上通过的研究生培养方案及学术论文发表指南的基础上,对照相应的课程教学大纲,对内容有重复的课程尽量进行精简,杜绝因人设课现象,进一步修订完善研究生培养方案。

研究生院有关领导就新研究生培养方案中培养模式、课程设置、与本科课程的衔接、交叉学科研究生的培养、研究生发表学术论文的要求、学籍管理规定的实施、研究生助教、助研岗位津贴制度的改革等做了较详细的说明和介绍。

(二十七)我校召开"评估系统工程"博士学位授权点发展研讨会

2005年5月28~29日,教育部学位与研究生教育发展中心常务副主任、我校兼职博士生导师王战军教授来我校参加"评估系统工程"博士学位授权点发展研讨会。校研究生院、管理学院有关负责人及校学位与研究生教育评估中心有关人员参加了会议。会议由管理学院执行院长梁樑教授主持。"评估系统工程"博士点是我校管理学院的管理科学与工程一级学科下设的交叉二级学科,这在国内高校中也是唯一的。与会人员就"评估系统工程"博士点的定位、研究生培养和未来发展及目前的大学排名、学科评估等一系列问题进行了热烈的讨论。会议还明确了定期召开学科发展研讨会进行交流的机制,并就学科发展的组织保证等问题形成了初步意见。

(二十八)我校538名博导通过2006年上岗资格审查

2005年5月,我校2006年博导上岗审定工作圆满结束。共有538名教授通过上岗资格审定,其中校本部博导317人、科学院研究所联合培养博导168人、新增博导31人(研究所9人)、返聘博导31人。根据规定,通过审定的教授,可以在2006年上岗招收博士研究生。

本次上岗审定是我校博导由遴选制改为审定制后启动的首次选拔工作。与遴选制相比,审定制简化了审核程序,进一步强化了岗位意识。申请上岗的教授,只要本人提出申请,通过规定的条件审查,并经校学位委员会工作会议审议通过,即可上岗招收博士研究生。

为做好本次博导上岗审定工作,学校不仅从上岗条件、审定程序等方面制定了《博导上岗审定工作实施办法》,还于5月9日下午专门召开了校学位委员会全体委员会议,对上岗申请者的有关情况进行了审议。会上,校学位委员会副主任委员侯建国副校长就博导上岗审定工作中的有关问题提出了指导性意见。他希望,通过博导上岗审定制的实施,能进一步确立和强化博导竞争机制,推进选拔机制的创新,从而使博导真正成为一个重要的工作岗位,而不是教授中的一个固定层次和荣誉称号。他要求校学位办、人事师资处、科研处等有关职能部门应协同配合,从资格、在研经费等关键信息方面严把上岗关,以保证上岗教授的指导研究能力。

自20世纪90年代中期以来,为适应国家博导审核制度改革和自行审定博导工作的需要,我校在量化评审条件、规范评审程序、建立动态机制和激励机制等方面进行了卓有成效的改革与探索,推进了博导选拔机制的创新。今后,为适应新的发展形势,学校将进一步强化岗位意识,深化选拔制度改革,从而使博导成为一个能上能下的动态的工作岗位。

2005年

我校学位委员会 2005 年第一次全体会议

(二十九) 我校 6 名博士生获"中国科学院优秀博士学位论文、院长奖获得者科研启动专项资金"项目资助

2005 年,中科院人教局以《通知》(科发人教函字〔2005〕845 号)的形式,公布了 2005 年上半年度"中国科学院优秀博士学位论文、院长奖获得者科研启动专项资金"资助项目评审结果。我校有 6 名博士生申报的项目获专项资助,这 6 个项目的负责人、项目名称、项目起止年月、资助类别、资助金额分别如下表所示。

我校 6 名获"中国科学院优秀博士学位论文、院长奖获得者科研启动专项资金"明细

姓 名	项目名称	项目起止时间	资助类别	资助金额(万元)
王毅	竞争系统整体吸引子的结构及其应用	2005 年 7 月至 2007 年 12 月	全国优博论文	40
黄文	动力系统复杂性的若干专题	2005 年 7 月至 2007 年 6 月	院优博论文	20
汪毓明	多重日冕物质抛射在行星际介质中的演化	2005 年 7 月至 2008 年 6 月	院长特别奖	40
张志辉	新中国的政治与科学(1949~1966)	2005 年 7 月至 2008 年 6 月	院长优秀奖	10
褚建勋	危机情境中的信息传播网络复杂性研究	2005 年 7 月至 2007 年 6 月	院长优秀奖	10
金培权	时空数据库查询处理的理论与方法研究	2005 年 7 月至 2008 年 6 月	院长优秀奖	10

获中科院 2005 年度专项资金资助的对象须为"全国优秀博士学位论文"、首届"中国科学院优秀博士学位论文"、2003 年度"中国科学院院长奖"（特别奖和优秀奖）获得者,已毕业并已在科学院系统工作。获资助的项目须符合科学院新时期发展战略的需求,具有较强的科技创新性;具有较大的理论或现实意义;具备较好的实施基础。根据院人教局《关于专项资金申报工作的通知》精神,符合条件的申报人下半年度还可申报院"优秀博士学位论文、院长奖获得者科研启动专项资金"资助项目。

（三十）我校 2005 年研究生学术论坛圆满结束

为加强研究生间的学术交流,拓宽学术视野,活跃校园学术氛围,促进研究生创新意识与能力的培养,学校于 2005 年 6 月 1～15 日举办了研究生学术论坛。本次学术论坛按学科设立若干分论坛,并分别举行了研究生学术论文报告会,共有 217 名研究生提交了论文。各分论坛专家小组根据论文的创新性、研究生学术报告情况及取得的相关成果情况,认真评选,共评出优秀论文一等奖 15 名、二等奖 38 名。

（三十一）教育部"援疆学科建设计划"正式启动,我校对口支援新疆师范大学

为加快新疆维吾尔自治区高等教育的内涵发展,优化学科结构,促进学科发展,带动新疆高校整体实力和水平的提高,日前,教育部正式启动了"援疆学科建设计划"。根据该项计划的部署和安排,我校对口支援的高校为新疆师范大学（简称"新师大"）,具体支持的三个一级学科分别为:数学、物理学、化学。

为提高对口支援效果,根据《教育部关于实施"援疆学科建设计划"的通知》（教研函〔2005〕2 号）的精神和要求,我校已与新疆师范大学就学科建设中的相关对口支援工作事宜进行了初步洽谈协商。有关具体方案正在落实。

据悉,为确保"援疆学科建设计划"的顺利启动和实施,教育部和新疆维吾尔自治区于 2005 年 6 月 23 日共同召开了"援疆学科建设计划"工作会议。会议对该项工作进行了全面部署。周济部长参会并对该项工作作了重要指示。会上,北京大学等 40 所国内重点高校与新疆 11 所高校签署了初步协议。

教育部"援疆学科建设计划"是一个系统的学科建设一揽子计划,核心任务是为新疆高校培养结构合理的学科队伍和管理队伍,并建立相应的学位点。这一计划是继 2001 年教育部启动"对口支援西部地区高等学校计划",7 所部属重点高校与新疆 5 所高校建立对口支援关系后,再一次对新疆高校采取的大规模援助计划。

（三十二）中科院暨中国科大"研究生学制改革研究"研讨会在我校举行

2005 年 6 月 30 上午,由中科院人教局高教处和我校研究生院、发展规划研究室共同

承担的中科院暨我校"研究生学制改革研究"项目研讨会在校办公楼第一会议室举行。会议主要就研究生学制改革进行研讨。会议由我校研究生院副院长张淑林主持。院人教局高教处张少华处长、我校研究生院副院长李晓光教授、我校部分院系特邀教授以及课题组部分成员等共20余人参加了会议。

作为我国研究生教育生态系统的一个重要组成部分,中科院系统的研究生教育在我国研究生教育体系中有着举足轻重的地位。但由于受体制性因素的影响和制约,同所有的高校一样,中科院系统的研究生教育在学制以及与此相关的培养模式方面也存在着诸如学制刚性、培养模式单一等突出问题。这些问题已成为束缚研究生特别是博士生创新能力形成和发挥的制约性因素。目前,研究生教育界已意识到进行学制改革的紧迫性,国家已着手在酝酿这方面的改革,部分高校已初步进行了学制改革的尝试。因此,如何顺应国际潮流,应对国内学制改革形势的挑战,并立足于中科院的"院情",进行有特色的新型学制设计与培养模式建构,规划出台学制改革"预案",是一项重要而又紧迫的任务。为此,他希望与会专家能为推进研究生学制改革积极献计献策。

研讨会上,课题组成员研究生院培养办主任陈伟博士、发展规划研究室黄志广副教授分别做了题为《研究生教育学制的国际比较研究》和《我国研究生教育的学制缺陷及改革设想》的专题报告。杨金龙、王冠中、顾乃杰、陈初升、叶邦角、李晓光、何世平、戴蓓倩、缪柏琪、侯定丕、汤书昆、胡化凯、张淑林等先后就学制改革中的有关问题做了发言。

中科院暨中国科大"研究生学制改革研究"研讨会在我校举行

经与会人员的深入研讨,一致认为:传统的研究生"3+3"硕博分段式教育学制存在诸多弊端,如硕士学制过长,博士学制偏短,人为地割裂了博士生学习、研究的连贯性,不仅浪费了有限的教育资源,而且影响了博士学位论文的创新性,造成了博士培养质量的低效率。因此,新型学制设计应适当缩短硕士年限、延长博士年限,但不能搞"一刀切",在学制设计中应充分考虑不同学科、专业之间的差异,要体现学科特色,要有一定的弹性空间,要与目标定位相适应;作为一项涉及方方面面的系统工程,学制改革必将"牵一发而动全身"。为此,一定要注意学制改革的系统集成和制度的整体优化,特别是要做好与此相关的招生制度、课程体系、后勤保障体系、成本分担制度、助学体系等方面的配套改革。研讨中,与会人员还就我校在新形势下如何大力发展专业学位、提高研究生生源质量、优化课程体系、推进体制与机制创新等提出了宝贵意见。

(三十三)校学位委员会召开2005年上半年度学位工作会议,决定授予287人博士学位、702人硕士学位

2005年7月6日下午,第六届校学位委员会召开2005年度第二次全体委员会议。会议主要就我校2005年上半年度学位申请情况进行全面审议。会议由校学位委员会常务副主任委员何多慧院士主持。

校学位委员会主任委员、校长朱清时院士对各位委员在学位工作中的辛勤耕耘表示感谢,再次强调了学位授予质量把关的重要性,并对按"监管分离"原则组建的第六届校学位委员会的工作提出了希望。他希望,作为领导全校学位与学科工作的重要监管组织,在新的历史时期,校学位委员会应与时俱进,解放思想,要不断强化依法行事的意识,不仅要在学位工作中充分发挥把关作用,而且应在学校一流大学建设中发挥建设性作用。

第六届校学位委员会召开2005年度第二次全体委员会议

会上,委员们听取了校学位委员会办公室负责人张淑林关于2005年上半年度学位申请者整体情况的介绍,听取了各学位分委员会负责人关于本学科学位申请者情况的介绍,仔细审阅了申请材料,并依据《中华人民共和国学位条例》和我校学位授予实施细则的有关规定,决定授予张建刚等287人博士学位、吴卉等580人普通硕士学位、王翠红等47人工程硕士学位、阚瑞等46人MBA硕士学位、唐永兵等29人MPA硕士学位。

为进一步加强对工程硕士专业学位论文的规范化管理,委员们对《中国科学技术大

学工程硕士专业学位论文管理规定》进行了审议,并提出了修改与完善意见。

(三十四)我校举行2005年毕业典礼暨第一次学位授予仪式

2005年7月7日上午,我校2005年毕业典礼暨学位授予仪式在东区大礼堂隆重举行。近3000名学子迎来了学有所成的光荣时刻,他们在这里挥手告别美好的大学生活,即将奔赴新的工作和学习岗位,开始崭新的人生征程。

在主席台上就座的有校领导郭传杰、朱清时、许武、程艺、侯建国、王东进,理学院长杨国桢院士、工程科学学院院长崔尔杰院士、化学与材料科学学院执行院长陈初升、生命科学学院执行院长牛立文、信息科学技术学院执行院长卫国、地球与空间科学学院执行院长窦贤康、管理学院执行院长梁樑。程艺副校长主持仪式。

程艺副校长宣读了学校关于表彰各类优秀毕业生的决定,共有100名毕业生被评为"安徽省品学兼优毕业生"、306名毕业生被评为"校优秀毕业生"、39名毕业生获"科技强军奖学金",72名毕业生被评为"成人教育优秀毕业生"。

典礼上,毕业生分别身着红色、蓝色、黑色学位服,排队依次登上主席台,校领导和导师们为他们一一扶正流苏。

校学位委员会主任委员、校长朱清时发表了热情洋溢的讲话,他代表学校全体师生员工、学校党政领导班子向同学们取得的成绩表示最热烈的祝贺!向为他们的成长倾注无数心血的老师们表示衷心的感谢!作为学长和师友,他的离别赠言是,人生的价值在于用智慧和精神使短暂的生命丰满和完美。理想的人生要用高度的智慧和敬业精神,抓住每个机遇,顽强地使自己的潜能发挥到极致,为国家的富强,为人类的进步,做出自己可能的最大贡献。他希望,同学们离开学校之后,无论走到哪里,都继续关心和支持母校的发展。母校会永远支持、关心、关注你们,为你们所取得的每一项成绩而自豪;同时,母校更盼望同学们今后常回母校,亲眼看看母校的发展变化。最后,他送给大家四句话:"不要在幻想中等待未来,未来的种子就在你身上。用勤奋的劳动使它发芽、开花、结果吧,我们期待着为你们骄傲!"

教师代表、管理学院执行院长梁樑在会上致辞,希望全体毕业生服务社会、学会合作、承担责任。

毕业典礼结束后,毕业生纷纷与校领导和老师们合影留念。不少毕业生的亲友也从全国各地赶来,与毕业生们一起分享喜悦和快乐。

(三十五)我校研究生获第七届"钟家庆数学奖"

2005年7月25日,第七届"钟家庆数学奖"在山东省威海市揭晓,我校数学系博士生梁兴等8位博士生、2位硕士生获奖。

第七届"钟家庆数学奖博士生奖"获得者分别是:范淑琴(清华大学数学系)、关庆扬

(中国科学院数学与系统科学研究院)、梁兴(中国科学技术大学数学系)、明平兵(中国科学院数学与系统科学研究院)、张端智(天津南开大学数学研究所)、蒋达权(北京大学数学科学学院)、李明(北京大学数学科学学院)、周勇(华东师范大学数学系);第七届"钟家庆数学奖硕士生奖"获得者分别是:韩飞(天津南开大学数学研究所)、刘华宁(陕西西北大学数学系)。

据介绍,作为我国数学研究的杰出人才,钟家庆教授生前曾多次表示,数学事业的发展有赖于积极培养与选拔优秀的年轻数学人才,他殷切希望在我国建立基金以奖励优秀的青年数学家。为了纪念钟家庆教授并实现他发展祖国数学事业的遗愿,我国数学界的有关人士和一些在美华裔数学家于1987年共同筹办了钟家庆纪念基金,并设立了"钟家庆数学奖",委托中国数学会承办,用以表彰与奖励最优秀的数学专业的硕士研究生、博士研究生,鼓励更多的年轻学者献身于数学事业。自1988年开始,"钟家庆数学奖"已经举办6届,共有18位博士研究生、6位硕士研究生荣获此奖,获奖者都已成为数学各领域的骨干和中坚力量。"钟家庆数学奖"对祖国数学事业的发展起到了良好的推动作用。

(三十六) 我校博士生服务团结束暑期社会实践

我校"三下乡"暑期社会实践博士生服务团圆满结束了在河南省为期6天的实践活动,于2005年7月27日上午返回学校。

"学习红旗渠精神,服务中部崛起",突出服务性,是这次暑期社会实践活动的主题。在这一主题的指引下,博士生服务团结合当地的具体情况和需求,充分发挥博士生服务团多学科领域交叉的优势,积极为地方经济建设和社会发展服务。

博士生服务团先后考察了林州合兴钢铁公司、濮阳市林州钢铁公司、中国网通林州公司等企业,走访了林州市政务信息中心、林州市政务服务中心、林州市第五中学、安阳工学院等单位,并在林州市陵阳镇和采桑镇下川村、南采桑村进行了调研。我校博士生服务团分别与政府行政人员、乡镇企业家、大学教师、农村基层干部、农民和中学生进行了8场座谈会,深入了解了当地情况。服务团成员结合各自专业领域的研究成果,对当地政府信息化、乡村基层民主建设、农村土地流转、区域品牌规划和建设等提出了积极的建议,受到市政府和相关部门的高度重视。

7月25日上午,博士生服务团访问陵阳工业区,举行"中国科学技术大学博士生服务团实践基地"揭牌仪式,我校团委书记董雨、林州市副市长常慧琴和林州市科技局、陵阳镇政府相关领导出席了揭牌仪式;7月26日,博士生服务团参观了举世闻名的"人工天河"——红旗渠,认真学习、领会了"自力更生,艰苦创业,团结协作,无私奉献"的"红旗渠精神",并举行了"中国科学技术大学团员爱国主义教育基地"揭牌仪式,我校团委书记董雨、林州市副市长田海涛和林州市旅游局、教育局、科技局的领导出席了揭牌仪式。上述两个基地的建立,将加强我校与林州市的联系,建立双方长期合作的关系,为我校团员青年的成长成才服务。

(三十七) 我校第七届研究生支教队出征

2005年8月13日上午,"中国科技大学——安利支教团2005西部支教出征仪式"在西区学生活动中心礼堂隆重举行。校党委副书记鹿明、校团委书记董雨、校团委副书记李国阳和安利(中国)日用品有限公司上海分公司上海/安徽业务营运总监聂世永出席了出征仪式,鹿明、聂世永为我校研究生支教团第七届支教队授旗。

仪式上,在队长朱去疾同学的带领下,第七届支教队队员集体宣誓:"不怕困难,勇于挑战,踏实工作,乐于奉献,同人民紧密结合,为祖国奉献青春!"

"中国青年志愿者扶贫接力计划研究生支教团"项目是团中央、教育部1999年启动的活动,每年面向部分高校中已取得入学资格、综合素质优秀的应届大学毕业生,招募志愿者到中西部贫困地区支教一年。我校研究生支教团自1999年组建,已有6届27名队员分赴青海循化县、甘肃榆中县和宁夏海原县开展志愿服务,第七届支教队朱去疾、林雪姣、李士军、叶文、贺词和钱剑等6名队员于8月13日赴郑州大学接受团中央培训,并将赴海原县支教一年。

(三十八) 我校正式实施教育部"援疆学科建设计划"

为贯彻落实教育部"援疆学科建设计划",促进受援学校学科发展,带动受援学校办学水平的提高,2005年8月14日,校领导党委常务副书记、副校长许武,秘书长汪克强、校长助理窦贤康以及研究生院、人事师资处、理学院、化学与材料科学学院、地球与空间科学学院负责人一行7人赴新疆师范大学,与该校签署了对口支援和合作协议。这标志着我校正式实施了教育部"援疆学科建设计划"。

在新疆期间,我校理学院、化学与材料科学学院、地球与空间科学学院与该校对口院系就研究生联合培养、师资培训、教师队伍学历提升、导师互聘、学科交流等进行了交流、协商,并达成了全面具体的合作协议。

根据教育部"援疆学科建设计划"的部署和安排,我校对口支援的3个一级学科分别为:数学、物理学、化学。

新疆地处我国西北边陲,与多国接壤,地理位置极为重要,但长期以来新疆的高等教育却相对落后。作为系统的学科建设一揽子计划工程,教育部"援疆学科建设计划"的核心任务是为新疆高校培养结构合理的学科队伍和管理队伍,并建立相应的学位点。这一计划是继2001年教育部启动"对口支援西部地区高等学校计划",7所部属重点高校与新疆5所高校建立对口支援关系后,再一次对新疆高校采取的大规模援助计划。

(三十九) 聚焦江苏——"中国科大MBA万里行"再度起航

我校MBA校友联合会组织的"中国科大MBA万里行"于2004年4月成功举办之

后,受到了 MBA 教育业内各层人士的高度关注,得到众多企业家的积极响应,更得到中国科大 MBA 学员的支持。为更好增进社会对于 MBA 教育的理解,加强高校与企业、经济管理部门的合作,增加 MBA 学员接触社会实际的机会,推动中国科大"国内一流、国际知名"的 MBA 品牌建设进程,"2005 中国科大 MBA 万里行"再度起航,于 2005 年 8 月 20~21 日,进行了为期两天的考察活动。

"中国科大 MBA 万里行"活动旨在使企业高层管理人员系统地掌握工商管理 MBA 核心知识、最新理念和运作方式同时,通过互动研讨、著名企业考察等学习方法,将工商管理 MBA 理论与中国企业实践结合起来,学以致用,知行合一,通过学习解决自己企业运营中存在的实际问题,全面提升我校 MBA 学员的战略思考能力、企业运营能力、综合管理素质和领导能力,帮助学员在经营理念、管理素养和领导能力方面得到全面提升,使我校 MBA 学员的时间和学费投入得到超值回报。"行万里路,读万卷书",通过活动,能让我校 MBA 学员得到更多的锻炼,使我校这一著名的高等学府和企业建立更加紧密的联系,为把我校 MBA 打造成国内著名品牌起到积极的作用。

(四十)全国 29 个研究所 900 余名代培研究生来我校学习

2005 年 8 月 27 日下午,在全校广大师生员工的辛勤努力下,我校 2005 级研究生迎新工作落下帷幕。在来校报到注册的研究生中,一支"新军"颇为引人注目,他们就是来自各研究所的代培研究生。

为进一步贯彻落实新形势下的"所系结合"办学方针,推动研教互动,培育高层次人才,丰富和完善研究生培养内容和形式,在我校"所系结合"实施工作领导小组的部署下,今年我校接纳了来自中科院系统以及其他科研机构的 29 个研究所的代培研究生 921 人,"所系结合"工作再谱新章。

我校已有多年为研究所代培研究生的历史,据统计,改革开放二十年来,我校已为各研究所的 7000 余名研究生,承担了第一学年的基础课程和学位课程的教学工作。实践证明,由于我校建立了较为成熟、完整的教育体系,这些代培研究生通过第一阶段在我校的课程学习,知识结构得到较大拓宽,素质得到全面提升,为第二阶段进入研究所进行科研训练和学位论文撰写工作打下坚实的基础。

(四十一)我校举行 2005 级新生开学典礼,本年招收 1735 名硕士生、680 名博士生

2005 年 8 月 28 日,学校举行 2005 级新生开学典礼,朱清时校长在典礼上讲话。2005 年学校招收普通高等教育博士生 680 人、硕士生 1735 人。

（四十二）我校侯建国副校长在教育部"985工程"二期建设经验交流会上做典型发言

2005年8月29～30日，教育部在京组织召开"985工程"二期建设经验交流会。教育部有关司局负责同志、"985工程"建设学校校长（或分管副校长）和"985工程"办公室负责人参加了会议。我校党委书记郭传杰、副校长侯建国、研究生院副院长张淑林出席此次交流会。教育部周济部长、吴启迪副部长出席会议并讲话。

会上，教育部遴选了部分在"985工程"科技创新平台建设中成果较为显著、特色较为明显的大学做了典型交流发言。我校副校长侯建国代表我校做了题为《合肥微尺度物质国家实验室（筹）建设与实践》的典型发言。他从实验室的筹建背景和过程、实验室的发展战略、实验室运行体制、管理与文化、研究成果与研究方向凝练等4个方面介绍了实验室建设中的一些做法和成功经验，阐述了实验室建设的一些新思路。侯校长的经验介绍受到了与会高校的一致好评。

为促进相互借鉴、相互学习，提高会议交流效果，我校还向大会提交了《积极参与国家创新体系建设，努力推进"985工程"管理体制和科技平台运行机制创新》的文字交流材料。

（四十三）2005年"中国科学院优秀博士学位论文"结果公布，我校8篇入选

2005年8月，中科院人事教育局公布了2005年"中国科学院优秀博士学位论文"名单，我校8篇论文入选。

获奖论文均是经院优秀博士学位论文评审委员会审议，并经一个月的公示后产生的。开展院优秀博士论文评选旨在加强高层次人才创造能力的培养，提高院博士生教育的质量，激励博士生开展原创性的研究工作，创建具有中科院特色的研究生教育品牌，并为"全国优秀博士学位论文"的评选工作奠定基础。

评选工作每年进行一次，每次评选出的优秀博士论文一般不超过50篇，在2004年首届"中国科学院优秀博士学位论文"评选中我校有10篇论文获奖。根据《关于开展评选"中国科学院优秀博士学位论文"工作的通知》（科发人教字〔2003〕342号）的规定，对获得优秀博士论文的作者，中科院将颁发获奖证书并给予奖励；对毕业后仍留中科院工作的，还将给予科研启动资金的资助。对获得优秀博士论文作者的指导教师，中科院将授予"中国科学院优秀研究生指导教师"称号，颁发证书并给予奖励。

（四十四）我校研究生院组织本学期研究生课程教学检查

为维护正常的教学秩序，确保研究生课程教学的顺利进行，研究生院培养办于8月

29日召开研究生教学秘书会议,布置本学期有关教学工作安排并要求各院系切实做好开学研究生课程教学自查工作,从2005年9月5日开始研究生院组织专人对开设的课程进行一周的抽查。本学期新进校的研究生有3000多人,开设课程300多门,全部实行了网上选课。

从目前检查的结果来看,各院系大都能提前做好各项开课准备工作,总体情况较好,教学秩序稳定。任课教员能早到课堂,准时开课,讲授态度认真,责任心强,体现出了"以学生为本"。另外,各系开设的课程因各种原因调整上课时间和地点的,大都已上报研究生院备案并及时通知到学生。在查课过程中也发现一些问题,如有的教员出差却未办理请假手续,造成课堂无人上课。

针对有些课程选课人数超出上课教室容纳能力,研究生院协同各院、系及时进行调整,保证了教学秩序正常。

研究生教学是培养环节的重要一环,在新的培养方案开始正式启用之际,我们呼吁各院、系切实抓好教学过程监督和管理,在教学内容、教学模式、教学手段等方面不断更新理念,为进一步提高研究生整体培养质量打下宽广的基础。

(四十五)侯建国兼任我校研究生院院长

2005年9月16日,侯建国兼任我校研究生院院长。

(四十六)我校博士生报告团赴马鞍山进行科普宣传

9月17日是"全国科普日",今年科普日的活动主题是:"树立科学发展观,共建和谐社会——科普,你我共参与"。

为宣传、贯彻和落实《科普法》,推动科普工作进一步向深度和广度发展,我校博士生报告团成员宋勇、李董男、魏凯和单建华4位博士,在安徽省青少年科技活动中心的安排下,于9月17日到马鞍山市,向4所中学的2000多名中学生做了《货郎担问题的优化方法》《关于现在中国水资源状况与节水》《桌面上的量子化学》和《智能机器人大观》等4场科普报告,每场报告持续时间约1小时40分钟,受到了同学们的热烈欢迎。

(四十七)校学位委员会审议拟增列硕士学位授权一级学科点和硕士点

根据国务院学位委员会《关于委托部分学位授予单位在第十次学位授权审核中开展自行审核硕士学位授权一级学科点和硕士点工作的通知》的精神和要求,2005年10月11日下午,校学位委员会召开会议对我校拟申请增列的体育社会人文学硕士点、应用经济学等7个硕士学位授权一级学科点进行审议和表决。会议由副校长、校学位委员会副主任侯建国主持。

侯建国副校长就自行审核硕士学位授权一级学科点和硕士点的原则、标准和条件等做了特别说明,并强调指出,国家授权我校自行审核硕士学位授权一级学科点和硕士点,这既是赋予我们的权力,也是一种责任。为此,他希望各位委员能严格按照国务院学位委员会14号文件的有关规定,并结合学校的发展需求,从学科覆盖面、学术队伍、科学研究、教学与人才培养、工作条件、管理工作等关键重点环节严格把好自行审核关。同时,他还认为,当前我校的学科数量已达到相当规模,已到了从外延增长到内涵建设的重要时期,所有的学科点都应扎实加强建设,要经得起国家和社会的评估。

委员们听取了体育社会人文学、应用经济学、法学、新闻传播学、大气科学、地质探测与信息技术、工商管理、公共管理等学科点牵头人的汇报及相关答辩,仔细认真地对申报材料逐个进行了核实和审议,并依据《中国科学技术大学自行审核增列硕士学位一级学科点和硕士点工作方案》的要求,对申请学科点进行了无记名投票表决。经表决,同意:应用经济学、新闻传播学、大气科学、工商管理、公共管理等学科增列为硕士学位授权一级学科点,地质探测与信息技术学科增列为硕士点。

根据要求,学校自审通过的这些硕士学位一级学科点和硕士点名单将报国务院学位委员会批准。名单一经批准,其即可招收培养研究生。

我校第十批全国学位授权申报学校自审增列硕士学位授权点评审会

(四十八) 2005年"全国优秀博士学位论文"结果揭晓,我校3篇入选、3篇提名

2005年10月13日,教育部、国务院学位委员会发布《关于批准2005年全国优秀博士学位论文的决定》,指出2005年"全国优秀博士学位论文"评选工作已经全部完成,现批准《人民币汇率的决定及汇率变动的宏观效应》等96篇学位论文为"全国优秀博士学位论文";《投资者之间的利益冲突和公司治理机制的整合》等159篇学位论文评选"全国

优秀博士学位论文"提名论文。评选"全国优秀博士学位论文"是《2003~2007年教育振兴行动计划》的组成部分,是提高研究生培养质量,鼓励创新,促进高层次创造性人才脱颖而出的重要措施。各学位授予单位要以优秀论文评选为契机,在研究生中大力倡导科学严谨的学风和勇攀高峰的精神,鼓励研究生刻苦学习,勇于创新;要采取切实可行的措施,加强学科建设,完善质量保证和监督机制,全面提高我国研究生培养质量,为实施科教兴国战略做出新的贡献。

此次评选中,我校3篇论文入选"全国优秀博士学位论文"、3篇论文获"全国优秀博士学位论文提名论文"。

"全国优秀博士学位论文"评选每年进行一次,每次评选出的"全国优秀博士学位论文"不超过100篇,自1998年5月启动,6年来共批准了591篇"全国优秀博士学位论文",2003年开始设置"全国优秀博士学位论文提名论文",2003年、2004年,共评出提名论文318篇。"全国优秀博士学位论文"评选工作推动了我国研究生教育发展,促进了博士生教育整体水平不断提高,培养和激励了研究生的创新精神,促进了高层次创造性人才脱颖而出。

(四十九)"中国科大-香港城大联合高等研究中心(苏州)"揭牌

2005年10月17日,"中国科学技术大学-香港城市大学联合高等研究中心(苏州)"揭牌仪式在苏州研究院隆重举行。揭牌仪式由我校副校长侯建国主持。

我校校长朱清时,香港城市大学校长张信刚,中共苏州市委副书记、苏州工业园区工委书记王金华,我校党委常务副书记、副校长许武,香港城市大学常务副校长唐叔贤,中共苏州工业园区工委副书记、管委会副主任潘云官共同为联合中心揭牌。

朱清时校长、张信刚校长、潘云官副书记分别在揭幕仪式上致辞,对中心揭牌表示祝贺,并衷心祝愿中心在三方精诚合作下取得丰硕成果。我校副校长王东进、党委副书记鹿明、苏州研究院负责人金大胜,香港城市大学副校长黄玉山,科研及研究生院院长王世全出席揭牌仪式,苏州市和苏州工业园区相关部门和两校有关部处、院系负责人参加了揭牌仪式。

仪式结束后,参加揭牌仪式的领导和嘉宾参观了联合高等研究中心。虞吉林介绍了中心的概况,叶向东、陈华平、黄刘生、孙宝林、杨杰以及香港城市大学的有关教授扼要介绍了中心正在进行的各个项目,领导和嘉宾还饶有兴趣地参观了控制和机电一体化项目的智能机器人演示。

10月17日上午,中共苏州市委副书记、苏州市市长阎立会见了两校出席揭牌仪式的校领导。

"中国科学技术大学-香港城市大学联合高等研究中心(苏州)"自2004年6月签署协议开始筹建,旨在凭借苏州良好的区位优势和强大经济背景,着重在环境科学、信息技术、工程管理、应用数学、知识及创新管理等高新技术领域开展基础性、前瞻性、战略性的合作研究和人才培养。

目前,联合高等研究中心已经实施互联网服务、应用数学、知识及创新管理以及控制和机电一体化等四个联合培养研究生项目,依托国家重大基础研究课题("973项目")的"新一代Web服务计算实验室"和面向苏州地区水环境处理的"环境科学技术实验室"正在建设之中。

我校和香港城市大学将以联合研究中心为平台,尽快形成优秀的科研成果,输送高素质、高水平的人才,为国家的科技发展和地方经济建设做出贡献。

(五十) 北京航空航天大学"985工程"考察团来我校参观调研

2005年10月19日上午,由校长助理刘刚带队,"985工程"办公室、人事处、财务处、设备处、资产处等处室负责人组成的北京航空航天大学"985工程"考察团一行7人来我校,就"985工程"二期建设基本情况、"985工程"管理体制、科技平台运行机制、平台建设经验、建设经费使用办法、中央资金管理模式、优秀人才培养和队伍建设实施计划、大型贵重仪器设备管理等进行学习交流。我校副校长侯建国会见了代表团成员,校"985工程"办公室、人事师资处、财务处、校产处等有关部门负责人参加了座谈与交流。侯校长介绍了我校在资源有限的条件下,采取"集中投入、统一管理、开放公用、资源共享"的创新模式,建设公共服务体系的一些做法和经验。

(五十一) 我校召开"研究生教育发展现状与发展定位研究研讨会"

为全面了解我校研究生教育的发展现状及存在的突出问题,进一步明确研究生教育的发展定位,学校于2005年10月25日下午召开了"研究生教育发展现状与发展定位研究研讨会"。会议由我校常务副校长侯建国院士主持,校研究生院、管理学院有关人员参加了会议。

侯建国副校长希望研究生院、管理学院能组建"我校研究生教育现状"研究团队,对我校研究生生源、课程设置、学制、导师队伍建设、教学软硬件条件、培养质量、研究生就业状况、社会声誉等进行全方位调研,并通过与部分国内、外高校的分析对比,摸清我校研究生教育的"家底",诊断其中存在的问题,为学校研究生教育提供决策支持。

会议还明确该项工作由研究生院副院长张淑林、管理学院执行院长梁樑牵头负责组织落实。会上,研究生院、管理学院的有关人员就成立"我校研究生教育现状"研究团队进行了分工协调,同时对研究团队的下一步工作进行了布置。

(五十二) 中国学位与研究生教育学会文理科工作委员会2005年学术年会在我校举行

2005年11月9~11日,中国学位与研究生教育学会文理科工作委员会2005年学术年会在我校隆重举行。年会的主题为"研究生教育质量保证",主要议题有:研究生创新能力培养、导师队伍建设机制问题、研究生培养质量保证措施、培养过程中研究生心理调适问题。会议共遴选交流论文24篇,由我校研究生院编辑成文集。共有来自全国78个会员单位的126名代表参加了本届年会。

代表们围绕扩招"研究生教育质量保证"这一年会主题展开了热烈的讨论。大家认为,研究生教育的快速发展对于提高我国国际竞争力、提高全民族文化素质、推进我国经济、文化和社会健康协调发展有重要意义,满足了广大人民群众对接受高等教育的需求。对于如何真正实现研究生教育的"科学发展",保证研究生教育质量,代表们从开拓教育资源、拓宽教育渠道、更新教育理念、创新教育模式、提高生源质量、强化过程管理、建设高水平师资队伍、培养研究生的全面素质、营造自主创新氛围、扩大国际交流与合作等方面进行了较为深入的研讨,并提出了一系列改进研究生教育质量的建议和措施。代表们还认为,当前保证和提高研究生教育质量的关键是要深化研究生教育管理体制和研究生培养运行机制的改革。

中国学位与研究生教育学会文理科工作委员会2005年学术年会在我校举行

(五十三)"中科院暨科大研究生学制改革研究"课题进展情况交流会在我校召开

2005年11月21上午,由院人教局和我校研究生院共同承担的"中科院暨科大研究生学制改革研究"课题研究进展情况交流会在校办公楼第三会议室举行。会议主要就课题工作进展情况进行交流和研讨。会议由课题负责人、院人教局刘毅局长主持。我校常务副校长兼研究生院院长侯建国院士与会并讲话,院人教局高教处张少华处长、我校研究生院张淑林副院长以及课题组部分成员参加了交流。

刘毅局长建议,随着研究生就业压力的加大,课题组要加强对国家关于对研究生教育需求的研究和分析；学制改革要遵循实事求是的原则，要立足于中科院的院情和中国科大的校情，要有助于促进研究生教育机制创新和培养质量提高。

我校常务副校长兼研究生院院长侯建国院士对课题研究工作也提出了指导性意见。他要求学制改革课题研究工作要与研究生教育现状调研结合起来，特别是要站在学生和社会需求的高度；研究生学制和培养模式的改革设计，要遵循研究生教育发展规律，要立足于中科院教育系统的大背景，要充分体现"所系结合"的特色，要全面体现"提高质量，增强社会竞争力"的精品办学理念。

（五十四）我校工程硕士研究生和红战参加"神六"报告团

2005年11月26日，由中宣部、中直机关工委、中央国家机关工委、解放军总政治部、解放军总装备部、国防科工委、中国科学院、中国航天科技集团、中共北京市委联合组织的神舟六号载人航天飞行先进事迹报告团，在北京人民大会堂举行首场报告会。

报告人是中国载人航天工程副总设计师周建平，中国人民解放军航天员大队航天员费俊龙、聂海胜，航天科技集团公司中国运载火箭技术研究院研究员、长征2F火箭副总设计师宋征宇，航天科技集团公司中国空间技术研究院高级工程师、飞船系统副总指挥金勇，酒泉卫星发射中心发射测试站副站长、发射场系统火箭测试发射指挥员王学武，北京跟踪与通信技术研究所研究员、测控通信系统副总设计师孙宝升，中科院光电研究院研究员、应用系统副总设计师赵光恒，西安卫星测控中心着陆场站科技处处长、工程师和红战。

其中，报告人和红战是我校在读工程硕士研究生，指导教师是自动化系王永教授，学位论文《载人飞船返回舱弹道测定与落点预报方法研究》于今年4月开题。据悉，神舟六号载人航天飞行先进事迹报告团将在南京、南昌、武汉、广州、兰州、呼和浩特等地做巡回报告。

（五十五）我校3名研究生闯入"欧莱雅全球在线商业策略竞赛"总决赛

2005年12月1日起，世界上规模最大的商业策略竞赛——"欧莱雅全球在线商业策略竞赛"进入实战阶段。经过6轮紧张激烈的比赛，来自我校的Shining Town代表队获得了该项竞赛东亚赛区的冠军，并将于4月12日赴法国巴黎与其他7个赛区的冠军争夺最后的全球总冠军。Shining Town代表队的成员共3位，他们是信息科学技术学院2004级硕士研究生陈义如、陈许佳和化学与材料科学学院2004级硕士研究生饶淑玲。

（五十六）侯建国常务副校长深入有关学院调研"十五"期间"211工程"建设进展情况

为全面了解我校"211工程"项目建设进展情况，并为迎接国家"211工程"二期验收

以及新一轮重点学科评审做好准备,2005年12月6~7日,侯建国常务副校长携校学位办公室有关人员深入"211工程"建设的各子项目单位就"211工程"建设进展情况、建设中存在的问题、三期建设设想以及即将启动的国家重点学科的评估申报等进行调研,并与工程建设的各子项目负责人、参与工程建设的相关院系领导及有关人员进行了深入的交流与座谈。

在调研期间,侯校长反复强调了做好"十五"期间"211工程"建设总结验收工作的重要意义,并对"211工程"下一步工作提出了指导性意见。他指出,经过几年建设,"十五"期间"211工程"建设已进入工程收尾及验收阶段,目前,国家已正式启动了"十五"期间"211工程"建设总结验收工作。他认为,作为是整个建设过程中的一个重要环节,总结验收工作对及时检验建设成果、总结建设经验等具有十分重要的意义。为此,他要求,各子项目建设单位要进一步加强对项目的管理,要针对存在的问题采取切实有效的改进措施,扎实做好总结工作。他特别强调要注意与国内、外名校及高水平学科进行对比分析,摸清家底,明确在国内同学科中所处的地位,发现亮点和特色,找出差距和不足,以迎接国家验收。

据悉,根据国家的部署和要求,在2006年2月28日前,"211工程"建设学校须完成子项目验收工作。国家验收工作将安排在2006年4~6月进行。

(五十七)我校布置"十五"期间"211工程"子项目总结验收工作事宜

2005年12月16日下午,学校在办公楼第一会议室召开会议,全面布置"十五"期间"211工程"子项目总结验收工作事宜。会议由常务副校长侯建国院士主持。参与工程建设的相关院系负责人,各学科子项目、公共服务体系子项目负责人及有关人员,国家级和省级重点学科负责人,校"211工程"建设验收工作小组成员以及研究生院有关负责人参加了会议。

为强化在"211工程"项目建设中的激励机制,更好发挥建设资金的效益,侯建国表示,学校将利用"211工程"建设的预留滚动资金,对部分建设成效显著的项目予以滚动支持。

(五十八)我校举办2005年代培研究生联谊晚会

2005年12月17日晚,由我校党政办、研究生院、校团委、学工部主办,校研究生会承办的"科大·温馨家园"2005中国科大代培研究生联谊晚会,在西区活动中心多功能厅举行。校党委常务副书记、副校长许武,党委副书记鹿明,副校长窦贤康及主办单位的负责人来到晚会现场,与各院所代培研究生一起共同度过了一个温馨而快乐的夜晚,中科院物质科学学院院长王英俭应邀出席了联谊晚会。

来自中科院合肥物质科学研究院、上海技术物理研究所、沈阳计算技术研究所、大连

2005年

化学物理研究所上海硅酸盐研究所等29个院所的600余名代培研究生以极大的热情参加了晚会。晚会由精彩的歌舞、双簧等节目以及有趣的互动游戏穿插组成，所有节目均由各代培院所研究生表演。

在"全院办校、所系结合"办学方针的指导下，我校近5年来为中科院各院所培养了近4000名代培研究生，2005年就有29个院所的954名研究生在我校学习。中科院各院所的代培生组成了我校学生群体中一个相对特殊的部分，他们在我校度过一年的时间，对于中国科大、各院所以及代培研究生来说，都显得弥足珍贵。为了使广大代培生尽快融入到我校的校园生活中，我校从2004年开始，通过为代培生举办"温馨家园"联谊晚会、"科研杯"足球赛等一系列活动，为广大代培生创建了展现才艺、加强沟通的平台。正如代培研究生所说，这样的平台，不仅加深了代培研究生对我校的热爱和依恋，同时为各院所的研究生建立了可以穿越时空的深厚友谊。

（五十九）我校召开研究生培养与教学工作交流会议

2005年12月22日下午，校常务副校长兼研究生院院长侯建国院士主持召开了研究生培养与教学工作交流会议。各学院分管研究生教学工作的副院长，同步辐射实验室、微尺度实验室（筹）、火灾实验室等重点科研机构研究生教学工作负责人及研究生院有关工作人员参加了会议。

侯建国副校长在会上指出，近年来我校研究生规模迅速扩大，目前在校研究生数与本科生数之比已接近1∶1，研究生就业的压力也逐渐增大。如何在新形势下，对我校研究生教育进行新的定位，以培养出能够适应未来市场竞争的高层次人才，是摆在我们面前的一个十分重要和迫切的问题。他希望研究生院和各院、系，能够在对我校研究生教育现状充分调研的基础上，对研究生培养与教学工作进行新的创新探索。研究生院有关部门负责人就本学期我校研究生培养和教学的有关工作进行了总结，并就2006年将要开展的有关工作进行了初步安排。

（六十）我校工程硕士和红战同学为师生做"构筑'神舟'安全回归港"报告

2005年12月29日下午，"神州六号"载人航天飞行先进事迹全国巡回演讲报告团成员、我校自动化系工程硕士研究生和红战，在水上报告厅为我校师生做题为《构筑"神舟"安全回归港》的报告。有关部门、院系负责人、在校国防生、工程硕士学员、MBA/MPA学员和感兴趣的师生参加了报告会。报告会由学生工作部部长朱灿平主持。

和红战同学从技术支撑的角度简要介绍了飞船的七大技术系统，包括发射场系统、运载火箭系统、航天员系统、载人飞船系统、测控通信系统、飞船应用系统、着陆场系统等。

作为西安卫星测控中心着陆场站参谋长,和红战详细介绍了着陆场系统的有关情况。他说,为了能让航天飞船安全降落在主着陆场,确保航天员的生命安全,着陆场系统的工作人员精心测算、夜以继日地工作在实验现场,攻克了一道又一道的技术难关,圆满完成了指挥部下达的各项任务。

在谈到自己的体会时,和红战说,通过"神州六号"飞船的成功飞行,一个国家掌握多少关键的核心技术对于这个国家的国防安全是至关重要的,他希望有更多的同学加入到我国航天科技事业中来,为我国的航天和国防事业贡献自己的力量,在服务国家和社会的过程中实现自己的人生价值。

和红战同学是应我校常务副校长侯建国院士的邀请,专程来皖为第五届"兴皖之光"青年学术会议做大会特邀报告的。报告会前,常务副校长侯建国院士亲切会见了和红战同学。

(六十一)校学位委员会召开 2005 年下半年度学位工作会议,决定授予 129 人博士学位、846 人硕士学位

2005年12月30日下午,校学位委员会召开了下半年度学位授予工作会议。会议主要就我校2005年下半年度学位申请者名单进行审议和表决,并听取了有关部门关于学位、培养等工作的汇报。会议由校学位委员会常务副主任委员何多慧院士主持。

校学位委员会主任委员朱清时校长首先代表学校党政领导向在百忙之中参会的各位委员致以新年问候!对各位委员长期以来在学位工作中的辛勤耕耘表示感谢!

朱校长认为,学位工作是我校研究生教育工作中的重要环节,把好学位授予关,对保证我校学位授予质量,维护我校学位授予声誉,具有重要意义。

朱清时校长还结合学校科研工作取得的优异成绩对学位委员会的工作提出了新的希望。他说,作为领导全校学位与研究生教育工作的重要监管组织,希望各位委员积极献策献计,推动我校学位与研究生教育工作体系创新,促进我校研究生教育质量的提高。

会上,委员们听取了数学、物理、化学、地学、生命科学、工程科学、信息科学、管理人文科学、同步辐射国家实验室、合肥智能所、专业学位(工程类、管理类)等12个学位分委员会负责人关于本学科学位申请者情况的介绍,仔细审阅了申请材料,并依据《中华人民共和国学位条例》和《中国科学技术大学学位授予实施细则》的有关规定,决定授予杨周旺等129人博士学位、杜宇等96人普通硕士学位、张鹏等167人工商管理硕士学位(MBA)、魏宏亮等281人公共管理硕士学位(MPA)、连红等302人工程硕士学位。

会议审议通过了我校普通本科学士学位、成教本科学士学位授予条例的修订方案,听取了校学位办关于国务院学位办2006年将要开展的五项大的工作的汇报,研究生院培养办关于培养方案修订及有关教学工作安排的汇报。

我校学位委员会召开 2005 年下半年度学位授予工作会议

(六十二) 我校研究生获第二届"中国青少年科技创新奖"

2005 年,化学与材料科学学院化学系 2002 级博士研究生傅尧和生命科学学院 2005 级本科生谢鑫淼荣获第二届"中国青少年科技创新奖"。

(六十三) 我校印发《中国科学技术大学工程硕士研究生课程与成绩管理办法》

2005 年,我校发布《中国科学技术大学工程硕士研究生课程与成绩管理办法》(学位字〔2005〕9 号),部分内容摘录如下:

为进一步规范我校在职攻读工程硕士专业学位研究生的课程学习与成绩管理,确保培养质量,根据全国工程硕士专业学位教育指导委员会《关于制定在职攻读工程硕士专业学位研究生培养方案的指导意见》的有关精神,结合我校具体情况,特制定本管理办法。

工程硕士研究生的课程学习计划,应根据各领域的工程硕士培养方案和委托培养单位的不同需求统一制定。课程程学习计划、教师聘任、课表安排、考试及成绩管理等工作由院系和工程领域的管理部门负责(公共必修课由研究生院和校学位办统一安排)。工程硕士研究生的课程学习实行学分制。

攻读工程硕士学位的年限一般不超过 5 年,课程成绩从开始课程学习之日起至申请论文答辩止 5 年内有效。

(六十四) 我校"985 工程""211 工程"专题网站开通

2005 年,我校"985 工程""211 工程"专题网站正式开通(网址:http://202.38.65.

108)。专题网站旨在宣传我校"985工程""211工程"建设与改革成果,反映最新建设动态,为校内用户提供各公共实验中心大型贵重仪器设备的服务信息。

浏览网页,不仅可以查询到公共实验中心等科技平台的大型贵重仪器设备的服务信息,还可体会到老一辈国家领导人对重点大学建设工程的特有情怀,再现我校建设与发展的里程碑,诠释我校高水平大学建设工程的新思维,展示我校"985工程""211工程"建设的成果和风采。

(六十五)我校同步辐射实验室"博士生访学计划"获国务院学位办批准实施

2005年,国务院学位办复函我校,同意我校申请的同步辐射国家实验室"博士生访学计划"项目实施,并安排专项经费资助。复函要求我校要进一步完善项目实施方案,落实配套经费,明确项目负责人,精心组织,尽快实施。

我校于2004年10月开始组织该项目申报。经过多方努力,该项目在激烈的竞争中获批实施。该项目的实施将可以吸引更多国内大学和研究所相关学科的博士生以访学身份来我校同步辐射国家实验室开展多学科交叉学术交流,利用大科学装置进行高层次的研究型学习与实践,培养访学研究生的创新意识和创新能力,为国内先进同步辐射光源技术、应用技术发展以及相关交叉学科的发展培养高层次的支撑人才。

开展"博士生访学计划",是实施教育部研究生教育创新计划的重要内容。其目的是为博士生提供优良的科技创新和学术交流的环境和条件,推动优质教育资源共享,学习先进的创新研究方法,拓宽博士生的学术视野,活跃学术思想,激励学术创新,营造研究生教育的创新环境,提高博士生培养质量。

(六十六)我校研究生网上选课系统正式全面开通

2005年,经多次修改、提升以及一年多的试运行,我校研究生网上选课系统于本学期正式全面开通。目前,已有1233门研究生课程面向全校研究生开放,供大家选修。

研究生网上选课系统由我校研究生院组织开发设计。该系统的应用突破了时间、空间限制,使学生可通过任何一台连接校园网的计算机登录我校研究生院研究生网络信息平台随时查询课表进行选课,汲取新信息。这在很大程度上减少了传统教学组织和管理过程中不必要的中间环节和人为障碍,简化了以往需经学校、学院等实施的诸多环节和程序,提高了工作效率,促进了资源优化与信息共享,从而初步实现了教学管理手段的科学化和信息化。

(六十七)我校3部研究生教学用书荣获教育部推荐

2005年,教育部公布了2004～2005年度教育部推荐"研究生教学用书"的遴选结果,

我校化学院何平笙教授所著《高聚物的力学性能》(高等教育出版社)、地球和空间科学学院郑永飞教授等所著《稳定同位素地球化学》(科学出版社)、郑永飞教授所著《化学地球动力学》(科学出版社)3部研究生教学用书入选。本次全国共评选出151部研究生教学用书。

研究生教学用书的遴选、推荐工作是保证我国研究生培养质量，构建研究生培养质量"基准平台"的重要举措。教育部从1999年起，每年都进行该项工作。我校在迄今为止的7次评选中，共有6部研究生教学用书荣登入榜，其他三部分别为：《图论及其应用》(作者：徐俊明)、《群与代数表示论》(作者：冯克勤、章璞、李尚志)、《地球动力学》(作者：傅容珊)。

(六十八) 我校启用实施新的研究生培养方案

2005年，历时近两年、涉及近百个学科点的我校研究生培养方案修订工作正式完成。根据规定，新的培养方案从2005级研究生起开始全面实施。

新的研究生培养方案充分借鉴了国内、外著名大学的研究生培养经验，特别注重"本-硕-博"课程的衔接和一体化的设计，并力求拓宽研究生的知识结构，突出研究生的创新能力培养。

与新的研究生培养方案配套的《中国科技大学研究生学术论文发表参考指南》也正式启用。该《参考指南》对研究生攻读学位期间需取得的科研成果进行了量化规范，并体现了不同学科领域要求的差异性，改变了过去对研究生发表学术论文要求"一刀切"的做法，具有更强的可操作性。

研究生培养方案是开展研究生培养工作和制定研究生个人培养计划的重要依据，同时也是确定研究生培养目标和方向，明确研究生培养过程和环节的重要文件。据悉，我校原研究生培养方案(1998年版)已实施6年，在此期间，我校研究生教育规模、结构及环境有了较大变化。为顺应研究生教育发展的国际化趋势，积极推进研究生教学体系和培养体系的创新，从2004年春起，我校研究生院即组织全校各院系、学科点对研究生培养方案和教学大纲进行了系统的修订和完善。经过各院系反复修改及校学位分委员会、校学位委员会的多次讨论，最终定稿。

(六十九) 中国科大研究生招生在线网站开通

针对研究生招生工作的特殊性且报考对象大多倾向于从网络获取信息的特点，2005年，我校研究生招生在线网站正式开通(网址：http://202.38.65.108:1900)。该网站旨在充分利用现代网络平台，传播考研资讯，推动我校研究生招生工作体系创新，吸引更多有志学子报考我校，从而保证我校研究生生源质量。

该网站设有"招生问答"等互动性栏目，"在线报名""查询统计""文档下载"等功能性栏目，"学科专业介绍""招生简章"等信息服务性栏目，"历史沿革""信息动态""学校概况""院系导航""导师队伍""院士风采""人才培养""学科建设"等宣传类栏目。

据悉，为方便广大考生进行网上咨询，促进报考者与招考单位的信息交流与互动，"招生问答"栏目将定期开启，解答报考和招考中考生关心的热点问题；"信息动态"栏目将及时传播国家和我校的最新考研信息，通报我校研究生招生工作的最新进展情况；"查询统计"栏目将为考生查询考研成绩、录取结果以及录取分数线等信息提供接口。另外，登录网站，输入相关信息可实现"在线报名"；浏览网页的其他节点，还可全面了解我校的优势和特色学科，领略大师的风采，感悟我校学位与研究生教育改革的新思维，见证我校学位与研究生教育的最新发展成果。

2006年

(一) 我校举行 2005 年度第二次学位授予仪式

2006年1月2日上午,2005年度第二次学位授予着装仪式在大礼堂隆重举行,身着学位服的1000余名学子迎来了收获的时刻。校学位委员会主任委员、校长朱清时院士,校学位委员会常务副主任委员何多慧院士,副主任委员、常务副校长侯建国院士,党委副书记、副校长李定,副校长王东进、窦贤康参加了仪式。

仪式由侯建国院士主持。何多慧院士宣读了学位获得者名单。朱清时校长发表了热情洋溢的讲话。学位获得者导师代表闫沐霖教授、博士学位获得者代表朱梅、专业硕士学位获得者代表黄土先后发言。

在优美的乐曲声中,1000余名博士、硕士、学士学位获得者分别身着红色、蓝色、黑色学位服,排着队依次登上主席台,校领导与部分校学位委员会委员为他们一一扶正流苏。随后,在大礼堂前进行了合影留念。

本次仪式上,学校共授予129人博士学位、96人普通硕士学位、167人工商管理硕士学位(MBA)、281人公共管理硕士学位(MPA)、302人工程硕士学位。

学校隆重举行 2005 年度第二次学位授予着装仪式(一)

学校隆重举行 2005 年度第二次学位授予着装仪式(二)

(二) 国务院第十批博士和硕士学位授予单位学科点结果公布,我校环境科学与工程新增为博士点、应用经济学等专业新增为硕士点

2006 年 1 月 25 日,国务院学位委员会发布《关于下达第十批博士和硕士学位授权学科、专业名单的通知》(学位〔2006〕3 号),我校环境科学与工程新增为一级学科博士学位授权点,应用经济学、新闻传播学、大气科学、工商管理、公共管理等 5 个专业新增为一级学科硕士学位授权点,地球探测与信息技术新增为二级学科硕士学位授权点,详见下表。

我校第十批新增博士、硕士学位授权点名单

序号	学 位 点	层 次	序号	学 位 点	层 次
1	环境科学与工程	博士(一级)	5	工商管理	硕士(一级)
2	应用经济学	硕士(一级)	6	公共管理	硕士(一级)
3	新闻传播学	硕士(一级)	7	地球探测与信息技术	硕士(二级)
4	大气科学	硕士(一级)			

(三)我校14个"十五"期间"211工程"建设子项目通过校内验收

为全面检查我校"十五"期间"211工程"各子项目建设目标、建设任务完成情况,认真总结各子项目取得的基本成绩、成功经验和存在问题,根据"211工程"部际协调办公室《关于做好"十五"期间"211工程"建设项目验收工作的通知》的部署和要求,我校成立了以朱清时校长为组长的"十五"期间"211工程"子项目验收专家组,并于2006年2月20日对重点建设的11个学科建设子项目和3个公共服务体系建设子项目进行了总结验收。验收采取召开汇报答辩会议的形式进行。会议由验收专家组副组长、校常务副校长侯建国院士主持。"十五"期间"211工程"子项目验收专家组全体成员、子项目负责人及相关人员、相关学院负责人等参加了会议。

朱清时校长从国家科技发展的战略高度就如何做好"十五"期间"211工程"子项目验收工作做了指示。他说,最近国家召开了科技发展大会,发布了中长期科技发展规划纲要,对今后一段时期科技发展重点领域和目标有清楚的表述,这是指导今后一段时期科技发展的纲领性文件,也是指导我校下一步发展规划的重要指南。为此,他希望专家组能以高度的责任感做好子项目验收工作,通过子项目验收,进一步对前一阶段的工作进行思考和总结;通过总结,发现问题,调整方向,以便学校的下一步发展能切实转到围绕到国家目标的轨道上来。

答辩会上,专家组审阅了各子项目提交的总结报告并听取了各子项目专家的答辩。根据要求,专家组依据项目资金使用、仪器设备购置、学科建设、人才培养、队伍建设、标志性成果等指标对子项目建设情况进行了评议。专家组认为,大部分子项目目标任务完成情况良好,实现了预定的目标;经费使用规范合理,效益较高;设备购置规范、管理有序;在学科建设、人才培养、科学研究、队伍建设等方面取得了显著的建设效益,有多项指标超出规划目标,为加快创建高水平研究型大学建设奠定了良好的基础。专家组同时还认为部分子项目在队伍建设、科学研究以及建设效益等方面还存在一定问题与不足。为此,建议有关子项目单位应进一步通过总结经验,找出问题与不足,以迎接国家验收。

最后,子项目验收专家组经认真讨论和投票表决,认为我校"十五"期间"211工程"建设的14个子项目均达到了验收要求,验收通过。根据部署,国家对我校的整体验收工作安排在 5 月中旬进行。

我校 14 个"十五"期间"211 工程"建设子项目校内验收会场

(四) 我校布置 2006 年上半年度学位与研究生教育工作

2006 年 2 月 22 日,侯建国常务副校长主持召开会议,布置 2006 年上半年度学位与研究生教育工作。

侯建国结合当前研究生教育发展形势及我校研究生教育基本现状,就如何做好 2006 年学位与研究生教育工作谈了基本思路:学校将在进一步调研的基础上,拟开展六项重点工作:构建科学合理的校院系三级学位与研究生教育管理体系,创新管理模式;推进研究生招生改革,充分发挥院系在研究生招生中的作用;深化研究生教学培养制度改革,促进研究生创新能力培养;完善研究生"三助"制度,促进研究生培养机制转变;召开研究生教育发展工作会议;做好"211 工程"国家验收和新一轮国家重点学科评审工作。

(五) 我校 2 名研究生获评"安徽省十佳(优秀)青年学生"

2006 年 2 月,我校博士研究生赵爱迪获得"安徽省十佳青年学生"称号,博士研究生董道毅当选"安徽省优秀青年学生"。

(六) 我校对"十五"期间"211 工程"建设成果进行总结

2006 年 2 月,我校对"十五"期间"211 工程"建设成果进行总结,并形成《中国科学技术大学"十五""211 工程"建设总结报告》。报告部分内容摘录如下:

侯建国常务副校长主持布置2006年上半年度学位与研究生教育工作

研究型大学学科体系初步建立。我校根据"合理布局、强化特色、突出重点、建设基地"的基本原则,进一步集中资源,整合力量,促进优势学科的交叉和融合逐步建立起了能够瞄准世界科技前沿,更好地为国家和区域科技经济社会发展服务的基础学科群、基地支撑学科群、特色学科群并存融合的学科体系,初步形成了龙头学科与支撑学科、传统学科与前沿学科、基础学科与应用学科并存互长的良性学科生态环境。

创新型人才培养体系初步形成,研究生规模进一步扩大,教育质量稳步提高。我校本科生教育质量继续保持国内领先、在国际上有较强竞争力的水平,本科毕业生攻读国内外研究生的比例连年保持在75%左右。本科生的知识和能力结构更加优化和合理,全面素质和创新能力得到进一步提高,能够较好地适应当代科技、经济和社会发展的需要。以机器人活动等为主题的多项科技活动已在国内形成了品牌,并在国外产生了一定的影响。通过改革与创新,我校建立起了以创新能力为核心,从"入口"到"出口"环环相扣、层层把关的研究生教育质量保证体系。研究生培养的基础教学、科研条件大幅改善。

科技创新水平大幅提升,自主创新能力明显提高,科技竞争力显著增强。涌现出一批具有较强显示度的重大科技成果。近年来,我校科研工作质量稳步提升,频出具有世界先进水平的重大科技创新成果,获得了44项国家和省部级奖励。科技成果入选中国"年度十大科技进展"次数居全国高校第一,也是2003年、2004年、2005年唯一有成果入选"年度十大科技进展"的高校。

人才队伍建设取得显著成效,教师队伍年龄结构更加合理,高层次人才比例进一步提高。"十五"期间,学校进一步围绕重点学科建设和学校整体发展的需要,本着"精选、重用、厚待"和"事业留人、感情留人、待遇留人"的原则,努力培养和造就了一支高水平的创新人才队伍,包括以"两院"院士、高层次将帅人才为代表的一批能够引导本学科进入国际先进水平的优秀学术带头人,一批具有较强国际竞争力的中青年学术骨干,一批活跃在教学和人才培养第一线的名师名家,并建设了一支精干高效的技术支撑队伍和优秀管理队伍,为创建世界一流大学提供了可靠的人才支撑。

学术交流与合作更加频繁,国内、外学术声誉日益提高。"十五"以来,学校坚持立足国内,面向世界,开展广泛的国内、外学术交流与合作。先后与美国、日本、港澳台等20多个国家与地区的近百所大学和研究机构签订了合作交流协议,杨振宁等一批世界著名科学家被聘为名誉博士、名誉教授和客座教授,许多国内知名的专家学者和艺术家被聘为兼职教授。

学校综合办学条件得到全面改观;校园基本建设实现跨越式发展;教学、科研公共服务平台得到加强,科研装备大幅改善;文献情报环境建设有了根本改观。

(七) 教育部研究生招生自主划线高校2006年工作会议在我校举行

2006年3月7~8日,教育部研究生招生自主划线高校2006年工作会议在我校召开。来自全国34所自主划线高校的70余名研究生院代表参加了会议。会议由教育部学生司研究生招生处处长张凤有主持。教育部学生司副司长刘大为,安徽省教育厅副厅长虞志方,我校党委常务副书记兼副校长许武、副校长李国栋等领导同志出席会议。

与会代表围绕"研究生招生改革"这一主题进行了深入交流,部分代表介绍了本校研究生招生工作的一些改革创新举措。通过交流,代表们一致认为,进一步提高复试工作质量,严格标准,规范程序,创新思路,对深化研究生招生制度改革和选拔机制创新,具有重要意义。

教育部研究生招生自主划线高校2006年工作会议在我校举行

(八) 我校召开研究生公共学位课程教学改革工作会议

2006年3月13日下午,常务副校长、研究生院院长侯建国院士在人文学院主持召开了我校研究生公共学位课程教学改革工作会议。

侯校长强调,如何探索研究生英语、政治课程新的教学模式,提高其实用性、创新性和趣味性,使其适应新形势下培养高层次创新型人才的需要,是一个紧迫和值得关注的问题。他与到会的教师进行了热烈的讨论,并提出了一些改革的设想。他同时希望人文学院能够组织力量,积极探讨,拿出切实可行的方案,争取使我校的研究生英语和政治课教学走出一条新的路子。

人文学院有关任课教师分别介绍了目前我校研究生英语、政治公共学位课程的教学情况和有关问题,并对如何进一步改进教学工作提出了一些建议。

(九) 新师大代表团访问我校,"援疆学科建设计划"落实工作取得重要进展

为进一步落实教育部"援疆学科建设计划"2006年度对口支援方案,并与我校化学、数学、物理等学科建立更加紧密的交流与合作关系,2006年3月31日上午,新疆师范大学党委书记梁超、副校长范军、研究生处处长周拥军等一行9人组成的代表团莅临我校访问。我校常务副书记、副校长许武接见了代表团成员,校研究生院、党政办、人事师资处以及理学院、化学院等单位负责人参加座谈与交流。

许武向代表团成员介绍了我校的总体办学情况,并强调,全面落实教育部"援疆学科建设计划",为新疆高校培养结构合理的学科队伍和管理队伍,并建立相应的学位点,是我校义不容辞的责任。他表示,学校将认真落实此前签署的"援疆学科建设计划"协议,全力做好对口支援工作。

座谈会上,新疆师范大学代表团与我校理学院、化学院等院系以及相关职能部门就研究生联合培养、师资互聘、教师队伍学历提升、学科交流等进行了研讨,并就落实2006年度对口支援工作达成具体实施协议。

在我校期间,侯建国常务副校长在百忙之中会见了代表团一行,并表示学校将尽最大力量,从研究生招生、教师队伍学历提升、学位点建设等环节做好对口支援工作。

新疆师范大学党委书记梁超高度评价了此行取得的收获,认为考察达到了推动交流与合作的目的,并对我校对落实教育部"援疆学科建设计划"和对口支援工作的重视表示衷心感谢。

根据教育部"援疆学科建设计划"的部署和安排,我校对口支持的学校是新疆师范大学,对口支持的学科为:数学、物理学、化学三个一级学科。此前,我校常务副书记、副校长许武曾率团访问过该校,并代表学校签署了对口支援协议。

(十) 我校召开"中国科大研究生教育现状调研课题"研讨会

2006年4月9日,由管理学院和研究生院共同承担的"中国科大研究生教育现状调

研课题"研讨会在校办公楼第一会议室举行。会议主要就前一阶段的调研工作进行总结,并就调研中发现的有关问题进行研讨。会议由我校常务副校长兼研究生院院长侯建国院士主持。课题组全体成员以及学生处、发展规划办的有关负责人参加研讨与交流。

侯建国首先充分肯定了课题组前一阶段取得的阶段性成果,并强调,通过深入调研,全面了解我校研究生教育发展现状,分析查找存在的突出问题,对于改进研究生教育管理工作,促进研究生教育宏观决策的科学化以及本学期末召开的校研究生教育发展工作会议等,具有重要意义。

会议先后听取了课题组成员关于我校"研究生生源现状""研究生教育培养情况""导师队伍建设""研究生科研能力评价""研究生就业状况""专业学位现状与发展战略研究"等专题汇报。与会人员一致认为报告信息量大,内容翔实丰富,并围绕课题研究报告中提出的问题进行了深入的研讨。张淑林、李晓光、梁樑、陈晓剑、朱灿平、崔献英、丁斌等先后做了发言。

侯建国对课题组卓有成效的研究工作予以较高评价,认为报告中提出的问题值得深思,并对下一步工作做了指示。他希望课题组与有关职能部门再接再厉,进一步深化研究,在研究生招生、课程改革、创新能力培养、导师队伍建设、思想政治工作、就业服务指导、管理体制等环节,有针对性拿出切实可行的改革思路和创新举措。

"中国科大研究生教育现状调研课题"研究工作启动于2005年9月,由管理学院和研究生院共同负责。该项课题工作量大、涉及面广、周期长,是近年来学校组织的较大规模的有关研究生教育调研活动。据统计,在调研中,共有3000多名在校研究生、800多名研究生导师接受了问卷调查。

(十一)侯建国主持部署迎接"十五"期间"211工程"国家整体验收工作

2006年4月13日上午,我校常务副校长兼研究生院院长侯建国院士主持召开协调会议,全面部署迎接"十五"期间"211工程"国家整体验收工作事宜。各子项目负责人及有关人员,校"211工程"建设验收工作小组成员,以及其他相关工作人员参加了会议。

侯建国通报了科学院关于我校"十五"期间"211工程"建设项目进行整体验收工作初步安排的相关信息,宣读了《关于商定安排中国科学技术大学"十五"期间"211工程"建设项目整体验收工作的函》(科发人教函字〔2006〕72号),并特别强调了做好项目整体验收工作的重要意义。

侯建国强调指出,作为整个"211工程"建设的一个重要环节,项目整体验收工作的结果如何,不仅对及时检验建设成果、总结建设经验具有十分重要的意义,而且将直接影响国家在"211工程"三期建设中对我校的资源支持力度。为此,他要求各职能部门和子项目建设单位要高度重视,紧密配合,认真扎实做好验收前的各项准备工作,以崭新的面貌迎接专家的"考评"。

根据安排,科学院将于2006年5月16~17日组织以陈佳洱院士为组长的专家组对我校"十五"期间"211工程"建设项目进行整体验收。验收将采取听取报告、实地考察、查阅档案材料等方式进行。

侯建国主持部署迎接"十五"期间"211工程"国家整体验收工作

(十二) 我校召开研究生招生、培养及学院研究生教育管理体制改革座谈会

为进一步推进我校研究生招生、培养工作及学院研究生教育管理体制的改革与创新,2006年4月13日下午,学校在办公楼第一会议室召开会议,就有关问题进行座谈。会议由常务副校长兼研究生院院长侯建国院士主持。副校长窦贤康,各学院执行院长及分管研究生工作的副院长,国家实验室、教务处、学生处、研究生院等职能部门负责人参加了会议。

侯建国结合我校研究生教育的现状就当前推进我校研究生教育招生、培养工作及管理体制改革的必要性和重要性做了说明。他指出,作为我校教育体系的重要组成部分,研究生教育在我校一流大学建设中扮演着举足轻重的作用,但由于主客观因素的影响,目前在研究生教育招生、培养及管理体制等环节还存在一些问题,需要进一步改进与完善。为此,他希望通过调研、座谈、研讨等方式,集思广益,创新思路,以促进我校研究生教育健康发展。

座谈会上,张淑林、李晓光、屠兢从推荐与接纳免试研究生办法、外校直博生招收、研究生招生宣传的重心、本-硕-博课程贯通、公共学位课程改革以及学院研究生教育管理体制构架等环节,提出了初步的改革思路和设想。与会人员围绕研究生院提出的初步改革思路进行了较为深入的研讨,并从诸多方面提出了建设性意见。

最后,侯建国要求有关职能部门要在广泛听取意见的基础上,尽快从研究生招生、培养及学院研究生教育管理体制等方面有针对性地拿出切实可行的改革思路和创新举措。

（十三）我校与苏州市政府共同制定《中国科学技术大学苏州研究院章程》

2006年4月17日,《中国科学技术大学苏州研究院章程》签字仪式在我校举行,朱清时校长和阎立市长分别代表中国科学技术大学和苏州市人民政府签署了章程。《章程》规定:中国科学技术大学苏州研究院是由苏州市人民政府与中国科学技术大学合作建设的高等科研和教育机构,其主要任务是:以高水平科研开发和以其为平台的研究生培养为主,同时开展各类与区域经济发展紧密联系的应用型专业学位研究生教育;并根据苏州及工业园区的人才需求,设置新兴的交叉学科专业。

（十四）我校研讨环境科学学科建设

为促进我校环境科学学科的健康快速发展,构建有利于学科内涵式增长的良性运行机制,学校于2006年4月21日下午在办公楼第四会议室召开环境科学学科建设研讨会。会议由研究生院副院长张淑林主持,地空学院、化学材料学院、信息学院、生命学院的有关研究生导师参加了研讨会。

我校环境科学学科建设研讨会会场

与会人员认为,作为一门受到广泛和日益关注的新兴、交叉、边缘学科,我校环境科学学科起步较晚,但由于通过学科资源的优化和整合,发展很快、势头很猛,在短短的几年内先后获得了硕士、博士、一级学科博士学位授权,是学校学科快速发展的典范。但要真正把环境学科建设成一个让全校放心的学科,办成在全国具有影响、能经得起"考验"的学科,还有很艰巨的任务需要完成。

与会人员围绕我校环境科学学科管理运行机制的优化,学科队伍建设的加强,课程体系与培养方案的完善等进行了较为深入的研讨,并一致认为构建高效合理的管理运行

机制,建设高素质、交叉型的学科队伍,完善基于前沿的课程体系和培养方案,是我校环境科学学科建设的一项重要而又紧迫的任务。与会人员还呼吁应从学校层面加强对环境科学学科发展的扶持力度以及学科资源的整合力度,争取使我校的环境科学学科成为具有特色和优势、能参与国内、外竞争的品牌学科。

(十五) 微尺度实验室举办首届研究生论坛报告会

为配合教育部"微尺度物质科学研究生创新中心"的建设以及暑期"2006年全国博士生学术论坛(物理学)"的召开,2006年4月22日,微尺度物质科学研究生创新中心与合肥微尺度物质科学国家实验室(筹)联合在微尺度国家实验室科技展厅召开了2006年度首届研究生论坛报告会。

国家实验室在读的13名博士生在会上报告了自己的最新研究成果,内容涉及单分子物理化学、纳米材料、纳米化学、磁电阻材料、功能薄膜等研究领域。来自不同专业和学科的近150名博士生、硕士生参加了报告会。

会后经认真讨论和投票决定,赵爱迪同学荣获特等奖,潘楠、王海峰两位同学荣获一等奖,曾杰、王国玉、屈哲、陈岚等4位同学获二等奖。

微尺度物质科学研究生创新中心建设,作为教育部"研究生教育创新工程"计划的一部分,旨在利用理化科学实验中心的各种实验装置和资源开展创新研究,为不同培养单位的研究生进行学术交流、自主开展科学实验和实践创新思想提供专门场所,为跨学科研究生之间开展学术交流与合作提供平台,为研究生加强实践训练和创新能力培养提供条件。该中心的主要建设内容有:长期设立不同学科类型的研究生创新课题;建立研究生学术论坛;加强与国外知名大学和研究所的交流,建立研究生间的相互学习和交流计划。

(十六) 我校研究生院在部分基础学科召开研究生招生工作座谈会

受侯建国常务副校长的委托,研究生院于2006年4月26日下午组织召开会议,就数学、物理、力学等基础学科的研究生招生改革工作进行座谈。研究生院副院长张淑林、屠兢,数学、物理、力学等基础学科的负责人,相关学院分管研究生工作的副院长,微尺度实验室、同步辐射实验室负责人等参加了会议。

张淑林通报了近几年来我校研究生招生的基本情况,强调了推进我校研究生招生宣传工作改革的必要性和紧迫性。她强调指出,根据学校研究生教育改革的总体思路,学校将在2007年研究生招生宣传形式上进行一些新的改革尝试,其核心就是要充分发挥学院在研究生招生宣传工作中的主体作用。学校将通过建立激励机制和资助的方式支持各学院编印有特色招生的宣传手册,开办个性化的招生宣传网站,并鼓励研究生导师在外出学术交流时进行招生宣传。

与会人员围绕如何改善数学、物理、力学等基础学科的生源质量和生源结构进行了研讨与座谈,一致认为,作为唯一承担教育部"985工程""211工程"和中科院"知识创新工程"等建设任务的高校,在基础科学领域从外校招收学习、研究连贯性较强且有培养潜力的直博生,对于优化生源结构,保证生源质量具有重要意义。

会上,研究生院副院长屠兢从推荐与接纳免试研究生办法、外校直博生招收、研究生招生宣传的重心等方面,提出了关于研究生招生工作改革的一些思路和设想。

(十七) 侯建国主持召开部分优秀学术带头人及青年骨干教师座谈会

为全面、扎实做好迎接我校"十五"期间"211工程"建设项目整体验收的各项准备工作,接受专家的考评,2006年5月9日下午,我校常务副校长兼研究生院院长侯建国院士主持召开部分优秀学术带头人及青年骨干教师座谈会,就相关工作进行部署。

侯建国首先对各子项目建设单位和相关职能部门近期为做好迎接"211工程"整体验收工作所付出的努力给予了肯定,并再次强调做好项目整体验收工作的重要意义。他说,经过几年来全校上下的共同努力,我校"十五"期间"211工程"建设已进入冲刺阶段,即将迎来专家"考评"的重要历史时刻。作为国家"211工程"建设重点投入的高校之一,我校应该给国家一个满意的交代,让人民放心。

侯建国希望参会的各位专家能以高度的责任感、使命感,认真扎实做好验收前的各项准备工作,配合中科院验收专家组做好"211工程"验收工作。

侯建国还通报了211工程部际协调小组办公室《关于做好"十一五"期间"211工程"建设方案预研究工作的通知》的有关精神,并希望各学科能抓住机遇,全面规划"211工程"三期建设。

(十八) 我校布置"十一五"期间"211工程"建设方案预研工作

根据国家"211工程"部际协调小组办公室的部署,我校于2006年5月13日下午在办公楼第一会议室召开会议,布置"十一五"期间"211工程"建设方案预研工作。会议由校常务副校长侯建国院士主持。各学院正副院长、系主任,国家实验室、国家重点实验室负责人,国家重点学科、省重点学科负责人,校学位委员会、学术委员会委员等有关人员参加了会议。

就如何做好我校"十一五"期间"211工程"建设方案预研究工作,侯建国强调了三点意见。第一,各单位要认真贯彻十六届五中全会和全国科技大会精神,按照国家"十一五"规划和科技中长期发展规划的要求,结合学校"十一五"发展规划,紧密围绕突出自身特色和优势,规划"211工程"建设项目;第二,"211工程"的重点是学科建设。学科项目的凝练要以国家重大需求为导向,要面向科技前沿,要有利于促进学科交叉,有利于充分发挥学科的特色和优势,做到"有所为有所不为";第三,各个项目的建设目标和任务一定

要明确,对于延续性建设的项目,要明确与前两期建设的传承关系,并要有更高层次的目标。

(十九)"十五"期间"211工程"建设项目整体验收工作开幕式举行

2006年5月16日上午,我校"十五"期间"211工程"建设项目整体验收工作开幕式在东区活动中心五楼会议厅举行,"十五""211工程"建设项目整体验收工作专家组成员、中科院常务副院长、党组副书记白春礼,安徽省委常委、常务副省长任海深,国务院学位办综合处处长卢晓斌,中科院、教育部有关部门领导,我校校领导郭传杰、朱清时、侯建国、李定、鹿明、窦贤康,秘书长汪克强、校长助理尹登泽,在校"两院"院士,各院、系、重点科研机构,有关直属单位党政负责人,机关各部、处、室负责人,国家和安徽省重点学科负责人,博士生导师参加了开幕式。中科院人事教育局局长刘毅主持了开幕式。

中科院党组成员、中国科大党委书记郭传杰在致辞中首先向莅临学校检查指导工作的各位专家,向出席大会的教育部、中科院和安徽省有关部门的领导表示热诚的欢迎和衷心的感谢。他在简要回顾了科大的办学历程后说,几十年来,特别是近年来,在"211工程""985工程"以及"知识创新工程"的支持下,学校在学科发展和人才培养方面,初步实现了三个基本转变,即:学科建设向交叉综合、内涵发展的方向转变;学科管理向规划引导、团队加平台的基地型转变;人才培养向实现科教结合、理实交融的创新型模式转变。此次验收既是对学校"211工程"建设的全面检查,也是对学校综合办学实力的重要检验,更是学习借鉴兄弟院校先进经验、全面提高教育质量的难得机遇。这次莅临学校的各位专家,都长期从事高等教育和科研管理工作,具有很高的学术水平和丰富的教育经验。通过这次验收工作,学习、领会各位专家的教育思想和办学理念,必定能带来新的思考和启迪,以更好地总结经验,规划未来,为中国科大建设与发展事业注入新的生机和活力。此次验收工作,一定能促进科大更加自觉按照高等教育发展规律,不断明确办学指导思想和办学定位,推动一流研究型大学建设。

中科院常务副院长、党组副书记白春礼院士在会上发表讲话,他代表中科院向光临我校检查指导工作的各位专家、各位领导表示热烈的欢迎和衷心的感谢。他说,在教育部和安徽省的关心与支持下,"九五"期间,中国科大成为全国首批获准进行"211工程"建设的大学之一。中国科大在"九五"期间"211工程"建设中取得了显著的成绩,得到了社会的广泛认可。2002年,中国科大经国家发改委、财政部、教育部和中科院批准,正式实施了"十五"期间"211工程"建设。历经5年的建设,欣喜地看到,中国科大在办学理念、学科生态环境、人才培养体系、科技自主创新能力、师资队伍结构、整体办学条件等各个方面均发生了可喜的变化。希望中国科大珍惜这次机会,以此次验收评估为契机,认真总结工程建设经验,按照"以评促改、以评促建、以评促管、评建结合、重在建设"的原则,配合专家组做好"211工程"验收工作。希望各位专家本着认真、客观的原则,对中国科大"十五"期间"211工程"建设工作做出实事求是的评价,对中国科大的建设与发展提出宝贵意见。他表示中科院将一如既往地全力支持中国科大的建设和发展,继续将中国科大作为重要组成部分纳入中科院的整体发展战略和知识创新工程范畴,全面贯彻"全院办校、所系结合"的办学方针,加大力度支持中国科大一流研究型大学建设,将中国科大真正建成国家科技创新的重要基地和国家高级科技创新人才培养基地。

专家组组长、北京大学原校长、国家基金委原主任陈佳洱院士致辞,他说,这次我们专家组受中科院、教育部的委派,对中国科大"十五"期间"211 工程"建设项目进行验收,专家组受到中国科大的热情接待和精心安排,专家组全体人员对此表示衷心感谢。他说,中国科大是老一辈科学家和老一辈国家领导人根据国家需求、按照"全院办校、所系结合"方针建设起来的一所新型研究型大学,依靠中科院强大的研究力量和师资力量,半个世纪里,在学科建设、基地建设、学风建设等方面取得了显著成绩,培养了大批人才,在科研上做出了许多漂亮成果。中国科大是中国高等教育的一个宝贵财富,通过这次验收,可以总结科大教学经验和特色,分享科大的成果。他表示,专家组一定会尽心尽力,努力工作,不辜负各方面的期望,圆满完成任务。

"十五"期间"211 工程"建设项目整体验收工作汇报会

(二十)朱清时校长向验收专家组报告我校"十五"期间"211 工程"建设情况

2006 年 5 月 16 日上午,迎接"十五"期间"211 工程"建设验收专家组欢迎仪式结束后,我校校长朱清时院士代表学校向专家组全面报告了"十五"期间"211 工程"建设情况。验收专家组组长陈佳洱院士主持了验收汇报会。

朱清时首先简要介绍了我校"十五"期间"211 工程"建设的目标和内容。他指出,我校"211 工程"建设的总体目标是围绕"建设一流大学,培育一流人才"这个根本任务,结合"985 工程"和知识创新工程,努力把学校建设成为质量优异、特色鲜明、规模适度、结构合

2006年

理的一流研究型大学。根据这一总体目标,按照统一规划、分步推进、点面结合、统筹兼顾、突出重点、确保质量的原则,我校"十五"期间"211工程"建设的主要任务是:在"九五"期间"211工程"的基础上,重点支持11个学科建设子项目,发挥其带动和辐射作用,努力建成若干具有较强知识创新和技术创新能力的学科;继续支持计算机网络、数字图书馆、公共实验中心3个公共服务体系建设子项目,努力建成优质教育科研资源中心;围绕重点学科和公共服务体系建设,加强师资队伍建设,并在人才培养、科学研究和社会服务等方面取得一批重要标志性成果,提高整体办学水平与效益。

在报告"十五"期间"211工程"建设取得的成效时,朱清时指出,"十五"期间"211工程"期间,中国科大在学科建设、教学科研公共服务体系建设、人才培养、科学研究和科技创新平台建设、师资队伍建设等方面,都取得了重要进展,全面完成了各项建设任务,实现了预期建设目标,取得了显著效益和重要的标志性成果,进一步提升了学校的人才培养水平和科技创新能力,带动和促进了学校各项事业的全面快速发展。主要表现在:重点学科建设成效显著,学科结构进一步优化,学科水平稳步提升,有力地促进了研究型大学建设;教学科研公共服务体系建设进一步加强,教学科研工作的环境与条件得到显著改善;科技创新平台建设和科学研究工作取得新进展,涌现出一批重要的标志性创新成果;研究型大学教学体系逐步建立,人才培养质量稳步提高;师资队伍建设进一步加强,人才队伍结构不断优化;积极发挥社会服务功能,努力为社会提供一流贡献。

朱清时在报告中举例介绍了"单分子科学研究""单向传输稳定性的量子密钥分配方案""四端口网络量子密钥传输系统"等19个中国科大"211工程"建设的主要标志性成果。他说,中国科大"211工程"坚持以学科建设为龙头,以教学科研公共服务体系建设为基础,以队伍建设为根本,大力提高科技创新能力。在长期学术积累的基础上,学校部分学科通过"九五"和"十五"期间"211工程"的持续支持和重点建设,学术水平迅速提升,在部分学科方向上实现了跨越式发展,不断涌现出重要的原创性、标志性科技成果。

朱清时还介绍了我校"十五"期间"211工程"的建设经费与项目管理、组织领导与管理机制,总结了"十五"期间"211工程"建设工作的体会和认识,客观地分析了其中存在的问题和不足,并对"十一五"期间"211工程"建设提出了建议和意见。他说,实施"211工程"是党中央、国务院实施"科教兴国"战略的重要举措,对我国创建世界一流大学、培养创新型人才和建设创新型国家,具有重要的基础意义和战略意义。"211工程"不仅为我校实施知识创新工程和创建一流研究型大学奠定了基础,而且也是我校实施知识创新工程和创建一流研究型大学的重要组成部分。"211工程"的实施,为学校跨世纪的建设和发展提供了强大的动力。

朱清时强调,学校的目标是,到2018年建校六十周年前后,建成质量优异、特色鲜明、规模适度、结构合理的一流研究型大学。要实现这一目标,任重而道远。学校将紧紧围绕建设创新型国家的宏伟目标,深入贯彻实施《国家中长期科学和技术发展规划纲要(2006—2020年)》,坚定不移地向着世界一流研究型大学的目标奋进,努力为国家教育和科技事业的发展,为国家知识创新体系建设和实现创新型国家的目标,做出应有的贡献。

(二十一)验收专家组成员实地考察我校"十五"期间"211工程"建设子项目

2006年5月16日上午10点30分,验收专家组在我校校领导侯建国、李定、窦贤康,以及有关项目负责人的陪同下,观看了该校"十五"期间"211工程"建设项目成就的专题录像片和成果展览。

5月16日10:50以及15:00,专家组成员分别实地考察了我校"十五"期间"211工程"建设部分子项目:"微尺度物质电子态""自旋态的控制与应用""化学反应的本质及选控""地球圈层相互作用的环境效应""数学、天文及理论物理中的重大问题""量子通信与信息新技术""先进功能材料和相关技术""可再生洁净能源""公共服务体系""带电粒子物理和同步辐射应用""火灾科学与安全工程""多尺度复杂系统力学""蛋白质网络与细胞活动"等。

考察中,专家们认真听取了相关单位负责人的情况介绍,查阅了相关资料,并就有关问题进行了相互交流。

陈家洱院士在我校常务副校长侯建国院士的陪同下参观建设成果展览

(二十二)验收专家组在我校召开学术带头人座谈会

2006年5月17日上午,我校"十五"期间"211工程"建设项目整体验收专家组组长陈佳洱院士在我校办公楼第一会议室主持召开学术带头人会议,专家组成员陈颙、孙义燧、路庆华等出席了座谈会。

座谈会上,何多慧、王水、李曙光、施蕴渝、范维澄、郭光灿、伍小平、郭庆祥、俞书勤、褚耀泉、周又元、陈国良、孙立广、邵正荣、盛六四等分别结合自己承担的项目,高度评价了"211工程"在学科建设、人才培养、科学研究、师资队伍建设、社会服务以及公共服务体系的建设等方面所发挥的重要作用,并对"十一五"期间"211工程"建设项目提出了很多

建设性的意见。

陈佳洱在总结讲话中指出,无论是从朱清时校长的报告中,还是从大家的发言中,明显地感受"211工程"给中国科大建设发展带来的推动作用,中国科大集中"十五"期间"211工程"的有限经费,选准突破口,汇聚优势学科力量,以点带面,实现学科的跨越式发展,积累了许多可供借鉴的经验。陈佳洱表示,他将和专家组成员一道,将中国科大的经验和建议反映给教育部,尽力为中国科大的发展创造良好的外部环境。

(二十三) 验收专家组在我校召开中青年教师座谈会

2006年5月17日上午,我校"十五"期间"211工程"建设项目整体验收专家组刘人怀院士在我校办公楼第四会议室主持召开学术带头人会议,专家组成员饶子和、张义正等出席了座谈会。

座谈会上,窦贤康、杨基明、高琛、俞书宏、牛立文、陈发来、杨金龙、陈旸、陈初升、卫国、朱锡锋、田杨超等20余名中青年教师代表分别结合自己承担的项目,高度评价"211工程"在基础平台建设、交叉学科的凝练、引进人才、锻造师资队伍、人才培养、科学研究等方面所发挥的重要作用,并对"十一五"期间"211工程"建设项目提出了很多建设性的意见。

专家组成员刘人怀、饶子和、张义正与中青年教师代表就"211工程"实施过程中大家普遍关注的问题进行了充分的讨论和交流。刘人怀在总结讲话中指出,中国科大的"211工程"建设取得了显著的成就,积累了许多可供借鉴的经验。

(二十四) 验收专家组反馈验收意见 高度评价科大"十五"期间"211工程"建设成就

在充分考察、调研的基础上,5月17日下午,验收专家组在校办公楼第一会议室就我校"十五"期间"211工程"建设情况与我校领导交换了意见。专家组组长陈佳洱院士主持会议,我校领导郭传杰、朱清时、侯建国、鹿明、窦贤康等参加了会议。

会上,专家组组长陈佳洱院士代表专家组对我校建设情况做了全面、客观的综合评价。

陈佳洱院士认为,经过建设,中国科大现已全面、高质量地完成了"十五"期间"211工程"建设的各项任务,很好地实现了预期的各项建设目标,取得了明显的投资效益,在学科建设、人才培养、师资队伍建设、科学研究等方面取得了显著的建设成效,教学、科研的装备条件得到较大改善,重点建设学科的学术水平有了明显提升,在部分学科建设项目上成绩突出,取得了以单分子科学研究、量子信息等为代表的一批有国际国内重大影响的标志性成果,为国家、区域经济建设和社会发展提供了宝贵的人才支持和知识贡献。

关于学科建设工作,陈佳洱院士认为,中国科大以重点建设的学科项目为龙头,在突出重点优势学科领域、强化学科特色、促进学科交叉、敏锐把握学科前沿实现重点突破等方面,探索出的机制和经验值得借鉴,例如,在经费不多的情况下,集中有限资源,汇聚优势学科力量,选准突破口,实现了学科的跨越式发展;在学科建设工作中坚持对一些有重大发展前景并具有一定优势的交叉学科领域,进行持续建设和重点扶持,在"九五"基础上取得了一批新的突破;学科建设始终坚持突出"特色和优势"的原则,通过凝练学科方向,在部分学科领域形成了具有特色的研究方向。

在公共服务体系建设方面,陈佳洱院士认为,我校在受资源"瓶颈"制约的条件下,按照"集中投入、统一管理、开放公用"的模式,在校园网络、数字图书、公共实验中心等支撑体系上,进行了持续重点建设,较大地改善了教学、科研环境和办学支撑条件,取得了较好的效益。

陈佳洱院士还对我校科技创新平台建设、人才培养等工作给予了很高评价,认为,在科技创新平台建设方面,我校通过211学科项目的重点建设和学科力量的整合,带动了以合肥微尺度物质国家实验室(筹)为标志的科技创新平台体系的建设。在人才培养方面,我校形成了较为系统的创新型人才培养体系,取得了一批有显示度的教学成果。本科生教育质量继续保持国内前列,在国际上具有较强的竞争力;研究生规模进一步扩大,教育质量稳步提高。

会上,专家组成员刘人怀、孙义燧、陈颙、张义正、路庆华等分别就我校的建设工作谈了体会和感想,充分肯定了我校"十五"期间"211工程"建设期间在学科建设、科技创新平台、人才培养、师资队伍、科学研究、公共服务体系等方面取得的显著成效,高度评价了"十五"期间"211工程"建设对我校的建设和发展产生的深远影响。

会上,专家们在对我校"211工程"建设取得的一些成功经验予以高度评价的同时,也指出了发展中存在的一些问题和不足。专家们认为,由于地方政府配套支持资金在落实方面有一定的难度,与其他"211工程"建设学校相比,我校的建设资金总量较少,学科的潜力未能得到全面发挥;由于建设经费有限,在队伍建设和公共服务体系建设方面投入不足,基础设施建设未能列入项目,这些领域的瓶颈制约问题没有得到根本性解决。

鉴于我校有着良好的办学基础、发展活力和强大的潜力,在"十五"期间"211工程"建设中取得了良好的效益,专家们一致表示,将建议国家有关部门在实施"十一五"期间"211工程"建设中,继续对我校给予重点支持,加大投入力度。

专家们认为,继承和发扬"全院办校、所系结合"的传统,对于我校发展非常重要。希望中国科大能继续保持这一优势,将教育与科研结合的做法和经验在全国推广。

专家们还建议中国科大应在进一步突出特色和优势的同时,积极引导若干学科项目,瞄准国家及地方经济建设和社会发展中的重大需求,加强应用学科建设,大力促进科研成果转化。

会上,校党委书记郭传杰、校长朱清时代表学校表示,要把专家的建议和意见化为学校建设和发展的动力,紧紧围绕国家中长期发展规划,紧密结合学校实际,认真制定"十一五"期间"211工程"规划,继续发挥我校的特色和优势,争取在"十一五"期间"211工程"建设中有更快更好的发展。

(二十五)校学位、学术委员会主任委员会议研讨"十一五"期间"211工程"初步建设方案

2006年,为充分发挥专家在重大决策中的智囊作用,确保我校"十一五"期间"211工程"建设方案决策的科学化,学校于5月18日下午召开校学位、学术委员会主任委员及在校"两院"院士会议,就我校"十一五"期间"211工程"初步建设方案进行研讨和征求意见。会议由校学位委员会副主任委员、常务副校长侯建国主持。

侯建国首先通报了以陈佳洱院士为组长的"十五"期间"211工程"验收专家组对我校"211工程"建设工作的反馈意见。他说,专家组对我校评价很高,认为我校全面、高质量地完成了"十五"期间"211工程"建设的各项任务,很好地实现了预期的各项建设目标,取得了明显的投资效益,尤其在学科建设、公共服务体系建设方面积累的机制和经验,值得借鉴和推广。可以说,我校"十五"期间"211工程"建设已圆满落下帷幕,"十一五"期间"211工程"建设即将拉开序幕。他希望各位专家能积极献计献策,帮助学校共同把好"十一五"期间"211工程"建设预研方案关。

校学位、学术委员会主任委员会议研讨"十一五"期间"211工程"初步建设方案

侯建国还就经校长工作会议和党委常委工作会议研究通过的"十一五"期间"211工程"初步建设方案的总体指导思想和思路做了说明。他强调,初步建设方案主要围绕国家科技中长期发展规划确定的重点领域,并结合学校的特色和优势来规划。重点建设学科项目主要集中四个领域:一是基础优势学科和特色学科;二是面向国家重大研究计划的学科;三是重点加强的高技术学科;四是理工结合、面向国家重大需求的学科。

委员们围绕"十一五"期间"211工程"初步建设方案进行了研讨,一致认为,学科项目方案指导思想明确,目标清晰,符合国家科技中长期发展规划的要求,既考虑到了学校的特色和优势,又兼顾到了新兴、交叉学科发展的需要。委员们还从诸多方面对方案提出

了完善建议,并希望遴选的重点建设学科项目既要有利于促进学科交叉,又要注意支撑学科的内在相关性,要有利于项目管理。

根据国家 211 部际协调小组办公室的部署和要求,2006 年 5 月 31 日前,各学校要以正式行文的方式,将"十一五"期间"211 工程"建设方案预研究报告报送国家发改委、教育部和财政部。

(二十六)侯建国主持会议通报并布置近期学位与研究生教育工作

2006 年 6 月 1 日上午,侯建国常务副校长主持召开会议,通报近半年来的学位与研究生教育工作开展情况,并布置近期工作。各学院执行院长、分管研究生教育副院长、各系主任、国家实验室和国家重点实验室负责人及有关职能部门负责人参加了会议。

侯建国首先通报了近期学校学位与研究生教育工作的开展情况。他说,半年来,在全校广大师生的共同努力下,我校与研究生教育有关的各项工作进展顺利,例如,通过努力获得了在部分学科招收外校直博生的权利;"航天爱心助学基金"的设立取得实质性进展;"全国百篇优博"评选喜获丰收,我校 5 篇论文入选,数量列全国高校第二;"十五"期间"211 工程"建设任务圆满结束,验收专家给予高度评价;"十一五"期间"211 工程"初步建设方案预研工作顺利完成;示范性软件学院通过专家评估。

侯建国结合当前研究生教育发展形势及我校研究生教育基本现状,强调了做好研究生招生工作,提高研究生生源质量的重要性,并就如何发挥院系、学科点、研究生导师在研究生招生工作中的积极性谈了基本思路。

侯建国还向参会人员通报:学校将于近期开展两项大的研究生教育工作,一是召开研究生教育发展工作会议,研讨发展中出现的问题,出台切实可行的改革方案;二是参加由教育部学位与研究生教育发展中心组织开展的 2006 年学科评估工作。侯建国特别强调了做好学科评估工作的重要意义,并希望各院系要高度重视该项工作。

会上,研究生院副院长张淑林传达了教育部学位与研究生教育发展中心《关于开展 2006 年学科评估工作的通知》的有关精神,并就相关工作进行了具体布置。

据悉,根据教育部学位与研究生教育发展中心的部署,2006 年学科评估将在 31 个一级学科中进行。我校此次参评的学科有 19 个,其中博士学位授权一级学科点 13 个、博士点 1 个、硕士学位授权一级学科点 3 个、硕士点 3 个。在此前 2002~2004 年的首次全国学科整体水平评估中,我校有 11 个一级学科进入全国评估,排名前五。

(二十七)我校 49 位博导通过 2007 年上岗资格审查

2006 年 6 月 1 日下午,校学位委员会在办公楼第一会议室召开 2006 年度第一次工作会议。会议主要就申请 2007 年上岗的新增博导和返聘博导名单进行审议和表决。会议由校学位委员会副主任委员侯建国常务副校长主持。

会上，校学位委员会主任委员朱清时校长强调了博导上岗审定工作的重要性，认为遴选合格优秀的博导是研究生培养工作中的大事，对于确保博士生培养质量具有重要意义。

朱校长还对本次博导上岗审定工作提出了指导性意见，强调，博士生导师的遴选审定，要符合学校发展的战略需求，要与学校总体发展目标结合起来，特别是要和学校的学科建设工作结合起来，要有利于促进新兴特色学科的成长，有利于培育新的学科生长点。他要求，无论是对于申请新上岗的导师还是返聘上岗或兼职上岗的导师，都要坚持标准，严格把关。

委员们先后听取了数学、物理、天文、化学、地学、生命科学、工程科学、信息科学、管理人文科学、同步辐射国家实验室、微尺度国家实验室、火灾科学国家重点实验室、合肥智能所等学位分委员会负责人关于本学科申请上岗者情况的介绍，仔细审阅了申请材料，并在进行认真讨论的基础上，依据《中国科学技术大学博士生导师上岗审定工作实施办法》的有关规定，对申请上岗者名单进行了无记名投票。经表决，共有49名教授通过新增博导资格审定，11名教授通过返聘上岗资格审定。

据统计，我校2007年有资格上岗指导博士研究生的导师共计561人，其中校本部博导315人、科学院研究所及其他机构兼职博导246人。

（二十八）我校召开研究生代表座谈会

为广泛听取研究生对我校研究生招生、教学、就业、生活等方面的意见，进一步改进研究生管理工作，迎接我校第四次研究生教育发展工作会议的召开，2006年6月16日下午，学校在办公楼第一会议室召开部分研究生代表座谈会。会议由侯建国常务副校长主持。校党委副书记鹿明，研究生院、学工部负责人及部分研究生代表参加了会议。

结合当前研究生教育发展形势及我校研究生教育基本现状，侯建国强调，构建新的研究生教育模式，培养出更多能够适应未来社会有竞争力的创新型人才，是摆在我们面前的一项重要任务。他希望通过召开座谈会能倾听研究生的想法，集思广益，从多方面营造研究生教育创新环境，提高我校研究生教育质量。

会上，研究生代表们围绕研究生招生、科研和教学、就业以及生活等方面存在的问题，展开了热烈讨论并提出了一些意见和建议。

朱灿平、李晓光、屠兢分别就研究生提出的居住安全、公共课教学、招生等问题进行了详细解答，并希望作为我校研究生代表的研究生会能够充分发挥桥梁作用，通过举办形式多样的创新活动，促进研究生之间的沟通与交流，活跃校园学术氛围。

鹿明副书记就研究生普遍关心的日常生活、实验环境污染等问题进行了解答，并表示学校将就研究生学习、生活中遇到的有关问题责成有关职能部门予以落实解决。

(二十九)我校召开学位与研究生教育发展与改革座谈研讨会

为进一步推进我校研究生招生、培养、学位、学科建设工作及研究生教育管理体制的改革与创新,2006年6月18日下午,学校在办公楼第一会议室召开会议,就有关问题进行座谈。会议由侯建国常务副校长主持。校学位委员会委员、各学院执行院长、校内院士及有关职能部门负责人参加了会议。

侯建国结合当前研究生教育发展形势及我校研究生教育基本现状,强调了推进我校研究生教育招生、培养、学位、学科建设工作及管理体制改革的必要性和重要性,并希望与会人员就研究生院提出的初步改革设想进行座谈研讨,集思广益,创新思路,以迎接即将召开的第四次中国科大研究生教育发展工作会议。

座谈会上,屠竞、李晓光、张淑林分别从推荐与接纳免试研究生办法、外校直博生招收、研究生招生宣传的重心、本-硕-博课程贯通、公共学位课程改革、研究生学术道德规范管理、学位授予标准、学位论文评审答辩、导师遴选、重点学科建设、研究生教育管理体制构架等环节,提出了初步的改革思路和设想。

与会人员围绕研究生院提出的初步改革思路进行了较为深入的研讨,并从建立研究生淘汰机制,完善创新人才脱颖而出的激励机制,重视导师和研究生的双向自主选择,加强研究生导师的考核管理,加大研究生招生宣传的力度等诸多方面提出了宝贵的意见。

最后,侯建国强调未来几年是我校研究生教育实现全面、协调和持续发展的重要机遇期,要求有关职能部门要在广泛听取意见的基础上,尽快有针对性拿出切实可行的改革思路和创新举措。

学校召开学位与研究生教育发展与改革座谈研讨会

(三十) 我校博士生获赴德参加第56届"诺贝尔奖得主大会"资格

2006年,合肥微尺度物质科学国家实验室2003级博士研究生赵爱迪同学由于其优异的学术表现,通过中德专家评审,作为25个中国最优秀化学博士生代表之一获得赴德国林岛参加第56届"诺贝尔奖得主大会"的资格。

赵爱迪同学在学期间品学兼优,主要研究方向为单分子化学物理,他在"单分子自旋态控制"方面所做的研究工作为国际学术界所瞩目。作为论文作者之一,其研究成果发表在国际权威综合性科学期刊 *Science* 上。该成果被《科技日报》评为"2005年国内十大科技新闻"(《中科大在单分子选键化学研究领域获重大进展》),并被570名中科院院士和中国工程院院士共同投票评选为"2005年中国十大科技进展"(《我国科学家成功实现首次单分子自旋态控制》);2005年12月14日的中央电视台《新闻联播》节目在《创新中国》栏目中以《中国科技大学:单分子"手术"有望将科学幻想变为现实》为题给予了专题报道。

据悉,德国林岛"诺贝尔奖得主大会",每年举行一次,世界各国优秀的年轻科学家、优秀科学接班人也被邀请参加此盛会。为适应国际科学迅猛发展的形势,使优秀科学接班人跻身或活跃于世界科技舞台,受国家自然科学基金委员会(NSFC)和德国德意志研究联合会(DFG)的委托,中德科学中心每年在中国挑选25名左右的优秀博士研究生赴德国林岛,参加一年一度的"诺贝尔奖获得者大会"。获得邀请参加大会的博士生从全国范围内挑选,候选人必须由所在单位推荐,最终由中德评审专家面试决定是否入选。

第56届大会的会议主题为化学和经济学。举办方向中国提供28个名额(化学25名、经济学3名)。化学大会定于2006年6月25～30日召开,会后将组织为期一周的参访活动,参访单位为德国相关学科内著名科研机构。

(三十一) 我校召开学位与研究生教育第四次发展工作会议

2006年6月29日上午,我校学位与研究生教育第四次发展工作会议在微尺度物质科学国家实验室三楼学术报告厅隆重举行,校领导郭传杰、侯建国、李国栋、李定、王东进、鹿明、窦贤康,校长助理尹登泽等出席会议。各学院正副院长、正副书记,国家实验室、国家重点实验室正副主任,各系主任、书记,国家重点学科、省重点学科负责人,校学位委员会、学位分委员会委员,机关各部、处、室负责人,全体博士生导师,各院系研究生教学秘书、研究生班主任等参加了会议。开幕式由侯建国常务副校长主持。

本次会议的主要任务是:听取郭传杰书记、朱清时校长的重要报告,分析学位与研究生教育的现状,认真总结办学经验,研讨改革与发展思路,谋划未来发展蓝图,表彰部分优秀研究生指导教师、先进管理工作者、优秀研究生班主任,团结和动员广大师生员工抓住机遇,与时俱进,开拓创新,深化改革,努力开创我校学位与研究生教育工作的新局面。

如何做好学位与研究生教育工作,保证我校学位与研究生教育质量,郭传杰提出了几点指导性意见:第一,要始终坚持"精品大学,英才教育"的研究生教育办学理念;第二,要从研究生招生、培养、管理、评价与质量监控、支撑条件、资助机制等各个环节构建质量保证体系,当前最为紧迫和严峻的问题就是要采取措施提高研究生生源质量;第三,要注意积极营造以创新能力培养为核心的学位与研究生教育良性发展立体环境。

管理学院执行院长梁樑教授代表课题组做了《中国科大学位与研究生教育现状调研分析报告》的专题汇报,从生源、师资、培养、科研、就业5个环节对我校学位与研究生教育现状进行了全面分析和透视。

6月30日下午,我校学位与研究生教育第四次工作会议闭幕仪式在微尺度国家实验室三楼学术报告厅隆重举行。会上,郭传杰书记、朱清时校长为教育部"同步辐射研究生创新中心""微尺度物质科学研究生创新中心"基地揭牌。这两个创新基地是教育部"研究生教育创新工程"建设的重要内容,是在依托国家实验室的基础上通过竞争和专家评审,分别于2003年底和2005年底被教育部批准面向全国研究生开放的"培养基地"。

会议表彰了部分在研究生教育战线作出突出贡献的导师、管理者、班主任,窦贤康副校长代表学校宣读了《关于授予郭光灿等30名博士生导师学位与研究生教育荣誉奖的决定》《关于表彰"优秀学位与研究生教育管理工作者""优秀研究生班主任"的决定》的表彰文件。

朱清时校长做了重要讲话,充分肯定了近几年我校学科建设工作取得的优异成绩。他说,近年来,我校在学科建设中的一些先进发展理念引起了国内众多高校的关注,这与研究生院引领学科建设的管理模式是分不开的。他认为,该模式的优点就是把学科建设工作与研究生教育紧密结合起来,把研究生这支重要的科研有生力量吸引到学科建设及科研工作中来,提高了学校学科建设的整体水平和竞争力。

朱清时校长强调了学位与研究生教育事业在我校一流研究型大学建设中的重要性,并就研究生教育中的几个问题谈了看法。他认为:第一,研究生招生与本科生有较大差异,研究生生源的质量不仅取决于成绩,还与其对科学的兴趣、爱好及潜质有关,因此,需要通过选拔机制创新把对科研有真正兴趣的学生招进来。在招生宣传方式上,各院系、学科点,特别是研究生导师要发挥主动性和积极性。第二,要进一步推进研究生课程改革,规范教学,特别在课程体系设置上要不断把学科前沿知识吸引进来。第三,学位与研究生教育工作要力戒浮躁与急功近利。他认为,我校各项事业包括研究生教育事业之所以能取得很好成绩,是与优良的学术风气、"所系结合"的办学传统、数理基础的厚实等分不开的。第四,随着研究生规模的扩大,要重视研究生就业工作,要加强对研究生就业的指导。朱校长希望通过召开本次会议,全校上下能进一步理清思路,凝聚力量,把我校学位与研究生教育工作做得更好。

侯建国常务副校长做了《中国科大学位与研究生教育改革与发展思考》的报告。他强调,当前我校学位与研究生教育发展正处于关键时期,学位与研究生教育工作的中心任务就是要提高研究生教育质量。围绕提高质量这一中心任务,学校将坚持"稳定规模,内涵发展;优化结构,强化特色;师生为本,机制创新;所系结合,研教互动"的发展思路。

侯建国还介绍了今后一段时期学校在学位与研究生教育领域将重点开展的十个方面的工作和任务。这10个方面的工作和任务分别是:① 制定《中国科大学位与研究生教育发展战略规划》,明确学位与研究生教育发展目标;② 依托"三大工程",改善支撑学位与研究生教育发展的软硬件条件,优化学位与研究生教育生态环境;③ 根据创新型人才培养的目标需求对不同类型学科实行分类定位,创新培养模式;④ 按科学化和创新性的工作思路,完善学位与研究生教育两级管理体制;⑤ 改革研究生招生宣传方式,建立有利于创新人才脱颖而出的选拔机制;⑥ 转变办学理念,强化服务意识,促进研究培养机制转变;⑦ 深化研究生教学和学制改革,积极创造条件和营造环境,促进研究生创新能力培养;⑧ 加强学术道德教育,强化质量意识,构建分类的学位授予标准体系;⑨ 大力发展专业学位研究生教育,积极吸纳在职人员攻读硕士、博士学位;⑩ 继续坚持"所系结合",探索创新研教互动培养模式,构建所校合作与资源共享机制。

(三十二) 校学位委员会召开2006年上半年度学位工作会议,决定授予389人博士学位、814人硕士学位

2006年7月1日下午,校学位委员会召开2006年上半年度学位授予工作会议。会议主要就我校2006年上半年度学位申请者名单进行审议和表决。会议由校学位委员会常务副主任委员何多慧院士主持。

我校第六届校学位委员会第七次全体会议会场

校学位委员会主任委员朱清时校长代表学校向对各位委员长期以来在学位工作中的辛勤耕耘表示感谢,并强调,学位工作是我校研究生教育工作中的重要环节,把好学位授予关,对保证我校学位授予质量,维护我校学位授予声誉,具有重要意义。

会上,委员们听取了数学、物理、化学、地学、生命科学、工程科学、信息科学、管理人文科学、同步辐射国家实验室、微尺度国家实验室、合肥智能所、专业学位(工程类、管理

类)等学位分委员会负责人关于本学科学位申请者情况的介绍,仔细审阅了申请材料,并依据《中华人民共和国学位条例》和《中国科学技术大学学位授予实施细则》的有关规定,决定授予吴春林等389人博士学位、张玲等634人普通硕士学位、陈经宁等94人工商管理硕士学位(MBA)、郑义等46人公共管理硕士学位(MPA)、鲁纲等40人工程硕士学位。

(三十三) 我校举行2006年毕业典礼暨第一次学位授予仪式

2006年7月2日上午,学校东区大礼堂前,红色的拱门和悬挂的4只硕大气球装点出喜庆而热烈的气氛,近3000名身着学位服的学子们脸上带着灿烂的笑容,到这里参加我校2006年毕业典礼暨学位授予仪式。

8时30分,毕业典礼暨学位授予仪式在庄严的国歌声中开始。党委书记郭传杰研究员,校长朱清时院士,常务副校长侯建国院士,副校长王东进教授、窦贤康教授以及地球和空间科学学院院长陈颙院士,理学院执行院长叶向东教授,化学与材料科学学院执行院长陈初升教授,信息科学技术学院执行院长卫国教授,工程科学学院执行院长杨基明教授,生命科学学院执行院长牛立文教授,管理学院执行院长梁樑教授,人文与社会科学学院执行院长汤书昆教授在主席台上就座。侯建国主持典礼。

2006年毕业典礼暨学位授予仪式现场

校学位委员会主任委员、校长朱清时发表了热情洋溢的讲话,他代表学校全体师生员工、学校党政领导班子向同学们取得的成绩表示最热烈的祝贺!向为他们的成长倾注无数心血的老师们表示衷心的感谢!他以居里夫人的名言——"我们应该相信,我们的天赋是要用来做某种事情的,无论代价多么大,这种事情必须做到"——来勉励同学们要利用自己的聪明天赋勇于探索,不懈努力,取得成功。最后他说,"毕业"的英文"graduation"的词根不是"完成""结束"之意,而是蕴含着"开始、进步"的意思,今天的大会不应是庆祝"结束",而应是欢呼新的"开始"。他祝愿广大毕业生,一路顺风,一生成功!

典礼上,毕业生分别身着红色、蓝色、黑色学位服,排队依次登上主席台,校领导和导师们为他们一一扶正流苏。典礼在雄壮的校歌声中结束。

(三十四) 财政部、教育部组织专家组来我校现场评估2006年度"985工程"专项资金项目

受财政部教科文司和教育部财务司的委托,以尹萍为组长的北京华盛中天咨询有限责任公司评估专家组一行8人于2006年7月12日莅临我校,对我校2006年申报的"985工程"二期专项资金项目进行现场调研评估。我校党委副书记、副校长李定会见了专家组成员,各平台与基地项目、队伍建设与支撑体系项目负责人,校"985工程"办公室、财务处等职能部门负责人及相关人员参加了现场评估活动。

根据要求,本次现场调研评估的内容是:2006年度中央经费申报预算方案,具体包括队伍建设、平台和基地建设、条件支撑体系的项目预算明细,如引进人才的计划、标准及经费预算依据等;人员费、业务费、设备费和大型设备等明细。

财政部、教育部组织专家组来我校现场评估2006年度"985工程"专项资金项目

7月12日上午,专家组审阅了相关材料,并在校办公楼第四会议室召开了现场评估会议。我校党委副书记、副校长李定向专家介绍了我校在提升人才队伍建设水平方面所采取的创新举措,阐述了我校在资源有限的条件下重点建设"开放、共享、公用"的科技创新平台的理念,并强调了公共平台对我校近年来取得的大量科技创新成果的重要保障作用。李定希望评估专家能提出建设性意见,帮助我校改进和完善"985工程"资金预算方案,发挥资金的更大使用效益。

7月12日下午,专家组在"985工程"办公室、财务处有关人员的陪同下实地考察了微尺度物质科学国家实验室、同步辐射国家实验室、生命科学实验中心等科技平台。专家组对我校在科技平台建设方面积累的宝贵经验和前瞻性的发展理念予以高度评价。

在我校期间,专家组在校财务处、"985工程"办公室的配合下对我校2006年预算方

案及预算编制依据进行了全方位评估和审核。

据悉,为确保"985 工程"二期建设项目实施的科学性,今后每年财政部、教育部都将组织专家组对建设学校的年度经费申报预算方案进行评估和审核。

(三十五)"全国结构生物学研究生暑期学校"在我校举办

2006 年 7 月 15 日上午,由我校负责承办的 2006 年"全国结构生物学研究生暑期学校"开学典礼在我校生命科学学院隆重举行。来自全国 20 多所高校、研究院所的近 100 名研究生参加了开学典礼。我校副校长窦贤康、生命学院施蕴渝院士、研究生院副院长张淑林等出席了开幕式。开学典礼仪式由生命学院执行院长牛立文教授主持。

张淑林首先宣读了国务院学位办向本次暑期学校发来的大会贺信。

本次"全国结构生物学研究生暑期学校",共得到教育部与国家自然科学基金委员会资助的经费 30 万元。暑期学校将于 8 月 5 日结束。本次暑期学校,共邀请了 15 名海内外知名专家学者,为 89 名来自 21 所高校与研究机构的研究生开设了相关课程以及前沿学术专题报告会。

"全国研究生暑期学校"创办于 1995 年,由教育部与国家自然科学基金委员会共同负责。2003 年,"全国研究生暑期学校"被列为教育部研究生教育创新计划的重要内容。其目的是充分利用研究生教育的优质资源,提高我国研究生教育的教学水平和科研水平,提高研究生培养质量,促进研究生教育的交流与合作。

据统计,除"全国结构生物学研究生暑期学校"外,自 2001 年以来,通过申报竞争和专家评审,我校在不同学科领域获得举办的全国研究生暑期学校还有:"全国数学研究生暑期学校"(2001 年)、"全国物理学研究生暑期学校"(2002 年)、"全国等离子体物理理论和计算暑期学校"(2002 年)以及"全国核技术及应用研究生暑期学校"(2004 年)。

(三十六)2006 年"全国优秀博士学位论文"结果揭晓,我校 5 篇入选、2 篇提名

2006 年 8 月 14 日,教育部、国务院学位委员会发布《关于批准 2006 年全国优秀博士学位论文的决定》(教研〔2006〕1 号)。《决定》指出,2006 年"全国优秀博士学位论文"评选工作已经全部完成。现批准《耦合扩散过程》等 99 篇学位论文为"全国优秀博士学位论文";《论鲁道夫·奥托的"努秘学"的现象学特征》等 137 篇学位论文为"全国优秀博士学位论文提名论文"。评选"全国优秀博士学位论文"是《2003~2007 年教育振兴行动计划》的组成部分,是提高研究生培养质量,鼓励创新,促进高层次创新人才脱颖而出的重要措施。各学位授予单位要以优秀论文评选为契机,在研究生中大力倡导科学严谨的学风和勇攀高峰的精神,鼓励研究生刻苦学习,勇于创新;要采取切实可行的措施,加强学科建设,完善质量保证和监督机制,全面提高我国研究生培养质量,为实施科教兴国战略

做出新的贡献。此次评选中,我校5篇入选、2篇提名。

(三十七) 我校研究生获第三届"中国青少年科技创新奖"

在邓小平同志诞辰102周年纪念日前夕,共青团中央、全国青联、全国学联、全国少工委于2006年8月21日在北京人民大会堂隆重举行第三届"中国青少年科技创新奖"颁奖大会。我校微尺度物质科学国家实验室2003级博士研究生赵爱迪获此殊荣。

(三十八) 我校举行2006年新生开学典礼,本年招收1957名硕士生、701名博士生

2006年9月3日,2006级新生开学典礼在东区大礼堂隆重举行。校领导、全体新生、新生班主任以及各院、系、机关有关部门负责人参加了开学典礼。2006年,我校招收全日制硕士生1957人、博士生701人,另有1038名有关研究院所的代培生。

(三十九) 侯建国常务副校长布置新学期学位与研究生教育工作

2006年9月6日下午,侯建国常务副校长主持召开会议布置新学期学位与研究生教育工作。各学院执行院长、副院长、国家实验室、国家重点实验室负责人,国家重点学科、省重点学科负责人,各系主任,各院、系教学秘书参加了会议。

侯建国首先对前一阶段的学位与研究生教育工作进行了总结,并特别强调,当前学校学位与研究生教育工作的中心任务就是要:"稳定规模,提高质量"。侯建国谈了新学期学位与研究生教育工作的基本思路,并明确了几项工作重点。这些工作主要有:完善招生宣传工作体系,提高生源质量;推进英语教学改革,改进课程体系设置;开展对研究生职业生涯规划与就业的指导,提高就业质量;加强对研究生管理人员的培训,努力建设一支高水平、专业化的研究生管理队伍;坚持"以人为本",关心研究生的学习和生活,帮助贫困学生完成学业;创造条件,多渠道筹措资金支持在校研究生参加国际国内学术交流,促进创新能力培养;群策群力,认真整合资源,做好国家重点学科申报工作。最后,侯建国常务副校长还提出了两点希望:第一,希望各学院要根据院情制定相应办法,把工作落到实处;第二,要把本科生教育与研究生教育工作看成一个整体,统筹规划。

(四十) 我校研究生公共英语学位课程实行新的教学模式

2006年9月,为更好地适应研究生在学习及科研过程中对外语的需要,进一步完善现有的外语教学体系,强化研究生的外语应用能力培养,在充分征求研究生及各院系相关教师意见的基础上,根据我校"第四次学位与研究生教育工作会议"的有关精神和部

署,从本学期开始,我校研究生公共英语学位课程将实行新的教学模式。

新的教学模式规定:公共英语课程设置不再区分硕士层次和博士层次,课程分为基础课程和应用课程两大类,基础课程侧重英语基础知识的传授;应用类课程旨在进一步强化研究生的语言实际应用能力。对于托福成绩、雅思成绩、国家英语六级成绩达到一定标准,或通过研究生院组织的入学过关考试的研究生,基础英语课程可以免修(成绩取得的时间必须在研究生入学前两年内方为有效)。研究生入学后取得的托福、雅思、六级考试成绩不再作为免修参考条件。未获得免修资格的学生必须选修基础英语课程,以获得相应学分。

新的教学模式从2006级新生开始实行,更加注重研究生英语应用能力的培养,特别强化了科技论文写作能力的训练,从而改变过去英语课程占用学生较多学习时间,学生语言应用能力仍不强的状况。

为了进一步强化对研究生英语听、说、写作能力的培养,学校正在建设"研究生英语语言实践中心",中心将划分语言实践互动区、语言能力评估区、自主学习区等功能区,从而为学生提高语言实际应用能力搭建一个全新的学习平台。

(四十一) 全国MPA教学合格评估专家组对我校MPA专业学位进行评估

2006年11月16日,以中国人民大学公共管理学院院长董克用教授为组长的全国MPA教学合格评估专家组,来我校对公共管理硕士(MPA)专业学位进行为期一天的实地评估。专家组成员还包括有南京农业大学副校长兼研究生院常务副院长曲福田教授、北京航空航天大学公共管理学院院长李成智教授、天津大学公共管理学院张再生教授、北京师范大学管理学院常务副院长唐任伍教授等。

11月16日上午,陈晓剑从师资队伍、教材建设、教学管理、发展战略等9方面介绍了近年来我校MPA教育取得的办学成效。他说,我校在MPA教育实践中始终致力于培养具有和谐管理理念与引领应用创新的公共事务领导者,紧密结合公共管理的学科特点,科学定位办学理念,十分注重开拓创新,并围绕学校"质量优异,特色鲜明,规模适度,结构合理"的办学宗旨和专业学位教育的基本特点,逐步形成了我校"强化基础,文理交融,应用创新"的MPA教育理念,通过实施"三三"发展战略,逐步确立自身的核心特色和优势,创建了国内著名的MPA品牌,进一步提升了我校的品牌价值。

11月16日下午,全国MPA教学合格评估专家组在听取汇报、实地考察、听课和召开座谈会等基础上,经过认真分析总结,对我校公共管理硕士(MPA)专业学位教育的评估情况进行了反馈。专家组组长董克用教授代表评估组向学校反馈了评估意见。专家组认为,我校重视MPA教育,办学组织机构健全,办学定位准确,办学思路清晰,有专门的教学管理人员,管理规章制度完善,整个培养过程科学规范,符合MPA办学要求;MPA教育具有足够的相关学科支撑,培养方案科学可行,培养方向设置合理,教学实施规范,案例教学开展良好;重视硬件条件建设,有足够的多媒体教学、图书资料和网络教学条件;师资力量能够适应 MPA 教育的需要,学校重视师资队伍建设,教师的职称结构和学历结构合理;研究生学位论文选题能够紧扣公共管理的实际,针对性强,论文写作比较规范,总体质量高;在 MPA 办学过程中,进行了不少有益的探索,紧密结合经济社会发展实际,依托学校学科优势,办学特色鲜明,成效显著。

专家组就进一步优化师资队伍的专业结构、加强案例建设与应用、提高 MPA 学位论文的规范化程度提出了建议。

(四十二)我校布置教育部关于研究生公派出国选派工作

2006 年 11 月 18 日下午,侯建国常务副校长主持召开会议布置教育部关于研究生公派出国选派工作相关事宜。校党委常务副书记、副校长许武,各学院执行院长、分管研究生工作的副院长,国家实验室、国家重点实验室主要负责人,人事处、外办、教务处、学生处、研究生院等职能部门负责人参加了会议。

侯建国首先传达了教育部近期召开的高水平大学公派研究生出国留学项目工作会议的有关精神,并就我校如何落实研究生公派出国选派工作进行了布置。他说,为配合国家重大发展战略以及建设高水平大学和重点学科,教育部将于近期启动"'十一五'国家公派出国留学研究生选派五年计划"专项工程。该工程项目旨在培养能够提升自主创新能力、具有国际视野的拔尖创新人才,以满足国家中长期发展对高层次创新人才的需求。选派工作将坚持"三个一流""三个面向"的指导原则,即"选拔一流的学生,到国外一流的院校、专业,师从一流的导师""面向学校、依靠学校、服务学校"。选派类别主要有博士研究生(赴国外攻读博士学位)和联合培养博士生(攻博期间赴国外从事课题研究)两种形式。申请通过的研究生将获得国家留学基金委提供的奖学金的资助。选拔范围将主要集中在"985 工程"高校。

我校布置教育部关于研究生公派出国选派工作

侯建国认为该工程项目的启动无论对推动研究生教育工作的改革还是对学校未来的发展都是机遇,希望各学院高度重视这项工作,要结合学校未来的师资队伍建设,积极参与。当前,要迅速摸底,充分利用各院系、实验室、导师与国外高等教育机构和科研单位的合作渠道,通过联合培养等方式,尽快制定并落实公派研究生出国留学选派计划。

校党委常务副书记、副校长许武就该项工作的重要意义做了进一步强调,并就我校的组织申报工作提出了指导意见。他指出,公派研究生出国留学,从长远来看,不仅利国,而且利校。各学院要充分利用这个国家计划,根据院情及师资队伍建设需要,积极组织申报,要继续发扬我校长期以来国际交流口碑好的传统,争取在新一轮出国留学潮流中占得先机。

(四十三)我校布置新一轮国家重点学科申报工作

2006年11月18日下午,学校在办公楼第一会议室召开新一轮国家重点学科申报准备工作会议。各学院执行院长、分管研究生工作的副院长,国家实验室、国家重点实验室主要负责人等参加了会议。会议由侯建国常务副校长主持。

侯建国传达了《教育部关于加强国家重点学科建设的意见》(教研〔2006〕2号)《国家重点学科建设与管理暂行办法》(教研〔2006〕3号)的有关精神。他说,根据部署,教育部将于近期启动新一轮国家重点学科评审工作。按照新的文件精神,国家重点学科按照一级学科和二级学科分设,其口径以现行的《授予博士、硕士学位和培养研究生的学科、专业目录》为依据。国家将改革原有国家重点学科的评选方式,把对国家重点学科的考核和认定,作为加强建设的重要手段。国家重点学科的考核每五年进行一次,考核的依据是国家重点学科制定并备案的学科建设与发展规划,考核的主要内容是各国家重点学科的完成情况。对符合条件的按有关程序经过考核重新确定为国家重点学科;对建设成效差、经整改仍不符合要求的予以淘汰;一级学科国家重点学科由教育部按照确定标准和程序,从符合条件的二级重点学科中直接确定;二级学科国家重点学科的增补,将于国家和区域发展的重大需求相结合,经选优推荐并通过专家评审后增补。

鉴于新的形势,侯建国对我校迎接新一轮国家重点学科评审准备工作做了具体指示。他强调,国家重点学科评审,既是对学校过去学科建设成效的检验和工作的促进,更是关系学校未来发展的重要机遇,各学院、各学科学术带头人、研究生导师及全体工作人员须高度重视,全力投入。要认真做好本学科的总结和调研,实事求是地估计和掌握自己的情况,同时要充分了解相关高校的建设发展情况,做到知己知彼,在有限时间内调整思路和策略,在申报材料中充分展示出自己的业绩、优势和特色,以求得竞争中的有利因素。

会上,研究生院副院长张淑林对各国家重点学科的评估审核工作做了具体布置。

据悉,国家重点学科评选已进行了两次,在1987年开展的第一次国家重点学科评审中,我校只有4个学科入选;在2001年开展的第二次国家重点学科评审中,我校有19个学科入选,增长比例居全国著名高校之首。

我校布置新一轮国家重点学科评审工作

(四十四) 我校对 2006 年新增博导进行岗前培训

2006年11月29日、30日下午,学校在办公楼第一会议室召开2006年新增博导岗前培训交流会议。40余名新博导参加了岗前培训交流。这是落实我校第四次研究生教育发展工作会议精神,并在听取参会人员建议的基础上召开的一次研究生导师岗前培训交流会议,在我校尚属首次。我校常务副校长侯建国出席培训会议并讲话,校党委副书记、副校长、校学位委员会副主任委员李定教授,校学术委员会主任、学位委员会副主任委员李曙光院士,地球与空间科学学院副院长、优秀博士生导师代表郑永飞教授应邀做了专题交流报告。

侯建国同时强调了开展新增博导岗前培训交流的意义。他认为,研究生教育培养质量在很大程度上取决于研究生导师的质量,在博士生的培养过程中,博导负有重要的责任,但博导不是凌驾于教授之上的职称,而是一个实实在在的工作岗位,博导岗位有崇高的职责。开展新增博导岗前培训交流是加强我校研究生导师队伍建设的一项新举措,对于促进交流博士生培养中的先进经验,进一步提高新增博导良好的师德和学术道德规范意识,更好地履行教书育人职责,尽快熟悉研究生教育方针、政策及过程环节与培养规律,提高博导的"导航"水平,具有重要的现实意义。

侯建国就学校学位与研究生教育的发展思路及今后一段时期的主要任务做了重点阐述。他说,随着研究生教育的跨越式发展,现阶段我校研究生教育工作的中心任务就是要围绕"提高质量"这一主题,重点推进6个方面的工作改革,分别是:加大研究生招生改革力度,提高院系、导师在招生工作中的积极性;进一步加强研究生教育的支撑条件建设,改善研究生教育办学环境;继续推进公共课程改革,开展精品课程建设,创造条件营造研究生教育创新环境;改革完善学位与研究生教育管理体制,努力提高研究生教育的服务水平;关心研究生的工作、生活、学习,进一步完善奖助学体系;加强研究生学术道德教育,净化学术环境。

交流会上,与会导师还就研究生招生宣传、研究生管理中的导师业务费的使用、研究生院网页改进等工作提出了许多宝贵意见。张淑林表示,研究生院将认真听取建议,积极转变管理职能,与相关职能部门一起共同为研究生导师开展培养工作努力创造条件,做好服务。

学校对 2006 年新增博导进行岗前培训

(四十五)我校对机械工程领域工程硕士培养质量进行评估

根据全国工程硕士专业学位教育指导委员会《关于机械工程领域开展工程硕士研究生培养质量自评估工作通知》的部署和要求,我校成立机械工程领域评估专家组,于 2006 年 12 月 1~2 日对我校机械工程领域工程硕士培养工作进行了全面评估。评估组由 7 位成员组成,组长为工程学院副院长褚家如,副组长为全国工程硕士指导委员会委员、校学位与研究生教育评估中心主任、研究生院副院长张淑林。

专家组检查了招生、培养、学位论文、学位授予及管理方面的文件与档案材料等,与培养单位的任课教师及论文指导教师代表进行了座谈,听取了他们对工程硕士培养质量的评价以及建议。

12 月 2 日上午,专家组一行实地考察了机械工程领域工程硕士培养合作单位——合力叉车集团公司,与工程硕士毕业生、在读学生代表进行了座谈,听取了他们对工程硕士培养质量的评价以及建议。他们对工程硕士培养工作提出了许多中肯的建议,表达了实质性融入中国科大研究生教育的愿望,希望学校的图书、网络、科研等资源能向工程硕士学生开放。

12 月 2 日下午,专家组形成评估报告和评估意见并进行反馈通报。专家组对我校机械工程领域工程硕士培养工作给予充分肯定,认为招生、课程教学、学位论文、管理等各个环节规范有序,得到了企业的认可,取得了很好的教学效果,为建立完整规范的工程硕士培养和管理体系,探索具有我校特色的工程硕士培养模式,奠定了坚实的基础。

最后,专家们还就我校机械工程领域工程硕士培养提出了进一步扩大生源、总结办学经验、完善管理体制等建议。

据悉,根据全国工程硕士专业学位教育指导委员会的部署,工程硕士各工程领域的评估将在5年内进行一次。此前,我校已于2005年完成了控制工程领域的培养质量评估工作,今后3年内,还将陆续对其他12个工程领域(我校共有14个授权工程领域)开展培养质量评估。

我校对机械工程领域工程硕士培养质量进行自评现场

(四十六) 我校研究生招生试行重大改革,理学基础学科以招收"直博生"为主

2006年12月3日,2007年推荐免试研究生工作已结束,由我校推荐和校外推荐的630多名免试研究生中,直接攻读博士学位的"直博生"达到20%,在免试生总数增长13%的情况下,"直博生"数量增幅达200%,十分引人注目。大幅度增加"直博生"的招生数量,是我校研究生招生重大改革的一个标志性信号。

作为教育部首批"985工程"重点大学,我校已构建了以国家实验室为核心,以多学科交叉为重点、教学与科研共享的研究生创新能力培养支撑体系,特别是在理学领域有15个国家重点学科,4个国家基础科学研究与教学人才培养基地以及国家人才培养基地,并且基本形成了一支能立足国际学术前沿、结构合理的一流导师队伍,为高水平培养具备从事探索性研究工作的创新型人才提供了根本保证。由于理学基础理论研究领域的培养周期相对较长,国际一流高校通行的成熟做法是从一开始就是以博士为培养目标的,将博士生作为最主要的人才培养层次。整个培养方案的安排没有中间的过渡转化(如硕

博连读等形式),学习尤其是研究的连续性比较好,更有利于提高培养质量。

正是出于发挥学校学科优势、借鉴先进教育经验和遵循人才培养规律的综合考虑,我校积极探索研究生培养模式改革,提出今后理科类研究生招生将逐渐以招收直接攻读博士学位学生为主,而2006年的"直博生"比例放大仅仅是"牛刀小试"。我校以国家同步辐射实验室和合肥微尺度物质科学国家实验室为核心的理学人才培养基地,其中的凝聚态物理、量子信息物理学、纳米化学、单分子科学、生物材料、核能科学与工程等10多个理学专业,从2007年开始将实施这一全新的培养模式,从优秀本科毕业生中招收的研究生将全部以培养博士生为目标。目前相关的"直博生"招收、管理的政策已经制定并试行。

(四十七) 我校召开院级研究生教育中心管理培训交流会

为进一步探讨构建并完善校院两级研究生教育管理运行模式,提高我校研究生教育的整体管理效率与水平,学校于12月9～10日召开了院级研究生教育中心管理培训交流会。各学院分管院长、国家实验室、国家重点实验室相关负责人、系主任、院系教学秘书等80余人参加了会议。

为适应新的形势,构建并完善与一流大学相适应的创新型的校院两级研究生教育管理体制,我校第四次学位与研究生教育发展工作会议确立了"研究生院管理重心下移,尽快实现由管理职能为核心向服务职能为核心的转变"的指导方针,并明确了要在院层面组建研究生教育中心的战略部署。根据规划,新的院研究生教育中心将主要定位于承担原研究生院在过程管理中的一些职能,主要任务是根据学校学位与研究生教育的整体规划、发展方向,结合自身的实际情况,全面组织和实施本学院范围内学位与研究生教育的管理工作,以充分调动学院(系)参与学位与研究生教育管理工作的积极性、主动性和创造性,提高学位与研究生教育管理的工作效率。

与会人员分成6组,就校院两级研究生教育管理运行模式及研究生教育中的一些重要问题进行了研讨。与会人员一致认为,随着研究生教育规模的扩大,改革创新研究生管理模式势在必行,从学院层面成立研究生教育中心,对于发挥院系参与学位与研究生教育管理工作的积极性,增强主人翁意识,提高管理及服务效率,具有重要现实意义,但必须明确院级研究生教育中心的责、权、利关系。大家一致建议学校应重视并加大招生宣传力度,要多层次、全方位、立体式地开展招生宣传工作,特别要注意发挥学科点、导师的作用。

组建院级研究生教育中心的宗旨就是要理顺关系,充分发挥导师、院系在研究生教育中的主导作用,特别是要通过中心这个纽带在校内搭建与创新型研究生教育培养相适应的研究生教育招生、教学、科研、管理服务四大平台。随着学校研究生教育管理运行机制的逐渐成熟,研究生院将积极转变职能,逐步下放权力,职能定位将主要立足于确立学校学位与研究生教育的宏观布局和发展方向,制定研究生录取和培养的标准,建立学位

与研究生教育管理的相关制度和办法。具体来说,研究生院将致力于成为沟通上级主管部门(教育部、国务院学位办、中国科学院)的"窗口",联系国内研究生培养单位("985"大学、"211"大学、研究生院大学)的"纽带",连接校内院系、学科、导师、研究生的"桥梁",为全校研究生导师与研究生做好服务。

(四十八) 我校为代培生举办"科大·温馨家园"联谊晚会

2006年12月10日晚,由党政办、研究生院、校团委、学工部主办,校研究生会承办的"科大·温馨家园"代培生联谊晚会在西区学生活动中心三楼多功能隆重举行。校党委常务副书记、副校长许武,校党委副书记鹿明,研究生院副院长、学位办主任张淑林,党政办副主任赵红军等出席了晚会,与来自上海微系统与信息技术研究所、等离子体物理研究所、沈阳计算技术研究所、云南天文台等20多个院所的500余名代培研究生一起度过了一个美好而难忘的夜晚。

晚会开始,校党委副书记、副校长许武向到场的观众发表了热情洋溢的讲话,并向所有的代培生致以新年的祝福和美好的祝愿;校党委副书记鹿明和研究生院副院长、学位办主任张淑林就"温馨家园"进行了主题讲话,期盼着代培生们能够"常回家看看"。

整场晚会中,精彩的节目表演和欢乐的互动游戏穿插进行,所有节目都由代培生自编自演。晚会由别具异域风情的民族舞《七月火把节》开场,现场立即也变得火热起来,寒冷的冬天变的不再寒冷。上海微系统所的吴建璋同学表演的陕西快板《打针》、沈阳计算所带来的小品《现代版笑话三国》逗得现场笑声不断,街舞《灵舞我耀》、口技模仿秀《My heart will go on》等节目把晚会带入了一个又一个高潮,由来自等离子体所、上海光机所、华东计算机所等研究所的20多名同学共同演绎的《相亲相爱一家人》将整场晚会推向了最高潮。在全场观众的欢呼声与掌声中,2006年"科大·温馨家园"代培生联谊晚会圆满落下了帷幕。

在"全院办校、所系结合"的办学方针的指导下,我校在人才培养、科学研究、学术交流、师资队伍建设等方面都取得了巨大的成就。现在中科院各院所的代培生已经是我校学生群体中密不可分的一个的组成部分。他们虽然在我校仅仅度过短短的一年的时间,但更显得弥足珍贵。

无论是教室里的奋笔疾书,还是球场上的生龙活虎;无论是宁静安详的校园,还是平易近人的教授,都使代培研究生同学们感受到了我校平实而不迟钝,飞扬而不轻浮,富于创新而又不失严谨,充满自信而从不自傲的独特魅力。为了让代培生在我校感受到家一般的温暖,我校从2004年开始,通过为代培生举办"温馨家园"联谊晚会、"科研杯"足球赛等一系列活动,为广大代培生创建了展现才艺、加强沟通的平台。通过这样互动的平台,让代培生更加深切地感受到我校的温暖,更加充满对我校的热爱和依恋,同时也为各所的代培生架起了一架冲破地域阻隔的桥梁。

(四十九) 我校布置第三批国家重点学科申报工作

2006年,教育部正式下发了《关于做好国家重点学科考核评估工作的通知》(教研司〔2006〕20号),这标志着酝酿已久的第三批国家重点学科申报工作已正式启动。

为全面做好该项工作,我校于2006年12月17日下午在办公楼第一会议室召开会议,全面布置第三批国家重点学科申报工作事宜。19个国家重点学科牵头人,与重点学科相关的学院执行院长、分管副院长,国家实验室主要负责人等参加了会议。会议由侯建国常务副校长主持。

根据教育部的部署,第三批国家重点学科申报工作将分三阶段进行。第一阶段是对已有国家重点学科进行考核评估,第二阶段是二级学科国家重点学科的增补与淘汰工作,第三阶段是一级学科国家重点学科的认定。目前阶段的主要任务是对已有的国家重点学科的学科水平和建设成效进行考核评估。考评的依据是各国家重点学科上报的总结报告及其汇总表、国家重点学科制定并备案的"十五"建设计划申报表。考评工作采取学校评审代替专家个人评审的方式进行。对考评成绩排名靠前的国家重点学科将保留其国家重点学科资格;对考评成绩排名靠后的国家重点学科则须进入第二阶段——国家重点学科增补与淘汰工作。

会上,侯建国对现阶段我校19个国家重点学科的考核评估工作做了具体指示。他指出,国家重点学科考核评估,既是对学校过去学科建设成效的检验和工作的促进,更是关系学校未来发展的重要机遇,各学院、各学科要高度重视,全力投入,认真做好本学科的总结工作。在总结工作中,要实事求是地估计和掌握自己的情况,同时要充分了解相关高校的建设发展情况,做到知己知彼;申报材料和表格填写要严谨、实事求是,在申报材料中要充分展示出自己的业绩、优势和特色,以求得竞争中的有利因素。

我校布置第三批国家重点学科申报工作会场

（五十）校学位委员会召开 2006 年下半年度学位工作会议，决定授予 145 人博士学位、654 人硕士学位

2006 年 12 月 30 日下午，校学位委员会召开下半年度学位授予审核工作会议。会议主要对我校 2006 年下半年度学位申请者材料进行审核，并就申请者名单进行投票表决。会议由校学位委员会常务副主任委员何多慧院士主持。

校学位委员会主任委员朱清时校长代表学校党政领导向在百忙之中参会的各位委员致以新年问候！对各位委员长期以来在学位工作中的辛勤耕耘表示感谢，并强调指出，学位工作是保证我校研究生教育质量的重要环节，把好学位授予关，对维护我校学位授予声誉，具有重要意义。

委员们首先听取了校学位办关于普通本科学士、成教本科学士学位审核情况的汇报以及硕士、博士学位申请整体情况的介绍。

之后，又先后听取了数学、物理天文、化学与材料科学、地学环境科学、生命科学、工程科学、电子信息与计算机科学、同步辐射国家实验室、管理人文科学、合肥智能所、微尺度国家实验室、专业学位（工程类、管理类）等 12 个学位分委员会负责人关于本学科学位申请者情况的介绍，仔细审阅了申请材料，并依据《中华人民共和国学位条例》和《中国科学技术大学学位授予实施细则》的有关规定，决定授予 145 人博士学位、78 人普通硕士学位、161 人工商管理硕士学位（MBA）、84 人公共管理硕士学位（MPA）、331 人工程硕士学位。

会上，校学位委员会副主任委员、校常务副校长侯建国院士向委员们通报了第三次国家重点学科申报评审工作的有关情况，传达了国家关于本次重点学科申报工作的有关新政策，介绍了重点学科申报三个阶段的工作要求，分析了我校面临的形势，通报了下一阶段的工作安排。

会议还就外国来华留学生学位授予要求、部分学科硕士学位授予量化规定、学术道德规范管理条例等进行了讨论和审议，并达成了共识。

（五十一）2006 年度"中国科学院优秀博士学位论文"结果公布，我校 8 篇入选

2006 年 12 月，中科院以科发人教字〔2006〕203 号、204 号文的形式公布了 2006 年度"中国科学院优博论文""优秀研究生指导教师""院长特别奖""优秀导师奖"名单。经专家委员会评审，今年共评出"中国科学院优秀博士学位论文"50 篇，"优秀研究生指导教师"49 人，"院长特别奖"20 名，"优秀导师奖"20 名。我校获评"中科院优秀博士学位论文"8 篇、"优秀研究生指导教师"8 人。

学校召开第六届校学位委员会八次会议

(五十二) 我校张淑林被《学位与研究生教育》评为"优秀兼职编辑"

2006年《学位与研究生教育》杂志工作研讨会上,我校研究生院副院长张淑林因在该刊组稿、投稿、审稿等方面做出的突出贡献,被评为年度"优秀兼职编辑",并获得了荣誉证书。2006年度只有两名编辑获此殊荣。

(五十三) 我校两个一级学科授权点通过国家合格评估

2006年,国务院学位委员会公布了2005年博士学位授权点定期评估结果及处理意见。我校接受评估的生物医学工程、管理科学与工程两个一级学科通过国家合格评估,可继续行使博士学位授予权。

本次评估的性质属合格评估(非选优评估)。根据规定,评估结果为"合格"的学科专业可继续行使博士学位授予权;评估结果为"存在一定问题,需经整改才能合格"的学科专业,责令其进行整改并于两年内重新评估;评估结果为"不合格"的学科专业取消其博士学位授予权。

本次评估工作启动于2005年。根据国务院学位委员会《关于2005年博士学位授权点评估工作的通知》(学位〔2005〕20号)的规定,2005年接受评估的学科点范围包括1998年以前获得授权的一级学科和二级学科博士学位授权点(属国家重点学科的博士点,或在博士生培养中取得突出成绩、获评两篇以上"全国百篇优博"的博士点不列入评估范围)。对于一级学科授权点,按照一级学科整体进行评估。评估指标有:学术队伍、科学研究、教学与人才培养、工作条件、管理工作。评估采取自我评估、基本状态评价和博士学位论文抽查三个环节。最终评议结果由国务院学位委员会学科评议组审议确定。

(五十四) 我校两个研究生创新计划项目获教育部批准实施

2006年,由国务院学位办牵头组织的2005年度研究生创新计划项目评审结果揭晓。我校申报的"微尺度物质科学研究生创新中心"计划项目通过了专家审核,被国务院学位办批准实施,并将获得专项经费资助。

"微尺度物质科学研究生创新中心"计划项目,旨在利用我校理化科学实验中心的各种实验装置和资源开展创新研究,为不同培养单位的研究生进行学术交流、自主开展科学实验和实践创新思想提供专门场所,为跨学科研究生之间开展学术交流与合作提供平台,为研究生加强实践训练和创新能力培养提供条件。该中心的主要建设内容有:长期设立不同学科类型的研究生创新课题;建立研究生学术论坛;加强与国外知名大学和研究所的交流,建立研究生间的相互学习和交流计划。

另外,我校本次与"微尺度物质科学研究生创新中心"计划项目一同获得批准实施的项目还有"结构生物学研究生暑期学校"。

此前,我校获得教育部"研究生创新计划"项目资助的有"同步辐射博士生访学计划"和"同步辐射博士生创新中心"两个项目。这些项目均为教育部"研究生教育创新工程"计划的一部分。该工程的主要建设内容有:以高校重点学科为依托,建设"研究生创新基地",建立激励创新的机制,从经费上、政策上重点支持这些学科点的博士生从事对学科发展有重要影响的原创性学术研究或极具应用前景的重大工程或技术创新研究;加强不同专业和不同学科方向的研究生之间的学术交流,建立"研究生学术论坛";资助部分博士生和少量的优秀硕士生出境参加重要的国际学术会议;开设"研究生精品课程",建立"研究生访学制度",加强研究生教材建设,建立优质研究生教育资源共享体系;建设"研究生开放实验中心"等。

(五十五) "十五"期间"211工程"建设验收专题网站开通

2006年,为了迎接"十五"期间"211工程"建设项目国家整体验收,展示我校"十五"期间重点建设取得的成果,根据学校关于验收准备工作的统一安排,学校正式推出"十五"期间"211工程"验收专题网站。网站内容包括四个部分:"信息动态"主要反映我校筹备"211工程"验收工作的进展以及验收期间动态信息;"成果荟萃"主要展示"十五"期间我校"211工程"建设取得的主要成果;"媒体报道"主要展示近年来各新闻媒体关于我校相关成果的报道;"专家介绍"则对本次来我校的验收专家组成员情况进行介绍。

"十五"期间"211工程"整体验收工作是我校建设中的一件大事,对检验我校建设成就,总结建设经验,促进今后工作,都具有十分重要的意义。侯建国常务副校长在相关会议上强调要求,各职能部门和子项目建设单位要高度重视,紧密配合,认真扎实做好验收前的各项准备工作,以崭新的面貌迎接专家的"考评"。

"十五"期间"211工程"验收专题网站的开通,为进一步展示成就、沟通工作、交流信息提供了一个平台,希望得到校内各部门、子项目建设单位和广大师生的大力支持、踊跃投稿或提供宣传信息。

(五十六)我校研究生"蓝鹰"机器人足球队称雄第十届"机器人世界杯竞赛"

2006年,从德国不来梅传来消息,在刚刚结束的第十届"机器人世界杯竞赛"(Robo Cup 2006)上,我校以博士生和硕士生为主体的"蓝鹰"队为我国夺得冠、亚军各一项,创我国参加此项赛事以来最好成绩。我校"蓝鹰"队参加了三个组别的赛事,获得仿真 2D 组世界冠军、仿真 3D 组世界亚军、四腿组第五名。

(五十七)我校研究生助研岗位管理进一步规范

2006年,为遵循研究生教育的自身规律,更好地调动研究生参与科研项目的积极性,提高研究生培养质量,根据第四次学位与研究生工作会议精神和有关文件规定,学校出台了《研究生助研岗位制度实施细则》,对助研岗位的设置、酬金标准、岗位申请、岗位职责以及考核等做了明确规定,进一步规范管理与操作。

研究生助研岗位分为四类:博士生 C 岗、博士生 D 岗、硕士生 A 岗和硕士生 B 岗。不同岗位招聘对象有着不同的相关要求。

凡承担各种科研、开发项目的研究生招生专业和知识创新工程试点单位都可以申请设立助研岗位。助研岗位酬金一部分从导师的科研、开发项目经费或知识创新工程经费中支出,另一部分由研究生院给予配套补贴。岗位酬金继续通过工资卡按月发放,每学期 5 个月,全年 10 个月。

新制度使研究生的受益面进一步扩大。除代培研究生、委培研究生以及工资由原单位发放的研究生和本校在职研究生外,其他研究生(包括自费生)都可直接向设岗的导师申请,经系(室)同意后报研究生院备案。

为了加强管理与考核,规定凡担任助研岗位的研究生要在导师的指导下完成一定的科研、开发工作量,包括与学位论文有关的工作以及导师科研开发项目或实验室建设所必需的工作。对表现优秀的,可以另外适当增发岗位酬金,对学习、科研工作不认真负责的,将暂停发放,直到考核合格后,才能恢复。

2007年

（一）我校举行2006年度第二次学位授予仪式

2007年1月2日上午，节日的东区校园充盈着欢庆的气氛，2006年度第二次学位授予着装仪式在大礼堂隆重举行，身着学位服的1000余名学子迎来了收获的时刻。

上午9时，学位授予着装仪式在庄严的国歌中拉开序幕。校学位委员会主任委员、校长朱清时院士，校学位委员会副主任委员、常务副校长侯建国院士，校学位委员会常务副主任委员何多慧院士，校学位委员会副主任委员陈国良院士，校学位委员会副主任委员、党委副书记、副校长李定，校学位委员会副主任委员、副校长王东进、窦贤康，博士生导师代表以及全体博士、硕士学位获得者参加了仪式。仪式由校学位委员会副主任委员、常务副校长侯建国院士主持。

校学位委员会副主任委员、常务副校长侯建国院士宣读了学位获得者名单。

在热烈的掌声中，朱清时校长发表了热情洋溢的讲话。他首先向全体学位获得者表示热烈祝贺，并感谢广大同学就读期间对学校工作提出的宝贵意见和建议以及为学校建设与发展做出的积极贡献。接着，朱清时校长以一位学长和朋友的身份，就如何抓住人生中的机遇做离别赠言。他认为,理想的人生要用高度的智慧和敬业精神,抓住每个机遇,顽强地使自己的潜能发挥到极致。要抓住机遇,第一,要随时做好准备;第二,要从小事做起,认真地做好每一件事;第三,一旦机遇出现,就要全力以赴。朱清时校长还勉励广大同学在今后人生的道路上在认真对待机遇的同时,要立志做一个德才兼备、对社会、对国家负责的有用人才。最后,他希望即将迈出校门、走向社会的广大同学,不要忘记母校的培育之恩,要以母校在各项工作中取得的优异成绩为动力,在新的学习和工作岗位上以一个中国科大人的标准严格要求自己,踏踏实实,勤勤恳恳,争取做出更大的成绩,回报母校,为母校创建世界一流大学做出一份新的贡献。

仪式上,本次学位获得者的导师代表、管理学院缪柏其教授寄语学位获得者。本次博士学位获得者中国台湾的学生代表黄澄清、博士学位获得者代表褚建勋、专业硕士学位获得者代表张梅分别发表临别感言,感谢母校和老师的培养,表达了对母校依依惜别之情,并祝愿母校取得更大的辉煌。

在优美的乐曲声中,1000余名博士、硕士、学士学位获得者分别身着红色、蓝色、黑色学位服,排队依次登上主席台,校领导与部分校学位委员会委员为他们一一扶正流苏。

(二)我校举行第三届"中国科大MBA/MPA大家庭庆典暨2007管理新年论坛"

2007年1月2日下午,第三届"中国科大MBA/MPA大家庭庆典暨2007管理新年论坛"在我校西区学生活动中心隆重举行。我校常务副校长侯建国院士、安徽省发展计划与改革委员会主任沈卫国,省人事厅厅长张耀文,省纪委常务副书记张东安,省国有资产监督与管理委员会主任桂建平,省建设厅厅长倪红,省政府政策研究室主任吴克明,中国建设银行安徽省分行行长白国祥等各界嘉宾,我校研究生院副院长张淑林教授以及从事MBA/MPA教育的教师、应届MBA/MPA毕业生、在读研究生、校友代表、省内十多家媒体的新闻记者等600多人一起见证了此次庆典的盛况。

本次庆典以"文化取势、创新制胜"为主题,充分展示了我校MBA/MPA人对于专业学位教育的深刻理解和在资源欠发达地区实现跨越式发展的路径选择。文化是教育的品格与灵魂,创新是教育的源泉与动力。10年来,中国科大MBA、MPA教育的成长之路就是这样一条"借文化谋求发展优势、以创新抢占教育制高点"的发展之路。

在庆典仪式上,我校管理学院还举行了隆重的"MBA/MPA课程教授"聘用仪式,包括省发改委、省国资委、省人事厅等在内的多位厅局"一把手"以及知名企业家受聘我校,担任"MBA/MPA课程教授"。"课程教授"是为了进一步加强我校MBA、MPA专业学位教育的师资力量,保障MBA、MPA专业学位教育在新一轮竞争中继续领先,为我校的MBA、MPA专业学位教育量身定做的兼职教授,是我校MBA、MPA教育取得长足进展,步入国内一流阵营后的又一重要举措。我校管理学院开展如此大规模的课程教授聘请,在国内是首开先河的,也是我校MBA、MPA专业学位教育面向社会一线、面向管理前沿、联结各方资源,充实师资队伍,保持在未来的大发展中拥有强大后续力量的战略支撑。

(三) 我校对 19 个国家重点学科进行了自评

为全面扎实做好第三批国家重点学科申报第一阶段的考核评估工作,我校于 2007 年 1 月 6 日下午组织由在校两院院士、各学院执行院长组成的专家组对 19 个国家重点学科进行了自我考评。朱清时校长参加评议会议并讲话。评议会议由侯建国常务副校长主持。

朱清时校长强调了本次学科自我评估的重要意义,并对做好本次学科自我评估工作做了重要指示。朱校长强调指出,对重点学科进行自我评估是第三批国家重点学科申报工作的一个重要环节,是第一阶段——国家重点学科考核评估阶段工作的重要内容。学校自我评估对及时检验各重点学科的建设成果、总结建设经验、找出差距与不足等具有十分重要的作用。学校要以本次自我评估为契机,认真总结学科建设经验,按照"以评促改、以评促建、以评促管"的原则,把学科建设工作和第三批国家重点学科申报工作做好。他希望与会专家能本着对学校、对各学科负责的态度,严格把关,认真对照各重点学科制定的学科"十五"建设目标,认真检查其 5 年来(2001~2005 年)的建设成果,特别是要针对各重点学科总结中存在的问题,提出改进建议和意见。

我校对 19 个国家重点学科进行自评

据悉,根据教育部部署,第三批国家重点学科申报工作将分三阶段进行。第一阶段是对已有国家重点学科进行考核评估;第二阶段是二级学科国家重点学科的增补与淘汰工作;第三阶段是一级学科国家重点学科的认定。按照要求,各学校应在第一阶段统一组织对所属国家重点学科的建设情况逐一进行自我考评。自我考评主要是对照各重点学科 2001 年制定的学科"十五"建设计划申报表,认真检查其 5 年来(2001~2005 年)的建设成效。

(四) 我校举行研究生导师新春茶话会

2007年1月27日下午,学校在东区活动中心五楼会议室隆重召开研究生导师新春茶话会。侯建国常务副校长主持会议。会议受到了在校研究生导师的高度重视和热烈欢迎,在校两院院士、博士生导师、部分硕士生导师、研究生教学秘书等共200多人参加了会议,整个会场座无虚席。

侯建国常务副校长研究生院向研究生导师介绍了我校研究生教育的现状,通报了2006年学校研究生教育工作的开展情况以及2007年拟重点推进开展的工作,阐述了我校研究生教育的发展思路。侯建国指出,过去5年,学校在"211工程""985工程"的支持下,研究生教育规模实现了跨越式发展,各类在学研究生已有1万余人,研究生与本科生之比已达1.2∶1,同时,研究生结构也发生根本性变化,研究生培养形式呈现日益多元化的趋势。面对新的发展形势,在过去一年,学校在研究生教育领域重点抓了两件有关全局的大事,一是在研究生导师的大力支持下学校开展了大规模的研究生培养现状调研。通过调研发现,我校研究生整体质量特别是博士生质量在全国处于比较好的水平,"全国优秀博士学位论文""中科院优秀博士学位论文"、研究生在高水平期刊等发表的论文数量等在全国均处在前列。另外,调查问卷也显示,研究生对我校学术氛围、导师指导、培养条件等还是比较满意的。但我校在研究生生源质量、就业水平等方面还有进一步提升的空间。二是召开了我校第四次学位与研究生教育发展工作会议,会议不仅认真回顾和总结了近年来我校学位与研究生教育工作的成绩与经验,分析了学位与研究生教育面临的形势与现状,而且确立了"稳定规模,提高质量"的基本办学方针,明确了今后的奋斗目标、工作重点和主要措施。

关于2007年学校研究生教育工作的重点,侯建国强调,学校将重点开展以下几项工作:一是要加大研究生招生改革和招生宣传工作的力度,充分发挥院系特别是研究生导师在研究生招生工作中的积极性,进一步改善研究生生源质量;二是要加大图书、大型设备等研究生公共教学、实验支撑平台建设的力度,进一步改善研究生的学习和生活条件;三是要进一步完善研究生管理和培养机制,要通过下放权力等途径,提高研究生管理工作效率,减少过多非学术事务对研究生导师工作的影响;四是要进一步加强对研究生的学术道德教育,要通过导师的言传身教,培养学生执著追求"学术卓越"的科学意识。

茶话会上,许多导师发言,对学校学位与研究生教育工作提出了发自肺腑的建言。

关于招生工作,发言导师认为,生源是研究生质量的首要要素,学校要通过多渠道、多途径加强研究生招生宣传工作;在招生工作中,要赋予导师更多的自主权,要注意考察学生的综合素质。

培养工作是研究生导师们最为关注的热点话题之一。发言导师呼吁,要创造条件,鼓励研究生参与国际学术交流;要重视实验课程教学,以提高研究生的动手实践能力;要切实加强对博士生学习的中期考核,真正建立优胜劣汰的分流和淘汰机制;要充分利用

学校与国内、外广泛学术交流的条件,推进研究生联合培养工作;在培养工作中,要充分尊重学生的自主选择权利,真正做到师生的双向互选。

关于学位"出口"把关问题,发言导师呼吁,各学位点要加强自律,论文评审与答辩不能走过场,要把论文答辩会变成培养研究生和年轻导师学术能力的舞台;对研究生发表学术论文的要求,要因学科而异,不能搞"一刀切";在条件成熟时,要尝试进行学位论文评审国际化改革。

最后,侯建国常务副校长做了总结发言,对广大研究生导师对学校研究生教育事业所表现出的强烈责任意识和忧患意识表示感谢,并表示,学校将认真听取各位研究生导师对学校研究生教育工作的建议和意见,尽快落实有关建议,争取把我校的学位与研究生教育工作做得更好。

(五) 我校研究生院召开在校院士座谈会

为听取在校院士对我校学科建设与研究生培养工作的意见和建议,提高我校研究生培养质量和学科建设水平,我校于2007年3月3日下午召开部分在校院士座谈会。在校院士施蕴渝、王水、何多慧、张家铝、陈国梁、郭光灿等参加了会议。会议由常务副校长侯建国院士主持。

常务副校长侯建国院士代表校领导向长期为我校学科建设与研究生培养工作做出突出贡献的各位院士表示感谢,并从"全国优秀博士学位论文"排名、研究生SCI/EI论文贡献率、博士生高影响因子论文发表情况、全国一级学科评估整体水平排名、研究生毕业去向等主客观方面全面分析了我校研究生培养质量现状,希望参会院士能为学校研究生培养工作与学科建设工作出谋划策。

座谈会上,院士们结合国际一流大学的研究生培养模式以及自己指导研究生的经验,从导师队伍建设、招生政策、教学培养、学科建设等环节提出了许多宝贵意见和建议。

参会院士一致认为,研究生培养质量的关键在于导师,导师的责任心、学识水平、科研项目、指导艺术等,是影响研究生培养质量的重要因素。对于如何提高我校年轻研究生导师队伍的整体水平,院士们认为一方面要加大优秀人才的引进力度,另一方面,要做好现有年轻教师队伍的培养工作,要充分发挥有经验的优秀导师的"传、帮、带"作用和导师团队在研究生指导中的作用。

学科建设工作也是参会院士最为关心的话题。他们一致认为,学科建设工作是影响研究生培养质量的基础环节,当前要特别重视部分学科的队伍建设问题,做好学科的前瞻规划工作,在地域环境不利的客观环境下一定要找准本学科的目标定位,要有特色。

李曙光院士因参加国家重大项目评审未能参加座谈会,但他非常关心学校研究生教育发展,专门撰写相关书面材料,为研究生培养和学科建设工作提出了许多宝贵的建议。

最后,侯建国常务副校长做了总结发言,对参会院士对学校学科建设与研究生教育事业所表现出的强烈责任意识和忧患意识表示感谢,并表示,研究生院将认真听取参会院士对学校学科建设与研究生培养工作的建议和意见,尽快落实有关建议,争取把我校的学科建设与研究生教育工作做得更好。

(六) 我校以"优秀"通过首批 24 所 MPA 专业学位教育试点高校教学合格评估

2006 年 11 月,全国 MPA 教学合格评估专家组来我校对公共管理硕士(MPA)专业学位进行为期一天的实地评估。专家组听取汇报后,针对我校的 MPA 办学中的有关问题进行了质询和现场提问。

2007 年 3 月,国务院学位委员会公布了全国首批 24 所 MPA 专业学位教育试点高校教学合格评估结果,我校以"优秀"顺利地通过了国家的教学合格评估。综合评价意见认为我校"重视 MPA 教育,办学组织机构健全,办学定位准确,办学思路清晰""教学管理规章制度完善,整个培养过程科学、规范""培养方案科学可行,培养方向设置合理,教学实施规范""论文选题能够紧扣公共管理的实际,针对性强""学校在办学过程中,进行了不少有益的探索,紧密结合经济社会发展实际,依托学校学科优势,办学特色鲜明,成效显著"。

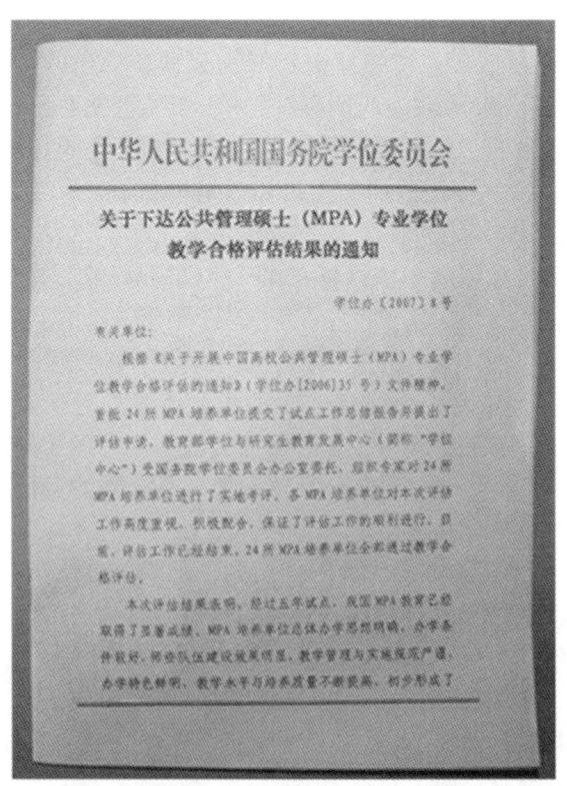

我校 MPA 以"优秀"通过国家教学合格评估

(七) 全国第二轮第一批学科评估结果公布,我校5个一级学科进入前五

2007年3月,教育部学位中心发布了第二轮首批全国一级学科整体水平评估排名,我校参评的13个学科均位居前列,其中5个一级学科进入前五名。我校以理学学科为代表的一批学科均进入前列。数学排名全国第五、物理学排名全国第二、化学并列全国第四、力学排名全国第四、仪器科学与技术排名全国第十一、材料科学与工程并列全国第十三、动力工程与工程热物理并列全国第七、电子科学与技术并列全国第十三、信息与通信工程并列全国第十九、控制科学与工程并列全国第十、计算机科学与技术排名全国第十一、矿业工程并列全国第五、管理科学与工程并列全国第十。

(八) 我校2名研究生获2007年"百人会英才奖"

2007年4月4日,美国"百人会英才奖"颁奖典礼(北方区)在南开大学商学院报告厅举行。美国百人会副主席程美玮,美国百人会理事谢正刚、曾宪章,南开大学副校长关乃佳等出席颁奖典礼并为来自北方7所高校的14名获奖者颁奖。

"百人会英才奖"发起于2005年,每年评选一次,用于奖励品学兼优、具有杰出领导能力、积极参与社会公益活动的优秀研究生。全国共有28名优秀研究生获得2006年度"百人会英才奖"。我校理学院2005级博士生李雪白和管理学院2005级博士生宋加山获此殊荣。这是美国百人会首次在我校研究生中评颁该奖。

据悉,百人会创办于1990年,由不同领域的杰出美籍华人组成,旨在有力地表达美籍华人对美国内部和国际事务的意见。"百人会英才奖"的设立是为了支持中国高校教育事业的发展和优秀创新型人才的培养。

(九) 我校召开第三批国家重点学科申报第一阶段专家评审工作会议

为全面扎实做好第三批国家重点学科申报第一阶段的学科考核评估工作,根据教育部《关于委托有关单位对国家重点进行考核评估的通知》的部署和要求,我校于2007年4月5日下午专门召开国家重点学科考核评估专家组全体成员工作会议,对评审工作进行布置。会议由侯建国常务副校长主持。

侯建国常务副校长传达了教育部关于重点学科评审工作的相关精神和要求,强调了做好重点学科评审工作的重要性,并对评议工作中可能遇到的普遍性问题谈了一些看法。

根据教育部部署,第三批国家重点学科申报工作将分三阶段进行。第一阶段是对已有国家重点学科进行考核评估;第二阶段是二级学科国家重点学科的增补与淘汰工作;第三阶段是一级学科国家重点学科的认定。为保证第一阶段国家重点学科考核评估工

作的公正、公平,此次教育部在国家重点学科的考核方式上实行了重大改革,评审方式由以往的专家个人评审改为委托单位集体评审。受委托单位要组织本单位同行专家对送评学科进行评议,并根据专家评议意见,以单位的名义对送评学科评分。据统计,此次我校接受委托将参与11个一级学科组、173个国家重点学科材料的评审。

本次重点学科考核评估,不排序,仅打分(百分制)。打分主要依据学科水平和建设成效两个方面共12个指标进行,其中学科水平包括学科方向、学术团队、人才培养、科学研究、学术交流、学科环境6项指标;建设成效包括凝练学科方向、师资队伍建设、人才培养能力提高、科研能力提高、学术交流、条件改善6项指标。该轮评估不实行淘汰,得分排名最后的学科要重新参与第二轮新增重点学科的申报。

关于评估打分中需要注意的问题,侯建国常务副校长强调在评审中要仔细研究指标,既要考虑学科"量"的因素,又要考虑"质"的因素,评价打分要尽可能做到客观公正、实事求是,打分代表的是学校,各单位的打分结果要在网上公示,接受社会评价监督。同时他还希望参与评审的专家要利用参与这次评审的机会,了解别人的长处,找到自己的差距与不足,从而改进学科建设。

会上,研究生院张淑林副院长对国家重点学科评审工作中的相关细节和时间节点进行了布置,并通报了全国研究生院院长联席会议的有关精神以及国务院学位办2007年即将开展的几项重点工作。

(十) 首届"中国科大-香港城大联合高等研究中心(苏州)博士生学术论坛"举行

2007年4月10～11日,首届"中国科大-香港城大联合高等研究中心(苏州)博士生学术论坛"在苏州举行。

(十一) 研究生支教团举办图片展

2007年4月20日,研究生支教团图片展在东区文化长廊前拉开了序幕。本次图片展将在东区、西区、南区巡回展出,活动将持续到5月中旬。

本次活动旨在宣传我校研究生支教团,并号召更多的同学关注西部、投身于支教西部的事业中去。本次活动由校团委和研究生支教团主办,第九届支教队承办。校党委书记郭传杰为本次图片展题名"西海固,爱心催飞梦想",党委副书记鹿明多次对活动提出指导建议。

图片展中的照片全部来自我校历届支教队,绝大部分是他们在宁夏海原县支教过程中拍摄的,集中反映了当地的自然地理、人文风情、教育状况和我校支教队员的支教生活,其中一部分照片介绍了支教队参加培训的情况。

我校自第一届"中国青年志愿者扶贫接力计划"起就积极参加此项活动,先后已有39

人赴甘肃榆中、青海循化、宁夏海原县开展支教服务工作。2006年10月,第九届支教队正式组建,8名同学经过培训,将于2007年8月底赴宁夏海原参加为期一年的支教工作。

(十二)我校布置"985工程"二期建设项目中期检查工作

根据教育部的部署和要求,我校于4月25日下午在办公楼第一会议室召开会议,布置我校"985工程"二期建设项目中期检查工作。会议由侯建国常务副校长主持。我校"985工程"二期重点建设的一类、二类科技平台,社科基地,支撑体系(公共实验中心、网络、图书馆)项目负责人以及人事师资处、财务处、研究生院等职能部门负责人参加了会议。

根据教育部的部署,中期检查工作的重点是5个方面:总体计划执行情况;各渠道建设资金到位和完成情况;各子项目计划执行和目标任务完成情况;在管理体制和运行机制方面的探索和创新;计划执行及项目建设中存在的主要问题及解决办法。

此次检查工作采取以学校自查为主的方式进行。按照规定,各校应于2007年6月10日以前完成自查工作,6月20日以前将学校总结报告报送教育部。教育部将在学校自查结束后视适时组织抽查。

据悉,国家"985工程"二期建设的主要内容为科技创新平台和哲学社会科学基地。经论证评审,我校获批建设的平台项目有:2个Ⅰ类科技平台——微尺度国家实验室、同步辐射国家实验室;3个Ⅱ类科技平台——火灾安全科技创新平台、信息科技前沿理论与应用创新平台、地球与空间系统科学科技创新平台;1个社科基地——科技史与科技文明研究哲学社会科学创新基地以及公共支撑体系(5大公共实验中心、网络、图书馆)。

(十三)郭传杰书记为管理学院全体MBA/MPA研究生做报告

2007年5月11日,郭传杰书记为管理学院全体MBA/MPA研究生做题为《国家知识创新工程:缘起、进展与启迪》的报告。

(十四)我校35位博士生导师通过2008年上岗资格审查

2007年5月20日上午,校学位委员会在办公楼第一会议室召开2007年度第一次工作会议。会议主要就申请2008年上岗的新增博导和返聘博导名单进行审议和表决。会议由校学位委员会副主任委员何多慧院士主持。

会上,校学位委员会主任委员朱清时校长结合当前研究生培养工作面临的形势,强调了研究生导师在研究生培养质量保证体系中的作用,认为导师的人格魅力、学术水平、学风、言传身教等,对于研究生培养质量具有重要意义。因此,无论是对新申请上岗的博导还是返聘上岗或兼职上岗的博导,都要坚持标准,严格把关,不能把博导当成一种头衔,而是要当作真正的岗位来对待。

朱校长还强调了对新增博导进行岗前培训的重要性,认为开展岗前培训对于提高新增博导良好的师德和学术道德规范意识,更好地履行教书育人职责,尽快熟悉研究生教育方针、政策及过程环节与培养规律等,具有重要的意义,希望校学位委员会能在这项工作中发挥重要作用,并要求新增博导岗前培训应制度化,今后只有经培训方可上岗指导博士生。

委员们先后听取了数学、物理天文、化学材料、地学环境、生命科学、工程科学、电子信息科学、管理人文科学、同步辐射国家实验室、微尺度国家实验室等学位分委员会负责人关于本学科申请上岗者情况的介绍,仔细审阅了申请材料,并在进行认真讨论的基础上,依据《中国科学技术大学博士生导师上岗审定工作实施办法》的有关规定,对申请上岗者名单进行了无记名投票。经表决,共有35名教授通过新增博导资格审定、16名教授通过返聘单独上岗资格审定。

据统计,我校2008年有资格上岗指导博士研究生的导师共计598人,其中校本部博导321人、科学院研究所及其他机构兼职博导277人。

会上,侯建国常务副校长还从研究生招生、综合管理、教学培养、学位学科等方面向委员们通报了近期校学位与研究生教育工作的开展情况。

(十五)我校19个国家重点学科全部通过国家考核评估

2007年5月22日,教育部以发文《关于公布国家重点学科考核评估结果的通知》(教研司〔2007〕7号)的形式,公布了国家重点学科考核评估结果。我校19个国家重点学科全部通过国家的考核评估。

国家重点学科考核评估工作是第三批国家重点学科申报工作的一个重要阶段。该项工作于2006年下半年度启动。期间,我校19个国家重点学科撰写了总结报告,并对照制定的学科"十五"建设目标,认真检查了5年来(2001~2005年)的建设成效,总结了建设经验,找出了差距与不足。1月6日,学校组织由在校两院院士、各学院执行院长组成的专家组,对19个国家重点学科首先进行了校内自评,并针对各重点学科建设中存在的问题,提出了改进建议和意见。

4月5日,我校作为受委托单位,根据教育部《关于委托有关单位对国家重点进行考核评估的通知》(以下简称《通知》)的要求,组织校内同行专家对接受国家委托评估的11个一级学科、173个国家重点学科进行了认真评议,并以单位的名义对送评学科进行了评分排序。之后,在各受委托单位专家评议的基础上,教育部按照统一的统计规范,在专家的监督下,对各受委托单位提交的考评结果进行了统计分析。根据分析并经教育部研究,我校19个重点学科均不需要参与国家重点学科第二阶段的新增申报。

国家重点学科考核评估结果的公布标志着第三批国家重点学科申报第一阶段工作已圆满结束。《通知》要求我校要认真总结经验,做好第三批国家重点学科申报第二阶段

2007年

的准备工作。

我校19个国家重点学科全部通过国家考核评估专家评审

(十六) 我校对2007年新增博导进行岗前培训

为交流博士生培养经验,提高新增博导良好的师德意识,帮助他们更好地履行教书育人职责,尽快熟悉研究生培养政策及过程,研究生院于2007年5月21～22日在校第一会议室组织开展了2007年新增博导岗前培训活动。2007年新增的26位博士生导师参加了岗前培训。校常务副校长侯建国出席培训活动并讲话,全国教学名师以及优秀博导代表程福臻教授、李曙光院士、辛厚文教授、郑永飞教授、陈国良院士先后应邀做了专题报告。

据悉,参加培训交流的20多位新增博导均有博士学位,大部分获得过国家基金的资助,不少已有过在国外指导博士研究生的经历。

侯建国介绍了下一阶段学校在学位与研究生领域将围绕"提高质量"这一主题,重点推进5个方面的工作改革,分别是:加大研究生招生改革力度,提高生源质量;进一步加强研究生教育的支撑条件建设,改善研究生学习生活条件和办学环境;继续推进公共课程改革,开展精品课程建设,创造条件营造研究生教育创新环境;改革完善学位与研究生教育管理体制,通过权力下放,发挥院系、导师的积极性;加强师德和研究生学术道德教育,净化学术环境。

我校新增博导培训工作始于2006年,本次培训是我校开展的第二次培训活动。以后,该项工作将制度化、机制化,每年举行一次,并将其作为新增博导上岗指导博士生的必要条件。

(十七) 我校第二次研究生代表大会隆重召开

2007年5月27日,第十七次学生代表大会和第二次研究生代表大会隆重召开。大会期间,学代会和研代会代表分别听取并审议了冯耀辉代表校学生会第十六届委员会所做的工作报告和陈新代表校研究生会第一届委员会所做的工作报告,并进行了分组讨论。经学代会、研代会主席团分别讨论,合并整理出40项正式提案。学代会和研代会分别差额选举了校学生会第十七届委员会和校研究生会第二届委员会,学代会修订了《中国科学技术大学学生会章程》。

(十八) 我校布置第三批国家重点学科增补申报工作

随着第三批国家重点学科申报第一阶段暨考核评估阶段工作的顺利完成,第二阶段的增补申报工作于日前正式拉开序幕。为全面做好该阶段工作,学校于2007年6月11日下午在办公楼第一会议室召开会议布置相关工作事宜。各学院执行院长,国家实验室、国家重点实验室主要负责人,拟申请学科负责人及相关人员参加了会议。会议由侯建国常务副校长主持。

侯建国常务副校长总结了第三批国家重点学科申报前一阶段的工作,传达了教育部《关于开展国家重点学科增补工作的通知》的有关精神,并对拟申请学科提出了指导意见。他说,历经半年时间,在各学科的共同努力下,我校19个国家重点学科全部通过了国家的考核评估。目前,工作已进入了第二阶段暨国家重点学科增补申报阶段,希望各学院、各学科高度重视,认真总结经验,进一步增强信心,争取重点学科增补申报工作取得新的突破。他还强调指出,拟申请学科应根据自身学科优势和特色,瞄准国家科技发展中长期规划和区域发展的重大需求,进一步凝练学科方向,认真组织申请学科材料;申报材料和表格填写要严谨、实事求是。

会上,校长助理、研究生院副院长张淑林分析了当前的形势,并就国家重点学科增补申报工作的报告撰写、表格填写、时间节点、下一步安排等细节进行了具体布置。

本次国家重点学科增补申报工作由教育部统一组织,指导思想为"调整结构,优化布局,择优确定,公平竞争"。增补工作将与国家和区域发展的重大需求相结合,采取单位申请,主管部门审查和推荐,同行专家评议和行政审批的方式进行。申请学科应是2001年前(含2001年)获得博士学位授权的学科,并且在2001~2006年期间曾获得国家三大科研奖励,或获得不少于3项(含3项)省部级二等奖(含二等奖)以上科研奖励,或为国家重点实验室或国家工程(技术)中心或省部级重点实验室(工程中心、社科研究基地)的主干学科。

国家重点学科评选已进行了二次,1987年第一次申报,我校4个学科入选。2001年第二次申报,我校19个学科入选。本次重点学科增补申报面临的形势与前两次相比有

较大不同,5年来,相当一部分高校得到了"十五"期间"211工程"以及"985工程"的重点建设,甚至不少学校实行了并校,各学科的内涵发生了变化,实力有了明显增强,可以预见,申报竞争将异常激烈。尽管形势严峻,但我校各拟申请学科仍充满信心,目前正在认真总结经验,凝练方向,找准优势和特色,以期在本次增选中再创佳绩。

(十九)首批"985工程"建设高校研究生院院长联席会议在我校召开

2007年6月15～16日,由九所首批"985工程"建设高校北京大学、清华大学、哈尔滨工业大学、复旦大学、上海交通大学、南京大学、浙江大学、中国科学技术大学、西安交通大学(以单位代码为序,简称"九校")参加的研究生院常务副院长(副院长)联席会议在我校召开。本次会议是为了贯彻落实2006年9月在我校召开的第四次"一流大学建设研讨会"会议精神,加强包括九校在内的国内高水平大学在研究生教育领域的深层次合作与交流,发挥其在国内研究生教育体系中的示范和引领作用,全面提升我国研究生教育的整体水平和质量。

与会代表就研究生招生、培养和学位工作等做了深入研讨,并且初步达成了关于在研究生教育领域九校间加强合作与交流的框架协议。九校将积极创造条件为他校在本校开展各种形式的研究生招生宣传工作提供便利和平台,鼓励和推荐本校优秀本科毕业生报考他校研究生,支持与接收他校推荐免试研究生;积极推荐与接受他校研究生来本校开展访学研究,在优势互补的原则下,探讨、交流研究生培养模式;积极支持他校博士学位论文评审工作,创造条件在博士答辩中开展远程视频在线答辩工作;建立分学科领域的导师合作机制,加强导师间的交流与联系。

(二十)我校举行2007年毕业典礼暨第一次学位授予仪式

2007年6月28日上午,学校东区大礼堂前彩旗飘扬,祝福的气球和红色的拱门装点出喜庆而热烈的气氛,近3000名身着学位服的学子们脸上带着灿烂的笑容,到这里参加我校2007年毕业典礼暨学位授予仪式,迎来他们人生中的一个重要时刻,开启人生新的征程。

天空中飘着绵绵细雨,早早来到这里的毕业生,身着红色博士服、蓝色硕士服、黑色学士服,正与亲人和朋友一起分享着欢乐的喜悦,闪光灯如同节日里绚烂的礼花不停闪烁,记录下这个永远值得回忆的时刻。

毕业典礼暨学位授予仪式在庄严的国歌声中开始。校长朱清时院士,常务副书记、副校长许武,常务副校长侯建国院士,校党委副书记鹿明,副校长窦贤康,党委副书记、副校长叶向东以及化学与材料科学学院执行院长陈初升教授,信息科学技术学院执行院长卫国教授,生命科学学院执行院长牛立文教授在主席台上就座。侯建国常务副校长主持了典礼。

朱清时校长发表了热情洋溢的讲话,他代表学校全体师生员工、学校党政领导班子向同学们取得的成绩表示最热烈的祝贺!向为他们成长倾注无数心血的老师们表示衷心的感谢!

他指出,今天的大会不应是庆祝"结束",而应是欢呼新的"开始"。他用居里夫人的话勉励同学们要有坚忍不拔的精神,要有信心,耐心地集中在一个目标,相信自己对一件事情是有天赋的才能的,并且,无论付出任何代价,都要把这件事情完成,然后问心无愧地说:"我已经尽我所能了。"

朱清时校长说:"同学们,人的一生可能很长,但关键的选择却只有几次。同学们刚刚毕业,你们正面临的人生选择是其中很重要的一次。希望大家在做出自己一生中的这次重大选择时,眼光要看远,视野要开阔,不要盲目赶潮流。人生最好的机遇往往是在别人还未重视的地方和领域。"他祝愿同学们在新的岁月里满载对未来的畅想和憧憬起航,直挂云帆,乘风破浪。

教师代表程福臻教授在发言中说:"作为教师,我们陪伴着你们度过了这美好的几年,临别之际赠送你们十六个字:'志存高远、脚踏实地、勇于创新、百折不挠'。这是中国科大人的精神,希望你们发扬光大,取得新的成绩!让中国科大为你们而骄傲!"

学生代表王峰博士代表全体2007届毕业生,向各位老师深深地鞠上一躬,感谢老师们的辛勤培育。他动情地说:"在中国科大的生活经历已经在我们的心灵中打上了深深的烙印,是我们享用终生的宝贵财富。请各位老师和同学放心,我们一定会秉承母校的光荣传统,继续发扬母校的优良作风,在自己的岗位上展现科大人的风采、做出自己应有的贡献。"

侯建国常务副校长宣读了学校关于授予博士、硕士和学士学位的文件。今年,我校共有440名学生获博士学位、964名学生获硕士学位。

窦贤康副校长宣读了学校关于表彰各类优秀毕业生的决定,共有142名毕业生被评为"安徽省品学兼优毕业生"、388名毕业生被评为"校优秀毕业生"、51名毕业生获"科技强军奖学金"、81名毕业生到西部和国家重点建设单位工作。

在典礼上,侯建国宣布学校将永久保留同学们在校学习期间所使用的 E-mail 账号,作为今后与母校和同学联系的纽带。话音未落,台下响起雷鸣般的掌声,掌声和欢呼声交织成一条欢乐的河流。

伴随着《永恒的东风》的激越旋律,毕业生依次登上主席台,校领导和导师们为他们一一扶正流苏。

(二十一) 我校博士生获赴德参加第57届"诺贝尔奖得主大会"资格

2007年中旬,我校生命科学学院博士生端珊珊(女)同学由于其优异的学术表现,通过中德专家评审,作为25个中国最优秀的医学与生理学博士生代表之一获得赴德国林岛参加第57届"诺贝尔奖得主大会"的资格。端珊珊是我校生命科学学院硕博连读研究生,指导教师为吴缅教授,主要研究方向为肿瘤分子生物学。

本届大会主题为医学与生理学。举办方向中国提供了 25 个名额。大会定于 2007 年 7 月 1～6 日召开,会后将组织为期一周的参访活动,访问单位为德国相关学科内的著名科研机构。通过参加大会,可以使中国优秀科学接班人有机会直接与诺贝尔奖获得者接触和交流,与世界各国优秀科学接班人相识与交流,同时也使他们认识和了解德国,并为今后中德科技合作打下基础。

该项国际学术交流活动开展以来,我校已有 2 名博士生获得了参会资格。2006 年,微尺度国家实验室博士生赵爱迪同学由于其优异的学术表现通过中德专家评审,作为 25 个中国最优秀的化学博士生代表之一获得赴德国林岛参加第 56 届"诺贝尔奖得主大会"的资格。

(二十二) 我校开展"985 工程"二期中期检查

2007 年 6 月,我校对"985 工程"二期建设成果进行了中期检查并形成中期检查报告。报告部分内容摘录如下:

为实现我校"985 工程"二期建设目标,在项目实施过程中,我校严格按照国家批复的可行性研究报告的规划要求,以科技创新平台体系建设为核心,以管理体制和运行机制创新为驱动,以师资队伍建设为根本,通过推进国际交流与合作、建设先进的公共服务体系等多项措施的实施,"985 工程"二期项目建设进展顺利,总体计划执行和任务完成情况良好,在学科建设、人才培养、科学研究、国际交流、公共服务体系建设、校园环境等诸多方面都取得了重要的阶段性成果。目前,学校已初步形成了以共享为核心,集综合性、交叉性、开放性为一体,国际化程度较高,制度完善,功能先进,整体达到国内高校领先水平的科技创新平台体系;建立了一支结构较为优化、具有可持续创新能力和较强国际竞争力的师资队伍;初步建成了能够适应当代科技、经济和社会发展的需要的人才培养体系和教学体系;取得了一批在国内、外拥有重要学术影响的科技创新成果,一批拥有自主知识产权和应用价值的高技术成果;初步建立起了条件优良、功能配套、管理规范、先进高效的优质资源公用系统和共享机制。

(二十三) 我校博士生获第十一届"亚太信息系统会议最佳论文奖"

2007 年 7 月 3～6 日,我校与香港城市大学联合培养博士项目的学术论文 *How do People Evaluate Electronic Word-Of-Mouth? Informational and Normative Based Determinants of Perceived Credibility of Online Consumer Recommendations in China* 获第十一届"亚太信息系统会议(PACIS2007, http://www.pacis2007.com)最佳论文奖"。

亚太信息系统会议是由国际信息系统学会(AIS,信息系统界最具权威的学会,

http://www.aisnet.org)主办的三大学术会议(分别为AMCIS、ECIS和PACIS)之一,是信息系统研究领域国际上最具有影响力的学术会议之一,受到世界范围内该研究领域专家学者的广泛重视。该会议每年举行一届,本届亚太信息系统会议于7月3~6日在新西兰奥克兰市举行。根据会议官方消息,本次会议一共收到了来自美国、德国、日本、英国、新加坡、澳大利亚、加拿大、印度、韩国、泰国、新西兰、埃及以及中国(含香港和台湾)等近300篇论文,其中有7篇论文被各分会评委推选为最佳论文奖提名。经过大会特别评审委员会严格复审,我校管理学院与香港城市大学商学院的"知识及创新管理"联合培养博士项目的学术论文获得评委一致好评,成为本届会议唯一获得"最佳论文奖"的论文。

我校与香港城市大学有着长期友好合作往来的历史,双方本着优势互补、共同发展的原则,在各个层面展开了学术交流活动,并签订了多项校际和院系际的合作协议。从2005年开始,我校与香港城市大学进行联合培养博士项目,涉及应用数学、计算机科学与技术、控制和机电一体化、知识及创新管理、环境科学等多个领域。联合培养项目自开始至2007年的两年时间内,已经发表了数十篇高水平国际会议和期刊论文,成果斐然,本次获得"最佳论文奖"更是两校联合培养项目获得的又一重要研究进展。

(二十四) 2007年"全国物理化学研究生暑期学校"在我校举办

2007年7月16日,由我校承办的2007年"全国物理化学研究生暑期学校"开学典礼隆重举行。来自全国高校、研究院所的248名在读博士、硕士研究生、青年学者及青年教师参加了开学典礼。我校校长朱清时院士出席仪式并致辞,国务院学位委员会办公室主任杨玉良院士应邀出席仪式并讲话。本次"全国物理化学暑期学校"举办时间为2007年7月16日至8月3日,国内、外近30位该领域的知名专家学者来为参学研究生授课以及作前沿学术专题报告。

(二十五) 我校召开第二届专业学位研究生教育工作会议

为进一步总结我校专业学位办学经验,谋划未来发展思路,学校于2007年7月21—22日在苏州研究院召开了第二届专业学位研究生教育工作会议。侯建国常务副校长出席会议并讲话。MBA、MPA中心以及14个工程硕士培养单位的分管负责人和教学秘书,中国科大苏州研究院负责人,安徽合力股份有限公司、解放军选培办等合作办学单位代表,校财务以及研究生院领导和有关工作人员共60多人参加了会议。

侯建国常务副校长就我校专业学位教育的未来发展之路谈了几点看法,认为要使我校专业学位教育能持续健康发展就必须对以下一些问题进行深层次的思考:第一,如何在中国科大总体办学框架下确定专业学位研究生教育的定位和目标,办出我校专业学位研究生教育的品牌和和特色?第二,如何在规模扩大的情况下进行质量控制?第三,如何在中国科大教学资源总量一定的条件下协调科学学位与专业学位关系?第四,如何在部分专业学位领域办学力量分散、办学效益不高的情况下进行办学资源的科学整合?第五,如何在专业学位研究生教育中发挥苏州、上海的区位优势?他希望与会代表能积极建言献策,通过交流研讨,为我校专业学位研究生教育发展提供好的建议和意见。

会议认为,作为我校研究生教育的重要组成部分,专业学位教育将坚持立足于精品,树立"质量第一"的意识;坚持有利于促进与科学学位的协调发展,有利于学校学科建设的原则;在招生工作中,要加强与大型企业、行业的合作,进一步拓宽招生途径,建立共享的招生宣传平台;在教学过程中,要加强优质教学资源的共享。

本次会议前期做了大量调研工作,形成了《国外专业学位发展情况综述》《"985工程"高校专业学位调研报告》《中国科大专业学位教育任务访谈》《中国科大专业学位教育统计分析》等许多珍贵有价值的调研资料。

(二十六)第三批国家重点学科结果公布,我校8个一级学科、4个二级学科获批

历时近10个月之久的第三批国家重点学科申报工作于日前正式落下帷幕,教育部于2007年8月20日以《教育部关于公布国家重点学科名单的通知》(教研函〔2007〕4号)的形式向全国公布了获批的一级学科国家重点学科和二级学科国家重点学科名单。在上榜国家重点学科名单中,我校有8个一级学科(数量并列全国高校第6)、4个二级学科在列,详细名单如下:

新增的一级学科国家重点学科8个:数学(0701)、物理学(0702)、化学(0703)、地球物理学(0708)、生物学(0710)、科学技术史(0712)、力学(0801)、核科学与技术(0827)。

新增的二级学科国家重点学科4个:天体物理(070401)、地球化学(070902)、通信与信息系统(081001)、计算机软件与理论(081202)。

通过本次重点学科申报,我校共计获得一级学科国家重点学科8个(涵盖41个二级学科),独立的二级学科国家重点学科4个;在二级学科层面上,我校国家重点学科涵盖数由19个增至45个。由过去二级学科国家重点学科数并列全国高校第8升至本次一级学科国家重点学科数并列全国高校第6。

在理学学科门类,我校本次获得一级学科国家重点学科6个(分别是数学、物理、化学、地球物理学、生物学、科学技术史),数量并列全国高校第一;独立的二级学科国家重点学科2个(分别为天体物理、地球化学);在二级学科层面上,国家重点学科涵盖数达到35个。国家重点学科在我校培养理学博士研究生的学科点中的涵盖率达到了100%,即所有招生的理学学科博士点均为国家重点学科。

在工学学科门类,我校本次获得一级学科国家重点学科2个(分别为力学、核科学与技术),独立的二级学科国家重点学科2个(分别为通信与信息系统、计算机软件与理论);在二级学科层面上,国家重点学科涵盖数达到10个;国家重点学科在我校培养工学

博士研究生的学科点中的涵盖率达到 37%。

国家重点学科评选工作始于 20 个世纪 80 年代中期,由教育部负责组织,截至目前已评选了 3 次。在 1986 年国家开展的首次重点学科评选中,我校只有 4 个学科被评为国家重点学科;在 2001 年国家开展的第二次重点学科评选中,我校有 19 个学科被评为国家重点学科,数量并列全国高校第 8,增长率为全国高校之首。本次(第三次)国家重点学科评选实行了改革,在保留了二级学科重点学科评选的基础上,增加了一级学科国家重点学科评选。整个评选申报工作分原重点学科考核评估、新增学科增补申报和一级学科认定 3 个阶段进行。此前,我校原 19 个国家重点学科全部通过了国家的考核评估。

我校本次国家重点学科申报工作得到了中科院的大力支持和校领导的高度重视,另外,各院系、学科、职能部门也做出了极大的努力。总体上来说,申报结果振奋人心,我校以数、理、化、地、生、科学史为代表的理学学科全部被评选为一级学科国家重点学科,标志着我校理学基础学科的优势得到了进一步的巩固和加强,这些无疑为学校下一步的发展和参与全国的竞争打下了坚实的基础,为其他学科的发展拓展了空间;在工学学科门类,以力学、核科学为代表的学科也被评为一级学科国家重点学科,表明我校工学学科的竞争实力有了进一步的提升。另外,计算机软件与理论等学科在全国高校增补申报竞争异常激烈的情况下,被评为二级学科国家重点学科,实属不易。还有一些学科尽管未能被评为国家重点学科,但通过本次申报,凝聚了力量,明确了今后奋斗的目标。

(二十七) 我校研究生支教团第九届研究生支教队正式出征

2007 年 8 月 23 日,我校研究生支教团第九届研究生支教队正式出征。

(二十八) 我校举行 2007 级新生开学典礼,本年招收 2130 名硕士生、709 名博士生

2007 年 9 月 8 日,2007 级新生开学典礼在大礼堂隆重举行。校领导、全体新生、新生班主任以及各院、系、机关有关部门负责人参加了开学典礼。2007 年,我校秋季共招收博士研究生 709 人、硕士研究生 2130 人,为中国科学院有关研究院所代培研究生 975 人。

(二十九) 我校成立《中国研究生》合肥通联站

2007 年 9 月 10 日,教育部学位与研究生教育中心发布《关于设立〈中国研究生〉杂志合肥通联站的决定》(学位中心函〔2007〕34 号),决定在我校研究生院设立《中国研究生》合肥通联站。

《中国研究生》合肥通联站由我校研究生院负责管理,在本地区编委的具体指导下,受教育部学位中心委托在本地区开展《中国研究生》杂志的组稿、发行、宣传等工作,及时

反映本地区在读研究生学习、生活、思想、情感等方面的最新动态,宣传本地区学位与研究生教育管理的最新经验、成果和信息,促进本地区同全国学位与研究生教育界的交流和合作。

通联站是密切学位与研究生教育管理部门、指导教师、研究生群体、媒体之间的关系,增进学位与研究生教育领域同社会各界了解交流,推动《中国研究生》杂志发展的一支重要力量。通联站的组织建设和运作依据"《中国研究生》杂志通联站建设办法"进行。

(三十) 我校布置本学期学科建设与研究生教育工作

2007年9月14日下午,侯建国常务副校长主持召开会议,布置本学期学校学科建设与研究生教育工作。各学院执行院长、分管本科生和研究生教育的副院长、系主任,国家(重点)实验室及智能所主要负责人,各单位学工负责人、本科及研究生教学秘书等80多人参加了会议。

根据部署,本学期学校学科建设与研究生教育工作的重心是"提高研究生培养质量",工作重点主要有:① 根据教育部的部署,结合国家的重大需求和学科发展趋势,全力做好"211工程"三期立项申报、"985工程"二期建设总结验收准备、国家重点学科建设与发展规划(2007~2010年)编制等工作,努力推进高水平大学建设进程。② 进一步加大招生宣传力度,充分发挥院系和导师在招生工作中的积极性,不断扩大优秀生源比例,努力提高生源质量。③ 进一步深化包括研究生公共课程、精品课程、精品教材、必修环节等在内的各项教学与培养工作改革,加强各类研究生教育创新平台体系建设,努力提升研究生创新能力。④ 进一步完善以研究生"助研"岗位为核心的各类助学机制,积极创造条件促进研究生培养机制转变;加强研究生学术道德教育,帮助树立良好的学术道德意识和追求学术卓越的荣誉意识。⑤ 充分发挥苏州、上海研究院的区位优势,通过其在专业学位教育中的"平台""窗口"和"桥梁"作用,大力发展专业学位研究生教育。

会上,侯建国就如何做好本学期的学科建设与研究生教育工作,提出了以下几点希望和要求:第一,在招生工作中,要充分利用现有两级管理体制赋予院系的自主权,做好研招宣传工作;第二,随着条件的成熟,要逐步下放硕士层次研究生培养的自主权,切实将研究生培养工作重心转移到博士层次的研究生培养轨道上;第三,在学校现有的研究生教学资源紧张的情况下,各院系要以大局为重,努力创造条件为各类研究生提供优质教学服务;第四,为开阔研究生的学术视野,要把支持在校研究生参加国际国内学术交流作为研究生培养的必修环节予以落实;第五,制定重点学科建设发展规划,目标应明确,既要面向学科未来发展趋势,又要考虑国家的重大需求,特别是要与国家科技中长期发展规划紧密结合起来。

(三十一) 我校举行《中国研究生》杂志创刊五周年庆典暨编委会扩大会议并为《中国研究生》合肥通联站揭牌

《中国研究生》杂志创刊五周年庆典暨编委会扩大会议于 2007 年 9 月 21 日在我校隆重举行。《中国研究生》杂志全体编委及来自全国 48 个研究生院单位的 60 余名代表参加了会议。会议由教育部学位与研究生教育发展中心副主任、《中国研究生》杂志编委会秘书长、执行主编王立生主持。

国务院学位办李军副主任、教育部思政司徐艳国处长、安徽省教育厅李和平副厅长及省学位办有关领导、我校常务副校长侯建国院士等应邀出席了大会开幕式。

《中国研究生》杂志五周年庆典活动受到了中科院、中国工程院和首批"985 工程"高校领导的关注,中科院院长路甬祥、中国工程院院长徐匡迪、北京大学校长许智宏、清华大学校长王大中、哈尔滨工业大学校长王树国、复旦大学校长王生洪、上海交通大学校长张杰、南京大学校长陈骏、中国科学技术大学校长朱清时、西安交通大学校长郑南宁纷纷为期刊题写贺词。我校校长朱清时的题词是:"研究生是最有创新能力的群体,高素质的研究生队伍是国家创新体系的基础"。

会议期间,我校党委书记郭传杰教授在百忙之中专程赶来向会议表示祝贺,并看望了会议代表。

会议还围绕"探讨研究生媒体发展思路"这个主题分两组进行了研讨,我校校长助理张淑林、哈尔滨工业大学研究生院常务副院长丁雪梅分别主持了小组讨论。代表们介绍了各校研究生媒体发展的概况,并就如何发挥研究生媒体在学位与研究生教育工作中的作用进行了深入交流。

会议期间,还举行了《中国研究生》杂志合肥通联站授牌仪式。教育部学位与研究生教育发展中心副主任、《中国研究生》杂志编委会秘书长、执行主编王立生宣读了教育部学位与研究生教育发展中心《关于设立〈中国研究生〉杂志合肥通联站的决定》,并和我校校长助理、《中国研究生》杂志编委张淑林共同为《中国研究生》杂志合肥通联站揭牌。

(三十二)《中国研究生》杂志编委及代表考察我校国家实验室

值《中国研究生》杂志创刊五周年庆典暨编委会扩大会议在我校召开之际,应会议代表的强烈要求,2007 年 9 月 21 日下午,我校研究生院组织《中国研究生》杂志全体编委及代表一行 60 余人先后实地参观考察了我校微尺度物质科学国家实验室和同步辐射国家实验室。我校校长助理、研究生院副院长张淑林全程陪同。

在两个国家实验室考察期间,代表们认真听取了工作人员关于实验室建设概况、管理运行机制、人才队伍建设、科研成果等方面的介绍,实地参观了一些实验场所和图片展览,观摩了一些大型仪器设备。

(三十三)我校研究生获第四届"中国青少年科技创新奖"

2007年9月,我校2004级博士研究生曾杰荣获第四届"中国青少年科技创新奖"。

(三十四)航天信息股份有限公司代表团来我校工作访问

2007年10月17日,航天信息股份有限公司总工程师韦红文一行6人来我校进行工作访问,就航天信息公司与我校在人才培养、科研项目等方面的合作进行调研与座谈。校长助理张淑林会见了韦红文总工程师一行,座谈会由研究生院副院长屠兢主持,校党政办公室、信息学院、管理学院等单位负责人及部分教授参加了座谈。

座谈会上,双方就合作培养研究生的专业方向、导师遴选、培养规模、培养模式、经费保障等问题进行了交流,并就研究生学位论文的选题原则、培养过程中导师的责任等进行了深入的探讨。座谈为双方导师的科研合作拓展了思路。

访问期间,代表团成员、航天信息公司数字技术研究院院长郭宝安教授还为信息学院学生做了一场题为《商用密码技术与应用》的学术报告。

航天信息股份有限公司是集技、工、贸于一体的具有现代化企业管理机制的高新技术企业,公司自2001年至今一直跻身全国电子信息百强企业的行列,2003年在国内A股市场挂牌上市,成为国内最具实力的IT上市公司之一。2006年,为资助我校优秀贫困学生在校期间勤奋学习完成学业,该公司捐资100万元,在我校设立"航天信息爱心奖助学金"。

(三十五)我校研究生院开通研究生导师和研究生"意见与建议留言箱"

根据我校第四次学位与研究生教育工作会议确立的"积极转变职能,增强服务意识"的有关精神,为进一步推进我校研究生教育管理体制的改革和创新,拓宽研究生教育管理部门与各院系及相关部门的沟通渠道,认真倾听广大研究生导师和在校研究生对研究生院各项工作的意见和建议,不断改进研究生院的服务质量和服务水平,促进我校学位与研究生教育事业的健康快速发展,2007年10月12日,研究生院在其新改版主页上开通了研究生导师和研究生"意见与建议留言箱"。

通过"意见与建议留言箱",广大研究生可以就在校生活、学习等方面遇到的问题提出意见与建议,研究生导师可以就研究生招生、培养、学位、学科建设等环节的管理工作提出意见与建议。"意见与建议留言箱"是完全开放式的,由研究生院安排专人负责管理。相比于电话、电邮乃至论坛、BBS等各种沟通渠道,"意见与建议留言箱"在形式上更为自由、直接。"意见与建议留言箱"系统目前处于试用阶段,研究生院将召开研究生导师和研究生代表座谈会,征求使用意见,并根据运行情况不断完善其功能。

作为提高服务水平的另一个重要举措，研究生院为适应研究生教育发展的新形势，更好地服务广大研究生导师和在校研究生，在听取意见和建议的基础上对 2003 版研究生院主页进行了全面改版，并从即日起启用新版的研究生教育主页。新版主页的网址仍为 http://gradschool.ustc.edu.cn，与 2003 版主页网页相比，新版主页主要有以下几个方面的变化：① 外观上采用了较宽大的版面，缩短了版面的长度，使其更加符合当前计算机显示设备的条件和人们的阅读习惯；② 在布局和色彩上与现有的研究生招生在线、"985 工程"和"211 工程"专题、研究生院英文网等网站一致，统一了研究生院各网站的形式，形成研究生院所属网站自己的特色；③ 在内容方面，重新梳理了各栏目之间的层次及关系，增加了"事务指南"等栏目，更加侧重于网站的实用性，统一了主页上图片链接的位置与形式，避免了 GIF 动画过多、滚动文字过多等导致的页面显示杂乱，力求庄重大方、简洁清晰。

（三十六）我校召开"985 工程"建设项目年度经费使用和计划任务书编制工作会议

为高效、合理地使用年度中央专项经费，完成年度建设计划任务，学校于 2007 年 10 月 12 日下午在办公楼第一会议室召开 2007 年度"985 工程"建设项目中央专项经费分配和计划任务书编制工作会议。财务处、人事师资处、"985 工程"二期建设各平台、基地项目负责人及相关人员参加了会议。会议由侯建国常务副校长主持。

侯建国首先结合当前"985 工程"建设面临的形势，就如何合理、高效、科学地使用中央专项资金提出了指导意见。他说，"985 工程"二期已进入建设周期的冲刺阶段，明年（2008 年）即将迎来国家的验收评估，当前的建设任务相当艰巨，各子项目要有紧迫感；在资金使用中要抱着对国家和人民负责的态度，严格遵照国家关于资金使用的有关规定，认真执行预算；要强化资金使用的效益意识，要把有限的资金用在学校发展的"刀刃"上，特别是要有利于促进学校的学科建设、创新团队建设及科研装备改善；要通过高效、合理地使用中央专项经费，促进工程建设目标和建设任务的完成，进而为学校全面实现建设一流大学的目标奠定坚实的基础。

"985 工程"二期建设项目经费实行年度预算申报制度。由于严格把关，我校 2007 年度申报的 6000 万元中央专项资金顺利通过了财政部的审核，并已下拨至我校。

（三十七）理学院召开了国家级一级学科建设和发展规划研讨会

2007 年 10 月 12～13 日，理学院召开了国家级一级学科建设和发展规划研讨会，理学院各系主任和各学科负责人 60 多人参加了会议，侯建国常务副校长、张淑林校长助理应邀出席了会议，会议由理学院副院长叶邦角教授主持。

侯建国说，本次教育部学科评估中，我校取得可喜成绩，这是多年积累的结果。我校的传统是数学、物理基础强,数学、物理学科都被认定为国家一级学科,这为我们巩固基础学科的优势打下了很好的基础。

侯建国说,本次规划不同于以往的规划,并非是远景型、设想型的,而是以11月份将要启动的"211工程"三期和"985工程"三期建设为背景的,所以操作性很强。他指出,对于基础学科来说,首先要认真分析相关学科在国际、国内同领域所处的位置,解决目标和定位问题。希望在分析定位时要有好的参照系:首先从学科总体实力方面,要选择一所国外特别是美国的一流大学做比较;从具体学科方面,各学科也要选择美国一所大学相关学科进行比较。其次要明确任务,这些任务要和国家中长期规划联系起来,与学科优势和所能解决的问题结合起来。最后,要加强人才队伍建设,加大高水平人才的引进力度,大力提升现有师资水平,加强学术团队建设。

侯建国指出,要根据我校学科自身特点,突出一级学科国家重点学科综合优势和整体水平,促进学科交叉、融合和新兴学科的培育和成长,力求在重点方向上取得突破。

校长助理、研究生院副院长张淑林从管理的角度上做了发言。希望理学院抓住"211工程"和"985工程"三期的机遇,凝练方向,凝聚人心,争取在下一次学科评估中取得更好的成绩。

随后,会议分物理一级学科、数学一级学科和天体物理二级学科分别进行分组讨论。各位教授踊跃发言,献计献策,从研究方向凝练、学术团队建设、学术交叉和学科融合、基础研究设施建设等方面提出了大量的想法和建议,为理学院完成学科发展规划奠定了良好的基础。

(三十八)我校计算机科学与技术学科召开国家重点学科发展规划研讨会

2007年10月14日下午,我校计算机科学与技术学科组织各教研室主任及教授、部分副教授召开专题研讨会,讨论并制定计算机软件与理论国家重点学科建设与发展规划(2007~2010年)。常务副校长侯建国院士、校长助理张淑林应邀出席会议并讲话。研讨会由计算机科学与技术系顾乃杰主任主持。

侯建国在讲话中首先对我校计算机软件与理论学科能在刚刚结束的全国重点学科申报的激烈竞争中脱颖而出,被评为国家重点学科表示祝贺,对一直埋头苦干、克服困难为学校赢得荣誉的计算机学科团队表示感谢。他指出,作为学校学科发展的重要战略之一,学校非常重视工科的发展,希望工科能在学校的发展中起到重要作用。计算机软件与理论学科竞争成为国家重点学科,不仅对计算机系自身发展,而且对相关学科、特别是对学校高技术学科的发展以及学校整体学科布局的优化,无疑将起到重要促进作用。

对如何高质量地编制本学科规划,侯建国提出了几点指导意见:第一,学科规划要有前瞻性,高标准,要瞄准目标,"有所为,有所不为",要重点凝练若干有特色和优势的学科方向,以实现重点突破;第二,学科规划要与国家的需求和科技发展趋势紧密结合,特别

要注意与国家科技中长期规划结合起来;第三,学科规划要突出"以人为本"的发展理念,要坚持学科带头人与学科梯队建设、人才引进与人才培养并重的原则,要充分利用学校已建立起来的社会资源的优势,加强学科队伍建设;第四,学科规划要注意与"985工程"三期和"211工程"三期建设结合起来,统筹考虑建设目标和建设任务。

根据本次研讨,计算机软件与理论学科未来5年拟确定发展的重点方向是:高性能计算及其应用、自然计算理论及方法、可信系统软件设计方法、网络与安全计算。建设目标是:通过5年建设,力争将本学科建成特色鲜明、国内一流、国际知名的计算机软件与理论学科;培养或引进若干国际知名的学科带头人和一批国内知名的教授与博导,建立一支结构合理、富有创新能力的研究队伍,并形成若干创新研究团队;在优势方向和新兴方向上培育出一批高水平标志性成果,获得国家级和省部级科技成果奖;建成具有高水平的科研教学基地和产学研基地,创造一流的人才培养环境,培养出一批富有创新精神的高质量博士生。

(三十九)我校研究生院召开研究生代表第一次座谈会

为进一步听取广大研究生对我校学位与研究生教育工作的意见和建议,不断改进研究生院的管理水平和服务质量,研究生院于2007年10月15日下午召开了研究生代表座谈会。会议由研究生院副院长屠兢主持,常务副校长侯建国院士、校长助理、研究生院副院长张淑林,校团委书记朱东杰出席了座谈会。

座谈中,侯建国结合当前研究生教育发展面临的新形势,强调了提高研究生培养质量的紧迫性和重要性。他说,研究生教育是高等教育的最高层次,随着近年来我国研究生教育的跨越式发展,研究生培养质量已经成为社会关注的焦点。社会各行各业对研究生的期望值很高,如何抓住机遇,为研究生提供更好的学习工作环境,使我们培养的研究生成为建设创新型国家的生力军,为社会创造更多的价值,是学校面临的重要任务。

侯建国指出,长期以来我校一直坚持"精品办学"理念,在研究生培养质量的一些高端指标,如"全国百篇优秀博士论文""中科院优秀博士论文"、重点学科数量等方面,均居于全国前列,表明我校研究生培养质量得到了社会的认可。但我们应该保持清醒的认识,在新形势下,要继续改进学校研究生培养的各方面工作,进一步提高研究生的综合素质,树立研究生教育品牌意识。不仅注重培养研究生的科研创新能力,还要培养研究生的沟通能力、管理能力,以适应社会发展的需求。

侯建国还以一位学长的身份与研究生代表交流了学习与生活,希望同学们珍惜短暂的青春年华,树立崇高的人生理想,勤奋学习,充分利用学校良好的学术氛围和科研条件,追求学术卓越,培养和锻炼多方面的才能。他还希望同学们能通过多种组织形式,如研究生会、各类社团组织等,为我校研究生教育的发展献计献策。

张淑林结合自己在我校读书的经历,与研究生代表进行了亲切交谈。她指出,近年来,学校在研究生教育领域取得了多项振奋人心的成绩,这与研究生的积极参与是分不

开的。为此,她希望同学们能继续关心关注学校研究生教育事业的发展,通过研究生院主页开通的"意见与建议留言箱"为研究生教育发展建言。张淑林还表示,作为学校研究生教育的综合管理部门,研究生院将积极转变职能定位,由"管理"向"服务"转化,为我校研究生创造更好的学习、科研条件。

会上,与会研究生就同学们关心的诸如研究生职业规划指导、如何处理好研究生与导师的关系、校园文化建设等问题提出了自己的意见和建议,希望学校能加强对研究生的就业指导,建议在研究生中开设就业指导讲座,引导研究生树立正确的就业观;希望学校能根据研究生群体的特点,针对性地开展多层次的富有特色的、创新校园文化活动,促进研究生之间的学术交流和思想交流;希望学校能进一步加大对各类研究生社团组织的支持力度,充分发挥校研究生会以及学生社团组织在研究生创新文化建设中的组织、骨干作用。与会研究生代表还表达了做好研究生导师"科研助手"的愿望和信心。

(四十) 国家同步辐射实验室召开国家一级重点学科建设和发展规划研讨会

2007年10月21日,国家同步辐射实验室召开了我校国家一级重点学科——核科学与技术的学科建设和发展规划研讨会。学校常务副校长侯建国、校长助理张淑林、中科院等离子体所所长李建刚、副所长万宝年、室主任吴宜灿以及国家同步辐射实验室主要学科带头人参加了会议。会议由国家同步辐射实验室执行主任盛六四主持。

会上,侯建国指出,"核科学与技术"学科是我校实施"所系结合"办学方针的一个成功品牌,该学科拥有两个国家大科学装置,具有非常明显的优势背景。他希望学科点能抓住此次制定重点学科建设和发展规划的契机,开阔思路、瞄准方向、突出优势,认真定位人才培养目标,在未来几年中实现跨越式发展。

张淑林回顾了我校"核科学与技术"一级学科的建设历程。2000年我校"核技术及应用"与等离子体所"核能科学与工程"两个二级学科联合组建一级学科"核科学与技术",申报获得一级学科博士学位授予权;2003年在教育部组织的全国一级学科评估中名列第二;2007年进入国家一级重点学科行列。

与会人员针对前期初步形成的规划设想展开了热烈的讨论,进一步凝练了学科发展方向,并从师资队伍建设、优秀人才引进、人才培养目标以及建立更紧密的所系合作关系等方面提出了大量的想法和建议,补充和完善了学科发展规划内容。会议落实了下一步任务安排,确保了重点学科建设和发展规划制定工作有序推进。

(四十一) 我校研究生院召开工科研究生培养有关事宜交流研讨会

2007年10月26日,研究生院召集我校工科有关院、系负责人及学科点负责人举行了交流研讨会。

会议分析了目前我校工科博士生培养存在的问题和差距,就如何提高我校工科博士生培养质量进行了充分的研讨,并达成了诸多共识。

大家一致认为,为提高我校博士生教育水平,应严把博士生的培养质量关,要进一步改革和完善现有的博士生培养机制和培养模式,在目前弹性学制的原则下,根据质量要求确定博士生的培养年限,逐步与国际接轨;严格学位授予标准,提高工科博士生申请学位前发表学术论文的档次;加大对工科学科建设的投入力度,改善实验设备条件,为博士生培养创造良好的资源环境。

(四十二) 苏州市政府与我校共建国家示范性软件学院

2007年10月28日上午,苏州市政府与我校共建软件学院仪式在苏州市工业园区隆重举行。苏州市市长阎立、市委副书记兼工业园区工委书记王金华、中国科大校长朱清时院士、常务副校长侯建国院士、软件学院院长陈国良院士、秘书长朱灿平、校长助理兼研究生院副院长张淑林、党政办、研究生院、外办、科技处、软件学院、苏州研究院等有关单位和部门负责人及部分师生以及工业园区及高教区办公室有关领导和部分企业代表参加了共建仪式。仪式由苏州市政府副秘书长董宙主持。

我校软件学院是国家发改委和教育部批准设立的国家示范性软件学院之一,2002年成立以来,初步形成了自己的办学特色,为国家尤其是长三角区域输送了大批优秀软件人才,得到了社会和用人单位的高度评价。为进一步支持软件学院尽快建成国内一流、国际知名的工程型软件人才培养示范基地,充分发挥苏州市乃至长三角的区域优势,为苏州和长三角地区输送大批急需的高层次软件人才,苏州市政府和我校在苏州共建中国科大软件学院。

根据协议,苏州市政府将为共建中国科大软件学院苏州基地提供所需要的办学场所和硬件环境,连续五年支持该学院在海内外招聘一流的师资队伍,并为优秀的生源提供高额的助学金和奖学金。我校与苏州市政府将成立中国科大软件学院理事会,以加强对软件学院的建设和发展的指导与管理。

共建的中国科大软件学院将通过教育部对示范性软件学院自主招生的授权,主要面向全国招收软件工程专业硕士研究生。在原有3个专业方向的基础上,根据苏州和长三角地区信息产业发展的人才需求,逐步新建集成电路等若干个专业方向,其培养方案和课程设置根据产业的需要和信息技术的发展不断调整。学院将新建一个现代化和工业化的软件工程实训基地,在满足硕士研究生实践项目训练的同时,开展大学后软件人才的继续教育和培训。

(四十三) 我校召开新增学科点建设启动工作会议

2007年10月30日下午,程艺副校长主持召开了第九次新增学科点建设启动工作会议，各新增学科点以及承担"十五"期间"211工程"学科项目的院、系负责人参加了会议。

程艺副校长宣读了国务院学位委员会下文公布的我校新增一级学科博士学位授权点以及博士点名单，并就新增学科点建设启动事宜及"十五"期间"211工程"学科项目的建设落实情况等提出了要求。他认为，经过"九五"期间的发展，我校学科点数量、结构都发生了较大变化，目前，学科建设要紧紧围绕"质量"这个核心，尽快实现从外延扩张到内涵建设的转变；各新增学科点要尽快拿出方案，落实培养方案、教学大纲的制定工作。他要求新的培养方案一定要从注意做好本、硕、博课程的贯通和衔接，力求特色，突出创新，做到与国际接轨。关于"十五"期间"211工程"学科项目的建设进展，他要求承担建设的单位要本着对国家、学校负责的态度，抓紧时间，采取切实措施，推进各项工作的落实。

会上，研究生院有关负责人传达了国家关于"十五"期间"211工程"学科建设项目资金安排、建设进度等的有关要求，并就新增学科点培养方案的制定工作做了具体布置。

（四十四）我校研究生参与中国第24次南极科考

2007年10月底，我校极地环境研究室的3位学子奔赴遥远的南极，开展为期百余天的科学考察：他们有的将在紫外线强烈的南极荒原上寻找企鹅粪土，有的将在南大洋的"雪龙号"上度过百余天的海上生活……

我校极地环境研究室曾经在企鹅粪、海豹毛中找到人类文明影响的痕迹，在一堆南极粪土中发现了全球变化对该地区的影响。

这次科考，分别前往南极长城站、中山站的两位博士杨智勇和黄涛，将在区域内继续找寻粪土层，以其作为环境信息载体，研究南极生态与人类活动的关系。

相对于南极西部的长城站，更东边的中山站环境更加恶劣，粪土层更少。据2005年前往该地区科考的极地室朱仁斌博士介绍，中山站的气候寒冷干燥，紫外线照射很强，且四处荒凉一片。年仅25岁的淮南小伙黄涛就必须在这样的环境中睁大眼睛，于高地和企鹅岛上寻找稀少的古企鹅巢穴，采集其中的粪土沉积物。"希望找到更多的、带有时间序列的企鹅粪，用以进行南极东西部的对比研究。"

和我校3位学子一起赴南极科考的，是我国第24次科考队伍。据了解，今年开始的"国际极地年"行动是全球近50年来针对极地的规模最大的科研项目，其中一个重要主题就是研究全球变暖对地球两极的影响。

因此，我校这次派出的科考队伍，也将就全球变暖对南极的影响进行一定的研究，以了解极地到底在发生怎样的变化。

3位学子都是首次去南极，而正读硕士二年级的夏重欢是3人中唯一的女生。虽然生于海滨城市大连，但她从未坐过海船。这次科考她将乘坐"雪龙号"在南大洋上"漂流"5个月左右。夏重欢说，她的任务是采集大片区域的空气，经过分析研究，弄清南极生态圈中的重金属汞是否来自北半球的人为排放以及研究汞对极区生态圈的影响等。

虽然马上将面临长时间的海上"漂流"，并且早听人说"几乎人人晕船"，但夏重欢目前还没来得及考虑个人生活问题。"我现在正忙于仪器的准备和调试呢。"对于海上生活,夏重欢也好奇地充满期待"希望看到各种各样的热带鱼以及壮阔的海上日出。"

(四十五)我校研究生支教团第八届研究生支教队获宁夏回族自治区表彰

2007年10月,我校研究生支教团第八届研究生支教队刘福丽、李飞龙、孔德明3名志愿者获宁夏回族自治区支援基层教育工作领导小组表彰。

(四十六)《中国研究生》合肥通联站召开首次通讯员会议

2007年11月15日,校研究生院召开了《中国研究生》杂志合肥通联站暨《中国科大研究生教育》通讯员第一次会议,研究生院有关领导暨全体通讯员出席了本次会议。

依据通联站建设管理办法的有关要求,我校研究生院于2007年10月份开始了通讯员选聘工作,目前已结束,共有23名硕士、博士研究生成为首批通讯员。

校长助理、研究生院副院长张淑林在讲话中回顾了《中国研究生》杂志办刊的始末,强调了建设好合肥通联站的重要性,并对合肥通联站的下一步建设提出了指导性意见。她希望通讯员们能珍惜机遇,充分利用《中国科大研究生教育》和《中国研究生》两个平台,多出精品,全方位、多角度地展示我校研究生的积极向上的精神风采。

首次通讯员大会还对通联站今后组织的工作方式进行了讨论,并确定了临时负责人,明确了有关人员职责。

(四十七)国务院学位办自行审核博士学位授权学科专家研讨会在我校举行

为鼓励学位授予单位积极能动地做好研究生培养工作,进一步提高研究生教育质量,促进我国研究生教育事业又好又快发展,国务院学位办关于学位授予单位自行审核博士学位授权学科专家研讨会于2007年11月25～26日在我校举行。来自清华大学、复旦大学、哈尔滨工业大学、华东师范大学和中国科学技术大学等国内一流大学的研究生院院长、国务院学位办副主任梁国雄以及国务院学位办质量监督与信息处副处长任增林等领导出席了会议。我校常务副校长侯建国院士会见了与会代表。会议由国务院学位办副主任梁国雄主持。

会议讨论中,与会专家围绕"一、深入理解自审学科的重要意义;二、自审学科的基本原则;三、自审学科单位基本条件和学科范围;四、自审学科程序;五、保障制度:监管与评估体系"等方面问题展开了热烈的讨论,代表们还专门对"建立由相关单位组成的校长委员会对自审学科单位的评议制度"等议题进行了深入交流,并统一了认识。与会代表充分肯定了此次研讨会取得的成果,会议达到了预期目的,并取得圆满成功。

会议期间,我校常务副校长侯建国院士简要介绍了我校研究生教育的发展情况及其办学特色和优势学科,高度评价了学位办为推动学位授权审核体制改革所作的努力,表达了我校正全面规划学科发展,并积极参与自行审核改革的愿望。

(四十八) 安全技术及工程、管理科学与工程学科被批准为国家重点(培育)学科

2007年11月,教育部发布通知(教研函〔2007〕6号),向全国研究生培养单位公布了国家重点(培育)学科名单,我校安全技术及工程、管理科学与工程两个学科被批准为国家重点(培育)学科。

国家重点(培育)学科是国家重点学科的重要补充,是作为国家重点学科的培育对象,是在本次国家重点学科评选的基础上,从参与申报学科中择优确定的一批水平较高并将予以重点扶持的学科。

通知指出,评选国家重点(培育)学科,其目的在于进一步促进和带动高等学校的学科建设,完善学科结构和布局,建立一个全面适应创新型国家建设需要的高水平学科体系,满足国家和区域发展对人才和知识的需求。通知还要求,各有关单位要结合本部门、本地区、本单位实际情况,参照《国家重点学科建设与管理暂行办法》的要求,切实做好国家重点(培育)学科的建设与管理,并参照《国家重点学科建设与发展规划(2007~2010年)》编写提纲的要求,制定各国家重点(培育)学科的建设与发展规划。

至此,第三批国家重点学科申报工作正式落下帷幕。我校在本次国家重点学科申报工作中取得了丰硕成果,数学、物理学、化学、地球物理学、生物学、科学技术史、力学、核科学与技术8个一级学科被评为一级学科国家重点学科,数量并列全国高校第六;天体物理、地球化学、通信与信息系统、计算机软件与理论4个学科被评为二级学科国家重点学科。

据统计,在理学学科门类,我校共有一级学科国家重点学科6个,数量并列全国高校第一;在二级学科层面上,国家重点学科涵盖数达到35个。国家重点学科在我校培养理学博士研究生的学科点中的涵盖率达到了100%,即所有招生的理学学科博士点均为国家重点学科。在工学学科门类,我校共有一级学科国家重点学科2个;在二级学科层面上,国家重点学科涵盖数达到10个;国家重点学科在我校培养工学博士研究生的学科点中的涵盖率达到37%。

国家重点学科评选工作始于20世纪80年代中期,由教育部负责组织,截至目前已评选了3次。在1986年国家开展的首次重点学科评选中,我校只有4个学科被评为国家重点学科;在2001年国家开展的第二次重点学科评选中,我校有19个学科被评为国家重点学科,数量并列全国高校第八,增长率为全国高校之首;本次(第三次)国家重点学科评选实行了改革,在保留了二级学科重点学科评选的基础上,增加了一级学科国家重点学科评选,详见下表。

中国科学技术大学重点学科建设一览表

类　别	学科代码	学科名称
一级学科国家重点学科	0701	数学
	0702	物理学
	0703	化学
	0708	地球物理学
	0710	生物学
	0712	科学技术史
	0801	力学
	0827	核科学技术
二级学科国家重点学科	070401	天体物理
	070902	地球化学
	081001	通信与信息系统
	081202	计算机软件与理论
国家重点培育学科	081903	安全技术及工程
	120100	管理学科与工程

（四十九）2007 年"全国优秀博士学位论文"结果揭晓，我校 1 篇入选、6 篇提名

2007 年 11 月，教育部、国务院学位委员会公布 2007 年"全国优秀博士学位论文"评选结果，我校王克东博士的博士论文《扫描隧道显微术在特殊纳米体系中的应用与发展》入选，另有 6 人获"全国优秀博士学位论文提名"。

2007 年共评出"全国优秀博士学位论文"98 篇、"全国优秀博士学位论文提名"158 篇，我校 6 人获"全国优秀博士学位论文提名"，数量居全国高校第二。

"全国优秀博士学位论文"是衡量全国各研究生培养单位博士生培养质量的重要标志，已成为全国重点学科评选、一级学科整体水平评估、相关大学排行评比等各类高等教育评估的重要指标，越来越得到各高校的重视，并将其作为人才培养的重要战略来抓。长期以来，我校论文在研究生培养工作中一直坚持精品战略，在博士生规模适度的情况下，自 1999 年开展全国首届评选以来，已有 23 篇论文入选，其中物理学科 5 篇、化学学科 5 篇、地学学科 5 篇、数学学科 3 篇、生物学科 3 篇、天文学科 1 篇、力学学科 1 篇，我校获奖比例高居全国高校前列。

（五十）安全技术及工程国家重点（培育）学科召开发展与规划研讨会

2007年12月1日，安全技术及工程国家重点（培育）学科发展与规划研讨会在火灾科学国家重点实验室举行。常务副校长侯建国院士，校长助理、研究生院副院长张淑林，火灾实验室主任范维澄院士，常务副主任廖光煊，副主任孙金华、张和平，总支书记陆守香，主要学术带头人和部分教授及研究室主任参加了会议。

侯建国在听取了大家的发言后，提出了指导性意见：一是"211工程""985工程"三期启动在即，要依托火灾科学国家重点实验室现有平台，调研目前态势，明确定位和目标；二是安全技术及工程学科被列为国家重点（培育）学科加以扶持，并有了很好的学科建设指导性意见，使我们对下次申报国家重点学科很有信心，对火灾实验室的未来充满信心；三是感谢火灾科学国家重点实验室20年来所取得的成就，这对学校学术地位的提高起了很大作用。侯建国还针对人才培养、学术队伍建设、国际交流与合作等方面的工作提出了一些建议。

（五十一）我校制定硕士、博士学位授予实施细则

1999年3月17日，校长工作会议批准颁布执行《中国科技大学学位授予实施细则》（以下称《细则》）（校研〔1999〕03号）《中国科技大学关于授予具有研究生毕业同等学力人员硕士学位实施办法》《中国科技大学关于授予具有研究生毕业同等学力人员博士学位实施办法》《中国科技大学关于授予成人高等教育本科毕业生学士学位暂行实施细则》4个学位工作文件。

为使我校学位授予工作更加规范、科学，2002年6月28日，我校印发《中国科学技术大学学位授予实施细则》（校学位字〔2002〕7号），对原《中国科学技术大学学位授予实施细则》（校研〔1999〕03号）进行修订。2002版《细则》经校学位委员会审议通过并经校长工作会议批准实行。1999版《中国科学技术大学学位授予实施细则》同时废止。

为使我校学位授予工作适应新形势，2007年12月3日，我校印发《中国科学技术大学硕士、博士学位授予实施细则》（校学位字〔2007〕3号），对原《中国科学技术大学学位授予实施细则》（校学位字〔2002〕7号）进行修订。2007版《细则》经校学位委员会审议通过并印发实行。2002版《中国科学技术大学学位授予实施细则》同时废止。2007版《细则》部分内容摘录如下：

硕士生或具有同等学力人员，通过硕士学位的课程考试和论文答辩，达到下述学术水平者，授予硕士学位：掌握有关学科坚实的基础理论和系统的专门知识；具有从事科学研究工作或独立担负专门技术工作的能力。硕士研究生通过学位论文答辩和获得毕业资格后，由各系向学位办提出申请。申请时需按学位办的要求提供有关材料，以供学位分委员会和校学位委员会审议。

博士生或具有同等学力人员,通过博士学位的课程考试和论文答辩,达到下述学术水平者,授予博士学位:掌握有关学科坚实宽广的基础理论和系统深入的专门知识;具有独立从事科学研究工作的能力;在科学或专门技术上做出创造性的成果。博士研究生通过学位论文答辩和获得博士研究生毕业资格后,方可向校学位办提出学位申请。申请时需按校学位办的要求提供有关材料,以供学位分委员会和校学位委员会审议。

(五十二) 管理科学与工程国家重点(培育)学科召开建设与发展规划研讨会

根据教育部的部署和要求,为进一步谋划学科未来发展之路,我校管理学院于2007年12月5日上午在校办公楼第四会议室召开管理科学与工程国家重点(培育)学科建设与发展规划研讨会。常务副校长侯建国院士、校长助理张淑林应邀参加会议并讲话。研讨会由管理学院执行院长梁樑教授主持。

关于管理学科的建设与未来发展,侯建国提出了几点建议和希望:第一,要找准定位,特别是要结合学校的优势强化特色,以实现重点突破;第二,建设目标要高远,5年建设期间,要力争做出有"可见度"和"显示度"的学科建设成果;第三,要重视学科队伍建设,要加强学科的国际交流,要创造条件让更多的年轻教师出国进修交流,以开阔学术视野;第四,学科规划要注意与"985工程"三期、"211工程"三期建设结合起来,统筹考虑建设目标和建设任务。

最后,侯建国表示学校将进一步加大对管理学科的支持力度,同时希望管理学科能以此次国家重点(培育)学科规划编制为契机,继续努力,争取打造出我校管理学科的品牌。

张淑林在讲话中对管理学科脚踏实地、勇于进取的竞争精神表示敬意,认为管理学科是一支脚踏实地、善打硬仗的团队,表示将一如既往地支持管理学科的发展。

我校管理学科起步于20世纪70年代末,1986年成立管理科学系,1998年获得一级学科博士学位授权,2001年设立了博士后流动站,2002年获评安徽省重点学科,2004年被评为国家哲学社会科学创新基地,现为一级国家重点(培育)学科。历经建设,目前我校管理学科已建立了一支以45岁以下的教授为主体,以年轻副教授为骨干的学术队伍,并形成了决策分析与运作管理、信息管理与商务智能、金融工程和社会经济系统等4个在国内具有重要影响的特色性学科方向。

(五十三) 校学位委员会召开2007年下半年度学位工作会议,决定授予123人博士学位、606人硕士学位

2007年12月30日下午,校学位委员会召开2007年下半年度学位工作会议。本次会议是在我校学位工作实行改革——放权让各学科根据本学科特点建立分类和特色化

的学科学位质量标准后召开的首次工作会议。全体校学位委员会委员出席了会议。会议由校学位委员会主任委员、校长朱清时院士主持。

朱清时代表学校党政领导向与会的各位委员致以新年问候,对各位委员长期以来在学位工作中的辛勤付出表示感谢,并强调了把好学位授予关的重要性。

会上,委员们先后听取了各学位分委员会负责人关于本学科学位申请者情况的介绍,严格依据各学科制定的学位标准对学位申请者的材料进行了审核,并就如何提高我校工科研究生的培养质量进行了研讨。

会议决定授予123人博士学位、87人普通硕士学位、154人工商管理硕士学位(MBA)、78人公共管理硕士学位(MPA)、287人工程硕士学位。

为把好本次学位授予质量关,此前,我校12个学位分委员会分别召开了学位授予审核工作会议,各学位分委员会严格按照新的质量标准进行了审核把关。

学位授予审核工作是确保研究生培养质量的重要环节。为使我校学位工作能在研究生培养模式改革中发挥积极作用,在广泛听取学位(分)委员会委员、研究生导师、各学科意见和建议的基础上,研究生院于2007年对学位工作进行了改革,例如,学位质量标准不再搞"一刀切",学校只建立质量的"最低值",鼓励各学科建立更高的质量标准,放权各学科根据本学科特点建立分类和特色化的学科学位质量标准。目前,这一改革举措取得了较好的成效,不仅建立了学科质量标准,提高了各学科参与研究生培养工作的积极性,更重要的是"质量"已成为全校师生共同关注的话题,"质量意识"已在导师、研究生、管理工作者中得到了进一步强化。

(五十四) 2007年"中国科学院优秀博士学位论文"结果公布,我校9篇入选

2007年12月,中科院发布2007年度"中国科学院优秀博士学位论文"评选结果,我校9篇入选。

(五十五) 我校"十五"期间"211工程"建设项目通过检查验收

2007年,"211工程"部际协调小组办公室发布《关于发布"十五""211工程"建设项目验收结果的通知》(211部协办(2007)1号)文件,并附《中国科学技术大学"十五""211工程"建设项目验收专家组意见》,文件指出,我校"十五"期间"211工程"建设项目通过检查验收,文件部分内容摘要如下:

中国科大于2002年11月经国家发展和改革委员会批准立项进行了"十五""211工程"建设。经过建设,中国科大现已全面、高质量地完成了"十五"期间"211工程"建设的各项任务,很好地实现了预期的各项建设目标,取得了明显的投资效益。

通过"十五""211工程"建设,中国科大在学科建设、人才培养、师资队伍建设、科学研

究等方面取得了显著的建设成效,数学科研的装备条件得到较大改善,重点建设学科的学术水平有了明显提升,在"微尺度物质电子态、自旋态的控制与应用""化学反应的本质及选控""量子通信与信息新技术""地球圈层相互作用的环境效应""火灾科学与安全工程"等学科建设项目上成绩突出,取得了以分子科学研究、量子信息等为代表的一批有国际国内重大影响的标志性成果,为国家、区域经济建设和社会发展提供了宝贵的人才支持和知识贡献。

(五十六)我校制定《中国科学技术大学关于授予具有研究生毕业同等学力人员博士学位实施办法》

1999年,我校出台《中国科学技术大学关于授予具有研究生毕业同等学力人员博士学位实施办法》(以下称《办法》)(校研〔1999〕3号)。

2007年,我校制定《中国科学技术大学关于授予具有研究生毕业同等学力人员博士学位实施办法》(校学位字〔2007〕4号)。该办法出台后,原《中国科学技术大学关于授予具有研究生毕业同等学力人员博士学位实施办法》(校研〔1999〕3号)同时废止。2007版《办法》部分内容摘录如下:

我校授予具有研究生毕业同等学力人员(以下简称"同等学力人员")博士学位,限我校有权向同等学力人员授予博士学位的学科、专业。

同等学力人员申请博士学位必须具备的基本条件:

1. 政治条件

申请者拥护《中华人民共和国宪法》,较好地完成本职工作,并经所在单位同意或推荐。

2. 学历要求

申请人必须已获得硕士学位,并在获得硕士学位后至少工作5年。

3. 学术要求

同等学力人员申请我校博士学位,其学术要求须满足以下条件之一:① 在校学位委员会认定的学术期刊上以第一作者名义发表不少于5篇学术论文,其中至少有2篇单位署名中国科大;② 获国家级(排名在前五名之内)或省部级(排名在前三名之内)奖励,且在校学位委员会认定的学术期刊上以第一作者名义发表至少2篇单位署名单位为中国科大的学术论文;③ 通过我校博士生入学资格考试,且在学期间在校学位委员会认定的学术期刊上以第一作者名义发表至少2篇单位署名单位为中国科大的学术论文。

申请人在论文答辩通过后,将所有的申请材料和答辩材料报送校学位办,由校学位办汇总后再分送各学位分委员会进行审查。

学位分委员会应按照博士学位授予标准,坚持原则,严格把关,对学位申请者的情况进行全面审查,综合评价,并以无记名投票方式表决。获参加投票人数三分之二以上(含三分之二)同意,方可作出建议授予博士学位的决议。

校学位委员会依照《国务院学位委员会关于授予具有研究生毕业同等学力人员硕士、博士学位的规定》对申请者学历资格、科研成果、课程学习、论文水平等进行最后审查,并以无记名投票方式进行表决,参加投票人数三分之二以上(含三分之二)通过者方可授予博士学位。

通过学位论文答辩但学位分委员会或校学位委员会认为申请者未达到博士学位标准者,可在课程成绩有效期内重新组织材料申请学位。

我校接收同等学力人员申请博士学位工作由校学位办直接受理,校学位办同时负责对申请人的资格审核、论文评阅和答辩等工作。各系应有专人负责此项工作。校学位与研究生教育评估中心将定期对各学科已授予的同等学力人员申请博士学位的质量进行检查和评估,并接受上级有关部门组织的检查和监督。凡发现在学位授予过程中有违反本实施办法及有关规定的,由校学位委员会严肃处理,直至撤销已授予的学位。

申请者获得博士学位后,所有申请材料应按有关档案管理格式的要求存档备案。

(五十七) 我校首次在生命科学学院面向全国招收"本-硕-博"连读生

2006年,我校首次在生命科学学院面向全国招收50名"本-硕-博"连读生,这部分学生在本科毕业后,可自主选择在中科院生命科学领域的研究院所继续攻读硕士、博士学位。这一培养模式将中国科大的教学优势和研究院所的科研优势紧密结合,为研究院所"量身培养"适合其科研需求的优秀后备人才。

2007年,我校又进一步将这一培养模式推广到工程科学学院,拟招收30名工程科学领域的"本-硕-博"连读生。

(五十八) 我校2名研究生获评第一届"做出突出贡献的工程硕士学位获得者"

2007年,全国工程硕士专业学位教育指导委员会发文([2007]5号)公布了全国第一届"做出突出贡献的工程硕士学位获得者"名单,并正式向获奖者颁发了荣誉证书和荣誉名册,我校计算机技术工程领域工程硕士毕业生陈进武、杨红兵榜上有名。

本次评选是自1997年工程硕士专业学位教育设置以来在全国范围内进行的首次评选,全国共181名工程硕士毕业生获得第一届"做出突出贡献的工程硕士学位获得者"荣誉称号,评选结果是从全国近10万名工程硕士毕业生中层层筛选而产生的。据悉,评选工作以后将每4年进行一次。

获奖者陈进武、杨红兵是我校计算机科学技术系与解放军总装备部联合培养的优秀工程硕士毕业生。就读期间,他们获多项科技奖励,主持和参加了多项重大科研课题,并参加了我国载人航天发射和测控工作,做出了优异的成绩。

（五十九）研究生招生简章全面改版，2008年招生工作正式启动

随着《2008年中国科大研究生招生简章》（以下称《简章》）的正式发布，我校新一轮的硕士、博士研究生招生工作正式拉开帷幕。

《简章》从形式到内容都做了重大调整，以适应我校部分学科专业研究生培养目标的主要定位，为硕士考生提供专业发展方面的指导。16开的新版《简章》首次把有关硕士生和博士生的内容整合成一册，以招生学院为目录，每个学院以招生专业代码排序，公布硕士生、博士生招生计划。在内容方面，增加了每个专业的专业简介、毕业生主要去向、2007年招生人数等广大考生所关心的重要参考信息。这不仅让考生能迅速了解每个专业的学科特点，同时也使他们能够及时了解该学科专业导师队伍的情况，为考生选择、报考我校各专业提供更好的服务。《简章》后附的"专业代码索引"，可供考生通过查阅报考专业来选择我校相关培养院系。同时，研究生院将提供电子版《简章》，以便各考生及单位下载查询。

《简章》的发布意味着2008年研究生招生工作正式启动。我校研究生院早在2007年5～6月份已经在成都、上海等地参加了2008年全国研究生招生工作的现场咨询会，取得了不错的效果。研究生院将通过研究生招生在线（http://yz.ustc.edu.cn）及时向考生发布各类考试相关信息，各学院也会通过各自的网络平台发布信息。

（六十）2006年工程硕士招生录取成绩全国排名揭晓

2006年工程硕士招生录取成绩全国排名揭晓，我校参加招生的9个工程领域录取成绩排名如下：机械工程，在132个招生院校中排名第十；仪器仪表工程，在39个招生院校中排名第三；电子与通信工程，在97个招生院校中排名第十四；计算机技术，在134个招生院校中排名第八；软件工程，在80个招生院校中排名第十三；化学工程，在78个招生院校中排名第十二；安全工程，在26个招生院校中排名第四；物流工程，在71个招生院校中排名第十二；控制工程，在107个招生院校中排名第五十一。

2008年

(一) 我校举行2007年度第二次学位授予仪式

2008年1月1日,我校东区校园洋溢着节日欢庆的气氛,2007年度第二次学位授予仪式在大礼堂隆重举行,身着学位服的1000余名学子见证了收获的时刻。

上午9时,学位授予仪式在庄严的国歌声中拉开帷幕。校学位委员会主任委员、校长朱清时院士,校学位委员会副主任委员、常务副校长侯建国院士,校学位委员会常务副主任委员何多慧院士,校学位委员会副主任委员陈国良院士,校学位委员会副主任委员、副校长王东进、窦贤康,校党委副书记、副校长叶向东,博士生导师代表以及全体博士、硕士、学士学位获得者参加了仪式。仪式由侯建国主持。

在热烈的掌声中,朱清时校长发表了讲话。他首先向全体学位获得者表示热烈祝贺!向为广大学子成长倾注无数心血的老师们表示衷心的感谢!

朱清时校长引用居里夫人的一段话寄语同学们,希望大家在今后的人生道路上要有坚忍不拔的精神,专注于自己追求的目标,对自己充满信心,不达目的不罢休,这样才能无愧于人生。他说,同学们即将毕业离校,面临人生一次重大的选择,希望同

学们要看得远一些,视野开阔一些,不要盲目赶潮流,人生最好的机遇往往在别人还未重视的方向和领域。

朱清时说,今天的大会不是庆祝"结束",而是迎接新的"开始"。母校将永远支持、关心同学们的成长,也希望同学们一如既往地关注、支持母校的建设和发展。祝大家在未来的人生道路上一帆风顺,母校期待着为你们而骄傲。

仪式上,导师代表、化学与材料科学学院孟广耀教授做了发言。他希望同学们发扬科大精神,时刻把国家和人民的利益放在心中,艰苦奋斗,淡泊名利,团结协作,以优异的工作和学习业绩回报母校和社会。

本次博士学位获得者代表董德华、专业硕士学位获得者代表王正东分别发表临别感言,表达了对母校和老师培养的感激和对母校依依惜别之情,并祝愿母校取得更大的辉煌。

在优美的乐曲声中,1000 余名博士、硕士、学士学位获得者分别身着红色、蓝色、黑色学位服,依次登上主席台,校领导与部分校学位委员会委员为他们一一扶正流苏。

(二) 火灾科学国家重点实验室举行 2007 届工程硕士毕业典礼

2008 年 1 月 1 日下午,我校控制工程领域安全技术及工程专业方向 2007 届 39 名工程硕士研究生在学校学位着装授予仪式上喜获硕士学位后,火灾科学国家实验室隆重举行了 2007 届工程硕士研究生毕业典礼。常务副校长侯建国院士,校长助理、研究生院副院长张淑林教授,公安部消防局科技处处长高伟大校,安徽省消防总队总队长刘平大校,火灾实验室主任范维澄院士、常务副主任廖光煊教授、副主任孙金华教授、总支书记陆守香教授及 40 多名师生出席。典礼由火灾实验室副主任张和平教授主持。

侯建国在典礼上发表了热情洋溢的讲话。他首先向来宾和师生表示新年问候,对 39 名同学取得硕士学位表示热烈祝贺,对公安部消防局、安徽省及全国各消防总队多年来的关心和对我校工程硕士研究生培养工作的支持表示衷心感谢,同时感谢高伟处长代表公安部消防局专程前来参加典礼,也感谢火灾实验室师生为学校建设和发展所做出的积极贡献。他殷切希望火灾实验室扎实做好将在 3 月份进行的新一轮国家对重点实验室评估的各项准备工作并祝愿取得好成绩。希望同学们继续关心支持母校发展,欢迎大家回来参加 50 周年校庆活动。

高伟处长在典礼上热情致辞。他代表公安部消防局祝贺同学们取得硕士学位,感谢科大为消防部队培养了一批又一批高级专门人才,感谢老师们的辛勤培育,并表示部局将一如既往地支持中国科大工程硕士培养工作。

范维澄院士在致辞中感谢公安部消防局和安徽省消防总队等多年来对火灾实验室的关心和支持,感谢学校对火灾实验室建设的关心和厚爱,表示要认真做好迎接国家评估工作,向 50 周年校庆献上一份厚礼。

张淑林教授也热情致辞并代表学校宣读了火灾实验室 2007 届工程硕士中获得省级

和校级优秀毕业生名单。廖光煊教授宣读了火灾实验室关于授予2007届工程硕士优秀毕业生、优秀学位论文获得者、优秀学生干部称号的决定。师生代表也在会上发言。

(三) 我校举办第四届"MBA/MPA大家庭庆典暨新年论坛"

2008年1月1日,中国科大第四届"MBA/MPA大家庭庆典暨2008新年论坛"隆重开幕。本次庆典系中国科大50周年校庆年的首日庆祝活动,同时也是中国科大MBA教育开展十年来的成果展示平台,因此引起了高度关注,多家媒体现场见证了这一盛况。

中国科大常务副校长侯建国院士、中国科大校长助理、研究生院副院长张淑林教授,校庆办有关负责人及管理学院领导、师生共600多人参加了这一庆典。侯建国院士在致辞中对毕业生们表示诚挚的祝福,同时希望他们在毕业之后与母校保持密切联系。应主持人邀请,张淑林教授也发表了热情洋溢的即席演讲,她在回顾了中国科大MBA、MPA教育所取得的卓越成果后,希望毕业生们也要情系母校,"常回家看看"。管理学院执行院长梁樑致辞更多的是着眼于MBA、MPA的未来发展。

当天的"大家庭庆典"还举行了2007年度优秀MBA毕业生、MPA毕业生暨MBA、MPA杰出校友颁奖典礼,40位毕业生、校友因突出表现而荣获表彰。

随后举行的新年管理论坛为所有参会代表奉上了一道精美的学术大餐。今年的新年管理论坛由MBA论坛和MPA论坛两部分构成。

据悉,为了让如此众多的管理人才拥有一个交流的平台,我校管理学院从2004年开始启动了"MBA/MPA大家庭庆典"年度活动,众多政府要员、知名学者、杰出企业家相继出席过此项年度活动。正因为此庆典全面展示了我校历届MBA/MPA毕业生及在校精英阵容,并促进了管理人才的共同交流与提升,才被确定为我校50周年庆典系列活动中的重要项目。

(四) 我校召开国家重点学科建设工作会议

为充分做好迎接"211工程"三期立项的各项准备,谋划重点学科下一阶段的工作重点,学校于2008年1月4日上午在校办公楼第一会议室召开国家重点学科建设工作会议。各学院执行院长、分管研究生教育工作的副院长,各国家重点学科负责人、国家重点培育学科负责人等参加了会议。会议由常务副校长侯建国院士主持。

为使下一阶段的工作更有针对性、学科项目规划得更科学、务实,侯建国还要求各学科加强对国际同类一流学科的调研,通过与国际同类一流学科的比较,了解国际一流学科的发展现状,明确差距和不足,确立奋斗目标。

据悉,为把我校"211工程"三期立项工作做好,充分发挥各重点学科的积极性,学校专门为重点学科划拨了启动经费,启动经费将用于开展重点学科调研、规划和论证等工作。

(五) 学校表彰2007年"全国优博"等奖项指导教师

为表彰获得2007年"全国优秀博士学位论文"及2003～2007年"全国优秀博士学位论文提名"、2007年"中国科学院优秀博士学位论文"以及"院长特别奖"等奖项的指导教师,2008年1月8日下午,我校在东区活动中心五楼会议室隆重举行颁奖大会。

校长助理张淑林宣读了教育部、中科院的表彰文件。

常务副校长侯建国为获奖导师颁发了荣誉证书和奖杯。

据统计,自1999年开展"全国优秀博士学位论文"评选以来,我校已有23篇论文入选,获奖总数居全国高校第六,获奖比例(获奖学生占同期授予博士学位人数比例)位居全国高校第二。在"中科院优秀博士学位论文奖"年度评选中,我校自2004年以来,在4届评选中已有35篇论文入选,占全院总获奖篇数的18%。

(六) 我校举行2008年博士生导师工作会议

2008年1月8日下午,我校2008年博士生导师工作会议在东区学生活动中心五楼会议室隆重召开。这是继去年召开首届博士生导师工作会议后召开的第二次工作会议。在校博士生导师对研究生教育事业表现出了极大的热情,近300人参加了会议,整个会场座无虚席。会议由侯建国常务副校长主持。

会议主要听取了研究生院负责人关于学位与研究生教育工作的汇报,就我校研究生教育管理体制、招生改革、培养机制创新等热点问题进行了研讨,表彰了获得2007年"全国优秀博士学位论文"、2003～2007年"全国优秀博士学位论文提名"、2007年"中国科学院优秀博士学位论文"以及"院长特别奖"等奖项的指导教师。

侯建国在致辞中高度评价了博士生导师在我校学位与研究生教育事业中的主导和核心作用,代表校领导和研究生院向长期为我校学位与研究生教育事业发展做出巨大贡献的博士生导师表示感谢,并向博士生导师致以新年问候。侯建国结合当前研究生教育发展的形势,回顾总结了一年来我校学位与研究生教育发展的基本情况,分析了存在的不足与问题,从建设创新型国家的高度强调了提高博士生培养质量的重要性。他指出,2007年以来,研究生院围绕校第四次学位与研究生教育工作会议确立的"稳定规模、调整结构、提高质量"的基本思路,积极转变职能,下放权力,加强服务,在管理体制、研究生招生、教学培养、学位等方面进行了一系列改革尝试,目前取得了不错的成效,学校在"全国优博"评选、"科学院优博"评选、重点学科申报等反映博士生培养质量的高端指标方面表现出较强的竞争力,表明了我校博士生培养质量总体上得到了社会认可。但也要清醒地认识到,我校博士生群体的整体创新能力与世界一流水平还有很大差距,与建设创新型国家对高层次拔尖人才的需求还不相适应。为此,侯建国希望与会导师能积极建言献策,对学位与研究生教育工作多提宝贵意见和建议。

会上许多导师积极发言，对研究生院一年来的工作和改革尝试予以了高度认可，并围绕我校博士生培养工作中的一些热点问题进行了研讨，一致认为，博士生导师是博士生培养质量把关的第一责任人，要充分发挥教授和博导的作用，要尊重和保护导师的积极性。

与会博士生导师对博士生培养工作还提出了许多好的建议和意见。例如，建议学校要创造条件提高博士生待遇，以增强对优秀生源的吸引力；提高对博士生发表学术论文的要求；在博士生培养工作改革中引入激励机制；创造条件，鼓励研究生参与国际学术交流；重视研究生课程教学，鼓励优秀导师上讲台；切实加强对博士生学习的中期考核，真正建立优胜劣汰的分流和淘汰机制；重视学科建设，在学校财力有限的条件下要大力建设研究生公共实验平台等。

（七）我校研究生院召开研究生代表第二次座谈会

为进一步听取广大在校研究生对我校学位与研究生教育的意见和建议，增进研究生与学校职能部门的沟通、交流，提高我校研究生管理工作水平和服务水平，研究生院于2008年1月11日下午组织召开研究生代表座谈会。这是本学期召开的第二次研究生座谈会。参加会议的学生代表有校研究生会各部负责人、《中国研究生》合肥通联站通讯员、"研究生沙龙"网络管理员等。座谈会受到了校领导的高度重视，常务副校长、研究生院院长侯建国院士参加了会议，并与研究生进行了亲切交流。校长助理、研究生院副院长张淑林、校团委书记朱东杰、学生处副处长葛宁杰等出席了会议，会议由研究生院副院长屠兢主持。

座谈中，侯建国向同学们介绍了学校2007年在重点学科申报、研究生培养工作等方面取得的成绩，高度评价了研究生在学校学位与研究生教育事业中所起的积极作用，对研究生为学校发展做出的贡献表示感谢。他结合近年来研究生教育发展面临的新形势，强调了各职能部门做好对研究生的服务工作的重要性，同时寄望同学们积极为学校发展建言献策。他强调指出，虽然近年来学校研究生管理工作改革取得了不错的成效，但各职能部门应该保持清醒的认识，在新形势下，应继续改进研究生管理工作的方方面面，希望通过与研究生直接的接触和沟通，发现管理工作中的不足，以提高管理部门的服务水平，争取在建校60年时我校的学位与研究生教育事业有更大的飞跃，进一步增强我校的知名度。

校长助理张淑林希望通过研究生院网页中的"意见和建议留言箱"、《中国研究生》合肥通联站、研究生代表座谈会等途径，在研究生院与广大研究生之间架起沟通的桥梁，通过这个桥梁把研究生们的意见和建议带给管理人员，同时也把研究生院的各项工作情况传达到广大研究生中去。

参会的研究生代表提出了许多宝贵的意见和建议。例如，建议学校重视对研究生职业生涯规划和就业的指导；希望学校继续加大对研究生会及研究生社团组织支持的力

度;希望学校重视改善研究生的学习、生活条件;建议充分利用《中国研究生》《中国科大研究生教育》等平台加强对学校研究生教育"亮点"的宣传,展示我校教育的风采等。同时研究生会干部还表示将进一步做好对广大研究生的服务工作;《中国研究生》合肥通联站通讯员表示将认真做好2008年的投稿组稿工作。

(八) 我校12个研究生实验教学建设项目通过验收

2008年1月21日,我校12个研究生实验教学建设项目顺利通过专家的评估验收,这标志着我校近年来启动的研究生实验教学基地建设取得明显成效。

截至目前,我校共计立项研究生实验教学建设项目21个。从近期已验收的12个项目来看,各实验教学基地在实验室建设状况、实验教材建设、实验教学效果、经费使用等指标方面都完成较好,均能开出和研究生课程相关的实验,使得研究生动手能力及综合应用所学知识的能力得到提高,对训练学生实验技能起到了积极的推进作用,为研究生进一步从事科学研究打下了坚实的基础。

按照规划,研究生院每年均组织开展研究生实验教学基地的建设,拨专项经费支持院系进行研究生实验教学基地项目建设,实施教学实验室建设和实验课程体系改革。

立项进行研究生实验教学基地建设受到了院系和导师的欢迎,各院系和导师在项目建设中的积极性很高。目前,各学院根据实际情况和实验教学建设发展的需要,按照"统一规划和布局,相对集中建设"的原则,建成了供全院实验教学课程使用的公共教学平台,扩大了学生受益面,取得了较好的效果。研究生导师和任课教师普遍认为,学校集中有限经费,逐步改善实验条件,开设实验课程,使研究生通过实验加深了对理论知识的理解,极大地提高了研究生的动手能力。

为更大程度发挥实验教学基地的作用,扩大受益面,研究生院将根据各院系取得的实验教学成功经验,积极争取更多经费投入实验课程建设,并和各院系一起积极探索研究生实验教学的新模式、新特点,推动实验教学进一步顺利开展。

(九) 我校《教育与现代化》杂志首次入选CSSCI来源期刊

2008年1月,《教育与现代化》杂志首次入选CSSCI来源期刊。

(十) 我校召开第二届学位与研究生教育院士座谈会

为深入总结我校"211工程"和重点学科建设经验,并听取在校院士对"211工程"和重点学科下一步建设工作的意见和建议,学校于2008年2月25日上午召开第二届在校院士座谈会。在校院士范维澄、郭光灿、何多慧、钱逸泰、伍小平、俞昌旋、张家铝、周又元等参加了会议。会议由常务副校长侯建国院士主持。校长助理、研究生院副院长张淑林

参加了会议。

座谈会上,院士们一致认为,我校近十年"211工程"建设成效显著,有两条基本建设经验值得继续发扬:一是强化公共学术资源和技术支撑体系(网络、电子图书、公共实验中心)的建设,为学科发展奠定坚实基础;二是紧密面向科学前沿与国家重大需求,以项目带学科,通过学科交叉与融合,促进部分学科实现跨越式发展。

关于如何做好下一步"211工程"和重点学科建设工作,院士们提出了许多宝贵的意见,建议在学科建设工作中,要突出"以人为本",要重视学科队伍尤其是年轻学科队伍建设,要注意充分发挥全体教授的积极性。重大学科项目的凝练,要坚持以下几点原则:一是要充分发挥学校的优势和特色;二是要尊重学科自身的发展规律;三要注意结合国家的重大战略需求,特别要瞄准国家科技中长期发展规划确定的重点领域,组织学科团队。

院士们还希望在继续强化我校公共技术支撑体系建设的基础上,推动将我校的大科学工程、优质大型仪器设备等优质学术资源纳入国家优质资源共享体系,扩大优质资源受益面。

据悉,根据国家部署,教育部、财政部、发改委三部委将于2008年上半年正式启动国家"211工程"三期建设。另外,教育部也将于2008年秋学期在全国研究生院高校全面实施研究生培养机制的重大改革。

(十一)学校召开学科建设及"211工程"建设工作会议

为进一步谋划我校国家重点学科和"211工程"的发展之路,并就今后一段时期的工作进行部署,学校于2008年2月27日上午在办公楼第一会议室召开学科建设和"211工程"建设工作会议。国家重点学科(含重点培育学科)负责人、各学院执行院长、国家(重点)实验室负责人等参加了会议。会议由常务副校长侯建国院士主持。

会上,侯建国指出,我校"211工程"历经10年建设,成效显著,特别在强化公共学术资源和技术支撑体系建设、通过项目促进学科交叉与融合等方面积累了较为丰富的建设经验,得到了校内外的广泛认可。但鉴于当前学科建设面临的严峻形势,侯建国希望各学科要进一步增强使命感和责任感,他认为,凡事"预则立,不预则废",要在全国高校学科竞争异常激烈的情况下,明确自己的优势和不足,做到"心中有数",以充分做好准备应对"211工程"三期建设艰巨任务的挑战。关于如何做好重点学科和"211工程"建设的下一步工作,侯建国强调指出,各学科要在充分吸收前期好的建设经验的基础上,结合创新型人才培养和学科队伍建设,有针对性做好学科项目的规划工作;重大学科项目的凝练,要充分发挥学校的优势和特色,要注意结合国家的重大战略需求,特别要瞄准国家科技中长期发展规划确定的重点领域,确定发展目标和发展思路。

(十二)我校召开第二届院系学位与研究生教育中心工作会议

2008年2月28日下午,学校在东区活动中心五楼会议室召开第二届院系学位与研

究生教育中心工作会议。会议主要对自2006年研究生教育中心成立以来的运行情况进行总结,对本年度的学位与研究生教育工作进行布置。各学院分管研究生工作的副院长、国家(重点)实验室相关负责人、各系主任、各院、系学生工作负责人及研究生教学秘书、五大公共实验中心负责人、各专业学位点负责人等近200人参加了会议。会议由常务副校长侯建国院士主持。

校长助理张淑林介绍了研究生院本年度要重点推进开展的几项工作,分别是:① 根据教育部、财政部、发改委三部委的部署,认真做好10年"211工程"建设的总结工作和"211工程"三期立项工作;② 根据教育部的部署,积极参与并稳妥地完成研究生培养机制改革,提高我校研究生生源质量和研究生生活待遇;③ 继续强化公共技术支撑体系建设力度,为研究生创新能力培养提供肥沃土壤;④ 抓住国家学科专业目录调整契机,推进教学培养工作;⑤ 进一步加强与教育部、科学院等上级部门的沟通,为研究生教育发展营造和谐环境;⑥ 组织好"全国百篇优博""科学院优博""院教育教学成果奖"等各类奖项的申报工作,努力提升我校研究生教育教学水平。

在会议总结讲话中,侯建国代表校领导和研究生院向长期以来为学校学位与研究生教育事业作出贡献的广大研究生教育工作者表示感谢,并重点从提高研究生培养质量、推进研究生培养机制改革、加强研究生管理和学术道德教育三个方面提出了希望和要求。他强调指出,尽管我校研究生培养质量总体上得到了社会的认可,但学校在研究生培养工作的一些环节还存在不足,与建设一流大学的要求、与社会的期望、与严峻的就业形势对创新人才的需求等还有一定的差距,为此,需要全校师生共同努力,积极探索新办法,争取把研究生教育办成"精品"教育。关于即将启动的研究生培养机制改革,侯建国强调,研究生培养机制改革不能片面地理解为收费,其实质就是要推进办学理念转变,思路就是要通过教育成本核算,理顺导师、研究生、学校之间的关系,在研究生教育中引入竞争和激励机制,增强导师的责任意识,提高学校的服务意识,最终提高研究生学习的积极性和生活待遇。侯建国最后还代表研究生院表示,将认真听取大家对学校学位与研究生教育工作的建议和意见,努力推进和完善管理体制,积极下放权力,做好为院系、学科、广大研究生教育工作者的服务工作,争取把我校的学位与研究生教育工作做得更好。

我校院系学位与研究生教育中心成立于2006年下半年,是推进我校研究生教育管理体制改革的重要举措之一。2006年12月9日至10日曾召开了首届院系研究生教育中心工作会议。根据安排,以后每年将召开例会,交流经验、研讨工作。

(十三) 我校2007级专业学位研究生报到入学

2008年3月8日,一批新学子迈进了科大校园,他们是经过资格审查、笔试、面试等层层选拔脱颖而出的2007级专业学位研究生。这批新生中,有MBA研究生140人、MPA研究生146人、工程硕士研究生365人、高校教师在职攻读学位学生20人,他们的学习方式均为在职攻读,学习年限为2~5年,大部分学生来自在安徽地区的公司企业和

政府公务机关,主要涉及税务、总装、消防、烟草等行业部门。

为做好本次迎新工作,研究生院、财务处等职能部门以及学校相关培养院系做了精心准备,整个报名注册工作秩序井然。按照计划,这些新学生将于近日接受"第一学分"的入学教育。校长助理尹登泽、张淑林非常重视迎新工作,专门来到迎新现场,看望学生和工作人员。

根据学校第四次研究生教育发展工作会议的战略部署,学校今后将在稳步发展学术型研究生教育的同时,大力发展 MBA、MPA、工程硕士等专业学位研究生教育,并将认真总结办学经验,规范管理,充分依托学校的优势学科,着力打造我校专业学位研究生教育的特色,提升我校专业学位品牌。

(十四) 管理学院举行春季 MBA、MPA、MLE 开学典礼

2008 年 3 月 9 日,2008 年春季 MBA、MPA、MLE 开学典礼在中国科大东区师生活动中心隆重举行。300 多名新生与有关领导及学生代表济济一堂,共同见证了这一盛况。

新入学的 300 多名 MBA、MPA、MLE 学生很快感受到了我校开放的治学理念和管理学院锐意创新的教学模式:开学典礼的第一项就是别开生面的拓展训练。在我校校庆办主任、MBA 中心副主任丁斌博士的引导下,本来互不相识的新生之间迅速形成了和谐、热切的氛围。

校长助理、研究生院副院长张淑林教授对 300 余名新生发表了热情洋溢的祝辞。她结合自己在我校三十年的学习、工作经历,充满感情地讲述着我校曲折的发展历史,阐述着中国科大人艰苦奋斗、不断进取的精神,激励着新学员要拓展思路、求真务实,成长为一位合格的中国科大人。

管理学院副院长陈晓剑教授所做的《中国科大管理类专业学位发展战略和实践》的报告让 300 余名新生耳目一新,对自己即将融入的团体有了更为全面的认识。

入学典礼中还对在入学考试中表现突出的新生进行了表彰,同时为了让新生能更快的适应新的学习生活,MBA 中心主任古继宝博士、MPA 中心主任冯锋博士及中心副主任丁斌博士分别就 MBA、MPA、MLE 的学科特点向新生们做了详细的介绍。

(十五) 第二届"中国科大-香港城大联合高等研究中心(苏州)博士生学术论坛"举行

2008 年 3 月 25 日上午,第二届"中国科大-香港城大联合高等研究中心(苏州)博士生学术论坛暨何稼楠学术会议奖学金颁奖典礼"在我校苏州研究院隆重举行。我校校长助理张淑林,研究生院副院长李晓光、屠兢,苏州研究院常务副院长黄刘生,香港城市大学副校长、研究生院院长王世全,研究生院副院长许溢宏,香港科汇工业有限公司董事总经理何稼楠先生,我校及香港城大有关部门负责人,两校联合中心各项目组主要负责人

及导师出席了学术论坛。

张淑林在学术论坛开幕式致辞中对论坛的成功举办表示祝贺,对何稼楠先生热心教育事业、设立学术会议奖学金的爱心行为表示感谢,并高度评价了中国科大-香港城大联合培养研究生取得的成效。她说,此次学术论坛的开办,必将对两校研究生的学术交流起到更大的推动作用,同时,为我校 50 华诞献上了一份厚礼。她希望联合中心的研究生们能够以此为契机,再接再厉,努力奋斗,为两校的学术研究和学术创新再添丰硕成果。

王世全在开幕式致辞中向我校即将迎来 50 华诞表示祝贺,并向我校赠送了纪念铜牌。他鼓励联合中心的师生们珍惜苏州研究院提供的良好生活环境和学术环境,充分利用两校学术和师资优势,积极进取,探索创新,为两校在高层次人才联合培养方面做出更大的贡献。

开幕式上还举行了何稼楠学术会议奖学金颁奖典礼。颁奖典礼结束后,学术论坛正式拉开帷幕。在两天的时间里,共有 140 多位博士生进行了论文交流。参加论坛的博士生既有中国科大-香港城市大学联合培养的学生,也有来自我校校本部及香港城市大学的学生。

由我校与香港城市大学联合举办的本次博士生学术论坛,在苏州研究院的精心组织和大力支持下,取得了圆满成功。通过交流,博士生们不仅开阔了学术视野,而且增进了友谊。按照我校与香港城大达成的协议,博士生学术论坛以后将每年举行一次。

(十六)我校与香港城市大学研究生院就联合培养研究生进行交流会谈

为进一步加强与香港城市大学在高层次人才培养领域的交流与合作,2008 年 3 月 25 日下午,我校研究生院和香港城市大学研究生院在苏州研究院进行了对口交流座谈。我校校长助理张淑林,研究生院副院长李晓光、屠兢,苏州研究院常务副院长黄刘生及有关职能部门负责人,香港城市大学副校长、研究生院院长王世全,研究生院副院长许溢宏等参加了交流会谈。

双方就 2008 年和 2009 年联合培养研究生的招生安排、学分互认、中期考核等有关问题进行了协商,达成了共识,并就扩大合作办学领域、探索开展专业博士学位研究生联合培养等问题达成了意向性意见。

会谈中,双方一致认为,经过 3 年多的合作,两校在联合培养博士研究生方面已经积累了一定的经验,逐渐形成了良好的模式,希望今后进一步加强沟通和交流,争取使两校的合作办学更加富有成效。

我校与香港城市大学联合培养研究生始于 2004 年,联合培养研究生的学科主要集中在数学、计算机科学、仪器及控制、管理科学、材料科学、环境科学等领域,合作办学地点依托中国科大苏州研究院的中国科大-香港城大联合高等研究中心。

(十七）我校召开第二届学位与研究生教育工作院士座谈会

为进一步听取在校院士对本学期我校学位与研究生教育工作的意见和建议，充分发挥院士在学位与研究生教育工作中的"智囊"作用，学校于2008年4月5日召开第二届学位与研究生教育工作院士座谈会。会议由常务副校长侯建国院士主持。

我校召开第二届学位与研究生教育工作院士座谈会

座谈会受到了在校院士的高度重视，王水、何多慧、施蕴渝、伍小平、周又元、李曙光、张家铝、张裕恒、俞昌旋等院士在百忙之中参加了会议。其他院士尽管由于公务未能参会，但均通过电话等方式表达了对学校学位与研究生教育工作的关心、关注，并对本学期的学位与研究生教育工作提出了建议和意见。

座谈会上，常务副校长侯建国院士代表校领导向长期为我校学科建设、学位与研究生教育工作做出突出贡献的各位院士表示感谢。他说，自去年召开首次学位与研究生教育工作院士座谈会以来，研究生院根据各位院士提出的宝贵意见和建议，积极改进工作，推进改革，使得学校的学位与研究生教育工作取得了显著成效。为此，他由衷地希望各位院士能继续关注学校的学位与研究生教育工作，希望通过本次座谈会进一步听取各位院士的好的建议和意见，从而把下一步的工作做得更好。

校长助理张淑林通报了近期国家"211工程"三期立项启动、国务院学位委员会拟出台的《全国学科专业目录设置与管理办法》、教育部关于"全国百篇优博"评选工作的改进思考的有关工作，介绍了我校的下一步工作设想和初步安排。

座谈会现场气氛活跃，各位院士积极发言，对学校的学位与研究生教育事业表现出了强烈的责任感和热情。他们从"211工程"三期工作、重点学科建设、导师队伍建设、研究生招生、研究生创新能力培养等方面提出了许多好的建议和意见，并重点围绕研究生资助机制改革初步方案进行了研讨，提出了完善建议。

(十八) 我校 2 名研究生获 2008 年度"百人会英才奖"

2008 年 4 月 8 日,2008 年度"百人会英才奖"颁奖典礼举行。我校人文学院 2005 级硕士研究生杨晓果和信息学院 2006 级硕士研究生刘福丽获此殊荣。

(十九) 西北农林科技大学学科建设与研究生教育代表团来我校调研

2008 年 4 月 11 日上午,西北农林科技大学副校长、研究生院常务副院长王跃进率代表团一行 16 人访问我校,就学科建设与研究生教育进行调研。我校校长助理张淑林,研究生院、生命学院、信息学院、地空学院、管理学院相关领导参加了交流座谈。

张淑林从办学历程、"985 工程"和"211 工程"建设、科技创新平台、办学硬件条件、学科建设、学科队伍等方面介绍了我校的整体办学情况,阐述了我校的精品办学理念。

王跃进认为我校在学科建设与研究生教育方面有丰富的经验,研究生培养声誉良好,有许多值得借鉴和学习的地方,希望通过本次考察学习我校先进做法和经验,推进西北农林科技大学学科建设与研究生教育工作上新台阶。

座谈中,双方就学科建设与研究生教育管理工作进行了对口交流。

(二十) 我校与上海科学院商谈专业学位研究生教育合作之路

应我校研究生院、管理学院的邀请,上海科学院党组书记、院长曹振全率上海科学院代表团一行 3 人于 2008 年 4 月 11 日访问我校,就拓展专业学位教育的合作领域进行交流商谈。这是双方落实此前签署的《关于产学研战略合作的框架协议》,加强深层次交流与合作,进一步推进我校上海研究院发展的重要举措。我校校长助理张淑林,研究生院、管理学院相关领导,工程硕士相关领域负责人等参加了会谈。座谈会由管理学院执行院长梁樑主持。

会上,张淑林说,自我校上海研究院调整定位、规范管理体制以后,在管理学院的积极开拓下,我校与上海科学院在产、学、研等方面的合作取得了积极进展。目前,双方在专业学位教育领域有很好的合作基础和合作潜力。她希望通过管理类专业学位教育合作这个纽带,通过我校上海研究院这个平台,进一步架起双方工程类专业学位教育合作的桥梁。

会谈中,上海科学院党组书记、院长曹振全对双方之前在管理类专业学位教育领域合作取得的成效表示满意,希望通过本次交流,进一步拓展人才培养合作领域,争取在工程硕士教育领域开启合作之路,从而促进双方合作迈上新的台阶。曹振全还坚信,在双方的共同努力下,上海科学院与我校的合作将会超越与其他院校合作的层次与范围。

双方就工程硕士研究生教育合作的切入点进行了深入交流和研讨,取得了共识,并初步达成了一些合作意向。双方还一致主张以我校上海研究院作为合作基地与平台，以管理类专业学位教育合作为起点，依托双方优势，整合双方优质资源，在框架协议指导下，努力使合作取得实质性成效。

据悉，为推进与上海科学院在产、学、研领域的合作，我校管理学院、我校上海研究院做了大量的前期探索工作，并就合作事宜与上海科学院签署了《关于产学研战略合作的框架协议》，确立了双方的合作目标、工作内容与联系机制。

（二十一）学校布置"朱李月华奖学、奖教金"评选及2008年"硕转博"工作

2008年4月14日下午，侯建国常务副校长主持召开会议，布置我校2008年"中国科学院朱李月华奖学、奖教金"评选工作及"硕转博"工作。各院、系、国家（重点）实验室分管研究生教育工作的负责人，学生工作负责人及研究生教学秘书等参加了会议。

校长助理张淑林就2008年博士研究生招生指标的分配、"朱李月华奖学、奖教金"设置的背景进行了补充说明，通报了国务院学位委员会拟出台的《全国学科专业目录设置与管理办法》、教育部关于"全国百篇优博"评选工作的改进思考的有关工作，希望各院、系要密切关注国家关于学位与研究生教育相关政策变化的动向，做好预案，切实改进我校学科建设与研究生培养工作。

侯建国常务副校长就做好本年度"朱李月华奖学、奖教金"评选及"硕转博"工作提出了两点希望：一是希望"朱李月华奖学、奖教金"评选能真正发挥激励作用，从而促进研究生教学，提高我校研究生培养质量；二是希望在"硕转博"工作中各院、系要严格坚持标准，做到公正、公平，把真正优秀的学生选拔上来。

据悉，中科院"朱李月华奖学、奖教金"由香港爱国人士朱李月华女士设置，本次为首次评选，奖励对象为优秀博士生和优秀研究生指导教师。其中"优秀博士生奖"每年奖励在中科院所属研究生培养单位学习的博士研究生300人，每人奖金5000元人民币；"优秀教师奖"每年奖励在中科院所属研究生培养单位从事研究生教学工作的教师100人，每人奖金5000元人民币。根据《"中国科学院朱李月华奖学、奖教金"管理办法》，奖学、奖教金评选由中科院人事教育局负责组织，由中科院研究生院、我校研究生院分别负责本单位的初选。

（二十二）我校举办2008年研究生学术论坛

2008年4月15日下午，2008年中国科大研究生学术论坛开幕式暨学术报告会在东区理化中心大楼西三报告厅隆重举行。常务副校长侯建国院士致开幕辞并做精彩报告，研究生院副院长李晓光、校团委书记朱东杰和各学院分管研究生工作的副院长、分团委（团总支）书记、教学秘书及校研究生会主要干部等参加了开幕式，开幕式由校党委副书

记鹿明主持。

侯建国院士为论坛开幕式做了题为《走好科学研究的第一步》的精彩报告,他从为什么要从事科学研究以及怎样从事科学研究、科研工作的基本原则、科技工作者的学术道德等几方面重点阐述了自己对科学研究的理解。他指出:做学问应遵循"大处着眼,小处着手,勤于思考,善于合作"的方法。他希望我校广大研究生同学在日常学习、生活中应该锻炼相互沟通、相互协作的能力,树立良好的科学道德和品行,培养对科研工作的兴趣。

会上,国家同步辐射实验室执行主任盛六四教授做了题为《同步辐射发展及应用简介》的报告,对同步辐射的基本原理以及当前的广泛应用做了介绍。微尺度物质科学国家实验室主任助理王晓平教授做了题为《微尺度物质科学国家实验室简介》的报告,对实验室的发展历程及目前的主要工作做了介绍。中国青少年科技创新奖获得者曾杰博士做了题为《亮剑在科学的战场上——浅谈研究生的学术创新途径》的报告,与同学们分享了他在科研工作中的一些经验和教训,从选题、开题、攻关、升华4个部分详细阐述科研工作中需要做的具体工作。

2008年6月27日,研究生学术论坛闭幕式及颁奖典礼举行,本次论坛主题为"交流 创新 并进"。本次学术论坛由于广大研究生的积极响应,提交论文的总数量达到322篇,无论在规模上还是在质量上都远超历届。本次学术论坛共评选出了专业类优秀论文一等奖20名、二等奖62名。与往年不同的是,今年还特别设立了科普类优秀论文奖,共有9名研究生获奖。

(二十三) 新疆师范大学代表团来我校进行工作访问

2008年4月21日至22日,新疆师范大学校长、党委副书记阿扎提·苏里坦一行来我校进行工作访问,随行的有新师大研究生处处长兼学科建设办主任华锦木、人事处副处长冯波、科研处副处长艾尔肯、数理信息学院院长潘伟民以及生命科学与化学学院院长常伦荣等。

朱清时校长会见了阿扎提·苏里坦校长一行,朱校长从国家发展战略的高度评价了教育部援疆计划的作用与意义,表示对新师大的支援是我校的应尽职责,我校将一如既往地支持新师大的发展。

许武代表学校对新师大代表团的来访表示热烈欢迎,他介绍了我校的创办、创业经历以及近年来学校在人才培养、学科建设、师资队伍建设、科研成果、"全院办校、所系结合"等方面的情况,希望双方进一步加强交流,增进互利合作。

阿扎提·苏里坦校长对我校实施教育部学科建设援疆计划3年以来给予新师大的无私帮助,尤其是在人才培养方面的支持表示感谢,他还介绍了新师大的发展近况,并希望在学科建设、人才培养、科研合作等方面继续得到我校的支持与帮助。

我校于2005年启动教育部"援疆学科建设计划",对口支援高校为新疆师范大学,学科范围为数学、物理、化学。鉴于合作取得了良好成效,双方拟进一步扩大学科合作范围到如生物、计算机等学科。

(二十四) 学校布置教育部第二轮学科评估及首届"中科院研究生教育教学成果奖"评选工作

根据教育部学位中心和中科院人事教育局的部署,我校于2008年4月29日下午召开会议,布置教育部第二轮学科评估及首届"中科院研究生教育成果奖"评选工作。各学院执行院长、分管研究生教育的副院长、各系主任、国家(重点)实验室负责人及相关人员参加了会议。侯建国常务副校长主持了本次工作会议。

侯建国强调了学科评估的重要性,认为学科评估对于推动学科建设、提高研究生培养和学位授予质量具有重要意义。他指出,教育部开展的学科评估工作在社会上已引起了强烈反响,对于高校积极开展学科建设工作起了很好的促进作用,因此我校应高度重视参与学科评估工作,要通过参与学科评估,展示我校学科建设的成果和亮点,扩大我校学科在全国同行的影响;同时,也要通过评估了解自己的不足,从而有针对性地改进自己的工作,进而提升我校学科在全国的竞争力。

关于"中科院研究生教育教学成果奖"评选,侯建国指出,在研究生教育层面开展教育教学成果奖评选在中国科学院系统尚属首次,此举意义重大,不仅有利于我校今后参与全国教育教学成果奖的竞争申报,而且可以促进我校研究生教育工作者积极从事教育教学研究和实践,从而提高我校研究生教育的教学水平和教育质量。

会上,校长助理张淑林对2002~2004年教育部第一轮学科评估、2006年教育部第二轮第一批学科评估工作进行了回顾总结,通报了我校参评学科排名情况,解读了教育部本次学科评估和首届"中科院研究生教育教学成果奖"评选工作的有关文件,就具体工作进行了布置。

据统计,此前我校共有20个学科申请参加了2002~2004年教育部第一轮学科评估,其中物理等11个学科排名进入了全国前五;13个学科申请参加了2006教育部第二轮第一批学科评估,其中数学等5个学科排名进入了全国前五。本次学科评估为教育部第二轮学科评估的继续,已参评的学科不在本次评估范围之内,评估实行自愿申报原则。

另外,根据《"中国科学院教育教学成果奖"评选办法》的规定,本次教学成果奖评选由中科院人事教育局牵头负责,初评工作由我校研究生院和中科院研究生院分别组织进行。评选工作每4年进行1次,每次评选出不超过40项教学成果奖,其中特等奖和一等奖不超过8项,二等奖不超过32项。初评以及最终评选通过的教育教学成果均将上网公示接受监督。

(二十五) 学校召开"211工程"三期建设规划编制及重点建设项目申报工作交流会议

为进一步统一思想,促进沟通交流,做好我校"211工程"三期建设规划编制及重点建

设项目申报组织工作,学校于2008年5月20日上午召开工作交流会议,各学院执行院长、国家(重点)实验室负责人、公共服务体系负责人、相关部门负责人等参加了会议。会议由侯建国常务副校长主持。

侯建国强调,重点学科项目凝练整合工作科学性强,要求高,难度大,是我校"211工程"三期整体建设项目规划编制工作的核心,是我校"211工程"三期建设项目申报工作的关键。做好该项工作,需要精心谋划、周密论证,既要考虑瞄准世界科技发展前沿,尊重学科发展规律,又要考虑国家的重大战略需求;既要考虑促进和带动相关学科的发展,又要考虑有利于增强在申报工作中的竞争力。鉴于时间紧、任务急,侯建国希望各学院克服困难,树立大局观,认真做好项目凝练、整合和规划编制工作。

根据部署,学校将于2008年5月28日组织由两院院士、校学位委员会和学术委员会委员组成的校内专家对申报的各个项目进行评审;各项目将在听取建议和意见的基础上,完善申报材料,并将于6月中旬将所有申报材料上报三部委参加全国竞争。

(二十六)我校21位博导通过2009年上岗资格审查

2008年5月20日下午,校学位委员会在办公楼第一会议室召开2008年度第一次工作会议。会议议程主要有:对申请2009年上岗的新增博导、校外兼职博导和返聘博导进行审议和表决;评选我校首届"中国科学院朱李月华奖学、奖教金"。会议由校学位委员会副主任委员、我校常务副校长侯建国院士主持。

朱清时校长首先感谢各位委员长期以来为学校学位与研究生教育工作做出的突出贡献,认为本届校学位委员会在推进依法规范管理学位、探索学术与行政分离、维护学术权威方面做出了表率作用,对于推进学校管理体制创新具有重要意义。

鉴于研究生教育发展形势和环境的变化,朱校长就本次导师上岗审核把关工作提出了两点指导意见:一是在学术水平上,要求标准要进一步科学化,不仅要重视学术水平的"量",更要注重"质";二是呼吁各位委员要把学术作风和学术道德作为评议的重要标尺。

会上,委员们先后听取了物理天文、化学材料、生命科学、电子信息科学、同步辐射国家实验室、智能所、管理人文科学、工程科学、数学等学位分委员会负责人关于本学科申请上岗者情况的介绍,仔细审阅了申请材料,并在进行认真讨论的基础上,依据《中国科学技术大学博士生导师上岗审定工作实施办法》的有关规定,对申请上岗者名单进行了无记名投票。经表决,共有21名教授通过新增博导资格审定,7名教授通过返聘单独上岗资格审定。

委员们还听取了研究生院副院长屠兢关于"中国科学院朱李月华奖学、奖教金"初选情况的介绍,并依据中科院人事教育局《"中国科学院朱李月华奖学、奖教金"管理办法》(科发人教函〔2008〕1号)文件精神和我校《"中国科学院朱李月华奖学、奖教金"评选实施办法》(校研字〔2008〕25号)的要求,评选产生了我校2008年度"中国科学院朱李月华优秀博士生奖"60名、"中国科学院朱李月华优秀教师奖"20名。

校长助理张淑林通报了国家"211工程"三期建设的有关精神,介绍了"211工程"三期与前两期"211工程"建设任务的区别,汇报了我校"211工程"三期建设项目申报组织工作的进展情况。

与会委员就校外兼职导师的遴选原则进行了研讨,一致认为兼职导师的遴选要有利于我校学科建设、有利于我校年轻人才队伍的成长、有利于我校创新性人才的培养。

鉴于形势的需要,委员们对如何更好地做好我校学位与研究生教育工作提出了两点建议:一是建议由校学位办牵头对兼职导师的相关遴选条例进行进一步修订和规范;二是建议学校对专业性强、学术水平要求高的各类研究生奖学金评审进行规范,严肃学术水平和学术道德,维护学术尊严。

根据部署,本月28日学校还将组织全体校学位委员会委员对我校"211工程"三期建设项目进行评议把关。

(二十七) 2008年"中科院优秀博士学位论文"结果公布,我校10篇入选

从2008年5月24日在京结束的2008年度"中国科学院院长奖暨优秀博士学位论文"专家评审会上获悉,我校院优博论文和院长特别奖申报评选工作再次取得可喜成绩,在评选出的49篇院优秀博士学位论文中,我校10篇论文入选。

"中国科学院优秀博士学位论文"评选工作始于2004年,每年评选一次,每次评选优秀论文50篇。根据规定,获"中国科学院优秀博士学位论文奖"是申报参加"全国百篇优博"评选的必要条件,我校本次取得的丰硕成果为明年参与全国百篇竞争打下了坚实的基础。

(二十八) 我校对动力工程领域工程硕士培养质量进行评估

根据全国工程硕士专业学位教育指导委员会《关于动力工程领域开展工程硕士研究生培养质量自评估工作》通知的部署和要求,我校成立动力工程领域评估专家组,并于2008年6月10日对我校该领域工程硕士培养工作进行了全面评估。

全国工程硕士指导委员会委员、校学位与研究生教育评估中心主任、研究生院副院长张淑林强调,根据全国工程硕士专业学位教育指导委员会的部署,本次评估的指导思想是"以评促改,以评促建",方式是学校自评,目的是要通过评估,全面总结经验,规范培养过程和学位授予程序,完善管理办法,健全和落实管理机构,总结办学特色与效果,并找出存在的问题,以进一步深化工程硕士研究生教育改革,提高工程硕士培养质量,建立工程硕士培养质量的自我约束机制。

专家们就培养环节中的相关问题进行了询问,培养单位的老师们现场予以解答,检查了招生、培养、学位论文、学位授予及管理方面的文件与档案材料等,还与合作单位合肥通用机械研究院人力资源部领导、企业导师代表、在读工程硕士学生代表进行了座谈,

就工程硕士培养工作交流了心得,并听取了他们关于培养工作的相关建议。

最后,专家组形成了评估报告和评估意见,并向培养单位工程学院进行了反馈通报。专家组对我校动力工程领域工程硕士培养工作给予充分肯定,认为招生、课程教学、学位论文、管理等各个环节规范有序,得到了企业的认可,取得了很好的教学效果,为建立完整规范的工程硕士培养和管理体系,探索具有中国科大特色的工程硕士培养模式,奠定了坚实的基础。

作为应用型、复合型人才培养的重要途径之一,工程硕士教育自开展以来在社会上影响很大。目前,工程硕士教育已发展成为我国专业学位研究生教育中招生规模最大、涉及专业领域最广的应用型学位类型。据统计,自开展工程硕士教育试点以来,我校累计招收工程硕士研究生 3458 人,授予学位 1330 人,目前在读学生 2128 人。工程硕士教育已成为我校研究生教育体系的重要组成部分。

(二十九)我校制定"211 工程"三期建设方案

2008 年 6 月,我校制定《中国科学技术大学"211 工程"三期建设方案》部分内容摘录如下:

重点学科建设项目:数学、天文与理论物理中的若干前沿和交叉问题;量子材料构筑与量子态探测及规律;选键化学基础与前沿;地球层圈相互作用;蛋白质网络与细胞活动;多尺度复杂系统力学;先进光源基础和同步辐射新方法技术及应用;核聚变与高能物理的基础与前沿问题研究;火灾科学与公共安全;多尺度功能材料的组装化学;光子的量子调控和微纳操作;无线环境下的网络通信与媒体服务;绿色化学与生物相关化学;计算机科学的基础理论及关键技术研究;突发事件历史分析与应急管理。

创新人才培养项目:建设"本-硕-博"一体化创新教学实验基地;开展研究生国际学术交流。完善研究生奖助体系;建立研究生创新能力保障体系;充分发挥学位与研究生教育在一流研究型大学建设中的引领和先导作用,逐步建立与我校"质量优异、特色鲜明、规模适度、结构合理的世界一流研究型大学"建设目标相一致,有利于拔尖创新人才脱颖而出的高等教育创新培养模式及其运行机制。按照"规模适度、结构合理、质量优先"的发展原则,在本科生和研究生教育规模保持稳定的同时,完善人才培养体系,使博士、硕士、学士的比例和学术性人才、应用性人才的结构进一步优化。

队伍建设项目:实施"卓越人才计划";加强创新团队建设;加强博士后流动站建设;开展师资队伍的国际交流与合作;培育一支专业方向与学校重点学科相适应,结构合理,规模适度、素质优良、结构优化、富有创新精神和创新能力具有较强国际竞争力的一流师资队伍;打造一支结构合理、技术精湛,能够保障实现科技创新目标的技术支撑队伍;形成一支具有现代科学管理知识和开拓创新能力,适应一流大学管理要求的廉洁、高效、高素质、专业化的党政管理人才队伍。

校内公共服务体系建设项目:公共实验中心建设;面向学科的新型信息服务环境构

建(数字图书馆);校园网络建设;创新能力培养公共实践教学平台建设。

(三十) 校学位委员会召开 2008 年上半年度学位工作会议,决定授予 438 人博士学位、1024 人硕士学位

2008 年 7 月 2 日下午,校学位委员会召开上半年度学位工作会议。会议主要就我校 2008 年上半年度学位申请情况进行审议,对申请者进行投票表决。校学位委员会主任委员朱清时校长主持了会议。

会议首先听取了校学位办关于上半年度学位申请情况的整体介绍。数学、物理天文学科、化学与材料科学、地球与空间科学、生命科学、工程科学、电子信息科学、管理人文科学、合肥智能所、同步辐射国家实验室、微尺度国家实验室、专业学位(工程类、管理类)等 13 个学位分委员会负责人先后介绍了本学科学位申请者的基本情况。

委员们认真审阅了学位申请材料,就本次学位申请中的有关问题进行了研讨,并依据《中华人民共和国学位条例》和《中国科学技术大学学位授予实施细则》的有关规定进行了投票表决,决定授予 438 人博士学位、1024 人硕士学位(学术型和应用型)。

(三十一) 我校举行 2008 年毕业典礼暨第一次学位授予仪式

2008 年 7 月 3 日,我校 2008 年毕业典礼暨学位着装授予仪式在东区大礼堂隆重举行。3000 余名学子迎来了学有所成的光荣时刻,他们在这里挥手告别美好的大学生活,即将奔赴新的工作和学习岗位,开始崭新的人生征程。

上午 9 时,毕业典礼暨学位授予仪式在雄壮的国歌声中拉开帷幕。校长朱清时院士,党委常务副书记、副校长许武,党委副书记鹿明,副校长窦贤康,校学术委员会常务副主任何多慧院士,校学术委员会副主任陈国良院士,地球和空间科学学院院长陈颙院士,化学与材料科学学院执行院长陈初升,信息科学技术学院执行院长卫国,管理学院执行院长梁樑在主席台上就座。常务副校长侯建国院士主持了典礼。

校学位委员会主任委员、校长朱清时发表了热情洋溢的讲话。他代表学校全体师生员工、学校党政领导班子向同学们取得的成绩表示最热烈祝贺,向为广大学生成长成才倾注无数心血的老师们表示衷心感谢。

朱清时校长对即将踏上人生新征程的毕业生们提出殷切希望。他说,英语短语"live to learn,learn to live"意味深长,译成汉语就是"因生而学,因学而生"。他希望每一位毕业生,无论是走向工作岗位,还是继续选择深造,都能够不断地、踏实地学习新的知识,充实自己。

他说,最重要的学习是要学会做人。他引用陶行知名言"千教万教,教人求真;千学万学,学会做人",并结合自己的体会,深刻阐述了诚信的重要性。他说,做人的关键是诚信,只有时间知道诚信多么重要。没有诚信,快乐不长久,地位是虚假的,竞争也是失败的。

朱清时说,今天的大会不应是庆祝"结束",而应是欢呼新的"开始"。母校将永远支持、关心、关注你们,也盼望同学们今后一如既往地关心和支持母校的建设与发展。他祝愿广大毕业生一路顺风,一生成功!

侯建国宣读了学校关于授予博士、硕士和学士学位的文件。今年,我校共有438名学生获博士学位、1024名学生获硕士学位。

会上,窦贤康副校长宣读了学校关于表彰各类优秀毕业生的决定,共有128名毕业生被评为"安徽省普通高校品学兼优毕业生"、572名毕业生被评为"校优秀毕业生"、46名毕业生获"科技强军奖学金"、141名毕业生将到西部和国家重点建设单位工作。

教师代表、化学与材料科学学院俞书宏教授代表全体教师向毕业生寄语。他殷切希望广大同学努力用所学的本领报效祖国和人民,踏踏实实做事,认认真真做人,正确面对人生中的挫折和困难,继续秉承"红专并进、理实交融"的优良校风,恪守"中国科大精神",奋发创新、不断进取,为祖国的繁荣富强,为建设创新型国家,为母校明天的更加辉煌,为人生的灿烂未来共同奋斗!

毕业生代表郑涛在发言中深情表达了对母校和老师们的感激之情,并立志要传承和发扬母校优良传统,为祖国的富强和民族的进步做出更大的贡献,为母校增光添彩。

伴随着《永恒的东风》的激越旋律,毕业生依次登上主席台,校领导和导师们为他们一一扶正流苏。此刻,收获时的幸福笑容洋溢在每一个人的脸上。

典礼大会前,中国科大校友新创基金会向每位毕业生赠送贺卡,祝贺2008届毕业生学有所成。

典礼结束后,毕业生纷纷与校领导和老师们合影留念。不少毕业生的亲友也从全国各地赶来,与毕业生们一起分享喜悦和快乐。

(三十二) 我校布置"211工程"三期立项申报有关工作

为进一步优化我校"211工程"三期建设方案,完善项目申报材料的填写,我校于2008年7月7日上午召开会议就相关工作进行布置。"211工程"三期各建设项目相关人员参加了会议。会议由侯建国常务副校长主持。

"211工程"三期自启动规划立项工作以来已历时2年。日前,国家下达了各建设学校"211工程"三期资金规划数,要求各建设学校根据资金规划数进一步完善规划方案和项目申报书,并务必于7月13日前将各校"211工程"建设方案和重点建设项目申报书报"211工程"部际协调办公室。

鉴于时间紧,任务急,侯建国在会上要求各申报项目要认真领会国家文件精神,并结合国家下达我校的资金规划数完善申报材料,落实材料撰写细节,务必做到高标准、高质量,确保申报工作取得成功。

会上,侯建国还对我校"211工程"三期的资金使用方案做了说明。他说,我校"211工程"三期建设资金使用将严格按照国家的要求,充分贯彻以学科建设为核心的指导思

想,有限经费主要用于重点学科项目、创新人才队伍项目和公共服务体系等三个项目。

我校"211工程"三期建设方案的形成历时2年,期间,召开研讨会议20余次,广泛听取了在校两院院士、国家重点学科和省重点学科负责人、国家(重点)实验室负责人、校学位学术委员会委员、广大研究生导师的意见和建议,并经过了校内专家的评审,是全校上下集体智慧的结晶。目前,资金使用计划方案已通过校长工作会议的审议。

根据我校"211工程"三期建设方案的规划,我校"211工程"三期将确定重点建设15个重点学科项目。根据国家的要求,我校拟建设的15个重点学科项目须参与全国竞争申报,最终由专家评审决定是否立项建设。

(三十三) 我校召开生物医学工程交叉学科建设座谈会

为推动我校与中科院成都光电所在生物医学工程学科领域的合作,促进我校生物医学工程学科的健康发展,研究生院于2008年7月14日下午在校办公楼第二会议室组织召开生物医学工程学科建设座谈会。中科院成都光电所副所长范天泉,我校信息学院、生命学院相关学科带头人及年轻老师参加了座谈会。

座谈会上,双方分别介绍了本单位在生物医学工程学科领域的优势和特色,就学科合作切入点、合作方向、合作机制进行了初步研讨,达成了在我校成立生物医学工程交叉学科中心的共识,并一致希望通过工程硕士研究生教育这个纽带和平台,推进双方在生物医学工程学科领域的合作共建。

我校生物医学工程学科起步于20世纪70年代后期,1987年取得硕士学位授权,1993年取得一级学科博士学位授权,在生物医学信号处理、生物医学超声工程、脑功能与认知、生理系统建模、智能医疗仪器、激光生物学等方向具有特色和优势,但目前存在学科力量较为分散、学科队伍老化等问题。此次研讨会为该学科的下一步发展提出了许多宝贵的建议,对推动我校生物医学工程学科实现新一轮的跨越式发展具有重要意义。

鉴于生物医学工程学科在我校学科布局中的重要地位及目前面临的严峻形势,最后,张淑林代表研究生院表示学校将在导师遴选、研究生招生等方面给予重点支持,尽量为该学科创造良性发展环境。

(三十四) 学校布置"211工程"三期重点学科项目评审工作

根据教育部《关于委托有关学校对"211工程"三期重点学科建设项目进行评审的通知》的部署和要求,我校于2008年7月22日上午召开各学院执行院长、国家(重点)实验室负责人工作会议,对"211工程"三期重点学科建设项目评审工作进行布置。会议由常务副校长侯建国主持。

"211工程"三期自启动规划立项工作以来,已历时2年零3个月,期间经历了预研、申报等环节,目前已进入立项工作的最后环节——专家评审阶段。根据教育部《"211工程"三期重点学科建设项目评审办法》的要求,本次评审采取与第三批国家重点学科申报评审相同的方式,即教育部委托各"211工程"学校对相关领域的重点学科建设项目进行评审。受委托学校要组织本单位同行专家对送评学科项目进行评议,并根据专家评议意见,以单位的名义对送评学科项目给出总体评价。据统计,此次我校接受委托将参与10个二级学科领域、376个重点学科建设项目材料的评审。

由于时间紧、任务急,侯建国在会上要求各学院要认真领会教育部评审文件精神,尽快成立各领域专家组,落实评审时间和地点,要抱着对国家认真负责的态度,严格按照评审程序组织评审工作;评审力求做到公平公正,要能体现我校的学术水平。他还希望参与评审的专家要利用参与这次评审的机会,了解别人的长处,找到自己的差距与不足,从而改进学科建设。

会上,校长助理张淑林解读了教育部关于《"211工程"三期重点学科建设项目评审办法》的相关精神和要求,对重点学科建设项目评审工作中的相关细节和时间节点进行了布置,并代表学校感谢各学院为"211工程"三期立项申报工作所付出的辛勤努力。

根据会议部署,我校将成立10个专家组(每组成员不少于7人)对受委托的重点学科建设项目进行评审,评审结果将于7月30日前报"211工程"部际协调小组办公室。

(三十五) 我校2名研究生获"安徽省十佳(优秀)青年学生"称号

2008年7月,化学系2005级博士研究生魏凯荣获"安徽省十佳青年学生"称号,科技史与科技考古系2006级硕士研究生付雷荣获"安徽省优秀青年学生"称号。

(三十六) 2008年"全国百篇优秀博士学位论文"结果揭晓,我校5篇入选、2篇提名

2008年8月7日,教育部、国务院学位委员会发布《关于批准2008年"全国优秀博士学位论文"的决定》(教研〔2008〕1号)。《决定》指出,2008年"全国优秀博士学位论文"评选工作已经全部完成。现批准《刑法解释的权力分析》等100篇学位论文为"全国优秀博士学位论文";《货币需求、流通速度与通货膨胀动态特征》等177篇学位论文为"全国优秀博士学位论文"提名论文。评选"全国优秀博士学位论文"是提高研究生培养质量,鼓励创新,促进高层次创新人才脱颖而出的重要措施。各学位授予单位要以优秀论文评选为契机,在研究生中大力倡导科学严谨的学风和勇攀高峰的精神,鼓励研究生刻苦学习,勇于创新;要采取切实可行的措施,加强学科建设,完善质量保证和监督机制,全面提高我国研究生培养质量,为实施科教兴国战略作出新的贡献。

我校在2008年"全国优秀博士学位论文"评选中再获丰收,5名学子的博士学位论文入选,列全国高校第三,仅次于清华大学、北京大学,其中我校有4篇优博论文集中在理学学科门类,数量居全国高校第一。另外,我校还有2篇博士论文获"全国优博论文提名"。

"全国百篇优博"是衡量全国各研究生培养单位博士生培养质量的重要标志,已成为全国重点学科评选、一级学科整体水平评估、相关大学排行评比等各类高等教育评估的重要指标,越来越得到各高校的重视,并将其作为人才培养的重要战略来抓。长期以来,我校在研究生培养工作中一直坚持精品战略,在博士生规模适度的情况下,自1999年教育部开展"全国优秀博士学位论文"评选以来,共有28篇论文获奖,入选总数量并列全国高校第5,仅次于清华大学(含医学部)、北京大学、复旦大学、浙江大学,入选优博占同期授学位人数的比例居全国高校前二。

我校28篇优博论文在我校各一级学科的分布情况为:物理学科7篇、化学学科6篇、数学学科4篇、生物学科3篇、地球物理学科3篇、地质学科2篇、天文学科1篇、力学学科1篇、环境科学与工程学科1篇。

近年,我校连续在"全国优秀博士学位论文"评选中取得优异佳绩,是我校广大研究生导师辛勤付出的结晶,是"985工程""211工程""科学院知识创新工程"三大工程建设的结果。常务副校长兼研究生院院长侯建国院士曾多次要求学位与研究生教育工作要做到"培养质量至上,服务导师为本",并指示各院、系和学科,要把"提高质量"作为研究生教育工作的首要任务来抓。一分耕耘,一分收获,我校"全国百篇优博"结出的丰硕成果,在高校和社会上产生了重要的影响,得到了全国同行的一致好评。

"全国百篇优博"评选喜讯传来,学校上下为之振奋!侯建国常务副校长表示,学校将以此为动力,戒骄戒躁,继续狠抓培养质量建设,争取在以后的"全国百篇优博"评选中取得更大成绩,在提高我校研究生、特别是博士生培养质量上取得突破,缩小与世界一流大学之间博士质量的差距,形成具有中国科大特色和国际国内影响的博士生教育品牌。

(三十七)教育部学科目录设置与管理办法研讨会在我校召开

教育部学科目录设置与管理办法研讨会于2008年8月28日在我校召开。来自清华大学、北京大学、中国科学技术大学、中国人民大学、复旦大学、哈尔滨工业大学、中山大学、中国农业大学、北京科技大学、华东师范大学等著名高校的研究生院负责人参加了会议。会议由国务院学位办副主任梁国雄主持。

本次会议主要研究修改《学位授予和人才培养学科目录设置与管理暂行办法》(讨论稿),就今后学科目录修订的有关问题进行探讨。

会上,我校校长助理张淑林代表学校向参会专家表示了欢迎。国务院学位办评估处徐维清处长介绍了《学位授予和人才培养学科目录设置与管理暂行办法》的制定与修改过程。参会专家逐字逐句就管理办法中的学科目录设置与调整、管理与职责等进行了热烈研讨,对条例的若干细节提出了修改和完善意见和建议。

会议期间,我校常务副校长侯建国院士会见了与会的各位领导、专家,安徽省教育厅副厅长李和平、安徽省学位办公室副主任李方泽参加了会见。

学科专业目录是学位和人才培养工作的重要基础。我国学科专业目录改革历史上经历了三个版本,分别是:1981年学科、专业目录试行草案;1990年授予博士、硕士学位和培养研究生的学科、专业目录;1997年授予博士、硕士学位和培养研究生的学科、专业目录。在现有目录下,我国开展学位授予和研究生培养工作的学科有12个学科门类、88个一级学科、382个二级学科。历史上的3个学科专业目录对于规范学位授予与研究生培养、推进学科建设工作起到了重要作用,但近年来由于科技快速发展,学科交叉融合的趋势日益明显,原有的学科专业目录已不适应科技发展的新形势,在高教界改革学科专业目录的呼声很强烈。基于此,国务院学位办于2006年立项启动了"学科目录设置与管理"课题,目前已形成了《学位授予和人才培养学科目录设置与管理暂行办法》(讨论稿)。该办法的出台必将对进一步规范学科专业目录设置、指导研究生培养工作起到重要的引领作用。

教育部学科目录设置与管理办法研讨会在我校召开

(三十八) 我校举行2008级新生开学典礼,本年招收2589名硕士生、763名博士生

2008年9月5日上午,2008级新生开学典礼在东区大礼堂隆重举行。校领导朱清时、许武、侯建国、王东进、鹿明、叶向东,秘书长朱灿平,校长助理尹登泽、张淑林出席开学典礼,各院系和机关有关部门负责人、全体2008级本科新生和部分研究生代表以及班主任、辅导员参加了开学典礼。本年,我校共招收2589名硕士生、763名博士生。

朱清时校长在开学典礼上讲话。他向同学们提出了三点希望:希望同学们尽快学会独立生活,学会互相合作、团结互助;希望同学们尽快完成从中学学习到大学学习的转变,不仅要继续学好更深层次的基础知识,而且要培养自己的创新能力;希望同学们树立起健康的人格和高尚的道德情操。他希望并相信同学们,一定会用智慧、勤奋与美好心灵,谱写出新的人生篇章。

教师代表韩荣典教授在讲话中说,50年前的9月20日,我作为一名新生参加了开学典礼。今天,我来参加2008级新生的开学典礼,感到无比高兴和激动。50年来,中国科大培养了一大批杰出人才,创造了许多国内、外先进水平的科研成果,同学们来到中国科大,是正确的选择。他希望同学们在大学期间,不仅要学好科学知识,还要学习中国科大精神。他说,我理解的中国科大精神就是爱国、立志、科学、拼搏。爱国是一个人的基本品德,要树立为祖国做贡献的宏大志向;科学不仅指科学知识,更重要的是科学精神;而拼搏,是中国科大人最重要的标志,是一个人能否成功的必要条件。他希望同学们重视打好基础,这对今后的发展十分重要。

化学系2008级白晓雨同学代表新生做了发言。她说,在中国科大建校50周年的时刻我们来到了中国科大,实现了自己的梦想,我们感到十分荣幸,我们将发扬中国科大的优良传统和作风,勤奋学习,用辛勤和汗水谱写无悔的青春,书写中国科大新的历史。

"迎接着永恒的东风,把红旗高举起来,插上科学的高峰!"隆重而简短的开学典礼,在豪迈激昂的校歌声中结束。

2008年是我校进行研究生培养机制改革的第一年,研究生院配合各院、系在为期整整一年的招生过程中继续做好了宣传、报名、命题、考试、阅卷、复试、调档、录取等各个环节的工作,在新形势下保证了我校的生源质量,使我校录取的硕士研究生中来自"211工程"大学的生源比例超过了60%。随着研究生新生的入学,2008年研究生招生工作画上了圆满句号。

(三十九)第三届全国公共管理院长论坛和全国MPA教指委工作会议在我校召开

2008年9月11~12日,由全国MPA教育指导委员会主办、我校承办的第三届全国公共管理院长论坛和2008年度全国MPA教指委工作会议在合肥隆重举行。安徽省省委常委、常务副省长孙志刚,国家人力资源和社会保障部副部长兼国家公务员局局长、全国MPA教指委主任委员杨士秋,中国人民大学校长、全国MPA教指委副主任委员纪宝成,全国人大常委、我校常务副校长侯建国院士,国务院学位办副主任李军,国家公务员局刘丽军司长,安徽省政府张秋保副秘书长,安徽省人事厅陈运才副厅长,全国MPA教指委秘书长朱立言教授等有关领导出席了会议。我校校长助理、研究生院副院长张淑林教授主持了大会开幕式。国内100多家知名高校的165位公共管理学院院长和专家学者参加了会议。这是中国MPA教育史上参与单位最多、代表层次最高、议题最为重要的一次盛会,也是我校为纪念建校50周年而推出的系列学术活动之一。

(四十)首届"中国科学院优秀教育教学成果奖"评审会议在我校举行

在我校校庆50周年的喜庆日子里,首届"中国科学院优秀教育教学成果奖"评审会议于2008年9月20日下午在我校举行。来自院属教学科研机构和国内首批9所"985

工程"大学的 18 名专家参加了本次评审会议。会议重点审议申报"中国科学院教育教学成果奖"的 64 项候选成果,并评选产生不超过 40 项教学成果奖。

中科院人事教育局李和风局长指出,2008 年是中科院实施知识创新工程的第十年、中科院研究生院建院 30 周年,同时今天(9 月 20 日)又是中国科大建校 50 周年(纪念日),在这样一个喜庆的日子进行"中科院教育教学成果奖"评选具有特别意义。李和风强调,为国家培育一流的科技人才是中科院的重要历史使命,研究生教育肩负着这一重任!在看到中科院研究生教育工作取得很大成绩的同时,应清醒地认识到与世界发达国家相比,与国家发展对高级科技创新人才的需求相比,与中科院确定的战略目标相比,研究生教育工作还存在着一定的差距和不足。当前,随着研究生教育规模的不断扩大,如何提高研究生教育质量,已经成为一项重要而又艰巨的课题。中科院设立的面向全院研究生教育工作者的"优秀教育教学成果奖"的评选,其目的就是要鼓励我院研究生教育工作者积极从事研究生教育教学研究和实践,稳步提高中科院研究生教育的教学水平和教学质量,为我国科教事业的创新和发展做出贡献。

我校常务副校长侯建国院士出席评审会议,代表学校向各位专家表示了欢迎,诚邀各位专家在会议期间到校园走走看看,并衷心希望各位专家对我校研究生教育工作多提宝贵意见和建议。

评审会议分理学、工学、管理人文三个学科进行。与会专家认真审阅了申报材料,并严格根据《中国科学院教学成果奖评选办法》的要求进行了审议和表决,大会共评选出首届"中科院院长优秀教学成果奖"38 项,其中特等奖 2 项、一等奖 6 项、二等奖 30 项。按照中科院的有关规定,获奖的教学成果经审批后将在中科院人事教育局网站公示,公示期 30 天。公示期结束后将正式发文公布。

评审会议结束后,我校校长助理张淑林看望了与会专家,听取了专家对我校研究生教育工作的意见和建议。

"中科院优秀教育教学成果奖"评选工作将每 4 年进行一次,每次评选不超过 40 项教育教学成果。评选范围为中科院各单位能够反映教育教学规律,具有独创性、新颖性、实用性,对提高教学水平和教育质量、实现培养目标已产生了明显效果的教育教学方案和教育教学改革成果。

(四十一)胡锦涛致信祝贺我校建校 50 周年,希望我校培养造就更多更好的创新人才

在我校建校 50 周年之际,中共中央总书记、国家主席、中央军委主席胡锦涛致信祝贺。

胡锦涛在贺信中说,中国科大是新中国成立后创办的一所新型理工科大学。半个世纪以来,中国科大依托中科院,按照"全院办校、所系结合"的方针,弘扬"红专并进、理实交融"的校风,努力推进教学和科研工作的改革创新,为党和国家培养了一大批科技人

才,取得了一系列具有世界先进水平的原创性科技成果,为推动我国科教事业发展和社会主义现代化建设作出了重要贡献。

胡锦涛指出,提高自主创新能力、建设创新型国家,是国家发展战略的核心和提高综合国力的关键。为了实现这一目标任务,必须努力造就世界一流科学家和科技领军人才,注重培养一线的创新人才。希望中国科大坚持以邓小平理论和"三个代表"重要思想为指导,深入贯彻落实科学发展观,进一步增强使命感和责任感,瞄准世界科技前沿,服务国家发展战略,创造性地做好教学和科研工作,努力办成世界一流的研究型大学,培养造就更多更好的创新人才,为夺取全面建设小康社会新胜利、开创中国特色社会主义事业新局面贡献更大力量。

2008年9月27日,我校举行座谈会。中共中央政治局委员、国务委员刘延东出席座谈并讲话,她要求我校认真学习贯彻胡锦涛总书记贺信精神,在推进高等教育科学发展、服务国家重大战略需求、造就高素质科技人才、创造高水平科研成果等方面有更大作为,在建设创新型国家和人力资源强国的进程中创造新的业绩。

中共中央政治局委员、国务委员刘延东在听取校领导汇报人才培养工作

(四十二) 我校25篇论文获评2008年"安徽省优秀硕士学位论文"

2008年9月,从安徽省教育厅和安徽省学位委员会办公室传来喜讯,我校在首届"安徽省优秀硕士学位论文"评选中取得优异佳绩,25名毕业研究生的硕士学位论文被评为2008年"安徽省优秀硕士学位论文",获奖论文总数居省内高校第一。

(四十三) 侯建国校长在第三届中德大学校长论坛做博士生教育主旨报告

2008年10月9日,第三届中德大学校长论坛在上海同济大学举行,侯建国校长应邀出席并做题为《培养科技领袖的博士生教育实践和思考》的主旨报告。

(四十四) 我校8名博士生获"中国科学院优博论文、院长奖获得者科研启动专项资金"资助

2008年10月31日,接中科院人教局文件(科发人教函字〔2008〕227号),我校盛国平等8位留校博士生,获得中科院科研启动专项资助,详见下表。

本次我校"中国科学院优博论文、院长奖获得者科研启动专项资金"资助者名单

姓名	项目名称	项目起止时间	获奖类别	资助金额（万元）
盛国平	好氧生物反应器中微生物产物的光谱学性质研究	2009年1月～2011年12月	全国优博论文	30
徐岩	非线性波动方程的自适应算法的理论研究与数值模拟	2009年1月～2011年12月	全国优博论文	20
李新	T样条和T网格上的样条的理论和应用	2009年1月～2012年1月	院长特别奖	40
申成龙	影响太阳高能粒子事件的可能因素研究	2009年1月～2011年12月	院长特别奖	40
叶晓东	大分子在纳米球上的吸附以及解吸附的动力学研究	2009年1月～2010年12月	院长优秀奖	10
唐俊	胶东地区变质岩原岩性质及其对苏鲁造山带板块缝合线位置的制约	2009年1月～2011年12月	院优博论文	20
薛宇	蛋白质SUMO化修饰的系统生物学研究	2009年1月～2010年12月	院优博论文	20
杨坚	自适应广义特征分解算法及其应用研究	2009年1月～2011年12月	院优博论文	10

中国科学院自2004年起,启动"中国科学院优秀博士学位论文、院长奖获得者科研启动专项资金"项目,专项资助留院工作的"中国科学院院长优秀奖""院长特别奖"以及获"中国科学院优秀博士学位论文"及"全国优秀博士学位论文"获得者。截至目前,我校总计有59位留校工作博士生获此项资助,分布在数学、物理学、化学、天文学、地质学、地球物理学、生物学、信息科学等学科领域,累计资助金额约1200万元。

此项资助,为吸引和支持优秀人才投身于我校的学科建设和发展及院创知识创新工程做出了积极贡献。

(四十五) 我校梁樑当选第四届全国工商管理硕士专业学位教育指导委员会委员

2008年10月,管理学院梁樑教授任第四届全国工商管理硕士(MBA)专业学位教育指导委员会委员。

(四十六) 我校召开研究生培养机制改革导师代表座谈会

为听取研究生导师对我校研究生培养机制改革方案的意见和建议，贯彻落实教育部关于推进研究生院高校实施研究生培养机制改革的部署，建立并完善以科学研究为导向的导师负责制和资助制，全面提高我校研究生培养质量，我校于 2008 年 11 月 5 日下午在办公楼第一会议室召开了研究生培养机制改革方案征求意见座谈会，各院、系、国家（重点）实验室的 30 多位导师代表参加了座谈会并充分发表了意见。会议由校长助理张淑林主持。

会上，张淑林说，根据教育部部署，2008 年，全国设立研究生院的院校将全面推行研究生培养机制改革。我校 2008 年工作要点中也将全面推进研究生培养机制改革作为年度的一项重要任务。尽管我校近 10 年来在探索研究生培养资助机制改革方面积累了一定的经验，但这次改革涉及面广，是一项系统工程，要稳妥推进，要妥善处理好方方面面的关系，既要借鉴学习试点高校的成熟经验，又要立足我校实际。改革将对新老学生采取区别政策，改革后研究生的待遇将会普遍提高。另外，在研究生奖助学金的发放上，导师将有充分的自主权，研究生导师可根据研究生在学期间的学业表现和科研业绩决定奖助学金等级。改革的最终目的就是要在研究生培养工作中建立激励机制，扩大导师的自主权，为广大研究生学习创造更好的生态环境，从而提高研究生培养质量。

与会研究生导师代表主要围绕我校研究生培养机制改革的实施方案（讨论稿）、研究生导师配套经费投入和研究生奖助学金等级确定等问题进行了热烈研讨。大家发言积极踊跃，气氛热烈，各位导师从关心我校研究生培养质量的角度出发，对研究生培养机制改革的方案、具体措施、实际操作等方面提出了许多建设性的意见和建议，座谈会达到了良好的效果。

根据我校研究生培养机制改革的基本思路，新的方案适用对象为全日制研究生，2009 年以前和 2009 年之后入学的研究生将采取区别方案。

(四十七) 学校布置启动研究生培养资助机制改革工作

2008 年 11 月 14 日下午，张淑林副校长主持召开会议，布置启动我校研究生培养资助机制改革工作。各学院（国家实验室）分管研究生工作的副院长、系主任，相关部门负责人，院、系研究生教学秘书等出席了会议。

会上，张淑林传达了教育部《关于做好研究生培养机制改革工作的若干意见》的有关精神，回顾和总结了自 1995 年以来我校研究生"三助"岗位设立和导师选聘制度改革的历程，介绍了我校研究生培养机制改革的三步设想。

张淑林说，自 1995 年以来，我校在研究生培养资助机制方面的探索改革一直走在全

国前列,取得了不错的成效,但由于当前研究生教育发展形势有了重大变化,因此,系统地总结和梳理了我校研究生培养机制改革的经验,结合新的发展形势和我校实际,拿出新的改革思路和改革方案非常必要,对于提高我校研究生培养质量具有重要意义。

按照学校部署,新的研究生助研岗位制度将于年底在我校在读研究生中全面实施。实施新方案后,我校在校研究生的待遇将普遍提高。同时,新的方案赋予研究生导师在岗位设置和岗位考核方面充分的自主权。

鉴于年底要实施新的方案,时间紧,任务急,张淑林希望大家抓紧落实该项工作,以确保改革的顺利实施。最后,张淑林还表示,研究生院作为业务部门将积极通过各种渠道筹措奖助基金,为改革方案推行提供物质保证,为我校研究生教育发展创造好的环境。

(四十八)我校出台《中国科学技术大学研究生助研岗位制度实施细则》

为遵循研究生教育的自身规律,更好地调动研究生参与科研项目的积极性,提高研究生培养质量,根据第四次学位与研究生工作会议精神和有关文件规定,2006年,我校出台了《中国科学技术大学研究生助研岗位制度实施细则》,对助研岗位的设置、酬金标准、岗位申请、岗位职责以及考核等做了明确规定,进一步规范管理与操作。

2008年11月14日,学校召开会议,布置启动我校研究生培养资助机制改革工作。第一步是对2008年及以前入学的研究生三助岗位制度实施改革,提高在学研究生的待遇,同时真正建立起由导师把关的奖助机制。

2008年11月,我校出台《关于修订中国科学技术大学研究生助研岗位制度实施细则的通知》(研字〔2008〕11号),2008版《细则》部分内容摘录如下。

1. 岗位的设置

研究生助研岗位分4类:A岗、B岗、C岗、D岗,原则上各类岗位招聘对象如下:

(1) A岗、B岗:以中高年级博士生为主;

(2) B岗、C岗:以中低年级博士生为主;

(3) C岗:以二年级及以上硕士生为主;

(4) D岗:以一年级硕士生为主。

导师可根据经费情况和学生情况设岗,博士生、硕士生的各级助研岗设岗数由导师确定。助研岗位根据导师的科研、开发项目情况设置。所有承担各种科研、开发项目的研究生招生专业和知识创新工程试点单位都可以申请设立助研岗位,并出资部分助研酬金。

2. 岗位的申请

助研岗位由研究生直接向设岗的导师申请,经系(室)同意后报研究生院备案。2009年2月起已承担助教岗位的研究生不能申请助研岗位。代培研究生、委托培养研究生、工资由原单位发放的研究生以及本校在职研究生不能申请助研岗位。助研岗位每学期申请一次,聘期为一学期。

3. 岗位的职责

担任助研岗位的研究生要在导师指导下,认真完成一定的科研、开发工作量,包括与学位论文有关的工作以及与导师的科研开发项目或实验室建设相关的工作。

研究生在申请助研岗位时必须明确岗位任务,对高级别助研岗位任务,应包括完成项目或发表论文的预期目标。

(四十九) 我校印发《中国科学技术大学"211工程"三期建设管理办法》

为进一步加强对"211工程"三期建设项目的管理,保证建设资金的有效运用和建设目标的顺利实现,根据教育部《"211工程"建设实施管理办法》以及财政部、国家发改委对我校"211工程"三期建设立项报告的批复意见,2008年11月25日,我校印发《中国科学技术大学"211工程"三期建设管理办法》(校研字〔2008〕158号),部分内容摘录如下:

学校"211工程"三期建设总体目标是:争取使数、理、化、天、地、生等一批基础学科进入国际先进行列;争取在重点建设的学科领域培养和引进一批学术领军人物和创新团队;建立有利于学科发展和资源共享的运行机制,营造优秀人才和重大成果脱颖而出的文化氛围;通过重点建设,带动学校整体办学水平的提高,力争在人才培养、科学研究和社会服务等方面取得一批振奋人心的标志性成果。

"211工程"三期建设项目,是指列入《中国科学技术大学"211工程"三期建设项目可行性研究报告》并通过专家立项论证和批准的重点建设项目。包括重点学科、公共服务体系、师资队伍与创新人才培养三大建设项目。其中,重点学科建设项目是"211工程"三期建设的核心。

"211工程"建设的项目管理,包括项目的规划、申报、组织、审核、批准、执行、检查、评估和验收等建设过程的管理以及建设资金的管理与审计。

为确保"211工程"建设目标得以顺利实现,学校成立以校长为法人代表的"211工程"建设领导小组,负责决定"211工程"中的一系列重大问题,并对"211工程"建设项目实施宏观协调、建设方向指导、建设过程监督和检查评估。"211工程"建设的规划、申报、组织、审核、批准、执行、检查、评估和验收等日常运行管理工作,由校学科建设办公室负责。

"211工程"三期各建设项目,实行项目负责人负责制,由各项目负责人统管"211工程"建设项目的具体实施、检查评估、验收等过程管理和建设资金的使用审批等。

(五十) 我校召开"211工程"三期建设启动大会

2008年11月26日下午,我校"211工程"三期建设启动大会在第一会议室召开。"211工程"三期各建设项目负责人、校研究生院、校产处、财务处等相关部门负责人参加了会议。会议由副校长张淑林主持。

侯建国校长专程到会并做了重要讲话。他说,"211工程"建设对我校的学科建设和各项事业的发展起到了十分重要的作用,经过"211工程"一期和二期的建设,我校已经积累了相当的经验,目前三期建设正式启动,将进一步推动我校建设高水平研究型大学的步伐。关于如何做好"211工程"三期建设工作,他提出以下几点指导意见:第一,坚持学术优先的原则,根据我校学科发展的新形势,科学谋划项目建设方案;第二,要充分贯彻以重点学科建设为核心,突出创新人才培养和队伍建设的指导思想,以项目建设带动学科发展;第三,在注重学科建设的同时,坚持公共服务体系的建设。他希望通过"211工程"三期的建设,我校能在若干有基础和潜力的学科领域取得突破,达到国际一流的水平。

我校是"九五"期间全国首批获准进行"211工程"建设的大学之一,"十五"期间,我校经发改委、财政部、教育部批准,又实施了"211工程"二期建设。此次"211工程"三期建设主要包括3个部分,分别为重点学科建设项目(共15个)、创新人才培养和队伍建设项目及校内公共服务体系建设项目。

(五十一)学校召开MBA/MPA工作专题会议

2008年11月27日下午,副校长张淑林教授在办公楼第四会议室主持召开MBA/MPA工作专题会议。会议主题是围绕专业学位教育品牌建设,对MBA/MPA等专业学位的发展进行近期与长远的规划。

会上,张淑林强调,办好专业学位势必要求做好国内、国外的合作办学。一是"引进来",引进国内、外有丰富的实践管理经验的高层管理人士进校讲学。组织聘请具有多年实践管理经验的企业人士来校讲课,对我们的学生和教师来说,都将受益匪浅。这些企业人士或是已经退休或是作为兼职教学者,他们很乐于走上讲堂。这是一个双赢的过程;二是"送出去",将老师送到国外进行培训,培养自己优秀的师资队伍。师资是打造知名品牌的根本,由此才能以更好的品牌教育去吸引更多、更优秀的学生,形成良性循环。

(五十二)中科院公布首届"中国科学院院教育教学成果奖"评选结果,我校14项成果获奖

日前,中科院人事教育局正式发文公布了首届"中国科学院教育教学成果奖"评选结果,并于2008年12月2日在京举行了颁奖典礼,我校校长侯建国院士代表我校参加了颁奖大会。

本次全院共评出特等奖2项、一等奖6项、二等奖30项,其中我校有1项成果获特等奖、3项成果获一等奖、10项成果获二等奖。

设立中科"院优秀教育教学成果奖"的目的是,鼓励中科院系统研究生教育工作者积极从事研究生教育教学研究和实践,稳步提高中科院研究生教育的教学水平和教学质量。按照中科院的有关规定,"中科院优秀教育教学成果奖"评选工作将每四年进行1

次,每次评选将不超过 40 项教育教学成果奖。评选范围为中科院各单位在反映教育教学规律,具有独创性、新颖性和实用性,对提高教学水平和教育质量、实现培养目标已产生了明显效果的教育教学方案和教育教学改革成果。我校获奖成果情况如下:

特等奖(1 项):"面向一流大学的创新平台和学科建设模式探索",成果主要完成人:侯建国、张淑林、黄志广、裴旭等。

一等奖(3 项):"围绕国家大科学工程,培养复合型天文研究人才",成果主要完成人:王挺贵、袁业飞、林宣滨、向守平、程福臻;"同步辐射博士生创新中心的建设",成果主要完成单位:国家同步辐射实验室;"整合英语学习与实践,全面提高研究生的英语应用能力",成果主要完成人:孙蓝、陈纪梁、崔海建。

二等奖(10 项):"图论与组合网络理论课程教材建设"(教材),成果主要完成人:徐俊明;"物理类研究生的实验教学建设与实践",成果主要完成人:孙腊珍、张增明、许立新、宋克柱、叶邦角;"中国科大-微软联合培养高层次创新人才新模式探索",成果主要完成人:俞能海、陈恩红、王永、李斌、裴世保;"中国科大计算机学科研究生创新型培养模式的研究与实践",成果主要完成人:顾乃杰、曹先彬、岳丽华、李曦、任开新;"太阳能利用与建筑节能教学科研综合实验平台的建设与应用",成果主要完成人:季杰、裴刚、何伟、叶宏、孙炜;"'信号统计分析'的课程建设及成果",成果主要完成人:叶中付、徐旭;"自主机器人开放实验平台建设",成果主要完成人:陈小平、王行甫、宋志伟;"'4C'教育创新体系——中国科学技术大学 MPA 专业学位教育的理念与实践",成果主要完成人:梁樑、陈晓剑、冯锋;"博导电子档案系统与学位管理信息平台建立与应用",成果主要完成人:倪瑞、方俊、李兴权、贺文响、夏玉良;"以评促建、以评促管,发挥评估在研究生教育质量保证机制中作用的探索与实践",成果主要完成人:张淑林、陈伟、曹一雄、熊文。

(五十三) 我校博士生傅斌清被评为"安徽省职业规划之星(金奖)"

2008 年 12 月 6 日,微尺度物质科学国家实验室 2007 级博士生傅斌清被评为"安徽省职业规划之星(金奖)"。

(五十四) 学校召开职业学位教育研讨座谈会

为进一步规划我校职业学位教育未来发展之路,学校于 2008 年 12 月 16 日下午在办公楼第一会议室召开了职业学位教育研讨座谈会。与职业学位教育有关的 MBA 中心、MPA 中心、软件学院、苏州研究院、继续教育学院、工程硕士相关领域等单位负责人参加了座谈会。会议由分管副校长张淑林主持。

张淑林首先总结了我校各类职业学位教育的办学情况,分析了存在的问题。她说,职业学位教育是我校整个教育体系的重要组成部分,MBA、MPA、软件工程等职业学位尽管起步较晚,但在各办学单位的努力下,通过品牌推广、优秀生源吸引、抓质量等手段,

取得了显著的办学成效,不仅顺利地以优异的成绩通过了国家的考核评估,而且产生了重要的社会影响,形成了区域品牌。但目前部分职业学位教育发展还存在一些突出问题,如办学资源分散、办学定位不明确、生源市场拓展积极性不高等,影响了职业学位教育的健康发展,因此,需要用创新的思路去改革和发展职业学位教育。

张淑林传达了学校关于拟成立职业学位教育中心的基本思路。根据学校确立的"职能部门须由管理向服务转变"的总体部署,要在职业学位教育层面创新管理模式,强化服务意识、资源意识、质量意识。她还围绕我校职业学位教育的人才培养定位、管理模式、经费规范、考核评价等谈了思路和想法,并强调指出质量效益和社会效益是职业学位教育的生命线,希望各单位高度重视。

(五十五)学校召开第三次职业学位教育研讨会

为尽快制定、落实切实可行的职业学位教育改革与发展方案,规范职业学位教育管理模式,促进我校职业学位教育的健康发展,学校于 2008 年 12 月 22 日上午在办公楼第四会议室召开了第三次职业学位教育研讨座谈会。研究生院以及部分与职业学位教育有关教学单位负责人参加了座谈会。会议由分管副校长张淑林主持。

会上,张淑林强调了职业学位教育管理模式改革创新的重要性。她说,我校职业学位教育主要包括学历教育和非学历教育,学历教育有 MBA、软件工程硕士、成人本科教育,非学历教育除上述职业教育外,还有 MPA、工程硕士、各类大学后培训教育等。目前存在的突出问题就是办学资源分散,办学定位不明确,面向社会和市场的意识不高。因此,在全校范围内整合各类职业学位教育资源,成立职业学位教育管理中心,不仅是职业学位教育自身发展的需要,也是强化资源意识,贯彻落实学校关于"职能部门须由管理向服务转变"部署的重要举措之一。

与会人员重点围绕职业学位教育管理中心的运行模式进行了深入研讨,并达成两点共识:一是成立职业学位教育管理中心要有利于促进各类教育资源的整合,有利于节约管理成本和提高管理效率,有利于引导办学;二是为节约管理成本,职业学位教育管理中心不宜为实体,应实行虚实结合的矩阵式管理模式,重大问题的决策由职业学位教育管理委员会讨论决定,教学培养工作主要依托学科和学院,日常事务可通过管理中心下设的办公室开展。

此前,学校已就职业学位教育的定位、存在的问题、下一步发展思路召开了两次研讨会议。根据部署,学校将在方案成熟的基础上成立职业学位教育管理中心,统一规范管理各类职业学位教育与职业培训。

(五十六)我校召开纪念研究生教育 30 周年硕士生导师座谈会

1978 年 3 月 1 日,经国务院批准,我校成立了全国第一个研究生院,这是新中国第一

个研究生院,也是我国高等教育领域改革发展的标志性事件之一。30年来,我校研究生教育创造了许多辉煌,取得了丰硕的成果,积累了宝贵的经验,不仅促进了学校科研水平和综合实力的提高,也为国家、区域经济建设特别是科技进步和社会发展做出了重要的贡献,使我校成为我国研究生培养的一个重要基地。

作为纪念我校研究生教育30周年的系列活动之一,2008年12月29日下午学校在东区学生活动中心五楼会议大厅隆重召开硕士生导师座谈会。整个会场座无虚席,200多名硕士生导师在百忙之中参加了大会。会议由研究生院副院长屠兢主持,副校长张淑林出席会议并做了专题发言。

会议首先举行了表彰仪式,屠兢宣读了学校《关于表彰2008年安徽省优秀硕士学位论文指导教师的决定》,副校长张淑林为陈家富等29位获奖硕士生导师颁发了荣誉证书。

下一步我校研究生院如何从管理向服务转变?张淑林提出了四点努力目标:第一个目标就是建立三大平台,即充分利用"211工程""985工程"机遇,建设网络、图书馆、公共实验中心三大公共支撑平台,进一步改善研究生教育的办学条件;第二个目标就是完成一个改革,即改革研究生培养机制,提高研究生待遇,建立研究生教育的分类培养模式,实现学校研究生教育在结构上的协调发展;第三个目标就是构建四大体系,即建立和完善研究生培养体系和研究生奖助体系、职业学位教育体系和研究生教育分类评价体系;第四个目标就是营造一种氛围,即积极向社会各界争取各类学科建设和研究生教育资源,为实现研究生教育的协调和健康发展创造条件。

与会硕士生导师对研究生院在转变工作职能和强化服务意识方面的努力探索予以了高度认可,对学校研究生教育工作表现出了极大的热情和责任意识,纷纷建言献策。他们结合培养硕士研究生的体会,从硕士生分类培养、优秀生源吸引、研究生心理教育、研究生奖学金评审、困难研究生补助、研究生就业、研究生教育资源争取、图书资源建设、专业学位研究生共享教育资源等诸多方面提出了宝贵的建议和意见。

(五十七) 学校表彰2008年安徽省优秀硕士学位论文指导教师

2008年12月29日,我校发布《关于表彰2008年安徽省优秀硕士学位论文指导教师的决定》(研字〔2008〕12号),《决定》指出,为调动我校研究生导师教书育人的积极性,引导研究生导师开展高水平学位论文的指导工作,促进我校学位与研究生教育稳步健康发展,学校对2008年安徽省优秀硕士学位论文指导教师进行表彰。

(五十八) 学校表彰2008年"全国优秀博士学位论文"等奖项指导教师及其他奖项获得者

2008年12月30日,我校发布《关于表彰我校"全国优秀博士学位论文""中国科学院优秀博士学位论文""中国科学院院长特别奖"指导教师、"中国科学技术大学杰出研究校长奖"和首届"中国科学院教学成果奖"获得者的决定》（研字〔2008〕14号），《决定》指出，为调动我校教师教书育人及参与学位与研究生教育教学研究工作的积极性，促进我校学位与研究生教育稳步健康发展，学校决定对我校2008年度"全国优秀博士学位论文""中国科学院优秀博士学位论文""中国科学院院长特别奖"指导教师、"中国科学技术大学杰出研究校长奖"和首届"中国科学院教学成果奖获"获得者进行表彰。

校长侯建国院士为获奖博士生导师颁奖

获表彰名单如下：

（1）2008年度"中国科学技术大学杰出研究校长奖"获得者：陈仙辉；

（2）2008年度"全国优秀博士学位论文奖"指导教师：舒其望、侯建国、潘建伟、杨金龙、俞汉青；

（3）2008年度"全国优秀博士学位论文提名"指导教师：郭光灿、郑永飞；

（4）2008年度"中国科学院优秀博士学位论文奖"指导教师：叶向东、闫沐霖、谢毅、侯建国、程福臻、姚雪彪、田志刚、尹协振、何多慧、俞汉青；

（5）2008年度"中国科学院院长特别奖"指导教师：陈发来、郭光灿、王水、陆夕云；

（6）2008年首届"中国科学院教学成果奖"获得者：

特等奖（1项）获得者：侯建国、张淑林、黄志广、裴旭、曹一雄、熊文；

一等奖（3项）获得者：王挺贵、袁业飞、林宣滨、向守平、程福臻；国家同步辐射实验室；孙蓝、陈纪梁、崔海建；

二等奖（10项）获得者：徐俊明；孙腊珍；张增明、许立新、宋克柱、叶邦角；俞能海、陈恩红、王永、李斌、裴世保；张淑林、陈伟、曹一雄、熊文；顾乃杰、曹先彬、岳丽华、李曦、任开新；季杰、裴刚、何伟、叶宏、孙炜；叶中付、徐旭；陈小平、王行甫、宋志伟；梁樑、陈晓剑、冯锋；倪瑞、方俊、李兴权、贺文响、夏玉良。

(五十九) 我校成立职业学位教育中心

2008年12月30日，我校发布《关于成立职业学位教育中心的通知》（校学位字〔2008〕201号）。《通知》指出，为适应建设世界一流研究型大学需要，推进我校各类学位与研究生教育在规模、结构和质量上的协调发展，规范校本部全日制及非全日制职业学位教育，经校长工作会议研究，决定成立职业学位教育中心。职业学位教育中心设立管理委员会，委员会主任为张淑林、副主任为梁樑。

(六十) 我校成立第七届校学位委员会

根据《关于公布第七届中国科学技术大学学位委员会组成人员名单的通知》（校学位字〔2008〕196号），2008年12月29日，我校成立第七届学位委员会。本届校学位委员会主要由两院院士、国务院学位委员会学科评议组成员、学位分委员会正副主任组成，共有39名委员，其中校长侯建国任主任委员、李曙光任副主任委员、张淑林任秘书长。

(六十一) 校学位委员会召开2008年下半年度学位工作会议，决定授予126人博士学位、873人硕士学位

2008年12月31日下午，第七届校学位委员会召开成立后的第一次学位工作会议，全体校学位委员会委员出席了会议。会议由校学位委员会主任委员、校长侯建国院士主持。

侯建国首先宣读了学校文件《关于公布第七届中国科学技术大学学位委员会组成人员名单的通知》。本届校学位委员会根据"监管分离"的原则，主要由两院院士、国务院学位委员会学科评议组成员、学位分委员会正副主任组成。共有39名委员，其中主任委员为校长侯建国院士，副主任委员为李曙光院士。为促进开展学位工作，本届校学位委员会新设了秘书长，由分管学位与研究生教育的副校长张淑林担任。

侯建国在会上指出，根据我校《学位委员会章程》的规定，校学位委员会的主要职责是领导全校的学位和学科建设工作，在国家授权范围内负责全校学士、硕士、博士三级学位的评定和授予工作，负责全校学位授予质量的评估，是学校学科建设与研究生教育方面的决策咨询机构。

就如何发挥新一届校学位委员会在研究生质量监管方面的作用，侯建国提出了两点希望：一是研究生培养质量是研究生教育的中心任务和生命线，希望各位委员能关注研究生培养质量，充分发挥在学位授予、研究生培养质量监控方面的把关作用；二是希望校学位委员会在研究生学术道德教育方面发挥监管作用，希望各位委员能言传身教，率先垂范，用自己高尚的品德和人格力量教育和感染学生，引导他们树立良好的学术道德。

侯建国还代表校领导向各位委员长期以来为我校学位与研究生教育工作做出的重要贡献表示了衷心感谢,并致以新年祝福!

会议听取了校学位办关于 2008 年下半年度学位申请整体情况以及学士审核情况的汇报;听取了 14 个学位分委员会负责人关于本学科学位申请者情况的介绍,并严格依据各学科制定的学位标准对学位申请者的材料进行了审核。

经会议审议投票,决定授予 126 人博士学位、121 人普通硕士学位、216 人工商管理硕士学位、58 人公共管理硕士学位、478 人工程硕士学位。

会上,副校长张淑林还重点从年度研究生招生和学位授予人数、优秀研究生生源吸引、研究生培养机制改革启动、各类学科建设和研究生教育资源争取、"211 工程"三期立项申报等方面通报了 2008 年度学校学位与研究生教育工作开展情况,从调整和规范各级学位管理机构职能、构建学位与研究生教育监管体系、深化推进研究生培养机制改革、做好"985 工程"二期验收四个方面介绍了 2009 年上半年度研究生院的工作思路。

(六十二) 安徽省第三批省级重点学科公布,我校 1 个学科入选 A 类、19 个学科入选 B 类

2008 年 9 月,经安徽省教育厅会同省发展改革委员会(简称"省发改委")、省科技厅、省财政厅对我省各高校申报的 190 个学科进行初审、复审和专家委员会评审后,产生了安徽省第三批省级重点学科,并由省教育厅发文(教高〔2008〕2 号)公布了入选名单。在公布的安徽省第三批省级重点学科(B 类)名单中,我校有 19 个学科入选,分别是:材料物理与化学、工程热物理、物理电子学、电路与系统、电磁场与微波技术、信号与信息处理、控制理论与控制工程、模式识别与智能系统、计算机系统结构、企业管理、科技哲学、光学工程、精密仪器与机械、材料学、热能工程、计算机应用技术、环境科学、环境工程、生物医学工程。

2008 年 12 月,安徽省第三批省级重点学科(A 类)结果公布,我校"环境科学与工程"入选。

根据国家重点学科建设管理办法的有关规定,是否为省级重点学科是申报国家重点学科的必要条件,省级重点学科的建设目标一般为培育国家级重点学科,引领和服务安徽经济社会发展的重大需求。省级重点学科实行滚动式、开放式管理。对于所有入选的省级重点学科的建设情况,省教育厅将实行跟踪管理和开展中期检查。本次我校 19 个学科入选省级重点学科,为下一轮参与国家重点学科申报竞争打下了基础。

(六十三) 我校研究生获第五届"中国青少年科技创新奖"

2008 年 12 月,理学院 2004 级博士生周涛荣获第五届"中国青少年科技创新奖"。

2009年

(一) 我校举行2008年度第二次学位授予仪式

2009年1月2日,尽管天气寒冷,但我校大礼堂内暖意融融,一派欢庆的气氛,2008年度第二次学位授予仪式在这里隆重举行。

上午9时,学位授予仪式在庄严的国歌声中拉开帷幕。校学位委员会主任委员、校长侯建国院士,校学位委员会委员何多慧院士、伍小平院士、张家铝院士、张裕恒院士、俞昌旋院士,校学位委员会委员、校党委副书记、副校长叶向东教授,博士生导师代表以及全体博士、硕士、学士学位获得者参加了仪式。仪式由副校长窦贤康主持。

在热烈的掌声中,侯建国校长发表讲话。他首先向获得学位的各位同学表示衷心的祝贺,向为同学们的成长付出心血和汗水的各位老师表示诚挚的感谢!他以一位学长和朋友的身份,对同学们提出了三点希望:

第一,希望同学们胸怀祖国、勇于担当。他说,创新报国是中国科大人的使命,半个世纪以来,学校始终与共和国同呼吸共命运,以累累的硕果和辈出的英才,为国家富强和民族振兴做出了重要贡献,中国科大校友中的院士、将军和科技企业家群体等

是中国科大几代人创新报国的杰出代表。希望同学们牢记自己肩负的责任和使命,把自己的人生理想与祖国的需要紧密地结合起来,融入中华民族伟大复兴的历史进程。

第二,希望同学们志存高远、追求卓越。自强不息是科大人的精神传统,我校50年来虽几经坎坷,但始终坚持理想,不断创造辉煌的业绩。希望同学们继续保持和发扬科大人的优良传统,不怕困难,勇敢迎接各种挑战,以一流的业绩,为国家和民族争光,为自己和母校赢得荣誉。

第三,希望同学们不断学习、超越自我。勤奋学习是我校的优良校风,同学们身上都深深浸染了这种文化,并通过自己的努力获得了学位,圆满完成了学业。希望同学们能够养成终身学习的习惯,保持逆水行舟、不进则退的紧迫感。进入社会这所大学以后,还有更多的东西需要学习,需要大家在实践中不断思考和探索。

窦贤康副校长宣读了校学位委员会的决定,授予于飞等126人博士学位、刘建伟等873人硕士学位。

仪式上,导师代表夏源明教授作了发言。他希望同学们发扬我校的优良传统,把追求真理、追求卓越、追求完美作为一生的思维和行为准则,为振兴中华和人类社会的进步而努力奋斗。他还语重心长地告诫同学们,今后无论取得多么大的成就,获得多么高的荣誉和地位,都应牢记自己是中国人民的儿女,只有向人民群众学习和为人民群众服务的义务,千万不能自以为高贵。

博士学位获得者代表牛田野、专业硕士学位获得者代表周芳远分别发表临别感言,表达了对母校和老师培养的感激与依依惜别之情。他们表示,将继续发扬我校的优良传统,以自己的勤奋、智慧和工作佳绩,为母校增光添彩,并祝愿母校取得更大的辉煌。

在优美的乐曲声中,1400余名博士、硕士和学士学位获得者分别身着红色、蓝色、黑色学位服,依次登上主席台,校领导与部分校学位委员会委员为他们一一扶正流苏。

(二)我校"MBA十周年大家庭活动暨2009新年管理论坛"成功举办

2009年1月2日下午,"中国科学技术大学MBA十周年大家庭活动与中国科大、中国建行2009新年管理论坛"在合肥市天鹅湖大酒店国际厅隆重举行。本次活动由我校和中国建设银行主办,我校管理学院和中国建设银行安徽省分行共同承办。我校管理学院全体教师、MBA/MPA应届毕业生与在读学生,MBA/MPA校友以及有关单位代表等600余人一起见证了此次盛况。

本次庆典以"携手发展、共创辉煌"为主题,我校与中国建设银行达成战略合作伙伴关系,进一步创新银校合作模式,密切银校合作关系,推动高校改革和金融改革,实现双赢,共同发展。

我校校长侯建国院士首先致辞。他说,我校MBA 10年的发展历程,是一条博采众长、兼收并蓄,将世界优秀工商管理教育荟萃于我校的创新之路。10年来,我校MBA教育取得了丰硕成果,培养了一批批具有宽阔的国际视野、高尚的道德文化修养、卓越的能

力素质的职业经理人,为经济社会的跨越式发展做出了巨大贡献。

在随后的管理论坛中,特邀嘉宾中国原驻法国大使吴建民先生、国务院发展研究中心学术委员会委员丁宁宁先生、中国建设银行研究部总经理郭世坤先生,就当前国际国内形势和经济危机与我国经济的未来发展,做了主题报告。

(三)火灾科学国家重点实验室举行 2008 届优秀工程硕士毕业生表彰会

新年伊始,在学校举行学位着装授予仪式后,火灾实验室于 2009 年 1 月 2 日下午隆重举行 2008 届控制工程领域安全技术及工程专业方向优秀工程硕士毕业生、优秀学位论文和优秀学生干部表彰大会。副校长张淑林、研究生院副院长屠兢、火灾实验室常务副主任廖光煊、副主任孙金华、党总支书记陆守香以及部分研究生导师和工程硕士毕业生出席了会议。会议由火灾实验室副主任张和平主持。

会上,陆守香宣读了火灾科学国家重点实验室关于表彰 2008 届优秀工程硕士毕业生、优秀学位论文和优秀学生干部的决定。张淑林副校长等为获奖学生颁发了荣誉证书并发表了热情洋溢的讲话,她殷切寄语毕业生毕业后用所学知识回报社会,建功立业,关心支持母校发展。

来自上海消防总队的谈迅同学代表毕业生发表了毕业感言。2008 届工程硕士研究生向火灾实验室赠送了富有意义的纪念品——消防登高车模型,祝愿火灾实验室的工程硕士培养工作更上一层楼。

(四)学校召开职业学位研究生教育 1 周年纪念座谈会暨职业学位教育中心成立大会

2009 年 1 月 6 日下午,学校在东区学生活动中心五楼报告厅隆重举行我校职业学位研究生教育 10 周年纪念座谈会暨职业学位教育中心成立大会。会议主要听取了侯建国校长关于我校职业学位教育定位及管理创新的重要讲话,举行了我校职业学位中心成立揭牌仪式,回顾了职业学位教育 10 年的发展历程,听取了部分专业学位办学单位的经验介绍,就我校职业学位教育下一步的发展战略和发展思路进行了研讨。

侯建国强调,我校整体的办学目标是培养高端人才,作为学校教育体系的重要组成部分,职业学位教育的定位应着眼于培养社会急需、能体现我校特色的高端复合型应用型人才,职业学位教育的发展要能促进和带动相关支撑学科的发展,如管理人文学科、工程技术学科等,要有利于促进科学学位教育。侯建国指出,发展职业学位教育要注意妥善处理好四个方面的关系:一是经济效益和社会效益的关系;二是职业学位教育与科学学位教育的关系;三是各办学责任主体间的关系;四是内部资源整合和协调的关系。处理四大关系的原则就是必须坚持以培养质量为中心,坚持办学的社会效益、学校的品牌效益和特色效益。

会上举行了我校职业学位教育中心成立揭牌仪式,侯建国校长、张淑林副校长为中心成立揭牌。该中心设管理委员会,主任为张淑林(兼任),副主任为梁樑。中心下设管理办公室,办公室挂靠研究生院。

我校研究生层次的职业学位教育起步于1998年,已有10年发展历史。目前,学校有MBA、MPA、工程硕士3个种类的专业学位。10年来,我校为社会培养了大量高层次应用人才,取得了良好的社会影响,一些毕业生为学校赢得了荣誉,有32名MBA学子获得了"中国MBA十大创业英雄""中国十大MBA企业明星""中国MBA十大职业经理人"等全国性荣誉称号,计算机技术领域的2名工程硕士毕业生获全国首届"突出贡献的工程硕士学位获得者"称号;一些单位与相关行业部门建立了密切的联系,促进了产、学、研的结合。

(五)我校召开苏州、上海、北京等教育基地研讨会

2009年1月10日下午学校召开了教育基地研讨会。副校长张淑林出席会议并讲话,苏州、上海、北京等教育基地相关负责人参加了会议。

经过中科院批准的学校"十一五"建设发展规划,明确要求按照"准确定位、规范管理、积极推进、加快发展"原则,建设苏州研究院、上海研究院以及北京教育基地,探索校-地-企合作机制,发挥优质教育资源的优势,建设区域经济和社会发展急需的高级人才培养基地。近年来,苏州和上海研究院在开展专业学位教育上均取得了良好的进展,特别是苏州研究院在人才培养、科学研究和成果转化等方面已经初步形成了良好的发展格局。目前存在的问题是,三大基地定位尚不明确、发展还不均衡,在管理体制和机制方面还有待进一步优化。

三大基地负责人和与会人员就三大基地的战略定位、工作目标、管理机制、产学研结合、队伍建设以及争取地方政府政策支持等进行了交流和研讨。

(六)我校和中科院合肥物质科学研究院联合建设的核科学技术学院成立

2009年1月10日,我校核科学技术学院成立,中科院副院长詹文龙出席大会并致辞。该学院由我校和中科院合肥物质科学研究院联合建设,下设核能科学与工程、核技术及应用、核医学物理和核安全与环境保护等4个系,拥有"核科学与技术"国家一级重点学科和教育部批准的"同步辐射博士生创新中心"。中科院合肥物质科学研究院万元熙研究员出任学院首任院长。

(七)学校召开研究生公共必修课程教学研讨会

为深入了解我校政治、英语等研究生公共必修课程教学方面存在的困难和问题,推

动教学改革,创新教学模式,提高教学实效,学校于2009年1月13日召开了研究生公共必修课程教学研讨会。副校长张淑林出席会议并讲话,全校研究生公共必修课教师参加了会议。

就如何推进研究生公共课程教学改革,张淑林强调,公共课程教学要立足于研究生的实际需求,考虑研究生的兴趣,要注意与素质培养和综合能力培养结合起来,注意与时代需求和研究生群体的"特质"结合起来;公共课程教学既要注重内容创新,又要进行形式创新;既要重视理论教学,又要重视实践教学;不仅要传授书本知识,还要通过教学培养他们的时代责任感、团队合作精神、开拓进取意识;要通过举办论坛、建立实践基地、实地调研等形式多样的创新教学方式,使我校研究生公共课程成为广大研究生最喜爱的课程。

会上,英语、政治等公共课教学部负责人汇报了下一步推进公共课程教学改革的初步设想,表达了落实学校办学思路推进教学改革的强烈愿望;参会老师反映了在公共课程教学中存在的困难和问题,并希望学校给予支持;与会老师还围绕公共课程教学内容和教学形式的创新进行了研讨,提出了许多宝贵的意见和建议,建议政治课程教学应适应时代需求,赋予科学社会主义时代内涵,要加强科学道德精神教育、国学教育、人格教育、自我发展教育、挫折教育、职业规划教育、创新方法教育、社会责任教育等,帮助研究生从多方面成长;在教学形式上,建议举办沙龙、网络讲座、专家报告、热点论坛、社会实践等活动,让研究生从多层面掌握知识,了解社会,感悟社会责任。

(八) 我校9名教授受聘成为第六届国务院学位委员会学科评议组成员

2009年1月22日,国务院学位委员会公布了新一届(第六届)学科评议组成员名单,我校9位博士生导师当选,他们分别是:数学学科评议组陈发来教授,物理、天文学科评议组潘建伟教授,化学学科评议组朱清时院士、杨金龙教授,地球物理学、地质学学科评议组陈晓非教授,生物学学科评议组田志刚教授,材料科学与工程学科评议组谢毅教授,矿业工程学科评议组范维澄院士,核科学与技术学科评议组吴自玉教授。在此前的第五届学科评议组中我校有7位专家位列其中。

国务院学位委员会学科评议组是国务院学位委员会领导下的学术性工作组织,依授学位的学科门类,按一级学科或相近几个一级学科设立若干个评议组进行工作。其最主要任务是:评议和审核有权授予博士、硕士学位的高等学校和研究机构及其学科、专业;对新增授予博士、硕士学位单位的整体条件进行审核;指导和检查监督各学位授予单位的学位授予工作;评选"全国优秀博士学位论文";评估学位授予质量;对调整和修订授予学位的学科、专业目录进行研究并提出建议;承担国际交流中学位的相互认可及评价等专项咨询工作等。

(九) 我校张淑林当选第三届全国工程硕士专业学位教育指导委员会委员

2009年1月5日,国务院学位委员会、教育部发布《关于成立第三届全国工程硕士专业学位教育指导委员会的通知》(学位〔2009〕1号),我校副校长张淑林教授当选第三届全国工程硕士教育指导委员会委员。

(十) 全国第二轮第二批学科评估结果公布,我校5个一级学科进入前五

2009年2月中旬,教育部学位与研究生教育发展中心通过其网站、《中国研究生》等媒体公布了2008年全国一级学科整体水平评估排名结果,我校7个一级学科申请参加了本次评估,其中5个一级学科排名进入全国前五。

我校参加申请的7个一级学科排名情况如下:地球物理学,在6个参评高校中排名第一;天文学(天体物理),在9个参评高校中排名第三;生物学,在62个参评高校中排名并列第十一;地质学(地球化学),在15个参评高校中排名并列第五;科学技术史,在9个参评高校中排名并列第一;核科学与技术,在9个参评高校中排名第二;环境科学与工程,在69个参评高校中排名并列十四。

为促进学科建设,提高研究生培养和学位授予质量,学位中心自2002年在全国开展学科评估工作,评估实行自愿申请原则,并于2002~2004年分3批完成了第一轮80个一级学科(不含军事学门类)的评估。在总结第一轮学科评估工作经验的基础上,学位中心又于2006年5月启动了第二轮学科评估,计划于3年内完成。

近年来,经过"211工程""985工程"的重点建设,我校学科的整体竞争力有了明显提高,大部分学科在第二轮学科评估的排名较第一轮有了提升。

(十一) 我校召开2009年度第一次职业学位教育工作会议

为布置落实我校职业学位教育中心成立后的下一阶段的工作,学校于2009年2月18日下午在办公楼第四会议室召开2009年度第一次职业学位教育工作会议。职业学位教育中心管理委员会全体委员参加了会议。会议由副校长张淑林主持。

根据国家部署,教育部今年将在全国启动开展全日制专业学位硕士研究生教育工作,并要求各研究生培养单位积极推进研究生培养机制改革。

如何结合当前职业学位教育发展面临的机遇,推进我校职业学位教育的下一步工作,张淑林要求注意做好两个结合,抓住两个重点。两个结合是:一是要与教育部启动开展的全日制专业学位教育工作相结合;二是要与当前正在推进的研究生培养机制改革工

作相结合,实现我校研究生教育的科学分类,促进我校研究生教育规模、结构的协调发展。两个重点是:一是要努力争取 EMBA 授权,扩大我校 MBA 教育的社会影响;二是要实现我校的继续教育由成人本专科层次教育向大学后高端人才培训教育的转变。

研究生院副院长屠兢介绍了《中国科学技术大学职业学位教育管理办法》(征求意见稿)。根据该办法,我校职业学位教育将实行统一规范管理,职业学位教育中心负责对学校职业学位教育发展战略、招生规模、培养计划、经费管理、师资建设等政策的制定;在经费分配管理上,将体现分类管理模式,不同专业领域的职业学位教育,因其所处发展阶段、发展规模、学科特点、教学地点的差异,在经费分配中予以区别对待,以充分调动各单位办学积极性。

(十二) 我校布置安徽省优秀博士、硕士学位论文评选推荐工作

根据《关于开展省级优秀博士、硕士学位论文评选工作的通知》的部署,我校于 2009 年 2 月 26 日召开会议,布置 2009 年度安徽省优秀博士、硕士学位论文评选推荐、申报工作,各学院、直属系、国家(重点)实验室研究生工作负责人和教学秘书等参加了会议。会议由研究生院副院长陈伟主持。

张淑林副校长十分重视本次优秀学位论文评选推荐工作,专程到会提出工作指导意见。她首先简要回顾了我校自 1999 年以来先后参加"全国优博""中科院优博"申报评选的历程,充分肯定了我校在"优博"论文评选中所取得的突出成绩,并强调指出,"优博"论文数是衡量学校学科建设水平的重要指标,是"精品办学、英才教育"的重要体现,参加安徽省"优博""优硕"论文评选,是巩固和提升我校"全国优秀博士学位论文"竞争力的重要的基础性工作。她希望各单位要高度重视、正面导向、确保质量、抓好落实。

会上,陈伟简要介绍了我校 10 年来参加全国和中科院"优秀博士学位论文"评选的获奖情况,就 2009 年度安徽省"优博""优硕"论文评选工作做了重点说明,就材料报送工作进行了具体安排,指出了此次推荐申报工作与国家、中科院"优博"论文评选的启承关系,强调了择优推荐、宁缺毋滥的原则。

安徽省优秀硕士论文评选起于 2008 年,我校在首届"省优硕论文"评选中共有 25 篇获奖。开展"省优秀博士论文"评选今年尚属首次。

根据安排,各单位要在 2009 年 3 月上旬完成评选推荐、材料报送工作,学校须于 3 月 16 日前将所有申报材料报省学位委员会。

(十三) 安徽省人民政府发文支持我校建设世界一流大学

2009 年 2 月 26 日,安徽省人民政府正式发布《安徽省人民政府关于支持中国科学技术大学建设世界一流研究型大学的若干意见》(皖政〔2009〕31 号)。该意见指出,在"985 工程"三期建设中,安徽省人民政府将给予我校 4 亿元的资金及配套政策支持,同时将对

我校的人才专项资金资助额度由过去的每年200万元提升到每年1000万元,并在近期与中科院、教育部签署新的三方共建协议,共同支持我校建设世界一流研究型大学。这是我校建校51年、在皖39年以来,安徽省人民政府首次专门出台文件支持学校的建设和发展。

(十四) 我校召开2009年度第一次学位与研究生教育工作会议

2009年3月6日下午,学校在东区师生活动中心五楼会议大厅召开2009年度第一次学位与研究生教育工作会议,各院、系及国家(重点)实验室、职业学位教育相关单位、公共支撑体系等单位负责人和研究生教学秘书等参加了会议。会议由张淑林副校长主持。

关于本年度学位与研究生教育工作重点,张淑林强调,根据校务工作会议确定的年度学校行政工作要点的部署,将重点开展和推进以下六项工作:一是加强"211工程"三期建设项目管理,认真完成"985工程"二期验收、十年总结和三期规划工作;二是推进并完成研究生培养机制第二、第三步改革,积极引导硕士研究生教育向培养产学研应用型人才方向发展,博士研究生教育向培养学术研究型高层次人才方向发展,促进研究生教育的科学分类和结构优化;三是加强招生宣传的信息化建设,改革研究生招生机制,加大吸引接纳外校优质推荐免试研究生的工作力度;四是进一步完善研究生奖助体系,设立各类研究生奖励资助和创新项目资助,建立研究生培养激励机制和导师责任机制;五是召开以"提高科学学位博士生培养质量"为主题的我校第五次学位与研究生教育工作会议,构建精品质量体系;六是召开以发展应用型硕士研究生教育为主题的我校第三次专业学位教育工作会议,探索与一流大学建设相适应的职业学位教育体系。

为全面落实本年度的学位与研究生教育工作,张淑林在总结讲话中要求研究生院、校学位办要充分发挥纽带和桥梁作用,尽快布置和落实各项工作,对内要认真做好为各院、系及导师、研究生的服务工作,对外要积极争取办学资源,努力为我校学位与研究生教育的发展营造良性生态环境。

(十五) 中科院、教育部、安徽省签约持续支持我校办成世界一流研究型大学

为深入学习实践科学发展观,认真贯彻落实胡锦涛总书记"希望中国科学技术大学努力办成世界一流的研究型大学"的指示精神,中科院、教育部和安徽省人民政府于2009年3月11日在北京签署《中国科学院、教育部、安徽省人民政府关于持续重点共建中国科学技术大学的协议》,决定在1999年、2004年两次签订三方协议、重点共建我校的基础上,在2009~2013年持续重点共建我校,努力将我校办成世界一流研究型大学。

签字仪式在中科院举行。仪式上,路甬祥、周济和王金山从深入学习实践科学发展

观，认真贯彻落实科教兴国和人才强国战略、加快推进创新型国家和区域创新体系建设的高度，分别做了重要讲话，在对我校的办学成绩和发展思路给予充分肯定的同时，对我校今后一个时期的建设和发展工作，提出了殷切的希望和明确的要求。

白春礼、周济、王三运分别代表中科院、教育部和安徽省人民政府签署了持续重点共建我校的协议。

协议商定，在巩固以往重点共建成果的基础上，中科院、教育部和安徽省持续重点共建我校，支持我校瞄准世界科技前沿，服务国家发展战略，创造性地做好教学和科研工作，努力办成世界一流的研究型大学，培养造就更多更好的创新人才，为建设人力资源强国和创新型国家贡献更大力量。协议商定，除对学校的正常经费安排以外，在"985工程"三期建设中，中科院、安徽省承诺，按照中央财政专项1∶1的比例分别给予我校经费投入，并确保经费明显增加（其中安徽省投入含各种政策配套投入），同时中科院、教育部、安徽省进一步支持我校科技创新平台建设、高层次人才队伍建设、基础设施建设和改造。

在"985工程"三期即将启动之际，中科院、教育部和安徽省人民政府签署持续重点共建我校协议，对于促进我校改革创新发展、加快我校建设世界一流研究型大学具有推动作用，对于中部地区科教资源优化布局、加速中部崛起、服务区域经济社会发展具有积极意义，对于推动我国高校坚持走内涵发展道路、不断提高教育质量、持续增强培养高素质人才、科技创新和社会服务能力具有长期带动和示范作用。

中科院、教育部、安徽省政府在北京签署持续重点共建我校的协议

（十六）我校与西澳大学签署研究生培养合作交流协议

2009年3月12日，我校与西澳大学签署研究生培养合作交流协议，西澳大学将向我

校申请"国家建设高水平大学——公派研究生项目"的同学提供免学费的奖学金名额。

(十七) 研究生院召开《中国研究生》合肥通联站上半年度工作研讨会

2009年3月24日晚,研究生院召开《中国研究生》合肥通联站上半年度工作研讨会,对通联站2008年工作进行了总结,向通联站全体学生通讯员传达了我校近期研究生培养机制改革进展情况和研究生培养方面的若干创新举措,对通联站2009年工作进行了整体部署。研究生院屠兢副院长、古继宝副院长等院领导和全体通讯员、研究生代表参加了会议。

与会的研究生们就通联站工作、涉及研究生学习、生活的有关问题进行了热烈交流,屠兢和古继宝耐心地回答或与同学们一起讨论了所提出的各种问题,并认为这样的交流对解决研究生的学习、生活问题很有帮助,对研究生院的各项工作也很有促进,应该经常举行,通联站应当成为加强研究生院和研究生沟通的桥梁和纽带。

《中国研究生》合肥通联站是由教育部学位中心于2007年9月在我校研究生院挂牌设立的媒体组织,其主要职责就是受教育部学位中心委托在合肥地区开展《中国研究生》的组稿、发行、宣传等工作,及时反映本地区在读研究生学习、生活、思想、情感等方面的最新动态,宣传本地区学位与研究生教育管理的最新经验、成果和信息,促进本地区同全国学位与研究生教育界的交流和合作。

(十八) 我校印发职业学位教育管理办法

为促进我校职业学位教育的发展,更好地为社会经济服务形成合理的科学学位与职业学位教育规模结构,进一步理顺我校职业学位教育中的各办学责任主体关系,明确办学经费的管理、分配与使用,充分调动学校、院系培养单位以及协作单位等各方面积极性,2009年3月25日,学校制定印发了《中国科学技术大学职业学位教育管理办法(暂行)》(校学位字〔2009〕44号),主要内容摘录如下:

学校成立职业学位教育中心,其管理的职业学位教育包括:① 工商管理硕士(MBA);② 公共管理硕士(MPA);③ 工程硕士(包括软件工程等14个工程领域);④ 继续教育(含网络教育及各类高端职业培训)。相关的教学培养单位主要包括管理学院、软件学院、继续教育学院以及工程硕士各领域所涉及的院系。

职业学位教育中心成立由研究生院、财务处、人事师资处、管理学院、软件学院、继续教育学院等单位负责人组成的管理委员会,设立主任一名、副主任一名、委员若干名,负责对学校职业学位教育发展战略、招生规模、培养计划、经费管理、师资建设等政策的制定。

学校职业学位教育的经费分配实行分类管理模式。不同专业领域的职业学位教育,因其所处发展阶段、发展规模、学科特点、教学地点的差异,在经费分配中予以区别对待。

(十九) 我校对"985工程"二期建设成果进行总结

2009年3月,我校制定《中国科学技术大学"985工程"二期建设总结报告》,部分内容摘录如下:

为全面检查我校"985工程"二期建设目标、建设任务完成情况,认真总结建设取得的基本成绩、成功经验和存在问题,根据《关于做好"985工程"二期验收等有关工作的通知》(教重办〔2008〕2号)的部署和要求,我校于2008年12月成立了专家组,对重点建设的各项目进行了总结验收。

验收结果表明,5年建设期间,中国科大"985工程"二期各建设项目实现了预期目标,完成了建设任务,在创新平台和社科基地建设、学科建设、人才培养、科学研究、队伍建设、支撑体系建设、国际交流与合作等方面取得了显著的建设成效,为加快创建高水平研究型大学奠定了坚实的基础。

在管理体制和运行机制创新方面,按照世界一流研究型大学建设的要求,逐步建立起了自我发展与自我约束相结合的管理体制和运行机制;坚持"以人为本",按照教学科研、管理、支撑岗位的分类要求,初步建立起了以竞争和分类为特征的人事管理机制、人才评价机制和科学合理的分配激励机制,形成了有利于各类优秀人才脱颖而出的良好氛围;依托"985工程"科技平台和社科基地,打破院、系藩篱,构筑"人才特区",构建矩阵式的现代教学科研组织形式,初步形成了有利于创新、交叉、开放和共享的运行机制;进一步密切和加强与中国科学院各研究院所的联系,积极探索在新形势下"科教结合"的新途径、新形式和新内涵,推动科学与技术、教育与科研的深层次结合。

在队伍建设方面,努力创造优越的工作和生活环境与条件大力培养和引进具有国际先进水平的学术带头人、优秀学术和管理骨干,形成了一支以拥有博士学位的教授和副教授为主体、教师队伍与管理队伍和技术支撑队伍协调发展的创新人才队伍。

在科技创新平台和哲学社会科学创新基地建设方面,以世界科技前沿和国家重大需求为导向,围绕国家重大基础研究、战略高技术研究和重大科技计划,整合、建设科技创新平台和哲学社会科学创新基地,拓展学科发展空间,促进学科优化和交叉,推进资源共享,组建高水平学术团队,建立了开放、共享、竞争、高效的平台管理体制和运行机制,提高了科技创新能力,增强了承担国家重大任务、开展高水平国际合作的竞争实力,形成了一批重大科技原创成果在条件支撑建设方面,进一步加强了5个公共实验中心和图书、网络等支撑条件建设,加快了教学科研信息化、数字化环境建设步伐,构建了基于现代教育理论和教育技术的教学科研环境,使图书信息资源、网络共享资源和自动化程度在整体上达到了国内先进水平。

在国际交流与合作建设方面,聘请世界著名学者来校短期讲学或开展合作研究,与欧美、港台地区等世界一流水平的大学或学术机构开展了实质性教育与科技合作,建立了高层次人才联合培养及研究基地。通过交流与合作,学校的国际学术地位和学术影响

不断扩大，进一步缩小了与世界一流大学的学术水平的差距。

（二十）学校召开环境学科建设与发展战略研讨会

2009年4月11日，学校组织召开环境学科建设与发展战略研讨会。国内从事环境领域研究的20多位院士、专家和相关部门领导应邀出席，中科院副院长丁仲礼院士到会并做重要讲话。侯建国校长出席开幕式，我校环境学科学术骨干、青年教师和学生近20人参加了研讨会。开幕式和座谈会分别由张淑林副校长和窦贤康副校长主持。

开幕式上，侯建国校长首先代表学校对各位专家、领导的莅临指导表示热烈欢迎和衷心感谢。他说，保证资源与环境的可持续性发展是国家的重大战略需求，我校环境学科应该在这个领域里为国家做出更大的贡献。经过20多年的积累，我校环境专业在水污染控制、极地环境、全球变化与环境、人体健康与环境研究方面有了一定的基础，形成了一些特色，并被评为安徽省A类学科。与此同时，环境学科发展也面临一些困难，一是目前队伍比较分散；二是缺乏国家重大项目与科技平台的支撑。在新的征途中，努力克服困难，有效整合资源，争取在环境科学研究、人才培养方面取得更大的成绩，是学校、也是环境学科和老师共同的希望和要求。他衷心希望与会专家对我校环境领域的人才培养、科研方向、学科布局多提宝贵意见和建议，并预祝会议圆满成功。

丁仲礼副院长在讲话中充分肯定了我校长期以来为中科院各研究所优秀人才输送方面所做的突出贡献。他表示，非常希望我校能为环境科学与工程领域培养更多优秀人才，做出更大的贡献。他希望我校环境学科的研究方向更开阔些，要善于从国家的重大需求中凝练科学问题。他强调，建设好环境学科，坚持"所系结合"非常重要，他愿意为推动我校环境学科与中科院研究所的进一步交流合作做出力所能及的努力。

会上，北京大学陶澍教授、香港城市大学林群声教授、浙江大学朱利中教授、中科院海洋所孙松研究员、中科院生态研究中心江桂斌研究员等专家，根据各自的研究领域对环境科学的发展与研究现状先后做了精彩的学术报告。

（二十一）我校9位院士莅临苏州研究院指导工作

2009年4月12~14日，侯建国校长、张淑林副校长及王水、何多慧、施蕴渝、伍小平、郭光灿、李曙光、张家铝、俞昌旋等8位院士莅临苏州研究院检查工作，指导我校苏州研究院的科学发展。研究生院、软件学院、管理学院、火灾科学国家重点实验室等单位负责人参与了本次活动。

院士团在苏州研究院和软件学院等有关负责人的陪同下，参观了软件学院在苏州研究院新建的学生教室、机房和教师办公区等，软件学院执行院长周学海向院士团汇报了几年来软件学院在苏办学的基本情况以及今后的发展思路，院士们对软件学院目前的建设情况表示满意。

院士团还考察了苏州研究院所属的苏州市水环境科学重点实验室和苏州市城市公共安全重点实验室,实验室拥有的先进仪器设备等一流硬件环境给院士团留下了深刻印象,院士们勉励实验室的师生须抓住有利条件,多创科研成果。

院士团在参观完苏州研究院的基本建设后,听取了苏州研究院常务副院长黄刘生的工作报告,他们充分肯定了苏州研究院近年来取得的成绩,同时也对苏州研究院的发展提出了宝贵的意见和建议,希望苏州研究院在未来的建设中继续按照科学规律办事,不断健康发展,为建设一流的研究院而不懈努力。

期间,院士团还应邀出席了正在苏州研究院举行的"中国科大-香港城大第三届博士生学术论坛"开幕式。

(二十二)我校召开第三届学位与研究生教育院士研讨会第一次会议

2009年4月12日,我校第三届学位与研究生教育院士研讨会第一次会议在苏州召开,出席会议的我校院士有:王水、何多慧、施蕴渝、伍小平、郭光灿、李曙光、张家铝、俞昌旋,会议由张淑林副校长主持,研究生院、校学位办、苏州研究院负责人参加了会议。第一次会议的主题是学位与研究生教育工作汇报。

针对国家层面学位与研究生教育的发展动向,我校采取了积极的应对举措,张淑林从四个方面介绍了学校新班子所做的工作。一是构建学位与研究生教育的科学管理体制。在学院层面,继续建设学院级学位与研究生教育中心,代表学校为所属学科点、导师与学生提供服务;该机构应由院系负责人、学科负责人、管理人员组成,负责管理本学院的研究生教育的相关工作。在学院一级要突出服务职能,并充分发挥导师的作用。二是培养机制改革。学校积极响应教育部的要求,并争取到相应的政策与经费支持;设计了三步走的改革思路,第一步是对在校的研究生奖助体系进行调整,普遍提高了在校研究生的奖助水平;第二步是对新入学的研究生将实行分类培养方案,并采取不同的奖助办法;第三步是配合培养机制改革建立更加科学的研究生质量评价标准,对博士层次研究生培养的科研要求将进一步提高,而对硕士层次研究生的培养将向着应用型、职业型方向发展。三是学校积极利用"985工程""211工程",做好公共服务体系建设。学校将在继续建设好现有五大公共实验中心的基础上,根据需要与可能建设新的公共实验中心,并将对公共实验中心加强管理,促进资源的共用共享;对网络中心、图书馆提出了新的要求,希望这些部门能够为学校提供更多更好的服务;对英语与政治课等公共课的教学进行改革与创新,增加其实践性,服务于研究生的能力培养。四是采取措施对外积极争取各类资源。成立职业学位教育中心,打造职业学位教育发展的公共平台;发挥苏州、上海等地研究院的作用,积极打入市场经济发达地区的教育市场;抓住机遇积极争取各类政策资源,包括博士生招生指标,获得法律硕士专业学位授予权,同时正在申报新的专业学位点;合理使用中科院对我校的支持政策与经费资源,推动公共平台建设向着更高水平迈进。

会上，院士们对学校学位与研究生教育工作提出了宝贵的意见与建议，主要包括：研究生培养需要强化学科点的功能，突出导师的关键作用；学院要增强服务职能；对生源质量需要树立科学、辩证的观点；对培养出优秀研究生的导师应给予奖励，特别是那些把入学基础一般的学生培养成优秀学生的导师。

（二十三）我校召开第三届学位与研究生教育院士研讨会第二次会议

2009年4月13日，我校第三届学位与研究生教育院士研讨会第二次会议在苏州召开，王水、何多慧、施蕴渝、伍小平、郭光灿、李曙光、张家铝、俞昌旋等8位院士出席会议，会议由校长侯建国院士主持，研究生院、校学位办、苏州研究院负责人参加了会议。

院士们对我校研究生教育非常关心和重视，针对前一天学位与研究生教育院士研讨会第一次会议上的工作汇报，就如何提升研究生教育质量提出了很多宝贵的意见和建议。

李曙光院士指出，在学位与研究生教育方面，导师有着非常重要的作用，导师需要对研究生的科研道德规范进行教育；需要强调博士点、学科点的作用，博士点对导师提出的选课计划要进行检查；研究生培养需要抓住招生、选课、开题与答辩等几个关键环节，在这几个环节上，研究生院要制定相应的标准；博士的开题报告与资格考试应有明确要求，需要确定一定的淘汰比率；博士论文答辩应克服人情因素干扰；博士参加全国性学术会议是否做强制性要求，需要明确规定。

施蕴渝院士指出，研究生教育创新计划应重视交叉学科，对交叉学科应该有明确的政策规定与支持措施。她还就与研究生教育相关的科学研究、科技规划、人才引进与培养、学校管理等发表了自己的看法。

张家铝院士指出，在研究生教育管理体制中，对学院这一级要强调服务职能；要进行管理创新，充分发挥学科点的作用；要学习发达国家与地区服务型机构的一些做法，把服务工作做好；在研究生培养过程中，需要做好几个关键环节的工作，包括学分、课程、开题与答辩，特别是答辩过程必须强调质量控制。他还就兼职人员培养等问题阐述了自己的观点。

王水院士指出，研究生培养工作应充分强调导师的作用，导师是研究生培养的关键；要把导师的责任分量加重，让导师感到学生培养的好坏是自己的事情，并且以鼓励为主的方式进行；应发挥导师组的作用，定期开展研究生的学术交流与工作汇报，以形成对研究生、导师的压力。此外，他对学校的学科发展发表了意见。

郭光灿院士指出，学位与研究生教育工作有很好的基础与积累，应在原来的基础上进一步完善；要强调导师与学科点的作用；在强调学校与学院的服务职能的同时，应强调学校学位委员会与分学位委员会质量把关的职能与作用；在研究生名额分配方面需区别对待，把有限的资源分配到重要的方面。他还就学校的科学研究与科技规划等方面发表了自己的看法。

俞昌旋院士指出,学校有寒、暑假,放假期间校机关与公共实验室大多也同样放假,而其他一些著名高校的假期教师与学生都很忙,我校应该继续发挥艰苦奋斗、自强不息的精神。他还就人才培养、人才引进、留住人才等问题阐述了自己的观点。

伍小平院士在研讨会上指出,学分规定是必要的,但对交叉学科的人才培养有一定的问题。学生来源不同,本科所学专业背景不同,因此在研究生阶段要学习的东西不一样,对于交叉学科人才培养的管理,应有灵活的措施。

何多慧院士指出,研究生院工作做得比较规范,目前采取分类培养的方法是正确的,对科学学位追求高质量、专业学位需要规模效益,思路是对的。希望研究生院继续开展研究,对全国的研究生教育开展调研,研究评判研究生教育质量标准,为我校研究生培养服务。

在听取了院士们的发言后,侯建国校长代表学校对院士们关心学校发展与研究生教育表示衷心感谢,并就学校的战略发展与当前工作向院士们做了介绍。侯建国分析了我校面临的形势,他指出,学校当前既有难得的发展机遇,也面临着严峻挑战,新一届学校领导班子感到使命重大,有着很强的紧迫感与危机感。学校的战略目标是建设世界一流研究型大学,为了实现这一目标,需要在资源和管理两个方面做好工作。他说,新班子上任以来,认真贯彻落实胡锦涛总书记贺信精神,深入开展学习实践科学发展观活动,抢抓机遇、布局未来,在资源争取、优化管理等方面做了大量工作,取得了初步成效。

(二十四)"中国科大-香港城大第三届博士生学术论坛"举行

2009年4月14日上午,"中国科大-香港城大联合高等研究中心(苏州)第三届博士生学术论坛"开幕式在我校苏州研究院隆重举行。

侯建国在致辞中对论坛的连续成功举办表示祝贺,对为论坛筹备工作付出辛勤劳动的老师和同学表示感谢,并高度评价了中国科大-香港城大联合培养研究生取得的成效。他说,博士生学术论坛是联合培养博士生项目的一个亮点,学术论坛的举办将对两校研究生创新意识和创新灵感的增强、学术交流的开展起到推动作用。他同时希望今年毕业的首批联合培养博士生取得优异成绩,利用自己在联合培养中获得的理论知识和科研能力,为国家和社会建设做出自己的贡献。最后,侯建国对香港城市大学25周年校庆表示衷心祝贺。

香港城市大学郭位校长在致辞中对两校通过联合举办博士生学术论坛加强沟通和交流的方式给予了充分肯定,希望同学们能珍惜此次机会,拓宽自身专业视野,提高科研学习能力,在苏州研究院的硬件平台、科研环境的帮助下,走上自己的成功之路。

开幕式上还举行了"何稼楠学术会议奖学金"的颁奖典礼。

开幕式结束后,学术论坛正式拉开帷幕。在3天的时间里,参会博士生进行了论文交流。参加论坛的博士生既有中国科大-香港城大联合培养的学生,也有来自我校校本部及香港城市大学的学生。另外,本次学术论坛还邀请了来自北美、欧洲以及亚太地区

著名高校的专家学者做了精彩的学术报告。

"中国科大-香港城大博士生学术论坛"自2007年开始以来,每年举行一次,今年已是第三届,论坛已成为两校博士生拓宽学术视野、开展学术交流、增进友谊的平台。

(二十五)侯建国会见香港城市大学校长郭位

2009年4月14日上午,侯建国校长在我校苏州研究院会见了香港城市大学校长郭位、副校长王世全一行,双方就进一步推动中国科大-香港城大联合高等研究中心(苏州)建设事宜进行了热烈的会谈。研究生院副院长屠竞、陈伟、古继宝,苏州研究院常务副院长黄刘生参加了会谈。

侯建国对郭位一行表示热烈的欢迎,并简要介绍了学校以及苏州研究院近年来的发展情况,希望双方进一步加强合作,在博士生培养、联合共建实验室、高层次人才引进等方面,开拓新的合作领域和范围,加快发展速度,共同建设好中国科大-香港城大联合高等研究中心(苏州),为两校更深层次的合作与交流打下坚实的基础。

郭位表示,香港城市大学与我校的合作非常愉快,成绩显著。两校的发展理念和模式相近,在不同的学科领域各具优势,具有非常好的互补条件。双方在教学、科研和管理上都有进一步合作的广阔空间,希望两校不断开创新的合作领域,取得更大的成绩。

(二十六)学校召开全日制专业学位教育实习基地建设研讨会

为贯彻落实《教育部关于做好全日制专业学位硕士研究生培养工作的若干意见》文件精神,从实践环节提前做好培养"预案",学校于2009年4月22日下午召开专业学位教育实习基地建设研讨会。

张淑林在会上指出,2009年国家大规模扩大招收应届本科毕业生全日制攻读硕士专业学位,如何针对该类研究生教育的特点,全程、稳妥地做好培养工作,创新培养模式,确保培养质量,是我校各研究生培养单位必须认真研讨的问题。她强调,相对于科学学位,专业学位特别是工程硕士具有较强的应用性和工程性特点,课程设置、教学理念、培养模式、质量标准等方面与学术型研究生有所不同,其中专业实践是重要的教学环节,充分、高质量的专业实践是专业学位培养质量的重要保证。为此,各招生单位要紧密结合社会需求和职业能力培养,有效吸纳和使用社会资源,根据社会用人单位的需求来设置应用性和实践性课程,合作建立联合培养基地,共同推进专业学位实践性教学培养模式。开展全日制专业学位教育要转变观念,要树立质量意识,要重视实践基地建设;在培养工作中,全校要建立资源共享平台,还要充分利用好苏州研究院这一科研教学基地,广泛吸纳社会资源参与办学;并希望软件学院能与各单位分享在探索建立工程硕士实习基地方面的成功经验。

与会人员围绕全日制专业学位硕士研究生培养工作特别是实习基地建设工作进行

了热烈研讨，交流了经验，提出了建议和意见。经研讨交流，大家对办好全日制工程硕士专业学位研究生培养工作充满了信心。

（二十七）我校博士生研究成果获"IEEE 最佳论文奖"

2009 年 4 月 24 日，从中国科学技术大学-香港城市大学联合高等研究中心传来科研喜讯，两校联合培养博士研究生谭又华撰写的研究论文《微注生物细胞的机械模式》（*A mechanical model of biological cells in microinjection*）被"IEEE 机器人学及生物模仿学国际学术会议"评为最佳论文奖。

"IEEE 机器人学及生物模仿学国际会议"是研究先进机器人学及生物工程应用的全球最大型专业会议之一，今年共有来自 40 多个国家的 600 多位学者出席了大会。

谭又华的得奖论文《微注生物细胞的机械模式》，是在香港城市大学制造工程及工程管理学系副教授孙东博士和我校黄文浩教授两位导师指导下完成的。中国科学技术大学-香港城市大学联合高等研究中心创立于 2005 年 10 月，两校可依托中心进行合作研究、合作培养研究生，开展专业培训。联合培养博士生谭又华获得该奖项，是香港城市大学和我校成功合作培育人才的典范。

（二十八）我校研究生参与中国第 25 次南极科考

2009 年 4 月，3 名参加中国第 25 次南极科考的我校师生返回合肥，并向记者描述了他们神秘而又快乐的南极之旅。这是该校第六次派教师或学生参加中国南极科考队，该校本次科考的目的地分别为南极中山站和长城站。从 2008 年 10 月 20 日开始，硕士生罗宇涵、博士生刘雅淑以及副教授刘晓东相继踏上南极科考旅程。

"南极很暖和；人在南极不会感冒；南极一天有四种天气；去南极能减肥"。三名师生给记者描述了一个人们绝对想不到的南极。

三名科考队员告诉记者，夏天的南极"很暖和"，平均气温在 0 ℃左右，最高气温居然能达到 7～8 ℃。硕士生罗宇涵告诉记者："进入夏季，南极圈内会出现极昼，24 小时都是白天。中山站所在的拉斯曼丘陵便位于南极圈内，阳光照射下，冰雪完全消融，终日都很温暖。气温最高能达到零 7～8 ℃，连暖气都不用开的。"

刘晓东和刘雅淑在回合肥时后一直感冒，问及原因，他们说南极的环境极其纯净，没有病菌和污染，由于在南极呆的时间太长，免疫力下降，所以一回到正常环境就患病。刘晓东告诉记者，在南极所能体验到的，绝不仅仅是亲眼看到企鹅。"纯净无污染的大陆，给你的感觉非常好。蓝天、白云不是你在城市里看到的那种景象。"刘晓东所在的南极西班牙站，气候相对潮湿，水域丰富。"有时在外工作一天回到室内衣服都已经浸湿了。虽然气温不高，但是浑身湿透你也绝对不会感冒。"刘晓东笑着告诉记者，这是因为南极大陆几乎没有病菌生存。很多科考队员从南极回到气温高的国内时，很容易患上感冒。

刘雅淑的驻地长城站的气候十分复杂,南极气象员每两个小时做一次天气预报,但是预报还是往往赶不上天气的变化速度。刘雅淑说:"那里气旋极多,一会是大晴天,一会是暴雪,一会又下雨,这让我们的考察工作很难进行,往往是计划赶不上变化。"第二次去南极的刘晓东在一个西班牙的临时南极基地工作,虽然只在那工作了13天,但他吃了大苦头,"不夸张地说,一天能有4个天气,晴天、阴天、大雾、下雪。"

除了获得了大量的南极科研资料和数据,师生三人还顺道在南极减了一次肥。由于任务繁重、路途奔波和饮食条件有限,刘晓东一趟南极科考下来身上足足少了7.5 kg肉。由于长时间晕船,罗宇涵的减肥效果也很明显,基本上是瘦了一圈。在南极的科考队员,基本上是吃肉容易吃蔬菜难。科考队员们一开始还能吃到一些绿色蔬菜,后来只有土豆、洋葱等比较容易保存的蔬菜。

三人中,罗宇涵是乘坐"雪龙号"抵达南极中山站的。2009年4月12日发生的舰载直升机坠毁事故让"雪龙号"一时处于风口浪尖,罗宇涵在"雪龙号"上的旅程因此也格外引人关注。据罗宇涵介绍,在舰载直升机坠毁事故前不久,她就亲身经历过一次运输车坠入南极冰缝的事件。

"由于本次南极科考出发的时间较往年早了一个多月,所以当我们快抵达南极时,南极的夏季还没有完全到来。南极附近海域的冰仍然很多、很厚。"罗宇涵介绍,"雪龙号"不得不破冰前行,每天只能行进几十米。当船快要抵达南极大陆时,洋面冰层的厚度已达到五六米,这已经远远超过"雪龙号"1.1米的破冰能力。科考队员们只能用车辆和人力在冰面上抢运物资,由于南极冰情复杂,险情也随之发生了……

罗宇涵告诉记者,她亲眼看见了惊险的一幕。一位队友开着车在冰面上运送物资。突然,一声巨响,车子的前半部分掉进了冰缝之中,只剩左半个车厢还在冰上。驾驶员猛踩油门,想挽救车子和物资,但是冰缝越来越大,驾驶员和车子随之消失在寒冷的冰缝中。幸好驾驶员是个经验丰富的"老南极",他在冰水下非常冷静地敲碎了车窗玻璃爬了出来,运输车则沉入了寒冷的海底。

最后,罗宇涵和其他人员只好选择乘坐直升机飞向南极大陆。罗宇涵告诉记者,她和"雪龙号"坠机事故中失踪的机械师杨永昌很熟悉,是在一起生活了几个月的"战友"。

刘晓东和刘雅淑则是乘坐飞机前往南极的。但是,坐飞机也不是那么轻松的。刘晓东告诉记者,他乘飞机到南极足足花了30多个小时,从北京出发,途经德国法兰克福、美国圣地亚哥、智利彭塔,最终到达南极。"我可算过足了飞机瘾了,什么样的飞机、什么样的航空公司、几大洲的天空风景,我都感受到了。"刘晓东打趣说道。

据他们介绍,我国南极科考队已经顺利完成在南极内陆冰盖的最高点冰穹A地区(海拔4400多米)建立昆仑站的第一期工程任务。昆仑站是我国续中山站和长城站后又一南极科考站。

"从面积来看,昆仑站一期建站工程未免有些寒酸。仅仅是一间房子,但是这间房子的所有部件都是我们运到南极去的。"昆仑站还和中山站实现了电话连线。在中山站,队员们可以通过电话联系家人。"卫星电话信号需要地面中转,所以会有点延时,此外没有什么区别。"罗宇涵说,她从中山站离开时,那里甚至已经可以登陆国际互联网。

他们本次科考任务是研究南极的碳氮硫磷气体循环等课题。他们在南极采集了丰富的实验样品,比如大气、水体等。他们告诉记者,通过对这些样品进行分析,他们能够研究生态环境的变化,例如,通过对采集到的气体的成分进行分析,便能判断全球温室气体排放情况。

"进行这些科学考察、研究是为了保护地球的生态环境。"刘晓东告诉记者,在南极,每个人都会很注意自己的一举一动是否保护环境。"看着那么纯净的土地,不会有人忍心破坏它的生态。"据了解,对于南极的科研活动,美国做得最出色。中国在南极的科考实力大概能够跻身世界前八。

"科学无国界",他们对这句话有着深刻的体会。在南极,来自不同国家的科考队员们经常互相串访。刘晓东风趣地说:"在南极,我们经常会拜访别的科考站,大家相互之间都很热情。不同国家科考站之间没有'国界',相互往来更无需'签证'。"罗宇涵在中山站期间还碰上了来访的摩纳哥王子,他们相互交流,无拘无束。

(二十九)我校34位博导通过2010年上岗资格审查

2009年5月14日下午,第七届校学位委员会召开2009年度第一次工作会议。会议主要对申请2010年上岗指导博士生的新增博导、校外兼职博导和返聘博导名单进行审议和表决,就《中国科学技术大学学位委员会章程》条文修订进行研讨。会议由校学位委员会主任委员、校长侯建国院士主持。

侯建国校长首先介绍了我校申请2010年招生的博士生导师的整体情况,并就如何做好本次上岗审定工作提出了指导意见。为确保遴选上岗的导师能担负起培养高质量博士生的重任,侯建国校长要求各位委员严格把关标准,要重点从学术水平、科研能力、科研经费、学术道德几个方面进行审核、评议。

会上,委员们先后听取了数学、物理天文、化学材料、生命科学、力学工程、电子信息与计算机、核科学与技术、智能所、管理人文学科等学位分委员会负责人关于本学科申请上岗者情况的介绍,仔细审阅了申请材料,并在进行认真讨论的基础上,依据《中国科学技术大学博士生导师上岗审定工作实施办法》的有关规定,对申请上岗者名单进行了无记名投票。经表决,共有34名教授通过新增博导资格审定,10名教授通过返聘单独上岗资格审定。

会上,研究生院副院长古继宝就《中国科学技术大学学位委员会章程》条文修订情况、校学位委员会办公室主任倪瑞就"我校2008年下半年度博士学位申请者学位论文文字重复比对情况"进行了汇报介绍。

与会委员还就《中国科学技术大学学位委员会章程》条文修订、导师返聘上岗等进行了研讨,并建议规范校外兼职导师遴选管理办法。

（三十）我校博士生论文被 CANPS 委员会评为获奖学生论文

2009 年 5 月 15 日，近代物理系物理电子学 2009 届博士生赵雷提交的论文在 IEEE NPSS 学会 CANPS 委员会主办的 16 届实时技术大会上被评为 4 篇获奖学生论文之一。

（三十一）学校召开研究生招生宣传及培养机制改革工作交流研讨会

2009 年 5 月 18 日下午，张淑林副校长主持召开研究生招生宣传及培养机制改革工作交流研讨会。各学院执行院长、分管研究生工作的副院长、直属系主任、国家（重点）实验室研究生工作负责人等参加了会议。

会议对 2009 年研究生招生工作进行了总结，就拟启动实施的我校研究生教育创新计划项目征集了学院的意见，对研究生培养机制第二、第三步改革工作及 2010 年研究生招生宣传工作进行了布置。

张淑林强调，研究生招生工作周期长，环节多，难度大，要做好"提前量"，早起步、早准备，在研究生招生宣传工作要充分发挥学院学位与研究生教育中心和广大研究生导师的作用，当前要充分利用网络做好院系招生宣传网页，搭建信息化的招生宣传平台。她还表示，学校职能部门今后将进一步加强与院系的沟通交流，广泛听取院系关于研究生教育改革的意见和建议，全力做好服务工作。

（三十二）我校对 2009 年新增博导进行岗前培训

由校研究生院、学位办、继续教育学院联合举办的 2009 年新增博导岗前培训班于 2009 年 5 月 26 日下午在东区师生活动中心五楼报告厅顺利开班。张淑林副校长主持开班仪式并转达侯建国校长对新增博导们的问候。

资深博导李曙光院士、杨金龙教授、吴清松教授分别从科学家的学术道德责任、博士生培养经验、人生成长经历三个方面谈了自己做科研和育人的体会。培训会上，新增博导就研究生培养工作中的相关政策进行了咨询，和职能部门负责人进行了交流，并针对研究生培养工作提出了许多宝贵意见和建议。

在培训总结讲话中，副校长张淑林强调，博士生培养质量最终取决于导师，导师的水平代表了我校研究生教育的水平，我校研究生教育的未来需要由年轻的导师来支撑，在博士生培养过程中，导师负有崇高的使命和职责。

我校新增博导培训工作起始于 2006 年，该项工作已制度化、机制化，已成为新增博导上岗指导博士生的必要环节，每年举行一次。

(三十三) 我校制定学位委员会章程

2000年,我校制定了《中国科学技术大学学位委员会章程》(校研〔2000〕018号)。

为进一步明确职责,加强管理,推进我校学位工作的规范化进程,2004年7月2日,我校印发《关于修订〈中国科学技术大学学位委员会章程〉的通知》(校学位字〔2004〕10号)。《通知》指出,学校对原《中国科学技术大学学位委员会章程》(校研〔2000〕018号)进行了修订,已经校学位委员会2004年6月30日会议审议通过并将修订版印发实行,原《中国科学技术大学学位委员会章程》同时废止。

为进一步规范校学位委员会和各学科学位分委员会的职能职责,充分发挥两级学位委员会在学位工作中的审核评议作用,2009年5月31日,我校发布《关于印发〈中国科学技术大学学位委员会章程〉的通知》(校学位字〔2009〕98号),对《中国科学技术大学学位委员会章程》(校研〔2000〕018号)进行修订,并经校学位委员会审议通过,印发实行。原《中国科学技术大学学位委员会章程》(校研〔2000〕018号)同时废止。2009版《章程》部分内容摘录如下:

校学位委员会领导全校的学位工作,负责全校的学科建设,在国家授权范围内负责全校学士、硕士、博士三级学位的评定和授予工作,负责全校学位授予质量的评估。

学位委员会设主任委员1名,秘书长1名,副主任委员和委员若干名。

校学位委员会下设学位分委员会,包括:数学学科学位分委员会、物理天文学科学位分委员会、化学与材料学科学位分委员会、地学环境学科学位分委员会、生命学科学位分委员会、力学工程学科学位分委员会、电子信息与计算机学科学位分委员会、管理人文学科学位分委员会、核科学与技术学科学位分委员会、微尺度国家实验室学位分委员会、智能所学位分委员会和若干专业学位分委员会(即"专业学位(管理类)学位分委员会""专业学位(工程类)学位分委员会")等;学校将根据学科发展与人才培养需要调整与增设部分学位分委员会。

学位分委员会主任委员由校学位委员会主任委员提名,校学位委员会会议讨论通过;学位分委员会副主任委员和委员由相关院系推荐,各学位分委员会主任委员提名,校学位委员会主任委员与秘书长会议讨论通过。校学位委员会与各学位分委员会,若有需要投票表决的事项,到会委员人数须高于委员总人数的三分之二(含三分之二)。

(三十四) 我校制定《中国科学技术大学研究生培养方案总则》

2005年、2007年,我校先后发布了两版《中国科学技术大学研究生培养方案总则》。为了提升研究生的培养质量,更好地发挥学校(研究生院)、学院(直属系、国家实验室等,以下统称为"学院")(学科点)与导师各自的作用与优势,更好地调动各方培养研究生的积极性与主动性,从而形成科学合理的研究生培养质量保证体系,学校结合学科发展的

特点,总结以往研究生培养经验,在原有培养方案的基础上进行修订,2009年6月1日,我校出台了《中国科学技术大学研究生培养方案总则》(校研字〔2009〕107号),即2009版《培养方案总则》。《总则》部分内容摘录如下:

1. 管理体制

研究生培养管理体制包括两个体系,一个是行政管理体系,涉及学校(研究生院)、学院(学科点)与导师三个层面;另一个是学术权力体系,包括学校与学院两级学位委员会。

学校是研究生培养的规则制定者、宏观组织者与培养过程、培养质量的评估者,并为全校研究生培养提供公共服务,营造学术环境与氛围:制定各级各类研究生培养的总体目标;制定各级各类研究生培养的原则要求;对外积极争取研究生培养的各类资源;组织、领导与管理各类研究生教育创新项目与创新活动;组织、协调以及提供研究生学习与科研的公共服务;评估与监督学院与导师的研究生培养过程与质量。

学院是研究生培养的重要组织者与实施者:根据学校制定的研究生培养的总体目标与原则要求,组织学院内各学科点制定学科研究生培养方案;组织学位分委员会评审各学科点的研究生培养方案;组织研究生导师制定每位研究生的培养计划;组织学科点审定与批准各导师制定的研究生培养计划;组织开设学院内的各级各类研究生课程;组织实施各类研究生教育创新项目与创新活动;代表学校为导师与学生提供优质服务。

学科点是研究生培养的学术单元:根据学校的基本要求,按照本学科的特点与要求,制定学科点研究生培养方案;审定与批准导师制定的研究生培养计划;向学位分委员会汇报培养方案以及导师制定的培养计划;学位分委员会、校学位委员会对培养方案提出异议的,有义务进行解释或者修改。

导师是研究生培养的主导力量,具体指导研究生的学习与科研:根据学院制定的各学科研究生的培养方案,结合研究生个人的具体情况,确定每位研究生的培养目标,制定每位研究生的个性化培养计划,包括课程学习、科研训练以及研究方向等;指导与监督研究生的学习与科研活动,培养研究生的科研能力,教育研究生掌握科学规范、提升科学道德;决定研究生"三助"岗位特别是助研岗位的设定,并进行考核;决定研究生教育过程中的一些其他重要事项,如开题、延期等。

学位委员会是学术权威机构,是研究生培养质量管理的权力机构:学位分委员会负责对学科点的培养方案进行审核;校学位委员会负责审查与批准学校各级研究生培养方案。

2. 培养目标

研究生的培养目标必须贯彻德、智、体全面发展的方针,特别要注重研究生综合素质和创新能力的培养,基本要求是:认真学习和掌握马列主义、毛泽东思想、邓小平理论、"三个代表"重要思想与科学发展观,具有坚定正确的政治方向;热爱祖国,具有集体主义观念;遵纪守法,品行端正,学风严谨,身心健康;具有较强的事业心和奉献精神,积极为社会主义现代化建设服务。攻读硕士学位的研究生应掌握本学科坚实的基础理论和系统的专门知识,较为熟练地掌握一门外国语,具有从事科学研究工作或较强的实际工作

的能力;攻读博士学位的研究生应掌握本学科坚实宽广的基础理论和系统深入的专门知识,掌握科学研究的基本技能和方法,了解所从事研究方向的国内、外发展动态,至少熟练掌握一门外国语,具有独立从事科学研究和独立担负专门技术工作的能力,在科学或专门技术上能做出创造性的成果。

(三十五) 我校印发《中国科学技术大学研究生教育创新计划项目指南与管理办法》

为做好研究生教育创新计划项目的申报和管理工作,2009年6月1日,我校印发《中国科学技术大学研究生教育创新计划项目指南与管理办法(试行)》(校研字〔2009〕108号),部分内容摘录如下:

为全面提升我校研究生培养质量,根据教育部研究生教育创新计划的有关文件精神与项目实施经验,结合我校研究生教育发展实际,设立与开展研究生教育创新计划,共计13项。

我校设立与开展的13项研究生教育创新计划为:优秀研究生导师奖励基金、优秀新生奖、博士论文创优支持计划、公共课与学位课程建设计划、高水平学术前沿讲座、研究生创新研究基金、国际学术交流支持计划、研究生访学支持计划、研究生创新基地建设计划、研究生学术沙龙、校内暑期学校、导师研讨培训计划、困难研究生扶助计划。

(三十六) 我校召开研究生教育、职业教育及公共支撑体系部门联席会议

为进一步集思广益,交流工作经验,研讨改革发展思路,2009年6月2日下午,张淑林副校长主持召开分管部门年度第一次联席会议。研究生院、校学位办、职业学位教育中心、软件学院、继续教育学院、苏州研究院、上海研究院、北京教学与管理部、公共实验中心、网络信息中心、图书馆等11个部门负责人参加了会议。

自2008年11月份我校新一届领导班子成立以后,上述各部门根据学校确立的"135"创新发展战略的整体部署,积极推进各项工作,在半年的时间内,在学位与研究生教育、职业学位教育及公共支撑体系领域的改革和发展取得良好的成效。

在专业学位教育方面,新的专业学位授权申报取得了突破,EMBA申报获得成功,顺利通过了申报答辩,成绩排名靠前,有望于近期正式下文;法律硕士专业学位授权申报获得通过,这是我校继MBA、MPA、工程硕士三个专业学位类型之后获得的第四个专业学位;在工程硕士新增领域申报方面,"项目管理"领域申报成功,获批授权,这是我校在工程硕士方面获得的第15个授权领域。这些新的专业学位授权的获得,为我校职业学位教育发展拓展了空间,扩大了社会影响。另外,通过竞争我校还获得了"全国第十届MBA论坛"承办权。

在软件工程硕士教育方面,软件学院加强了招生宣传,今年生源质量明显好转;修订了学院中长期发展规划,确立了新的发展思路和战略;积极争取外部资源,与苏州市政府及国内、外相关企业、研究机构的合作取得了新进展;围绕提高教学质量开展了教学研讨等。

在继续教育方面,继续教育学院实现了办学思想和发展理念的战略转型,建立了高效的工作体系和充满活力的工作团队,启动了"为培训者培训计划",开展了一系列具有影响的高端培训教育项目,例如,为解放军总装备部、中国科学院、联想学院等部门提供培训业务,获得广泛的好评。最近,安徽省知识产权培训中心又落户继续教育学院,与新加坡特许学院的合作将在近日进行,面向合芜蚌综改区、沿江城市带的高端培训项目正在酝酿等。

在苏州、上海、北京等区域教育基地建设方面,苏州研究院在教育合作、科研基地建设、高端人才引进、产业化等方面取得了新的进展,在园区建设、办学资源方面得到了苏州地方政府的大力支持。上海研究院的发展定位逐渐明确,管理、金融类教育发展势头喜人,"康桥公共管理论坛""移动课堂"等品牌教育项目产生了良好的社会影响;最近,量子信息团队又入驻了研究院。北京教学与管理部由于历史原因在教育方面的起步较晚,但通过近期调研,发展思路逐渐明晰,目前正在积极酝酿举办实体性教育项目。

在公共服务支撑体系方面,五大公共实验中心的管理得到了进一步的规范,目前,新的管理办法已出台,新的管理体制已形成;公共实验室面向全校师生和社会开放的程度进一步提高,最近实验中心免费为中、小高新企业提供测试服务的做法得到上级部门的好评;申报的"科教结合"研究生创新实验平台项目已通过了主管部门的初评,有望得到专项资金支持。网络信息中心在推进校园信息化建设和提供优质信息服务方面推出了多项举措,比如开发研究生迎新离校系统、完善办公自动化系统、新邮件系统、建设中英文网站等;图书馆在深化信息服务、创新服务形式方面又推出了一些新的举措,比如围绕研究生群体的新型服务:推选服务、导读服务、跟踪和定题服务、文献传递服务等。

(三十七)学校布置研究生教育创新计划申报和研究生培养方案修订工作

2009年6月3日下午,张淑林副校长主持召开会议,全面布置我校研究生教育创新计划申报和研究生培养方案修订工作。各学院(直属系、国家级实验室)执行院长、分管院长,研究生教学秘书以及各学院学位与研究生教育中心成员等参加了会议。

张淑林首先强调了修订研究生培养方案的必要性和重要意义,就新培养方案的突出特色做了说明。她说,前一段时间,研究生院对研究生培养工作进行了调研,并在此基础上制定了《学校研究生培养方案总则》(2009版),该方案是用来指导各研究生培养单位修订完善本学科研究生培养方案的指导性文件,新方案界定了有关各方(学校、学院、学科点与导师)的职责与权限,增强了各学科研究生培养方案制定的自主性与灵活性,使得导师有可能设计研究生的个性化培养计划,同时对交叉学科的培养方案的制定办法给予明确。新版培养方案总则规定了总体原则与要求,各研究生培养单位需根据自身的学科特点与研究生培养的实际需求,制定符合自己特点的研究生培养方案,希望各学院能够本着不断提升研究生培养质量的原则,将培养标准向更高的方向提升,只有这样,我校的研究生培养质量才能全面提高。

关于学校立项建设研究生教育创新计划项目的必要性,张淑林指出,国务院学位办2008年组织的全国博士生质量调查显示,我国博士研究生培养水平与发达国家差距最大的就是科研创新能力不足,缺乏国际竞争力。当前,无论是从国家层面启动的研究生教育创新工程,还是从我校层面立项的研究生教育创新计划,其目的就是要建立研究生科研创新激励机制,营造创新生态环境,强化创新意识、创新精神和创新能力的培养,努力提高研究生培养质量和研究生教育的整体水平,尽快缩短与发达国家的差距。

(三十八) 我校获准开展高级管理人员工商管理硕士(EMBA)专业学位教育工作

2009年6月17日,国务院学位办公室批准我校等32所高等院校开展高级管理人员工商管理硕士(EMBA)专业学位教育工作,并要求各培养单位要严格按照《关于开展高级管理人员工商管理硕士(EMBA)专业学位教育工作的通知》和《关于EMBA培养过程的若干基本要求》文件精神,加强管理,规范招生(本年度招生限额100人)、培养工作,保证EMBA教育质量。

这次全国共有32所高校获得开展高级管理人员工商管理硕士(EMBA)专业学位教育,在中科院系统和安徽省,仅有我校一家培养单位获得EMBA授权。本批次EMBA授权申报竞争非常激烈,我校在办学思想、基础设施建设、师资队伍和教材建设、教学方法等申报指标方面表现出很强的竞争力,获得了评审专家的认可和好评,综合评分在申报学校中排第三。

按照我校EMBA教育发展规划,学校EMBA教育的目标是:立足中部区域,面向行业部门,培养具有创新精神、国际视野和社会责任的企业管理者。发展思路是:面向企业国际化市场竞争的需求,以提升企业领导力为目标,开发有特色的EMBA课程体系,设计理论联系实际的教育过程。从满足中部地区和中国科学院高科技企业高层领导的教育需求入手,完善教学过程,逐步形成全国性品牌。

(三十九) 我校各学位分委员会开展2009年夏季学位申请审核工作

2009年6月15~23日,我校新一届14个学位分委员会相继召开了本学科学位工作会议,就1698位学士、1225位硕士、421位博士的学位申请材料进行审定,严格把关学位质量。

我校获准实施 EMBA 专业学位教育

为履行好新一届学位分委员会的职责,为校学位委员会的最后学位质量审定提供依据,各学科分委员会对本次学位工作给予了高度重视,各位委员表现出了高度的责任感,出勤率达 90% 以上,有些分委员会讨论审核时间长达 4 个小时以上。评审会上,各位委员仔细、认真地逐一审阅学位申请材料,其间还就完善学校的学位工作提出了诸多宝贵的意见和建议。

我校新一届学位分委员会是依据校学位委员会章程,并按"监管分离"原则于 5 月底成立的,主要按相关一级学科或国家实验室组建,包括数学、物理天文、化学与材料、地学环境、生命科学、力学工程、电子信息与计算机、管理人文、核科学与技术、微尺度物质科学国家实验室、智能所和管理类专业学位、工程类专业学位等学位分委员会。学位分委员会的职责主要是受学位委员会委托,审定本学科学士、硕士、博士学位的申请材料,做出授予学位的建议;审议本学科的建设与发展规划;对本学科的研究生培养方案进行初审等。

"监管分离"以及学士、硕士、博士三级学位的统一管理,是我校学位工作的创新之举,在全国产生了重要影响,国务院学位办曾向全国高校发简报通报我校学位管理体制的改革工作。由于学位工作长期以来的制度化,我校学位审定工作已成为研究生教育质量监控系统的重要组成部分,在确保我校学位授予质量和声誉方面发挥了积极和重要的作用。

(四十) 我校启用"学术不端文献检测系统"

2009年6月24日,为提高我校毕业研究生学位论文的质量,帮助导师更好地了解学生的论文情况,维护导师的学术声誉,杜绝学位论文写作中的学术不端行为,我校在2009届毕业研究生学位论文审核中开始使用中国知网开发的"学位论文学术不端行为检测系统"。

据统计,本次申请学位的1600多位研究生的学位论文接受了系统检测。根据检测结果,我校绝大部分研究生的学位论文较为规范,文字重合率低。但在本批次检测过程中也发现了极少数学位论文文字重合率较高。为此,校学位办逐一通知其修改论文并经重新检测直到达到要求。

目前,该系统处在试运行之中。各院系研究生导师对学校引用该系统表示了理解和支持。

(四十一) 校学位委员会召开2009年上半年度学位工作会议,决定授予416人博士学位、1222人硕士学位

2009年6月26日下午,第七届校学位委员会召开第三次学位工作会议。校学位委员会主任委员、校长侯建国院士和校学位委员会常务副主任委员李曙光院士先后主持了会议。

侯建国校长首先对新一届14个学位分委员会近期在各学科学位申请审核工作中认真履行职责、严把关口予以高度评价,对各位委员的辛勤劳动表示了感谢,对本届校学位委员会和分委员会的工作定位和职能提出了要求。他强调,新一届校学位委员会是坚持按照"监管分离"原则成立的,其在学位工作上的职能是从宏观层面制定全校学位授予质量的基本标准,负责学位质量监督和评估。各学位分委员会是负责从学科层面制定各学科的学位质量标准,学校鼓励各学位分委员会在学校学位质量基本标准的基础上建立更高的学位标准,以体现学科的特色和差异,以确保各学科研究生的培养质量;同时学校也鼓励研究生导师对研究生提出更高的培养要求,在培养的各个环节强化质量意识。

侯建国还主持了化学、生命科学、微尺度国家实验室三个学位分委员会关于本学科新学位标准修订的研讨工作,听取了相关负责人的陈述汇报,并与各位委员就三个学科的新学位标准方案进行了研讨。

为进一步体现学位授予工作中的人文关怀,给在校期间受过处分的学生改过自新并申请学位的机会,会议还对学位授予条例中与受处分学生申请学位的相关条文进行了修订。

对本次学士、硕士、博士三级学位申请者进行审议投票是会议的重要议题之一。校

学位委员会常务副主任委员李曙光院士在会上强调要求大家要严把质量关,对学校负责,对我校学位声誉负责。

各位委员先后听取了数学、物理天文、化学与材料、地学、生命、工程、电子信息与计算机、核科学与技术、管理人文、智能所、微尺度国家实验室、军工保密、专业学位等学位分委员会负责人关于本学科学位申请情况的详细介绍,认真审阅了学位申请材料,并依据学位条例进行了无记名投票。经会议审议投票,决定授予416人博士学位、887人普通硕士学位、132人工商管理硕士学位、66人公共管理硕士学位、137人工程硕士学位。

会上,副校长张淑林从办学资源争取、研究生培养机制和管理体制改革等方面通报了2009年上半年度校学位与研究生教育工作的开展情况,介绍了下半年度的工作设想。张淑林说,经过努力,今年上半年度学校在学位研究生教育领域的资源争取方面获得了重要成效,例如:EMBA、法律硕士、项目管理工程硕士等新的专业学位授权申报取得了成功;得到了教育部"科教结合"博士生指标的支持;获得了中科院"科教结合"研究生公共教学实验平台项目的经费支持等。

张淑林强调,下半年度学校将充分利用通过竞争获取的资源,重点开展以下几项工作:启动实施13项研究生教育创新计划,启动五大研究生公共教学实验平台科教结合项目建设,启动研究生迎新、离校、导师、学位论文查伪、奖助等五大信息系统建设;开展EMBA、法律硕士、项目管理硕士等新的专业学位招生工作,利用苏州、上海研究院这两个平台,打造职业学位教育品牌;利用丰富的专业学位类型,深化研究生培养机制改革,促进研究生教育结构的调整和优化,逐渐引导我校研究生教育在硕士层面向应用型教育的转型,在博士生教育层次上向高端精英目标奋斗。

(四十二)我校公布2009年度校级研究生精品课程

2009年6月30日,我校研究生院发布《关于公布2009年度校级研究生精品课程的通知》(研字〔2009〕7号),指出,根据我校《关于启动2009年度校级精品课程申报工作的通知》(教字〔2008〕15号)精神,学校对今年申报的各门课程进行了认真评审,评出"材料合成化学"等5门课程为我校2009年度校级研究生精品课程。

2009年度校级研究生精品课程名单

序号	所属学院	课程名称	课程负责人
1	化学与材料科学学院	材料合成化学	陈春华
2	地球和空间科学学院	地球动力学	黄金水
3	生命科学学院	基因的分子生物学	田长麟
4	生命科学学院	生物化学与分子生物学实验原理Ⅱ	刘兢
5	计算机科学与技术学院	计算机数学	顾乃杰

(四十三) 我校成立第二届中国科大苏州研究院理事会

2009年6月30日,我校印发《关于成立第二届中国科学技术大学苏州研究院理事会的通知》(校研字〔2009〕141号),《通知》指出,根据《中国科学技术大学苏州研究院章程》规定,中国科学技术大学苏州研究院理事会由我校与苏州市人民政府分别委派人员组成。为加强对中国科学技术大学苏州研究院领导,促进其发展,双方决定成立第二届中国科学技术大学苏州研究院理事会。经校长工作会议研究,决定成立第二届中国科学技术大学苏州研究院理事会。侯建国校长任联合理事长。

(四十四) 我校获准开展法律硕士专业学位教育工作

2009年6月,国务院学位办发文《关于批准新增法律硕士等类别专业学位研究生培养单位的通知》(学位办〔2009〕35号),公布了2009年新增法律硕士专业学位授权单位,我校等35所高等院校获准开展法律硕士专业学位教育工作。这是我校继获MBA、MPA、工程硕士专业学位授权后获得的第四个专业学位授权类型。

法律硕士专业学位授权的获得,丰富了我校专业学位研究生教育体系的构架。目前,学校已初步形成了管理、法律、工程等并存的高层次应用型人才培养体系。法律硕士、MBA、MPA、工程硕士等专业学位教育的开展,对于深化当前正在进行的研究生培养机制改革,促进研究生教育结构的调整和优化,引导研究生教育在硕士层面向应用型教育的转型,具有重要牵引意义。

我校法学教学与研究起步于1985年,1988年正式成立的科技法学研究室,是全国最早成立的科技法学教学与研究机构之一。在法学学科建设上,我校结合自身强大的理工科背景和科技研究实力,在科技与法律的交叉领域开展了卓有成效的教学和研究工作,在科技法学和知识产权研究领域形成了自己的研究特色,取得了丰硕的成果。

按照我校法律硕士教育规划,学校将结合强大的科技背景和多年来在科技法和知识产权法上形成的教育研究优势,在这两个方向上开设高层次人才培养工作,努力培养一批能够在国家机关、大型企事业单位(特别是科技产业领域)和社会团体从事科技法律及知识产权工作,能够在立法机关、行政执法机关、检察机关、审判机关、仲裁机构和法律服务机构从事科技法律及知识产权工作的高级专门人才。

(四十五) 我校举行2009年第一次研究生毕业典礼暨学位授予仪式

2009年7月3日,学校在东区大礼堂隆重举行2009届研究生毕业典礼暨学位授予仪式,校领导和导师们用殷切的嘱咐和真挚的祝福为1638名毕业研究生饯行。

上午9时,毕业典礼暨学位授予仪式在雄壮的国歌声中拉开帷幕。仪式由校学位委

员会副主任委员李曙光院士主持。

讲话中,侯建国校长结合自己的求学经历,以一位学长和朋友的身份,对即将踏上人生新征程的毕业生们提出三点希望:第一,理解责任、敢于担当。作为中国科大的毕业生,身上自然担当着振兴国家、民族的使命,希望大家做任何事情,不要纠缠于细枝末节和短期利益,要有长远的眼光,不做则已,要做就争做一流,做出成绩,为科技、经济和社会进步做出贡献,成为一个有益于他人、有益于社会的人。第二,恪守精神、追求卓越。我们应该以钱学森等老一辈科学家为楷模,恪守科学精神与人文精神,并把它们融会贯通,贯穿我们求学问、成事业的整个过程。前路也许繁花似锦、也许布满荆棘,但只要我们保持科大人"追求真理、追求卓越"的精神,保持理性,独立思考,选择走最适合自己的路,在哪里都能够发挥我们的智慧,都能创造出属于我们的奇迹。第三,胸怀宽广、适应社会。希望大家今后多加强交流合作,既要相信、欣赏自己,也要相信、欣赏合作伙伴,要懂得宽容和包容,树立团队合作意识,建立信任、感情和友谊,做一个胸怀宽广的人,赢得合作和个人的成功。

侯建国说,校友是母校的名片,是母校的信使,你们肩负着母校的光荣与梦想走向五湖四海,母校时刻牵挂着你们,希望你们永远怀念母校,有时间常回家看看。最后,他衷心祝愿大家一帆风顺,前程似锦!

导师代表、我国首批博士学位获得者范洪义教授在发言中充分肯定了同学们在校期间付出的辛勤劳动和取得的优异成绩,并将自己读研时的体会"悟方法以育灵性""蓄道德而能文章"赠送给大家,勉励毕业生敏而好学、勤于动脑、善于发现、努力创造,在今后的工作与学习岗位上,继续保持科大人的优良传统,为社会多做贡献。

许言午博士从 2000 年本科入学以来,已在我校度过了整整 9 年。他在发言中深情地表达了对学校的辛勤培养和师长关心爱护的感激之情,并表示要牢记师长教诲,铭记校训,继续发扬"红专并进、理实交融"的优良传统,努力学习,积极工作,用优异的成绩来报答母校的培育之恩。

杰出校友代表、清华大学教授李亚栋在致辞中说,"不懈怠、有自信""追求卓越、永不言败""敢为人先、创新不已"这些都是中国科大精神品格的重要内涵,也是我们终身奉行的准则。他勉励即将毕业的广大同学要永远铭记母校的教诲,继续传承中国科大精神,规划好自己的人生,深怀敬畏之心、感恩之心,自强不息,发扬科大人的团队精神,超越自我,去迎接新的挑战,实现各自的梦想,回报母校,回报社会。

伴随着悠扬的旋律,研究生们身着学位服依次登上主席台,校领导和导师们为他们一一扶正流苏。随后,校长侯建国带领全体毕业研究生庄严宣誓:"感恩父母养育,感谢导师教诲,不忘母校培养。我们坚守母校信念,热爱科学、崇尚真理;我们传承母校精神,科教报国、追求卓越。我们用激情和智慧建设祖国,用责任和行动回馈社会,用成就和硕果回报母校,让明日的科大以我为荣。"铿锵激昂的毕业誓词响彻毕业典礼现场。

典礼结束后,毕业生纷纷与校领导和老师们合影留念。

据悉,今年学校将研究生毕业典礼和本科生毕业典礼首次分开举行,这是学校构建毕业典礼文化，打造我校毕业生特色品牌的一个创新。今天的仪式既是我校研究生教育的最后环节，也是各位研究生毕业后进入校友群体的首次活动。

（四十六）我校苏州研究院理事会第二次会议在合肥召开

为更好地总结经验，明确发展定位和发展目标，加快推进我校苏州研究院各项事业的健康发展，我校于2009年7月3日下午在合肥召开苏州研究院理事会第二次会议。会议由联合理事长我校校长侯建国院士和苏州市委副书记、市长阎立共同主持。15位理事出席会议。

会议围绕苏州研究院的工作报告展开了讨论，充分肯定了自上次理事会以来研究院各项工作所取得的成绩，并对研究院下一步的发展做出重要指示。与会理事一致同意，继续全力支持苏州研究院各项事业发展，在大力开展人才培养、科学研究的同时，做大做强科技成果转化功能，努力将中国科大苏州科技园建设成为我校最重要的科技成果转化基地。

苏州市委常委、苏州工业园区工委书记马明龙希望我校苏州研究院能进一步适应苏州工业园区科教创新的需求，增强吸引力、竞争力以及可持续发展能力。

会议审议通过了理事会成员的调整方案：我校校长侯建国，苏州市委副书记、市长阎立担任联合理事长。我校方面增补陈晓剑、尹登泽、褚家如、黄素芳等4人担任理事会成员，苏州市方面增补王鸿声、陆俊秀、杨知评、苏波等4人为理事会成员。

会议审议通过了任命黄刘生同志为我校苏州研究院常务副院长的决定。

会议还通过了关于落实我校苏州研究院教学科研用房产权的重大决定。

苏州市委副书记、市长阎立在总结讲话中希望我校苏州研究院能适应苏州区域经济建设和社会发展需求，按照本次会议确立的目标定位，依托苏州研究院这个平台努力培养一流人才，做出一流科研成果，打造一流平台，吸引和汇聚杰出海外校友，为苏州建设提供智力支持。他还表示，苏州地方政府将在政策、用房等方面全力支持我校苏州研究院。

（四十七）我校与苏州工业园区在合肥举行共建科技园签约仪式

为促进科技创新建设、加速科技成果转化、推进校地合作，2009年7月3日下午，我校与苏州工业园区在合肥举行共建"中国科学技术大学苏州科技园"（以下简称"科技园"）协议签约仪式暨科技园揭牌仪式，副校长张淑林代表学校签署了共建协议，校长侯建国和苏州市市长阎立共同为科技园揭牌。

我校副校长张淑林与苏州工业园区管理委员会副主任苏波分别代表双方签署了《共建中国科学技术大学苏州科技园协议》，我校校长侯建国院士与苏州市市委副书记、市长阎立共同为我校苏州科技园揭牌。

根据协议约定,由我校苏州研究院成立科技园管理机构,负责具体运作,将科技园建设成为高新技术与地方产业紧密结合的窗口、高新技术产业化的重要出口和高新技术及相关产业的聚集地。苏州工业园区将积极创造条件,保障科技园发展所需场地面积,给予科技园平台每年100万元的启动经费支持;设立2000万元科技项目启动资金,用于支持科技园区内拥有核心技术、具有良好产业化前景的科技项目孵化和产业化;对于支撑科技园发展的重点实验室、工程中心等公共技术服务平台纳入工业园区公共平台管理体系,并按照平台实际投资额给予1:0.5的资金配套支持。

当天下午,我校相关学科还与来自苏州的50多家高新技术企业举行了大型科技成果对接会,我校软件学院等单位与苏州物流中心有限公司等苏州企业还现场签署了校企合作协议。

(四十八)学校召开"2009机器人世界杯"总结表彰会

由我校"211工程"三期支持、资助的智能机器人项目日前结出硕果。依托该项目的"蓝鹰"机器人队于2009年6月28~7月5日在奥地利第格拉茨举行的第13届"RoboCup机器人世界杯仿真2D"比赛中力克群雄,夺回世界冠军,并在服务机器人系列赛事中展示了世界领先的自主创新成果,为学校赢得了荣誉。为弘扬参赛队员的拼搏进取精神,激励广大同学努力学习为学校增光,学校于7月12日下午举行"2009机器人世界杯"总结表彰会。侯建国校长出席会议并寄言鼓励。张淑林副校长,研究生院、计算机学院领导参加了表彰会。

对于我校智能机器人的未来发展,侯建国希望我校相关学科要在充分发扬现有软件优势的基础上进行扩展,要加强硬件方面的研究,从而确保我校的整体优势不断扩大、提升。要将研究、竞赛和人才培养与我校人工智能及相关学科的学科建设紧密结合、相互促进,形成良性循环。他表示,学校将继续支持智能机器人的发展,并勉励从事相关研究的师生继续努力,取得更大成绩。

(四十九)我校成立学位与研究生教育中心

2009年7月10日上午,我校各学院"学位与研究生教育中心"(以下简称"中心")成立大会在东区师生活动中心五楼会议厅隆重举行。校长兼研究生院院长侯建国到会并作重要讲话,副校长张淑林主持会议,各学院中心全体成员参加了会议。

张淑林首先宣读了《关于成立中国科学技术大学各学院学位与研究生教育中心的通知》(校研字〔2009〕151号)。2006年6月科大第四次学位与研究生教育工作会议确立了研究生教育两级管理体制构架的基本思路,要求加强学院层面在研究生教育工作中的管理职能和服务职能。经过两年多的探索和试运行,各学院的学位与研究生教育中心终于正式成立。

侯建国校长在会上作了重要讲话,他指出,今天各学院成立中心,目的就是要适应我校研究生教育发展形势的变化,创新研究生教育管理体制,提高管理部门的管理效率和服务水平,发挥学院在研究生招生、教学培养、学位、学科建设过程中积极性、主动性和创造性。对各学院中心成立后的下一步工作,侯建国提出了几点要求:第一,希望各学院要加强领导,执行院长要高度重视中心的运行管理;第二,中心在工作实践中要做好自己的定位,立足于"服务于学术""服务于教授",要成为服务于广大师生的坚强实体;第三,新成立的中心展开工作时要边干边总结,认真谋划,力争在研究生招生、培养、学位学科建设中发挥更大作用。

学院的学位与研究生教育中心是学校研究生教育的二级管理机构,是研究生院对我校研究生教育的管理与服务的机构延伸,各中心的主要职能是负责本学院研究生教育工作各个环节的组织实施与运行管理。研讨会期间,研究生院还对各学院学位与研究生教育中心的教学秘书进行了业务培训。

(五十) 2009年"全国功能材料量子设计和量子物理研究生暑期学校"在我校举办

2009年7月13日,我校承办的2009年"全国功能材料量子设计和量子物理研究生暑期学校"在我校开班。

(五十一) 学校召开职业学位教育中心2009年暑期工作研讨会

为进一步总结交流职业学位教育中心成立后的工作经验,研讨职业学位教育发展思路,布置落实下一阶段工作,学校于2009年7月14~15日召开职业学位教育中心2009年暑期工作研讨会。职业学位教育中心管理委员会全体委员、与职业学位教育相关单位负责人及教学秘书参加了会议。副校长张淑林、校长助理尹登泽出席会议并讲话。会议由研究生院副院长古继宝主持。

全国工商管理硕士教育指导委员会委员、我校职业学位教育中心副主任、管理学院执行院长梁樑受职业学位教育中心的委托做了会议主题报告。他全面通报了近期我校职业学位教育特别是管理类专业学位教育的工作情况,分析了职业学位教育面临的形势和挑战,重点介绍了本年度EMBA、项目管理、MPA三大类专业学位的招生宣传和招生策划情况,并结合国外研究生教育的发展趋势、结构特点以及职业学位教育的社会价值,提出了做好我校职业学位教育的目标定位、品牌塑造与发展思路。

会议还围绕职业学位教育招生与市场推广、项目设计与创新、培养方案修订与完善、教师队伍建设、岗位设置与激励等进行了分组研讨,梁樑和古继宝主持了分组研讨。与会人员一致认为,开展职业学位教育首先要转变观念,要有准确的定位和清晰的发展思路;希望学校重视职业学位教育发展,在办学的硬件条件改善、政策等方面给予支持;建议学校创新考评制度,在职业学位工作量计算、职称评聘等方面应享受与科学学位的同等待遇;在招生工作中,要严把质量关,同时尊重市场规律;各类职业学位教育应充分利用职业学位教育中心这个平台,共享职业学位教育资源。

张淑林副校长最后做了会议总结讲话。她说,职业学位教育是我校学位与研究生教育的重要组成部分,职业学位教育是个复杂的系统工程,其健康发展需要大家群策群力;举办职业学位教育要解放思想,坚持改革;职业学位教育的发展必须围绕和服务于学校的总体发展战略,要始终坚持一个目标不动摇:提高质量、服务社会,做出品牌。职业学位教育中心要发挥平台和纽带作用,要在学校建设中发挥"产、学、研、用"四位一体的作用。张淑林还就完善职业学位教育管理体制提出了相关指导意见,就下一步的职责分工进行了明确,并要求中心要建立定期工作交流机制。

(五十二)我校4名研究生获评2009年"控制工程领域全国优秀工程硕士学位获得者"

2009年7月25日,从日前召开的第六届全国控制工程领域工程硕士培养工作研讨会获悉,我校徐学军、崔周顺、方广军、杨云升4位工程硕士毕业生荣获"控制工程领域全国优秀工程硕士学位获得者"称号,并得到表彰。

这4位获奖学子中崔周顺、方广军、杨云升为自动化系工程硕士毕业生,徐学军为火灾科学国家重点实验室工程硕士毕业生,他们都获得了我校控制工程领域工程硕士学位。他们是分别来自中国人民解放军总装备部和公安部国家消防局,是消防科研、消防科技管理及航天发射测试、航天载人等领域的科研技术骨干,为促进公安部及军队科技进步做出了突出贡献,发表了一系列学术论文,取得了优异科研成果,多次获得军队表彰。

"控制工程领域优秀工程硕士学位获得者"评选活动,旨在表彰毕业后在工作中取得较大进步,为我国社会发展、经济和国防建设做出突出贡献的工程硕士学位获得者,本领域第一次评选,全国共42人获此殊荣。

(五十三)我校博士生暑期实践服务团活动圆满结束

2009年7月25日起,在校团委书记朱东杰、副书记芮锋的带领下,我校2009年博士生暑期实践服务团赴四川省绵阳市开展为期一周的社会实践活动。8月3日,各项活动圆满完成,全体成员安全返回学校。

本次博士生地方经济发展服务团(以下简称"博士团")由来自物理学院、化学与材料科学学院、工程科学学院、信息科学技术学院、合肥微尺度物质科学国家实验室、管理学院和人文与社会科学学院等不同单位的12名在读博士研究生组成。活动以"实践科学发展,服务西部建设"为主题,以邓小平理论和"三个代表"重要思想为指导,深入贯彻落实科学发展观,促进社会和谐发展。在绵阳期间,博士团充分发挥多学科交叉融合的优势,积极为地方经济建设和社会发展服务,全体成员以高度的责任感圆满完成服务灾区重建、搭建桥梁平台、做好专题调研和探讨组织工作等四项基本任务。

(五十四)我校举办 2009 年全国博士生"科技进步与社会发展"跨学科学术研讨会

2009 年 7 月 31 日～8 月 4 日,我校成功举办 2009 年全国博士生"科技进步与社会发展"跨学科学术研讨会。

(五十五)校内研究生教育创新计划全面实施,立项 329 个

2009 年 8 月 13 日,为全面提升我校研究生培养质量,根据教育部研究生教育创新计划的有关文件精神与项目实施经验,结合我校研究生教育发展实际,我校创造性地设计与实施 13 种校内研究生教育创新计划项目。这些项目包括:优秀研究生导师奖励基金、优秀新生奖、博士论文创优支持计划、学位课程建设计划、研究生学校、高水平学术前沿讲座、研究生创新研究基金、国际学术交流支持计划、研究生访学支持计划、研究生创新基地建设计划、研究生学术论坛、导师研讨培训计划、困难研究生扶助计划等项目。

研究生教育创新计划的申请开始于 2009 年 6 月份,研究生院立足于政策制定与宏观调控,在各学院对各个研究生教育创新计划评审的基础上,最终确定批准立项 329 个。

我校校内研究生教育创新计划项目的启动和实施受到了校领导的高度重视,侯建国校长、张淑林副校长对项目设计、启动、申报、实施等各个环节亲自部署,并组织落实。目前各类研究生教育创新计划项目进入了全面实施阶段。

学校对项目进行分类管理。第一类项目为立即启动项目,包括研究生创新研究基金与学位课程建设等,此类项目的经费目前已经拨付到相关负责人,各类项目正在按计划实施;第二类为实时启动项目,项目一旦实施即给予经费支付,目前此类项目有不少已经实施或正在实施,包括高水平学术前沿讲座、导师研讨培训计划、研究生学校、研究生创新基地等。

我校校内研究生教育创新计划项目的设计与实施,是我校探索新形势下研究生教育规律、提升研究生培养质量的创新举措,将形成有利于营造创新的氛围,提高研究生的创新意识与创新能力;有利于提高导师、研究生从事科研创新的积极性;有利于深化研究生培养机制改革,提升我校对校内外优秀生源的吸引力。

(五十六)全国核能与核技术工程领域工程硕士教育协作组第二次会议在我校举行

2009 年 8 月 14～15 日,全国核能与核技术工程领域工程硕士教育协作组第二次会

议在我校举行,来自中国核能行业协会、国家核电技术公司、中国科学技术大学、清华大学、北京大学、上海交通大学、西安交通大学等单位的相关领导、专家、代表共 40 余人参加了会议。本次会议主要传达贯彻全国工程硕士教育协作组组长第四次全体会议精神,研究制定《全日制专业学位(核能与核技术工程领域)研究生培养方案》(草案)与《核能与核技术工程领域工程硕士专业学位标准》(草案),讨论确定今后 4 年的协作组工作安排,交流领域内工程硕士研究生招生、培养经验。

张淑林代表教指委回顾总结了我国工程硕士教育 10 年发展历程和发展成绩,介绍了第二届全国工程硕士专业学位教育指导委员会已开展的工作和第三届全国工程硕士专业学位教育指导委员会将要开展的工作,并对全国核能与核技术工程领域工程硕士教育的下一步发展提出了几点指导意见:第一,希望核能与核技术工程领域要密切关注行业需求,加强与核能行业的联系和交流,抓住当前核能行业人才需求迫切的机遇,为核能行业培养高素质专业人才;第二,要认真贯彻全国工程硕士专业学位教育指导委员的指示,抓紧做好本领域全日制研究生培养方案和学位标准的制定工作;第三,开展核能领域工程硕士培养工作,要始终坚持以质量为生命线,注重人才培养的社会声誉,确保本领域的可持续发展和生命力。

中国核能行业协会理事长张华祝应邀讲话,介绍了当前我国核能发展的形势概况和核能行业协会正在制定的"十二五"核能及人才建设规划情况,指出随着中国核电进入快速发展的阶段,各层次人才严重不足的问题越发凸显,尤其是高级管理和研究设计人才,工程硕士的培养将有助缓解这一突出问题,因此此次会议的召开非常重要。他希望人才培养单位在增加人才培养数量的同时,要重视人才培养质量。

会议还围绕本领域工程硕士培养工作进行了交流和研讨,各个单位代表介绍了办学情况,交流了办学经验,并重点围绕《核能与核技术工程领域全日制工程硕士专业学位研究生培养方案》和《核能与核技术工程领域工程硕士专业学位标准》(草稿)的相关条文进行了认真研讨,取得了共识。

(五十七) 学校召开研究生培养工作交流会

2009 年 8 月 21 日,学校召开研究生培养方案修订与教育创新计划实施情况交流会,各学院、直属系、国家(重点)实验室分管研究生教学工作负责人,研究生院负责人参加了会议。张淑林副校长出席会议并讲话。

张淑林对各单位的学科建设与研究生工作提出了指导性意见。她从我国"985 工程"中长期发展规划的战略高度,指出国家对团队建设、自主创新能力建设、体制机制改革、创新人才培养、高水平国际学术交流非常重视,未来在经费配置上将重点考虑三大奖项、到位经费数、百篇优博、重点学科、博士生招生人数等关键指标。她强调我校研究生教育必须紧密结合国家需求与国家方向。

会上,各研究生培养单位负责人分别介绍了本单位培养方案修订情况以及教育创新

计划的执行情况,并重点就优秀生源的吸引、研究生培养方案修订、课程体系与培养模式、学位授予、导师队伍建设以及研究生教育创新项目的组织实施等问题展开热烈而富有成效的研讨,达到了交流、提高的目的。

(五十八) 学校召开2009年研究生导师暑期工作会议

为进一步增进广大研究生导师对近期学校学位与研究生教育各项工作的了解,强化管理部门的服务意识,提高管理部门的服务水平,并部署下一阶段的工作,学校于2009年8月22日下午在水上报告厅召开2009年研究生导师暑期工作会议,300多名研究生导师参加了会议。侯建国校长与会并讲话。会议由张淑林副校长主持。

张淑林说,自2008年新一届领导班子成立以来,在校领导的关心和支持下,在各位研究生导师的共同努力下,学校学位与研究生教育改革工作取得了一系列成效,例如,启动了研究生培养机制改革,提高了研究生待遇,促进了研究生教育结构的调整和优化;在管理体制上围绕学位与研究生教育这根主线成立了学院学位与研究生教育管理中心、职业学位教育中心、公共实验中心三大中心,凝聚了力量,明确了目标;在推进管理信息化建设方面,建立了基于网络的五大学位与研究生教育信息系统,提高了管理水平和服务水平。召开本次会议就是要让广大研究生导师了解近期学校在学位与研究生教育领域的各项改革与创新政策,熟悉各类网络信息管理系统,共同努力提高我校学位与研究生教育管理水平,促进研究生培养质量提升。

侯建国在会上强调指出,研究生培养质量的好坏最终取决于导师,导师是研究生培养工作的第一责任人。为此,侯建国校长对广大导师提出了几点希望和要求:第一,要进一步增强教育育人的责任感和使命感,关心爱护学生;第二,要关心帮助学生成长,主动了解学生的需求,要根据研究生的个性化特点采取因材施教;第三,要着力创造条件,改善和提高研究生待遇,为广大研究生创造安心学习的环境;第四,在培养过程中,导师要以身作则,严格要求,身体力行,帮助学生树立学术诚信,模范遵守学术规范,维护学术道德;第五,要树立质量意识,把提高培养质量放在首要的位置。

根据本次会议部署,近期研究生院的工作重心主要包括:① 进一步完善包括三大中心在内的管理体制;② 加强研究生招生宣传,建立多元激励机制,提高研究生生源质量;③ 实施各类研究生创新计划,完善研究生支撑体系建设,提高研究生科研创新能力;⑤ 进一步完善包括研究生招生、迎新与离校、学籍与奖助系、博导电子档案、学位论文质量监控等在内的五大信息化系统,提高管理与服务水平;⑤ 完善研究生公共支撑体系,促进研究生的动手能力、实验能力、科研能力;⑥ 做好新的学科生长点项目的申报工作及"985工程"中长期战略规划制定工作。

（五十九）我校第十一届研究生支教队奔赴宁夏回族自治区海原县开展支教工作

2009年8月25日，我校第十一届研究生支教队奔赴宁夏回族自治区海原县开展为期一年的支教工作。

（六十）我校与中科院上海分院商谈代培研究生教育培养事宜

值2009级研究生新生报到注册及入学教育之际，2009年9月2日上午，由中科院上海分院教育基地唐铮主任率团，上海分院所属的微系统所、上海天文台、硅酸盐所、技术物理所、应用物理所、光机所等单位研究生培养工作负责人代表团一行13人来我校进行工作访问，就上海分院在我校代培研究生的培养、管理等事宜与我校座谈。张淑林副校长会见了来宾一行，我校参加座谈会的有研究生院副院长古继宝、党政办副主任何淳宽、学生社区办主任葛宁洁、管理学院副院长赵定涛、信息学院学位与研究生教育中心主任王永、电子科学与技术系总支书记朱领娣、材料科学与工程系总支书记杨萍华以及物理学院汪成友老师和工程学院骆念武老师等，会议由研究生院副院长屠兢主持。

座谈会上，张淑林副校长回顾了我校与上海分院合作培养代培研究生的历程。接纳中科院相关研究所研一新生来我校学习课程，实行"两段式"研究生培养模式，是我校"所系结合"战略的重要组成部分，该项工作已持续多年，双方已形成了血脉相承的关系。据统计，我校近年每年接纳研究所来校学习课程的研究生有1000余人。张淑林介绍了目前我校研究生教育的管理体制，高度评价了双方在代培生合作培养工作上已取得的重要成效，认为代培生工作已成为推进学校"所系结合"工作的纽带，希望通过代培生的合作进一步带动和促进双方在专业学位教育、学科建设、导师互聘等方面的深层合作。她表示，学校将认真听取研究所的意见和建议，把代培生工作纳入学校研究生教育的正常管理体系，学校将克服困难，努力为代培生创造更加良好的学习和生活环境，也希望各学院的学位与研究生教育中心在该项工作中发挥主导作用。

唐铮主任高度评价了我校学术优先、追求卓越的办学理念以及近年来在人才培养方面取得的成就。代表团一致认为，我校是国内顶级名校，学风好，拥有优质的教育教学资源，把研究生送到我校接受系统的课程教育，不仅对于充实和完善本所研究生的知识结构，感受我校校园文化，培养科学素养具有重要意义，而且已成为研究所招生宣传的一个亮点。他们感谢我校在自身办学资源紧张的情况下给代培生提供了良好的学习、生活条件，使广大代培生在我校有家的感觉和强烈的归属感。

与会双方就代培生的选课、成绩考核、住宿安排、思想政治工作、生活管理、党团组织建设、校园文化活动等进行了较为深入的沟通和交流，并提出了进一步完善的建议和意见。

（六十一）我校开展2009级研究生新生入学教育，本年招收2337名硕士生、725名博士生

为了帮助广大研究生新生尽快适应新环境，了解学校的公共学术资源，感受我校的文化氛围，迅速建立起对学校的归属感，学校于2009年9月3日在东区大礼堂为2009级校本部的2000多名研究生新生上了迈入我校校园的第一课——研究生入学教育。2009年，我校共招收2337名硕士研究生、725名博士研究生。

上午8时30分，研究生新生入学教育在庄严的国歌声中拉开了序幕。为新生授课的有我校校长兼研究生院院长侯建国院士，校学位委员会副主任李曙光院士，研究生院、校学位办及公共支撑体系负责人等。张淑林副校长主持了入学教育仪式。

侯建国校长代表全体师生员工向来自五湖四海的2588名研究生新同学表示最热烈的欢迎和衷心的祝贺。他说，我校作为中科院所属的研究型全国重点大学，1958年创建于北京。我校以创新立校，开创了新中国高等教育教学与科研相结合、科学与技术相结合的新模式。我校的研究生教育开始于1963年，并于1978年成立了我国第一个研究生院，在国内率先建成完整的学位授予体系。1983年，我国首批授予博士学位的18人中有7位毕业于我校。31年来，学校研究生教育发展迅速，现在读全日制研究生9000多人。研究生教育质量也在全国高校中名列前茅，培养出包括李国杰、马志明等7位两院院士在内的大批科技英才，也培养出联想集团总裁杨元庆、海尔集团董事局主席张瑞敏等著名企业家，还有国防、金融、教育等各领域的一大批高水平领军人才。最近10年，我校共有30位博士生荣获"全国优秀博士学位论文"，获奖比例在全国名列前茅。

侯建国说，我校是一所崇尚科学、不断创新、追求卓越的学校，学校对广大新同学寄予厚望，希望同学们凭借自己的勤奋与智慧，在学习和研究中善于选择、敢于创新。侯建国还以一名学长和导师的身份，就如何做好自己的学习和研究工作提出五点希望：一是要培养兴趣；兴趣是最好的老师，可以激发人的创造热情、好奇心和求知欲；二是要理解责任。遇到困难时不要轻言放弃，要迎难而上，持续攻坚，不断探索；三是要善于合作；四是要敢于创新。要有批判性思维和创新意识，敢于怀疑，勤于思考，勇于创新，在思考中突破，在实践中创新；五是诚信与学风。无论做人、做事、做学问，都不能随波逐流，而应该把诚信当作人生立足的根本。

李曙光院士为研究生新生做了题为《什么为读研究生和科大的主流价值观》的专题报告。他说，我校建校宗旨是培养为中国社会主义建设事业服务的合格尖端科学技术人才，科教报国是我校的主流价值观。"红专并进、理实交融"是我校的校训，也是我校精神的本质。"红"体现了鲜明的价值取向，核心是"为谁服务"的问题，"做红色科学家"是第一代中国科大毕业生的主流价值取向。虽然科学没有国界，但科学家是有祖国的，科学转化为生产力后是有知识产权的。科技强国是新一代年轻学子们的历史使命。李曙光表示，做一名研究生，最重要的是要诚实，杜绝学术不端；要集中精力于学业；要勤奋，主动思考、主动调研、主动沟通；要踏踏实实，要有高标准，各方面严格要求自己，通过自己的拼搏努力，实现自己的生命价值。

博士生新生代表邹均庭、硕士生新生代表孙立婷先后发言，表示在自己今后的学习生涯里，充分发扬科大精神，不骄傲、不虚度、不满足，克服各种困难，积极应对各种挑战，努力巩固自己的专业知识，不断完善自己的知识结构，厚积薄发，做有理想、有信念、有追求的一代新人，为学校创建世界一流研究型大学添砖加瓦，为中华民族的伟大复兴贡献自己的力量。

张淑林副校长充满激情地寄语广大新同学：迈入科大读研，意味着开始新的生活、新的挑战，希望同学们肩负起学校的光荣与梦想，秉承科大人追求卓越的精神，记住今天跨入研究生学习生活的第一课，记住校长的重托、导师的叮嘱，在未来几年的求学征程上，刻苦努力，超越自我，争取更优异的成绩，以回报学校的培养。她表示，学校相关部门将努力为同学们营造良好的学习生活环境，我们和广大研究生导师将与同学们一路同行。

根据研究生院的安排和部署，全校集中的入学教育结束后，各学院学位与研究生教育中心还将举办丰富多彩、各具特色的入学教育。

（六十二）化学与材料科学学院积极开展研究生教育创新计划项目

为全面提升研究生培养质量，在校研究生院的大力支持下，化学与材料科学学院积极开展研究生创新计划项目，并已经正式启动了5项创新计划。

研究生高水平学术前沿讲座于2009年9月4日正式揭开帷幕，首次讲座邀请我校千人计划入选者罗毅教授为师生们作了题为 Quantum Chemistry Applied: From Structures to Functionalities of Molecular Complexes 的报告。

本次研究生高水平学术前沿讲座特别邀请了美国化学会志 JACS 主编 Peter J. Stang 教授来校访问，侯建国校长和窦贤康副校长分别会见了 Peter J. Stang 教授。访问期间，Peter J. Stang 教授参观了微尺度物质科学国家实验室、国家同步辐射实验室、化学与材料科学学院和生命科学学院，与几十位老师一一交谈或餐叙。10月9日下午，Peter J. Stang 教授为师生们做了题为 Nanoscale Molecular Architecture: Design and Self-Assembly of Metallocyclic Polygons and Polyhedra via Coordination 的讲座。讲座现场人员爆满，场面十分壮观。

至10月底，化学与材料科学学院共邀请了14位国内、外专家为师生们举行了高水平学术前沿讲座，这包括了美国国家科学院院士等在内的9位海外专家、一名中科院院士、一名千人计划入选者、一名杰出青年基金获得者和两位在相关专业领域有重要影响的教授或研究员。师生们反响热烈，认为举办这样的高水平学术前沿讲座对提高研究生的培养质量成效显著，收获颇丰。

另外，化学与材料科学学院组织专家评审出了22项研究生创新基金项目，并正式实施，目前进展顺利。研究生创新基地建设计划、公共课与学位课程建设计划也正在积极推进与实施中。研究生学术沙龙项目处于宣传和论文收集阶段,并于11月4日正式召开了研究生学术沙龙启动仪式。研究生导师培训计划项目将于近期组织实施。

研究生教育创新计划涉及研究生教育的各个方面,对研究生培养质量的提高具有明显的促进作用。化学与材料科学学院将继续稳步推进该计划项目,并力争开展更多的创新计划,为研究生教育的改革和发展做出应有的贡献。

(六十三) 学校印发2009版《中国科学技术大学研究生手册》

2009年9月8日,为切实做好2009级研究生的入学教育工作,使研究生新生尽快熟悉学校研究生教育的有关政策和规章制度,了解学校在培养、奖助诸方面的创新举措,研究生院日前向各学院学位与研究生教育中心、全体研究生新生分别发放了纸质版和光盘版《中国科学技术大学研究生手册》(2009版)(简称《研究生手册》)。

《研究生手册》是我校研究生教育工作的重要文献,学校历来重视研究生教育与管理制度的建设和《研究生手册》的编制工作。随着我校学位与研究生教育的发展和培养机制改革的深化,研究生招生、培养、管理和学位授予等各方面的规章制度均发生了一系列变化。为此,在前期广泛征求意见的基础上,研究生院对我校《研究生手册》进行了全面修订和完善。2009版《研究生手册》内容涵盖我校学位与研究生教育概况、学科建设、招生、培养、学位授予、学籍与教学管理、专业学位、学位论文撰写规范、学术论文发表参考指南等方面,信息量大、实用性强。新版《研究生手册》的印发,将有助于研究生新生步入正常有序的学习和生活,在规范研究生教育与管理工作和提高培养质量方面将起到积极的促进作用。

在《研究生手册》的发放工作中,研究生院积极贯彻从"管理"向"服务"转化的思想,组织力量将近千本纸质书籍、4000多份光盘直接送到各教学培养单位,这一做法得到各学院学位与研究生教育中心的肯定。

根据学校要求,各学院学位与研究生教育中心将结合入学教育需求,组织2009级研究生新生认真学习《中国科学技术大学研究生手册》的相关条款,指导学生严格遵守学校各项教学、管理、科研规章制度,引导研究生正确定位自身发展方向,刻苦钻研,勇于实践,努力成为社会栋梁之才。

(六十四) 学校召开2009~2010学年第一次职业学位教育中心工作会议

为进一步明确职业学位教育发展思路,研讨应对职业学位教育所面临的新形势新问题,布置落实下一阶段工作,学校于2009年9月18日召开2009~2010学年第一次职业学位教育中心工作会议。副校长张淑林出席会议并讲话,校长助理尹登泽,职业学位教育中心管理委员会委员参加了会议。会议由职业学位教育中心副主任梁樾主持。

张淑林强调,各单位在招收全日制专业学位研究生时就要充分考虑就业问题,要重

视并专设专业学位研究生的入学教育和毕业典礼。她要求各单位要认真贯彻落实学校"135"改革创新发展工作思路,与时俱进,创造性地开展职业学位教育工作。

与会委员还围绕职业学位教育招生与宣传、培养模式、管理创新等若干问题进行了热烈讨论。大家一致认为,职业学位教育是我校学位与研究生教育的重要组成部分,要围绕和服务于学校的总体发展战略,勇于解放思想,在实践中要结合形势,不断推进管理体制和运行机制创新。

(六十五)学校举行2009年中国科大-香港城大联合培养博士生开学典礼

2009年9月18日上午,中国科大-香港城大联合培养研究博士生2009年新生开学典礼在我校苏州研究院举行。出席开学典礼的双方校领导有我校副校长张淑林、校长助理尹登泽,香港城大副校长王世全等,我校研究生院组织相关学院负责人及有关导师二十余人赴苏州出席了开学典礼。开学典礼由我校苏州研究院常务副院长黄刘生主持。

张淑林副校长在开学典礼致辞中首先代表学校向今秋进入中国科大-香港城大联合高等研究中心(苏州)学习的博士新生们表示欢迎和祝贺。随后,她介绍了我校新一届领导班子提出的学校"135"改革创新发展工作思路,重点阐述了我校学位与研究生教育的"3551工程",即建设好"3"个中心:学位与研究生教育中心、职业学位教育中心、公共实验中心;"5"大公共实验平台:理化科学实验中心、生命科学实验中心、工程与材料科学实验中心、信息科学实验中心、超级运算中心;"5"大信息化系统:研究生招生系统、报到与离校系统、学籍与奖助系统、学位论文质量监控系统、导师电子档案系统;实现"1"个目标:提高研究生培养质量。张淑林还回顾了我校苏州研究院的办学经历,强调两校在研究生教育层次上强强联合、精品办学的建设理念,肯定了两校合作对我校研究生管理与服务理念上的提升作用,同时勉励同学们要抓住时机,努力学习,为我校、香港城市大学两校的发展做出自己的贡献。

王世全副校长在致辞中指出,今年是两校合作的第五个年头,也是招收学生最多的一年,合作培养在两校新一届领导班子的共同关注和领导下进入了一个新的发展阶段,他代表香港城大衷心感谢我校领导和导师多年来在联合培养项目上的大力支持和帮助,希望两校继续保持密切合作,并要求联合培养博士生们要把握好一流的学习环境,利用好一流的科研资源,珍惜机会,积极参与,为今后的科研之路打下坚实的基础。

联合培养博士生代表胡智慧同学在开学典礼上做了发言。会后,联合培养项目的导师和同学们进行了交流座谈。

开学典礼后,张淑林副校长主持会议与王世全副校长一行就两校联合培养博士生学位论文答辩、招生名额确定、教学科研用房安排等相关事宜进行了研讨,出席研讨会的我校有关部门负责人有研究生院副院长屠兢、古继宝,校学位办主任倪瑞,苏州研究院常务副院长黄刘生、副院长李彬,管理学院执行院长梁樑等。

（六十六）学校布置新学期学位与研究生教育工作及2010年推荐免试研究生工作

2009年9月25日下午,学校在东区师生活动中心五楼会议大厅召开本学期学位与研究生教育工作及2010年推荐免试研究生工作会议,各学院学位与研究生教育中心全体成员、校职业学位教育中心管理委员会成员及相关教学单位负责人、相关职能部门负责人等参加了会议。会议由张淑林副校长主持。

关于本学期学位与研究生教育工作重点,张淑林强调研究生院将不断巩固改革成果,着力完善管理体制和运行机制,积极推进研究生教育创新,努力提高研究生培养质量,具体工作包括：

（1）学院学位与研究生教育中心：做好推荐免试、招生宣传、培养方案修订、创新计划实施、培养机制改革（第三步）等工作,探索建立分类的新的学位标准（科学学位和专业学位）以及质量为先的评价系统,完善应用和完善研究生教育五大信息系统（招生、迎新与离校、学籍与奖助、导师系统、论文监控）。

（2）职业学位教育中心：集中在苏州、上海、合肥做好以专业学位教育为主体的产学研主战场的开拓工作,打造优质品牌,努力拓展就业市场和高端培训市场。

（3）公共支撑中心：继续建设五大研究生公共实验中心,扩大开放,推进应用；积极推进信息化应用进程,构筑校园信息高速公路,完善研究生教育五大信息系统；加强数字化图书文献资源建设,提高为研究生提供文献服务的水平。

（4）召开学校第五次学位与研究生教育发展工作会议,启动学位与研究生教育"3551工程",通过"三大中心、五大公共支撑平台、五大信息系统"这个着力点,实现一个目标：提高研究生培养质量,打造精品,在科学学位研究生教育领域创"顶天"奇迹,在专业学位研究生教育领域,绘"立地"宏图。

（六十七）我校举办物流工程教育研讨会

2009年9月29日下午,我校举办物流工程教育研讨会,学校研究生院、管理学院、继续教育学院等有关部门的负责同志、教师及学生代表出席研讨会。安徽省物流龙头企业徽商集团、合肥市人民政府、安徽大学物流科学与工程系、合肥协和集团等单位派员参加研讨。安徽商报、安徽市场报、江淮晨报等多家新闻媒体参加会议。这是我校物流工程教育领域召开的首次产学研多部门共同参加的教学研讨会议。会议由我校物流工程硕士中心承办。

副校长张淑林出席会议并讲话。她介绍了国家在研究生教育与培养方面的创新与改革措施,并指出应用型专业学位研究生教育将成为研究生教育培养体系中的重要发展方向,要为建设创新型国家培养更多高质量的应用型专业人才。她说,我校物流工程硕士起步于 2007 年,经过近几年的发展取得了一定的成效,但是与国家、社会和企业的需求相比,还存在着一定的差距。学校近期对专业学位教育资源进行优化配置、合理布局,紧密围绕学校"135"发展战略,将我校物流工程硕士教育工作推向一个新的台阶。

经过讨论和交流,我校物流工程教育中心(Master of Logistics Engineering,简称 MLE)就下一步推进我校物流工程硕士的各项工作提出了近期工作落实重点:第一,加强与高校及科研单位的合作,以我校 MLE 为发起单位筹备成立安徽省物流工程教育协会;第二,加强与企业及用人单位的合作,与徽商集团共同培养物流高级专门人才、与协和集团共建物流教育实习基地;第三,将我校物流教育与合芜蚌创新基地建设紧密结合;第四,积极参与合肥市建设国家物流示范城市的各项活动;第五,狠抓我校物流教育基础工作,在师资队伍建设、教材及案例库建设、物流网络教学、物流信息平台等方面做好扎实工作。力争用 3 年左右的时间,将我校物流工程硕士打造成为国内同行业中的著名品牌,为我校建设世界一流研究型大学、为建设创新型安徽做出自己应有的贡献。

(六十八)我校研究生论文在"MobiMedia 2009"上获最佳学生论文奖

2009 年 9 月,信息学院电子工程与信息科学系 2006 级硕士研究生张金荣的论文在"International Mobile Multimedia Communications Conference 5th"(MobiMedia 2009)上荣获最佳学生论文奖。

(六十九)我校硕士生作为中国第 26 次南极考察队队员随队出征

2009 年 10 月 11 日,我校极地环境研究室的硕士生李明作为中国第 26 次南极考察队队员随队出征,他将对格罗夫山进行雪冰考察,这是我校首次进入南极内陆考察。

(七十)我校研究生教育创新计划项目实施进展顺利

研究生教育创新计划项目自 2009 年 6 月份开始实行以来,各学院都在紧张有序地推进此项工作,目前各类研究生教育创新计划项目已经按计划实施,进入了全面开展阶段。其中第一类项目,即研究生创新基金项目 221 个、学位课程建设项目 27 个,已全面启动。第二类项目已启动 27 项,其中有代表性的学院为:地空学院、核科学技术学院、管理学院、物理学院、人文学院等。

2009 年 9 月 30 日上午,作为我校研究生教育创新计划项目之一的研究生创新基地"生态地质学研究"举行了启动仪式。张淑林副校长应邀出席并致辞,极地环境研究室全体师生参加了会议。会上,张淑林副校长就我校的极地事业发表了讲话。她回顾了极地环境研究室艰苦的创立与发展过程,认为极地环境研究室用自己不懈的努力赢得了各方

面的支持,为极地环境研究室的发展铺平了道路,为年轻人的发展创造了机遇,学校将继续给予大力支持,为有志于极地事业的广大研究生和本科生提供难能可贵的创新舞台,使我校的极地研究上一个新台阶。

核科学技术学院召开了研究生教学培养工作研讨会,就如何提高研究生培养质量、促进学生全面发展,实施学术型和应用型分类培养的必要性和意义,课程设置,以及如何结合核学院的实际情况培养符合社会需要的人才等进行了研讨。

管理学院学位与研究生教育中心邀请香港中文大学 Samart Powpaka 教授为企业管理和行政管理两个专业的研究生举办了"管理行为研究方法与结构方程模型"系列讲座,讲座对进一步提升研究生的科研能力起到了促进作用。不少研究生表示系列讲座使他们很受启发,对合乎国际规范的研究方法和先进的结构方程模型统计分析方法产生了浓厚兴趣,希望今后多有机会加强这两方面知识的学习。

9月22日下午,物理学院的研究生创新基金评审答辩在理学院会议室举行,来自物理系、光学工程系、近代物理系、天文与应用物理系近40名同学参加了答辩。创新基金遵循"自行设计、自由探索、自己动手、自主创新"的原则,对选题为本学科前沿,课题具有明显的创新内容,能够反映出研究生原创性思想的项目予以资助,最后评选出一等奖2名、二等奖4名、三等奖23名。

10月15日下午,人文学院科技哲学部承办的"科技与人文"研究生学术论坛正式开幕并举行了首场报告会,包括科技哲学部在内的全校感兴趣的老师和同学参加了开幕式。本次论坛将持续一学期,拟安排系列的学术活动,力争使论坛成为研究生创新教育的第二课堂,并通过活动营造具有我校特色的校园文化。

研究生教育创新计划项目涵盖了研究生课程建设、创新基地建设、导师培训计划、高水平讲座、研究生创新基金、博士论文创优支持计划、国际学术会议资助、学术论坛等方面,它的全面实施,不仅提高了研究生的创新意识与创新能力,开拓了学术视野,调动了导师、研究生从事科研创新的积极性,而且对于提升研究生培养质量,改善我校研究生培育环境,起到了重要的作用,得到了大家的一致好评与认可。

(七十一)我校博士生获得"ACM Multimedia 2009"会议最佳论文奖

2009年10月19~23日,"ACM Multimedia 2009"在北京召开,以我校博士生查正军为第一作者的论文获得本次会议最佳论文奖。

(七十二)计算机学院研究生教育创新计划系列报道——高水平学术前沿讲座

自2009年8月份计算机学院启动"计算机学科高水平学术前沿讲座"计划以来,已邀请多位著名学者来我校进行学术交流。

8月15日,香港科技大学计算机系教授、IEEE Fellow 杨强博士应邀访问了计算机学院,并做了"计算机学科高水平学术前沿讲座"首场报告会。杨强教授做了题为 *Heterogeneous Transfer Learning* 的学术报告。杨强教授首先介绍了问题提出的背景。在实际应用中,常常面临着关注对象的训练数据特征非常少,但有很多其他特征空间的数据。面对这种情况,如何有效利用其他数据特征便成为一个既具挑战性又有实际意义的问题。现有的许多学习方法不能利用这些辅助数据,因为这些算法都需要训练数据和测试数据来自同一分布和特征空间的假设。但在这一假设不成立时,就需要一种新的技术,以帮助我们从一种特征空间转移到另外一种特征空间。报告会中,杨强教授为师生们介绍了转移学习的具体方法以及如何用这些方法提高目标领域的学习性能。杨强教授的报告语言生动、精彩纷呈,报告内容引起了在座同学的强烈兴趣。报告会后,杨强教授还详细解答了多位同学的提问。

9月28日,本田研究院欧洲分院的主任科学家、"演化与学习"项目组负责人,我校客座教授金耀初博士应邀访问了计算机学院,并做了"计算机学科高水平学术前沿讲座"报告会,报告题为 *Brain-Body Co-Evolution towards Understanding Major Transitions in Evolution of Primitive Nervous Systems*。人工生命(Artificial Life)是人工智能的一个重要研究领域,也是本田研究院近年来的主要战略研究方向。作为世界知名的本田公司的下属机构,本田研究院具有很强的工程研究背景,其研究课题往往是由具体的工程问题抽象而来的。金博士在报告中着重介绍了演化多目标技术在 F1 赛车、飞机制造等本田公司重要工程项目中的实际应用,为我院着眼于演化计算基础研究的师生展现了演化计算在工业界的广阔应用前景。

10月22~23日,应计算机科学与技术学院的邀请,2007年"ACM 图灵奖"获得者 Edmund M. Clarke 教授来校访问交流。10月22日下午,侯建国校长与 Clarke 教授座谈,计算机科学与技术学院陈国良院士、执行院长陈华平教授参加了座谈会。随后,Clarke 教授做了题为 *Model Checking*:*My 28-year Quest to Overcome the State Explosion Problem* 的学术报告。报告中,Clarke 教授由浅入深地阐述了模型检验的原理、优缺点、方法、硬件与软件上的应用和挑战。模型检验是一种针对有限状态迁移系统的高效自动验证技术,它主要通过显式状态搜索或隐式不动点计算来验证有穷状态并发系统的模态命题性质,已被广泛应用于计算机硬件、通信协议、控制系统、安全认证协议等方面的分析与验证。Clark 教授在讲到模型检验的四个重大突破时,特别介绍了其中一位贡献者——他的一名来自我校少年班的学生——Yunshan Zhu。

(七十三)学校召开研究生培养方案修订与教育创新计划执行情况交流会

为进一步了解我校各学院研究生培养方案修订进度,掌握研究生教育创新计划项目执行情况,交流经验,发现问题,并布置下一阶段的工作,学校于2009年10月28日下午召开研究生培养方案修订与教育创新计划执行情况交流会,各学院学位与研究生教育中心负责人、研究生院负责人参加了会议。张淑林副校长出席会议并讲话。

会上,各学院学位与研究生教育中心负责人通报了本学院各学科研究生培养方案修订的进展情况与教育创新计划项目的执行情况,从培养目标、课程设置、必修环节、科研能力要求等方面介绍了新方案的创新点,分析了培养方案修订与教育创新计划执行中存在的困难和问题,交流了相关经验,并结合须改进和完善的环节进行了热烈研讨,提出了相关建议和意见,通报了下一步的工作安排。

软件学院、继续教育学院还介绍了全日制专业学位培养方案的制定情况。

古继宝就研究生培养方案修订与研究生教育创新计划实施的进度、时间要求、培养方案文本格式的规范化等需注意完善和改进的细节进行了补充说明,对研究生培养方案修订与研究生教育创新计划执行的下一步工作进行了布置。

关于我校学位与研究生教育工作下一阶段的工作重点,张淑林强调要着力做好以下几项工作:第一,深化研究生培养机制改革,在硕士研究生教育层面引导完成科学学位与专业学位的分类转型,在博士教育层面构建精品质量保证体系,建立科学的分类质量评价体系;第二,完成研究生培养方案修订工作,推进研究生教育创新计划项目实施,努力营造研究生创新生态环境,提高研究生创新能力和培养质量;第三,总结经验,进一步完善以学院学位与研究生教育中心、职业学位教育中心、研究生公共实验中心三大中心为核心的学位与研究生教育管理体制,实现学位与研究生教育管理的高效和优化,创建服务型研究生院。

我校培养方案修订工作于2009年6月启动,目前在各学院的积极配合下工作进展顺利,各学院已初步完成了研究生培养方案的修订,根据研究生院部署,下一步将从细节上完善培养方案,于11月20日前提交各学位分委员会审议,并最终提交校学位委员会审议通过。研究生教育创新计划实施也进展顺利,目前各类研究生教育创新计划项目已经按计划实施,进入了全面开展阶段。其中由学院自行组织的研究生创新基金项目(221个)、学位课程建设项目(27个),已全面启动,其他的全校竞争性申报的项目部分已启动,各单位申报积极性很高,研究生和导师对创新计划的实施非常欢迎,认为有利于培养和锻炼研究生的创新能力。

(七十四) 2009年"中国科学院优秀博士学位论文"结果公布,我校8篇入选

2009年10月,中科院人事教育局发出《关于公布2009年度"中国科学院优秀博士学位论文""中国科学院优秀研究生指导教师奖"评审结果的通知》(科发人教字〔2009〕166号),公布了2009年度"中科院优秀博士学位论文"和"优秀研究生指导教师奖"评选结果,共评选出优博论文奖50名、优秀研究生指导教师50人。其中我校8位博士毕业生及其导师分获"优秀博士学位论文奖"和"优秀研究生指导教师奖"。

"中科院优秀博士学位论文"评选工作启动于 2004 年,每年进行一次,每次评选出的优秀博士论文一般不超过 50 篇。根据有关规定,对毕业后仍留中科院工作的优博论文作者,中科院将给予科研启动资金的资助。

(七十五) 中国科协书记处书记冯长根教授为我校博士生做专题学术报告

在我校研究生创新计划项目的支持下,作为我校研究生政治课程教学改革的重要创新举措之一,学校于 2009 年 11 月 4 日下午邀请中国科协书记处书记、《科技导报》主编冯长根教授来我校为博士研究生做题为《博士生如何夯实成功科研生涯的基础》的专题讲座。张淑林副校长会见了冯长根教授并出席报告会致辞,报告会由研究生院副院长屠兢主持。

张淑林在致辞中代表学校向冯长根教授表示欢迎。她说,冯长根教授是我国化学工程领域著名专家,科研业绩斐然,对做好科研工作有独到的见解和体会,最近在浙江大学、中科院研究生院、四川大学等著名高校做的关于《研究生如何夯实成功科研生涯的基础》的学术报告,在广大博士研究生中产生了轰动,受到广大博士研究生的欢迎,对博士生今后从事科研工作具有很好的指导意义,希望同学们认真听讲,引领自我的科研生涯走向成功。

冯长根教授的报告从一个寓言小故事开始,然后紧密围绕"成功"这一主题,结合自己做学生和现在指导学生的亲身经历和经验,提出了独到的见解,他认为,研究生成功科研生涯需要具备的结构性要素有四个:第一,与导师建立良好的关系并时常沟通;第二,合理安排时间;第三,管理好自己需要的学术文献;第四,善于表达自己的思想。整场报告通俗易懂,四个部分条理清晰、层层推进,全面具体地回答了做研究需要面对和解决的基本问题。最后,冯长根教授还借用一个小故事给在场的博士生们指出:"世界上唯一能限制你发展的人就是自己。"讲座上,冯教授还热情地与在场的学生进行了互动,耐心解答了同学的提问。

本次报告会吸引了众多的博士研究生,整个东区学生活动中心五楼报告厅座无虚席,气氛热烈。讲座内容也深深折服了在场的每一位同学,同学们都表示要根据冯教授的指导,夯实基础,争取科研生涯成功、精彩。

(七十六) 陈长汶教授做客"研究生高水平讲座",畅谈科技论文写作

2009 年 11 月 16 日下午,美国纽约州立大学布法罗分校计算机科学与工程系教授、我校大师讲席教授陈长汶先生应邀做客"研究生高水平讲座",做了题为《从一个国际期刊主编的角度谈科技论文的写作》的报告。信息学院副院长奚宏生教授以及众多感兴趣的师生出席了报告会。报告会由研究生院副院长古继宝主持。

陈长汶教授结合个人的成长经历,和研究生们分享了成才尤其是成功的科研人员应具备的素质:扎扎实实、胸怀广阔、善于表达、长于交流、勇于探索、高瞻远瞩。他语重心长地指出,我校学生具备良好的数理基础和勇于探索的精神,但在表达、交流能力方面有所欠缺。随后,他以科技论文撰写为例,向同学们讲述了如何更好地把自己的科研成果正确、有说服力地表达出来。

在讲述科技文写作尤其是英文写作方法时,陈教授从内容的准备、文章模块的构建、提高文章的说服力等方面,为同学们阐述了从一个正确、有意义的技术创新,到一篇正确的文章,再到一篇有说服力甚至激动人心文章形成的渐进过程。

(七十七) 我校全日制工程硕士培养方案制定工作初步完成

2009年11月17日,为更好地适应国家经济建设和社会发展对高层次应用型人才的迫切需要,教育部决定自2009年起,扩大招收以应届本科毕业生为主的全日制硕士专业学位范围。2009年教育部计划增招全日制硕士专业学位研究生5万名,我校增招名额分布在信息学院、计算机科学与技术学院、地球与空间科学学院、生命科学学院、管理学院及国家同步辐射实验室等8个院系,涉及7个工程硕士授权领域,共增招全日制工程硕士研究生106名。

开展全日制工程硕士研究生教育,是主动适应我国经济建设和社会发展、加快培养高层次应用型人才的需要,是我国学位与研究生教育改革与发展需要,是进行研究生教育结构调整的一项重大改革举措,学校对此项工作十分重视。

针对应届本科毕业生全日制攻读硕士专业学位研究生的培养特点,全日制工程硕士研究生需单独制定培养方案,培养方案的制定应坚持以《教育部关于做好全日制硕士专业学位研究生培养工作的若干意见》(教研〔2009〕1号)及《关于制定全日制工程硕士培养方案的指导意见》(学位办〔2009〕23号)为原则,立足于培养高层次应用型人才的目标,充分体现专业领域的实践性和应用性特点,突出专业学位研究生教育的特色。

按照国家要求,对于应届本科毕业生全日制攻读硕士专业学位的研究生,学校要针对全日制学习的特点,结合专业学位教育的培养目标,调整培养方案,改革培养模式,以确保培养质量。培养方案的制定不能是科学学位研究生或在职攻读硕士专业学位研究生培养方案的翻版。在课程设置上,要强调理论性与应用性课程的有机结合,并侧重应用性课程。强调突出案例教学和实践教学,在学期间必须保证不少于半年的学习实践,培养方案的内容包括培养目标,课程设置和学分要求,培养方式和学习年限,实践教学和学位论文等。

随着全日制攻读硕士专业学位工作广泛开展,学校将专业学位研究生教育完全纳入全日制研究生教育的主渠道,进一步调整和优化其类型结构,注重硕士研究生教育从以培养学术型人才为主的模式向以培养应用型人才为主的模式转变,建立职业应用型和基础研究型硕士分类体系,硕士研究生入学后分流培养,以适应各类人才的发展。2010年,

我校17个工程领域均可接收应届本科生报考全日制攻读工程硕士研究生。

(七十八) 学校召开专业学位教育工作会议

为深入了解国家关于学位与研究生教育的政策动向,研讨应对专业学位教育面临的新形势新发展,并布置落实下一阶段工作,学校于2009年11月20日下午在办公楼第一会议室召开专业学位研究生教育工作会议。副校长张淑林出席会议并讲话,校职业学位教育中心管理委员会委员、专业学位教育相关单位负责人及教学秘书参加了会议。会议由校职业学位教育中心副主任梁樑主持。

会上,我校各专业学位教育单位负责人首先通报了2010年专业学位研究生报名情况,交流了招生宣传工作经验。

张淑林副校长在会上全面总结了职业学位教育中心成立一年来的工作,传达了教育部、国务院学位办近期召开的若干专业学位教育工作会议的有关精神,并对我校专业学位教育的下一步发展提出意见。她说,中心成立后我校专业学位教育取得了一些有影响的标志性成果,例如,学校获得了EMBA、法律硕士、项目管理等新增专业学位授权;继续教育学院初步实现了战略转型;苏州研究院推进地方政府共建了科技产业园;软件学院招生实现了跨越式发展。目前,我校专业学位教育迎来了良好的发展机遇,为适应社会需求,未来几年,全国的硕士研究生教育要从传统的以学术性学位教育为主转向学术型和应用型学位教育并存的格局发展。为应对新形势、新挑战,我校开展专业学位教育应进一步解放思想,转变观念,要高度重视质量和品牌;要进一步完善现有的专业学位教育管理体制,优化整合各类专业学位教育资源,集中打造统一的专业学位教育招生平台;充分重视利用苏州研究院、上海研究院这两个平台和窗口,大力发展专业学位教育,扩大在区域经济发达地区的办学影响。

据统计,专业学位教育近年来在我校发展较快,目前,各类在学专业学位研究生人数已达到在学硕士研究生人数的一半,专业学位研究生教育已成为我校研究生教育体系的重要组成部分,专业学位教育的影响日益扩大。

(七十九) 我校张淑林当选第四届中国学位与研究生教育学会常务理事并被授予"学会建设贡献奖"

中国学位与研究生教育学会会员大会于2009年11月27~28日在北京召开。教育部原副部长赵沁平、国务院学位办副主任郭新立、第三届学会领导以及会员单位代表共500余人参加了大会。

大会进行了学会换届选举,赵沁平当选为第四届中国学位与研究生教育学会会长。我校被选为常务理事单位,我校副校长张淑林当选为第四届中国学位与研究生教育学会常务理事,这是张淑林第二次当选为学会常务理事。大会还对若干个人进行了表彰,张

淑林副校长以及我校研究生院副院长陈伟由于热心学会工作,为学会发展做出显著成绩和突出贡献,被授予"学会建设贡献奖"。

会上,新一届学会会长赵沁平、国务院学位办副主任郭新立以及学位与研究生教育领域的10多位知名专家从研究生教育发展形势与使命、研究生教育研究、研究生教育评估、学科目录调整、国外研究生教育制度、研究生学术规范、工程教育人才培养、专业学位教育理论和实践等方面做了精彩的大会学术报告,解读了当前研究生教育中的若干重大理论和现实问题。

本次大会结束之后,中国学位与研究生教育学会文理科工作委员会进行了换届选举,22位研究生教育领域的专家被选为委员,我校张淑林副校长以全票当选为中国学位与研究生教育学会第四届文理科工作委员会副主任委员。主任委员为中科院院士、北京大学研究生院院长王恩哥。

中国学位与研究生教育学会是由依法从事学位与研究生教育工作的高等院校和相关机构组成的全国性学术团体,共有团体会员单位400多个,其职能主要是开展学位与研究生教育理论和实际问题的研究,组织学术交流,加强与社会各界的联系与合作,开展咨询、培训等活动。学会下设8个工作委员会:文理科工作委员会、工科工作委员会、农林学科工作委员会、医药科工作委员会、师范类工作委员会、信息管理委员会、评估委员会、德育委员会。近年来,学会及各工作委员会的工作为推动我国学位与研究生教育的改革,为建设和完善有中国特色的社会主义学位制度和研究生教育体系做出了重要贡献。

(八十) 我校获第四届"《学位与研究生教育》优秀论文"一等奖

从2009年11月27～28日在北京召开的中国学位与研究生教育学会会员大会传来喜讯,由国务院学位委员会办公室、中国学位与研究生教育学会、学位与研究生教育杂志社共同组织的第四届"《学位与研究生教育》优秀论文"评选结果公布,我校张淑林、裴旭、陈伟共同撰写的论文《我国研究生教育发展现状与问题研究》被评为一等奖。

该文发表在2005年《学位与研究生教育》第5期,被《高等教育》2005年第7期全文转载。文章从我国学位与研究生教育改革和发展的宏观层面,对新中国研究生教育的发展历程进行了系统的梳理,评述了我国研究生教育取得的成绩,从体制与机制、培养制度与模式、办学条件与环境、国际竞争力等4个方面,对我国研究生教育中存在的问题与不足进行了深入分析,从7个方面对今后一段时期我国学位研究生教育事业发展面临的新形势、挑战和发展趋势做出了较为科学和准确的预测,为《中国学位与研究生教育2006～2020中长期战略规划》的研究和制定提供了一定的基础素材。

《学位与研究生教育》自1984年创刊以来,杂志社会同国务院学位委员会办公室、中国学位与研究生教育学会已经举办了三次优秀论文评选活动。优秀论文的评选推广和宣传了学位与研究生教育的优秀研究成果,鼓励广大作者开展教育研究,并取得了良好的效果。本届优秀论文评选的范围是《学位与研究生教育》2004年第1期至2008年第12期刊发的全部文章。经个人自荐、单位推荐、专家评选,最终评选出一等奖论文10篇、二等奖论文20篇、三等奖论文44篇。其中,我校还有2篇论文获得了三等奖,分别是:《"交叉学科"学科门类设置研究》,作者:刘仲林、程妍;《基于"校所"结合的创新型研究生培养模式探讨》,作者:裴旭、张少华、张淑林、陈伟。

我校获"第四届《学位与研究生教育》优秀论文"一等奖

(八十一) 我校与中科院合肥物质科学研究院、金属研究所商谈联合培养博士生工作

为贯彻落实教育部关于《高等学校和科研机构开展联合培养博士研究生工作暂行办法》的指示,做好2010年度"科教结合"联合培养博士生招生和培养工作,2009年12月4日上午,中科院合肥物质科学研究院蔡伟平副院长、中科院金属研究所杨锐副所长一行5人来我校进行工作访问,与我校就联合培养博士生的相关工作进行商谈。张淑林副校长主持会见了来宾一行。

张淑林介绍了我校正在实施的学位与研究生教育"3551工程"情况和管理体制构架,她认为,已持续多年的与中科院研究所开展联合培养博士研究生工作体现了我校"所系结合"的优良办学传统,业已形成了较为成熟的合作培养模式和机制。在新形势下教育部推出高等学校和科研机构联合培养博士生工作,是深化科教结合工作的重要创新举措,是创新研究生培养机制和培养模式的有效途径。张淑林表示我校将坚定不移地加强与中科院各研究所在高层次人才培养领域的合作,一如既往地支持研究所开展人才联合培养工作,并希望以此带动学科队伍建设和科研领域的合作。

座谈会上,双方围绕教育部《高等学校和科研机构开展联合培养博士研究生工作暂行办法》,就联合培养博士生的招生办法、导师遴选、培养方案、管理模式等细节进行了协商研讨。蔡伟平副院长、杨锐副所长均表达了对我校长期以来在人才培养领域给予支持的感谢,表示希望在博士生招生方面继续得到我校的大力支持。

根据教育部安排的"科教结合"专项博士招生计划,2010年,我校将与中科院合肥物质科学研究院、金属研究所招收联合培养博士生18人。

(八十二) 新疆师范大学阿扎提·苏里坦校长一行来我校访问

2009年12月7日,新疆师范大学校长、党委副书记阿扎提·苏里坦一行来我校进行工作访问,随行的有新师大副校长蔡红生以及研究生处、人事处、科研处、数理信息学院、教育科学学院负责人。

阿扎提·苏里坦校长首先宣读了《新疆师范大学就对口援疆工作给中国科技大学的致敬函》,他说,在我校的大力支持和无私援助下,新师大的改革与发展出现了一系列新的变化:办学理念得到更新,师资学历结构明显改善,办学质量和办学水平进一步提升,学科建设工作已呈现出良好的发展态势。目前,学校拥有硕士学位以上教师比例达到57.7%,硕士生导师达到309人,拥有5个一级学科硕士点、46个硕士点、4个专业学位点。

阿扎提希望在理科类学科上能进一步得到我校的大力支持,希望以下四个项目能得到中国科大的援助:第一,数学、物理、化学、生物、计算机科学与技术学科创新团队项目;第二,新师大教师博士学位提升计划;第三,学术论文指导和水平提升计划;第四,高水平系列学术讲座计划。

张淑林回顾了实施"援疆学科建设计划"以来两校间的历次工作互访及取得的成果,就我校下一步支持新师大在对口学科援助、博士研究生培养、教师学历学位提升、专业学位教育、博士授权单位申报等方面的工作提出了建设性意见,并表示对新师大的支援是我校的应尽职责,学校将一如既往地支持新师大的发展。

(八十三) 工程科学学院举办研究生导师培训研讨会

在我校研究生教育创新计划项目的支持下,工程科学学院为全面提高研究生教育质量,有效培养研究生创新能力,院领导充分认识到培养高质量高水平的研究生关键在导师。因此,工程学院在11月中旬到12月上旬召开了系列研究生导师培训研讨会,总结和交流工程科学学院研究生创新教育工作的成绩和经验,明确未来研究生创新教育任务,推动工程科学学院研究生创新教育工作。

系列会议上,相关老师对工程科学学院目前研究生创新教育过程中的各个重要环节,如研究生培养模式改革、培养方案、研究生教育创新计划项目、招生与就业、创新实验平台建设等情况对全体教师做专题汇报。出席会议的研究生导师、教学管理人员等对工程科学学院目前研究生培养和创新教育取得的成绩、存在的困难和不足展开了热烈的讨论。

安徽省教学名师吴清松教授做了题为《如何培养创新型研究生》的专题报告。他从自身经历出发,与研究生导师分享了如何把研究生带到科学前沿的经验。同时,他还激励年轻导师要爱岗敬业,耐得住清贫,耐得住寂寞,拒绝诱惑,刻苦学习,努力工作。

经过多次的讨论,大家一致认为,工程科学学院未来的研究生教育需要强化如下几方面工作:第一,紧密配合学校的研究生培养机制改革,扎实做好硕士研究生分类培养工作,增加博士研究生培养环节,全面提升博士论文质量;第二,充分利用研究生教育创新计划项目的实施,营造一个良好的研究生创新实践环境,提高研究生的创新能力和培养质量;第三,进一步完善研究生培养计划修订工作;第四,通过网络媒体促进与各知名大学的学术交流,宣传我校工程科学学院的专业特色,吸引高质量生源。

(八十四) 2009年"全国优秀博士学位论文"结果揭晓,我校2篇入选、8篇提名

2009年12月9日,教育部、国务院学位委员会发布《关于批准2009年全国优秀博士学位论文的决定》(教研〔2009〕4号),公布了2009年全国百篇优秀博士学位论文及提名优秀博士学位论文评选结果,本年度共评出全国优秀博士学位论文98篇,全国优秀博士学位论文共提名论文363篇,我校共计有10位学子榜上有名,其中2人论文入选"全国百篇优博"(并列全国高校第六),8人论文获选"全国百篇优博提名"(并列全国高校第九)。

据统计,自1999年教育部开展"全国优秀博士学位论文"评选以来,我校累计30篇论文获奖,入选总数位全国高校第5,仅次于清华大学(含医学部)、北京大学、复旦大学、浙江大学,入选优博占同期授学位人数的比例居全国高校前二。我校30篇优博论文在我校各一级学科的分布情况如下:物理学科7篇、化学学科6篇、数学学科5篇、生物学科3篇、地球物理学科4篇、地质学科2篇、天文学科1篇、力学学科1篇、环境科学与工程学科1篇。

我校在博士生培养规模适度的情况下能在"全国百篇优博"评选中连续取得佳绩,得益于"985工程""211工程"和中科院知识创新工程的支持,是我校坚持研究生教育培养质量工程的结果,广大研究生导师为此付出了辛勤的汗水。目前,学校在研究生教育工作中正在实施以提高质量为目标的"3551工程",通过该工程,将进一步优化我校研究生培养的生态环境,提高我校博士生的培养质量,提升我校高端人才培养的社会声誉。

(八十五) 全国核能与核技术工程领域工程硕士教育协作组研讨会在我校召开

2009年12月12日,全国核能与核技术工程领域《职业资格管理体系调研报告》研讨会在我校召开。参加会议的有中国科大、清华大学、北京大学、西安交通大学、上海交通大学、海军工程大学等数十所本领域工程硕士教育协作组成员单位负责人和专家,我校

副校长张淑林,研究生院副院长屠兢出席了会议。会议由本领域协作组组长、我校核科学技术学院副院长李为民主持。

张淑林希望通过本次会议,汇集各单位代表对于本领域《职业资格管理体系调研报告》的修改意见及建议,研讨如何将核能与核技术工程领域的专业硕士培养与行业的资质认证结合,在保证工程硕士的教育质量的前提下,积极为应用型专业硕士的发展提供更加广阔的服务平台和渠道。

会上,李为民副院长传达了8月14~17日召开的全国核能与核技术工程领域工程硕士教育协作组会议和11月2日召开的全国核技术工程领域工程硕士教育协作组组长会议的精神。在这两次会议精神的指导下,各单位共同努力,目前已初步形成核能及核技术工程领域的《职业资格管理体系调研报告》。

会议围绕核能与核技术工程领域的职业资格管理体系进行了深入研讨,就本领域《职业资格管理体系调研报告》在不同层面提出了许多建设性的意见和建议:相应的学位教育不能与行业脱节,需满足行业需求,因此全日制工程硕士的培养和教育需要与行业密切结合;核能与核技术工程领域涵盖范围广,本领域的工程硕士教育应该分层次有针对性制定培养方案,找到与相关行业结合的切入点等。与会代表一致认为,最终形成本领域的《职业资格管理体系调研报告》,将应用型人才的培养与行业资格认证挂钩,是扩大本领域应用复合型人才的培养体量、适应当前国家社会经济对核能与核技术人才需求这一发展形势的有效途径。

会议确定协作组将继续修改和完善《职业资格管理体系调研报告》,并尽快报送全国工程硕士专业学位教育指导委员会。

(八十六) 信息科学技术学院实施研究生教育创新计划,邀请 Michael D. Lemmon 教授做高水平学术讲座

2009年12月13~16日,美国圣母大学(Univ. of Notre Dame)电子工程系 Michael D. Lemmon 教授应邀访问我校。Michael D. Lemmon 教授的此次访问得到了"中国科学技术大学研究生教育创新研究计划"的支持。

2009年12月14日下午,Michael Lemmon 教授做了题为 *CSOnet: a metropolitan scale cyber-physical system* 的学术报告,介绍了在大范围环境监测与控制中应用无线传感器网络所面临的问题、可行的研究方案及以后的进展等,为高年级本科生和研究生提供了一个重要的科研方向,也极大地激发了他们的科研热情。在报告会后,Michael Lemmon 教授面试了我院今年申请圣母大学的几位学生。

2009年12月15日上午,Michael Lemmon 教授做了题为 *Distributed Control, Estimation, and Optimization through Event-triggered Message Passing* 的高水平学术报告,针对时间驱动控制系统这一前沿科研问题进行了详细介绍,探讨了在给定通信代价下如何通过时间驱动方式来优化控制系统性能,并对该性能优化中一些细节问题进行

了深入讨论。

（八十七）两级学位委员会委员评议各单位年度学位与研究生教育工作

为进一步贯彻我校学位与研究生教育工作"监管分离"的管理原则，推进管理体制和工作机制改革与创新，充分发挥我校两级学位委员会委员在学位与研究生教育工作中的评议、监督、咨询、建议与审核把关作用，学校于 2009 年 12 月 30 日上午召开校学位委员会、学位分委员会两级学位委员会全体委员大会，对 2009 年度我校各单位学位与研究生教育工作进行评议。

会上，各单位负责人先后从工作思路、招生组织、创新计划实施、培养方案修订、学位工作、专业学位教育开拓、支撑服务提供等方面汇报了本单位的年度工作开展情况。各位委员在认真听取汇报后，依据相关评价指标对各单位的年度工作情况按"优""良""中"三个等级进行了评议。

侯建国校长指出，各单位对自己的学位与研究生教育工作做了非常好的总结，体现了各个学院、各位导师对学位与研究生教育的高度重视，从各单位的汇报中可以看出，各个单位在学位与研究生教育方面都进行了积极而有益的探索，做出了很多具有创造性的工作。例如，物理学院在招生工作中建立了专门的研究生招生网站，组织院系领导和学科负责人到国内一流大学进行招生宣传和动员；微尺度国家实验室成功地举办了全国研究生创新计划项目"2009 年全国功能材料量子设计和量子物理研究生暑期学校"；管理学院在 EMBA 等专业学位教育领域积极进行品牌推广；继续教育学院实施教育发展战略转型，举办了系列的面向社会的高端培训项目等。

2009 年，我校积极推进学位与研究生教育管理工作的体制改革，研究生院积极转变职能，下放权力，成立了各学院学位与研究生教育中心、职业学位教育中心、公共支撑中心三大中心，并赋予各中心在招生、培养、学位把关等方面的自主权。在该管理模式下，研究生院主要定位于宏观战略制定、各类平台构筑、资源争取、优质服务提供。为保证权力下放后的研究生培养各环节的质量，研究生院建立了两级学位委员会委员参与培养质量把关的监管模式，实行两级学位委员会委员听取各单位年度学位与研究生教育工作汇报并进行评议的创新管理机制。该管理模式是我校学位与研究生教育工作的创举，通过该形式，不仅各单位相互交流了工作经验，互通了信息，而且充分体现了"学术与行政分离""学术优先""监管分离"的现代大学办学理念，是我校在新形势下探索现代大学制度的积极尝试。

最后，侯建国校长强调，以后该项工作要形成常态化机制，每年都将请两级学位委员会委员对各单位的年度学位与研究生教育工作进行评议，充分发挥各位委员在学位与研究生教育工作中的评议、监督、咨询、建议、审核与把关作用，最终从制度上与管理体制上实现对研究生教育质量的控制与提升。

(八十八) 我校召开2009年度学位与研究生教育工作会议

2009年12月30日,我校2009年度学位与研究生教育工作会议在理化大楼东三报告厅隆重召开,校学位委员会、学位分委员会全体委员,各学院学位与研究生教育中心全体人员,继续教育学院、校公共实验中心、图书馆、网络信息中心相关负责人及代表共300多人参加了大会。

会上,校长兼研究生院院长侯建国做了题为《走研究生教育强校之路,加快世界一流研究型大学建设》的工作报告。他首先分析了我国学位与研究生教育的发展形势,强调指出:研究生教育是我校拔尖创新人才培养的重要组成部分,研究生是我校科学研究的重要生力军;必须坚持精品办学、英才教育的理念,确立我校研究生教育的正确定位;我校的研究生教育必须是高质量、高水平的,要与国际接轨。

侯建国充分肯定了举办本次大会的意义和各单位在研究生教育方面所做的工作,并从八个方面回顾总结了一年来我校学位与研究生教育工作:一是抢抓资源,夯实基础,提高办学创新能力,为学位与研究生教育工作营造良好环境;二是推进研究生培养机制改革,构筑研究生培养质量保证长效机制;三是进一步加大研究生招生改革力度,提高生源质量;四是全面实施研究生创新计划项目,提高研究生创新能力;五是启动实施"3551工程",优化研究生教育培养环境;六是构建师生沟通长效机制,促进服务型研究生院建设;七是积极争取学科建设资源,加强研究生教育软硬件建设;八是主动进行硕士研究生结构调整,促进多种类型研究生教育协调发展。

2009年度,我校获"全国优博"2篇、"全国优博提名"8篇;获"中科院优博论文"8篇、"中科院优秀指导教师奖"8人;获首届"中国科学院优秀教育教学成果"特等奖1项、一等奖3项、二等奖10项;在安徽省首届"优博论文"评选中,我校22篇入选(全省共评出30篇)。

在总结成绩、分析不足的基础上,侯建国就如何推进我校学位与研究生教育工作改革与创新谈了7点意见:一是实施研究生分类培养,构筑培养质量多元保障体系,努力培养具有国际竞争力的拔尖创新人才;二是加强招生宣传力度,推进招生体制改革,调动院系、学科、导师协同参与招生工作的积极性;三是推进博士培养机制和培养过程改革,让学生参与到充满活力、富有批判和创新精神的科研团队,在创造性的科研实践中提高培养质量;四是组织教学改革,鼓励各院系根据学科特点推行个性化教学计划,加大研究生创新计划实施力度进一步优化研究生课程体系设置,提升研究生科研创新能力;五是继续实施学位与研究生教育"3551工程",进一步完善和优化以研究生院为统领、"三大中心"为载体的学位与研究生教育管理体制,建立依据各自分工和不同权责协同管理学位与研究生教育的体制模式;六是依托职业学位教育中心,打造专业学位教育优质品牌,继续推进我校继续教育的战略转型,积极拓展优秀生源市场,依托苏州、上海研究院这两个平台的"窗口"和"桥梁"作用,发展专业学位教育,扩大社会影响;七是进一步重视研究生就业，为他们高质量就业提供尽可能的支持和帮助，并加强与毕业研究生的联系。

2009年度学位与研究生教育工作会上优秀研究生导师合影

校长侯建国院士为"2009年度优秀研究生导师"颁奖

（八十九）我校表彰2009年度优秀硕士新生、优秀导师和研究生教育先进集体

为表彰先进，促进吸引优秀生源，调动导师和院系参与研究生培养工作的积极性，提高我校研究生教育质量，学校于日前正式发布《关于授予夏波等124位2009级硕士研究生优秀新生奖的决定》《关于表彰我校2009年度优秀研究生导师的决定》《关于表彰我校2009年度学位与研究生教育先进集体的决定》文件，对"2009级硕士研究生优秀新生""2009年度优秀研究生导师""2009年度学位与研究生教育先进集体"进行表彰和奖励，并于2009年12月30日举行了隆重的颁奖典礼，全体研究生导师，各学院学位与研究生教育中心全体人员，职业学位教育中心委员，校公共实验中心、图书馆、网络信息中心、继

续教育学院相关负责人和代表以及有关部、处负责人等参加了颁奖典礼。

典礼仪式上,张淑林副校长代表学校宣读了相关表彰文件。

侯建国校长、校学位委员会副主任委员李曙光院士为获奖个人和集体颁发了荣誉证书。

我校2009年度获表彰和奖励情况如下:

夏波等124位2009级硕士研究生获"优秀新生奖"。

尹协振等36位博士生导师被授予"2009年度优秀研究生导师"荣誉称号,获奖导师包括2009年度"全国百篇优博"指导教师、"全国百篇优博提名"指导教师、"中科院优博论文"指导教师、"安徽省优博论文"指导教师。

物理学院等20个单位分获"研究生教育全面质量管理奖""研究生优秀生源组织奖""研究生创新计划项目实施奖""专业学位教育创新奖""公共支撑平台服务奖""产学研合作创新人才培养奖"。

2009年,是我校学位与研究生教育工作深化机制体制改革并取得丰硕成果的一年,学校在学位与研究生教育工作中紧紧围绕"提高质量"这一中心任务,进行了管理体制改革,组建了学院学位与研究生教育中心、职业学位教育中心、公共支撑中心三大中心,启动实施了学位与研究生教育"3551工程",各项工作取得了显著的成效:本年度获"全国百篇优博"2篇(并列高校第六)、"全国百篇优博提名"8篇、"中科院优博论文"8篇、"安徽省优秀博士学位论文"22篇(总数30篇);获"中国科学院优秀教育教学成果"特等奖1项:一等奖3项、二等奖10项。科学学位研究生生源质量明显提高,接收外校推荐免试生人数较上一年度同比增加57.6%,其中接受的外校推荐免试生93.3%来自"985工程"或"211工程"重点建设大学。

(九十) 校学位委员会召开2009年下半年度学位工作会议,决定授予155人博士学位、800人硕士学位

2009年12月31日下午,第七届校学位委员会召开第四次学位工作会议。全体校学位委员会委员出席会议。会议由校学位委员会主任委员、校长侯建国院士主持。

会议听取了校学位办关于2009年下半年度学位申请整体情况以及学士审核情况的汇报;听取了数学等14个学位分委员会负责人关于本学科学位申请者情况的介绍,并严格依据各学科制定的学位标准对学位申请者的材料进行了审核。

经会议审议投票,决定授予155人博士学位、83人普通硕士学位、214人工商管理硕士学位、100人公共管理硕士学位、403人工程硕士学位。

会上,副校长张淑林从"全国百篇优博"评选、博士学位论文抽查、研究生学术道德机制建立、硕士研究生教育战略转型与结构调整、新增专业学位授权专业设置、国家专业学位教育总体发展战略、"985工程"二期验收、"985工程"中长期战略规划制定等8个方面通报了国务院学位办关于近期学位工作的最新形势和政策动向,介绍了我校2010年学

位工作的基本思路和想法。

侯建国校长对各位委员在学位申请审核工作中认真履行职责、严把关口的工作予以高度评价,代表校领导向各位委员长期以来为我校学位与研究生教育工作做出的重要贡献表示衷心感谢,并致以新年祝福!

侯建国还要求校学位办等职能部门要认真听取各位委员的意见和建议,进一步规范和完善学位申请条例,做好服务工作。

(九十一)我校博士生在美国《光学快报》发表论文

2009年12月,我校工程科学学院博士生胡衍雷同学的论文被美国光学学会主办的《光学快报》(Optics Letters)接受,并先期在网上发表。该文中提出了一种在双偶氮苯共聚物薄膜中实现偏振多元和多阶数据存储的方法,使数据的存储由传统的二维发展到四维甚至五维,为信息存储密度的发展提供了新思路。

(九十二)我校研究生获第六届"中国青少年科技创新奖"

2009年12月,物理学院2008级博士生刘荣华荣获第六届"中国青少年科技创新奖"。

(九十三)我校全面实施研究生培养机制改革

2009年,我校坚持"分类实施、师生为本、质量为先、稳步推进"的总体思路,全面实施研究生培养机制改革,实施研究生分类培养,在硕士研究生教育层面引导完成科学学位与专业学位的分类转型,在博士研究生教育层面建立科学的分类质量评价体系;加大研究生招生改革力度,增加推荐免试生比例,提高生源质量;深入推进研究生培养机制和培养过程改革,让学生加入充满活力、富有批判和创新精神的科研团队,在创造性的科研实践中提高培养质量。

我校围绕提升研究生特别是博士生培养质量的目标,在着力全面提高研究生培养整体质量的基础上,把科研能力和实践能力作为提高研究生培养质量的重点,把创新能力作为博士生培养质量的主要指标。2009年,学校全面实施研究生创新计划项目,涵盖了博士论文创优支持计划、高水平学术前沿讲座、研究生创新研究基金、国际学术交流支持计划等13类内容,累计实施项目329项,努力提高研究生创新能力。我校大力加强研究生导师队伍建设,不断提高研究生导师的师德水平、学术水平、创新能力和指导水平;明确导师职责,落实导师责任,规范导师在研究生培养各个环节的指导行为,充分发挥研究生导师在研究生培养中的主导作用;以服务型研究生院建设提升校院两级为导师和研究生服务的水平,调动导师参与研究生教育工作的积极性。

在建设本科生与研究生共享的优质教育资源的同时,适应研究生培养的特殊要求,在课程实验、科研试验、文献资料、学术活动等方面不断改善培养条件,提供优质资源保障,满足培养需要。2009年,学校在研究生培养工作实践中,通过改革管理体制,构筑信息服务平强化研究生公共教学实验条件,先后推动建立了分类管理的"三大中心",构建了研究生"五大公共实验平台",搭建了研究生信息化管理"五大信息系统",形成了具有我校特色的学位与研究生教育的"3551工程"。

2009年,我校硕士研究生教育进行了结构调整和战略转型,扩大了专业学位研究生的招生规模,成立了职业学位教育中心,优化、整合了专业学位教育领域的资源。

(九十四) 我校实行新型"弹性化"学制,系国内高校首创

从2009年起,我校研究生培养将实行"弹性化"学制,在学习期间若修满基本学分之后,可以先就业,然后再在工作中继续自己的学业,完成毕业论文与学位论文发表等工作,不再是必须获得毕业证或者是学位证后才能进行就业。此种新型的弹性学制,体现了对学生的人文关怀,在国内高校尚属首创。

研究生阶段的课程学习时间通常比较短,硕士通常有一年时间学习课程,硕博连读生通常有两年时间学习课程,而其主要的任务是科研工作,特别是科研论文的发表与学位论文的撰写。因此学分的获得相对较简单,关键是科研任务的完成。"现在就业压力增大,学生早一年毕业,机会可能更多。"我校张淑林副校长说,许多学生在校期间找到了不错的工作,但由于过去"一刀切"学制的限制,学生为了在规定时间内完成科研任务,不得不放弃工作机会。这种现象在很多专业较为普遍。但从今年起,这种现象将成为历史。我校将对所有在读研究生实行新型"弹性化"学制,此举在国内高校属于首创。

以硕博连读研究生为例,由于硕博连读研究生直接拿博士文凭,但在实际情况里,一些硕博连读的学生会提前就业,他们可能因为论文发表等原因不能在规定时间内达到学位标准,因而不能及时获得相应学位。现在,如果学生希望提前就业,由本人申请、经导师同意的,学生可先以硕士学位毕业或者是以博士结业形式先行就业,学校可继续保留其博士研究生学籍,等学术水平(主要是学术论文发表)达到博士学位标准后,依然可以获得相应的证书和学位。

与其他高校的弹性学制政策相比,此次我校新政策更加"创新"。目前,国内其他高校实行的弹性学制,通常是指在校时间可延长,而我校的弹性学制是指学生可以在就业与学习之间"鱼与熊掌兼得"。我校综合信息办主任裴旭老师介绍,改革后,学生可以根据自身情况,自主安排学习与就业之间的计划,不再受时间限制。同时,这种新型弹性学制也体现了"终身学习"的理念,与国外的教育模式有着"异曲同工"之处。

(九十五) 我校制定《中国科学技术大学博士学位标准修订的指导原则》

2009年,我校对博士学位标准进行了修订,并出台了《中国科学技术大学关于博士学

位标准修订的指导原则》,部分内容摘要如下:

学位标准修订思路:树立"质量优异、追求卓越"的价值与理念;以学生为本,以博士生全面发展为目标;"过程管理"与"出口把关"相结合;培养全球视野,提升国际学术交流能力;数量服从质量,学科差异服从总体质量要求;体现我校博士培养学术标准的国际水平。

校级学位标准为各学科学位标准的最低要求,各分学位委员会可根据自身情况制定高于校级标准的学位标准,但不得低于校级标准,各分学位委员会所属的一级学科可根据学科特点制定高于分学位委员会标准的学位标准。

本次博士学位标准修订主要强调如下两项能力的培养与提高:创造性独立开展科研工作的能力;国际学术交流能力。

创造性独立开展科研工作的能力。《中华人民共和国学位条例》规定博士的学位标准为"在本门学科上掌握坚实宽广的基础理论和系统深入的专门知识;具有独立从事科学研究工作的能力;在科学或专门技术上作出创造性的成果。"各分学位委员会与学科按照适当提高标准的原则对此项能力给予界定。

国际学术交流能力。博士生在申请博士学位前,应有参加国际学术交流的经历,其中包括:参加国际学术会议、或进入其他国际研究机构访学、或合作研究、或参加联合培养项目等,各分学位委员会、学科可根据自身实际确认国际学术交流能力培养的形式与范围。

导师的责任为:以育人为核心,注重博士生的全面发展;关心学生的职业发展,提升学生的就业竞争力;除学校提供的资助外,为博士生的国际化培养提供支持;指导博士生不断攀升更高的学术水准。

所有合作培养项目的博士生,凡申请我校学位者,都必须达到我校对应学科或相关学科的学位标准;其发表论文的要求必须不低于我校对应学科或相关学科所制定的学位标准的要求,且在该学科的学位标准所要求的最低数量内,我校必须为第一署名单位。

2010年

(一) 我校举行2009年度第二次研究生毕业典礼暨学位授予仪式

2010年1月1日,新年伊始,万象更新,我校2009年度第二次学位授予仪式在东区大礼堂隆重举行。1453名毕业生在这个辞旧迎新之际告别母校,带着校领导和导师们的真挚祝福,开启人生新的篇章。

上午9时,学位授予仪式在雄壮的国歌声中拉开帷幕。仪式由校学位委员会副主任委员李曙光院士主持,校领导侯建国院士、窦贤康教授,博士生导师万元熙院士、郑永飞院士、陈发来教授、杨金龙教授、林子敬教授、华中生教授等在主席台就座。

在热烈掌声中,校长侯建国院士发表了热情洋溢的讲话。侯建国说,科大人向来有创新报国的优良传统,希望毕业生们在当今时代大潮中,为国家、民族和人类的进步做出独特的贡献。随后,他以一位学长和朋友的身份,建议毕业生们理解使命,把原始创新和自主创造视为我们的使命与责任;把握住人生的核心价值,在选择职业、选择人生道路的时候,把自己的人生理想和社会的需要紧密的结合起来;坚守"追求卓越"的中国科大传统,争做一流,为自己和母校赢得荣誉;在志存高远的同时,更要

脚踏实地,身体力行,耐得住寂寞,抗得住诱惑,从小事做起,持之以恒。

导师代表林子敬教授希望同学们在未来的学习、工作中能常怀感恩之心,感谢导师教诲、感谢母校培养。他还结合自己指导学生的体会,相信我校的毕业生"质量最好、创造力最高",最后林子敬教授以"你们是值得我们骄傲的"这句赞美之词结束了自己的讲话。

物理化学专业博士生侯滔作为博士生代表发言,表示要牢记我校赋予的使命,不论是走出国门,还是留在国内发展,不论是继续博士后的科研生涯,还是走上工作岗位,都要坚守我校精神,用心去感受母校的进步和发展,用行动去回报母校的栽培。

专业学位毕业生代表袁青玲在发言中认为回报社会的反哺之心和海纳百川的宽广胸怀是他们在我校学习到的重要一课。

悠扬的旋律声中,1453名毕业生身着学位服依次登上主席台,请校领导和导师们扶正流苏。

随后,校长侯建国带领全体学位获得者庄严宣誓:"感恩父母养育,感谢导师教诲,不忘母校培养。我们坚守母校信念,热爱科学、崇尚真理;我们传承母校精神,科教报国、追求卓越。我们用激情和智慧建设祖国,用责任和行动回馈社会,用成就和硕果回报母校,让明日的科大以我为荣。"

(二)学校召开研究生公共课教学研讨会

为进一步总结和交流一年来我校政治、英语等研究生公共必修课程教学改革的经验,查找问题与不足,研讨创新的教学模式,提高教学实效,学校于2010年1月7日下午召开了研究生公共课教学研讨会。副校长张淑林出席会议并讲话,全校研究生公共必修课教师参加了会议。研讨会由研究生院副院长古继宝主持。

参会老师反映了在公共课程教学中存在的困难和问题,并希望学校给予支持;与会老师围绕公共课程教学内容和教学形式的创新进行了研讨,提出了许多宝贵的意见和建议。

如何推进下一步的研究生公共课程教学改革,张淑林谈了几点想法和意见:第一,研究生公共课程是研究生整个课程体系的重要组成部分,英语、政治等公共课程是培养研究生综合素质的重要手段,要逐步开发和建设公共课程平台,在条件成熟时将英语、政治等公共课程纳入学校的公共支撑体系,进而为英语、政治等公共课程的改革创造更大的空间;第二,研究生英语教学应体现实用原则,科技论文写作应注重与研究生所在的学科结合、与研究生导师的科研结合;第三,政治课程教学不仅要坚持传播马克思主义、科学发展观思想,还要能体现"兴趣"原则,要坚持与时俱进,赋予政治课时代内涵,要充分发挥政治课程的育人功能,培养学生的时代责任感、团队合作精神、开拓进取意识、感恩意识,帮助他们树立科学的世界观、人生观和道德观。

（三）加拿大阿尔伯塔大学代表团访问我校，就联合培养研究等事宜形成合作意向

2010年1月10日，加拿大阿尔伯塔大学代表团一行5人受该校华人教授协会的委托来我校访问，就两校教育领域合作进行洽谈。副校长张淑林会见了来宾一行，研究生院、校学位办相关负责人以及微尺度国家实验室、计算机学院、信息学院、生命学院、管理学院、公共事务学院等单位的有关人员与来宾进行了对口洽谈。

双方就开启合作大门、寻求共同发展进行了认真的交流和细致的磋商，共同表达了巩固联系、加强合作、探求合作模式和渠道的愿望，并就联合培养研究生、学生交流、教授互访和合作开展科研等事宜形成了初步的合作意向和方案。

阿尔伯塔大学成立于1908年，是加拿大规模前5的以科研为主的综合性大学之一，科研水平居加拿大大学前列。其工程、计算机、生命科学与生物医学、自然科学学科颇具实力，科研水平和教育质量在加拿大的学术界和工业界有很好的声誉，是一所全面发展的大学。阿尔伯塔大学的主要院系有：人文学院、商学院、教育学院、工程院、法学院、医学院、应用科学院等。

（四）工程科学学院实施研究生教育创新计划，邀请诺丁汉大学苏跃红教授做高水平讲座

2010年1月19日，苏跃红博士为工程科学学院师生做了题为 *Research on Daylighting Design, Measurement and Simulation in the Department of the Built Environment* 的高水平学术讲座，此次讲座获得我校"研究生教育创新计划"项目的支持。苏跃红博士是我校杰出校友。苏跃红博士1996年在我校获得博士学位，并留校任教；1998年赴诺丁汉大学做研究员，后留在诺丁汉大学任教。现为英国诺丁汉大学建筑环境系可持续能源技术研究所讲师，博士生导师，主要从事制冷热泵、空调通风、照明及太阳能聚集等领域的研究工作。

（五）我校40篇论文获评2009年"安徽省优秀博(硕)士学位论文"

经过为期两个月的公示，2010年1月20日，安徽省学位委员会办公室下发《关于公布2009年安徽省优秀博士、硕士学位论文的决定》（学位秘〔2009〕6号），公布了2009年"安徽省优秀博(硕)士学位论文"评选结果。本年度共评出省优秀博士学位论文30篇，省优秀硕士学位论文100篇，其中我校有22人论文入选"安徽省优秀博士学位论文"，18人论文入选"安徽省优秀硕士学位论文"。

评选省级优秀博士、硕士学位论文，是提高研究生培养质量，促进高层次创新人才脱

颖而出的重要举措。文件要求各单位要以优秀学位论文评选为契机,在研究生中大力倡导科学严谨的学风和勇于创新的精神,引导导师、研究生针对经济社会发展需要,积极开展科学研究;采取切实可行的措施,加强学科建设,完善质量保证和监督机制,加大研究生学位论文指导与质量监控力度,全面提高研究生培养质量,为服务安徽崛起做出新的贡献。

(六) 我校对研究生教学秘书进行管理业务培训

为进一步提高我校各院系研究生教学秘书的业务能力,增强工作责任感,形成服务的理念,适应新形势下的学位与研究生教育管理工作的需要,2010年1月23～24日,研究生院、校学位办利用假期时间对我校各院系研究生教学秘书进行了为期两天的集中管理业务培训。举办学位与研究生教育管理工作业务培训班,对研究生教学秘书进行集中业务培训在我校尚属首次。本次培训分3个模块进行:① 职能部门业务负责人专题业务报告;② 资深教学秘书经验介绍;③ 培训测试。

(七) 我校张淑林当选第四届全国学位与研究生教育评估委员会委员

2010年1月29日上午,中国学位与研究生教育学会评估委员会全体委员会议在华南理工大学举行,来自教育部和多所高等院校的27位评估委员会委员参加了会议并投票进行了委员会换届选举。

根据投票结果,第三届学位与研究生教育评估委员会委员、我校副校长张淑林续任为新一届评估委员会委员,这是张淑林连续第三次当选为评估委员会委员。北京理工大学原校长匡镜明当选为主任委员,教育部高等教育教学评估中心副主任王战军等4人当选为副主任委员。

本届评估委员会根据学位与研究生教育发展面临的新形势进行了组织机构改革,委员会下新设了培训部和学术部。我校副校长张淑林当选为培训部部长,哈尔滨工业大学副校长丁雪梅当选为学术部部长。

根据会议部署,本届委员会2010年的工作计划有:根据新形势下研究生培养工作的要求做好学术研究与评估培训工作,构建"内外结合、内部为主、外部推动"的研究生培养质量保证机制;举办评估学术会议,评选优秀论文;组织会员单位就研究生教育质量保障和评估的相关问题进行课题研究;完善评估委员会网页运行机制建设;加强与国内、外相关学术团体的交流与合作等。

(八) 学校召开职业学位教育中心2010年冬季工作会议

为进一步总结交流各学院专业学位研究生教育工作经验,研讨和规划我校职业学位教育未来发展之路,学校于2010年2月2~3日召开职业学位教育中心冬季工作会议。中心管理委员会全体委员、相关学院负责人参加了会议,中心主任、副校长张淑林出席会议并讲话。会议先后由研究生院副院长屠兢及中心副主任、管理学院执行院长梁樑主持。

与会人员探讨了下一阶段工作思路和策略,一致认为,要充分利用职业学位教育中心这个平台,共享职业学位教育资源;同时要积极转变教育观念、不断推进机制创新、努力提升业务能力、竭力改善办学条件;要通过职业学位教育促进科学学位教育的发展,支持相关学科的学科建设工作。

张淑林强调职业学位教育是我校学位与研究生教育的重要组成部分,得到了新一届校领导班子的高度重视。特别是当前,研究生教育面临战略转型,职业学位研究生教育面临重大发展机遇期,学校将会加大支持力度,借助职业学位教育中心这个平台,集中打造具有我校特色的职业学位研究生教育品牌。

(九) 我校与中国工程物理研究院商谈联合培养博士生工作

为贯彻落实教育部关于《高等学校和科研机构开展联合培养博士研究生工作暂行办法》的指示,做好2010年度"科教结合"联合培养博士生招生和培养工作,2010年3月4日上午,中国工程物理研究院研究生部副主任吕旗一行来我校进行工作访问,与我校就联合培养博士生的相关工作进行商谈。

座谈会上,张淑林副校长表示我校将坚定不移地加强与中国工程物理研究院所在高层次人才培养领域的合作,一如既往地支持开展人才联合培养工作,并希望以此带动学科队伍建设和科研领域的合作。

中国工程物理研究院对我校长期以来在人才培养领域给予的支持表示了感谢,希望在博士生招生方面继续得到我校的大力支持。双方围绕教育部有关指示精神,就联合培养博士生的招生办法、导师遴选、培养方案、管理模式等细节进行了协商研讨。

(十) 学校召开新学期学位与研究生教育工作会议

2010年3月9日下午,学校在东区师生活动中心五楼报告厅召开新学期学位与研究生教育工作会议,各学院研究生部、校职业学位教育中心和公共支撑中心全体成员参加了会议。会议由张淑林副校长主持。

关于本学期学位与研究生教育工作重点,张淑林强调,将继续巩固改革成果,以组织建设、体系建设和制度建设为抓手,不断推进研究生教育管理体制创新和运行机制创新;同时要认真完成"985工程"二期验收、中长期规划工作。具体工作任务有:

1. 学位与研究生教育中心

要在学校层面强化目标管理,重点是进行制度建设、公共平台建设、对外资源争取,学院层面强化过程管理,充分发挥院系与导师在研究生教育中的积极性、主动性。要做好招生录取和培养方案修订、创新计划实施、培养机制改革等工作,同时完善研究生信息化管理的"五大信息系统"。

2. 公共支撑中心

继续建设五大研究生公共实验中心,扩大共享公用和开放度,依托中心实施研究生教育创新;积极推进信息化应用进程,提高各单位校园信息高速公路的利用度;加强数字化图书文献资源建设,提高为研究生提供文献服务的水平。

3. 职业学位教育中心

积极打造职业教育的集团军,扩大品牌影响力,提高办学效益,积极促进苏州、上海等地以专业学位教育为主体的产学研主战场开拓工作,吸引更多杰出海外校友回国建功立业。

4. 学科建设工作

高质量地完成"985工程"二期国家验收工作,充分展示建设成就;认真做好我校"985工程"中长期建设规划与立项申报工作;积极参与国家第十一次学位授权点申报工作,适应自主创新型国家建设对创新人才培养的新需求,调整与优化我校学科结构。

(十一)我校2010年春季MBA/MPA/MPM新生开学典礼暨入学教育隆重举行

2010年3月20日下午,2010年春季MBA/MPA/MPM新生开学典礼暨入学教育活动在水上报告厅隆重举行。研究生院屠兢副院长、古继宝副院长、校学位办倪瑞主任应邀出席并致辞。管理学院赵定涛副院长、MBA/MPA/MPM中心领导及工作人员、全体MBA/MPA/MPM新生参加了开学典礼和入学教育活动。

为了让来自不同行业、不同文化背景的200余名新同学从踏进校园的第一天开始,就能切身感受到我校的文化底蕴和科学魅力,尽快融入我校文化氛围,管理学院专业学位教育中心精心安排了内容充实、丰富多彩的新生入学教育活动,以培养具有综合管理能力的未来领导者为目标,以隆重的开学仪式为导引,开展了为期两天的入学教育活动,内容包括专题报告、科大精神传承、MBA/MPA专业介绍、参观校史馆以及班级组建等。

(十二)国务院学位办主任张尧学院士来我校调研

2010年3月26日上午,国务院学位办主任张尧学院士一行来我校调研,参观了有关实验室,召开座谈会,听取学校工作汇报并讲话。校党委书记许武、校长侯建国、副校长张淑林、校长助理陈晓剑等陪同调研并出席座谈会,副校长窦贤康、陈初升以及有关部门和院系负责人等出席了座谈会。许武书记主持召开了座谈会。

侯建国校长做题为《坚持有质量发展战略,建设一流研究型大学》的报告。侯建国表

2010年

示,通过"985工程"二期建设,提高了我校的办学创新能力、人才培养质量和队伍建设水平,若干学科群和科技平台进入了世界先进行列,这些为建设世界一流研究型大学奠定了良好的基础。

张尧学在听取汇报和发言后,对我校一直坚持自己的办学理念和特色,取得优异的办学成绩表示赞赏。他说,中国科大无论是在物理、量子信息等若干学科和研究领域,还是创新人才培养工作方面,不仅国内一流,国际上也很有影响。张尧学还谈了对"中国特色、世界水平"的大学建设的理解。他指出,高校与政府互动、共同办好教育事业是具有"中国特色"的管理模式。"世界水平"表现为:一是要拥有在国际上有话语权的教授;二是在一些重要学术领域做出具有自主知识产权的贡献;三是具有较高的国际声誉,是"人们心中最好的大学"。

国务院学位办主任张尧学院士参观量子信息实验室

(十三)我校布置"985工程"中长期建设规划及改革方案编制工作

2010年3月29日下午,我校在东区师生活动中心五楼报告厅召开"985工程"(2010～2020年)建设规划及改革方案编制工作布置与动员大会,在校校领导,两院院士,校学术、学位委员会全体委员,各院(系)正副院长,学术、学位分委员会正副主任,教授委员会正副主任,"985工程"二期各平台(基地)负责人,其他相关部门负责人参加了会议。会议由校党委书记许武主持。

许武书记指出,在全校广大师生的努力下,通过10年"985工程"建设,我校在科技创新平台、学科建设、人才培养、科学研究、师资队伍、支撑体系、国际交流与合作等方面取得了显著的建设成效,为建设世界一流研究型大学奠定了坚实的基础。当前,学校发展进入一个关键期,国家启动了新一轮"985工程"建设,做好"985工程"建设规划工作,是学校改革发展的头等大事,直接关系到我校未来数十年在国家乃至世界高等教育体系中的地位和影响。

会上,校长侯建国院士做了题为《发扬科大精神,开展"985工程"新一轮建设》的重要报告。他说,根据国家部署,新一轮"985工程"建设将坚持"创新机制、突出改革、注重质量、加快建设"的指导思想,建设方式将由"分期建设"调整为"长期规划、动态管理、分段实施",建设目标就是要办出"世界水平、中国特色"。建设任务主要包括加快建成一批达到国际先进水平的学科、改革人才培养模式、培养拔尖创新人才、加快引进和造就学术领军人物和创新团队、加快提升自主创新和社会服务能力、加大对外开放和开展高水平国际交流与合作的力度等五个方面。

侯建国通过物理学科建设、微尺度物质科学国家实验室建设等典型案例的介绍,全面总结了学校"985工程"建设取得的成绩,分析了存在的差距与不足,诠释了我校"围绕国家需求、瞄准科学前沿,建设科技创新平台;坚持基础性、前瞻性、交叉性,培育一流学科;坚持培养与引进并重,打造一流人才队伍;突破'流水线'模式,培养科技拔尖人才"的建设经验与建设理念。

如何做好下一阶段"985工程"建设的总体规划,侯建国强调,一要继续发扬我校传统,坚持"质量优异、特色鲜明、规模适度、结构合理""学术优先、以人为本、协调发展、科学管理",数量要服从质量,坚持有质量的发展战略,坚持"不动摇、不懈怠、有自信";二要凸显中国特色,努力提高承接国家重大科研任务能力和支撑区域社会经济发展的能力,要在国家奖评选、成果转移转化和专利申请等领域取得长足进步;三要对接世界一流,办学可比性指标要进入世界一流行列。

最后,许武书记代表校党委、校行政领导班子做了总结发言,就如何做好规划编制和下一阶段的建设工作提出几点要求:第一,希望各单位要高度重视"985工程"中长期规划编制工作,要落实责任机制和工作机制;第二,规划确定的目标和设计的改革方案要切实可行,要体现脚踏实地的作风;第三,希望全体干部在规划和建设中要做好表率作用,为学校事业发展多用心、多用力。

根据教育部、财政部的部署,整个规划与改革方案编制工作将于一个月之内完成,4月底我校将向教育部、财政部提交《中国科大"985工程"建设中长期规划(2010~2020年)》《总体改革方案》《年度经费预算方案》。

(十四)我校召开第四届学位与研究生教育院士座谈会

为广泛听取院士对我校"985工程"中长期建设规划的意见与建议,充分发挥院士在重大决策中的智囊作用,确保我校"985工程"中长期建设规划的科学性与可行性,学校于2010年4月2日召开第四届学位与研究生教育工作两院院士座谈会。在校院士王水、何多慧、钱逸泰、施蕴渝、伍小平、周又元、李曙光、张裕恒、俞昌旋等参加了会议。会议由张淑林副校长主持。

张淑林通报了一年来我校在围绕"提升研究生教育质量"这一主题,积极开展"985工程"二期总结、推进研究生培养机制改革、实施学位与研究生教育"3551工程"调整优化学科结构体系、竞争学科建设与研究生教育资源等方面的做法与思路。鉴于"985工程"中长期建设规划上报工作要求时间紧、任务急,张淑林诚恳地希望各位院士能积极献计献策,帮助学校共同把好"985工程"中长期建设规划关。

会上,各位院士一致认为,"985工程"中长期建设规划应坚持以人为本,要高度重视队伍建设特别是注意吸引年轻优秀人才,要在规划中体现"学术优先、以人为本、重教扶青、团队建设""高端人才引进与青年教师培养并重"的理念;学科建设应以国家重大需求为导向,面向科技前沿,同时要考虑学校的特色和优势;要加大研究生教育国际化的力度,创造条件支持博士研究生积极参与国际学术交流,开阔学术视野;加大对参与国家重大战略需求项目的引导和组织力度,充分发挥我校在服务国家战略中的作用。与会院士还希望我校各职能部门要进一步适应形势发展需要,积极转变工作思路,要做好为全校老师和学生的服务工作。

(十五)"中国科大-香港城大第四届博士生学术论坛"举行

2010年4月7日,"中国科大-香港城大联合高等研究中心(苏州)第四届博士生学术论坛暨何稼楠学术会议奖学金颁奖典礼"在我校苏州研究院隆重举行。

香港城市大学副校长叶盛豪教授、研究生院副院长许溢宏教授,我校及香港城大有关部门负责人、两校联合中心各项目组主要负责人和导师出席了学术论坛开幕式。

叶盛豪教授在讲话中对于论坛的成功举办给予了高度评价。他认为,博士生学术论坛为博士生相互交流搭建了一个良好的平台,为了解学术前沿与动态提供了很好的机会。我校研究生院副院长古继宝也在会上致辞。

开幕式上还举行了何稼楠学术会议颁奖典礼。

颁奖典礼结束后,两校研究生院的老师就培养过程中的相关问题进行了交流。这次学术论坛共有220多位同学进行了交流,既有来自中国科大-香港城大联合培养的学生,也有来自我校校本部及香港城大的学生。

(十六)学校召开"985工程"中长期建设规划及改革方案论证答辩会

2010年4月16日,学校在东区师生活动中心五楼报告厅召开"985工程"中长期建设规划及改革方案论证答辩会。在校校领导、校学位委员会委员、校学术委员会委员、特邀代表、各学院执行院长以及有关职能部门负责人出席了会议。答辩会由校学位委员会主任委员、校长侯建国主持。

面对当前国家正式启动的"985工程"中长期建设规划工作,侯建国再次重申了在3月29号我校召开的"985工程"中长期建设规划工作布置会上的讲话精神。他强调指出,面对新的挑战和机遇,我校务必要群策群力,积极谋划,抢抓落实,做好"985工程"中长期建设规划工作。他对各学院、部门近期多次召开相关工作会议和研讨会,并在较短时间内完成了各有关规划及改革方案的制定工作表示充分肯定。针对各单位答辩中存在的问题,侯建国指出,这次答辩会既是对学校各方面"985工程"中长期建设规划及改革方案的论证评审,也是一个互相交流、学习、提高的过程。学校将充分依靠专家,集中专家意见,把学科、队伍、人才培养、平台与基地、国际合作等方面建设工作规划好、实施好。

按照《教育部、财政部关于加快推进世界一流大学和高水平大学建设的意见(征求意见稿)》的主要精神,国家新一轮"985工程"建设将坚持"创新机制、突出改革、注重质量、加快建设"的指导思想;建设方式将由"分期建设"调整为"长期规划、动态管理、分段实施";建设目标是要办出"世界水平、中国特色";建设任务主要包括加快建成一批达到国际先进水平的学科、改革人才培养模式、培养拔尖创新人才、加快引进和造就学术领军人物和创新团队、加快提升自主创新和社会服务能力、加大对外开放和开展高水平国际交流与合作的力度等五个方面。

(十七)我校研究生参与中国第26次南极科考

2009年10月,中国第26次南极科考队向南极进发,2010年4月载誉归来。2010年4月16日,记者在我校极地环境研究室采访了此次科考队的3名成员。他们称"在最美的年华,看到了最奇幻的风景,拥有了最深刻的记忆"。

李明是我校地空学院研究生二年级的学生。2009年10月,他搭乘"雪龙"号,踏上南极科考之旅,并成为进入南极内陆格罗夫山的考察者中的一员。182天的科考之旅,50多天的南极内陆的生活,让这个小伙子偶尔"很想家"。

李明介绍道,在南极内陆,早上起床的时间都非常晚,最早是11点起床,也有晚到下午两点起床的,不是因为大家懒惰,而是早起也会被风困在"家"里。他说,风是我们的闹钟,听着外面风声的大小来判断每天起床的时间。简单中餐后,下午一两点的时候,风的威力减小才开始一天的工作。

李明举例说,如果风吹起来的话,自己伸出的手都看不见,自重十几吨的仓库都会被风吹得晃动起来,可见风的威力巨大。在一次采样中,坐在地上的李明硬生生地被风吹倒。

据介绍,进入南极内陆格罗夫山的10人小队需要在南极内陆野外宿营,有时一次野营会长达一个月。李明说,他们必须每天搬家,因为风雪会在一夜之间,将门淹没三分之二。

中国第26次南极科考遇到了南极史上最大的风雪,这给科考队带来一定困难,尤其是对于女生。姜珊和黄婧都是我校地空学院的博士生,在此次在南极科考中,她们分别在长城站和中山站采集企鹅的粪便、骨头等沉积物样品。

在中山站的黄婧说,第一次采样时,需要两个队员先进行半小时以上的破冰行动,而第二次去取的时候,依旧是要经历艰难的破冰过程。而在长城站科考的姜珊说,此次科考遇到南极25年来最大的一次降雪,冰墙有4~5米厚,经常早上去实验室"找不到门"。

初次到南极的姜珊说,因为极昼,刚到南极时看不到月亮和星星,所以当第一次在南

极看到月亮的时候,特别亲切和兴奋。而黄婧说,有时候半夜两点以后,还在等"极光"出现,披着"被子"的他们一看就是几小时。

黄婧说,在南极遇到的"南极人"都很友善。不管是俄罗斯,还是捷克、智利的科考队员,在相遇时都很友善,有时还可以搭乘其他国家科考队的"顺风车"回站。她说,那是一个乌托邦的世界,感觉人人都很团结、友爱。

姜珊在南极过了25岁生日,收到很多祝福还有大厨特意送上的生日寿面,虽然上面只有胡萝卜、土豆,但是意义不一般。他们说,过圣诞节、春节的时候,不同国家的南极站点间都会互相邀请参加 party。

科考很艰辛,但南极很美。李明说,刚到达南极时候,一位老师说,在格罗夫山的每一步都有可能是人类的第一步,也有可能是你自己的最后一步。姜珊说,每次科考前都期望返程的时候"有路可退"。他们如今回忆南极科考的日子,都表示"弥足珍贵,此生难忘"。

(十八)我校领导在教育部校所联合培养博士生试点工作会上介绍科教结合经验

2010年4月21日,教育部召开高等学校与工程研究院所联合培养博士研究生试点工作座谈会,教育部副部长、党组副书记陈希、中国工程院党组副书记周济出席会议并做重要讲话。我校党委书记许武代表学校出席会议并做了题为《新时期科教结合培养创新人才的探索》的专题报告,介绍我校与研究院所联合培养博士研究生的经验。

许武在报告中首先总结了我校人才培养的特色以及多年来我校与中科院研究院所在联合培养博士生方面的经验,阐述了我校新时期科教结合培养创新人才的探索。他说,半个世纪以来,我校充分发挥"所系结合"的优势,坚持与国立研究机构科教结合办学;坚持依托研究院所设置前沿学科专业,始终保持专业"精、新、活"的特点;注重教研结合,不断加强公用实验教学平台建设等,在人才培养、科技创新等方面取得了显著的成就,得到了胡锦涛总书记等党和国家领导人的高度赞扬和充分肯定。我校正在积极探索科教结合培养创新人才的新模式,努力通过"所系结合"优化人才培养模式。许武以王大珩光电工程英才班为例,介绍了我校与中科院研究院所创办英才班,长周期联合培养拔尖创新人才的做法。针对教育部关于高校与工程院所联合培养博士研究生试点工作,许武详细介绍了近几年来我校与中国工程物理研究院在定向本科生、代培研究生、联合培养硕士生、博士生等方面创新人才培养的举措与经验。

教育部副部长陈希在会上做了关于深刻认识高等学校与研究院所联合培养博士研究生工作的重要性和紧迫性的讲话。他就2010年的联合培养博士研究生工作做了布置,并提出了具体要求。中国工程院党组副书记周济在讲话中要求有关高学和工程研究院所高度重视此项工作,进一步提高认识,解放思想,创新体制机制改革。

近几年来,我校研究生院按照中科院对我校《关于进一步推进科教紧密结合,培养创

新人才工作的实施意见》的指导方针,积极推动与中科院研究院所联合培养研究生,2009年学校进入教育部首批高校与中科院研究院所联合培养博士生计划单列试点工作,我校在高层次人才方面的创新做法和成效得到了中科院、教育部地大力支持和充分肯定。

(十九)学校召开"985工程"建设院长联席会

2010年4月25日,学校就继续实施"985工程"建设事宜召开院长联席会。党委书记许武,副校长窦贤康、陈初升、张淑林、陈晓剑、朱长飞,校长助理尹登泽及各学院负责人出席会议。会议由校长侯建国主持。

侯建国指出,根据国家部署,"985工程"新一轮建设和一期、二期建设的侧重点项目和平台有所不同,是要建立一种长期机制。各学院在做继续实施"985工程"建设规划方案时要与学校的发展目标相一致,根据当前的发展阶段提出可行性规划方案,学校将在综合考虑学院规划的基础上,加强顶层设计,推动"985工程"继续实施。各分管校领导要做好学院和各职能部门规划的落实、推进工作。侯建国还要求各学院在规划时要着重加强创新人才培养、一流师资队伍建设、科研平台建设等方面的内容,尽快拿出建设目标明确、建设举措详细、可操作性强的规划方案。

副校长张淑林从研究生教育创新和公共支撑体系建设两个方面提出要求,希望各学院的创新人才培养规划能体现出研究生教育改革的两个重大方向:博士生质量工程和高水平专门人才培养。在公共实验中心、数字化校园、数字图书馆等公共支撑体系建设方面,她认为继续实施"985工程"建设的目标就是为教学、科研提供一流的服务支撑,构建和谐的学术生态园。

各学院主要负责人也结合本学院的实际情况,畅所欲言。平台建设、人才培养和人才引进,是各学院负责人关注最多的问题,围绕这些核心问题,各学院负责人互相交流了意见和经验。

最后,许武书记提出了"三个统一"的要求:各学院的具体工作思路要和学校的战略思考统一;各学院的规划要统一,既能体现学校特色,又可操作、可验收;各学院继续实施"985工程"建设的行动要统一,并尽快推进,加强落实,争取在未来5年内实现学校发展的新一轮突破。

(二十)西南科技大学代表团来我校进行工作访问

2010年5月4日,西南科技大学副校长罗学刚率团访问我校,就进一步落实推进我校对口支援工作的实施方案以及博士研究生联合培养等问题进行交流协商,随行的有研究生部、人事处、科研处等职能部门负责人。我校副校长张淑林会见了西南科技大学代表团一行,我校党政办、研究生院(校学位办)、科技处、人事处等有关单位负责人参加了座谈。

张淑林副校长总结了近期双方在学科建设与研究生教育领域的对口支援工作,对如何落实和推进下一步的对口支援工作提出了意见和要求。西南科技大学副校长罗学刚对我校长期以来在研究生联合培养、推荐免试生、导师队伍建设、学科建设等方面给予的大力支持表示感谢,对我校全方位的对口支援工作给予了高度评价。

座谈会上,双方围绕进一步推进对口支援西南科技大学工作的实施方案进行了深入的研讨,就联合培养博士研究生、博士生导师队伍建设、博士后流动站建设、科研能力提升等对口援助工作进行了交流协商。座谈会后,各业务部门进行了对口交流,就具体的合作事宜进行了沟通。

(二十一)我校召开第三次研究生代表大会

2010年5月9日,我校第十八次学生代表大会、第三次研究生代表大会开幕。

(二十二)我校55位博导通过2011年上岗资格审查

2010年5月10日下午,第七届校学位委员会召开本年度第一次工作会议。会议主要对申请2011年招收博士生的导师资格进行审议。会议由校学位委员会主任委员、校长侯建国院士主持。据统计,我校本次申请2011年招收博士生的新导师共有59人,其中校内教授31人、副教授14人、校外兼职教授14人。

今年我校首次启动了副教授申请博导工作试点。侯建国就做好该项工作提出了要求。他说,经过近年来学校在人才引进与培养工作方面的扎实努力,我校专任教师队伍的整体水平有了明显提升,涌现出了一批优秀的年轻人才,开展副教授申请博导工作的条件已经初步成熟,此次启动副教授申请博导工作,目的就是要完善导师遴选制度,优化导师队伍结构,建立有利于年轻优秀教师脱颖而出和拔尖创新人才培养的机制,加强博导队伍建设,提高博士生培养质量。为此,侯建国校长要求各位委员要严格把关标准,认真做好审核评议工作。

会上,委员们听取了数学、物理天文、化学材料、生命科学、力学工程、电子信息与计算机、管理人文、核科学与技术、微尺度国家实验室、火灾科学国家重点实验室、智能所等学位分委员会负责人关于本学科申请上岗者情况的介绍,仔细审阅了申请材料,并在进行认真讨论的基础上,依据《中国科学技术大学博士生导师上岗审定工作实施办法》的有关规定,对申请2011年招收博士生的导师资格进行了无记名投票。经表决,共有29名校内教授、12名校内副教授、14名校外兼职教授通过新增博导资格审定,其中12名副教授博导主要是近年来在本研究领域具有优异学术表现的年轻学者。

研究生院副院长古继宝汇报了《中国科学技术大学研究生培养方案》修订情况,就在岗博导的招生情况进行了统计分析。

副校长张淑林从硕士招生的战略转型、第十二批学科点申报、新专业学位种类的设

置、"985 工程"中长期规划编制等方面通报了国家的最新教育动态,并就如何抓住新一轮学科申报机遇,完善我校一级学科博士学位授权体系以及专业学位授权体系,介绍了学校的思路与想法。

(二十三)第三届全国工程硕士专业学位教育指导委员会战略研究组会议在我校召开

2010 年 5 月 12 日,全国工程硕士专业学位教育指导委员会第二次战略研究组会议在我校召开。国务院学位办梁国雄副主任、工农处任增林处长出席会议并讲话。我校副校长张淑林等 20 位全国工程硕士教指委战略研究组成员参加了会议。会议由全国工程硕士教指委秘书长、清华大学研究生院常务副院长贺克斌教授主持。

我校副校长张淑林等 10 多位专家重点围绕当前我国工程技术领军人才培养等问题做了交流发言,并进行了深入研讨,达成了诸多共识。大家认为,在我国建设创新型国家的背景下,亟须培养具有国际视野、战略眼光和跨文化沟通能力的工程技术和管理领军人才;培养工程技术领军人才,必须创新现有人才培养模式和制度,构建高校与企业合作、国内与国际合作相结合的开放式人才培养体系,建立新的工程类高端人才培养管理体制。同时,他还认为在全日制工程硕士招生规模快速增加的情况下,优化工程硕士课程体系,建立讲座课程资源共享信息平台,启动"工程师上讲台计划",具有重要的现实意义。

据悉,本次战略组会议后,全国工程硕士专业学位教育指导委员会将于 2010 年 5 月 13 日召开全体委员大会,总结 2009 年工作,部署 2010 年工作计划。

(二十四)第三届全国工程硕士专业学位教育指导委员会第二次全体会议在我校召开

2010 年 5 月 13 日,由全国工程硕士专业学位教育指导委员会主办、我校承办的第三届全国工程硕士专业学位教育指导委员会第二次会议在我校召开。国务院学位办梁国雄副主任、工农处任增林处长出席会议。我校校长侯建国院士到会并致辞。我校副校长张淑林等 30 多位教指委委员参加了会议。会议分别由全国工程硕士教指委副主任委员、天津大学副校长胡小唐教授,教指委秘书长、清华大学研究生院常务副院长贺克斌教授主持。

侯建国校长在致辞中介绍了我校工程硕士教育发展的情况。他说,过去几年,在教育部和国务院学位办的大力支持下,我校的办学实力和办学水平进一步提高,人才培养、科学研究和学科建设等方面的工作不断取得进步。在全国工程硕士教指委的指导与帮助下,学校不断加强专业学位建设,工程硕士教育得到了快速发展。目前,我校工程硕士涵盖 17 个工程领域,初步建立起了规模适度、特色鲜明、质量优异、声誉良好的工程硕士

2010年

培养模式,形成了具有重要区域影响的工程硕士品牌,产生了良好的社会影响。希望通过参加这次会议,更多地学习兄弟院校的先进理念和培养方法,提高我校工程硕士培养水平。

会议听取并审议通过了教指委秘书长、清华大学研究生院常务副院长贺克斌教授做的"2009年工作总结和2010年工作设想"工作报告。浙江大学党委常务副书记陈子辰教授、华南理工大学王国荣教授、哈尔滨工业大学副校长丁雪梅教授、北京理工大学研究生院副院长李镇教授,分别代表教指委课程建设研究组、学位标准研究组、质量评估研究组、职业资格认证研究组做了年度工作汇报。

第三届全国工程硕士专业学位教育指导委员会第二次全体会议在我校召开

(二十五) 我校召开各学院研究生部部长联席会,部署下一阶段研究生教育工作

2010年5月14日,学校召开各学院研究生部部长联席会,进一步交流各学院近期工作,并部署下一阶段研究生招生、培养改革与学科建设工作。

(二十六)《中国研究生》杂志合肥通联站赴金寨县采风

为了办好两刊一网(《中国研究生》《中国科大研究生》和《中国科大研究生网站》),促进《中国研究生》合肥通联站的全体同学开阔视野,发展思路,提升文化素养,发现文学素材,《中国研究生》合肥通联站于2010年5月22～23两日举办了赴金寨县文化采风活动。

这次的红色之旅,为同学们上了一堂生动的爱国主义教育课,同学们纷纷表示,今天的和平来之不易,要把对先烈的怀念化为前进的动力,努力学习,踏实工作,肩负起时代赋予的使命。

(二十七)我校印发《中国科学技术大学新增硕士专业学位授权点自行审核办法》

根据国务院学位委员会《关于开展新增硕士专业学位授权点审核工作的通知》(学位〔2010〕20号)精神,学校受国务院学位委员会的委托,自行开展新增硕士专业学位授权点审核工作。为做好自行审核工作,我校研究制定并于2010年5月24日印发了《中国科学技术大学新增硕士专业学位授权点自行审核办法》(校学位字〔2010〕100号),部分内容摘录如下:

自行审核的范围。国务院学位委员会此次授权自行审核的硕士专业学位类别包括金融工程等35种。

自行审核的组织。受校学位委员会委托,校学位委员会办公室负责自行审核组织工作。

自行审核的指导思想。以科学发展观为指导,以提升服务社会、服务区域经济建设能力为导向,完善和优化硕士专业学位授权体系。

申请新增授权点的基本条件。申请新增硕士专业学位点必须在学科、师资、教学、实践培养模式等指标方面满足新增硕士专业学位授权点基本条件。

(二十八)我校布置启动新增博士一级学科点及硕士专业学位点自审工作

2010年5月26日,学校召开会议,布置启动新增博士学位授权一级学科点及新增硕士专业学位授权点自审工作。各有关单位、学位点负责人参加了会议,会议由校学位办主任倪瑞主持。

张淑林副校长出席会议并讲话。她从宏观角度回顾了国家以及我校学科与学位工作、博导选聘制度的历史沿革与改革探索,分析了本次自审工作的形势,并着重从拥有学科点自审权与人才引进、资源获取、国家重点学科建设、服务社会的关系等角度阐述了我校学科发展的战略布局及其重要意义。鉴于这次自审工作时间紧、任务急,她要求各单位要高度重视,抓紧组织落实。

(二十九)国家级实验教学示范中心联席会物理学科组工作会议在我校召开

2010年5月29日,国家级实验教学示范中心联席会物理学科组工作会议在我校

2010年

召开。

(三十) 我校博士获2010年度"IEEE 声学、语音及信号处理学会年会最佳青年作者论文奖"

2011年5月,在捷克布拉格举行的"IEEE 声学、语音及信号处理学会年会"上,我校信息学院电子工程与信息科学系凌震华博士获2010年度"IEEE 声学、语音及信号处理学会年会最佳青年作者论文奖"。

(三十一) 第十一届中国 MBA 发展论坛暨首届中国 EMBA 高峰论坛在我校举行

2010年6月5日上午,第十一届中国 MBA 发展论坛暨首届中国 EMBA 高峰论坛在我校隆重举行。安徽省省长王三运向大会发来了贺信。安徽省副省长唐承沛、我校党委书记许武、国务院学位办副主任李军等出席了论坛开幕式并致辞。

(三十二) 我校与加州大学伯克利分校、苏州工业园区签署人才培养合作协议

2011年6月8日,我校与美国加州大学伯克利分校、苏州工业园区管委会在苏州共同签署《人才培养及科技合作协议》,三方将在高层次人才培养、科学研究等方面开展深入合作。我校副校长张淑林、加州大学伯克利分校化学学院院长理查德·麦西斯以及苏州市委常委、苏州工业园区工委书记马明龙出席仪式并致辞,化学与材料科学学院执行院长杨金龙代表我校签署协议。

张淑林副校长在致辞中祝愿我校与伯克利分校在苏州工业园区的大力支持下,通过真诚的合作与努力,在人才培养及产学研合作等方面早日结出成果,成为两校强强联合的典范。

为推动我校纳米科学学科在人才培养以及产学研合作等方面的发展,今年1月,依托化学与材料科学学院及微尺度国家实验室,我校纳米科学技术学院落户苏州研究院,并面向全国招收研究生。

参与此次合作的加州大学伯克利分校现全球高校排名第二位,其化学学院在纳米科学等研究领域处于全球领先水平,是该校14个学院中最具实力的学院,曾培养出7位诺贝尔奖获得者。加州大学伯克利分校的加盟将为我校纳米科学技术学院注入顶级的师资力量,同时,该校每年还将提供一定数量的赴美博士生深造名额。

签约仪式上,三方还达成战略性合作协议,其中包括在苏州工业园区建立正式的中外合作办学机构,条件成熟时,园区将为这一机构建设专属校园。

(三十三)我校对 2010 年新增博导进行岗前培训

由研究生院、校学位办、公共事务学院联合举办的我校 2010 年新增博导岗前培训班于 2010 年 6 月 8 日下午在东区师生活动中心五楼报告厅顺利开班。张淑林副校长主持开班仪式。杨金龙、吴清松、俞汉青等优秀导师应邀与 40 多位即将走上博士生指导岗位的青年导师进行了面对面的交流,畅谈了他们在研究生培养中的心得和体会。

张淑林代表学校对各位青年教师即将走上博导工作岗位表示祝贺。她回顾了我国博导选聘制度的历史沿革以及我校博导遴选工作的改革与探索过程,对开展青年导师岗前培训的意义做了说明。她说,对青年博导进行岗前培训是我校导师队伍建设的重要举措之一,近年来已在我校形成惯例,这对于导师今后更好地履行职责具有重要意义。希望各位青年导师认真聆听几位优秀导师的经验介绍,为下一步独立开展博士生指导工作做好准备。

培训会上,化学与材料科学学院执行院长、"全国优秀博士学位论文"指导教师杨金龙教授从导师的职责、素质、品格、胸怀以及研究方向的选定等方面介绍了自己做博导的几点体会。"全国优秀博士学位论文"指导教师、工程科学学院吴清松教授做了题为《爱岗敬业培养创新型人才》的专题报告。"全国优秀博士学位论文"指导教师、化学与材料科学学院俞汉青教授以"微生物聚集体的研究"为案例,诠释了针对不同学生因材施教的培养心得。

根据本次培训安排,在新导师上岗培训交流活动的第二阶段,各位新增博导听取了研究生院各职能部门关于博士生培养管理制度的介绍。

张淑林副校长在培训总结讲话中感谢各位青年导师对我校学位与研究生教育工作做出的贡献,高度评价了他们的科研教学业绩,并对他们今后的工作提出了希望和要求。她强调,博士生培养质量最终取决于导师,导师是我校研究生教育改革与发展的第一生产力,是促进研究生教育创新的生力军,导师的水平代表了我校研究生教育的水平,在博士生培养过程中,导师负有崇高的使命和职责。

各位导师对本次上岗培训工作予以较高评价,认为不仅培训形式新颖,而且富有实效,对于各人即将走上新岗位完成使命具有启示与借鉴意义,并希望这一制度能常态化、制度化,以方便广大导师交流培养心得。

(三十四)我校 2 名研究生获 2009～2010 年度"百人会英才奖"

2010 年 6 月 8 日,2009～2010 年度"百人会英才奖"颁奖典礼在南京举行。我校工程科学学院 2009 级博士研究生丁国亮、物理学院 2008 级硕士研究生贺承浩荣获此奖项。

(三十五）我校"985工程"二期建设项目通过检查验收

2010年6月13日,教育部发布《关于反馈"985工程"二期验收专家组意见的函》(教重办〔2010〕2号),文件指出,我校"985工程"二期建设目标实现情况、建设任务完成情况、建设成效、建设资金执行情况均达到要求。这标志我校"985工程"二期建设项目通过检查验收。

（三十六）学校布置启动"211工程"三期建设中期检查工作

2010年6月13日下午,张淑林副校长主持召开会议,布置启动我校"211工程"三期建设中期检查工作。校长助理尹登泽、"211工程"三期各建设项目负责人、有关部处负责人参加了会议。

根据国家下发的《关于开展"211工程"三期中期检查工作的通知》(211部协办〔2010〕1号)精神,中期检查采取以各建设学校在主管部门指导下自查为主的方式进行,国家将视自查情况适时组织抽查。中期检查的重点包括:建设项目提出的目标和任务的进展情况及年度计划执行情况;主要建设成效和可能形成的标志性成果分析及具体支持措施;资金到位和执行情况分析;项目管理运行的机制和效果;建设中存在的主要问题及改进措施。

我校三期建设主要包括三个部分,分别为重点学科建设项目(共15个)、创新人才培养和队伍建设项目、校内公共服务体系建设项目。按照学校中期检查工作安排,2010年6月底校学位委员会对各建设项目进行中期评估,7月20日前学校将《"211工程"三期中期检查报告》报"211工程"部际协调小组办公室。

（三十七）学位与研究生教育中心召开本年度第二次工作会议

2010年6月17日下午,学校在东区师生活动中心五楼报告厅召开2010年学位与研究生教育中心第二次工作会议,各院、系研究生部全体成员参加了会议。

2009年以来,学校积极推进学位与研究生教育管理工作的体制改革,成立了学位与研究生教育中心,并在各院系设立了研究生部。中心在学校层面的工作主要是目标管理,重点进行宏观制度建设、信息化管理以及对外资源争取,在院系层面主要是通过权力下放,实现各研究生部在招生、培养、学位把关等方面的过程管理。目前,学位与研究生教育管理体制改革已初步完成,机制改革将成为下一阶段的工作重点,体制、机制改革的最终目标是调动"两个积极性",即导师指导研究生的积极性和学生学习的积极性。会上,张淑林副校长对各研究生部在研究生招生、创新计划、研究生培养、信息化管理、学科点调整等方面的近期工作提出了具体要求。

(三十八) 我校召开首届"研究生教育教学成果奖"评审会

我校首届"研究生教育教学成果奖"评审会于 2010 年 6 月 24 日在东区师生活动中心五楼报告厅召开。

我校今年启动首届"研究生教育教学成果奖"申报工作以来,各单位高度重视,以成果评选为契机,认真总结近年来教育教学研究和实践的经验,并进一步凝练为教育教学成果。会上,由各研究生培养单位相关负责人组成的评审组认真听取了各教育教学成果完成人的成果介绍,经过投票,共评出校级"研究生教育教学成果奖"32 项。

(三十九) 我校各学位分委员会开展 2010 年夏季学位申请审核工作

自 2010 年 6 月 18～25 日,我校 14 个学位分委员会相继召开学位工作会议,就 1807 位学士、1141 位硕士、432 位博士的学位申请材料进行审核,严格把好学位质量关。

为履行好学位分委员会的职责,为校学位委员会的最后学位质量审定提供依据,各学位分委员会对本次学位工作给予了高度重视,各位委员表现出了高度的责任感,在期末各类会议较多的情况下,仍保持了较高的出勤率。评审会上,各学位点分别介绍了本学科研究生的学位论文评阅、答辩及学术论文发表情况,各位委员根据学位申请材料对申请者的学籍、课程、论文等信息逐一进行审阅,对有疑问的地方展开讨论,并就完善学校的学位工作提出了许多宝贵建议。

本届学位分委员会是依据校学位委员会章程,按照"监管分离"原则成立的,包括数学、物理天文、化学与材料、地学环境、生命科学、力学工程、电子信息与计算机、管理人文、核科学与技术、微尺度物质科学国家实验室、军工保密、智能所和专业学位管理类、专业学位工程类共 14 个学位分委员会。学位分委员会的职责主要是受校学位委员会委托,审阅本学科学士、硕士、博士学位的申请材料,做出授予学位的建议;审议本学科的建设与发展规划;对本学科的研究生培养方案进行初审等。

"监管分离"以及学士、硕士、博士三级学位的统一管理,是我校学位工作的创新之举,在全国产生了重要影响。由于学位工作长期以来的制度化,我校学位审定工作已成为研究生教育质量监控系统的重要组成部分,在确保我校学位授予质量和声誉方面发挥了积极的作用。

(四十) 校学位委员会召开 2010 年上半年度学位工作会议,决定授予 431 人博士学位、1141 人硕士学位

2010 年 6 月 28 日下午,校学位委员会在东区师生活动中心五楼学术报告厅召开 2010 年上半年度学位授予审核工作会议。校学位委员会主任委员、校长侯建国院士、副

主任委员李曙光院士先后主持了会议。

侯建国在会上指出,学位授予审核是我校研究生教育培养质量的最后关口,在我校毕业研究生规模日益扩大的形势下,学位审核以及研究生教育管理的重心将逐渐下移,需要充分发挥各学位分委员会、各学科的质量监控作用。同时,鉴于学位与研究生教育形势的变化,希望我校各学位分委员会能根据本学科的发展,认真研讨,进一步修订与完善本学科的学位标准与相关规定,提高我校各学科的学位质量标准。

委员们听取了校学位办关于2010年上半年度学士、硕士、博士三级学位申请的整体情况汇报,听取了全校14个学位分委员会负责人对相关学科学位申请者的情况介绍,并严格依据各学科的学位标准对学位申请者的材料进行了审核。经无记名投票表决,校学位委员会决定授予431人博士学位、790人普通硕士学位、119人工程硕士学位、186人工商管理硕士学位、46人公共管理硕士学位。

会上,张淑林副校长通报了国家"985工程"中长期规划立项、"211工程"三期建设中期检查、第十一批学位点自审、研究生教育创新计划等的最新政策动态,总结了半年来我校围绕国家要求所开展的学位与研究生教育改革工作。

她说,半年来,研究生院、校学位办围绕"管理向服务转变"这一中心任务,进行了管理体制与运行机制的改革与创新,充分调动了导师与研究生的积极性。具体包括:① 成立了各学院研究生部,下放了管理权力,调动了学院的积极性;② 启动了博士生质量工程,首次开展了"优秀学术新人奖""优秀教育教学成果奖"的评选,实施了8个大类的研究生创新计划项目,完善与修订了研究生培养方案;③ 在招生工作中,进一步扩大了优秀推荐免试生的比重,逐步减少了三年制科学学位硕士生、三年制博士生的招生数量,增加了专业学位的招生规模;④ 明确了专业学位教育的定位与方向,初步打造了以软件学院、公共事务学院、MBA/MPA中心为依托的三大专业学位教育集团军;⑤ 积极进行管理流程优化,建立与完善了服务于导师和研究生的两大门户信息系统,实现了与导师、研究生的零距离沟通。

(四十一)我校对"211工程"三期建设项目进行中期检查评估

根据国家"211工程"部协办《关于开展"211工程"三期中期检查工作的通知》(211部协办〔2010〕1号)的部署和要求,我校于2010年6月28日上午在东区师生活动中心五楼学术报告厅举行了"211工程"三期建设中期检查评估答辩会。评估答辩会由侯建国校长主持。副校长张淑林、相关职能部门负责人以及校学位委员会委员组成的评议专家参加了会议。

侯建国校长强调了本次中期检查的意义,介绍了中期检查的重点。他指出开展"211工程"中期检查工作的目的是为了进一步加强"211工程"建设管理,提高工程建设质量和效益,确保工程建设的顺利进行,同时也为迎接2012年的项目验收以及下一轮重点学科评审打下基础。中期检查的重点包括:建设项目提出的目标和任务的进展情况及年度计

划执行情况；主要建设成效和可能形成的标志性成果分析及具体支持措施；资金到位和执行情况分析；项目管理运行的机制和效果；建设中存在的主要问题及改进措施。他希望通过检查凝练建设成果和亮点，进一步总结建设经验，及时发现建设中存在的问题、不足以及需要进一步改进的工作。

委员们根据各项目目标任务完成情况、建设成效、资金到位和执行情况、项目管理等检查指标进行了充分的评议，认为大部分子项目建设进展顺利，年度计划执行良好，工程效益显著，完成了预定的任务，在学科建设、人才培养、科学研究、队伍建设、教学科研条件改善等方面取得了积极进展和重要的阶段性成果，甚至已经有多项指标超出规划目标，为全面实现规划目标奠定了良好的基础，但部分项目在效益、进度、任务完成等方面还存在一定问题。为此，委员们建议各子项目单位应进一步凝练材料，修改和完善项目建设报告。

根据国家的部署，本次"211工程"三期中期检查采取各建设学校在主管部门指导下以自查为主的方式进行，国家将视自查情况适时组织抽查。根据安排，我校于7月10日前形成《中国科学技术大学"211工程"三期建设中期检查报告》，并上报中科院和国家"211工程"部协办。

（四十二）我校举行2010年度第一次研究生毕业典礼暨学位授予仪式

2010年7月3日，我校2010届研究生毕业典礼暨学位着装授予仪式在东区大礼堂隆重举行。

上午9时，毕业典礼暨学位授予仪式正式开始。校领导许武、侯建国、窦贤康、叶向东、陈晓剑、周先意、朱长飞，部分学院和国家实验室执行院长、主任陈旸、刘万东、杨金龙、田志刚、陈华平、吴自玉身着导师服在主席台就座。大会由张淑林副校长主持。

大会第一项议程是出校旗。在热烈的掌声和欢呼声中，14名同学托举着一面巨幅校旗从后排缓缓走向主席台，最后悬挂在主席台中央。

侯建国校长发表了热情洋溢的讲话。他以一位学长和朋友的身份，给同学们提出了三点希望：一是心系国家，服务社会。作为中国科大的毕业生，与生俱来就担当着振兴国家和民族的使命。在这样一个大有可为的时代，作为未来国家建设的骨干和中坚，同学们要时刻心系国家和人民，将个人的发展与国家的需要联系在一起，在建设国家、服务社会的过程中，实现个人的价值。二是追求卓越、勇于创新。要继承和发扬"学术优先、追求卓越"的中国科大精神，始终保持崇尚科学的志趣，不断追求真理、勇于创新。人生道路鲜花和荆棘并存，只要我们保持科大人"争第一，求唯一，敢为天下先"的精神，就能创造奇迹。三是团结协作、诚实认真。无论是做科研还是从事其他事业，要想获得成功，特别需要注意培养自己的大局意识和协作精神。希望大家做一个胸怀宽广的人，赢得共同的成功。同时，希望同学们在今后的工作中，把诚实做人、认真做事作为根本，珍惜自己的信誉和中国科大的声望。

侯建国最后满怀深情地表示,校友是母校的名片,是母校的信使,母校将永远牵挂着你们。希望同学们毕业后继续关心支持母校的建设和发展,"常回家看看"。

杰出校友和导师代表、精密机械与精密仪器系主任相里斌研究员在致辞中结合自己的经历,对同学们提出了三点期望:一是学会做人。融入社会的第一步要学会处理人与人之间的关系,事业靠大家共同完成,要有团队合作意识,并善于从小事做起;既要保持锐气,更要诚实认真。二要善于选择。毕业后要结合工作实际,继续刻苦学习,拓展视野,审慎做出适合自己的选择。三要勇于坚持。做出选择后,一定要矢志不渝。人生道路充满坎坷,但只要"能登高以望远,虽百折而不挠",就一定能做出一番事业。

毕业研究生代表、近代物理系博士毕业生高炜博同学在发言中表达了对父母、老师及母校的感恩和依依不舍之情。他表示,在人生新的起点上,将继续秉承科大"勤奋学习、红专并进、理实交融"的精神,努力以优异的业绩,为母校赢得荣光。

随后,毕业研究生代表手捧鲜花走上主席台,表达他们对老师和母校的感激之情。

在侯建国校长带领下,全体毕业生庄严宣誓:"感恩父母养育,感谢导师教诲,不忘母校培养。我们坚守母校信念,热爱科学、崇尚真理;我们传承母校精神,科教报国、追求卓越。我们用激情和智慧建设祖国,用责任和行动回馈社会,用成就和硕果回报母校!"

最后,在激扬豪迈的校歌旋律中,同学们身着学位服依次登上主席台,校领导和导师们为他们一一扶正流苏,并合影留念。

2010届研究生毕业典礼现场

（四十三）我校公布首届"中国科学技术大学研究生教育教学成果奖"名单

2010年7月6日，我校印发《关于公布首届（2010年度）"中国科学技术大学研究生教育教学成果奖"的通知》（校研字〔2010〕138号）。《通知》指出，根据安徽省教育厅《关于做好2010年度高校省级教学质量与教学改革工程项目申报工作的通知》（皖教秘高〔2010〕28号）有关精神以及《关于开展首届"中国科学技术大学研究生教育教学成果奖"评选工作的通知》有关安排，学校组织专家组对申报首届"中国科学技术大学研究生教育教学成果奖"的材料进行了逐一评审，共评选出32项作为2010年度校级研究生教育教学优秀成果，获奖名单如下表所示。

我校2010年首届"中国科学技术大学研究生教育教学成果奖"获奖名单

序号	成果名称	主要完成人	完成单位	等级
1	面向研究生教学与科研的公共实验平台建设	鲁非、古继宝、王光辉、尹东、李京、翟超	公共实验中心、研究生院	特等
2	面向国家行业重大需求，创新教学模式，为消防领域培养复合型创新人才	张和平、万玉田、杨立中、陆守香、孙金华	火灾科学国家重点实验室	特等
3	创建以机器人实验为载体的实践创新培养体系	陈小平、陈恩红、罗文坚、王行甫、吉建民	计算机科学与技术学院	特等
4	全日制软件工程硕士教学体系建设创新实践	李曦、叶勇、丁箐、吴敏	软件学院	特等
5	探索英语教学新路，提升研究生英语应用能力——英语语言实践中心建设	孙蓝、陈纪梁、莫青杨、刑鸿飞、刘海清	人文与社会科学学院	特等
6	升金湖研究生创新基地特色教育	曹垒、沈显生、黄丽华、丛培昊	生命科学学院	一等
7	强调社会责任的工商管理(MBA)培养体系构建及实践探索	梁樑、赵定涛、张圣亮、张增田、朱宁	管理学院	一等
8	研究生导师门户系统的建立与应用	倪瑞、李兴权、夏玉良、李芳平、燕京晶	校学位办	一等
9	"X射线衍射"课程理论与实践创新	石磊、贾云波、周贵恩	合肥微尺度物质科学国家实验室	一等

2010年

续表

序号	成果名称	主要完成人	完成单位	等级
10	研究生创新能力开拓与培养——化学科研训练课程改革与设计	汪志勇、王中夏、郑小琦、查正根	化学与材料科学学院	一等
11	基于现场总线和以太网的过程控制实验研究平台	魏衡华、王永、程健、王大欣、奚宏生、张玉斌、常国栋	信息科学技术学院	一等
12	研究生培养创新机制的研究与实践	周丛照、滕脉坤、沈显生、周江宁、刘海燕、向成斌	生命科学学院	一等
13	新形势下继续教育向高端培训转型的创新模式探索	宋伟、李晓纲、王武荣、经纬、周兴国	继续教育学院	一等
14	管理学院硕士研究生论文评审模式创新	华中生、胡大忠、张增田、毕功兵、吴强、彭正思	管理学院	一等
15	"所系结合"共建专业课——植物分子生物学前沿系列讲座	向成斌等30位专家	生命科学学院	一等
16	结合并行机研制开展高级计算机体系结构课程建设	吴俊敏、张俊霞	计算机科学与技术学院	一等
17	近代物理专题	韩良	物理学院	一等
18	计算机应用技术研究生培养探索与实践	王煦法、岳丽华、陈恩红、陈小平、熊焰	计算机科学与技术学院	二等
19	"材料合成化学"精品课程建设	陈春华、Louis Winnubst、姚连增、杨萍华	化学与材料科学学院	二等
20	高性能计算平台建设	李京、张焕杰、张运动、李会民	网络信息中心	二等
21	研究生创造力开发新探索	刘仲林	人文与社会科学学院	二等
22	智能感知、控制与计算平台	尹东、周远远、方毅、刘桂英、张英堂、徐骏、张璠	信息实验中心	二等
23	学位管理信息平台的建立与维护	李兴权、李芳平、倪瑞、方俊、夏玉良	校学位办	二等
24	研究生大型仪器实际操作能力培养	刘文齐、李凡庆、刘先明	理化实验中心	二等

续表

序号	成果名称	主要完成人	完成单位	等级
25	基于精品课程建设目标的MBA"市场营销学"课程建设	张圣亮	管理学院	二等
26	Web2.0环境下教学资源共享平台建设	周荣庭、谢栋	人文与社会科学学院	二等
27	"物质微结构的波谱能谱学"研究生基础课教学成果	朱清仁、左健、麻茂生、陈家富、庞文民	合肥微尺度物质科学国家实验室	二等
28	研究生信息素养教育	杜进、罗昭锋、张素芳	图书馆	二等
29	大型科研仪器自动化管理系统	罗昭锋、魏海明、吴旭、程晓蕾、王光辉	生命实验中心	二等
30	细胞生物学荧光技术原理和应用	刘爱平、王琦琛、郭振、郑晓东、姚展	生命科学学院	二等
31	如何提高研究生教育质量	宋乐新	化学与材料科学学院	二等
32	"科学社会主义理论与实践"课教学体系改革研究	陈小林	人文与社会科学学院	二等

(四十四)"科大蓝鹰"称雄全国机器人大赛,夺得金牌总数第一

"2010全国机器人大赛暨RoboCup公开赛"于2010年7月18~20日在内蒙古鄂尔多斯举行。中国科大、清华大学、北京大学、浙江大学、上海交通大学、国防科技大学、南京大学等170余所高校的900余支队伍参加了比赛。我校"蓝鹰"队获得"家庭机器人比赛"等四项冠军,在所有参赛单位中金牌总数第一。

此外,我校"蓝鹰"队还获得"RoboCup标准平台人形机器人技术挑战赛"和"家庭机器人仿真赛"两项冠军。在"RoboCup标准平台人形机器人技术挑战赛"中,"蓝鹰"队以几乎百分之百的成功率出色地演示了"手抛凌空踢球"的绝技。2009年以来,国际上一些一流研究团队竞相探索这一涉及机器人眼、手、足协调的复杂控制技术,我校在本次全国赛上的公开演示是该技术在世界上首次成功实现,并且是在低成本机器人上实现的。这一演示作为本届全国赛中高水平成果的代表,被7月18日中央电视台《新闻联播》报道。北京大学代表队获得该项目亚军。

（四十五）我校开展"211工程"三期中期检查

2010年7月，我校对第三期"211工程"建设成果进行了中期检查并形成中期检查报告，报告部分内容摘录如下：

1. 学科建设成效

学科的内涵水平不断提升，部分领域形成了集群优势。近4年来，学校围绕重点建设的15个学科项目，坚持基础性、前瞻性、交叉性，积极促进学科交叉和融合，培育一流学科，学科的内涵水平得到了提升，体现在国家重点学科上就是部分学科领域形成了整体集群优势。优势学科总量不断增多。经"985工程"建设，学校基础学科的集群优势更加明显。在学科整体排名方面，根据教育部学位与研究生教育发展中心发布的2006~2008年全国一级学科整体水平评估排名结果，中国科大的数学、物理学、化学、天文学、地球物理学、地质学、科学技术史、力学、矿业工程、核科学与技术等10个基础学科进入全国排名前五，占学校18个总学科数的55.6%。

部分学科与世界一流大学高水平学科的差距进一步缩小，具备了冲击世界一流的条件和基础。我校量子信息领域的研究成果5次入选国际物理学重大进展，产生了重要的国际学术影响。在学科国际排名方面，根据ESI(美国科学信息研究所"基本科学指标"数据库)对近10年来的数据统计分析，中国科大有7个学科(数学、物理、化学材料、工程、地学、生物/生化)已进入全球学科排名的前19%，具备了冲击世界一流的条件和基础。ESI数据库统计显示，我校物理学科近10年(2000年1月~2010年6月)发表SCI论文总数、被引总次数、篇均被引次数均居国内高校第一，SCI论文总数位居国际大学排名第13位，被引总次数位居国际大学排名第63位。

新兴交叉学科不断涌现。依托重点学科建设项目，选准突破口，集中人力和财力，推动与促进学科间的交叉、融合与交流，实施大兵团作战，在单分子科学、纳米化学与材料、量子信息科学与技术、结构生物学和结构基因组学、同步辐射应用火灾科学与防治技术、生物质洁净能源、材料力学行为和设计、等离子体物理及应用、个人通信、空间科学与技术等领域培育与建设了一批新兴交叉学科，取得了一批具有国际影响的科研成果。

2. 教学与创新人才培养成效

人才培养质量进一步提高。本科新生质量始终保持在全国高校前列，近4年本科毕业生中平均有65%被录取为国内、外研究生，毕业生就业状况继续保持良好态势。近4年，我校有12篇博士学位论文被评为"全国优秀博士学位论文"，16篇获"全国优秀博士学位论文"提名，"全国百篇"历年累计总数达34篇(全国高校第六)，优秀论文产出率居全国高校前茅；27篇博士学位论文被评为"中国科学院优秀博士学位论文"，入选总数居院属机构之首。

人才培养结构日趋合理。在研究生教育层面，学校主动进行了结构调整和战略转型，加大了应用型专业学位授权点的建设工作。目前，学校有MBA、MPA、法律硕士、工

程硕士四类专业学位,形成了专业学位与科学学位研究生教育协调发展的格局。

教学改革硕果累累。学校围绕学科建设,积极进行教育教学改革,把创新人才培养作为学校创建世界一流大学的重要突破口,取得了显著的改革成效,产生了重要的社会影响。

创办"科技英才班"。按照因材施教,个性化培养的理念,我校相继筹备和开办了华罗庚数学英才班、严济慈物理英才班、贝时璋生命英才班、应用物理英才班、力学英才班、王大珩光机电英才班和材料科学英才班共7个"科技英才班"。

整合内外资源,面向国家需求,与合肥物质科学研究院联合,以中科院两个大科学工程——国家同步辐射实验室和托卡马克核聚变实验装置为依托,成立了核科学技术学院。

微尺度物质科学国家实验室与少年班学院合作申报的"交叉学科人才培养试验区"获得教育部批准。信息学院与微软亚洲研究院联合申报的国家级人才培养实验区"中国科大-微软联合培养人才新模式实验区"获得教育部批准建设。

(四十六) 我校召开了2010年暑期研究生教学秘书工作会议

为进一步提高我校研究生教学秘书的业务能力,总结交流2010年上半年度学位与研究生教育管理工作经验,学校于2010年8月10~11日召开了2010年暑期研究生教学秘书工作会议。会上,校学位办主任倪瑞首先介绍了我校学位与研究生教育信息化工作的总体情况,研生办、培养办、奖助办、学位办有关同志分别就研究生招生、培养、教学、学籍、奖助、学位授予等方面的管理制度、工作流程及工作中的注意事项进行了介绍。

(四十七) 2010年"全国凝聚态物理研究生暑期学校"在我校举办

2010年7月26日,2010年"全国凝聚态物理研究生暑期学校"在我校微尺度国家实验室开班。8月13日,2010年"全国凝聚态物理研究生暑期学校"在我校举行结业典礼。

(四十八) 微尺度物质科学国家实验室举行2010级研究生新生入学教育大会

按照学校的统一部署和实验室的工作安排,2010年9月1号下午,微尺度国家实验室10级硕士、博士新生入学教育大会在微尺度实验室大楼一楼报告厅内举行。本次入学教育旨在帮助2010级研究生新生进一步建立正确的人生观和价值观,对微尺度国家实验室的学习和生活环境有一个基本的了解,更加明确自己在下一阶段的努力方向。通过此次活动,同学们对学校的各项管理制度和微尺度物质科学国家实验室的情况有了更进一步的了解和认识,对于自己下一阶段的学习任务有了更加明确的方向;同时,为自己能够成为这一集体中的一员感到高兴。

(四十九) 核学院隆重召开2010级研究生迎新大会

2010年9月1日下午,核学院2010级研究生迎新大会在国家同步辐射实验室学术报告厅隆重举行。会议由院党总支董赛书记主持,院长万元熙院士、中科院等离子体物理研究所李建刚所长、国家同步辐射实验室吴自玉主任、常务副院长盛六四教授、副院长吴宜灿教授都于百忙之中来到会场,并为同学们做了精彩的演讲。其他到会的院领导及学位委员会负责人还有李为民教授、田扬超教授、韦世强教授、陈红丽教授、黄群英教授等。2010级研究生新生130余人、新生班主任及相关老师到会认真听取了报告。

万元熙院士向新生介绍了核学院的建立历史,我校核学院成立仅一年余,就已成为全国排名第二的核学院。在学院两个依托单位——中科院等离子体物理研究所和国家同步辐射实验室——的大力支持下,许多课题的研究已经在国际国内首屈一指。最后万院士对同学们提出了殷切希望。

(五十) 我校开展2010级研究生新生入学教育,本年招收3044名硕士生、792名博士生

为了让研究生新生尽快熟悉学校环境,了解公共学术资源,感受我校文化氛围,尽快融入中国科大这个大家庭,2010年9月3日上午,学校在东区大礼堂为2010级研究生新生上了踏入校园的第一课——研究生入学教育。校长兼研究生院院长侯建国院士,校学位委员会副主任李曙光院士,研究生院、校学位办以及有关公共支撑体系负责人等为研究生新生授课。张淑林副校长主持研究生入学教育仪式。2010年,学校招收硕士研究生3044人、博士研究生792人。

侯建国以一名学长和导师的身份,结合讲述了几个科大人的动人故事,让同学们从中体会做人、做事的道理,并提出了三点希望:

一是努力学习,报效祖国。郭永怀先生和钱临照先生是老一辈科学家中的杰出代表,他们放弃了国外的优裕条件,在国家最需要的时刻毅然回国,为我国"两弹一星"事业和我校的建设与发展,奉献了毕生精力甚至是宝贵的生命。参与创办中国科大的老一辈科学家都有着强烈的爱国情怀,我校的历史本身就是一部爱国史、奋斗史和创业史。目前,我国正处于快速发展的关键时期,而同学们以后将成为创新型国家建设的骨干和中坚,希望大家发扬我校"科教报国"的优良传统,努力承担起时代赋予的历史使命。

二是志存高远,勇于创新。当年,在"文化大革命"后百废待兴的情况下,何多慧等20多名我校年轻教师,大胆提出在合肥建设一个世界先进的同步辐射光源。他们克服了难以想像的困难,最终在我校建立起国家同步辐射实验室。侯建国以此为例,诠释了什么叫开拓创新、勇争第一,并以近年来我校在人才培养、科学研究、学科建设等方面的骄人

业绩,勉励同学们继续发扬科大人"敢为天下先"的精神,大胆实践,勇于创新。

三是坚持不懈、厚积薄发。陈仙辉教授在高温超导研究领域默默坚守20多年,2008年,他领导的研究小组发现了临界温度达到43K、突破了"麦克米兰极限"的一类新型超导体——铁基化合物超导体,引起了国际上的广泛关注。希望同学们继续发扬我校"艰苦朴素、求真务实"的优良学风,"板凳要坐十年冷,文章不写半句空",持之以恒,追求卓越。

根据多年从事科研和带研究生的经验,李曙光院士就如何做好研究生对同学们提出了殷切希望:要诚实,杜绝学术不端行为;要集中精力于学业,抵制其他方面的诱惑;要勤奋主动,主动调查研究,主动思考,主动与老师沟通交流,形成思考和讨论问题的风气;要脚踏实地,从小事做起,不要眼高手低;要有高标准,做事要做到最好。最后,他希望同学们珍惜人生的难得机会,走好今后的每一步,为未来打好基础,为建设创新型国家和科技强国做出应有的贡献。

硕士研究生新生代表张磊和博士研究生新生代表吴锦景先后发言,表示将珍惜来之不易的学习机会,继承我校前辈的优良传统,充分利用学校优异的学术资源,勤奋学习,潜心科研,努力增长知识和才干,用青春圆梦,为我校争光,为中华民族的伟大复兴贡献智慧和力量。

张淑林副校长充满激情地寄语广大新同学,希望同学们肩负学校的光荣与梦想,秉承科大人"追求卓越"的精神,记住跨入研究生学习生活的第一课,记住校长的重托,导师、学长的叮咛,努力学习,超越自我。在未来的3~5年的学习征程中,学校管理部门、公共支撑体系单位、全体研究生导师将与你们同行,为同学们学习、成才提供最好的服务。

2010级研究生入学教育活动现场

(五十一)侯建国校长在2010级研究生新生入学教育上的讲话

同学们:

大家上午好!

9月是学校充满希望的季节。你们从四面八方来到中国科大,为学校注入了新鲜的血液。今天,我们在这里举行2010级研究生新生入学教育。我谨代表学校全体师生员工,对同学们成为中国科大大家庭的一员表示热烈的欢迎和衷心的祝贺!

你们即将在科大开始新的人生阶段,在导师的指导与培养下,完成硕士或博士论文。研究生和本科生的最大区别是更注重能力的培养和运用,同时需要自主承担更多的责任与结果。你们都是同龄人中的佼佼者,作为"80后",你们成长于中国市场经济的成型期,经济的快速发展、全球化进程的推进与网络信息技术的广泛应用为你们提供了独特的成长环境,使你们更富于个性与自信。

前几天,当我在校园里经过绿树掩映中的老一辈科学家塑像时,我想到,一所大学不断地产生新的知识和思想,送走一批又一批年轻的精英,同时也积累和传承着属于这所大学特有的精神气质与文化传统。正是这些科大的创立者铸就了科大"崇尚科学、追求卓越"的精神与文化。今天是大家的新生入学教育,我就以一位学长和导师的身份与大家分享几个关于科大人的故事,和同学们一起从中体会一些做人、做事的道理,希望能够对同学们今后的学习和研究有所帮助。

一是努力学习,报效祖国。郭永怀先生是我校的创立者之一,曾任我校化学物理系的首任系主任。郭永怀先生于1956年放弃美国康奈尔大学的教授职位回国,于20世纪60年代初参与了我国的"两弹一星"工程,后因飞机失事而不幸罹难,为祖国献出了自己宝贵的生命,直到最后一刻他还努力保全了实验资料。终生与科大相伴相守的钱临照先生在抗战爆发后从英国返回战乱的祖国,孤身一人将北平研究院物理所的仪器设备从已沦陷的北平辗转运到昆明。钱临照先生不仅自己爱国,还潜移默化地影响着年轻一代。他生前经常给留学海外的科大学子写信,希望他们能够回国参加工作,报效祖国,并且在信中盖上"月是故乡明"的印章。

这两位前辈一生热爱祖国,把自己的事业与国家、民族紧密联系在一起。实际上,参与我校创办的老一辈科学家都有着强烈的爱国情怀,这正如国家领导人在科大50周年校庆时所给予的高度评价一样:"科大的历史是一部爱国史、奋斗史和创业史。"今天的中国正处于快速发展的关键时期,创新型国家是我们通向未来的唯一选择。今年,国家相继颁布实施了人才、教育中长期发展规划纲要,明确了到2020年建设创新型国家的战略目标。10年后,你们将成为创新型国家建设的骨干和中坚,希望大家努力承担起时代所赋予的责任,发扬科大"科教报国"的优良传统,努力学习和工作,无愧于时代对大家的期望和要求。

二是志存高远,勇于创新。"文革"后的中国百废待兴,何多慧院士等20多名当时年

仅30岁出头的年轻教师,在1977年的全国自然科学学科规划会议上提出了建设世界先进的同步辐射光源的大胆设想,并发扬科大"开拓进取、勇夺第一"的精神,最终克服了经济和科研条件上的种种困难,建起了国家同步辐射实验室。

同国内其他名校相比,我校办学时间不长,只有52年,并几经坎坷,办学条件并不是最优越的,经费总量不高,校园面积也不大,但我们始终坚持不断创新,追求卓越,以高质量的科学研究享誉海内外。自2003年以来,我校连续7年都有成果入选"中国十大科技进展",在国家自然科学基金项目资助率、SCI论文篇均引用率、高水平论文发表等方面也位居国内高校前列。在今年《美国新闻与世界报道》全球最佳大学的排名中,我校自然和物质科学学科位列世界第50名,工程与信息技术学科位列世界第59名。同学们,青年时期是精力最充沛、思维最活跃的阶段,许多著名科学家都是在青年时代取得了一生最重要的研究成果。做研究一定要有创新,不仅要学会发现问题、提出问题,更要学会研究问题、解决问题。不唯上,不唯书,只唯实,注重在学术实践中培养批判性思维,发扬科大"敢为天下先"的精神,既要敢于好高骛远,又要善于实事求是,在思考中成长,在实践中创新。

三是坚持不懈、厚积薄发。陈仙辉教授是我校培养的博士,他在读研究生时选择了高温超导作为自己的研究方向,20多年一直在这个领域默默耕耘。他带领的研究小组在2008年发现了一类新型超导体——铁基化合物超导体,其临界温度突破了"麦克米兰极限",引起了国际上的广泛关注,并被 Science 期刊评为2008年世界十大科技进展。

"甘于寂寞"是科研工作者的重要品质,追求真理的道路上也不会总伴着鲜花和掌声。只有平心静气地做事,科研上的创新才会水到渠成。特别是在当前社会和学术界的风气比较浮躁的情况下,同学们尤其要发扬科大"艰苦朴素、求真务实"的优良学风,"板凳要坐十年冷,文章不写半句空",持之以恒,厚积薄发。虽然在座的很多同学,将来可能从事科学研究以外的职业,但是我相信,一生中有几年潜心于学习和研究,致力于探索未知,这样的经历将会是一种宝贵的人生体验,也会有助于今后的职业发展。

这样的故事还有很多很多。正是这些人和事塑造了科大的精神,形成了科大的文化,又被一代又一代的科大人传承和发扬。同学们进入了中国科大,也自然肩负起传承科大精神与文化的重任。

同学们,学校为大家提供了开放的学习与实验平台,提供了贴近世界科技前沿的训练与实践,也尽量提供与世界一流高校和学术机构进行交流与合作的机会。研究生是我校人才培养的重要组成部分,在学校承担的国家重大科研项目、获得的年度科技进展和发表的高水平论文中,都有研究生的参与。1999~2010年我校共有34人获得"全国优秀博士学位论文",博士论文入选比例居全国高校前列。我校研究生在中科院优秀博士论文和安徽省优秀学位论文评选中,获奖比例也是最高的。可以说,研究生已经成为我校建设世界一流大学的一支生力军。我们将尽一切所能为同学们提供创新的土壤与氛围,希望大家能珍惜这几年的学习时间,将创新变成生活的一部分,将学习变成生命的一部分。

每个人都有自己的人生目标,不同的追求导致不同的境界。我校首任校长郭沫若先生有句词——"沧海横流,方显英雄本色"。你们在研究生阶段的学习和研究生涯不仅仅是为了获取更高的学历,谋求一份更好的工作,而是要让自己的生活更精彩、生命更有价值。

最后,希望同学们能够安心学习、潜心研究,追求卓越,以优异的成绩完成自己的硕士和博士论文。

谢谢大家!

校长侯建国院士为研究生新生上入学教育第一课

(五十二)化学与材料科学学院召开2010级研究生入学教育大会

2010年9月6日,化学与材料科学学院在微尺度东三报告厅召开了2010级研究生入学教育大会。执行院长杨金龙教授、分党委书记葛学武教授、副院长俞书宏教授、副院长汪志勇教授、"全国百篇优博"获得者李震宇博士、学院部分老师和2010级研究生参加了大会。

会上,杨金龙教授对各位同学能顺利进入我校深造表示衷心的祝贺和热烈的欢迎。他指出,研究生入学教育是我院非常重视的传统活动之一,它作为一个新的起点,能帮助同学们在思想上顺利地过渡到研究生阶段。他希望同学们能认真琢磨这些老师和兄长的忠告和经验,尽量少走弯路,抓住机遇,在科研探索的道路上做出成绩。最后,他祝愿各位同学在我校能有一个难忘的学习生活经历,并从这里起步,实现人生的梦想。

(五十三)物理学院隆重举行2010级研究生迎新大会

2010年9月7日下午,物理学院2010级研究生迎新大会在微尺度国家实验室东三厅隆重举行。大会由院分党委副书记张增明主持,2010级全体研究生参加了本次大会。

物理学院院长欧阳钟灿、研究生院副院长古继宝、物理学院执行院长刘万东以及院系相关负责人出席了大会。

执行院长刘万东首先代表物理学院全体教师对广大新生的到来表示热烈欢迎。他向大家介绍了物理学院学科分布情况以及学院的科研实力，并强调了研究生阶段学习的重要性。他希望广大新生能利用科大物理学院良好的科研环境培养独立开展科研工作的能力，制定合理的人生规划，勤奋学习，持之以恒。最后他预祝大家在科大生活学习愉快。

（五十四）我校召开新学期学位与研究生教育工作暨2011年推荐免试研究生工作会议

2010年9月8日下午，学校在东区师生活动中心五楼会议大厅召开新学期学位与研究生教育工作暨2011年推荐免试研究生工作会议，各学院（直属系、国家级实验室）执行院长，分管研究生与本科生教育的副院长，各院系学生工作负责人，各学院研究生部全体成员，各院系教学秘书，职业学位教育中心负责人，公共实验中心、网络中心、图书馆负责人，相关职能部门负责人参加了会议。会议由张淑林副校长主持。

本学期学位与研究生教育中心、职业学位教育中心、公共支撑中心等三大中心的具体工作包括：

第一，学术型科学学位研究生教育工作要在稳定控制招生规模的基础上重点推进五项工作：一是要结合正在实施的研究生培养机制改革和研究生创新计划，在基础学科组织实施以博士教育为主体、长周期、精品化、国际化的质量工程；二是进一步加大招生宣传力度，建立多元化、立体化的招生宣传体系，发挥学院、学科、导师在研究生招生工作中的积极性；三是以纪念《学位条例》颁布30周年为契机，瞄准一流与特色，进行新一轮学位标准的修订，建立以提高质量为核心的新的学位质量标准体系；四是加快推进博士生教育的国际化，把国际化贯穿于研究生培养的全过程，努力提升我校博士生教育的国际竞争力；五是坚持以服务导师与学生为导向，在学位论文评阅、答辩等环节引入网络化手段，推进与完善学位与研究生教育管理信息化水平。

第二，应用型专业学位研究生教育，要根据国家实施的硕士生结构战略转移的动向与态势，围绕"服务社会能力的提升"这一目标，瞄准社会需求，完善培养体系，提高培养质量，集聚优势资源鼎力打造以管理学院（MBA/MPA/EMBA）、软件学院、公共事务学院为主体的专业学位"集团军"，实现办学规模与办学质量的同步提升；要充分利用苏州研究院的良好基础，构建产、学、研结合，服务社会、服务区域经济建设的大平台。

第三，在公共支撑体系建设方面，五大研究生公共实验中心要进一步加强建设，扩大开放，要通过仪器性能的开发、研究生助实岗位的设置、研究生创新计划的实施，提升公用性、服务性；网络信息中心要积极推进信息化应用进程，构筑校园信息高速公路与数字化平台，促进办公自动化；图书馆要加强数字化图书文献资源建设，创新服务内容与形式,提高为研究生、导师提供文献服务的水平。

(五十五) 研究生院首次试用网络视频系统进行监考

在 2010 年 9 月 8 日的研究生新生英语过关考试中,研究生院首次试用网络视频系统进行监考。这是继实现研究生迎新现场异地视频互联、研究生入学教育现场直播后,网络视频系统在研究生教育中的又一次应用。

研究生英语过关考试是我校研究生英语教育一个重要环节。通过考试可以全面掌握我校 2010 级研究生新生的英语水平,为英语教学改革提供第一手数据。考试的成绩也将作为研究生综合英语免修的依据之一。本次考试共有 1100 多名硕士生参加,分为 19 个考场进行。在监考中使用网络视频系统对进一步加强了考生的自律意识,对营造良好的考风、学风起到了积极的推动作用。

(五十六) 中国工程物理研究院一行来我校访问

2010 年 9 月 9 日,中国工程物理研究院书记吕欣、研究生部主任刘彤一行 7 人来我校访问,与我校就联合培养博士生的相关事宜进行了讨论。副校长张淑林出席了会议,研究生院副院长屠兢、研招办副主任袁胡骏以及物理学院副院长叶邦角、化学与材料科学学院副院长龚流柱、工程科学学院副院长竺长安参加了对口讨论。

座谈会上,张淑林副校长介绍了我校学位与研究生教育改革的最新动态,强调了与中国工程物理研究院在高层次人才培养合作的重要意义,并就如何围绕"联合培养"这一主题继续加强双方导师层面的合作,进一步深化"所系结合"的内容与形式提出了意见。

中国工程物理研究院领导对科大长期以来在人才培养领域给予的支持表示了感谢,希望双方能以科研项目为基础,建立更深层次的人才培养战略合作关系。

双方就研究生推荐免试、联合培养生培养方案、学位授予执行标准等领域的细节进行了讨论。

(五十七)《中国研究生》合肥通联站召开 2010～2011 学年第一次全体通讯员会议

2010 年 9 月 27 日,《中国研究生》合肥通联站 2010～2011 学年第一次全体通讯员会议在学校行政楼第四会议室召开。研究生院副院长屠兢、陈伟出席会议并讲话,来自全校各院、系的通讯员们参加了会议,其中有通联站前三届的老通讯员,也有本学年新招收的第四届通讯员。会议由通联站站长王乐天同学主持。

本次会议议题主要是:增进新老通讯员之间的交流、加深通讯员之间的相互了解;听取研究生院指导老师的工作指导意见、促进通联站更好的发展;研讨本学期通联站的工

作计划、落实通联站的具体工作。会议对通联站成立以来的工作进行了总结。据悉,《中国研究生》合肥通联站规模虽然较小,但是3年来业绩不少,例如累计为《中国研究生》供稿31篇,编印了《梦想在这里起航》采访专册,2009年被评为《中国研究生》优秀通联站等,在校内外产生了良好的影响,得到了分管校领导的表扬。

(五十八)我校新增6个专业学位授权点和1个工程硕士授权领域

国务院学位委员会下发了《关于下达2010年新增硕士专业学位授权点的通知》(学位〔2010〕32号),公布了刚刚批准的2010年新增硕士专业学位授权点和新增工程领域名单。我校被批准的专业学位授权点有6个,分别是:金融硕士、应用统计硕士、翻译硕士、新闻与传播硕士、文物与博物馆硕士、工程管理硕士;新增工程硕士授权领域1个,为环境工程。新增专业学位授权点和工程硕士授权领域已列入2011年研究生招生计划。

专业型学位有别于侧重理论和研究的学术型学位,是应对社会特定职业领域或特定行业的需要,为培养具有较强的专业能力和职业素养、能够创造性地从事实际工作的高层次应用型专门人才而设置的一种学位类型。

我校自1998年试办工商管理硕士(MBA)专业学位教育以来,经过十几年的发展,专业学位教育领域发展迅速,无论是人才培养规模还是培养质量均取得了显著成绩。截至目前,我校已拥有工商管理(MBA)、公共管理(MPA)和工程硕士等10个专业学位授权点及18个工程硕士授权领域,累计授予各类硕士专业学位5767人,在学全日制专业学位硕士研究生3347人,非全日制专业学位研究生1430人。

(五十九)我校研究生教育创新计划——"科技与人文"研究生学术论坛正式开幕

2010年9月28日,研究生院主办、人文学院科技哲学部承办的我校研究生教育创新计划——"科技与人文"研究生学术论坛正式开幕并举行了首场报告会。

(六十)侯建国校长获授英国伯明翰大学名誉科学博士学位

2010年10月11日下午,伯明翰大学在上海为我校侯建国校长举行了传统的英国学位授予仪式,授予他名誉科学博士学位(Doctor of Science Honoris Causa)。

伯明翰大学校长David Eastwood主持了仪式,该校副校长Malcolm Press,文学、戏剧及北美研究学院院长Susan Hunston,生命科学教授K K Cheng,计算机科学教授Xin Yao,国际关系部长Edward Harcourt以及我校张淑林副校长等出席仪式。

David Eastwood校长在致辞中充分肯定了侯建国作为一位著名的物理化学家和中国一流大学校长的卓越成就以及在推动我校与伯明翰大学等著名英国学府开展学术交

流、科研合作、学生交换等工作中发挥的重要作用。他说,他感到非常荣幸能够授予侯建国名誉科学博士学位这一英国大学最高的荣誉。

英国的名誉科学博士学位是英国各大学授予科学领域世界著名人士的最高学术荣誉。侯建国是第一位获得伯明翰大学名誉科学博士学位的中国学者。

伯明翰大学位于英国的第二大城市伯明翰。建校100多年来,伯明翰大学被公认为是英国10所最杰出的研究型大学之一,它凭着高质量、多领域的研究得到了全世界的认可,该校先后培养了两名英国首相,并有8人获得了诺贝尔奖,中国的李四光、董建华先生都是伯明翰大学的校友。伯明翰大学除了在科学研究方面享有卓越的声誉外,在人文社会学科、教育、法律等领域也都获得国际上的好评,在英国教育委员会大学研究评鉴排名中名列前茅。作为英国十大科研基地之一,伯明翰大学设有几乎所有主要科研项目的研究点,拥有一大批出类拔萃的科研人员,其中很多人是各领域的国际权威。通过将科研成果转化为生产力,该校每年收入可达2亿英镑。

(六十一) 我校举行中国科大-香港城大联合培养研究生2010年新生开学典礼

2010年10月11日,中国科大-香港城大联合培养研究生2010年新生开学典礼在我校苏州研究院举行。开学典礼由我校苏州研究院副院长李彬主持。我校研究生院副院长古继宝、陈伟,香港城市大学署理副校长叶豪盛、研究生院副院长许溢宏,两校相关部门的负责人以及联合培养研究生项目的有关负责人和导师等出席了开学典礼。

我校研究生院副院长古继宝在开学典礼上致辞。他代表学校向新生们表示祝贺和欢迎,勉励同学们要认真学习专业知识,培养创新思维,积极主动地向导师汇报和研讨,同学之间相互学习和交流。

香港城市大学署理副校长叶豪盛在典礼上致辞。他对我校对联合培养研究生的工作给予的支持表示感谢,他希望新生能够心怀远大抱负、磨砺坚强意志,在学术上坚持真理,在生活中虚心学习,真正献身社会,完善人生。

典礼结束后,导师与同学们进行了交流和学术研讨。双方研究生院的相关负责人就如何提高生源质量、如何加强双方导师之间的沟通和科研合作进行了工作交流。

(六十二) 我校获批开展专业学位研究生教育综合改革试点工作

2010年10月13日,教育部下发《关于批准有关高等学校开展专业学位研究生教育综合改革试点工作的通知》(教研〔2010〕2号),决定批准64所高等学校开展专业学位研究生教育综合改革试点工作,我校工程硕士(控制工程)和工商管理硕士2个专业学位类别(领域)获批实施教育部综合改革试点工作。

积极发展具有中国特色的专业学位研究生教育是国务院学位委员会和教育部近年

的重点工作之一,已分别列入《国家中长期教育改革和发展规划纲要(2010~2020年)》和《国家人才发展与规划纲要(2010~2020年)》。为此,教育部于2010年4月下发了《关于开展研究生专业学位教育综合改革试点工作的通知》(教研函〔2010〕1号),决定开展高等学校研究生专业学位教育综合改革试点工作,希望通过支持部分高等学校先行试点,创造具有推广价值的好经验、好做法,进而发挥典型引路、示范带动的作用,逐步构建和完善与经济社会发展需要相适应的研究生专业学位教育体系。

获准成为专业学位研究生教育综合改革试点单位,是我校学位与研究生教育事业的重要突破,对于促进我校专业学位研究生教育改革与发展,推进学位与研究生教育结构调整与优化具有重要意义。

(六十三) 我校25名研究生入选2010年(首届)"全国博士研究生学术新人奖"

2010年10月14日,教育部、国务院学位委员会发布通知,公布首届暨2010年度"博士研究生学术新人奖"获奖名单,我校毛甜甜等25位博士生榜上有名。共有来自43所研究生培养单位的695名在读博士研究生获得2010年度"博士研究生学术新人奖"。

我校获奖的25位同学是经过"全国百篇优博"指导教师推荐,学院、研究生院审核,并经全国专家评审后产生的,以在学一、二年级博士研究生为主,主要集中在国家重点学科。

"博士研究生学术新人奖"由教育部、国务院学位委员会设立,旨在对学业成绩优异、科研创新潜力较大的优秀在读博士研究生进行资助。据悉,2010年的评选试点工作以"985工程"高校为主进行,本次公布的结果是此次试点的首次评选结果。"博士研究生学术新人奖"每年评选一次,评选人数为当年全国博士研究生招收总数的5%左右,一次性资助获奖博士研究生每人3万~5万元。"博士研究生学术新人奖"经费主要用于资助博士生参加高水平国际、国内学术交流、参与创新性科学研究、撰写高质量学位论文等。

为鼓励和吸引更多具有潜力的博士研究生投身于高水平的科学研究和创新研究中,除按照教育部要求设立国家级学术新人奖外,我校还设立了校级学术新人奖,进一步扩大了评奖范围,形成了校级、国家级博士生学术新人奖两段式奖助模式。校级学术新人奖获得者可获得2万元研究经费的资助。

(六十四) 学校布置"211工程"三期年度经费预算执行有关工作

为提高资金使用效益,科学、高效、合理地执行2010年度的"211工程"三期中央专项拨款,以圆满地完成各建设项目的建设计划和任务,为"211工程"三期验收做好准备,学校于2010年10月15日上午在办公楼第四会议室召开会议,就本年度中央经费预算执行工作进行布置。"211工程"三期建设相关重点学科建设项目负责人及相关职能部门负责人参加了会议。侯建国校长主持布置工作。

鉴于"211工程"三期建设已进入最后冲刺阶段,2011年即将进入建设周期的最后一年,验收在即,侯建国校长反复强调各建设项目一方面要注意提高资金执行效率和使用效益,另一方面要注意总结建设经验,凝练成果和亮点,做好迎接国家验收的准备;同时希望各建设项目要在深入总结经验的基础上,瞄准确立的目标,认真谋划未来发展之路。

会议就中央经费预算执行中需优化改进的细节进行了交流。

(六十五) 2010年"全国优秀博士学位论文"结果揭晓,我校4篇入选、3篇提名

2010年10月18日,教育部、国务院学位委员会发布《关于批准2010年全国优秀博士学位论文的决定》(教研〔2010〕3号)。《决定》指出,2010年"全国优秀博士学位论文"评选工作已经全部完成,现批准《历史话语的挑战者——库切四部开放性和对话性的小说研究》等100篇学位论文为"全国优秀博士学位论文";《习惯形成、宏观政策与经济增长》等334篇学位论文为"全国优秀博士学位论文提名论文"。评选"全国优秀博士学位论文"是贯彻落实《国家中长期教育改革和发展规划纲要(2010~2020年)》,提高研究生培养质量,鼓励创新,促进高层次创新人才脱颖而出的重要措施。各学位授予单位要以优秀论文评选为契机,在研究生中大力倡导科学严谨的学风和勇攀高峰的精神,鼓励研究生刻苦学习,勇于创新;要采取切实可行的措施,加强学科建设,完善质量保障和监督机制,全面提高我国研究生培养质量,为实施科教兴国战略做出新的贡献。

本次评选,我校有4篇论文入选"全国优秀博士学位论文",另有3篇论文被"全国优秀博士学位论文"提名。本次"全国优秀博士学位论文"评选是继1999年首届评选后的第十二次评选,据统计,我校在12次评选中累计获评"全国优秀博士学位论文"34篇,数量仅次于清华大学、北京大学等少数高校,入选优博占同期授学位人数的比例居全国高校之首。据统计,我校在12次评选中获奖的34篇"全国优博论文"在各一级学科的分布情况如下:物理学科8篇、化学学科6篇、数学学科6篇、生物学科3篇、地球物理学科4篇、地质学科3篇、天文学科1篇、力学学科2篇、环境科学与工程学科1篇。

"全国优博论文"是衡量全国各研究生培养单位博士生培养质量的重要标志,已成为全国重点学科评选、一级学科整体水平评估、相关大学排行评比等各类高等教育评估的重要指标,越来越得到各高校的重视,并将其作为人才培养的重要战略来抓。近年来,我校在博士生培养规模体量较小的情况下能在"全国优博论文"评选中连续取得佳绩,得益于"985工程""211工程"和"中科院知识创新工程"的支持,是我校坚持研究生教育精品理念的结果,广大研究生导师为此付出了辛勤的汗水。目前,学校在研究生教育工作中正在实施以提高质量为目标的"博士生质量工程",通过该工程,将进一步优化我校研究生培养的生态环境,提高我校博士研究生的培养质量,提升我校高端人才培养的社会声誉。

（六十六）北京大学研究生院代表团一行来我校访问

2010年10月19日，北京大学研究生院副院长高岱教授率代表团一行6人来我校就学位与研究生教育工作进行访问与交流。张淑林副校长会见了高岱教授一行并主持召开交流座谈会，研究生院、校学位办负责人参加了会议。

会上，张淑林对高岱副院长一行来我校交流表示欢迎。她结合我校研究生院从管理向服务转变的做法和经验，着重介绍了我校在学位与研究生教育信息化建设方面的创新举措。

高岱介绍了北京大学研究生教育的基本情况，特别是在研究生培养机制改革方面所做的努力。

与会双方人员就研究生教育体制改革、培养机制改革、国际交流与合作、创新人才培养、学位工作等方面共同关心的问题进行了深入的探讨，一致表示将进一步加强两校在学位与研究生教育领域的交流与合作。

会后，北京大学代表团一行实地考察了我校学位与研究生教育信息化建设情况，认为我校充分利用和挖掘信息化技术提高研究生教育管理效率、提升服务质量的做法值得借鉴和推广。

（六十七）我校设立"研究生优秀新生奖"制度并创新运行机制

我校"研究生优秀新生奖"设立于2009年，是我校研究生创新计划体系的一个重要项目，是学校推出的吸引优秀研究生生源的重要举措之一。该奖项主要面向优秀推荐免试生及具有创新潜能、综合素质优秀的研一新生，由各学院研究生部负责组织实施，须导师推荐或学生本人申报，并根据本科阶段的学业成绩、入学成绩、导师综合评价后确定。

2010年10月20日下午，学校在办公楼第一会议室召开会议，布置2010级研究生优秀新生奖、2009级研究生学费奖学金等工作，各学院、直属系、国家实验室分管副院长以及各学院研究生部全体成员参加了会议。

会上，张淑林副校长强调要求各单位要高度重视研招宣传工作，要把"研究生优秀新生奖"评选工作作为研究生招生宣传、吸引优秀生源、提升生源质量的一个重要着力点予以认真落实。

张淑林希望各研究生部要重点推进做好以下几项工作：第一，要进一步加大招生宣传力度，认真总结招生宣传工作经验，要从招生简章、招生网页制作等细节加强招生宣传，建立多元化、立体化的招生宣传体系，发挥学院、学科、导师在招生工作中的积极性；第二，要推进与深化研究生培养机制改革，各学院要在学校现有助研制度的基础上改革创新，调动导师的积极性，创造条件加大对研究生的资助力度，提高研究生待遇；第三，要进一步完善研究生学籍管理制度，在学籍管理中注重对学生的人文关怀；第四，各学院要以纪念《学位条例》颁布30周年为契机,瞄准一流与特色,进行新一轮学位标准修订,建立以提高质量为核心的新的学位质量标准体系。

(六十八) 苏州工业园区管委会代表团来我校访问

为进一步加强与我校在产学研一体化领域的合作,2010年10月22日,苏州工业园区管委会副主任孙燕燕一行3人在我校苏州研究院副院长李彬的陪同下来我校访问。副校长张淑林会见了来访客人,核科学技术学院常务副院长盛六四、化学与材料科学学院副院长龚流柱以及研究生院负责人参加了座谈交流。

张淑林副校长回顾了我校与苏州工业园区合作的历程,对苏州工业园区给予我校苏州研究院建设与发展的大力支持表示了感谢。

苏州工业园区管委会副主任孙燕燕对我校及苏州研究院近年来对苏州市地方经济建设提供的科教支持、智力支持表示感谢。

苏州工业园区是中国和新加坡两国政府间重要的合作项目,自1994年园区启动以来,苏州工业园区得到了快速发展,已成为中国改革开放的重要窗口,是国际合作的成功范例,也是全球发展速度最快、最具国际竞争力的开发区之一。

(六十九) 浙江大学研究生院代表团访问我校

2010年10月25日,浙江大学副教务长、研究生院常务副院长严建华教授率代表团一行9人来我校就学位与研究生教育工作进行访问与交流。张淑林副校长接见了浙江大学研究生院代表团一行,并同客人进行了座谈。研究生院、校学位办负责人参加了会议。

座谈会上,张淑林副校长着重介绍了我校研究生院从管理向服务转变的改革理念以及在组织构架、培养机制改革、信息化建设等方面的创新实践。

严建华介绍了浙江大学研究生教育的基本情况,表达了进一步加强两校研究生教育交流与合作的良好愿望。

双方就研究生教育体制改革、培养机制改革、社会实践活动、信息化建设等方面进行了交流研讨。

(七十) 我校获批开展专业学位研究生教育综合改革试点工作

2010年10月29日,教育部下发《关于批准有关高等学校开展专业学位研究生教育综合改革试点工作的通知》(教研〔2010〕2号),决定批准64所高等学校开展专业学位研究生教育综合改革试点工作,我校工程硕士(控制工程)和工商管理硕士2个专业学位类别(领域)获批实施教育部综合改革试点工作。

积极发展具有中国特色的专业学位研究生教育是国务院学位委员会和教育部近年的重点工作之一,已分别列入《国家中长期教育改革和发展规划纲要(2010～2020年)》和《国家人才发展与规划纲要(2010～2020年)》。为此,教育部于2010年4月下发了《关于开展研究生专业学位教育综合改革试点工作的通知》(教研函〔2010〕1号),决定开展高等学校研究生专业学位教育综合改革试点工作,希望通过支持部分高等学校先行试点,创造具有推广价值的好经验、好做法,进而发挥典型引路、示范带动的作用,逐步构建和完善与经济社会发展需要相适应的研究生专业学位教育体系。

获准成为专业学位研究生教育综合改革试点单位,是我校学位与研究生教育事业的重要突破,对于促进我校专业学位研究生教育改革与发展,推进学位与研究生教育结构调整与优化具有重要意义。

2010年上半年,为做好此次试点申报工作,研究生院及相关院系高度重视,精心准备,提前做好了申报材料准备工作,并聘请专家对申报材料进行评议和把关,群策群力,按要求高质量地完成了材料申报工作。7月初,由副校长张淑林率团,管理学院执行院长梁樑、信息科学技术学院研究生部主任王永以及相关专业学位负责人组成的申报答辩组赴京参加了教育部组织的专业学位教育综合改革试点答辩会议。我校以强劲的实力、充分的准备和出色的汇报给相关评审组专家留下了深刻的印象。

按照教研〔2010〕2号文件要求,试点单位要成立领导小组,加强顶层设计和组织协调,建立制度保证机制;要认真研究、准确把握专业学位研究生教育规律,切实转变专业学位研究生教育发展方式,改革专业学位研究生选拔制度,完善专业学位研究生培养方案;积极探索和创新培养模式,改革专业学位研究生考核与评价方法,加强师资队伍建设,建立和完善奖助贷体系和就业服务体系,完善校内管理体制与机制;要制定切实可行的综合改革试点具体实施方案。

(七十一)我校制定专业学位研究生教育综合改革试点工作实施方案

根据教育部《关于开展研究生专业学位教育综合改革试点工作的通知》(教研函〔2010〕1号)和《关于实施专业学位研究生教育综合改革试点工作的指导意见》的有关精神,为保证我校工商管理硕士(MBA)和工程硕士(控制工程)综合改革试点工作任务的顺利完成,2010年10月,我校制定《中国科学技术大学关于开展专业学位研究生教育综合改革试点工作的实施方案》(研字〔2010〕15号)。方案部分内容摘录如下:

按工商管理硕士(MBA)和工程硕士(控制工程)不同类别,分期实施推进专业学位研究生教育的综合改革试点工作,争取在管理制度革新、培养模式探索、人才培养质量提升上形成突破。

坚持"质量优先、规模适度、多方共赢、持续发展、服务社会、做出品牌"以及"厚基础、重实践、宽视野、高质量、国际化"的办学理念。坚持精品战略,定位于服务国家与行业需求,培养复合型、应用型人才。坚持国际化的培养视野。以社会需求、市场需求为导向,与大型企业与行业合作办学为主,建立与市场相结合的专业学位研究生教育发展机制。

培养具有坚定正确的政治方向,热爱祖国、遵纪守法、品行端正、学风严谨、身心健康,具有较强的事业心和良好的职业道德,积极为我国社会主义现代化建设服务的"红专并进、理实交融"的工商企业界职业经理人和高层次、复合型、实用型的控制工程领域专业技术人才和管理人才。

坚持培养与引进并重,充分利用学校人才引进的优惠政策,逐步扩大和打造一支高素质的专职教师队伍,同时,与安徽省政府机关和国有大中型企业合作,与总装各基地及国内知名控制工程领域企业合作,聘请国内、外客座教授和行业、企业或政府部门的高级管理人员担任兼职教师和学位论文企业指导老师,建立常态化的队伍合作机制,优化教师队伍结构。选派在职教师特别是年青教师到国内、外知名大学、研究机构和企业访问交流和参加企业调研和科研活动,多途径提升师资队伍的业务水平。

构建多途径的招生选拔模式;建立科学的考评和激励制度;建立培养质量评估跟踪制度;建立试点专业学位在招生、培养、学籍、论文评阅、论文答辩等环节的信息化管理系统。

(七十二)我校布置启动教育部专业学位研究生教育综合改革试点工作

为做好我校获批的工商管理硕士、工程硕士(控制工程)2个专业学位类别(领域)教育部综合改革试点工作,落实改革方案,谋划学校专业学位教育发展思路,学校于2010年11月3日召开会议,布置启动专业学位研究生教育综合改革试点工作。各专业学位点、有关院(系)以及研究生院负责人参加了会议。张淑林副校长出席会议并讲话。会议由研究生院副院长屠竞主持。

会上,校职业学位教育中心副主任、管理学院执行院长梁樑就如何做好我校工商管理硕士、工程硕士(控制工程)专业学位的综合改革试点工作发言,认为我校应充分利用学术优势,通过理论与实践、技术与工程的深度结合,探索培养高层次应用型、复合型人才的创新模式。信息科学技术学院研究生部主任王永就控制工程领域工程硕士教育的发展设想做了交流发言。

张淑林副校长在总结讲话中表示,学校将以国家开展研究生专业学位教育综合改革试点工作为契机,以获批的2个专业学位类别(领域)为示范,带动全校各类专业学位教育不断探索,创造具有推广价值的好经验、好做法,逐步构建和完善与我校一流研究型大学建设相适应的专业学位研究生教育体系。

获准成为教育部专业学位研究生教育综合改革试点单位,是我校学位与研究生教育工作的重要突破,对于促进我校专业学位研究生教育改革与发展,推进学位与研究生教育的结构优化与质量保障具有重要意义。本次综合改革试点工作周期为2010年9月~2013年6月,教育部将适时组织有关专家对试点工作进行检查、评估和总结。

（七十三）我校学生在 2010 年"国际基因工程机器大赛"中再获两金并摘得"最佳软件工具奖"

美国时间 2010 年 11 月 8 日下午（北京时间 11 月 9 日凌晨），2010 年"国际基因工程机器大赛（iGEM）"在美国麻省理工学院落下帷幕。我校派出的两个代表队——干队和湿队各得一金，成为这次大赛中唯一获得两枚金牌的大学。另外，干队还获得了含金量更高的单项奖"最佳软件工具奖"（Best Software Tool）。

（七十四）清华大学研究生院代表团来我校访问交流

2010 年 11 月 12 日，清华大学研究生院副院长高虹率代表团一行 7 人来我校就学位与研究生教育信息化、研究生创新平台、交叉学科建设等工作进行访问与交流。随行的还有该校计算中心、注册中心等部门相关负责同志。张淑林副校长会见了代表团一行，并同客人进行了座谈。研究生院、校学位办等部门负责人参加了会议。

座谈会上，张淑林介绍了我校的学位与研究生教育管理体制，并重点从信息化系统建设、创新能力土壤培育等方面介绍了我校创建服务型学位与研究生教育管理体系的理念与创新实践。

高虹副院长介绍了清华大学研究生院的基本情况，表达了进一步加强两校学位与研究生教育交流与合作的良好愿望。

双方就学位与研究生教育信息化系统建设、研究生创新平台建设、交叉学科建设等方面进行了深入交流与研讨。

（七十五）我校首次在考试中全面使用网络视频监考系统

我校在 2010 年 11 月 14 日举行的成人本科学位考试中首次全面使用网络视频监考系统，并取得了良好的效果。校长侯建国、副校长张淑林先后来到考场巡视，检查网络视频监考系统运行情况。这是继研究生迎新及入学教育现场直播后，网络视频系统在学位与研究生教育工作中的又一次应用。

巡视中，考务人员介绍了网络视频监考系统的使用情况，校领导对系统的使用给予了肯定，并对系统的推广提出了意见。

网络视频监考系统可以远程、集中、实时、全方位地监控考试现场，具有画面清晰、布局灵活、易于拓展等优点。而且，考试过程可全程录像和回放，能更好地规范考规、考纪，避免考试过程中的人为干扰和偏差。网络视频监考系统的使用，营造了良好的考试氛围，加强了考生的自律意识。

(七十六) 我校启动博士生质量工程及新一轮学位标准修订工作

为贯彻落实我校新一轮"985 工程"建设关于培养拔尖创新人才的战略任务,确立未来 10 年我校博士生培养的精品定位与高端发展目标,全面提升我校博士生教育的国际竞争力,学校于 2010 年 11 月 16 日下午在东区师生活动中心五楼报告厅召开博士生质量工程启动及新一轮学位标准修订工作大会。校学位委员会委员,各分学位委员会委员,各学院执行院长、研究生教育分管副院长、研究生部全体成员等近 200 人参加会议。侯建国校长出席会议并讲话,会议由张淑林副校长主持。

会上,侯建国介绍了当前我国学位与研究生教育的发展形势,阐述了我校启动博士生质量工程以及进行新一轮学位标准修订的背景与战略意义。他强调,学位标准修订要树立国际化的视野,要学习借鉴国内、外一流大学的先进做法,新的学位标准要能体现我校博士生培养学术标准的国际水平;要坚持"质量优异、追求卓越"的价值与理念,坚持以学生、导师为本;既要重视博士生培养质量的出口把关,又要重视质量的过程控制。学位标准的修订要着力提高博士生的两项能力,一是创造性独立开展科研工作的能力,二是提高国际化能力。学校今后将建立激励机制,定期对各学科授予的博士学位质量给予态势评估,评估将与博士招生名额以及学校其他研究生教育资源的分配相联系。

与会人员就研究生院、校学位办提交的《中国科大关于博士学位标准修订的指导原则(讨论稿)》进行了研讨,认为当前启动实施博士生质量工程,进行学位标准修订,不仅适时,而且必要。施蕴渝院士、郑永飞院士、伍小平院士、李卫平教授等先后发言,就完善提高我校博士学位标准提出了宝贵意见与建议。

张淑林副校长做了会议总结发言。她说,国家《学位条例》颁布 30 年来,通过几代我校师生的奋斗与努力,我校学位与研究生教育事业取得了巨大发展与进步,已在研究生培养工作中积淀了浓郁的质量文化。要通过新一轮学位标准修订,进一步营造质量文化氛围,逐步建立包括学校、学院、学科、导师等在内的全方位、多层次的质量生态体系与质量价值体系,形成以导师为主体的自觉自律的质量意识。张淑林还介绍了本次学位标准修订的前期调研与准备工作,对博士学位标准修订工作提出了明确要求,并对下一步工作进行了布置。

(七十七) 中科院常州先进制造技术研究所来我校商谈研究生培养基地建设等事宜

2010 年 11 月 19 日上午,中科院常州先进制造技术研究所所长梅涛一行来我校访问,就研究生培养基地建设等事宜与我校进行商谈,副校长张淑林会见了客人,研究生院相关负责人参加了交流座谈。

双方在交流中一致认为,充分利用我校的教育科研优势和常州先进制造技术研究所

的研发区位优势建立研究生培养基地,对于提高研究生实践创新能力具有重要意义,是新形势下落实科教结合战略,丰富"所系结合"内涵的重要举措。该基地将主要定位在工程科学、计算机科学技术、信息科学技术等学科领域的应用型人才培养。双方就研究生培养基地建设的相关细节进行了研讨。

(七十八)我校召开苏州研究院"985工程"建设与发展研讨会

为充分发挥苏州研究院在我校新一轮"985工程"建设中的作用,学校于2010年11月19日下午在办公楼第四会议室召开苏州研究院"985工程"建设与发展研讨会,苏州研究院、校研究生院、化学与材料科学学院等单位相关负责人参加了会议。会议由张淑林副校长主持。

会上,张淑林强调指出,新一轮"985工程"建设已经正式启动实施,学科建设、领军人才与创新团队建设、拔尖创新人才培养、自主创新能力与服务社会能力提升、国际化等五项任务是工程建设的战略重点,苏州研究院作为我校办学体系的重要组成部分,应抓住"985工程"新一轮建设的机遇,围绕工程建设的五大任务与战略目标,充分发挥自身区位优势,紧密结合区域经济建设与社会发展的需求,积极推进高端应用型人才培养,不断提升国际化办学的层次与水平,加快在若干应用性学科领域建设一批产、学、研基地,为推进学校创建世界一流研究型大学发挥应有的作用。

会议重点围绕我校与苏州工业园区共建产、学、研基地纳米科学技术学院、苏州研究院校园发展规划、苏州研究院理事会第三次会议议程安排等事宜进行了研讨。与会人员就如何推进苏州研究院高端应用型人才培养、产、学、研基地建设、落实新一轮"985工程"建设任务等提出了建议与意见。本次会议决定于2010年12月上旬召开我校苏州研究院理事会第三次会议,审议苏州研究院工作报告,商谈苏州研究院下一步建设与发展战略规划。

(七十九)"研究生教育体制改革研究"重大教育专项课题立项,我校为课题牵头单位

2010年11月26日,由国务院学位办公室、中国学位与研究生教育学会主持立项的"研究生教育体制改革研究"重大教育专项课题被正式批准,经专家评审,我校被遴选确定为课题牵头单位,张淑林副校长被确定为该课题牵头负责人。

"研究生教育体制改革研究"重大教育专项课题分4个二级课题,包括"研究生教育资源配置体制研究""研究生招生制度改革设计""硕士和博士资助体制研究""研究生培养质量与发展质量的评价、反馈机制",分别由复旦大学、哈尔滨工业大学、西安交通大学、中国科学技术大学承担。

"研究生教育体制改革研究"重大教育专项课题是根据国家教育中长期规划关于完

善研究生教育体制,推进研究生培养机制改革的有关精神,由国务院学位办组织的专项研究课题。本课题研究的目标是通对我国研究生教育体制的构成、研究生的几种主要体制现状、研究生教育体制改革的主要任务和重大举措以及研究生教育体制改革的政策支持等问题的深入研究,为构建中国特色的研究生教育体制提出建设性的设想,为教育主管部门的重大决策提供理论支持。

国务院学位办、中国学位与研究生教育学会在京举行了课题立项审核工作会议。教育部原副部长赵沁平强调指出,推进我国研究生教育的全面协调发展,体制改革是关键。研究生教育体制改革,对于改善我国研究生教育的资源配置与生源质量,提高高等教育资源的使用效率,保障和提升高层次人才的培养质量具有重要意义。当前,立项"研究生教育体制改革研究"具有重要的理论意义与现实价值,项目牵头单位要做好课题的顶层设计,组织精兵强将开展研究。

根据国务院学位办的要求,课题完成时间为一年,计划于2011年11月结题。

(八十) 2010年"中国科学院优秀博士学位论文"结果公布,我校9篇入选

2010年11月,中科院发文公布了2010年度"中科学院优秀博士学位论文"和"优秀研究生指导教师奖"评选结果(科发人教字〔2010〕112号),共评选出"中国科学院优秀博士论文"50名、"中国科学院优秀研究生指导教师奖"50人。其中我校9位博士毕业生及其导师分获"中国科学院优秀博士学位论文"和"中国科学院优秀研究生指导教师"。"中科院优博论文"评选工作于2004年启动,每年进行一次,每次评选出的优秀博士学位论文一般不超过50篇。根据科发人教字〔2004〕317号文规定,对毕业后仍留中科院工作的优博论文作者,中科院将给予科研启动资金的资助。

我校在"中科院优博"评选中连续取得佳绩,得益于"985工程""211工程"和"中科院知识创新工程"的支持,是我校坚持研究生教育精品理念的结果,广大研究生导师为此付出了辛勤的汗水。目前,学校在研究生教育工作中正在进一步建构科学严格的学位标准,实施博士生质量工程,优化研究生培养的生态环境,提高我校博士生的培养质量,从而提升我校拔尖创新人才培养在社会上的声誉。

(八十一) 学校召开各学院学位标准修订工作进展情况交流会

为进一步提高我校研究生的培养质量、提升我校研究生教育的国际竞争力,学校开展了新一轮学位标准的修订工作。为推动博士学位标准修订工作的顺利开展,2010年12月1日下午,学校于第一会议室召开各学院学位标准修订工作进展情况交流会。各学院分管研究生教育的副院长、研究生教学秘书等参加了会议。张淑林副校长出席会议并发表讲话。

会上,正式发布了由校学位委员会表决通过的《关于博士学位标准修订的指导原则》。

各学院分管研究生教育的副院长或相关负责人通报了本学院学位标准修订工作的进展情况。通过交流发言可以看出,各学院对此次博士学位标准的修订工作非常重视,各分学位委员会、学院领导、学科点负责人为此召开了专门会议进行研讨,并就各自所涉及学科的博士学位标准的修订基本达成共识,提出了符合各自学科发展实际水平的学位标准的修订方案或思路,整体体现了这次学位标准的适当提高的原则要求。

张淑林副校长做了总结讲话。她指出,此次博士学位标准的修订着重强调博士生两项能力的培养与提高:一是创造性地独立开展科研工作的能力;二是国际学术交流能力。要求各学院、一级学科根据学科发展的实际水平、按照适当提高的原则,制定各学院、学科的博士学位标准。同时对导师责任、联合培养项目以及博士生培养质量评估等事项做了明确的要求。她强调,学位标准的修订是在新的条件下我校实施的一项重要的研究生教育改革举措,是提升研究生培养质量、实施博士生质量工程的重要内容。学校将为研究生的培养加大投入,为研究生参与国际学术会议提供支持,学校鼓励各学院与学科举办国际学术会议、引进与聘请国外一流学者来校讲学,开拓研究生的学术视野。通过新一轮学位标准的修订,将更好地形成导师与学科自己的质量意识。她宣布新标准将在12月下旬的校学位委员会会议上进行表决,最后在学期末的全体研究生导师大会上正式颁布。她希望大家抓紧时间,认真修订自己的标准,有问题及时与研究生院保持沟通。

我校研究生教育、特别是博士研究生教育已经成为学校一流大学建设的一支重要力量,统计显示,我校70%以上的科技论文都有博士研究生的贡献。11月26日,中国科学技术信息研究所在北京公布了2009年度中国科技论文统计结果,我校以表现不俗的论文比例再列全国高校第一,这一重大成绩是全校师生共同努力的结果,其中博士研究生有着十分重要的贡献。我校将进一步加大创新拔尖人才培养的投入力度,通过实施博士生质量工程、修订博士学位标准,激发广大导师的积极性,我校的研究生教育将在学校的整体发展中发挥越来越重要的作用。

(八十二)中国科大苏州研究院理事会第三次会议顺利召开

为更好地总结中国科大苏州研究院建设经验,明确下一步发展方向,推进各项事业更好更快发展,我校于2010年12月3日在安徽池州市召开了苏州研究院理事会第三次会议。会议由联合理事长我校校长侯建国院士和苏州市人民政府市长阎立共同主持。我校和苏州方共11位理事出席了会议。

与会理事围绕苏州研究院工作报告、校园规划报告和我校纳米学院发展规划报告展开了讨论,充分肯定了第二次理事会以来研究院各项工作所取得的成绩,并就如何推进苏州研究院高端应用型人才培养、产学研基地建设等有关工作明确了方向。与会理事一致同意,进一步充分发挥各自优势,继续全力支持我校苏州研究院各项事业发展,为其在苏州的健康发展创造更优条件,共同将我校苏州研究院建设成为我国校地合作的成功典范。

阎立市长在总结讲话中表示,苏州研究院要抓住纳米这一重点方向,行成纳米技术的集聚、产业的集聚,切实推动纳米学院的发展。他表示,苏州地方政府将在教学科研用房、人才队伍建设等方面全力支持我校苏州研究院建设。

侯建国校长表示学校将珍惜在苏州的发展机遇,全力支持我校苏州研究院各项事业发展。希望苏州研究院能将自身的发展与我校、苏州"十二·五"发展规划融为一体,积极推进高端应用型人才培养,不断提升国际化办学的层次与水平,加快在若干应用性学科领域建设一批产学研基地,为推进学校创建世界一流研究型大学发挥应有的作用。

会议审议通过了理事会第三次会议决议,我校副校长张淑林代表理事会宣读了本次会议决议。会上,苏州工业园区管理委员会副主任苏波与张淑林分别代表双方签署了《苏州工业园区管委会—中国科学技术大学共建"中国科学技术大学纳米科学技术学院"协议书》。

(八十三)侯建国会见香港城市大学研究生教育代表团一行

2010年12月6日下午,香港城市大学署理副校长、研究生院院长叶豪盛教授携研究生院及相关学科项目专家一行10人来我校访问考察,就进一步推动两校研究生联合培养及相关学科领域的合作等进行商谈。侯建国会见了代表团,研究生院、校学位办相关负责人参加了会谈。

侯建国对代表团表示热烈欢迎,他回顾了中国科大-香港城大的合作历程,总结了双方的初步合作成效。他说,自2004年两校签署共建中国科大-香港城大联合高等研究中心(苏州)协议以来,在研究生教育领域的合作成效显著,进入联合培养项目的博士生共有228人,其中已有58人毕业。联合培养的博士研究生在科研领域表现出了较强的创新能力。这些为下一步的深层次合作打下了坚实的基础。

叶豪盛总结了香港城大与我校联合培养博士研究生计划的执行情况,介绍了香港城大的大学规划与发展,表达了进一步加强与拓展两校合作领域的愿望。

根据安排,座谈会后,两校研究生院、对口合作学科还将就中国科大-香港城大联合培养博士生项目工作的具体事宜进行进一步的协商与落实。

据悉,中国科大-香港城大自2004年6月签署共建联合高等研究中心(苏州)协议后,依托我校苏州研究院这个平台,在应用数学、控制和机电一体化、互联网服务、知识及创新管理、环境科学、火灾安全工程及纳米力学、固体物理和材料科学等学科领域建立了七个联合培养研究生项目,产生了良好的社会声誉。

(八十四)中国科大-香港城大共商博士生联合培养工作

2010年12月7日上午,我校与香港城市大学召开博士生联合培养工作会议,我校副

校长张淑林,香港城大署理副校长、研究生院长叶豪盛,两校7个联合培养项目相关负责人,两校研究生院及我校苏州研究院负责人等参加了会议。

双方就如何拓展合作领域,以及如何利用我校在苏州研究院成立的纳米科学技术学院开展纳米领域的合作进行了研讨,并就如何完善中国科大-香港城大联合培养博士生项目的相关细节进行了协商。

张淑林最后强调,与香港城大的合作是我校推进研究生教育国际化的战略举措之一,是学校新一轮"985工程"拔尖创新人才培养计划项目的重要建设内容,希望两校能以更加开放的视野,在总结合作经验的基础上提升合作的内涵与层次,既要继续巩固在苏州研究院的合作,更要拓展延伸到校本部之间的合作;既要增进研究生之间的学术交流,又要加强导师之间的科研合作,全方位地搭建两校之间的教学、科研与管理交流与合作平台,扩大合作的受益面,实现双方共赢发展。

(八十五）我校布置国家级工程实践教育中心及教育部研究生学术交流平台项目申报工作

根据教育部有关文件精神,2010年12月16日下午,学校召开会议布置国家级工程实践教育中心及教育部研究生学术交流平台项目的申报工作,张淑林副校长出席会议并讲话。拟申报国家级工程实践教育中心的相关单位负责人,各学院、国家（重点）实验室研究生教育分管院长、教学秘书等参加了会议。会议由研究生院副院长屠兢主持。

据悉,启动国家级工程实践教育中心申报工作是教育部联合国务院有关部门为贯彻落实党的十七大提出的走中国特色新型工业化道路、建设创新型国家、建设人力资源强国的战略部署,落实《国家中长期教育改革和发展规划纲要（2010~2020年）》,推进"卓越工程师教育培养计划",创建高校和行业企业联合培养人才的新机制,加强工程实践教育,培养适应行业企业需求的工程人才而采取的一项战略举措。国家级工程实践教育中心由高校和企业联合申报,日常运行由企业负责。高校可以分别联合不同企业,申请认定多个国家级工程实践教育中心。根据教育部方案,今后将在企业设立一批国家级工程实践教育中心,行业企业将深度参与高层次工程人才培养过程,与高校共同设计培养目标,制定培养方案。

(八十六）我校研究生参与中国第27次南极科考

自2010年12月17日出发,昆仑站内陆队16名队员在南极腹地已度过46天,他们克服南极内陆严寒、暴风、冰裂隙、低能见度、软雪地带、复杂冰雪地貌、高原缺氧、车辆和雪橇故障种种艰难,每日行车超过12小时,经过13天的艰难跋涉,总计行程约1300千米,全体人员和车辆、装备安全到达昆仑站。在行进途中,内陆队开展了冰雪、自动气象站安装等科考工作。我校环境研究室博士生程文翰参与了此次科考活动。

昆仑站位于南极冰穹 A 顶点附近,海拔 4086 米,是地球上自然环境最为恶劣的地点之一,空气含氧量仅为平原地区的 57%,年平均气温－51 ℃。

在到达昆仑站后,他们按计划实施深冰芯场地建设、天文仪器设备安装,进行气象、冰雪、人体医学、环境科学等考察工作。

(八十七) 我校"研究生电镜实验训练中心"揭牌

2010 年 12 月 20 日下午,我校"研究生电镜实验训练中心"(以下简称"实验训练中心")揭牌仪式在理化中心三楼会议室举行。

该中心依托理化科学公共实验中心,整合相关人员、设备、实验用房等资源,为有现实需求的研究生提供大型仪器设备实际动手操作能力的实验培训,从而提高大型仪器设备的使用效率,促进优质资源的共享,增强研究生实践创新能力的建设目标。研究生经过在该中心一定学时的实验培训后,可以获得相应的学分;经考核合格,还可以取得由理化科学公共实验中心颁发的仪器操作资格证书。

目前,校公共实验训练中心的建设与发展已进入一个新的时期,如何在"985 工程"新一轮建设中进一步提升建设内涵,拓展服务形式,提高服务质量,是需要思考的问题。研究生实验训练中心的成立不仅有利于整合优质资源,提高研究生实验教学的水平和质量,而且对学校科研水平的提高、支撑队伍的打造也将起到重要作用。

仪式上,张淑林副校长和微尺度国家实验室总支书记、安徽省电镜协会理事长、理化实验中心电镜组负责人李凡庆共同为"研究生电镜实验训练中心"揭牌。

(八十八) 我校各学位分委员会开展 2010 年度冬季学位申请审核工作并讨论学位标准修订

自 2010 年 12 月 13～23 日,我校 14 个学位分委员会相继召开会议,讨论审议本学科各类学位申请以及学位标准修订工作。各学位分委员会对全校 127 位博士、921 位硕士、67 位学士的学位申请材料进行审核,并就各个学科新学位标准进行了初审。

学位分委员会上,各学位点分别介绍了本学科研究生的学位论文评阅、答辩及学术论文发表情况,各位委员再根据学位申请材料对申请者的学籍、课程、论文等信息逐一进行审阅、讨论和投票。

新一轮学位标准修订工作是本次学位分委员会的另一项重要内容。各学位分委员会根据自身的学科特点及学校要求,对新学位标准进行了充分交流和热烈讨论,提出了许多建设性意见,从而形成各学科的学位授予标准。这些标准将在校学位委员会上讨论与通过。

由于学位工作长期以来的制度化,我校学位审定工作已成为研究生教育质量保证与监督体系的重要组成部分,在确保我校学位授予质量和声誉方面发挥了积极作用。

（八十九）校学位委员会召开2010年下半年度学位工作会议，决定授予126人博士学位、920人硕士学位

2010年12月28日下午，我校第七届校学位委员会召开第七次学位工作会议，对各学科提交的新学位标准修订方案进行讨论，并审议2010年下半年度学位授予申请。全体校学位委员会委员出席会议，会议由校学位委员会主任委员、校长侯建国院士主持。

会上，数学学院、物理学院、化学与材料科学学院、地球和空间科学学院、生命科学学院、工程科学学院、信息科学技术学院、计算机科学技术学院、核科学技术学院、微尺度物质科学国家实验室、火灾科学国家重点实验室、管理学院、人文与社会科学学院等单位先后从课程体系、学术研究能力、学术论文发表要求、国际化能力、年度研究进展报告、开题、学位论文等环节汇报了本学科的学位标准修订方案。各位委员在认真听取汇报后对各学科的修订方案进行了充分的评议，提出了完善与修改建议。

侯建国校长认为，各单位对本学科的国内、外学位标准进行了较为充分的调研与梳理，体现了对学位标准修订工作的高度重视，从各单位的汇报中可以看出，各个学科的学位标准较以前有了明显的提升，体现了国际化的视野，体现了"质量优异、追求卓越"的价值与理念。侯建国要求相关职能部门根据学位委员会的讨论意见，认真做好新学位标准的规范与完善工作。通过学位标准修订，进一步提高我校研究生的培养质量，提升我校博士生教育的国际竞争力。

会议听取了研究生院关于近3年毕业博士生学术成果绩效的统计分析、校学位办关于2010年下半年度学士学位申请整体情况的汇报；听取了数学等14个学位分委员会关于本学科学位申请者情况的介绍，并严格依据现行的学位标准对学位申请材料进行了审核。经会议审议投票，决定授予126人博士学位、920人硕士学位。

最后，侯建国校长对各位委员在学位标准修订、学位申请审核工作中认真履行职责、严把关口予以高度评价，代表校领导向各位委员长期以来为我校学位与研究生教育工作做出的重要贡献表示衷心感谢，并提前致以新年祝福！

（九十）我校举行工程硕士相关领域行业资质认证揭牌仪式

2010年12月27日下午，我校举行工程硕士相关领域行业资质认证单位揭牌仪式。张淑林副校长出席揭牌仪式并讲话，职业学位教育中心管理委员会部分成员、相关学院研究生部负责人、各工程硕士领域负责人及教学秘书等参加了仪式。会议由研究生院副院长屠兢主持。

加强与国内、外相关行业协会合作，推进行业资质认证是开展高水平工程硕士教育、提高工程培养质量、培养高层次复合型工程应用人才的重要战略举措之一。近年来，在全国工程硕士教育指导委员会的领导下，我校在项目管理、物流工程、机械工程3个领域启动了认证项目的申请工作,经过各领域的精心筹备和扎实工作,先后通过了国内、外相关行业、协会的资质认证,获得了本领域相关行业、协会合作培养单位的资质,其中:物流工程领域于 2008 年获得第二批"英国皇家物流与运输学会专业资质认证合作单位"资格,2009 年获批成为"安徽省物流与采购联合会副会长单位";项目管理领域于 2010 年获得第四批"国际项目管理专业资质认证合作单位"资格;机械工程领域于 2010 年获第一批"工程硕士(设备监理)培养资质认可单位"资格。

仪式上,全国工程硕士教育指导委员会委员、我校副校长张淑林先后与相关学院负责人共同为"工程硕士(设备监理)培养资质认可单位""国际项目管理专业资质认证合作单位""英国皇家物流与运输学会专业资质认证合作单位""安徽省物流与采购联合会副会长单位"揭牌。张淑林指出,我校 3 个领域专业资质认证合作单位与培养单位资格的获批,是对我校工程硕士办学水平的肯定,有利于我校吸引优秀生源,也有利于我校引入行业评价和监督,有利于促进与国际标准接轨,有利于提升我校工程硕士专业学位的水平和声誉。

根据部署,我校工程硕士教育下一阶段的工作主要包括:第一,以获得行业资质认证为契机,通过内涵建设进一步积累工程硕士培养经验,争取在新的工程领域获得行业合作与培养单位资质,扩大学校工程硕士教育的影响;第二,积极凝练总结工程硕士教育亮点,做好第二届"做出突出贡献的工程硕士学位获得者""全国工程硕士教育先进管理工作者""全国优秀工程硕士学位论文"评选的推荐申报初选工作;第三,认真做好专业学位综合改革和专业学位创新院校试点工作,通过若干特色专业领域建设,创新工程培养模式。

(九十一) 我校举行 2010 年第二次学位授予仪式

2010 年 12 月 30 日,我校 2010 年度第二次学位着装授予仪式在东区大礼堂隆重举行。在这辞旧迎新的时刻,1561 名毕业生带着校领导和老师们的真挚祝福,即将踏上人生新的征程。许多学生家长和亲友也参加了仪式,分享他们的收获与喜悦。

上午 9 时,学位授予仪式在雄壮的国歌声中拉开帷幕。校领导侯建国院士、窦贤康教授,有关学位分委员会主任伍小平院士、周又元院士、万元熙院士、陈发来教授、杨金龙教授、俞汉青教授以及导师代表陈小平教授等在主席台就座。仪式由校学位委员会副主任李曙光院士主持。

在热烈掌声中,侯建国校长发表了热情洋溢的讲话。他首先代表学校向获得学位的同学们表示衷心的祝贺,向为同学们的学业付出心血和汗水的各位老师、家长表示诚挚的感谢和亲切的问候。在同学们即将打点行装、走上新的工作岗位的时候,侯建国以师长和朋友的身份,对同学们提出几点希望:一要爱国荣校。"科教报国"是科大人与生俱来的光荣使命和优良传统,那些创办我校的老一辈科学家,都有着强烈的爱国情怀,把自己的事业与国家、民族紧密联系在一起。未来的几十年,中国将在世界上发挥越来越大

的作用。作为这个时代的科大人,希望同学们今后常怀报国之志,爱岗敬业,乐于奉献,在实际工作中充分实现自己的人生价值。二要追求卓越。同学们未来无论从事什么工作,都不可能一帆风顺,希望大家继续保持锲而不舍、不畏艰难的精神,拿出科大人"不要命"的劲头,追求卓越,做到最好。三要胸襟开阔。作为同龄人中的佼佼者,同学们的专业能力很强,但如果忽视与他人的合作与交流,很难赢得成功。因此,希望大家在未来的人生道路上,学会合作与包容,做一个胸襟开阔的人,在合作与分享中赢得成功。

导师代表陈小平教授在发言中讲述了一个牧师的故事,并诠释了其中的人生启示:在主观愿望与客观现实之间存在差距的时候,不要怨天尤人,要更多地从主观上找原因,正确地改变自己;既要看到问题的正面,又要看到问题的反面,并寻找普遍联系,这样才能发现规律;有追求,才有探索和发现,追求卓越,生命才能青春不老、绿水长流——这也是中国科大精神,是我们最宝贵的财富。

博士代表生命学院何永兴和硕士代表MBA学员梁振东先后发言,分享了自己的收获与喜悦,表达了对母校和恩师的感激和留恋之情。他们表示,将继续发扬我校爱国、创新、求实的优良传统,志存高远,奋发有为,追求卓越,不辜负母校的培养和期望。

在悠扬欢乐的旋律声中,1561名毕业生身着学位服依次登上主席台,校领导和老师们为他们一一扶正流苏。

随后,侯建国校长带领全体学位获得者庄严宣誓:"感恩父母养育,感谢导师教诲,不忘母校培养。我们坚守母校信念,热爱科学、崇尚真理;我们传承母校精神,科教报国、追求卓越。我们用激情和智慧建设祖国,用责任和行动回馈社会,用成就和硕果回报母校,让明日的科大以我为荣。"

"迎接着永恒的东风,把红旗高举起来,插上科学的高峰……"在激扬豪迈的校歌声中,学位授予仪式圆满落幕。

(九十二)学校召开2010年度学位与研究生教育工作会议暨导师大会

2010年12月31日,我校2010年度学位与研究生教育工作会议暨导师大会在理化大楼东三报告厅隆重召开,全体研究生导师,各学院研究生部全体成员共500多人参加了大会。大会由张淑林副校长主持。

一年来,我校的学位与研究生教育在"985工程"与"211工程"建设、研究生招生、教学培养、管理与服务信息化等方面开展了一系列的创新与服务工作。主要包括:

(1)顺利完成"985工程"二期验收,以综合评价优异的成绩获得国家通过;围绕拔尖创新人才培养,启动新一轮"985工程"建设;凝练成果亮点,开展"211工程"三期中期检查。

(2)调整招生工作重心,积极推进三个转变,即由过去的"考"务环节向主动出击的"招生宣传"环节转移,由闭门等人报考的被动招生向"请进来""走出去"的主动招生转移,由单一的只有研究生院管理人员参与向学院、学科、导师、研究生全员参与转移。

（3）深化教学培养培养改革，积极整合研究生创新计划项目，实施了一批收效良好的创新计划项目；积极深化研究生公共课程教学改革，进一步加强了英语语言实践中心的建设与管理；充分利用五大研究生公共实验教学中心开展了一系列的研究生教育创新实践。

（4）大力推进研究生教育国际化，启动了一批研究生教育国际化项目，如设立专项资金资助优秀博士生走出国门参加国际学术论坛和国际学术会议，立项建设研究生国际化课程，选派优秀博士生参加境内外、国内、外联合培养。

（5）启动实施博士质量工程，坚持开放的视野，围绕两个提高即"提高博士生的创造性独立开展科研工作的能力，提高博士生的国际化能力"，进行了博士学位标准的修订工作，探索建立与国际接轨的学位质量标准体系。

（6）深化培养机制改革，坚持以学生为本，建立与完善弹性学制，通过一系列激励措施，改善研究生学习、生活条件，调动研究生学习、科研积极性。

（7）进一步加强与完善学位与研究生教育信息化服务系统与质量监控体系建设，研究生入学、学籍培养、导师、论文监控、离校、论文评阅、网络视频监考等网络信息服务系统既做到了为师生的服务，又实现了无形的质量监控。

（8）积极申报新增专业学位授权点，积极参与"教育部专业学位综合改革试点"和"全国工程硕士研究生教育创新院校"试点，完成了以管理学院、软件学院、公共事务学院为主体的，以苏州研究院、上海研究院为基地的我校专业学位研究生教育布局。

就如何推进下一步的学位与研究生教育发展，办一流的研究生教育，侯建国提出了几点指导意见：一是继续坚持研究生培养的精品定位，要根据新的形势，树立开放国际化的视野，瞄准核心竞争力，狠抓质量，努力提高我校研究生的综合素质，提升研究生教育的国内、国际竞争力；二是进一步加大招生宣传工作力度，创新招生工作机制，探索优秀生源选拔评价机制；三是完善研究生公共课程教学体系，深化研究生专业课程体系改革，探索建设与国际一流标准接轨的"本-硕-博"贯通的课程体系；四是推进实施博士质量工程，坚持开放视野，努力提高博士生创造性独立开展科研工作的能力和国际化能力；五是深化培养机制改革，多渠道筹集办学资源，加大对研究生教育的投入，改善研究生的学习和生活环境，调动研究生的学习积极性。

会上还举行了2010年度学位与研究生教育工作颁奖仪式。张淑林副校长宣读了有关表彰和奖励决定，王水等17位老师获"2010年度优秀研究生导师"荣誉称号，毛甜甜等25位研究生获"全国首届博士研究生学术新人奖"。侯建国校长为获奖老师和学生颁奖。

（九十三）我校研究生院出版《思与行：中国科学技术大学位与研究生教育创新发展的探索与实践》

2010年12月，由我校副校长张淑林主编的《思与行：中国科学技术大学位与研究生教育创新发展的探索与实践》出版。该书在总结、梳理我校过去30年学位与研究生教育工作成果的基础上,从编者独特的视角对学位与研究生教育进行了多方位的思考和理性的审视。书中共收录了50篇编著者们自20世纪90年代以来在国内核心期刊上发表的学术论文。全书融实践经验与理论探讨、深度思考与理念创新于一体,对于总结我校学位与研究生教育工作经验,增进各界对我校学位与研究生教育改革举措的了解,推动研究生教育战线的改革探索起到积极的作用。

该书由校长侯建国院士作序。序中指出,2010年正值《中华人民共和国学位条例》颁布30周年,又适逢《国家中长期教育改革和发展规划纲要(2010~2020年)》正式颁布。《纲要》中明确提出要大力推进研究生培养机制改革,实施研究生教育创新计划以及优化研究生教育结构,加速我国由研究生教育大国向研究生教育强国的转变。这些都促使我们对我国学位与研究生教育30年的发展历程进行回顾、审视、反思,并对未来的发展进行思考。《思与行—中国科学技术大学学位与研究生教育创新发展的探索与实践》在此时出版,无疑对于研究生教育战线内的经验交流、思路拓展、实践探索都将起到有益的作用。该书的主要编著者张淑林、陈伟、裴旭同志均为我校校友,自毕业后就留校专职从事学位与研究生教育管理工作。他们在中国科大这块创新人才培养的"试验田"上,以践行者的身份亲历了学校学位与研究生教育的创新改革与发展。作为学位与研究生教育的一线管理工作者,张淑林及她带领的团队一直默默耕耘、锐意进取,在冷静观察和理性审视我国学位与研究生教育发展进程的同时,也在实践中坚持不断总结与思考。正是基于此,才有了《思与行》一书的出版。

《思与行:中国科学技术大学学位与研究生教育创新发展的探索与实践》封面